해양안보와
미국의 외교정책

일러두기
1. 인명은 국립국어원 외래어 표기법에 따르는 것을 원칙으로 하였다.
2. 인용문 중 일부는 독자의 편의를 위해 문장을 더 읽기 쉽게 고쳤다.

⟨1차연구자료 출처⟩

이 책의 연구는 저자가 2017년부터 2019년 초반까지 미국 현지에서 수집한 존슨, 닉슨 및 레이건 행정부의 백악관 1차연구자료에 기반하고 있다. 저자는 아래 대통령 도서관의 기록물 보관소(Research Room)를 방문하여 아카이브 연구를 수행했으며, 구체적인 장소는 다음과 같다.

- 존슨 대통령 도서관(LBJ Presidential Library): 텍사스 오스틴(Austin)
- 닉슨 대통령 도서관(Richard Nixon Presidential Library and Museum): 캘리포니아 요바 린다(Yorba Linda)
- 레이건 대통령 도서관(Ronald Reagan Presidential Library and Museum): 캘리포니아 시미 밸리(Simi Valley)

이 책에서 활용한 각 행정부별 1차연구자료의 상세한 출처는 참고문헌에 수록했다.

해양안보와
미국의 외교정책

MARITIME SECURITY AND U.S. FOREIGN POLICY

서 문 013

서 장

1. 문제 제기 019
2. 연구의 설계 034
3. 책의 구성 059

제1부 이론적 논의와 이 책의 분석틀

제1장 해상수송로 안보와 에너지 안보

1. 해양안보 기존 연구 067
2. 안보 논의 077
3. 해상수송로 안보 084
4. 에너지 안보 098
5. 해상수송로 안보의 전략적 중요성 121

제2장 미국의 외교정책 결정 과정

1. 미국 외교정책의 변화 요인 141
2. 외교정책 결정에 대한 기존 논의들 148
3. 미국 외교정책 결정의 특징 171
4. 미국 외교정책 결정의 제도 177

Contents

제3장 이 책의 주장 및 분석틀

1. '정책결정의 관점' 분석   207
2. 주요 변수에 대한 설명   229
3. 미국 외교정책 결정 과정의 분석틀   257

제2부 냉전기 미국의 외교정책 사례연구

제4장 1967년 티란 해협 위기

1. 위기의 배경   279
2. 정책결정의 제도   282
3. 외교정책 결정 분석: (1) 정보 영역   289
4. 외교정책 결정 분석: (2) 정책 가이드라인 영역   295
5. 외교정책 결정 분석: (3) 결정 영역   299
6. 외교적 대응: 대통령 성명, 다자 및 양자외교   312
7. 외교적 대응: 해양선언 추진   320
8. 군사적 대응: 해군력 조직   329
9. 에너지 안보 문제 해결을 위한 노력   336
10. 소결   341

제5장 1973년 중동전쟁 위기

1. 위기의 배경   351
2. 정책결정의 제도   355
3. 외교정책 결정 분석: (1) 정보 영역   362
4. 외교정책 결정 분석: (2) 정책 가이드라인 영역   367
5. 외교정책 결정 분석: (3) 결정 영역   369
6. 외교적 대응: 양자 및 다자외교   373
7. 군사적 대응 논의   376
8. 에너지 안보 문제 해결을 위한 노력   383
9. 소결   401

제6장 1987년 페르시아만 위기

1. 위기의 배경   409
2. 정책결정의 제도   417
3. 외교정책 결정 분석: (1) 정보 영역   424
4. 외교정책 결정 분석: (2) 정책 가이드라인 영역   439
5. 외교정책 결정 분석: (3) 결정 영역   467
6. 외교적 및 경제적 대응: 대통령 성명, 다자 및 양자외교   479
7. 군사적 대응: 수송 선박에 대한 군사적 보호 제공   487
8. 페르시아만에 군사적으로 진출하기 위한 미국의 노력   537
9. 에너지 안보 문제 해결을 위한 노력   542
10. 소결   551

제7장 결론

1. 연구의 결과 요약　　　　　　　　　　573
2. 본 연구의 학문적 의의　　　　　　　　583
3. 국제정치 현실에 주는 시사점　　　　　592
4. 한국의 해양안보에 주는 시사점　　　　614

부록

참고문헌　　　　　　　　　　　　　　627
색인　　　　　　　　　　　　　　　　664
인명 색인　　　　　　　　　　　　　　692

표 목차

〈표-1〉 주요 해상수송로 안보 위기 사례(냉전 시작~2023년 상반기) 037
〈표-2〉 세 위기 사례의 비교 049
〈표-3〉 주요 choke point의 수송 능력, 위협 요인(2003년) 128
〈표-4〉 주요 choke point를 통과하는 원유 및 석유제품의 물량(2011~16년) 130
〈표-5〉 외교정책의 핵심 정책결정자들 193
〈표-6〉 외교정책에서 미국 대통령과 의회의 헌법적인 권한 비교 194
〈표-7〉 국가의 다양한 외교정책 행위 218
〈표-8〉 해상수송로 안보 위협의 수준 235
〈표-9〉 해상수송로 안보 위협의 성격에 따른 군사적 대응 선택지의 예시 255
〈표-10〉 외교정책 결정의 세 영역 260
〈표-11〉 1967년 티란 해협 위기에서 주요 사건 및 미국의 외교정책 286
〈표-12〉 1967년 티란 해협 위기에서 논의된 대응 방식 306
〈표-13〉 티란 해협 위기에서 미국의 다양한 외교정책 결정 및 이행 307
〈표-14〉 1973년 중동전쟁 위기에서 주요 사건 및 미국의 외교정책 359
〈표-15〉 1973년 중동전쟁 위기에서 정책결정자들이 논의한 대응 방식 361
〈표-16〉 미국과 동맹국의 석유 소비에서 차지하는 중동 국가의 수입 비중(1972년) 365
〈표-17〉 EC 국가들의 아랍 석유 의존도(1972년) 366

〈표-18〉 미국 석유 수입(oil import)의 구성(1973년 10월 1일)   386

〈표-19〉 미국 석유 수입(oil import)의 구성 추정치(1973년 10월)   387

〈표-20〉 페르시아만 위기에서 주요 사건 및 미국의 외교정책   419

〈표-21〉 페르시아만 위기에서 정책결정자들이 논의한 다양한 대응 방식   423

〈표-22〉 주요 국가들의 페르시아 석유에 대한 의존   425

〈표-23〉 IEA 국가별 페르시아만 석유 수입량   427

〈표-24〉 IEA 국가들의 석유 재고량(inventories)(1983년 7월)   429

〈표-25〉 페르시아만 해상수송로 관련 레이건 행정부의
국가안보결정지침(NSDD)   443

〈표-26〉 기존 국가안보 전략(NSDD-32)과 개정된
국가안보 전략(NSDD-238) 비교   466

〈표-27〉 페르시아만 위기에서 정책결정자들이 논의한 다양한 대응 방식   472

〈표-28〉 페르시아만 위기에서 정책결정자들이 논의한
군사적 대응 방식의 장단점   473

〈표-29〉 페르시아만 위기에서 해상수송로 안보 위협에 따라 고려한
군사적 대응   535

〈표-30〉 페르시아만 해상수송로 안보 위협의 변화   551

〈표-31〉 냉전기 해상수송로 안보 위기의 성격에 따른 군사적 대응의 차이   574

〈표-32〉 페르시아만 해상수송로를 둘러싼 최근 미국과 이란의 긴장 관계   595

그림 목차

〈그림-1〉 우크라이나의 곡물 수출 선박의 항해 경로 — 020
〈그림-2〉 해양안보와 에너지 안보 — 026
〈그림-3〉 해양안보와 에너지 안보 — 066
〈그림-4〉 호르무즈 해협 — 087
〈그림-5〉 포괄적인 에너지 안보 개념도 — 109
〈그림-6〉 중동산 국제 유가의 급격한 변화 사례(1965~1975년) — 115
〈그림-7〉 2009년 러시아-우크라이나 가스 공급 위기 현황 — 116
〈그림-8〉 국제 해상 교역 및 상품 수출 변화(1955~2022년) — 121
〈그림-9〉 수송 방식에 따른 천연가스의 국제 교역량(1991~2010년) — 123
〈그림-10〉 주요 choke point를 통과하는 일일 석유의 물동량 — 129
〈그림-11〉 위기 시 미국 외교정책 결정 과정의 분석틀(NSC 수준) — 259
〈그림-12〉 티란 해협과 아카바만 — 280
〈그림-13〉 외교정책 결정 과정의 도식화 (1967년 사례) — 287
〈그림-14〉 외교정책 결정 과정의 도식화 (1973년 사례) — 360
〈그림-15〉 페르시아만 호르무즈 해협 — 411
〈그림-16〉 페르시아만 호르무즈 해협을 통과하는 석유의 이동
 (1984년 추정치) — 413
〈그림-17〉 페르시아만 위기에서 미국의 군사력 사용 결정 과정 — 421

〈그림-18〉 페르시아만에서 이란과 이라크의 선박 공격
        (1984년 5월 19일 기준)   433
〈그림-19〉 페르시아만에 있는 미국 상선의 현황
        (1984년 5월 24일 기준)   434
〈그림-20〉 자유세계(Free World): 석유의 잉여 생산 능력   435
〈그림-21〉 이라크의 바스라(Basra)   484
〈그림-22〉 미국의 국내 석유 매장량, 생산, 소비 및 수입량의 변화   577
〈그림-23〉 오만만에서 공격받은 두 유조선의 항로   598
〈그림-24〉 미국의 정찰 드론과 다국적 유조선들이 공격당한 지점   600
〈그림-25〉 호르무즈 해협을 통과하는 선박의 일일 통행량   606
〈그림-26〉 전 세계 교역에서 각 수단이 차지하는 비중(2008년)   607
〈그림-27〉 호르무즈 해협의 컨테이너 선박 통행량(2018년)   608
〈그림-28〉 호르무즈 해협의 컨테이너 선박 통행량 변화(1995~2021년) 609
〈그림-29〉 우크라이나 곡물 수출을 위한 대안 노선   611
〈그림-30〉 러시아-우크라이나 전쟁 발발 이후 흑해에 부설된
        러시아의 기뢰 지대   612
〈그림-31〉 한국의 에너지 수입 의존도, 석유 의존도(1990~2021년)   615
〈그림-32〉 한국의 에너지원별 수입(1990~2021년)   616
〈그림-33〉 한국의 지역별 원유 수입(1990~2021년)   617

서 문

이 책은 해양안보와 관련된 미국의 외교정책을 다룹니다. 이 책은 해상수송로 안보(해양안보)와 군사력의 사용 결정이라는 외교정책 간의 관계를 분석하며, 그 과정에서 미국 외교정책의 결정 과정을 설명합니다. 이 책은 "해상수송로 안보를 위해 미국은 군사력을 사용하는가?"라는 단순하지만 매우 중요한 퍼즐을, 실제 정책결정자들의 논의 과정을 추적하여 풀어내고자 합니다. 따라서 이 책은 해양안보 및 에너지 안보 연구이자, 동시에 미국 외교정책의 결정 과정을 분석하는 연구입니다.

이 책의 시작은 제가 대학원 석사과정 때 가졌던 학문적인 호기심이 그 씨앗입니다. 필자는 2007년 2학기 윤영관 교수님의 〈국제정치경제 세미나〉 대학원 수업에서 기말과제로 "에너지 안보와 미국의 군사 개입: 걸프전 사례 연구"라는 제목의 소논문을 작성했습니다. 당시 논문은 걸프전쟁에서 미국의 군사적 개입 결정 즉, 군사력의 사용이라는 외교정책 결정을 에너지 안보 관점에서 분석했습니다.

필자는 석사과정 때부터 에너지 안보와 미국의 군사력 사용 간의 관계에 관심을 가졌고, 자연스럽게 미국 외교정책의 결정에 영향을 주는 다양한 요인에 대한 연구, 외교정책의 결정이 이루어지는 과정과 제도, 국제정치에서 에너지 안보 및 해상수송로 안보의 역할 등 문제에 관심을 갖게 되었습니다. 따라서 이 책은 제가 석사과정 때부터 가졌던 지적인 호기심을 바탕으로 진행한 미국 외교정책 및 에너지 안보에 대한 연구, 2019년 8월 서울대학교에 제출한 『냉전기 에너지 안보 위기 시 미국의 안보정책 결정 연구: 해상 수송로 안보와 군사력의 사용 결정』 제목의 박사학위 논문, 그리고 박사학위 취득 후 여러 학술지에 게재한 논문을 종합한 연구입니다.

이 책이 세상에 나올 때까지 연구를 수행하고 책을 집필하는 과정에서 많은 분들의 도움을 받았습니다. 지면과 제 기억의 한계로 도움 주신 모든 분들의 이름을 남기지 못하는 것을 죄송스럽게 생각합니다.

먼저 대학원 석사 및 박사과정 동안 응원해주신 사랑하는 아버지와 어머니, 두 이모님과 동생 은주, 이영재 형, 한국외국어대학교의 김용민 교수님, 이상환 교수님, 김면회 교수님, 과학기술정책연구원(STEPI)의 송치웅 박사님, 그리고 대학원에서 저를 지도해주신 서울대학교의 윤영관 교수님, 신욱희 교수님, 전재성 교수님, 박종희 교수님과 연구공간을 제공해주신 김상배 교수님에게 특별한 감사 말씀 드립니다. 박사학위 논문 심사위원으로 꼼꼼하게 지도해주신 신범식 교수님, 조동준 교수님, 설인효 교수님, 그리고 저의 연구를 응원해주신 이옥연 교수님 고맙습니다.

영국 옥스퍼드 에너지 연구소의 백근욱 교수님과 고려대학교의 이재승 교수님은 제가 에너지 안보를 공부하는 데 큰 도움을 주셨고, 이삼성 교수님과 김인한 교수님도 미국 외교정책 연구에 소중한 조언을 주시며 책의 완성도를 높여주셨습니다. 미국 백악관의 1차연구자료를 확보하기 위해 현지 자료조사를 진행할 때 큰 도움을 준 존슨 대통령 도서관의 Lara Hall, 닉슨 대통령 도서관의 Gregory Cumming, 그리고 레이건 대통령 도서관의 사서인 Jennifer Newby에게 감사합니다.

아울러 석사학위 과정 때부터 지금까지 제가 진행한 연구를 위해 때로는 날카로운 조언과 따뜻한 응원을 아끼지 않았던 이병철 박사, 정동준 교수, 손정욱 교수, 조무형 교수, 김지은 교수, 이정석 교수, 이중구 박사, 그리고 책의 출판과정을 꼼꼼하게 도와주신 도서출판 이조의 이종진 대표님께도 고맙다는 말씀 전합니다.

마지막으로 안정적인 연구를 위해 〈학문후속세대〉 기금을 받을 수 있도록 노력해주신 서울대학교 정치외교학부 외교학 전공 여러 교수님들과 서울대학교 본부, 해외 자료조사 연구비를 지원해주신 서울대학교 사회과학대학과 아시아연구소에도 감사의 말씀 드립니다.

2023년 여름
장 성 일

해양안보와 미국의 외교정책

서 장

서 장

1. 문제 제기

　2022년 2월, 러시아의 우크라이나 침공으로 시작된 전쟁은 전 세계적인 차원의 식량 위기를 가져왔다. 개전과 함께 러시아가 흑해(Black Sea)를 봉쇄하자 2021년 기준으로 전 세계 밀 수출의 10%를 담당하는 우크라이나의 해상수출이 중단됐고, 이는 전 세계적인 곡물 가격의 급격한 상승을 가져왔다. 러시아-우크라이나 전쟁 중에 발생한 전 세계적인 식량 위기는 우크라이나 곡물 수출에 핵심적인 해상수송로를 적대국인 러시아가 봉쇄함으로써 발생한 위기였다. UN의 중재로 러시아는 7월 22일 우크라이나의 곡물 수출 선박 및 항만시설에 대한 공격을 하지 않기로 합의했으나, 합의 바로 다음 날 러시아는 우크라이나 최대 항구인 오데사(Odessa)를

그림-1 우크라이나의 곡물 수출 선박의 항해 경로

출처: Dalton Bennett and Kareem Fahim, "First ship carrying grain leaves Odessa in deal to ease global food crisis," *The Washington Post* (August 1, 2022).

공격함으로써 러시아의 공격으로부터 수출 선박을 어떻게 안전하게 보호할 수 있을지에 대한 문제가 더욱 중요해졌다.[1] 우크라이나 항구에 대한 봉쇄 해제 합의 이후, 8월 1일 우크라이나 곡물을 실은 선박이 오데사항을 출발했다.[2] 러시아의 흑해 봉쇄와 이로 인한 우크라이나 곡물 수출 위기는 해상수송로 또는 해상교통로 안보가 국제정치 및 국제경제에 얼마나 중요한지 보여주는 최근의 사례다.

책의 목적

이 책의 목적은 두 가지이다. 하나는 해상수송로 안보와 미국의 외교정책(군사력 사용 결정) 간의 관계를 분석하는 것이며, 다른 하나는 위기 시 미국 외교정책의 결정 과정을 설명하는 것이다. 첫 번

---

1) Tayfun Ozberk, "Ukrainian Grain: How To Lift Russia's Black Sea Blockade?," *Naval News* (June 12, 2022); Isabelle Khurshudyan and Serhiy Morgunov, "Ukraine grain farmers devastated by Russia's Black Sea blockade," *The Washington Post* (July 8, 2022); The Financial Times, "Ukraine warns of big cuts to wheat harvest if Russian blockade continues," (July 19, 2022); The Financial Times, "Ukraine and Russia near deal to end blockade of grain exports," (July 20, 2022); Matina Stevis-Gridneff, "Russia Agrees to Let Ukraine Ship Grain, Easing World Food Shortage," *The New York Times* (July 22, 2022); Kareem Fahim, "Russia and Ukraine agree to release blockaded grain exports," *The Washington Post* (July 22, 2022).

2) Dalton Bennett and Kareem Fahim, "First ship carrying grain leaves Odessa in deal to ease global food crisis," *The Washington Post* (August 1, 2022).

째 목적은 "해상수송로 안보에 대한 위협의 변화가 미국이 군사적 대응을 선택하는 외교정책 결정에 영향을 주는가?"라는 질문에 답하는 것이다. 이 책의 두 번째 목적은 미국이 냉전기 해상수송로 안보 위기 상황에서 어떤 과정으로 군사력의 사용을 포함하여 다양한 선택지를 고려 및 논의하며 최종 선택하였는지 외교정책의 결정 과정을 설명하는 것이다. 그 과정에서 어떤 요인들이 외교정책의 결정 과정에 영향을 주는지도 분석한다.

해상수송로 안보의 중요성

미국은 해상수송로[3] 또는 해상교통로 안보를 위해 군사력을 사용해온 것으로 알려져 있다.[4] 특히 미국은 20세기 초반 이후부터 '공해의 자유(freedom of the seas)'를 강조함으로써 전 세계의 해상교통로 안보(sea-lane security)를 유지하는 데 주도적인 역할을 담

---

[3] 이 책에서 사용하는 군사력, 군사적 대응, 군사적 수단은 정규군을 움직이는 통상적인 군사력의 사용을 의미하며, '비밀작전(Covert Operation)'을 포함하지 않는다. 비밀작전은 미국의 정보기관인 CIA(Central Intelligence Agency)가 주로 수행해 온 특별한 작전으로 정치 공작, 준군사(paramilitary) 및 군사 작전을 포함한다. 비밀작전은 지원국(sponsor)인 미국의 정체를 은폐하여 진행하는 작전이며 정규군을 움직이는 일반적인 군사력의 사용 및 군사적 대응과 다르다.

[4] James F. Jeffrey and Michael Eisenstadt, "U.S. Military Engagement in the Broader Middle East," *Policy Focus* 143 (The Washington Institute for Near East Policy, 2016); Ryan Henry, Christine Osowski, Peter Chalk, and James T. Bartis, *Promoting International Energy Security: Volume 3, Sea-Lanes to Asia* (Santa Monica, CA: RAND Corporation, 2012), pp. 7-8.

당해왔고, 제2차 세계대전 이후부터 미국은 사실상 해양공공재(maritime commons)의 보호자 역할을 담당해오고 있다.[5]

역사적으로 해상수송로 또는 해상교통로에 대한 안보 문제는 국가 간 무력 충돌로 이어지는 경우가 많았다. 석유(원유)의 경우 대부분 유조선을 이용하여 해상에서 수송하기 때문에 해상수송로에 대한 위협은 매우 심각한 에너지 안보 위기, 더 나아가 국가 안보 위기를 초래했다. 예를 들어 제1차 세계대전에서 독일의 유보트(U-boat) 공격이 대표적인 사례로 독일은 1915년부터 영국으로 향하는 유조선을 공격했고 1917년에 그 수위를 높였다. 그 결과 1917년부터 영국은 극심한 석유 부족을 경험했다.[6] 이집트 나세르(Gamal Abdel Nasser) 대통령의 등장으로 발생한 1956년 수에즈 운하 위기(Suez Crisis)도 대표적인 사례이다.[7] 이집트는 영국, 프랑스, 이스라엘군의 침공에 대항하여 1956년 11월 초 수에즈 운하(Suez Canal)를 봉쇄했는데, 이로 인해 중동 지역에서 석유를 수입하던 영국은 심각한 에너지 안보 위기를 겪었다. 수에즈 운하 위기의 여파로 아이젠하워(Dwight D. Eisenhower) 대통령은 미국이 가

---

[5] Henry, Osowski, Chalk, and Bartis, 2012. 미국의 전반적인 국력 특히, 해군력의 쇠락과 이로 인한 해상수송로 안보 제공자 역할의 변화에 대해서는 다음 연구를 참고할 것. 김지용, "세력전이와 해양패권 쟁탈전: 공공재·전환재 경쟁을 중심으로," 『글로벌정치연구』 제12권 제2호 (2019), pp. 85-114.

[6] Rosemary Ann Kelanic, *Black gold and blackmail: The politics of international oil coercion*(Ph.D Dissertation) (The University of Chicago, 2012), pp. 136-139.

[7] Fuad Itayim, "Arab Oil-The Political Dimension," *Journal of Palestine Studies*, Vol. 3, No. 2 (Winter, 1974), pp. 86-89.

진 우려가 매우 중대하다는 신호를 보내면서 중동을 '사활적인 국가 이익(vital national interest)' 지역으로 선언하는 결의안을 의회에 요구하여 그것을 받아냈다. 또한 미국과 미국의 동맹국들은 점점 더 중동의 석유에 의존하게 되었는데 미국은 나세르의 범아랍 운동(Pan-Arab movement)이 언젠가 서유럽과 일본의 산업에 핵심적인 석유의 흐름을 중단시킬지 모른다는 것을 두려워했다.[8]

그런 의미에서 전략적으로 중요한 주요 해상수송로가 적대적인 세력에게 봉쇄되거나 공격으로 인해 불안정할 때, 또는 해상수송로 안보에 대한 위협이 예상되거나 증가할 때 군사적 수단을 동원한 해상수송로 안보 확보의 필요성이 제기된다.[9]

최근 페르시아만의 호르무즈 해협(Strait of Hormuz)에서 미국과 이란이 군사적 충돌 직전까지 갔던 사건만 보더라도 주요 해상수송로의 안보를 확보하는 것은 미국에게 여전히 핵심적인 국가안보 목표다. 2019년 6월 13일 오만만(Gulf of Oman) 해역에서 발생한 두 척의 유조선 공격에 이어, 이란은 오만만을 정찰중인 미국의 드론을 공격했고,[10] 폼페이오(Michael R. Pompeo) 국무장관은 같

---

8) Warren I. Cohen, *The Cambridge History of American Foreign Relations: Volume IV America in the Age of Soviet Power, 1945-1991* (Cambridge University Press, 2008), pp. 113-114.

9) 영국, 프랑스 및 이스라엘의 이집트 공격 이후 아이젠하워 행정부는 아랍 국가들과의 관계 및 소련의 중동 영향력 확대 가능성 등을 고려하여 UN에서 세 국가를 비판하는 입장에 섰다. 미국 입장에서는 아랍 국가들과 친밀한 관계를 유지하여 석유가 서방세계로 계속 공급되도록 하고 소련의 영향력을 밀어내는 것이 더 중요했다. Cohen, 2008, pp. 109-113.

10) Mark Landler, Julian E. Barnes, and Eric Schmitt, "U.S. Puts Iran on Notice and Weighs Response to Attack on Oil Tankers," *The New York Times* (June 14, 2019).

은 날 언론 성명을 통해서 "이와 같은 정당한 이유가 없는 공격(unprovoked attacks)은 국제 평화와 안보에 분명한 위협이다"고 말하며 유조선에 대한 공격의 책임이 이란에게 있다고 발표했다. 미국 트럼프(Donald J. Trump) 대통령은 이란의 공격에 대한 보복으로 이란 레이더 및 미사일 포병 부대 등에 대한 군사 공격을 승인했으나 공격이 이뤄지기 직전에 이를 취소했다.[11] 미국과 이란이 해상수송로 안보를 두고 군사적 충돌 직전까지 갔던 순간이었다.

해상수송로 문제는 에너지 안보(energy security)와 밀접하게 연결되어 있다. 에너지 안보에서 에너지 자원의 안전한 수송이 에너지 자원의 생산만큼 매우 중요하기 때문이다. 다음 〈그림-2〉와 같이 해양안보와 에너지 안보는 안전한 해상수송 즉, 해상수송로 또는 해상교통로 안보라는 부분에서 교집합이 존재한다. 해상수송로 안보는 해양안보 문제이자 동시에 에너지 안보 문제다.[12]

---

11) Weiyi Cai, Denise Lu, and Anjali Singhvi, "Three Attacks in the World's Oil Choke Point," *The New York Times* (June 21, 2019).

12) 장성일, "해양안보 개념 연구: 해상수송로 안보 논의를 중심으로," 『21세기정치학회보』 제32집 제4호 (2022년 12월), p. 54.

그림-2 해양안보와 에너지 안보[13]

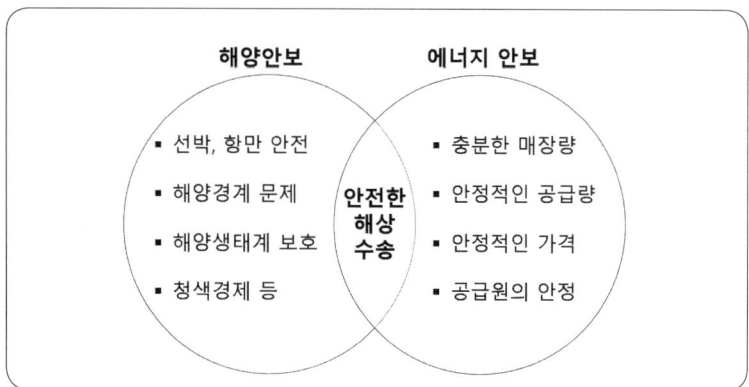

에너지 안보 위기를 촉발시키는 요인은 크게 경제적 요인, 정치적 요인 및 지정학적 요인으로 구분할 수 있는데, 경제적 요인은 주로 수요, 공급과 관련된 문제이며 정치적 요인은 에너지 생산지역의 국내외 정세 불안이 대표적이다. 마지막으로 지정학적 요인은 육상 및 해상수송로 안보에 대한 부분이다. 에너지 안보 위

---

13) 해양안보는 다음을 참고함. 백진현, "동아시아 지역의 변화하는 해양안보 환경," 한국해로연구회 편, 『동아시아 지역의 해운과 해로안보』(서울: 연세대학교 동서문제연구원, 2006); Christian Bueger, "What is Maritime Security?," *Marine Policy*, Vol. 53 (March, 2015); Christian Bueger and Timothy Edmunds, "Beyond seablindness: a new agenda for maritime security studies," *International Affairs*, Vol. 93, Issue 6 (Oxford University Press, 2017). 에너지 안보는 다음을 참고함. 이준범, "에너지 안보에 대한 이론적 접근: 에너지 수급의 정치경제," 『국제평화』, 제2권, 제1호 (2005), p. 7; Samantha Ölz, Ralph Sims, and Nicolai Kirchner, *Contribution of Renewables to Energy Security* (International Energy Agency, 2007), p. 13; International Energy Agency, https://www.iea.org/topics/energy-security/ (검색일: 2022년 12월 15일). 위 그림에서 표현한 것보다 실제로 더 많은 이슈들이 해양안보와 에너지 안보의 각 영역에 포함될 수 있다.

기를 초래하는 요인 중 해상수송로에 대한 안보 위협에 주목해야 하는 이유는 이러한 위협이 지정학적 위협으로서 다른 요인에 비해서 군사적 개입의 여지가 있는 요인이기 때문이다. 에너지 수요와 공급에서 문제가 발생하는 경우 대체로 국가는 시장에 맡겨 두고 해결하지만, 해상수송로 안보가 위협받는 경우 군사력과 같은 물리적 수단을 동원하여 안보를 확보하는 것이 가장 효과적이다. 석유 같은 에너지 자원을 비롯하여 많은 무역이 해상수송을 통해서 이루어지는 사실을 고려할 때, 해상수송로 안보가 심각하게 위협받는 경우 군사력의 사용과 같은 물리적 개입이 해상수송로 안보를 확보할 수 있는 가장 확실하고 합리적인 수단이다.

미국이 실제로 군사적 대응을 고려 및 최종 선택하는 데 있어서 해상수송로에 대한 안보 위협이 외교정책의 결정에 영향력을 행사하는지, 해상수송로 안보에 대한 고려가 어떤 방식으로 정책결정 과정 및 군사력의 사용 결정에 영향을 주는지 구체적인 매커니즘을 밝히는 연구를 찾아보기 힘들다. 이러한 매커니즘을 밝히기 위해서는 최종 정책결정자인 대통령을 비롯하여 외교정책의 정책결정 과정을 미시적 수준에서 추적하는 작업이 필요하다. 1차연구자료를 바탕으로 정책결정자라는 분석 수준에서의 연구가 필요하지만 실제로 그런 연구를 찾아보기 힘들다는 인식에서 이 책의 연구는 출발한다.

특히 이 책이 주목하는 것은 해상수송로에 대한 안보 위협이 증가하면, 실제로 대응 수단으로서 군사적 수단을 선택하는 데 영향을 주는가이다. 즉, 해상수송로에 대한 안보 위협이 군사적 대응의 선택이라는 미국 외교정책의 결정에 영향을 주는지 분석하는 것이 이 책의 목적이다. 해상수송로 안보 위기에서 미국이 어떤 조건에서 군사력을 사용하기로 결정하는지 그 조건을 완벽하게 밝히는 것은 무척 어려운 작업이며, 이 책이 분석한 세 개의 사례만을 연구하여 군사적 수단의 선택 조건을 학문적으로 정리하는 것은 쉽지 않다. 그럼에도 불구하고 본 연구는 군사력의 사용이 가장 효율적일 것으로 보이는 해상수송로 안보 위협이 실제로 미국이 군사력의 사용을 선택하도록 결정하는 데 영향을 주는지 정책결정자들의 논의 자료를 통해 경험적으로 밝히고자 한다.

이 책에서는 해상수송로에 대한 안보 위협이라는 요인을 핵심적인 독립변수로 주목하여 그 요인의 변화가 군사적 대응을 수반한 미국 외교정책의 결정에 영향을 주었는지 주목한다. 또한 외교정책의 결정에 영향력을 행사하는 개입변수로서 미소 경쟁과 같은 국제정치의 구조적 요인, 국내정치적 이해관계 등도 정책결정에 어떻게 영향을 주는지 분석한다. 어떤 국가의 행위를 분석하기 위해서는 국제체제 수준에서 하나의 변수에 초점을 맞추기보다 국가 행위자 내에서 이루어지는 다양한 결정 요인들과 그들 간의 상호작용에도 주목해야 한다. 즉, 어떤 국가의 결정에 영향을 주는 외부 환경과 그것에 영향을 받아 상호작용하는 국가 내 다양한 요인들의 관계를 종합적으로 고려할 때 그 국가의 정책결정을 보다 정확하게 이해할 수 있다.[14]

---

14) 국제관계에서 국가 행위를 설명할 때 국제적 요인과 국내적 요인을 종합적으로 고려해야 함을 주장하는 대표적인 연구로는 다음을 참고할 것. Graham T. Allison and Philip D. Zelikow, *Essence of Decision: Explaining the Cuban Missile Crisis* (New York: Longman,

1950년 한국전쟁에서 트루먼(Harry S. Truman) 행정부의 전쟁 개입 결정,[15] 1962년 쿠바 미사일 위기에서 케네디(John F. Kennedy)의 대응과 같이 실제로 어떤 외교정책이라는 결과는 여러 가지 요인들이 복합적으로 작용하여 도출된 것이기 때문이다. 쿠바 미사일 위기에서 케네디 대통령은 소련에 대한 고려뿐 아니라 자신이 선택할 수 있는 대안의 국내 정치적 영향도 고려했다. 당시 공화당은 케네디의 쿠바 정책을 격렬하게 비판하고 있었는데 쿠바에 미사일을 설치하는 소련의 도발적 행동에 대해 대통령이 아무런 행동을 취하지 않을 경우 그것이 가져오는 국내정치적 결과에 대해 맥나마라(Robert S. McNamara) 국방장관뿐 아니라 케네디 대통령도 인지하고 있었다.[16]

책의 학문적 기여

해상수송로 안보에 대한 위협이 군사력의 사용 선택이라는 미국 외교정책의 결정에 어떻게 영향력을 행사하는지 분석하기 위

1999), pp. 404-405; James D. Fearon, "Domestic politics, foreign policy, and theories of international relations," *Annual Review of Political Science*, Vol. 1 (1998), pp. 289-313.

15) 트루먼 행정부가 한국전쟁에 개입하기로 한 결정은 국내정치적 고려가 외교정책에 영향을 준 대표적인 사례로서, 여기에는 미국의 성공적인 개입을 통해 트루먼 행정부의 정치적 이익을 얻고자 했던 국내정치적 이유도 있었다. Cohen, 2008, pp. 67-68.

16) Allison and Zelikow, 1999, p. 113.

해서는 분석 수준을 국가 전체 단위(국가 수준)와 함께 정책결정자 수준(국가 내 수준)이라는 미시적 수준에서 분석이 이루어져야 한다.[17] 정책결정자 수준 분석은 국가 내에서 이뤄지는 외교정책의 결정 과정을 최종 결정권자인 대통령을 중심으로 핵심 정책결정자 수준에서 추적하는 것으로서, 위기 상황에서 외부 환경 변화나 위협에 대한 인식, 선택 가능한 정책 옵션들에 대한 논의 및 최종 외교정책의 선택이라는 외교정책 결정이 이루어지는 과정을 분석한다. 외교정책론이나 외교정책분석론,[18] 또는 외교정책의 결정에 대한 연구라고 명명하는 이러한 연구 분야는 어떤 요인들(determinant)이 정책 결정에 영향을 주는지, 그리고 정책 결정의 과정은 어떻게 이루어지는지 그 과정을 국가 내 수준에서 미시적으로 분석한다. 민츠(2010)는 "결정이 이루어지는 방식(the way decision are made)은 최종적인 정책 결정 또는 선택을 형성할 수 있고, 정책 결정의 과정(process)에 따라서 행위자는 서로 다른 결과에 도달할 수 있다"고 설명한다. 정책 결정의 과정에 주목해야 하는 이유가

---

[17] 외교정책 연구에서 분석 수준에 대한 논의는 싱어(1961)를 참고할 것. J. David Singer, "The Level-of-Analysis Problem in International Relations," *World Politics*, Vol. 14, No. 1 (October, 1961), pp. 77-92. 분석의 범위와 관련하여 이 책은 해상수송로 안보를 위한 군사력의 사용 결정까지만을 분석한다. 어떤 외교정책의 '결정(선택)'과 그 실제 '이행'은 다르며, 정책결정의 과정과 결정된 정책을 이행하는 과정에서는 다른 요인이 작용할 수 있다. 장성일, "외교정책 연구에서 '정책결정(Decision-making)' 관점 재조명: 1967년 티란 해협 수송로 안보 위기 시 미국의 무대응 분석," 『국제정치논총』 제60집 제2호 (2020년 6월), pp. 212-216.

[18] 전재성, "외교정책 연구의 역사와 이론의 발전," 김계동 외 지음 『현대외교정책론』 (서울: 명인문화사, 2016), pp. 3-22.

여기에 있다.[19]

이 책은 실제 정책결정자들의 논의 과정을 기록한 백악관의 1차 연구자료를 활용하여 국가 내 정책결정자 수준에서 미국의 군사력 사용 결정 과정을 분석한다. 외교정책 연구에서 정책결정자 수준의 분석은 어떤 요인들이 실제 정책결정의 과정에 어떻게 영향을 주었는지 확인할 수 있게 해줌으로써 기존 이론을 검증하고 개선하는 데 기여한다. 특히 정책결정 과정에 참여한 행위자들이 외부 환경의 변화를 어떻게 인식하고 어떠한 대응 방안들을 고려했으며, 최종 외교정책 선택에 어떤 요인들이 영향을 주었는지 확인할 수 있기 때문에 소수의 사례를 연구하더라도 정책결정자 수준의 분석은 이론적, 정책적 함의가 있다.[20] 그런 의미에서 이 책은 해상수송로 안보와 미국의 군사력 사용 결정 간의 관계를 충분히 설명하지 못했던 기존 연구를 보완한다.[21]

이 책의 연구는 미국 외교정책 이론 발전에도 기여할 것으로 기대한다. 첫째, 이 책은 위협에 대한 정책결정자의 인식에서부터 최종적인 대안의 선택에 이르기까지 군사력의 사용에 관련된 외교정책의 결정 과정을 통합적인 분석틀로 설명한다. 그동안 정책결

---

19) Alex Mintz and Karl DeRouen Jr., *Understanding Foreign Policy Decision Making* (Cambridge University Press, 2010), p. 4.

20) Richard C. Snyder, H. W. Bruck, and Burton Sapin, *Decision-Making as an Approach to the Study of International Politics* (Princeton: Princeton University Press, 1954); 장성일, 2020(b), pp. 212-227.

21) 장성일, "해상수송로 안보와 미국의 외교정책: 레이건 행정부의 쿠웨이트 유조선 군사적 보호 결정," 『한국과 국제정치』 제38권 제2호 (2022년 6월), pp. 32-33.

정자의 인식, 관료정치의 역할 등 외교정책 결정에 영향을 주는 다양한 수준에서 여러 요인의 개별적인 영향력을 확인하는 연구가 활발하게 이루어졌지만, 이를 하나의 통합된 이론으로 정립하려는 시도는 많지 않았다. 여러 수준에서 작동하는 변수들이 어떻게 상호작용하는지 설명하는 다수준적인(multilevel) 통합적인 외교정책 이론의 구축 필요성은 꾸준히 제기되어 왔다.[22] 민츠(2002; 2004)의 경우 합리적 선택 이론과 심리/인지적 이론을 통합한 이론을 제시하며 대통령의 군사력 사용 결정을 설명하고자 했다.[23] 그런 의미에서 민츠의 통합이론과 마찬가지로 본 연구의 시도는 통합적인 외교정책 이론 발전에 의미가 있다. 통합적인 외교정책 분석은 개인 차원의 변수와 조직 차원의 변수를 모두 고려해야 의미가 있다는 점을 고려할 때,[24] 본 연구의 시도는 통합적인 외교정책 이론 발전에 기여할 것으로 기대한다.

---

[22] Snyder, Bruck, and Sapin, 1954; James N. Rosenau, *The Scientific Study of Foreign Policy* (New York: Free, 1971); 김현, "외교정책분석론의 국내 연구 성과와 동향," 『정치·정보연구』 제8권 제1호 (2005); Valerie M. Hudson and Benjamin S. Day, *Foreign Policy Analysis: Classic and Contemporary Theory* (Lanham: Rowman & Littlefield, 2020).

[23] Alex Mintz (eds.), *Integrating Cognitive and Rational Theories of Foreign Policy Decision Making* (New York, NY: Palgrave Macmillan, 2002); Alex Mintz, "How Do Leaders Make Decisions?: A Poliheuristic Perspective," *Journal of Conflict Resolution*, Vol. 48, Issue 1 (February, 2004); Steven B. Redd and Alex Mintz, "Policy Perspectives on National Security and Foreign Policy Decision Making," *The Policy Studies Journal*, Vol. 41, No. S1 (April, 2013).

[24] Snyder, Bruck, and Sapin, 1954, p 54; Richard C. Snyder, H. W. Bruck, and Burton Sapin (eds.), *Foreign Policy Decision-Making: An Approach to the Study of International Politics* (New York: The Free Press of Glencoe, 1962), pp. 7-8.

두 번째로 본 연구가 기여하는 점은 제도 차원에서 미국 외교정책의 결정 과정을 설명한다는 점이다. 본 연구가 주목하는 NSC 중심의 정책결정 과정은 법이 규정하는 미국 외교정책 결정의 제도이다. 제도적인 과정을 통해 이루어지는 외교정책 결정을 이해하는 것은 미국 외교정책의 연속성을 확인할 수 있기에 의미 있다. 미국 외교정책 결정은 역사적 맥락에서 이루어지는 점진적인 결정이며 제도를 통해 이루어지는 공유된 결정 과정이 특징이다.[25] 또한 정책결정 과정에서 대통령의 역할이 중요하지만,[26] 특정 인물이 정책 결정의 전체 과정을 독점하는 것이 아니라, 여러 행위자가 참여한다는 점에서 '공유된 결정 과정'이다. 그런 의미에서 본 연구는 민츠의 통합이론이 다루지 않았던 제도적 차원에서 이루어지는 미국 외교정책의 결정과정을 이해하는 데 기여한다.

아울러 국가가 결정을 내리고 이행하는 과정은 하나의 결정을 내린 다음에 다른 문제에 대해 논의하며 결정하는 시간 순서에 따른 방식이 아니라, 동시에 여러 가지 결정을 내리고 이행하는 동시적 과정(simultaneity)이다. 외교정책 연구에서 정책결정의 동시

---

25) Roger Hilsman, *To Move a Nation: The Politics of Foreign Policy in the Administration of John F. Kennedy* (Garden City, N.Y.: Doubleday; New York: Delta Publishing, 1967), p. 5; Charles W. Kegley Jr. and Eugene R. Wittkopf, *American Foreign Policy: Pattern and Process* (New York: St. Martin's Press; London: Macmillan, 1996), p. 11, p. 78.

26) David Patrick Houghton, *The Decision Point: Six Cases in U.S. Foreign Policy Decision Making* (New York; Oxford: Oxford University Press, 2013), p. 142.

적 문제는 그동안 제대로 다루어지지 않았다.[27] 본 연구의 분석틀은 이러한 동시적 과정을 고려하였으며, 정책결정자가 내린 어떤 결정이 이후 유사한 문제에 대한 결정에도 영향을 미치는 정책결정의 순환적 구조도 분석틀에 포함시켰다. 위기 시 정책결정자는 시간과 정보의 제약 속에서 결정을 내리기 때문에 선택할 수 있는 선택지를 줄이는 과정이 발생한다. 정책결정자는 주로 역사적 사례를 참고하여 선택지를 줄이는데,[28] 이전에 내려진 결정도 역사적 선례가 되어 정책결정자의 선택에 영향을 준다.[29]

2. 연구의 설계

사례의 선정

이 책은 미국 외교정책에 대한 해상수송로 안보의 역할과 영향력, 그리고 외교정책의 정책결정 과정을 미시적으로 분석하기 위해서 비교사례연구를 실시한다. 연구할 사례의 선정 기준과 관련

---

27) Snyder, Bruck, and Sapin, 1954, p 32.

28) Yuen Foong Khong, *Analogies at War: Korea, Munich, Dien Bien Phu, and the Vietnam Decisions of 1965* (Princeton, N.J.: Princeton University Press, 1992).

29) 장성일, "위기 시 미국 외교정책 결정의 통합적인 분석: 페르시아만 해상 수송로 위기에서 군사적 대응 결정," 『한국정치학회보』 제54집 제2호 (2020년 6월), pp. 232-233.

하여 이 책은 킹, 코헤인 및 버바(King, Keohane, Verba 이하 KKV)의 사례 선정 기준을 참고하여 독립변수의 변화에 따라서 종속변수가 달라지는 사례를 선정했다. KKV(1994)가 제안하는 가장 바람직한 사례 선정 방식은 무작위(random) 선정으로 이는 자동적으로 모든 변수들과의 상관성 없이 이루어지기 때문에, 사례 선정 시 발생할 수 있는 편견(selection bias)을 피할 수 있다고 주장한다.[30]

그러나 사례의 수가 적은 대부분의 질적 연구에서 무작위 사례 선정은 현실적으로 어렵다는 점을 KKV(1994)는 인정하면서 그들은 몇 가지 주의해야 할 가이드라인을 제시하고 있다. 예를 들어 모든 조합이 가능한 사례들을 최대한 수집하여 연구자가 선호하는 결론을 뒷받침하는 독립변수와 종속변수의 조합에 기초한 사례를 선정하지 않도록 하는 것, 종속변수의 변화 가능성이 있는 사례들을 선정하는 것, 독립변수에 따라서 사례를 선정하는 것, 독립변수에 따라서 사례를 선정하는 것이 어려운 경우에, 종속변수 값의 차이가 큰 사례를 선정하는 것, 마지막으로 연구자가 일반화하고자 하는 현상을 최대한 대표할 수 있는 대표적인 사례를 선택하는 것 등을 제안하고 있다.[31]

냉전 시기 초반부터 2023년 상반기까지 해상수송로 안보가 관련된 위기의 사례군(population)은 다음의 〈표-1〉과 같다. 해상수송

---

30) Gary King, Robert O. Keohane, and Sidney Verba, *Designing Social Inquiry: Scientific Inference in Qualitative Research* (Princeton, N.J.: Princeton University Press, 1994), pp. 124-126.

31) King, Keohane, and Verba, 1994, pp. 128-143.

로 안보 자체가 문제였던 위기는 물론이고, 해상수송과 관련된 에너지 안보 위기도 사례군에 포함되었다.

해상수송로 안보 위기는 매우 다양하다. 주요 해상수송로가 위치한 지역 국가 간 분쟁이나 갈등 및 지역 정세처럼 정치적인 요인으로 인해 발생하는 경우도 있고, 해적이나 테러리즘도 위기를 유발한다. 아울러 태풍 같은 자연재해도 해상수송로 안보 위기를 유발한다. 그중 본 연구는 정치적인 요인으로 인해 또는 정치적 요인과 결합하여 발생한 위기 사례들에 주목하였다. 순수하게 기술적인 문제 또는 자연재해와 같은 우발적인 요인 때문에 발생한 위기와 다르게 정치적인 요인으로 발생한 즉, 특정 국가나 세력이 어떤 의도를 가지고 일으킨 해상수송로 안보 위기에서 미국은 다양한 방식으로 대응할 수 있다. 예를 들어 UN을 통해 외교적으로 대응하거나 양자외교를 활용하거나, 경제제재 같은 경제적 수단, 군사 원조, 군사력 파견이나 군사적 개입 같은 군사력을 사용할 수 있다. 즉, 정치적인 요인으로 발생한 해상수송로 안보 위기에서 미국은 정치적 또는 군사적인 수단을 사용할 수 있기 때문에 이 책은 이러한 사례들에 주목하여 비교사례연구를 실시한다.

표-1 주요 해상수송로 안보 위기 사례(냉전 시작~2023년 상반기)

	사례	관련 전쟁	위기 설명	연도
1	아카바만 봉쇄	없음	이집트 나세르가 이스라엘에서 홍해로 나가는 티란 해협을 봉쇄함	1956
2	수에즈 위기	2차 중동전쟁 (1956.10.29.-11.07.)	2차 중동전쟁 발발로 이집트가 수에즈 운하를 봉쇄함	1956
3	1967년 티란 해협 위기	3차 중동전쟁 (1967.06.05-10.)	5월 22일 이집트가 이스라엘 항구로 가는 티란 해협 봉쇄 선언으로 위기. 중동전쟁 발발 이후 이스라엘에 대한 지원을 응징하기 위해서 아랍 산유국들이 석유 금수조치를 단행함	1967
4	1973년 중동전쟁 위기	4차 중동전쟁 (1973.10.06.-25.)	중동전쟁으로 에너지 안보 위기 촉발됨. 아랍 산유국들이 1) 석유 생산량 삭감, 2) 유가 인상, 3) 이스라엘에 우호적인 국가에 석유금수조치를 단행함. 이집트 잠수함이 페르시아만으로부터 이스라엘의 에이라트(Eilat) 항구로 향해 가고 있는 파나마 국적의 유조선을 공격함.	1973
5	1987년 페르시아만 위기	이란-이라크 전쟁 (1980.09.22.-1988.08.20)	1984년부터 시작된 이란의 페르시아만 항행 선박 공격에 대해, 1987년에 함정을 파견하여 쿠웨이트 유조선을 보호하는 에스코트 실시함. 미국은 1983년부터 이란의 공격을 심각한 위협으로 인식하고 대응 방안을 논의하기 시작	1987

	사례	관련 전쟁	위기 설명	연도
6	호르무즈 해협 봉쇄 위협	없음	이란 부통령이 미국의 경제제재 확대에 항의하면서 페르시아만 호르무즈 해협의 봉쇄를 시사함	2011
7	호르무즈 해협 통행 선박 공격	없음	이란이 미국의 경제제재에 항의하면서 페르시아만 호르무즈 해협의 위협을 시사함. 해협을 통행하는 선박에 대한 공격도 발생함	2019
8	수에즈 운하 통행 중단	없음	3월 23일 수에즈 운하에 들어선 에버기븐(Ever Given)호가 좌초되자 일주일 가량 운하의 통행이 중단됨	2021
9	러시아의 흑해 봉쇄	러시아-우크라이나 전쟁 (2022.02.24.~)	러시아가 우크라이나를 침공하자 러시아는 흑해를 통제하고 우크라이나의 곡물 수출 항구들을 봉쇄함으로써 전 세계적인 식량 위기가 발생함	2022

    이 책이 주목하는 독립변수인 해상수송로 안보 위협의 변화에 따라 종속변수가 달라지는 사례를 선정하였다. 종속변수는 외교정책 결정으로 군사적 수단을 사용할 것인지 또는 그렇지 않을 것인지에 대한 결정이다. 이러한 기준에 따라서 이 책은 1967년 티란 해협 위기, 1973년 중동전쟁 위기, 그리고 1987년 페르시아만 위기를 비교분석할 사례로 선정하였다. 세 위기는 모두 공통적으로 정치적 목적으로 유발된 위기들이다.

1967년 티란 해협 위기

 1967년 5월 22일, 이집트는 티란 해협(Straits of Tiran)을 봉쇄하겠다고 선언함으로써 위기가 시작되었다. 티란 해협은 이스라엘로 가는 유조선이 통과하는 해상수송로에 위치하고 있는데 이스라엘에게 생명선과 다름 없는 전략적으로 매우 중요한 해협이다. 미국은 티란 해협이 봉쇄되지 않도록 영국이 제안한 해양선언을 핵심 대응 전략으로 추진했다. 티란 해협 또는 아카바만(Gulf of Aqaba)을 통과하는 선박에 대한 항행의 자유를 지지한다는 것이 해양선언의 주요 요지다. 미국은 티란 해협 봉쇄 위기에 대응하여 국무부 산하에 중동 통제 그룹을 설치했다. 해양선언이라는 여러 국가가 참여하는 정치적 선언을 추진하면서 동시에 미국은 영국과 군사력을 사용한 개입 방식에 대해서도 논의를 진행했다.
 그러나 6월 5일 이스라엘과 이집트가 제3차 중동전쟁(6일 전쟁)으로 알려진 교전을 시작하자 미국은 티란 해협 봉쇄에 대한 대응 방안으로 추진해온 해양선언 활동을 전격적으로 유보했다. 전쟁이 발발하자 다음 날 아랍 석유장관들은 이스라엘에 우호적인 국가들에 석유 금수조치(oil embargo)를 취해야 한다고 공식적으로 요청하였다. 이에 따라 사우디아라비아, 쿠웨이트, 이라크, 리비아, 그리고 알제리가 미국, 영국 및 서독에 대한 석유 수송을 금지했다. 6월 7일에 열린 NSC 회의에서 중동 위기를 다루기 위해 NSC 특별 위원회를 설치하기로 결정했고 그날 저녁 특별 위원회의 첫 회의가 열렸다. 중동전쟁의 발발 후 당시 정책결정자들은 석유와 같은 에너지 문제에 대해서 그 중요성을 인지했지만 현황 파악이나 대응 방안 등에 대해서 아직 준비가 되어 있지 않았다. 아랍 산유국의 석유 금수조치는 별다른 효과 없이 끝났다.

1973년 중동전쟁 위기

1973년 10월 6일 이집트와 시리아 주도로 이스라엘에 대한 기습 공격을 감행함으로써 10월 전쟁 또는 욤 키푸르 전쟁(Yom Kippur War)이 시작되었다. 아랍 산유국들은 석유 금수조치와 더불어 생산량 감축으로 석유를 다시 정치적으로 무기화했으며 리비아, 바레인, 사우디아라비아, 시리아, 아부다비, 알제리, 이집트, 카타르, 쿠웨이트가 여기에 동참했다. 사우디아라비아의 경우 방대한 석유 매장량과 막대한 생산량을 배경으로 1973년도 석유 무기화를 주도했다.[32]

1973년 10월에도 마찬가지로 중동전쟁이 시작되자 미국 정책결정자들은 이를 에너지 안보 위기로 인식하면서 석유 공급 차질의 가능성과 이에 대한 대응 방안을 강구하기 시작했다. 해상수송로 문제와 관련하여 이집트 잠수함이 페르시아만으로부터 이스라엘의 에이라트(Eilat) 항구로 향해 가고 있는 파나마 국적의 유조선을 공격한 사건이 발생했다. 이러한 도발은 매우 심각한 해상수송로 안보 위협이 될 수 있었으나, 당시 미국 정책결정자들에게 우선순

---

32) Itayim, 1974, pp. 86-89.

위는 중동전쟁이었기 때문에 1973년 10월 전쟁 중에 논의된 군사적 대응은 해상수송로 안보 위협에 대한 대응과 같은 에너지 안보를 위한 목적이라기보다 중동 지역 미국인 대피 대비와 중동 교전에 대한 대비가 목적이었다. 1967년 사례와 다르게 그들은 위기 초반부터 중동 인근에 있는 미군의 현황을 파악하면서 군사적 수단을 활용할 수 있다는 가능성을 보여주었으나, 실제로 미국은 군사적 대응을 선택하지 않았다.[33]

1987년 페르시아만 위기

1980년 9월 22일 이라크의 공격으로 이란-이라크 전쟁이 시작되었고, 1981년부터 이라크는 페르시아만을 항행하는 선박을 공격하기 시작했다. 1983년 말, 페르시아만을 통행하는 선박을 겨냥하여 이란이 공격을 감행할 수 있다는 가능성이 제기되면서, 미국은 이에 대한 대응 방식을 논의하기 시작했다. 1984년부터 이란은 이라크의 선박 공격에 대응하여 공격에 가담하면서 양자 간의 공

---

33) 1973년 말 석유 금수조치가 진행 중일 때 미국은 사우디아라비아, 쿠웨이트 및 아부다비에 공수부대를 파견하여 유전지대를 점령하는 방안을 심각하게 고려했었다는 보도도 있다. Glenn Frankel, "U.S. Mulled Seizing Oil Fields In '73," *The Washington Post* (January 1, 2004). 마브로(2008)는 미국이 군사적 개입을 실행하지 못했던 것은 군사 개입이 소련과의 전쟁으로 이어질 가능성이 있었기 때문이라고 주장한다. Robert Mabro, "On the Security of Oil Supplies, Oil Weapons, Oil Nationalism and all that," *OPEC Energy Review*, Vol. 32, Issue 1 (March, 2008). 그러나 그는 이러한 주장을 자신의 연구에서 1차연구자료를 활용하여 분석하지는 않았다.

격이 시작되었다. 전쟁 승리를 위해 이란은 페르시아만에서 석유를 수송하는 유조선을 공격하기 시작한 것이다. 이런 상황에서 페르시아만을 통행하는 유조선을 보호하기 위해서 이란-이라크의 교전 지역인 페르시아만 안쪽으로 미국이 군사력을 파견해야 하는지 즉, 군사적 대응을 해야 하는지에 대한 논의가 1983년 말부터 시작됐다. 1986년 12월 쿠웨이트는 자국 유조선에 대한 보호를 미국에게 요청했고 결국 1987년 3월 7일, 미국은 쿠웨이트 유조선을 군사적으로 보호하겠다고 쿠웨이트에 전달했다.

1987년 미국은 페르시아만 해상수송로에 대한 안보 위협에 군사적 수단을 실제로 활용하여 대응했다. 당시 위기에서 미국의 군사력 사용은 냉전 시기 에너지 자원의 해상수송로를 보호하기 위해 미국이 군사력을 사용한 최초의 사건으로서 의미가 있다.[34] 미국은 페르시아만을 항행하는 쿠웨이트 유조선을 이란의 공격으로부터 보호하겠다고 1987년 3월 7일에 쿠웨이트에 전달했으며, 7월 21일부터는 미국의 국기를 단 최초의 유조선인 브리지톤(Bridgeton)을 포함하여 쿠웨이트 유조선을 미국의 군함이 호위함으로써 군

---

[34] 미국은 에너지 안보 이익 구체적으로 석유 이익을 지키기 위해 정규군이 아닌 비밀작전(Covert Operation)을 수행하기도 했다. 대표적인 사례가 영국의 정보기관과 미국의 CIA가 공조한 비밀작전으로서, 1953년 8월 이란 총리 모사데(Mohammed Mossadegh)를 축출하기 위해 군사 쿠데타를 조장한 사건이 그것이다. 모사데는 1951년에 이란 석유회사인 Anglo Iranian Oil Company를 국영화하는 일을 주도했기 때문에 이란의 석유 생산에 많은 이해관계를 가지고 있던 영국은 이에 대해 큰 불만을 가지고 있었다. 미국과 영국은 자국 기업의 이익을 달래고 서양 세계를 위한 시장 기반의 에너지 안보를 영구화시키기 위해서 'Operation Ajax'라는 비밀작전을 수행하여 모사데를 축출하였고, 친서방적인 샤(Shah)가 모사데를 대신하여 이란의 권력을 잡았다. Andrew Price Smith, *Oil, Illiberalism, and War: An Analysis of Energy and US Foreign Policy* (Cambridge, Mass.: MIT Press, 2015), pp. 14-16.

사적 수단을 사용하여 해상수송로 안보 위기에 대응하였다. 레이건(Ronald W. Reagan) 대통령의 명령에 따라서 미 해군이 민간 유조선에 대한 에스코트를 시작했고 이란-이라크 전쟁을 '탱커 전쟁(Tanker War)'이라고도 부른다.[35]

'정책결정의 관점' 분석

이 책은 세 위기 당시 정책결정자들의 논의 과정이 담긴 1차연구자료를 활용하여 '정책결정의 관점(Decision-making approach)'에서 세 위기 상황에서 미국의 외교정책 결정 과정을 비교분석한다. 국제정치에서 국가의 대외적인 행동인 외교정책을 '정책결정의 관점'에서 분석해야 한다는 주장은 외교정책론, 또는 외교정책분석론(Foreign Policy Analysis)이라는 연구 분과를 개척한 스나이더(Richard C. Snyder)의 논의로부터 시작되었다. 외교정책분석론은 국제정치 일반이론과 다르게 외교정책이 결정되고 실행되는 미시적 과정 즉, 국가 내에서 이루어지는 정책결정의 과정에 주목한다. 외교정책분석론은 국가 내에서 개인이든 집단이든 국가의 외교정책 결정에서 인간 행위자의 역할을 강조한다. 정책결정의 관점을 중

---

35) 탱커(tanker)는 주로 원유(crude oil) 또는 석유제품(petroleum product)을 실어 나르는 선박 또는 유조선을 의미한다. 1980년부터 시작된 이란-이라크 전쟁이 전개되면서 페르시아만을 왕래하는 유조선과 상선들이 이란과 이라크의 공격을 받자, 1987년 미국은 해군을 투입하면서 군사적으로 개입하였다. 이란과 이라크가 페르시아만 항행 선박을 공격하고, 유조선 보호를 위해 미군이 개입된 이란-이라크 전쟁을 '탱커 전쟁(Tanker War)'이라고도 부른다.

요하게 간주하는 외교정책분석론은 국제체제 수준의 변수라는 구조적 요인과 국내 변수 간의 상호작용이 어떻게 일어나는지, 그리고 인간 행위자는 외부 환경 변화를 어떻게 위협으로 인식하고 정책결정자의 신념이나 인식이 정책결정에 어떤 방식으로 영향을 주는지 확인하는 데 기여한다.

후술하겠지만 스나이더 외(1954)는 일련의 행위가 일어나는 시스템 내에 참여하는 사람을 정책결정자로 간주하였다. 그리고 이 시스템에서 핵심은 조직(organization)이다. 국가의 대외적 행위를 설명하는 데 중요한 것은 현실을 어떻게 정의하느냐에 대한 부분인데 스나이더는 그것이 조직이라는 맥락에서 이루어지는 정책결정 과정(decision-making process)에서 나온다고 보았다. 이 점을 염두에 두어야 국가의 행동을 결정하는 정책결정자들의 행위에 영향을 주는 다양한 요인들을 확인할 수 있고, 정책 선택이 어떻게 이루어지는지, 그리고 그러한 선택이 이루어지는 조건은 무엇인지 밝힐 수 있다고 그들은 주장했다.[36] 정책결정이 조직 차원에서 이루어진다고 할 때 어느 조직에 주목해야 하는지에 대해서 스나이더 외(1954)는 분명한 답을 제시하지 않는다. 그러나 스나이더 외(1954)가 정부 관료만 정책결정자로 한정하는데 이는 정부 관료가 아닌 일반 시민의 영향력을 자료를 통해 경험적 연구로 확인이 가능한가와 같은 방법론적 문제로 인한 것이라 할 수 있다.[37]

---

36) Snyder, Bruck and Sapin, 1954, p. 54.
37) Snyder, Bruck and Sapin, 1954, p. 63.

NSC 중심의 외교정책 결정 과정 분석

　이 책은 외교정책분석론의 시각에서 위기 시 미국 외교정책의 결정이 국가안전보장회의(National Security Council, 이하 NSC) 수준에서 어떤 과정으로 이루어지는지 특히, 군사력의 사용 결정 과정을 설명하는 것을 목적으로 한다. NSC는 미국 외교정책 결정의 제도이자 핵심 조직이기 때문에 NSC 중심의 외교정책 결정 과정 연구는 의미가 있다.[38] 1947년에 제정된 국가안전보장법(National Security Act)에 따라 NSC는 국가안보와 관련된 정책을 대통령에게 자문하기 위해 설립되었다. 이에 따라 NSC 회의체나 NSC 소속 위원회, 그리고 NSC 핵심 참석자들이 참여하는 임시 위기 대응 조직은 위기 시 대통령이 선택할 수 있는 외교정책 대안을 논의 및 제안하며 대통령은 이러한 자문을 바탕으로 최종 선택을 한다. 따라서 대통령은 NSC를 국가안보 문제의 결정에서 중요한 자문기구로 활용해왔다.

　외교정책이 결정되는 과정, 대통령의 정책 선택에 영향을 주는 방식은 연구자가 어느 요인에 더 주목하느냐에 따라 다양할 수 있다. 예를 들어 의회가 대통령의 외교정책 선택에 어떻게 영향을

---

[38] NSC 중심의 미국 외교정책 분석이 갖는 의미에 대해서는 다음을 참고할 것. Amy B. Zegart, *Flawed by Design: The Evolution of the CIA, JCS, and NSC* (Stanford, CA: Stanford University Press, 1999), pp. 2-3; 윤태영, 『위기관리 리더십: 국가안전보장회의(NSC) 운영국가 사례연구』, (인천: 진영사, 2019), p. 16; 장성일, "위기 시 미국 외교정책 결정의 통합적인 분석: 페르시아만 해상 수송로 위기에서 군사적 대응 결정," 『한국정치학회보』 제54집 제2호 (2020년 6월), pp. 230-231.

미치는지에 관심을 갖는 연구자는 본 연구와 다른 방식의 분석틀을 고려할 수 있다. 외교정책 결정이 이루어지는 여러 가지 방식 중 NSC를 중심으로 이루어지는 정책결정 과정은 법에 근거한 가장 기본적인 제도이기 때문에 본 연구는 여기에 주목한다. 또한 미국 외교정책 결정 과정에서 가장 핵심적인 행위자인 대통령, 국무장관, 국가안보좌관, 국방장관, 합동참모본부의장 및 정보기관의 수장이 NSC의 핵심 구성원이라는 점에서도 NSC 중심의 외교정책 연구는 중요하다.[39] 다음으로 위기 상황에서는 여러 가지 제약으로 인해 규모가 작은 집단 중심으로 정책결정이 이루어질 가능성이 높은데,[40] NSC 회의는 소규모 집단이라는 점에서 NSC 중심의 분석은 의미가 있다.[41]

또한 연구에 필요한 지속적인 자료 확보의 문제도 있다. NSC 그리고 이와 유사한 위기 대응 조직의 회의 기록은 제한적이지만

---

[39] The U.S. Department of State, "The Changing Dynamics of U.S. Foreign Policy-Making: An Interview with Under Secretary of State for Political Affairs Thomas R. Pickering," *U.S. Foreign Policy Agenda*, Vol. 5, No. 1 (March, 2000), p. 5. 일반적인 제도에 기반한 정책결정을 벗어나는 예외적인 사례도 존재한다. 대통령이 NSC의 자문을 받는 제도적인 과정을 무시한 채 결정을 내리거나 특정 인물에게 기존 제도적 절차를 뛰어 넘는 과도한 권한을 부여하는 경우가 그렇다. 닉슨(Richard M. Nixon) 행정부 때 키신저(Henry A. Kissinger) 국무장관의 경우가 대표적으로, 그는 NSC 설치 이후 유일하게 국무장관과 국가안보보좌관직을 겸임하면서 사실상 외교정책 결정 과정을 독점했다. 하지만 이 책은 그러한 예외적인 상황을 설명하는 것이 목적이 아니라 제도적 차원에서 이루어지는 일반적인 외교정책 결정 과정에 주목한다.

[40] 김기정, 『외교정책 공부의 기초』(서울: 연세대학교 대학출판문화원, 2019), p. 152.

[41] Nikolas K. Gvosdev, Jessica D. Blankshain, and David A. Cooper, *Decision-Making in American Foreign Policy: Translating Theory Into Practice* (Cambridge University Press, 2019), pp. 192-237.

지속적으로 공개되기 때문에 NSC 중심 연구는 외교정책 이론을 구축하고 기존 이론을 검증 및 보완하는 데 유용하다. NSC 중심의 외교정책 연구는 확인 가능한 경험적 자료를 바탕으로 지속적인 연구를 할 수 있어 외교정책 연구의 이론과 현실 간의 간극을 확인함으로써 외교정책 이론 발전에 기여할 수 있다.[42]

비교사례연구

이 책은 비교사례연구와 과정추적 방법을 활용하여 해상수송로 안보에 대한 위협의 변화가 미국이 군사적 대응을 선택하는 외교정책 결정에 영향을 주는지, 그리고 미국이 해상수송로 안보를 위해 어떤 과정으로 군사력의 사용을 논의하며 최종 선택하였는지 외교정책의 결정 과정을 분석하며, 어떤 요인들이 외교정책의 결정 과정에 영향을 주는지 분석한다.

비교사례연구와 관련하여 조지와 베넷(2005)은 '구조화된 집중적인 비교방법(Method of Structured, Focused Comparison)'을 제안한다. 연구 목적을 반영하는 질문을 각 사례에 던짐으로써 체계적인 비교, 사례연구를 통한 발견의 축적이 가능하기 때문에 구조적(structured)이다. 또한 사례의 모든 측면을 다루는 것이 아니라 연

---

42) Richard E. Neustadt, "Presidential Power and the Research Agenda," *Presidential Studies Quarterly*, Vol. 32, No. 4 (December, 2002), p. 720; 김현, 2005, pp. 269-270.

구자가 발전시키고자 하는 이론과 부합하도록 연구하는 역사적인 사례의 특정 측면만을 다루기 때문에 집중적(focused)이다.[43] 그들에 따르면 비교사례연구 방법 중 가장 엄격한 방식은 '통제된 비교(controlled comparison)'이다. 이 방식은 검증하고자 하는 변수 하나만 제외하고 모든 면에서 서로 유사한 둘 또는 그 이상의 사례를 비교 연구하는 것이다. 그러나 그와 같은 방식으로 다른 모든 변수를 통제하는 것은 현실 사례를 연구할 때 매우 어려운 일이다. 왜냐하면 통제된 비교가 요구하는 것처럼 모든 부분에서 서로 아주 유사하고 단 하나의 측면에서 다른 사례를 찾는 것은 현실적으로 매우 어렵기 때문이다.[44] 특히 국제정치 현상이나 사건을 비교연구 대상으로 다루는 국제정치학에서 그들이 제안하는 완벽한 의미의 통제된 비교는 매우 어렵다.[45] 조지와 베넷(2005)이 지적한 것처럼 과정추적(process tracing)의 방법을 활용하면 독립변수와 종속변수를 연결하는 인과적 과정을 밝힘으로써 이론 발전에 기여

---

43) Alexander George and Andrew Bennett, *Case Studies and Theory Development in the Social Sciences* (Cambridge, Mass.: MIT Press, 2005), pp. 67-71.

44) George and Bennett, 2005, pp. 151-152.

45) 구조화된 집중적인 비교방법을 사용한 연구로는 다음을 참고할 것. John Lewis Gaddis, *Strategies of Containment: A Critical Appraisal of American National Security Policy during the Cold War* (New York: Oxford University Press 1982); Yuen Foong Khong, *Analogies at War: Korea, Munich, Dien Bien Phu, and the Vietnam Decisions of 1965* (Princeton, N.J.: Princeton University Press, 1992); Yaacov Y. I. Vertzberger, *Risk Taking and Decisionmaking: Foreign Military Intervention Decisions* (Stanford: Stanford University Press, 1998).

할 수 있다.[46]

표-2 세 위기 사례의 비교

	1973년 중동전쟁 위기	1967년 티란 해협 위기	1987년 페르시아만 위기
핵심 해상수송로	티란 해협 (아카바만)	티란 해협 (아카바만)	호르무즈 해협 (페르시아만)
해상수송로 안보 위협 수준	• 낮음 • 이집트가 이스라엘 에일라트 항구로 가는 유조선 격침 시도했으나 실패함 • 정책결정자들이 이집트의 도발적 행위를 안보 위협으로 인식하지 않음	• 보통 • 이집트의 티란 해협 봉쇄 선언 • 그러나 실제로 무력을 통해 봉쇄하지는 않았음 • 정책결정자들이 이집트의 도발적 행위를 안보 위협으로 인식하면서 위기 발생	• 매우 심각 (높음) - 1987년 이후 - 야간 공격 및 새 미사일 등장으로 위협 수준이 매우 심각해짐 • 보통 - 1984년~1986년 - 페르시아만 통행하는 유조선에 대한 이란의 공격 시작 • 낮음 - 1983년~1984년
해상수송로 봉쇄 및 공격 시 피해 국가	• 이스라엘	• 이스라엘	• 미국, 서유럽, 일본 등 미국의 동맹국 • 페르시아만 지역 석유 수출 국가

---

46) George and Bennett, 2005, p. 182.

이 책은 조지와 베넷의 조언에 따라 구조적인 방식으로 비교사례연구를 실시한다. 각 사례에서 위기의 발생에서부터 최종적인 정책 결정까지의 구체화된 시기를 분석 대상으로 하며, 군사력 사용 관련 외교정책에 대한 해상수송로 안보의 영향력을 확인하기 위해 이 책은 동일한 냉전 시기 사례를 선정함으로써 국제정치의 구조적인 요인을 통제하는 등 해상수송로 안보라는 요인 이외에 다른 요인들을 최대한 통제하고자 했다. 물론 앞서 언급한 것과 같이 모든 부분에서 유사하고 확인하고자 하는 요인 또는 변수 하나만 차이가 나는 이상적인 사례 선정은 현실적으로 어렵다.

세 사례 모두 중동지역에서 발생한 위기로 미국에게 핵심적인 우방국 및 동맹국의 해상수송로 안보 문제가 관련된 위기였다. 아울러 모두 석유의 해상수송로가 위협받는 위기였고, 기술적이거나 우발적인 요인에 의해서가 아니라, 정치적인 목적을 위해 도전국가가 해상수송로 안보를 위협 또는 공격함으로써 발생한 위기였다. 이상의 세 사례에서 유사점과 차이점을 염두에 두고 본 연구는 비교사례연구 방법을 활용하여 위기에서 미국 외교정책 결정 과정과 군사적 대응 선택에 미친 요인을 분석한다.

이 책은 해상수송로 안보 위기의 발생에서부터 이에 대한 대응 방식의 결정(외교정책 결정)까지를 분석의 대상으로 한다. 정책결정자가 외부 환경의 변화나 적대국가 및 적대세력의 도발적인 행위를 위협으로 인지한 그 시점부터 위기가 시작되며, 위협을 인식한 이후 정책결정자들은 이에 대한 외교정책 대응 선택지를 논의하기 시작하고, 다양한 외교정책을 결정한다. 예를 들어 본 연구는 1973년 중동전쟁의 발발을 미국 정책결정자들이 인지한 그 시점

을 위기의 시작으로 보고 분석의 시작 시점으로 간주한다.[47]

과정추적 방법

이 책에서는 독립변수가 어떤 과정으로 결과에 영향을 미치는지 그 인과 매커니즘(causal mechanism)을 파악하기 위해 과정추적(process-tracing) 방법을 사용한다. 과정추적 방법은 단지 독립변수와 종속변수 간의 상관관계가 있다고 밝히는 것을 넘어 각 독립변수가 구체적으로 어떻게 결과로 이어지는지 밝힐 필요에 따라 도입된 방법이다. 민주 평화론을 예로 들면, 민주주의와 평화 사이에 강한 상관관계가 있다는 것을 밝혔다 하더라도 민주주의는 어떻게 평화적인 국가 간의 관계를 가져오는지 즉, 민주주의와 평화라고 하는 두 변수 또는 개념간의 인과적 매커니즘을 밝혀야 하는데 이 작업에서 과정추적 방법이 매우 유용하다.[48] 과정추적 방법은 "독립변수와 종속변수의 결과 사이에 개입하는 인과적 과정(인

---

47) 중동전쟁의 발발을 인지한 당일 오전 9시 1분에 열린 NSC 소속 위원회인 '워싱턴 특별조치 그룹(Washington Special Actions Group)' 회의에서, 정책결정자들은 석유 금수조치(oil embargo)의 가능성과 그 영향(impact)에 대해서 추정(estimate) 자료 만들어야 할 필요성에 대해 논의하였다. Nina Howland and Craig Daigle (eds.), *Foreign Relations of the United States, 1969-1976, Volume XXV, Arab-Israeli Crisis and War, 1973* (Washington: Government Printing Office, 2011), Document 103: Minutes of Washington Special Actions Group Meeting.

48) Derek Beach and Rasmus Brun Pedersen, *Process-tracing Methods: Foundations and Guidelines* (Ann Arbor: University of Michigan Press, 2013), p. 1.

과적 사슬 또는 인과 매커니즘)을 밝히는 시도"[49]이다. 인과 매커니즘을 분석함으로써 우리는 인과관계 상자(box of causality)를 들여다볼 수 있게 된다.[50]

물론 필자는 이 책의 작업을 통해 해상수송로 안보와 군사력의 사용 결정(외교정책)이라는 두 요인 간의 인과관계나 인과적 효과를 명확하게 밝힐 수 있다고 단정하지는 않는다. 실제로 두 요인 간의 인과관계를 밝히는 것은 많은 실험 또는 사례연구를 통해 가능한 것이기 때문에 이 책의 사례연구는 보다 엄밀한 후속 연구를 위한 기초작업이라 할 수 있다.

과정추적 방법은 여러 측면에서 매우 유용하다. 우선 복합적인 상호작용의 효과로 특징 지울 수 있는 세계에서 즉, 둘 또는 세 개의 독립변수로 결과를 설명하기 어려운 세계에서 이론을 검증할 때 과정추적은 적합한 방법이다.[51] 또한 웬트(1999)는 규칙성에 기반한 설명도 중요하지만 왜 그런 결과가 발생하는지에 대한 인과 매커니즘에 대한 지식도 중요하다고 강조하는데 과정추적 방법은 인과 매커니즘을 설명하는 데 있어서 핵심이다.[52] 아울러 결과로

---

49) George and Bennett, 2005, pp. 206-207.

50) John Gerring, *Case Study Research: Principles and Practices* (New York: Cambridge University Press, 2007), p. 45.

51) Peter A. Hall, "Aligning Ontology and Methodology in Comparative Politics," Prepared for a Conference on Comparative Historical Analysis, Brown University, (April 27-29, 2000), p. 31.

52) Alexander Wendt, *Social Theory of International Politics* (Cambridge University Press, 1999), pp. 81-83.

이어지는 과정을 추적하는 것은 잠재적인 원인(독립변수)의 개수를 줄이는 데에도 도움이 된다. 과정추적을 통해서 연구자는 등결과성(equifinality: 다른 요인들이 동일한 결과를 가져오는 현상)의 가능성을 고려하게 되고, 결과가 만들어질 수 있는 다른 대안적인 경로(과정)에 대해서도 생각하게 된다.

즉, 연구자는 결과 및 과정추적의 증거와 부합하는 하나 또는 그 이상의 잠재적인 인과적 경로(causal paths)를 설계할 수 있다. 여기서 원인과 결과를 연결하는 매커니즘은 기계를 예로 들어 설명할 수 있다. "이론적 인과 매커니즘을 구성하는 각 부분들은 다음 바퀴로 인과 매커니즘의 역동적인 인과 에너지를 전달하는 이가 있는 바퀴(toothed wheel)라고 생각할 수 있으며, 최종적으로 결과를 도출하는데 기여한다."[53] 웬트(1999) 역시 사회가 인과적으로 작동하는 방식 중에서 많은 경우에 기계론적인(mechanistic) 방식으로 인과관계가 이루어지고 있음을 강조하면서 사회과학에서는 사례연구와 역사적 연구가 중요함을 강조한다.[54]

결국, 과정추적 방법은 이론의 검증 및 발전을 위해서 필수적인 도구이다. 통계분석이 할 수 없는 방식으로 이론 검증 및 발전에 기여할 수 있으며, 과정추적은 통계분석과 경쟁적이기보다 상호보완적이다. 앞서 언급한 것과 같이 통제된 비교는 모든 부분에서 비슷하나 확인하고자 하는 변수 하나만 다른 사례들을 찾아서 비

---

53) Beach and Pedersen, 2013, p. 29.
54) Wendt, 1999, pp. 81-82.

교하는 것이 필요조건인데, 통제된 비교가 불가능한 경우 과정추적방법은 이에 대한 대안으로써 잠재적인 변수들이 인과적 중요성이 있는지 확인하는 데 도움을 줄 수 있다. 또한 일탈적(deviant) 사례가 발견되는 경우 이는 large-N 연구(정량분석)에서 왜 그런 일탈적 사례가 발생하는지 설명할 수 없지만 과정추적은 일탈적 사례 분석에도 활용될 수 있다.[55]

과정추적 방법에도 한계는 있다. 가장 대표적인 문제는 자료의 확보가 어려운 경우이다. 구체적으로 인과적 경로를 구성하는 특정 단계가 이론의 예측에 부합하는지 아닌지를 확인할 수 있는 증거(evidence)를 확보할 수 없는 경우에는 인과적 경로의 설명력이 약화될 수 있다. 또한 과정추적의 증거와 부합하는 가설화된 인과 매커니즘은 하나 이상이 존재할 수 있는 문제이다. 이처럼 인과 매커니즘이 여러 개 존재하는 경우에, 어느 인과 매커니즘이 실제로 인과적 관계를 가진 것이고 어떤 것은 그렇지 않은 것인지(spurious) 그것을 확인하는 것이 무척 어렵다.[56] 또한 인과 매커니즘과 관련한 추론에 있어서의 어려움은, 여러 매커니즘이 존재한다고 가정한다면, 하나의 매커니즘을 다른 매커니즘과 구분하는 것이고, 그중 특정 매커니즘이 작동하는 조건을 파악하는 것이다.[57]

---

[55] George and Bennett, 2005, pp. 214-216.
[56] George and Bennett, 2005, p. 222.
[57] George and Bennett, 2005, p. 137.

과정추적 방법을 사용한 연구는 다음 네 가지 종류의 증거 (evidence)를 사용하는데 (1) 패턴(pattern), (2) 시퀀스(sequence), (3) 흔적(trace), 그리고 (4) 보고(account) 증거이다. (1) 패턴 증거는 통계적 패턴과 관계된 것으로 고용을 다루는 사례에서 인종 차별 매커니즘을 검증할 때, 고용에서 통계적 패턴이 인과 매커니즘의 부분들을 증명하는 데 적절하다. (2) 시퀀스 증거는 가설로 만든 인과 매커니즘이 예측한 사건의 시간 및 공간적 연대기를 다룬다. 예를 들어, 만약 h가 유효하다면 a라는 사건 이후에 b라는 사건이 일어날 것을 목격할 것이라는 예측에서처럼 사건의 발생 시기와 관련이 되어 있다. (3) 흔적 증거는 그것이 미약하게 존재한다는 사실이 가설로 만든 매커니즘의 일부가 존재한다는 것을 증명하는 증거이다. 예를 들어, 어떤 회의의 공식적인 회의록이 존재한다면 그것은 어떤 회의가 있었다는 것을 강하게 증명하는 것이다. (4) 보고 증거는 경험적인 자료의 내용을 다루는데, 무엇이 논의되었는지 다루는 회의록, 회의에서 무엇이 발생했는지에 대한 구두 설명과 같은 것들이다.[58] 경험연구를 계획할 때 만약 연구자가 주장하는 인과 매커니즘의 일부가 존재한다면 어떤 형태의 증거를 발견할 수 있는지 분명하게 언급할 필요가 있다.[59]

---

58) 예를 들어 콩(1992)의 연구는 보고 증거를 사용하여 베트남 전쟁에서 미국 정책결정자들의 정책 선택지를 보여주고 있다. Yuen Foong Khong, *Analogies at War: Korea, Munich, Dien Bien Phu, and the Vietnam Decisions of 1965* (Princeton, N.J.: Princeton University Press, 1992).

59) Beach and Pedersen, 2013, pp. 99-100.

자료의 활용

이 책은 '보고 증거'를 활용하여 과정추적 방법을 실행한다. 이 책은 미국의 주요 정책결정자인 대통령, 국가안보보좌관, 국무장관, 국방장관 등으로 구성된 국가안전보장회의(NSC: National Security Council, 이하 NSC) 관련 문서를 증거로 활용한다. NSC 회의록, 대통령에 대한 보좌관 및 장관들의 보고 자료, CIA가 정례적으로 대통령에게 보고하는 The President's Daily Briefing 등이 본 연구에서 활용할 보고 자료(account evidence)이다. 미국 대통령은 매일 아침 *The President's Daily Briefing* 또는 *President's Daily Brief* 라는 제목의 '일일보고자료'를 받는다. 동 자료에는 대통령이 주목해야 하는 중요한 사건들에 대한 내용들이 요약되어 있다.[60]

외교정책 결정에 관여하는 주요 자문 회의체인 미국의 국가안전보장회의(NSC)는 트루먼(Harry S. Truman) 대통령 재임 시절인 1947년에 제정된 국가안전보장법(National Security Law 또는 National Security Act)에 따라 국가안보와 관련된 정책을 대통령에게 자문하기 위해 설립되었다. NSC는 대통령이 외교정책, 군사정책을 통합적으로 고려하여 최적의 정책 결정을 내릴 수 있도록 국무, 국방, 재무, 정보기관 등 다양한 정부 조직의 역량을 통합적으로 모아

---

[60] Thomas E. Cronin and Michael A. Genovese, *The Paradoxes of the American Presidency* (New York: Oxford University Press, 2004), pp. 106-107.

자문하는 기구로 최종적인 외교정책의 결정 권한은 오로지 대통령에게 있다.[61]

행정부마다 대통령이 선호하는 외교정책의 결정 방식이 달랐고 NSC의 역할도 부침이 있긴 했으나,[62] NSC의 탄생 이후 NSC와 이를 이끄는 국가안보보좌관의 역할 및 위상이 확대된 것은 사실이다. 전반적으로 NSC 문서는 당시 대통령을 포함한 정책결정자들이 마주한 위기 상황에 대한 인식 및 평가, 대응 전략으로서 선택할 수 있는 다양한 방안에 대한 고려와 최종 결정까지 이르는 정책결정의 과정을 파악할 수 있는 중요한 문건이다. NSC 자료는 NSC 회의 전체 회의록(minutes), CIA 같은 정보기관의 정세 현황 브리핑 자료, 국가안보보좌관 및 장관이 작성한 대통령 보고 자료(memorandums), 해외 대사관과 국무부 간 전문 자료(cables) 등을 포함한다. 그중 주요 정책결정자들의 대화가 모두 기록된 NSC 회의의 전체 회의록이 가장 핵심적인 자료인데, 행정부마다 NSC 회의를 개최한 횟수가 다르기 때문에 회의록이 충분하지 않은 경우,

---

61) Karl Inderfurth, *Fateful Decisions: Inside the National Security Council* (New York: Oxford University Press, 2004), Introduction. 미국 국가안전보장회의(NSC)의 기원에 대해서는 다음 연구를 참고할 것. 장성일, "미국 국가안보 제도의 기원: 국가안전보장회의(NSC) 창설 과정에서 관료 조직 간 정치," 『평화연구』 제29권 제1호 (2021년 봄호).

62) 예를 들어 존슨(Lyndon B. Johnson) 행정부에서는 중요한 외교정책은 대통령이 국무장관, 국방장관, CIA 국장과 소규모의 비공식 회의를 통해 결정하였기 때문에 NSC의 역할이 유명무실했다는 주장도 있다. 반면에 카터(James Earl Carter, Jr.) 대통령은 NSC에서 먼저 정책을 만든 후 개별 부처에서 이를 분석, 검토하도록 했으나, NSC와 실무 부처 간의 의견 대립 때문에 정책 입안과 시행이 교착 상태에 직면하기도 했다. 외교통상부, 『미국 개황』 (외교통상부, 2011), p. 36; David C. Humphrey, "NSC Meetings during the Johnson Presidency," *Diplomatic History*, Vol. 18, Issue 1 (1994), pp. 29-45.

국가안보보좌관, 정보기관이나 국무장관 및 국방장관 등 핵심 정책결정자들이 대통령에게 보고한 자료(memorandums)를 회의록에 대한 보완자료로 활용한다.

실제로 존슨 행정부에서는 1967년 티란 해협 위기에 대응하기 위해 중동 통제 그룹(Middle East Control Group)이 주도적인 역할을 했고, 중동전쟁 문제를 다루기 위해서 NSC에 특별 위원회(Special Committee of the National Security Council)가 설치되었다. 따라서 NSC 전체 회의보다는 NSC 특별 위원회를 중심으로 외교정책 결정을 위한 정보 수집 및 자료 보고 등의 절차가 진행되었다. 1973년도 중동전쟁 위기 시에는 NSC 회의가 개최되긴 했으나 NSC 소속 위원회인 워싱턴 특별 조치 그룹(WSAG: Washington Special Actions Group)이 주도적인 역할을 했다. 워싱턴 특별 조치 그룹은 당시 국가안보보좌관이자 국무장관인 키신저가 설치한 6개의 위원회 중 하나로, 분쟁이나 전쟁과 같은 위기 상황을 관리 또는 그에 대한 대응을 주도하는 NSC 소속 위원회였다. 1987년 페르시아만 위기에서는 NSC 회의와 NSC 소속 위기 대응 특별 회의체인 국가안보계획그룹(NSPG: National Security Planning Group)이 핵심적인 역할을 했고, 관련 회의록과 국무장관, 국가안보보좌관 등 주요 정책결정자의 보고 자료도 활용한다.

3. 책의 구성

 이어지는 부분은 크게 제1부인 이론적 논의와 제2부의 사례연구로 구성되어 있다. 제1부의 제1장은 해상수송로 안보를 포함한 해양안보와 에너지 안보의 개념을 다루고, 해상수송로 안보의 중요성도 정리한다. 제2장에서는 미국 외교정책의 전통을 포함하여 합리적 선택, 심리학적 접근 등 미국 외교정책의 결정에 대한 기존 논의를 정리하며, 미국 외교정책 결정이 가지는 특징도 설명한다. 이어지는 제3장에서는 이 책의 주장, 본 연구가 활용하는 접근, 사례연구에 활용할 미국 외교정책 결정 과정의 분석틀을 제시한다.

 제2부는 제1부의 이론적 논의를 바탕으로 냉전기 미국의 외교정책을 분석하는데, 각 장은 세 위기 사례를 분석한다. 제4장은 1967년 티란 해협 위기에서 미국의 외교정책을 분석하며, 제5장은 1973년 중동전쟁에서 정책결정의 과정을 분석한다. 그리고 제6장은 이란-이라크 전쟁이 진행중인 상황에서 페르시아만 위기에 대한 레이건 행정부의 외교정책을 분석한다. 마지막 제7장은 이 책의 연구 결과를 요약하면서 본 연구의 학문적 의의를 정리하고, 국제정치 현실 및 한국의 해양안보에 주는 시사점을 제시한다.

1

미국의 외교정책

이론적 논의와 이 책의 분석틀

제1장 _ **해상수송로 안보와 에너지 안보**

제2장 _ **미국의 외교정책 결정 과정**

제3장 _ **이 책의 주장 및 분석틀**

해양안보와 미국의 외교정책

1장

해상수송로 안보와 에너지 안보

해상수송로 안보와 에너지 안보

해상수송로 문제는 에너지 안보와 연결되어 있다. 에너지 안보에서 석유와 같은 에너지 자원의 안전한 수송이 에너지 자원의 생산만큼 중요하기 때문이다. 해양안보와 에너지 안보는 안전한 해상수송 즉, 해상수송로 또는 해상교통로 안보라는 영역에서 교집합이 존재한다. 그런 의미에서 해상수송로 안보는 해양안보 문제이자 동시에 에너지 안보 문제다.[1]

---

1) 장성일, "해양안보 개념 연구: 해상수송로 안보 논의를 중심으로," 『21세기정치학회보』 제32집 제4호 (2022년 12월), p. 54. 해양안보는 백진현(2006), 부에거(2015), 부에거와 에드먼즈 (2017)를 참고. 에너지 안보는 이준범(2005), IEA(2022)를 참고함. 다음 그림에서 표현한 것보다 실제로 더 많은 이슈들이 해양안보와 에너지 안보의 각 영역에 포함될 수 있다.

그림-3 해양안보와 에너지 안보

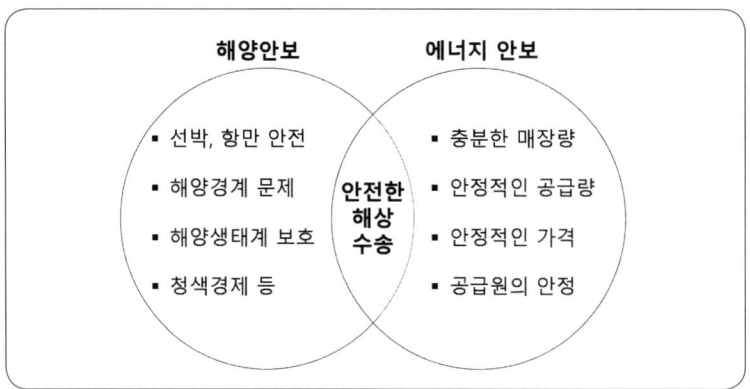

　해상수송로 안보는 미국을 비롯하여 많은 국가의 외교정책에 미치는 영향력이 크고 역사적으로도 국가안보에 매우 중요한 역할을 했음에도 불구하고, 해상수송로 안보 개념 논의가 충분히 이루어지지 않았다. 예를 들어 해상수송로 안보라고 할 때 안보를 제공해야 할 대상인 해상수송로 또는 해상교통로(SLOC: Sea Lines of Communication, 또는 Sea Lanes of Communication)가 무엇을 의미하는지에 대해 합의된 내용도 없으며, 해상수송로 또는 해상교통로가 어떠한 실체를 의미하는지에 대해서도 연구자나 정책결정자마다 다를 수 있다. 해상수송로 안보를 개념적으로 어떻게 이해할 것인가? 안보를 제공할 대상으로서 해상수송로는 어떠한 대상을 가리키는가? 해상수송로 문제가 어떻게 국가안보 문제와 연결되는가? 이상의 질문들은 해상수송로 안보 연구를 학문적으로 한 단계 발전시키기 위해 필요하지만, 기존 연구에서 이상의 질문들에 대한 논의가 충분히 이루어지지 않았다.

1. 해양안보 기존 연구

해상수송로 안보 연구

해상수송로 문제와 관련하여 기존 연구들은 에너지 자원의 수송 특히, 석유나 천연가스와 같은 화석 연료의 수송에서 해상수송로가 중요한 역할을 하고 있다는 점을 강조하면서, 호르무즈 해협(Strait of Hormuz)이나 말라카 해협(Strait of Malacca)과 같이 해상요충지 또는 관문이라 부르는 특정 choke point의 역할 및 위협 요인, 그리고 이에 대한 정책 대응 제언 등을 제시하는 경우가 많다.

예를 들어 베이트만(2003)은 이준범·장지호(2005)와 마찬가지로 아시아 지역에서 해상수송로 안보의 중요성을 지적하면서 아라비아해 지역에서 아시아까지 연결하는 거대 선박의 구체적인 이동 경로를 설명한 후, 지역 협력 구상 및 국제법을 포함하여 이 지역 해상수송로 안보를 위한 제안을 하고 있다.[2] 이준범·장지호(2005)의 연구는 해외 에너지 자원을 수입에 의존하고 있는 한국에게 정책적 아이디어를 제시하기 위해 말라카 해협을 중심으로 해상수송로 안보 위협 요인 및 대처 방안을 다루고 있다. 말라카 해협이라는 특정 지역에 주목하고 있긴 하나 저자들은 해상수송로 안보

---

2) Sam Bateman, "Sea Lane Security," *Maritime Studies*, Issue 128 (January-February, 2003), pp. 17-27.

위협이 될 수 있는 요인들을 잘 제시하고 있다. 예를 들어 테러리즘, 선박 사고, 해적 활동 및 군사 분쟁 등이 그것이다. 그러나 해상수송로 안보를 학문적으로 이론화하거나 개념을 제시하기보다 말라카 해협이라는 특정 해협 수송로 안보에 혼란을 줄 수 있는 위험 요인을 중심으로 다루고 있다.[3]

파토우(2007)는 석유 교역로(trade routes)를 봉쇄하는 것도 일종의 석유 무기(oil weapon)라고 설명한다. 그는 호르무즈 해협과 말라카 해협을 전 세계에서 가장 중요한 choke point라고 설명하면서, 호르무즈 해협을 우회하여 석유를 이동시키는 것은 현실적으로 불가능하다고 덧붙인다. 따라서 호르무즈 해협은 페르시아만 석유지대와 전 세계를 연결하는 요충지기 때문에 호르무즈 해협이 봉쇄되는 것은 석유 시장에서 최악의 악몽이라고 설명한다.[4] 파토우(2007)와 마찬가지로 김재두 외(2007)도 에너지 안보 차원에서 해상수송로 안보에 접근한다. 특히 한국이 주로 석유를 수입하는 해상수송로가 지나는 페르시아만은 정치적 문제로 인한 분쟁이 끊이지 않고 있으며 말라카 해협은 해적이 자주 출몰하여 취약한 곳이다. 아울러 남중국해 및 동중국해에 있는 섬들은 국제적인 분쟁으로 엮여 있다.

이러한 상황 속에서 김재두 외(2007)는 안정적인 에너지 수급을

---

3) 이준범·장지호, "에너지 안보관점에서 본 동북아 석유수송로의 지정학적 분석: 동남아시아 해협 혼란 요인과 영향을 중심으로," 『21세기정치학회보』 제15집 제2호 (2005), pp. 219-245.

4) Bassam Fattouh, "How Secure Are Middle East Oil Supplies?," (Oxford: Oxford Institute for Energy Studies, September 2007), p. 15.

위해 필수적인 해상수송로 안보 확보를 국가적인 과제로 추진해야 한다고 주장하면서, 수송로 상에 있는 국가들과 우호적인 관계 증진 및 새로운 수송로 확보 노력을 주장했다.[5] 비슷한 맥락에서 예르긴(2011)도 해상수송로 안보의 중요성을 강조한다. 특히 그는 페르시아만 호르무즈 해협이나 말라카 해협과 같은 해상수송로가 석유 및 천연가스 같은 에너지 자원의 해상 수송에 대단히 중요한 역할을 하고 있다고 강조하며, 이러한 지역의 해상수송로 안보는 세계적인 차원의 문제라고 보았다. 최근 증가하고 있는 광범위한 해적 활동이 큰 위협으로 부상하고 있으며 이에 대응하기 위한 국제협력의 필요성을 주문했다.[6]

브래드포드(2018)는 전 세계적인 석유 공급망의 관점에서 해상수송로를 분석한다. 그에 따르면 전 세계적으로 긴 공급망(supply chain)을 가지고 있고 불안정한 지역을 통과하는 경우가 많아서 특히 석유 공급망은 의도적인 그리고 의도하지 않은 다양한 공급 중단으로 이어질 가능성이 높다. 따라서 석유를 수입하는 주요 국가들에게 외교적 및 군사적 수단을 통해서 석유 공급망을 보호하는 것은 매우 중대한 일이다. 그중 해상수송로 안보 관련하여 의도하든 의도하지 않든 다양한 공급 중단 문제가 발생할 수 있는 지점들이 존재하는데 전쟁, 테러리즘 또는 해적 활동이 발생했을 때

---

[5] 김재두, 심경욱, 조관식, 『왜 에너지안보인가』 (서울: 한국국방연구원, 2007), pp. 193-195.

[6] Daniel Yergin, *The Quest: Energy, Security, and the Remaking of the Modern World* (New York: Penguin Press, 2011), pp. 282-284.

이러한 지점에서 공급 중단이 발생할 수 있기 때문에 전 세계적인 에너지 공급망 중에서 가장 취약한 지점이 이러한 요충지들이다. 브래드포드(2018)는 이처럼 중요한 해상 요충지를 보호하기 위해 미 해군이 개입하여 작전을 수행해 오고 있다고 주장한다.[7]

전 세계 해상수송로 안보를 위해 일종의 공공재를 제공하는 미 해군의 역할을 미국 외교정책과 결부시켜 설명하는 연구도 있다. 예를 들어 푸어스(2005)는 에너지 자원에 대한 접근을 담보하는 것은 미국의 사활적 이해관계로 이를 위해 미국은 군사력을 사용한다고 주장한다.[8] 헨리 외(2012)의 연구는 해상수송로 안보에 대한 역사적 자료도 제시하고 있다. 그들에 따르면 현대 미 해군의 아버지로 불리우는 마한(Alfred T. Mahan)은 1800년대 후반 국가 번영에 있어 바다에 대한 접근을 보장하는 것이 핵심이라고 강조하였고, 20세기 초부터 미국은 '공해의 자유(freedom of the seas)'를 강조하면서 전 세계 해상수송로 안보를 유지하는 데 주도적인 역할을 해 왔다. 그리고 미국은 제2차 세계대전 이후 사실상 해양안보의 보호자가 되었다. 미국이 이러한 역할을 했던 대표적인 사례가 이란-이라크 전쟁 중인 1987년 중립국인 쿠웨이트 유조선을 군사적

---

[7] Travis Bradford, *The Energy System: Technology, Economics, Markets, and Policy* (Cambridge, MA: The MIT Press, 2018), pp. 748-749, p. 1006.

[8] Leon Fuerth, "Energy, Homeland, and National Security," in Jan H. Kalicki and David L. Goldwyn (eds.), *Energy and Security: Toward a New Foreign Policy Strategy* (Washington, D.C.: Woodrow Wilson Center Press, 2005), pp. 411-413.

으로 보호한 사건이다.[9] 비슷한 맥락에서 제프리와 아이젠슈타트 (2016)는 1945년부터 2010년대까지 미국이 중동정책을 수행하는 데 있어 미군의 역할을 분석하였다. 그들은 1973년 이후 미국이 중동 안보에 직접적으로 개입한 이유로 석유 수송의 안보도 중요한 요인으로 주목하고 있다.[10]

백진현(2006)은 동아시아 지역 차원의 문제에 주목하면서 해양안보를 폭넓게 다루고 있다. 예를 들어 연근해 섬의 주권에 대한 분쟁, 해양 경계의 문제, 해상무역의 보호, 자원 분쟁 및 바다에서의 법과 질서 같은 여러 이슈들을 포괄하고 있다. 동아시아 지역 차원에서 보면 무역의 성장은 전체 무역 거래에서 98% 이상을 차지하는 선박에 의존하는데, 결국 해상교통이 중요할 수 밖에 없고 이에 대한 안보로 직결된다는 것이다. 그는 동아시아 지역에서 대만이나 남사군도 문제 등 중국이나 다른 국가들의 행동을 포함한 분쟁들에 의해 해상교통로가 중단되는 것을 가장 우려되는 문제로 지적했다.[11]

문정인·부승찬(2013)도 해상교통로의 전략적인 중요성을 잘 지

---

9) Ryan Henry, Christine Osowski, Peter Chalk, and James T. Bartis, *Promoting International Energy Security: Volume 3, Sea-Lanes to Asia* (Santa Monica, CA: RAND Corporation, 2012), pp. 7-8.

10) James F. Jeffrey and Michael Eisenstadt, "U.S. Military Engagement in the Broader Middle East," *Policy Focus* 143 (The Washington Institute for Near Near East Policy, 2016).

11) 백진현, "동아시아 지역의 변화하는 해양안보 환경," 한국해로연구회 편, 『동아시아 지역의 해운과 해로인보』 (서울: 연세대학교 동서문제연구원, 2006), pp. 1-13.

적하고 있다. 세계무역의 80%, 그리고 에너지 자원의 65% 이상이 바다를 통해 전 세계로 운송되는만큼 해상교통로의 안전 확보가 중요하다는 입장이다. 특히 에너지 자원의 수출 및 수입에 크게 의존하는 국가에게 해상교통로의 전략적 가치가 더욱 크며 한국, 중국, 일본, 인도 등 아시아 국가들이 주요 수입국이다. 해상교통로의 안전을 확보하는 과정에서 강대국 간의 경쟁이 군사적 충돌로 이어질 가능성도 있는데, 문제는 해상교통로의 전략적인 중요성에도 불구하고 이를 위한 국제적인 협력은 미흡하고, 해상교통로에 대한 안보는 개별 국가 차원의 문제에 머물고 있다는 것이다.[12]

해양안보 연구

최근에는 '해양안보(maritime security)' 개념이 다양한 분야에서 사용되고 있으나, 해상수송로 안보와 마찬가지로 해양안보 개념에 대해서도 학자들 간에 합의가 있지 않다. 해상수송로 안보를 포함하여 폭넓게 해양안보를 학술적으로, 이론적으로 다룬 최근 연구들로는 부에거(2015), 저몽(2015) 그리고 부에거와 에드먼즈(2017) 등이 있다.

우선 부에거(2015)는 해양안보 개념이 최근 국제관계에서 주목받기 시작하는 유행어라고 소개하면서, 그는 테러리즘과 해적 활

---

12) 문정인·부승찬, 『걸프에서 동북아, 해상교통로는 안전한가?』 (서울: 오름, 2013), pp. 9-25.

동으로 인해 많은 국가들이 해양안보에 더 관심을 갖기 시작했다고 보았다. 특히 그는 아직 해양안보에 대한 합의된 명확한 개념 규정이 없는 상태에서 혼선을 빚고 있다고 진단하면서, 이 책의 문제의식과 마찬가지로 개념 정의의 중요성을 강조하고 있다. 부에거(2015)에 따르면 해양안보는 포괄적인 개념으로서 전통적인 접근인 해상안전(marine safety), 해상수송로 보호를 위한 해군력(seapower), 그리고 보다 최근의 접근방식인 청색경제(blue economy) 및 복원력(resilience) 등 다양한 개념적 요소들을 포함하고 있다고 보았다.[13] 저몽(2015)의 연구는 지정학적 시각에서 해양안보를 다루고 있다. 저몽(2015)은 해양안보 개념이 어떻게 사용되었으며 특히, 냉전 종식 이후 시간이 지남에 따라 그 내용이 어떻게 변해갔는지 설명하고 있다. 부에거(2015)의 입장과 마찬가지로 저몽(2015)은 최근 해양안보 개념은 경제 및 환경에 대한 고려까지 포함하는 의미로 확대되었다고 판단하고 있다.[14]

해양안보에 대한 이러한 시각은 후속 연구인 부에거와 에드먼즈(2017)에서도 이어지고 있다. 냉전 종식 이후 특히 테러리즘과 해적 활동의 증가로 각국은 해양안보에 관심을 갖기 시작했으며 영국, 프랑스, EU 등 차원에서 해양안보 전략 마련으로 이어졌다는 것이다. 아울러 해양안보 연구도 활기를 띠기 시작했는데 특히, 그

---

13) Christian Bueger, "What is Maritime Security?," *Marine Policy*, Vol. 53 (March, 2015), pp. 159-161.

14) Basil Germond, "The Geopolitical Dimension of Maritime Security," *Marine Policy*, Vol. 54 (2015), pp. 137-142.

들은 학술적 차원에서도 해양안보 연구가 더욱 활성화되어야 한다고 주장한다. 그들에 따르면 해양안보는 네 가지 영역으로 구성되어 있다. (1) 해군전략 및 해군력과 관련된 국가안보 영역, (2) 해상오염, 선박 안전을 포함한 해상 환경 영역, (3) 청색경제로 대표되는 경제발전 영역, 그리고 (4) 어업 종사자의 생계 보장을 포함하는 인간안보 영역이 그것이다.[15]

부에거(2015), 저몽(2015) 그리고 부에거와 에드먼즈(2017)의 연구는 기존 연구에 비해 해상수송로 안보를 포함한 해양안보를 학술적, 이론적으로 분석하고자 노력했다는 점에서 학문적으로 매우 의미 있는 시도라고 평가할 수 있다. 그러나 그러한 의미 있는 시도에도 불구하고 이상의 연구들은 이론화를 위해 필수적인 개념화 작업에서 큰 진전을 보여주지 못했다. 해양안보를 개념화하려는 노력이 앞으로도 계속되어야 한다는 점에 동의하지만 우선 그들이 다룬 해양안보는 전통적인 해상수송로 안보를 포함하여 해상안전, 해양생태계 문제, 어업 활동의 안정성 등 매우 다양한 하위 개념들을 포함하는 포괄적인 상위 개념이다. 즉, 층위와 범위가 다양한 서로 다른 하위 개념들이 해양안보라는 하나의 거대한 개념에 포함되어 있다. 해양안보의 어느 부분을 다루는 것인지 명확하게 설명하지 않는다면 그들이 논의한 해양안보 개념은 너무 많은 하위 개념들을 포함하고 있어서 학문적인 분석, 연구를 위한

---

15) Christian Bueger and Timothy Edmunds, "Beyond seablindness: a new agenda for maritime security studies," *International Affairs*, Vol. 93, Issue 6 (Oxford University Press, 2017), pp. 1293-1311.

개념으로 적합하지 않다. 해양안보라고 했을 때 그것이 해상수송로 안보 문제를 얘기하는 것인지, 해양생태계 보존, 항만 같은 해상 시설물의 안전 문제를 위한 것인지가 모호하기 때문이다.

해양안보 중 해상수송로 안보에 주목

해양안보에 대한 명확한 개념 정의나 논의가 충분히 이루어지지 않은 상황에서 사용되는 해양안보는 다양한 하위 개념을 포함하게 되었다. 전통적으로 안보 영역에 속하는 해상수송로 안보를 포함하여 해상안전(safety), 해양생태계 관련 문제 등 다양한 하위 개념적 요소들을 포함하는 경우가 많고, 이로 인해 해양안보 개념에 대한 혼선을 빚고 있다.[16] 해양안보를 보다 명확하게 이해하려는 노력 즉, 개념화 연구가 필요하지만, 문제는 해양안보라는 개념이 너무 다양한 하위 개념들을 포함하는 포괄적인 개념이기 때문에, 구체적인 개념 정의나 학문적인 논의가 가능한 범위로 해양안보를 구성하는 하위 개념에 주목할 필요가 있다.

그런 의미에서 이 책은 역사적인 중요성에 비해 여전히 충분한 논의가 제대로 이루어지지 않고 있으며, 군사력의 사용을 포함하여 국가의 안보전략이 중요한 역할을 하는 해상수송로 안보 문제에 주목하여 해양안보를 다룬다. 해양안보 개념에 비해 해상수송

---

16) Bueger, 2015, pp. 159-161.

로 안보는 무엇에 대한 안보인지 그 대상 또는 범위가 분명하기 때문에 학술 연구뿐 아니라 정책 대응을 위한 연구에도 유용하다. 이 책에서 다루는 해상수송로 안보는 해양안보와 구별되는 개념이자, 해양안보를 구성하는 하위 개념으로서 군사적 개입을 포함한 국가의 안보전략이 중요한 역할을 하는 영역을 다루는 개념이다. 해상수송로 안보는 국제정치학이 큰 관심을 갖는 국가의 무력사용, 국가 간 분쟁 가능성이 높은 안보문제이기도 하다. 그동안 해상수송로 안보의 중요성을 직·간접적으로 지적한 다양한 문헌들이 있었음에도 불구하고, 여전히 해상수송로 안보 개념 논의에 주목한 연구가 부족하고, 이는 해상수송로 안보 더 나아가 해양안보의 이론화 작업에도 어려움을 주고 있다. 이러한 문제의식을 바탕으로 이 책은 해상수송로 안보, 그리고 더 나아가 해양안보의 개념화를 위한 이론적 기반을 마련하고자 한다.[17]

이 책에서 사용하는 용어와 관련하여 해상교통로(SLOC: Sea Lines of Communication 또는 Sea Lanes of Communication)와 해상수송로(sea lane, shipping lane)는 완벽하게 구별되어 배타적으로 사용되기보다는 비슷한 의미로 사용되는 경우가 많다. 해상교통로 또는 해상수송로 문제가 국가안보 차원에서 매우 중요해지고, 국가 간 무력충돌 또는 분쟁에 중요한 요인으로 부각된 것은 석유와 같은 전략적인 에너지 자원의 해상수송이 비약적으로 증가하면서부터라 할

---

17) 장성일, "해양안보 개념 연구: 해상수송로 안보 논의를 중심으로," 『21세기정치학회보』 제32집 제4호 (2022년 12월), pp. 53-54.

수 있다. 효과적인 전쟁의 수행과 국가 및 세계경제에 필수인 석유와 같은 전략 물자의 안정적이고 안전한 확보 즉, 안전한 해상수송은 국가안보와 직결되며 국가들은 안정적인 해상수송을 위한 군사력의 사용도 고려하게 되었다. 그런 의미에서 이 책은 해상에서 선박의 '통행'보다 석유나 천연가스와 같은 에너지 자원, 그리고 전략적인 물자의 '수송'이 국제정치적으로 더 의미가 있고, 국가안보와 직결된다고 판단하여 해상수송로라는 용어를 사용한다.[18]

2. 안보 논의

이어지는 내용에서는 안보 개념에 대한 기존 논의를 검토한 후, 부잔(1991)과 볼드윈(1997)의 안보 연구를 바탕으로 해상수송로 안보에 대한 논의를 확장한다.

안보에 대한 이해

해양안보, 해상수송로 안보를 논의할 때 그 시작은 안보에 대

---

18) 장성일, 2022(b), p. 60.

한 개념 정의로, '안보(security)'를 어떻게 이해할 수 있을까? 울퍼스(1952)의 안보 논의는 중요한 시작점으로, 우선 그는 상세한 설명 또는 기준(specification) 없이 사용하면 안보는 위험하게도 모호한 개념이라고 주장한다. 울퍼스(1952)는 명확하게 안보를 정의하지 않지만, "이전에 획득한 가치에 대한 보호(some degree of protection of values previously acquired)"를 안보라고 지칭한다. 그는 기존의 안보 논의를 종합하면서 객관적인 의미에서 안보는 "획득한 가치에 대한 위협이 부재한 상태(the absence of threats to acquired values)"이고, 주관적인 의미에서 안보는 "그러한 가치들이 공격받을 두려움이 부재한 상태(the absence of fear that such values will be attacked)"라고 정리했다. 아울러 울퍼스(1952)는 국가들이 동일한 외부 상황(external situation), 위험(danger)이나 위협(threat)에 대해 똑같은 반응을 보이는 것이 아니며, 이로 인해 안보를 확보하기 위한 국가들의 노력도 차이가 있을 수 있다고 지적한다.[19]

울퍼스(1952)가 정리한 안보 논의에 따르면 어떠한 가치를 위협 또는 공격할 요인이 '없는' 상태가 안보가 확보된 상태인데, 문제는 현실적으로 그러한 위협을 완전히 제거하는 것이 불가능할 수 있다. 예를 들어, 특정 국가에 대한 안보 위협이 주변 국가의 공격적인 행동이나 지역 분쟁이라면, 위협받는 국가는 그러한 위협의 수준이나 가능성을 낮추거나 또는 극단적으로 그러한 위협을 제

---

[19] Arnold Wolfers, ""National Security"s an Ambiguous Symbol," *Political Science Quarterly*, Vol. 67, No. 4 (December, 1952), pp. 484-486.

거하기 위해 어떤 외교정책을 구사할 수 있다. 그러나 그러한 국가로 인해 발생하는 위협의 수준을 낮출 수 있을지 몰라도, 그 국가가 존재하는 한 위협 자체를 제거하는 것은 어렵다. 아울러 국가에 대한 위협이 정치적인, 군사적인 요인이 아니라 지진이나 화산폭발과 같은 자연재해라면 이러한 위협 자체를 제거하여 위협이 부재한 상태로 만드는 것은 현실적이지 않다.

벨라니(1981)의 경우 안보를 "전쟁으로부터 상대적인 자유(a relative freedom from war)"로,[20] 마틴(1982)은 "미래 안녕의 보장(assurance of future well-being)"으로 이해하고 있다.[21] 벨라니(1981)는 군사적인 측면에서 전쟁에 주목하여 안보를 이해하고 있으며, 마틴(1982)은 보다 폭넓게 안보를 이해하고 있는 것으로 보인다. 안보에 대한 울만(1983)의 접근은 위협에 대한 범위를 확장한 측면에서 의미가 있는데, 그는 정치적인, 그리고 군사적인 차원의 위협만이 아니라 지진이나 홍수와 같은 자연재해로 인해 발생하는 위협 등 국가안보에 대한 위협의 범위를 확대할 것을 주장한다. 정치적, 군사적인 위협은 억지될 수 있으나, 자연재해는 억지 자체가 불가능하지만 그것이 가져오는 피해가 매우 크기 때문이다.[22]

볼드윈(1997)은 울퍼스(1952)가 정리한 안보 논의를 바탕으로 안

---

[20] Ian Bellany, "Towards a Theory of International Security," *Political Studies*, Vol. 29, No. 1 (March, 1981), p. 102.

[21] Laurence Martin, "National Security in an Insecure Age," *Naval War College Review*, Vol. 35, No. 5 (September–October, 1982), p. 5.

[22] Richard Ullman, "Redefining Security," *International Security*, Vol. 8, Issue 1 (1983),

보를 "획득한 가치에 대한 피해 가능성이 낮은 상태(a low probability of damage to acquired values)"로 파악했다.[23] 이러한 접근을 통해 볼드윈(1997)은 울만(1983)이 지적한 것과 같이 정치적인, 군사적인 차원의 위협만이 아니라 지진과 같은 자연재해도 안보에 대한 위협으로 포함할 수 있게 되었다. 볼드윈(1997)은 울퍼스(1952)가 이미 지적했듯이 획득한 가치의 보존이라는 관점에서 안보를 이해하고 있었으나, 위협 자체를 제거하는 것에 집중하지는 않았고, 군사적인 차원에서의 국가안보 위주로 이루어졌던 안보 논의를 확장하고자 했다. 볼드윈(1997)은 안보 개념과 관련하여 다음과 같이 중요한 내용들을 기술하고 있다.

"군사적 공격 위협에 대응하여 국가는 억지 정책을 개발한다. 그러한 공격이 일어날 가능성을 낮춤으로써 그러한 정책은 안보를 제공한다. 지진 발생 위협에 대응한 국가의 정책은 지진이 발생할 가능성에 영향을 주는 것은 아니지만, 획득한 가치가 피해 입을 가능성을 낮출 수 있다. 또한 지진의 위협에 대응하고자 국가는 건축 정책을 채택한다."(Baldwin, 1997, pp. 12-17).

그런 의미에서 볼드윈(1997)은 위협 자체의 제거에 집중하기보

---

pp. 129-153.

23) David A. Baldwin, "The Concept of Security," *Review of International Studies*, Vol. 23, Issue 1 (January, 1997), p. 13.

다 획득한 가치의 보존 관점에서 안보를 재정의하고 있다.

안보는 합의된 명확한 정의가 존재하지 않는 여전히 논쟁적인 개념이긴 하지만, 부잔(1991)과 볼드윈(1997)의 논의는 안보를 이해하는 데 중요한 기준을 제시했다는 점에서 의미가 있고, 본 연구는 이들의 안보 논의를 바탕으로 해상수송로 안보 논의를 전개한다. 특히 부잔(1991)은 안보 개념을 이해할 때 그동안 국가(state) 중심적인, 군사적인 이슈에 집중하는 경향이 있었다는 점을 지적하면서 안보 논의에서 사고의 확장을 주문하고 있다.[24]

안보 논의에서 기준: 안보의 대상, 가치, 안보의 수준 및 위협

볼드윈(1997)의 안보 논의에서 주목할 부분은, '누구를 위한 안보인가(Security for whom)', 그리고 '어떤 가치를 위한 안보인가(Security for which values)'라는 기준이다. 부잔(1991)의 지적과 같이 안보를 이해할 때 중요한 것은 우선 누구 또는 무엇에게 안보를 제공할 것인지 그 대상(referent object)을 명시하는 것이다.[25] 안보를 제공할 대상은 개인(일부 사람, 대다수 사람, 또는 모든 개인), 국가(일부, 대다수 국가, 또는 모든 국가), 그리고 국제체제(일부, 대다수 체제 또는 모든 국제체제) 또

---

24) Barry Buzan, *People, States, and Fear: An Agenda for International Security Studies in the Post-Cold War Era* (Boulder, CO: L. Rienner, 1991), pp. 6-28.

25) Buzan, 1991, p. 26.

는 특정 대상이 될 수 있다. 누구를 또는 무엇을 대상으로 안보를 제공하고자 하는지 안보의 대상을 명확하게 규정하지 않는다면, 안보 개념은 이론적으로, 정책적으로 모호한 개념이 될 수 밖에 없다. 비슷한 맥락에서 안보의 대상을 구체적으로 명시할 수 없다면 안보 개념을 사용하는 것이 적절하지 않다.

예를 들어 이숙연(2022)이 지적한 것처럼 해양안보라는 용어는 많은 분야에서 광범위하게 사용되고 있으나 여전히 합의된 정의가 존재하지 않는다.[26] 해양안보가 개념적으로 너무 포괄적인 이유는 바로 안보를 제공해야 하는 대상을 구체적으로 명시하기 어렵기 때문이다. '해양'이라는 대상이 무엇인지 분명하게 명시하지 않는 한 구체적으로 어떤 대상에 대한 안보인지 알기 어렵다. 예를 들어 안보를 제공할 대상이 전 지구에 존재하는 바다 전체인지, 태평양이나 인도양과 같은 특정 바다를 지칭하는 것인지, 해양생태계에 대한 부분인지, 아니면 선박의 안전과 관련된 항만 시설에 대한 것인지, 해양이라는 용어가 포괄하고 있는 대상이 너무 광범위한 문제가 있어서 이론화, 개념화를 위한 용어로서 해양안보는 어려움이 있다.

다음으로 볼드윈(1997)은 어떤 가치를 위한 안보인가 문제를 제기한다. 지키고자 하는 가치는 개인이나 국민 전체 또는 특정 지역이나 시설에 대한 물리적인 안전(safety), 경제적 후생(welfare)이

---

26) 이숙연, "한-아세안 해양안보협력 발전 방향: 해양기후변화 및 IUU 어업 대응을 중심으로," 『21세기정치학회보』 제32집 제3호 (2022년 9월), p. 29.

나 경제시스템의 안정적인 작동이나 운영, 국가의 자율성이나 주권과 같이 다양할 수 있다. 전통적으로 국가안보 개념을 얘기할 때 대체로 정치적 독립과 영토적 통합을 지켜야 할 국가안보의 가치로 포함하고 있다. 국가안보를 포함하여 안보를 논의할 때 지키고자 하는 가치로 무엇을 포함시킬 것인지 구체적으로 명시하지 못하면 이는 혼란을 초래할 수 있다. 아울러 현실적으로 절대적인 수준의 안보는 확보할 수 없기 때문에, 어느 정도의 또는 어느 수준까지의 안보를 추구하는지 이를 명시하는 것도 중요하다. 그러나 문제는 어느 수준까지 안보를 확보해야 하는지 그 범위나 수준을 구체화하는 것은 현실적으로 어렵다.

다음으로 안보 개념을 논의할 때 위협에 대한 규정도 중요하다. 지키고자 하는 가치에 대한 위협은 다양한 출처로부터 발생할 수 있는데, 위협이라고 했을 때 그것이 구체적으로 어떤 위협을 의미하는지 명확하게 기술할 필요가 있다. 예를 들어 냉전기 국가안보에 대한 위협으로 공산주의 위협을 제시했다면, 그것이 이념적인 차원의 위협인지, 경제적인 위협인지, 아니면 군사적인 위협인지 그 위협의 구체적인 실체에 대해 논의가 필요하다. 또한 어디까지를 위협으로 포함시켜야 하는지 그 범위를 정하는 부분도 중요하다. 볼드윈(1997)의 경우 울만(1983)의 주장에 동의하면서 군사적인 차원의 위협만이 아니라 지진, 전염병, 홍수 등도 획득한 가치에 대한 위협으로 포함할 수 있다고 보았다.

정리하자면 볼드윈(1997)은 안보를 정의할 때 어느 정도 수준으로 각 기준을 구체화해야 하는지는 획일적인 것이 아니라 연구 목표에 따라 다를 수 있다고 보았다. 그러나 대부분의 연구에서 안보를 논의할 때 안보의 대상, 지키고자 하는 가치, 가치에 대한 위협, 그리고 어느 정도의 안보를 추구하는지에 대한 구체적 기준이 있어야 한다고 그는 지적한다.[27]

3. 해상수송로 안보

이상에서 다룬 부잔(1991)과 볼드윈(1997)의 안보 논의를 바탕으로 안보를 제공할 대상, 지키고자 하는 가치, 안보의 수준 및 위협에 대한 기준에 따라 해상수송로 안보를 다음과 같이 이해할 수 있다.[28]

안보의 대상으로서 해상수송로

안보를 제공할 대상으로서 해상수송로는 무엇을 의미하는가? 그 대상이 전 세계 모든 바닷길인가, 아니면 선박의 통행량이 가장 많은 특정 해상수송로인가? 모든 바닷길을 안보의 대상으로 하는 것은 즉, 선박이 통행할 수 있는 전체 항로나 바다 전체에 대

---

27) Baldwin, 1997, pp. 12-17.

28) 해상교통로(SLOC) 문제의 역사적인 기원과 유엔해양법협약 등 관련 국제규범에 대해서는 구민교(2016)의 연구를 참고할 것. 구민교, "미중 간의 신 해양패권 경쟁: 해상교통로를 둘러싼 '점-선-면' 경쟁을 중심으로," 『국제·지역연구』 제25권 제3호 (2016년 가을), pp. 37-65.

해서 안보를 제공하는 것은 현실적으로 어렵다. 안보의 대상이 되는, 또는 국가나 국제사회가 안보를 제공할 수 있는 대상으로서 해상수송로는 제한적일 수 밖에 없다.

그런 의미에서 안보의 대상이 되는 해상수송로는 'choke point'라 부르는 전략적으로 매우 중요한 특정 해상요충지나 관문, 전략적 해협, 또는 이들이 위치한 지역, 그리고 전체 항로 중에서 위협 발생 가능성이 높은 특정 지점이나 구간을 고려할 수 있다. 예를 들어, 페르시아만에서 한국까지 연결되는 해상수송로는 아라비아해, 인도양, 남중국해, 동중국해를 거쳐 한국의 서해나 남해로 이어지는데, 이 모든 구간 및 바다 전체에 안보를 제공하는 것은 불가능하다. 따라서 기존 연구들이 강조한 것과 같이 호르무즈 해협이나 말라카 해협 등 전략적으로 매우 중요하고, 주변 국가와 분쟁 발생, 해적 활동 및 테러리즘 발생 시 해상수송에 심각한 문제가 발생할 가능성이 높은 특정 해상요충지나 관문 및 전략적 해협 등을 안보의 대상으로 고려할 수 있다. 이러한 choke point가 중요한 이유는 전 세계적으로 생산된 석유(하루 9천만 배럴)의 63%가 선박을 통한 해상수송으로 이동하는데, 그중 80% 이상의 선박이 이러한 지점들을 통과하기 때문이다.[29] 지구 온난화가 진행됨에 따라 전통적인 choke point 이외에도 기존에는 사용이 어려웠던

---

29) U.S. Energy Information Administration, *World Oil Transit Chokepoints* (November 10, 2014); Charles Emmerson and Paul Stevens, "Maritime Choke Points and the Global Energy System: Charting a Way Forward," (The Royal Institute of International Affairs, 2012), p. 2.

북극 항로도 주목받고 있다.

미국 에너지 관리청(EIA: Energy Information Administration)은 'choke point'를 "널리 사용되는 해로를 따라 있는 좁은 해협(narrow channels along widely used global sea routes)"으로 정의하고 있으며, 일부 해협은 너무 좁기 때문에 그곳을 통과할 수 있는 선박의 규모에 대한 제한을 두기도 한다. 해상수송로나 해상교통로 문제를 논의할 때 핵심적인 용어인 choke point는 다양한 용어로 번역되어 사용되고 있다. 예를 들어, choke point는 해상요충지,[30] 요충지,[31] 병목지점,[32] 관문,[33] 전략적 해협,[34] 초크 포인트,[35] 핵심지역,[36] 급소지역[37] 등으로 번역되고 있다. 중동 페르시아만에 위

---

[30] 강찬옥, "미국의 호르무즈해협 개입과 전략적 선택: 역외 균형자로서 억제와 보장을 중심으로," 『군사연구』 제148집 (2019), pp. 291-318.

[31] 이기범, "호르무즈 해협의 법적 지위와 청해부대 활동의 범위," 『이슈브리프』 (아산정책연구원, 2020).

[32] 이달석, "석유 공급의 지정학적 리스크," 『석유사랑』 Vol. 188 (2022).

[33] 문정인·부승찬, 『걸프에서 동북아, 해상교통로는 안전한가?』 (서울: 오름, 2013); 김재천, "인도·태평양으로 보폭을 넓혀가는 세계의 중추 국가들," 『통상』 Vol. 118 (2022년 3월호), pp. 4-7.

[34] 이영형·정은상, "지정학적 용어 해석과 유라시아 남부지역 Pivot area의 성격," 『국제지역연구』 제19권 제2호 (2015년 6월), pp. 171-191.

[35] 최정현, "'초크 포인트'(choke-point)의 지정학: 이란 핵문제와 호르무즈 해협 사태," 『KIMS Periscope』 제161호 (2019); 이장훈, "[글로벌 포커스] 미국과 이란의 '치킨게임'," 『월간중앙』 201906호 (2019); 채인택, "수에즈운하, 미중 경쟁 시대에 지정학 요충지의 가치 일깨웠다," 『중앙일보』 (2021년 3월 30일).

[36] 인남식, "예멘 내전의 배경, 함의 및 전망," 『주요국제문제분석』 2018-29 (외교안보연구소, 2018).

[37] 박용, "아무나 흔들 수 없는 나라," 『동아일보』 (2022년 4월 6일).

치한 호르무즈 해협과 말레이시아와 인도네시아 사이에 위치한 말라카 해협이 대표적인 choke point이다.

특히 호르무즈 해협은 전 세계에서 가장 많은 물량의 석유가 통과하는 전략적인 지점 또는 관문으로, 이 지역에 대한 안보는 동 해협을 통해 석유를 수출하는 국가뿐 아니라, 전 세계 경제 및 중동지역에서 석유를 수입하는 많은 국가들의 생존 및 번영과 직결되는 세계적인 차원의 국가안보 문제다.

그림-4 호르무즈 해협

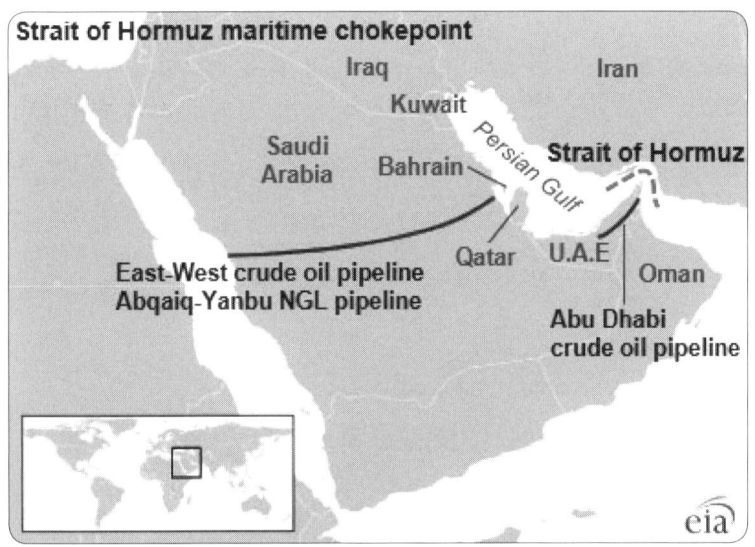

출처: U.S. Energy Information Administration, https://www.eia.gov/todayinenergy/detail.php?id=42338 (검색일: 2023년 1월 20일).

페르시아만 입구에 위치하고 가장 좁은 구간의 폭이 21마일이며, 양측 방향에서 선박의 항해가 가능한 항로(shipping lane)의 폭이 2마일에 불과한 호르무즈 해협은, 전 세계 해상요충지 또는 관문 중에서 전략적으로 가장 중요하다. 호르무즈 해협은 이란과 오만 사이 바다에 위치하고 있는데 페르시아만과 오만만, 그리고 아라비아해를 연결해주는 해협이다. 동 해협이 전 세계에서 가장 중요한 전략적인 해상수송로인 이유는 2016년 기준으로 하루 1,850만 배럴의 석유가 동 해협을 통과하기 때문이고, 이는 바다를 통해 거래되는 전체 원유의 30%에 해당하는 엄청난 규모이다. 호르무즈 해협을 통과한 원유의 80% 정도가 아시아 국가로 가는데 한국, 중국, 일본, 인도 등이 동 해협을 통과한 원유를 수입하기 때문에 호르무즈 해협 안보는 이들 국가에게 사활이 걸린 국가안보 문제라 할 수 있다. 원유뿐 아니라 방대한 양의 천연가스(LNG)도 동 해협을 통과하여 전 세계로 수출되고 있다. 카타르의 경우 2016년 기준으로 약 3.7조 입방피트(cubic feet)의 액화천연가스(LNG)를 호르무즈 해협을 통해 수출했는데 이 물량은 전 세계 LNG 교역량의 30% 이상을 차지한다.[38]

해상수송로 안보에서 지키고자 하는 가치

해상수송로 안보를 논의할 때 안보를 제공함으로써 지키고자

---

38) U.S. Energy Information Administration, *World Oil Transit Chokepoints* (July 25, 2017).

하는 가치는 무엇인가? 이는 호르무즈 해협과 같이 '안보의 대상이 되는 해상수송로가 물리적으로 개방되어 있는 상태' 또는 '해상수송로가 봉쇄되거나 해상수송이 방해받을 가능성이 낮은 상태'로 볼 수 있다. 해상수송로 안보가 확보된 상황에서는 그러한 해상수송로를 이용하는 선박의 통행이 방해받거나 중단되지 않고 보장되며, 모든 국가는 항행의 자유를 누릴 수 있다. 해상수송로가 물리적으로 개방되어 있거나, 또는 해상수송로가 봉쇄되거나 해상수송이 방해받을 가능성이 낮다는 의미는, 어떤 국가나 비국가 행위자가 의도적으로 특정 해상수송로나 그것이 위치한 바다 일부 또는 전체를 통제하거나 봉쇄할 목적으로 개입하지 않는 상태, 그리고 그러한 가능성이 낮은 상태를 의미한다. 봉쇄까지는 아니더라도 주요 해상수송로가 위치한 국가가 국내적인 불안을 겪거나 주변 국가와 분쟁에 연루될 가능성이 큰 경우 해상수송로의 물리적 개방성은 위협받을 수 있다. 물론 의도하지 않은 선박의 사고나 고장, 자연재해의 발생으로 해상수송이 방해받을 가능성도 존재한다.

전략적으로 중요한 주요 해상수송로가 적대적인 국가나 비국가 행위자에 의해서 봉쇄되거나 공격받아 불안정할 때, 또는 해상수송로 안보가 위협받을 가능성이 클 때 군사적 수단을 동원한 해상수송로 안보 확보 필요성이 제기된다. 실제로 1967년 5월, 이스라엘에게 핵심적인 석유 수입 해상수송로인 아카바만(Gulf of Aqaba) 또는 티란 해협(Straits of Tiran)을 이집트가 봉쇄하겠다고 선언하자 위기가 발생했다. 이집트가 해상수송로를 봉쇄한 것은 아니었으나, 그럴 가능성이 제기되면서 미국은 핵심 우방국인 이스라엘의 해상수송로 안보 위기를 자국의 국가안보 문제로 인식했다. 그리고 5월 24일 국가안전보장회의(NSC) 회의에서 미국 정책결정자들은 이스라엘에게 핵심적인 석유 수송로가 위치한 아카바만을 이집트의 공격으로부터 보호하고 개방하기 위해 미국은 어떤 군사적 조치를 취할 수 있는지 논의하였다.[39]

미국이 해상수송로 안보 제공에 소극적이자, 해상수송로 안보가 유일한 이유는 아니었지만 결국 6월 5일 이스라엘은 이집트에 대한 선제공격을 감행하면서 제3차 중동전쟁(6일 전쟁)이 발발했다. 1967년 5월 26일 미국 맥나마라(Robert S. McNamara) 국방장관과 이스라엘 에반(Abba Eban) 외교장관의 대화 기록을 확인하면, 이스라엘이 해상수송로 문제를 얼마나 심각한 국가안보 문제로 인식하고 있었는지 확인할 수 있다. 당시 에반 장관은 아카바만에 대한 이집트의 봉쇄는 이스라엘에게 국가 존재 자체를 위협하는 것이며 전쟁 명분이라는 점을 분명히 밝힌 사실만 보더라도 이스라엘에게 티란 해협의 안보가 얼마나 중요한지 알 수 있다.[40]

---

39) Johnson Library, National Security Files, National Security Council Meetings Files, Box 2, Vol. 4, Tab 52, Middle East Crisis, "Record of National Security Council Meeting held on May 24, 1967 at 12 noon," (1967.05.24., 12:00 p.m.).

40) Harriet Dashiell Schwar (eds.), *Foreign Relations of the United States, 1964-1968, Volume XIX, Arab-Israeli Crisis and War* (Washington: Government Printing Office, 2004), Document 69: Memorandum of Conversation.

해상수송로 안보의 수준

다음으로 어느 수준까지 안보를 보장해야 하는가의 문제가 있다. 모든 위협을 제거한 절대적인 수준의 안보 확보란 현실적으로 불가능하기 때문에 어느 수준까지 안보를 확보해야 하는가의 문제에 답을 하는 것은 간단한 일이 아니다. 앞서 안보 논의에서 살펴본 것과 같이 획득한 가치에 대한 위협을 완벽히 제거하는 것은 현실적이지 않고, 위협은 매우 다양한 출처로부터 발생할 수 있다. 또한 위협은 모든 상황에서 객관적으로 동일한 수준으로 존재하는 것이 아니라, 그것을 인식하고 해석하는 인간 행위자인 정책결정자의 인식 과정도 중요하기 때문에 안보의 수준이나 위협의 수준을 객관적으로 또는 정량적으로 정의하는 것은 쉽지 않다.[41]

일반적인 안보 논의에서와 마찬가지로 해상수송로 안보에서도 어느 수준까지 이르렀을 때 안보가 확보되었는지 계량화하는 것은 현실적으로 어렵다. 다만 해상수송로와 관련하여 획득한 가치에 대한 위협을 억지할 수 있는 수단이 있는가의 여부를 통해, 절

---

41) 외교정책 연구에서 심리 및 인지적 분석의 필요성에 대해서는 다음 문헌을 참고할 것. Joseph H. de Rivera, *The Psychological Dimension of Foreign Policy* (Columbus, OH: Charles E. Merrill Publishing Company, 1968); Robert Jervis, *Perception and Misperception in International Politics* (Princeton, N.J.: Princeton University Press, 1976); 은용수, "심리/인지적 연구와 국제관계학," 『국제정치논총』 제53집 제4호 (2013), pp. 84-90; 은용수, "제4장: 외교정책 설명과 방법론 – 패러다임 전환 및 확정을 위한 제언," 『세계정치』 제20권 (서울대학교 국제문제연구소, 2014), pp. 169-170.

대적인 수준은 아니지만 특정 해상수송로가 봉쇄되거나 해상수송이 방해받을 가능성이 낮은 상태인지 아닌지의 여부는 판단할 수 있다. 예를 들어 페르시아만의 호르무즈 해협 안보에 대한 위협을 억지할 수단이 있다면, 특정 국가나 비국가행위자가 호르무즈 해협을 물리적으로 봉쇄하거나 선박의 통행을 방해할 가능성은 현저하게 낮아진다. 2019년 이란이 페르시아만을 통행하는 선박을 공격한 이후, 미국 주도의 다자적인 노력인 국제해양안보건설(IMSC)의 활동은 이란을 비롯한 국가나 비국가행위자가 호르무즈 해협을 물리적으로 봉쇄하거나 선박의 통행을 방해할 가능성을 이전에 비해서 낮추었다.

해상수송로 안보에서 위협

해상수송로 안보 위협을 어떻게 이해할 것인가? 루소 외(2007)는 '위협(threat)'이란 "어떤 행위자나 집단이 다른 행위자나 집단에 대하여 부정적인 결과를 안겨 주기 위한 역량을 가지고 있거나 의도를 가지고 있는 상황"으로 정의한다.[42] 이러한 정의는 위협을 행위자의 행위 측면에서 주로 이해하고 있고, 그것을 받아들이는 정책결정자의 인식을 고려하지 않기 때문에 위협을 온전히 이해하

---

42) David L. Rousseau and Rocio Garcia-Retamero, "Identity, Power, and Threat Perception: A Cross-National Experimental Study," *The Journal of Conflict Resolution*, Vol. 51, No. 5 (2007), p. 745.

는데 부족하다. 반면 볼드윈(1971)은 위협을 보다 폭넓게 분석했는데 해상수송로 안보 위협과 관련하여 이 책은 볼드윈(1971)의 개념 정의를 활용하여 위협을 정의한다. 그는 'A가 B를 위협하는 경우'에 위협의 의미를 다음과 같이 정리하였다.

첫째, 위협은 'A의 활동(activities)'이라는 관점에서 정의할 수 있다. 다른 의미로 위협은 A가 B의 미래 행동을 변화시키기 위한 의도로 하는 일(undertaking)이다. 이는 영향력을 행사하려고 하는 행위자의 행위에 초점을 맞춘 것이다. 둘째, 대상이 되는 B의 심리적 조건의 관점에서 위협을 정의할 수 있다. A의 행위가 아니라 B의 태도 관점에서 위협을 파악하는 것인데, 위협은 '피해가 발생할 것이라고 예상'하는 것이다. 즉, 위협이라는 것은 심리적인 개념으로서 개인이 어떤 상황을 해석하는 것이다. 이러한 개념에 따르면 A가 무엇을 하든지 상관없이 B가 위협을 받을 수 있다. 심지어 A가 존재하지 않을 때에도 B는 위협받을 수도 있다. 위협이라는 것은 'A의 행위를 B가 인지한 결과물'이라는 관점이다. 이러한 개념 정의는 B가 A의 행위를 어떻게 인지하느냐에 초점을 맞추고 있다.[43]

볼드윈(1971)의 위협 논의에서 첫 번째 관점을 적용하여 특정 국가나 비국가행위자의 활동 측면에서 보면, 해상수송로와 관련하여 획득한 가치 즉, 특정 해상수송로가 물리적으로 개방되어 있

---

43) David A. Baldwin, "Thinking about Threats," *The Journal of Conflict Resolution*, Vol. 15, No. 1 (1971), p. 72.

는 상태 또는 해상수송이 봉쇄되거나 방해받을 가능성이 낮은 상태를 위협하는 특정 국가나 비국가행위자의 활동은 다양하다. 예를 들어 미국과 중국의 해양 패권을 위한 경쟁, 해양영유권 및 해양경계획정 문제를 둘러싼 국가 간 갈등이나 군사적 충돌, 해상수송로 또는 관문이 위치한 주변 국가의 국내정치적 불안정, 이란과 같은 현상변경을 도모하는 국가의 도발적인 위협 행위, 해적행위, 해상 테러리즘 등이 그것이다. 국가 간 분쟁이나 전쟁으로 인해 해상수송로가 위협받는 최근 사례는 러시아-우크라이나 전쟁으로 인한 흑해 봉쇄다. 2022년 2월 러시아가 우크라이나를 침공하고 흑해를 통제하자, 우크라이나에서 전 세계로 수출되는 곡물 수송 선박이 흑해와 지중해를 연결하는 보스포러스 해협(Bosporus Strait)을 포함한 터키 해협을 통행하지 못하자, 심각한 식량위기가 발생했다. 물론 국가나 비국가행위자의 활동 이외에도 태풍과 같은 자연재해, 대형 선박의 고장으로 인한 통행 방해 등의 요인들도 생각해볼 수 있다.[44)]

볼드윈(1971)의 위협 논의에서 제기된 심리적 조건까지 고려하면, 도전하는 국가나 비국가행위자의 행위나 활동, 그리고 그것을 받아들이는 정책결정자의 인식을 모두 고려하여 해상수송로

---

44) 주요 choke point에 대한 전통 및 비전통적 위협에 대해서는 다음을 참고할 것. 백병선, "한국의 해상교통로에 대한 초국가적 위협의 분석 및 향후 대응방안에 관한 연구," 『국가전략』 제16권 제3호 (2010); 백병선, "미래 한국의 해상교통로 보호에 관한 연구," 『국방정책연구』 제27권 제1호 (2011); 문정인·부승찬, 『걸프에서 동북아, 해상교통로는 안전한가?』 (서울: 오름, 2013); 장성호, "해양교통로(SLOC)의 위협과 안전확보 방안," 『대한정치학회보』 제23권 제3호 (2015년).

안보 위협을 파악해야 한다. 도전하는 국가 또는 적대 국가나 적대 세력의 활동이나 행위 자체만을 기준으로 위협의 수준을 구분하는 방법을 생각할 수 있으나, 문제는 볼드윈(1971)이 지적한 것처럼 현실 세계에서는 국가나 비국가행위자의 행위나 활동을 받아들이는 행위자가 그러한 행위를 '인지하는 과정'이 존재한다. 도전자의 행위를 받아들이는 주체, 이 책에서 정책결정자 개인이나 집단은 도전자의 행위만을 독립적으로 인식하기보다 현재 정책결정자가 다뤄야 하는 여러 가지 이슈나 문제들을 동시에 고려하여 우선순위를 설정하고 그 가운데서 그 행위를 인식 및 평가한다. 따라서 도전자의 행위 자체 또는 사건만을 별개로 놓고 위협의 수준을 평가하는 것은 부족하다. 또한 정책결정자는 비슷하게 보이는 도전자의 행위를 상황에 따라서 다르게 인식할 수 있기 때문에 정책결정자가 어떤 이슈들을 다루고 있는 상황 속에서 도전자의 행위를 받아들이는지 맥락을 이해하는 것이 중요하다.

예를 들어 중동전쟁 초기인 1973년 10월 6일 이집트 잠수함이 티란 해협 인근에서 이스라엘의 항구도시인 에이라트(Eilat)를 향해 항행하는 유조선을 공격한 사건이 있었다. 공격이 실패했으나 미국의 중동 핵심 우방국인 이스라엘에게 매우 중요한 해상수송로를 항행하는 선박에 대한 군사적 공격이라는 도발적인 행위가 있었음에도 불구하고, 미국은 이러한 행위를 대응이 필요한 수준의 위협으로 인식하지 않았다. 미국이 그러한 공격을 심각한 위협으로 인지하지 않았던 이유는 이스라엘과 이집트 사이에 전쟁이 발발한 당시 상황에서 양국 간의 교전 중지가 더 중요한 우선순위였기 때문이다.[45] 결국 위협을 정의하고 위협의 수준을 구분할 때 중요한 것은 도전자의 활동만을 고려하는 것이 아니라 그것을 받아들이고 해석하는 정책결정자의 인식도 동시에 고려해야 한다.

그러나 현실적인 문제는 도전자의 행위를 정책결정자가 위협으로 인식하는지, 어느 정도의 위협으로 인식하는지 그것을 어떻게 확인하느냐이다. 자료 확보의 문제가 남아 있긴 하지만 현실적인 대안으로는 외교정책을 논의하고 결정하는 데 핵심적인 역할을 하는 정책결정자들의 논의 자료를 통해 이를 확인할 수 있다. 이러한 자료를 분석함으로써 도전자의 행위를 당시 미국 정책결정자들이 어떻게 인식했는지 확인할 수 있고, 이를 통해 해상수송로 안보 위협이 도전자의 행위와 정책결정자의 인식을 종합했을 때 어느 수준이었는지 평가할 수 있다.

해상수송로 안보 제공자

해상수송로에 '누가' 안보를 제공할 것인가라는 안보 제공자의 역할도 중요한 문제다. 해상수송로 안보 제공자 역할을 두고 중국이 미국과 전략적 경쟁을 한다면 해상수송로 안보는 오히려 더 불안해질 수 있다. 안보를 제공하는 제공자는 미국의 사례처럼 가장 강력한 패권국가가 그 역할을 맡아야 하는지, 아니면 UN과 같은

---

45) 장성일, 2020(a), p. 241.

에너지 안보

앞서 언급한 것처럼 해양안보와 에너지 안보는 안전한 해상수송 즉, 해상수송로 또는 해상교통로 안보라는 영역에서 교집합이 존재하며, 해상수송로 안보는 해양안보 문제이자 동시에 에너지 안보 문제이다. 해상수송로 안보 위기는 동시에 에너지 안보 위기인 것이다. 아래에서는 에너지 안보에 대한 기존 연구들을 짧게 검토한 후, 에너지 안보의 개념과 에너지 안보 위기에 대해서 정의한다.

기존 연구 검토

에너지 자원을 포함한 천연자원은 식량만큼이나 중요하다. 특히 에너지 자원은 전쟁 수행에 필수고, 산업혁명이 빠르게 진행된 이후 전쟁이 기계화되면서 원자재를 통제하는 것이 국력의 핵심이 되었다.[47]

---

7) Hans J. Morgenthau, *Politics Among Nations: The Struggle for Power and Peace* (New York: Knopf, 1966).

국제기구나 다자협력으로 안보를 제공해야 ㅎ
수송로 안보 논의에서 중요한 문제인데 아직
는 크게 주목받지 못하고 있다.

제2차 세계대전 이후 미국은 중동에서 아시
수송로가 물리적으로 개방될 수 있도록 하는
역할을 해왔다. 중동지역에 대한 석유의존도
구하고 미국은 이 지역 해상수송로 안보를 여
하고 있다. 중동지역에서 생산되는 석유가 여
요하며 해상에서 통제권을 유지하는 것이 미
뿐 아니라, 한국, 일본, 호주 등 미국의 핵심 동
생산 및 수출되는 석유에 의존하고 있기 때문
역이 국가 간 분쟁, 테러리즘, 해적활동과 같이
복합적으로 존재하는 지역이고, 최근에는 지역
구적 패권으로 성장하고 있는 중국이 바다를 통
하려고 노력하기 때문에 미국과 중국이 바다에
도 존재한다. 그동안 미국이 주요 해상수송로에
해왔는데 중국이 그런 역할을 맡으려고 하면서
려고 시도할 가능성이 있다.[46]

---

46) The Chatham House, "The Future of Sea Lane Security Betv
and Southeast Asia," (June 23-24, 2015), pp. 2-7.

제1차 세계대전 이후 에너지원으로서[48] 석유는[49] 산업뿐 아니라 기계화된 무기와 운송 수단이 사용되는 전쟁에서도 그 중요성이 매우 커졌다. 따라서 석유의 출현으로 석유를 자급자족할 수 있는 미국과 소련이 강해지고, 석유 자원이 없는 영국의 하락을 야기하는 상대적인 정치권력의 변화를 가져왔다. 많은 석유가 매장되어 있는 중동지역이 전략적으로 중요해졌는데 영국, 미국은 석유 외교를 통해 중동지역에 대한 배타적인 영향력을 구축하고자 노력했다.[50] 그런 의미에서 석유, 천연가스와 같은 에너지 자원을 확보하기 위한 노력 즉, 에너지 안보와 국가의 행위인 외교정책 간의 관계를 이해하는 것은 국제정치를 이해하는 데 중요하다. 냉전

---

[48] 에너지(energy)는 그리스어로 일을 의미하는 'ergon'에서 나온 단어로, '물체가 일을 할 수 있는 능력'을 의미한다. 에너지는 크게 열 에너지, 빛 에너지, 전기 에너지, 화학 에너지와 원자력 에너지 등의 형태를 취할 수 있다. 일반적으로 에너지라는 용어는 에너지원(energy source)과 같은 의미로 사용되는데, 이는 에너지를 제공하는 물질 또는 자연현상을 말한다. 석유, 천연가스, 석탄, 원자력(우라늄)과 같은 재생불가능 에너지원과, 태양력, 수력, 풍력과 같은 재생가능 에너지원(renewable sources)로 구분할 수 있다. 에너지경제연구원, 『에너지 이코노미』 (쎄오미디어, 2013), p. 25.

[49] '석유(oil)'는 엄밀한 의미에서 정유 과정을 거치기 전 단계의 '원유(crude oil)'를 의미한다. 원유는 자연상태에서 액체 형태로 존재하는 탄화수소 복합물(a mixture of hydrocarbons)로서 정유 과정을 거쳐 가솔린, 등유, 경유와 같은 석유제품(petroleum products)으로 만들어진다. 비슷한 용어인 '석유(Petroleum)'는 원유와 석유제품을 포함하는 포괄적인 용어이며, Oil과 Petroleum이라는 용어는 혼용되어 사용된다. 이 책에서 사용하는 석유는 일반적인 사용용례에 따라 원유(crude oil)를 의미한다. '유가(oil price)'의 경우 대체로 석유제품이 아닌 원유의 가격을 지칭한다, U.S. Energy Information Administration.
https://www.eia.gov/tools/faqs/faq.cfm?id=40&t=6 (검색일: 2023년 3월 16일).

[50] Morgenthau, 1966, pp. 114-116. 제1차 세계대전 이후, 중동지역에서 석유 확보를 위한 미국과 영국의 경쟁, 민간 에너지 기업을 통한 협력의 역사는 다음 연구를 참고할 것. Michael Hogan, *Informal Entente: The Private Structure of Cooperation in Anglo-American Economic Diplomacy, 1918-1928* (Imprint Publications, 1991), pp. 160-185.

기 국제정치 연구에서 학자들은 자원 문제 특히, 석유와 천연가스 같은 에너지 자원의 전략적 중요성을 인식하고 있었으나 그것이 어떻게 외교정책 결정에 영향을 주는지 구체적인 분석으로 이어지는 경우는 별로 없었다. 에너지 문제는 국가의 권력을 구성하는 하나의 요인이거나,[51] 국가 간의 권력 변화를 가져왔던 사건의 배경이었을 뿐이다. 예를 들어 수에즈 운하 위기는 영국의 하락을 가져오고 미국이 세계적인 리더로 성장하는 데 기여했다.[52]

에너지 문제 또는 에너지 안보가 국제정치학에서 독자적인 연구 주제로 주목을 받게 된 계기는 1973년 석유 위기의 발생과 이로 인한 전 세계적인 충격 때문이었다. 당시 사우디아라비아를 포함한 아랍 산유국은 이스라엘을 지원하는 국가에게 경제적 타격을 주기 위해 경제적 재화인 석유를 정치적 무기로 활용하였는데, 대상 국가들에게 석유 금수조치와 함께 석유 생산량의 감축을 단행했다. 이후 많은 학자들이 석유 위기 사건에 주목하였으나 대부분의 연구는 위기의 발생 배경과 과정을 역사적으로 잘 기술하고 있을 뿐 이론적인 시각에서 에너지 문제, 에너지 안보에 대한 연구로 이어지지 않았다.[53] 최근 많은 연구들이 에너지 안보라는 용어를 사용하며 에너지 문제를 분석하고 있으나 여전히 에너지 자

---

51) 모겐소(1966)는 미국이 석유를 자급자족할 수 있었기 때문에 권력의 상승에 기여했다고 본다. Morgenthau, 1966, pp. 114-116.

52) Henry Kissinger, *Diplomacy* (New York: Simon & Schuster, 1994), pp. 522-549.

53) Rosemary Ann Kelanic, *Black gold and blackmail: The politics of international oil coercion(Ph.D Dissertation)* (The University of Chicago, 2012), pp. 7-8.

원의 안정적인 공급이라는 공급 측면에서의 접근이 대부분이다.[54] 즉, 많은 기존 연구들은 에너지 문제가 갖고 있는 군사적, 국제정치적, 경제적인 복합성을 인식하고 이론적 논의에 기반하여 에너지 안보를 다루는 것이 아니라 수급의 차원을 강조하는 경향이 강하다.

반면 이재승(2005),[55] 칼리키와 골드윈(2005),[56] 야피마바(2011),[57]

---

54) Robert B. Kruger, *The United States and International Oil* (New York: Praeger Publisher, inc., 1975); Robert Belgrave, Charles K. Ebinger, and Hideaki Okino, *Energy Security to 2000* (Aldershot: Gower, 1987), p. 2; Paul B. Stares (eds.), *Rethinking Energy Security in East Asia* (Tokyo; New York: Japan Center for International Exchange, Brookings Institution Press, 2000), pp 19-41; J. Bielecki, "Energy Security: Is the Wolf at the Door?," *The Quarterly Review of Economics and Finance*, Vol. 42, Issue 2 (Summer, 2002), p. 237; Pak K. Lee, "China's Quest for Oil Security: Oil (Wars) in the Pipeline?," *The Pacific Review*, Vol. 18, No. 2 (June, 2005), p. 266.에서 재인용; Samantha Ölz, Ralph Sims, and Nicolai Kirchner, *Contribution of Renewables to Energy Security*, (International Energy Agency, 2007), p. 13; 류지철, "한국의 에너지 안보: 정책과 대응방안," 『국제평화』 제2권 제1호 (2005년 6월); 이준범, "에너지 안보에 대한 이론적 접근: 에너지 수급의 정치경제," 『국제평화』 제2권 제1호 (2005); 김재두·심경욱·조관식, 『왜 에너지안보인가』 (서울: 한국국방연구원, 2007); 남궁영, "에너지 안보: 중국의 전략에 대한 분석," 『국제정치연구』 제10집 제1호 (2007), p. 245.

55) 이재승, "에너지 안보와 동북아 협력: 하위정치 이슈에 대한 상위정치적 접근," 『국제·지역연구』 제14권 제1호 (2005).

56) Jan H. Kalicki and David L. Goldwyn (eds.), *Energy and Security: Toward a New Foreign Policy Strategy* (Washington, D.C.: Woodrow Wilson Center Press, 2005).

57) Katja Yafimava, *The Transit Dimension of EU Energy Security: Russian Gas Transit across Ukraine, Belarus and Moldova* (Oxford: Oxford Institute for Energy Studies/ Oxford University Press, 2011), pp. 12-14.

신범식(2012),[58] 이재승(2014)[59]의 연구는 단순히 공급 차원의 수급 문제로서의 에너지 문제가 아니라, 다른 영역과의 관계를 조명하는 확대된 안보의 개념으로 에너지 문제를 다루고 있어서 의미가 있다. 신범식(2012)의 연구는 동북아 지역 에너지 안보 문제에 집중하면서, 지역 내 국가들이 어떤 방식의 네트워크 전략으로 에너지 분야 협력을 달성할 수 있는지 조명하고 있다. 특히 그 협력의 과정에서 남-북-러 가스관 사업의 의미, 그리고 지역 차원의 에너지 협력 과제를 네트워크 세계정치론의 시각에서 분석하고 있다.[60] 이재승(2005)은 에너지 안보의 개념이 변화해왔음을 강조하면서 지금까지의 에너지 문제는 하위정치 이슈로 여겨졌던 반면 에너지 안보 문제로 접근하는 경우 안보라고 하는 상위정치 개념과 연계될 수 있다고 보았다.[61] 야피마바(2011)의 연구도 이러한 인식을 공유하고 있는데, 기존의 에너지 안보에 대한 개념들이 공급의 문제를 강조하고 있어서 논의가 제한적이라면서 저자는 새로운 접

---

[58] 박영민(2017)의 연구도 동북아 지역 에너지 안보 문제를 다루면서 협력의 가능성을 분석하고 있다. 박영민, "동북아 에너지안보와 동북아 에너지공동체 형성방안 연구," 『대한정치학회보』 제25집 제2호 (2017), pp. 1-17. 한국의 에너지 안보 문제를 다루는 연구로는 다음을 참고할 것. 박상현·하상섭, "에너지안보의 국제정치: 국제협력과 한국의 전략," 『정치·정보연구』 제15권 제1호 (2012), pp. 329-348. 김성진, "동북아 에너지 안보의 지형 변화와 한국의 에너지 외교," 서울대학교 국제문제연구소 편, 『에너지 국제정치의 변환과 동북아시아』 (사회평론아카데미, 2015), pp. 276-321.

[59] 이재승, "동아시아 에너지 안보 위협 요인의 유형화: 에너지 안보의 개념적 분석을 중심으로," 『국제관계연구』 제19권 제1호 (고려대학교 일민국제관계연구원, 2014).

[60] 신범식, "동북아시아 에너지안보와 다자 지역협력," 『한국정치학회보』 제46집 제4호 (2012), pp. 247-278.

[61] 이재승, 2005, pp. 22-23.

근이 필요함을 강조한다.[62]

에너지 안보를 이론적 논의로 끌어와 독립적인 연구에 기여한 연구로는 이재승(2014)의 연구가 대표적이다. 그는 에너지 안보는 단순히 수요와 공급뿐 아니라 에너지 공급 네트워크 인프라, 환경적 고려, 기술 및 국제 군사 환경과 같은 다양한 차원에서 논의해야 한다고 주장한다.[63] 크리스토우와 아다미데스(2013)의 연구도 에너지의 안보화 문제는 경제 영역에 국한되는 것이 아니며 정치, 경제 및 군사적 측면에서 통합적인 분석이 필요함을 강조한다.[64] 신범식(2012)의 연구 또한 에너지 안보의 개념을 확장시킨 대표적인 연구로서, 그는 에너지 안보를 국제정치경제적 측면과 외교안보적 측면을 동시에 포괄하는 개념으로 사용하고 있다.[65]

이 책이 주목하고 있는 에너지 안보의 해상수송과 관련한 군사적 개입 문제를 다룬 연구들이 많지는 않지만 대표적으로 클레어(2004)는 미국의 중동지역 군사적 개입 확대는 석유로 대표되는 에너지 문제를 위해서였다고 주장한다.[66] 스미스(2015)의 경우 석유

---

[62] Yafimava, 2011, pp. 13-14.

[63] 이재승, 2014, pp. 210-216.

[64] Odysseas Christou and Constantinos Adamides, "Energy Securitization and Desecuritization in the New Middle East," *Security Dialogue*, Vol. 44 (5-6), (2013), p. 510.

[65] 신범식, 2012, pp. 249-250.

[66] Michael T. Klare, *Blood and Oil: The Dangers and Consequences of America's Growing Dependency on Imported Petroleum* (New York: Owl Books/Henry Holt, 2004).

(에너지)와 미국 외교정책의 관계를 이론적으로 분석한 연구가 부재함을 지적하면서, 석유는 갈등을 일으키는 변수로써 석유로 유발되는 부(wealth)는 분쟁의 목적이거나 분쟁을 일으키는 요인이라고 주장한다.[67] 푸어스(2005)는 에너지 자원에 대한 접근을 담보하는 것은 미국의 사활적 이해관계로 이를 위해 미국은 군사력을 사용한다고 주장한다.[68]

가장 최근의 연구로 제프리와 아이젠슈타트(2016)는 1945년부터 2010년대까지 미국이 중동정책을 수행하는 데 있어서 미군의 역할을 분석하였다. 그들은 1973년 이후 미국이 중동 안보에 직접적으로 개입한 이유로 석유 수송의 안보(security of oil supplies)도 중요한 요인으로 주목하고 있는데[69] 본 연구도 이러한 시각을 수용한다. 실제로 석유, 천연가스와 같은 화석연료의 경우 대부분의 매장지 및 생산 국가가 중동, 아프리카와 같은 지역에 편중되어 있어서 다른 지역으로 수송해야 하는 수송 안보의 문제가 있고 대부분 해상으로 이동한다.

예티브(2011)는 정부의 행위를 설명하기 위해서 합리적 행위자 모델, 인지적 분석, 정부정치 모델과 같은 여러 이론으로 검증이

---

67) Andrew Price Smith, *Oil, illiberalism, and War: An Analysis of Energy and US Foreign Policy* (Cambridge, Mass.: MIT Press, 2015), 서론과 p. 81.

68) Leon Fuerth, "Energy, Homeland, and National Security," in Jan H. Kalicki and David L. Goldwyn (eds.), *Energy and Security: Toward a New Foreign Policy Strategy* (Washington, D.C.: Woodrow Wilson Center Press, 2005), pp. 411-413.

69) Jeffrey and Eisenstadt, 2016.

필요함을 강조하면서 제1차 걸프 전쟁 당시 미국의 전쟁 개입 결정을 설명하고 있다. 그는 합리적 행위자 모델 관점에서 에너지 문제와 군사 개입 결정과의 관계를 다루고 있는데, 미국은 페르시아만에서 자신의 사활적 이익이 위험에 처해 있다고 인식했으며, 초반에는 전쟁 대신 외교 및 경제적 대응을 고려했었다. 그에 따르면 에너지 자원의 원활한 공급, 사우디아라비아의 안정 및 반미 세력의 영향력 제한은 미국이 그동안 중동지역에서 가져왔던 이해관계였다.[70] 예티브(2011)의 연구는 전 세계 에너지 시장과 유가 측면에서 영향력, 미국 국내적 차원에서의 수급 문제와 수출입에서 불균형 문제, 페르시아만에서의 석유의 수송 안보 문제 등에 대해서는 분석을 하고 있지 않아, 미국이 에너지 안보와 관련하여 구체적으로 어떤 이해관계를 가지고 정책결정을 해 나갔는지에 대해 충분한 설명을 제시하지 못하고 있다. 또한 정책결정자들이 당시 상황을 어떻게 인식했으며 어떤 과정으로 그런 결정에 도달하게 되었는지 설명을 제시하지 못하고 있다는 한계도 있다.[71]

이상에서 언급한 것과 같이 상당수의 연구는 해상수송로 안보를 포함하여 에너지 안보와 군사적 개입과 같은 군사적 대응 간의 관계를 정황적 증거를 들어 설명하면서 두 요인 사이에 상관관계가 있다고 주장한다. 그러나 실제로 두 요인 간의 관계를 정책결

---

70) Steve A. Yetiv, *Explaining Foreign Policy: U.S. Decision-Making in the Gulf Wars* (Baltimore, Md.: John Hopkins University Press, 2011), pp. 30-33.

71) Yetiv, 2011, pp. 30-33, pp. 56-57.

정자의 선택이라는 미시적인 정책결정 분석 수준에서 이론적, 경험적 연구로 분석한 연구는 찾아보기 힘들다. 정책결정 과정에서 실제로 에너지 안보 특히 해상수송로에 대한 안보 위협이 정책 결정에 영향을 주었는지 확인하기 위해서, 그리고 해상수송로 안보에 대한 고려가 어떤 과정을 통해서 군사력의 사용 결정과 같은 정책 선택으로 이어졌는지 그 과정을 추적하기 위해서는 분석 수준을 국가 내 정책결정자 수준으로 낮추어야 한다. 아울러 대통령, 국가안보보좌관, 국무장관 및 국방장관과 같은 핵심 정책결정자들의 논의 과정을 NSC 회의록, 메모 및 보고자료와 같은 1차연구 자료를 바탕으로 검토할 필요가 있다.

에너지 안보의 개념

에너지 안보는 무엇인가? 에너지 안보는 해양안보, 구체적으로는 해상수송로 안보와 어떻게 연결되는가?

국제에너지기구(IEA)는 에너지 안보를 에너지 공급이 적당하며(adequate), 가격이 적절하고(affordable), 신뢰할 수(reliable) 있을 때 안정적(secure)이라고 정의하고 있다.[72] 기본적으로 에너지 안보는 '공급안보'적 측면에서 다루어지고 있으며 "한 경제가 특정 에

---

72) Ölz, Sims, and Kirchner, 2007, p. 13; International Energy Agency, https://www.iea.org/topics/energy-security/ (검색일: 2022년 12월 15일).

너지의 공급 불안으로부터 자유로운 상태"이다.[73] 공급 불안으로부터 자유롭기 위해서는 적정한 규모의 에너지 공급이 이루어져야 한다. 비엘레츠키(2002)는 에너지 안보를 "합리적인 가격으로 안정적이고 적정한 에너지의 공급"이라고 정의하면서, "세계 경제의 필요를 완전히 충족해 주는 중단되지 않은 공급(uninterrupted supply)"이 그것이라고 주장한다.[74] 예를 들어 1973년과 1979년 두 차례의 위기로 촉발된 석유 공급 차질은 에너지 공급의 중요성이 얼마나 중요한지 잘 보여준다.

볼드윈(1997)의 안보 개념을 적용하면 에너지 안보 또한 "획득한 가치에 대한 피해의 가능성이 낮은 상태"[75]로 이해할 수 있다. 에너지 안보에서 가치란 어떤 것인가? 앞서 언급한 에너지 안보 정의에서 나타나듯 '안정적인 가격으로 에너지 자원을 안전하게 중단 없이 공급하는 것'이 가장 중요한 가치다. 에너지 안보는 경제적인 측면과 지정학적 고려, 지역에 대한 안보 정책과 같이 국제 정치적인 요인이 동시에 고려되는 복합적인 개념으로,[76] 공급, 가격, 공급원의 안보 및 수송 안보라는 요인들이 에너지 안보에 영향을 미친다. 특히 해상수송은 군사적 보호가 결합되는 요인으로 미국은 페르시아만과 같은 주요 해상수송로의 보호를 중요한 국

---

73) 이준범, 2005, p. 7.
74) Bielecki, 2002, p. 237.
75) Baldwin, 1997, p. 13.
76) 이준범, 2005, pp. 8-9.

가 안보적 이해관계로 간주해왔다.

신범식(2012)은 그동안 상당수의 연구들이 에너지 안보를 설명할 때 경제적 측면만을 강조한 것을 비판하면서, 국제정치적 의미를 지닌 재화로서 에너지에 대한 이해를 더욱 확장시키고 있다. 에너지는 "정치화된 재화(politicized commodity)"이며 전략적 재화로서 에너지는 경제적 원리에 따르는 속성과 안보적 원리에 따르는 속성을 동시에 지니고 있다는 것이다. 특히 그는 에너지 자원 확보를 둘러싼 경쟁은 외교 및 안보적 속성이 있고, 에너지 수송로의 안전을 위한 해군 경쟁 등이 이를 보여주는 모습임을 지적하고 있다. 동북아 지역 에너지 안보를 예로 들면서 그는 이 지역 에너지 안보 문제를 경제적 시각에서만 보는 것은 한계가 있다고 지적한다.[77] 신범식(2012)의 에너지 안보 개념은 안보화된 경제적 재화인 에너지 자원의 정치적, 전략적 속성을 잘 설명한 것으로서 에너지 안보 문제를 보다 폭넓게 이해하는 데 기여했다.

2001년부터 2014년까지 에너지 안보를 다룬 104개의 연구를 조사하여 정리한 앙 외(2015)의 연구는 최근 연구에서 에너지 안보를 어떻게 정의하는지, 그 변화가 어떠한지 살펴볼 수 있는 흥미로운 연구다. 그들의 연구에 따르면 에너지 안보 개념은 점차 다양한 테마를 포함하면서 확대되는 경향을 보이는데 이제는 환경적인 문제와 효율성 개념도 포함하게 되었다. 또한 그들은 에너지 안보라는 개념이 맥락(context)에 크게 의존하는 개념이라고 설명

---

77) 신범식, 2012, pp. 249-250.

그림-5 포괄적인 에너지 안보 개념도

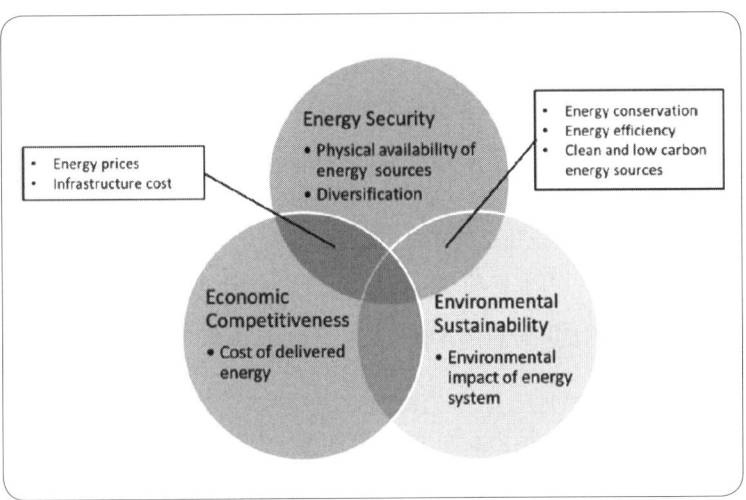

출처: B.W. Ang, W.L. Choong, and T.S. Ng, "Energy Security: Definitions, Dimensions and Indexes," *Renewable and Sustainable Energy Reviews*, Vol. 42 (February, 2015), p. 1090.

하면서, 학자들이 보편적으로 수용하는 개념은 아직 존재하지 않는다고 주장한다. 그리고 그들은 에너지 안보를 정의한 기존의 연구들을 정리하면서 에너지 안보 개념이 다음과 같이 7개의 테마들을 다루고 있다고 보았다. 예를 들어, 에너지 가용성(availability), 인프라(infrastructure), 가격, 사회적 영향력(effects), 환경, 거버넌스, 그리고 효율성(efficiency)이 그것이다.[78]

---

78) B.W. Ang, W.L. Choong, and T.S. Ng, "Energy Security: Definitions, Dimensions and Indexes," *Renewable and Sustainable Energy Reviews*, Vol. 42 (February, 2015), pp. 1077-1093.

에너지 안보에 대한 여러 개념적 접근 중에서 본 연구는 파토우(2007)의 개념에 주목한다. 파토우(2007)는 기본적으로 석유라는 자원은 지정학적으로 생산되는 지역과 소비되는 지역이 다르기 때문에 석유를 생산하는 국가에 의존하는 석유 의존(oil dependency) 문제가 근본적인 에너지 안보에 대한 우려의 기저에 있다고 설명한다. 또한 에너지를 수입하는 국가로 흘러가는 석유가 중단될 가능성도 있다는 것이 문제로, "석유 의존도(dependency)와 석유 공급에 있어서 심각한 중단에 대한 취약성(vulnerability) 개념들이 결합하는 것이 에너지 안보 우려(energy security concerns)에 대한 기초를 형성한다"며 파토우(2007)는 에너지 안보 개념을 설명한다.[79]

파토우(2007)는 에너지 안보를 정의할 때 IEA가 제시한 에너지 안보의 구성 요소인 '가격이 적절하다(affordable prices)'는 개념이 모호하다고 판단한다. 수입국가 입장에서는 저렴한 가격이 적절한 것이지만 수출국가는 다르기 때문이다. 대신 그는 에너지 안보를 공급망(supply chain)을 통해서 가는 석유의 흐름을 방해하는 잠재적인 요인이나 사건들의 관점에서 정의한다.[80]

이 책은 에너지 안보에 대한 파토우(2007)의 논의를 수용하면서 에너지 안보를 가장 중요한 구성 요소인 '심각한 부족이나 중단이 없는 공급'의 차원에서 이해한다. 물론 앙 외(2015)의 연구에서 확인할 수 있듯 에너지 안보는 효율성, 사회적 영향력, 환경, 거버넌

---

79) Fattouh, 2007, pp. 6-7.

80) Fattouh, 2007, p. 7.

스 등 매우 다양한 이슈도 고려할 수 있다. 하지만 보다 정교한 분석을 위해 본 연구에서는 수입국가 입장에서 매우 중요한 공급의 차원에서 에너지 안보를 비교적 좁게 정의하여 사용한다. 가격이나 공급원에 대한 안정성 같은 부분이나 환경적 요인 등은 그것을 객관적으로 정의 내리기가 어렵지만, 공급의 중단 여부는 비교적 객관적인 확인이 가능하고 즉각적으로 수입국가에게 영향을 미치기 때문이다.[81] 따라서 에너지 공급이 심각하게 줄어들거나 중단(disruption)이 발생하는 경우, 또는 공급 중단이 실제로 일어나지 않았으나 그러한 가능성이 매우 높아서 그것을 심각한 위협으로 인식하는 경우 이러한 상황을 에너지 안보 위기라고 할 수 있다. 실제로 미국의 사례를 보면 미국은 자국이 석유 수입에 의존하고 있다는 것 자체가 국가안보에 대한 위협이라고 보진 않았다. 미국은 석유 공급이 중단될 수 있다는(disrupted) 위험이 존재할 때에만 자국의 국가안보는 위협받는다고 판단했다.[82]

---

[81] 에너지 안보에 대한 다양한 개념적 분석은 다음 문헌을 참고할 것. Benjamin K. Sovacool and Ishani Mukherjee, "Conceptualizing and measuring energy security: A synthesized approach," *Energy*, Vol. 36, No. 8 (August, 2011), pp. 5343-5355; Ang, Choong, and Ng, 2015, pp. 1077-1093.

[82] Reagan Library, Dean, Robert W.: Files, Box 001R-Dean, Energy Security "Memorandum for Frank C. Carlucci," (1987.02.17.).

에너지 안보 위기

에너지 안보를 불안하게 만드는 요인들은 무엇인가? 에너지 안보 위기는 다양한 요인들에 의해 발생한다. 우선 기술적인 결함이나 문제로 공급 중단이나 방해가 일어날 수 있고, 태풍과 같은 자연적인 사건, 석유 생산 시설 노동자들의 파업, 석유 시설에 대한 테러 공격, 전쟁과 내전, 에너지 수출 역량을 제한하거나 수출을 의도적으로 제한하는 정부로 정권이 교체되는 경우 등이 그것이다. 공급자들이 담합하여 가격을 급격하게 변화시키거나 에너지 자원의 수송로가 통제되는 것은 에너지 안보에 대한 위협들이며 에너지 안보 위기를 유발한다. 공급 중단이나 방해가 모두 똑같은 영향력을 가지는 것은 아니다. 기술적인 문제로 공급 중단이 발생하는 경우가 종종 있는데 이 경우 전 세계 석유 공급이나 생산 역량에 미치는 영향은 제한적이다. 반면 자연재해로 공급 중단이 발생하는 경우는 매우 드물지만 단기적으로 석유 공급에 미치는 그 영향력은 크다.[83]

에너지 안보 위기를 발생시키는 위협은 크게 (1) 경제적 요인, (2) 정치적 요인으로 구분할 수 있다.[84] 단순히 에너지 수요와 공

---

83) Fattouh, 2007, p. 7.

84) 에너지 안보 위기를 다양한 형태의 유형으로 이론화하는 유형화 작업을 하기 위해서는 충분한 수의 사례가 필요하다. 따라서 유형화 작업은 향후 연구에서 이루어져야 할 것이다. '유형(types)'이란 구체화된 결합(specified conjunctions), 또는 변수들의 배열형태(configurations of the variables)를 의미한다. George and Bennett, 2005, p. 235.

급의 문제로 인해 에너지 안보 위기가 발생하는 경우 대체로 국가는 이 문제를 국제 에너지 시장에 맡겨 두고 해결한다. 해상수송로 특히 페르시아만 호르무즈 해협과 같은 핵심 해상수송로(choke point) 안보가 심각하게 위협받는 경우는 외교 협상, 경제 제재의 효과는 매우 제한적이며, 군사적 수단을 동원하여 물리적으로 수송로의 안보를 확보하는 것이 가장 효과적이다.

에너지 안보 위기 발생 요인: 경제적 요인

첫째, 공급 문제의 차원에서 보면 석유, 가스와 같은 에너지 자원은 경제적 재화로 다른 상품과 마찬가지로 기본적으로 시장의 영향을 받는다. 공급이 부족하거나 공급에 비해 수요가 급격히 증가하면 에너지 시장이 불안해지며 위기가 발생한다. 국제에너지기구(IEA)는 에너지 안보를 설명할 때 "에너지 공급이 적당(adequate)"[85]함을 강조하는데, 여기서 공급이 적당하다는 것은 매장량이 충분한 상황에서 주로 생산이 문제 없이 이루어지고 있다는 것을 의미한다. "적정한(adequate) 매장량"이 전제되어야 에너지 안보를 말할 수 있다.

공급 능력에 문제가 발생하는 경우는 생산 시설이나 정유 시설 등이 제대로 작동하지 않거나, 태풍과 같은 자연재해, 국가 내 외

---

85) Ölz, Sims, and Kirchner, 2007, p. 13.

부 세력의 공격으로 시설을 가동하지 못하는 경우에 발생하며, 이는 에너지 안보 위기로 이어진다. 1978년 말 이란에서 혁명이 일어나면서 석유 산업 근로자들이 파업에 돌입하였고 이란의 석유 생산량은 급감했다. 이로 인해 전 세계적인 석유 공급에 차질이 생기면서 심각한 에너지 안보 위기가 시작되었다. 또한 2005년 태풍 카트리나가 미국 멕시코만의 석유 정유시설과 같은 인프라를 파괴하면서 전반적인 생산량이 급감하였고 에너지 안보 위기가 발생했다. 그 결과 하루 150만 배럴의 석유가 국제석유시장에 공급되지 못하면서 공급 문제로 인해 에너지 안보 위기가 초래되었다.[86] 이에 대응하며 국제에너지기구(IEA)는 국가 간 공조로 비축유를 방출하면서 위기에 대응하였다.

둘째, 가격 문제로 인해 에너지 안보 위기가 발생할 수 있다. '적절한' 또는 '합리적인 가격'이라는 기준이 모호하기 때문에 이 책의 에너지 안보 개념에서는 제외되었으나 상당수의 문헌은 안정적인 가격을 에너지 안보에서 중요한 요소로 판단하고 있다. 급격한 가격의 변동은 생산량이 급격하게 감소하거나 OPEC과 같은 카르텔의 일방적인 가격 담합에 의해 일어난다. 급격한 가격 변동은 에너지 수입 국가에게 심각한 경제적 타격을 줄 수 있다. 따라서 가격이 급격한 변동 없이 안정적으로 유지되는 것이 중요하다. 변동이 심하지 않는 합리적인 또는 안정적인 가격으로 에너지원

---

86) International Energy Agency, *Oil Supply Security: Emergency Response of IEA Countries 2007* (International Energy Agency, 2007), p. 18, p. 28.

이 공급될 때 소비국은 경제활동에 부담을 느끼지 않는다. 그러나 대부분 급격한 가격 변화는 저절로 발생하는 것이 아니다. 가격이 급격하게 변하는 것은 한때 카르텔 힘을 발휘했던 석유수출국기구(OPEC)처럼 공급자들이 물량을 임의로 조절하면서 가격을 조작(manipulation)하는 경우, 가격을 담합하는 경우, 전쟁과 같은 문제로 공급 능력에 차질이 생기면서 가격이 치솟는 경우도 있다. 아래 그림은 1973년 아랍산유국들이 중동전쟁이 발발하자 석유 생산량을 줄이고 가격을 조작하면서 유가가 급격하게 변동한 사례를 보여준다.

그림-6 중동산 국제 유가의 급격한 변화 사례(1965~1975년)

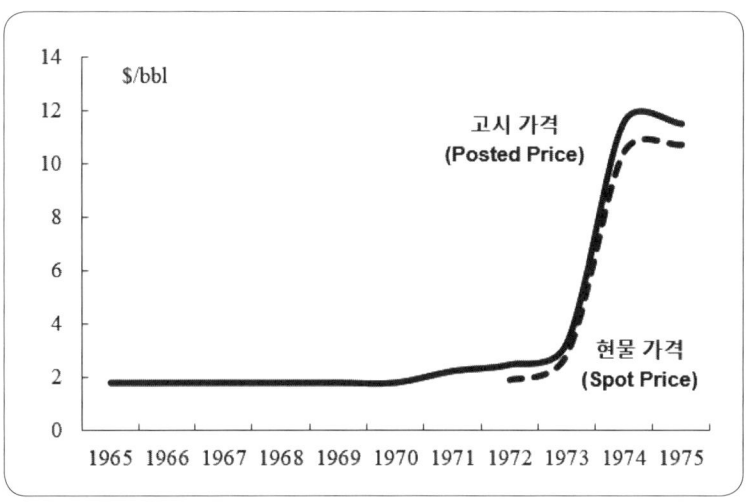

출처: BP, *Statistical Review of World Energy 2008* (June, 2008).

공급 국가와 수급 국가의 에너지 자원 공급 가격에 대한 이견

문제로 에너지 공급 중단이 발생한 경우도 있다. 대표적인 사례는 러시아-우크라이나 천연가스 분쟁이다. 양국 간에 천연가스 가격 협상이 결렬되어 2006년 1월과 2009년 1월에 유럽으로 가는 가스 공급이 중단되면서 유럽은 극심한 에너지 안보 위기를 경험했다. 특히 2009년 1월 1일을 시작으로 러시아에서 우크라이나를 경유하여 서유럽으로 공급되고 있었던 가스가 3주 동안 중단되면서, 천연가스 공급량이 78%가 감소하였고 유럽은 심각한 에너지 위기를 경험했다. 당시 EU 전체 천연가스 수입에서 러시아가 거의 절반을 공급하고 있었는데, 이 공급량의 80%가 우크라이나를 경유했다.[87]

그림-7 2009년 러시아-우크라이나 가스 공급 위기 현황

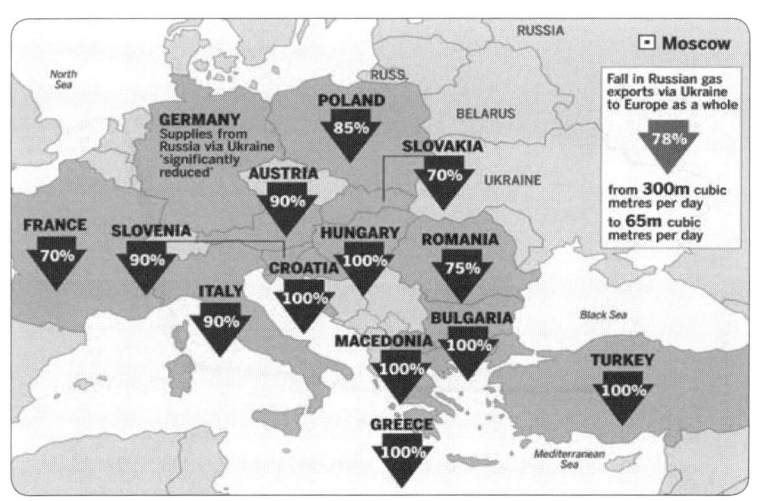

출처: Financial Times, "From Russia … without Gas," (2009.01.06.).

---

87) AFP, "Russia cuts off gas to Ukraine," (2009.01.01.).

에너지 안보 위기 발생 요인: 정치적 요인

정치적인 문제로 인해 에너지 자원의 공급 위기가 발생하는 경우도 있다. 가장 대표적인 정치적 요인은 에너지 자원을 생산하는 국가의 국내 정치의 불안, 내전, 분쟁, 전쟁과 같은 위협이다. 석유, 천연가스를 주로 생산하는 공급 국가들의 상당수가 중동, 아프리카 등 정세가 불안한 지역에 집중되어 있어서 생산국가의 정치적 불안은 에너지 안보를 위협하는 대표적인 요인이다. 예를 들어 중동지역은 여전히 이스라엘과 아랍 산유국 간의 갈등이 완전히 해소되지 않았고 제2차 세계대전 이후 끊임없이 분쟁 및 전쟁을 겪어 왔다.

실제로 1979년 석유 위기는 1978년부터 시작된 이란 혁명으로부터 시작되었다. 1978년 1월 호메이니(Khomeini)를 비방하는 기사가 이란 신문에 실렸는데, 이로 인해 콤(Qom) 지역에서 과격 시위가 발생했다. 이후 소요 사태는 이란 전역으로 번졌다. 블랙 프라이데이(Black Friday)로 알려진 1978년 9월, 정부군은 시위대를 향해 발포했고 계엄령이 선포되었다. 호메이니는 망명 중이던 이라크를 떠나 파리에서 반대 세력을 키워갔으며, 지하조직인 이슬람 혁명 위원회(The Islamic Revolutionary Council)가 호메이니의 명령으로 이란에서 만들어졌다. 1979년 1월 시민들의 소요가 커짐에 따라서 샤(Shah: Mohammad Reza Pahlavi)와 그의 가족은 망명을 떠날 수 밖에 없었다. 그리고 2월 1일, 15년간의 망명 생활을 마치고 호메이니가 시민들의 열렬한 환영을 받으며 테헤란으로 입성했다. 같은 달 샤의 군대는 중립을 선언했고 샤의 군주정은 막을 내렸다. 마침내 1979년 4월 호메이니는 권력을 잡으면서 이란(Islamic Republic of Iran)을 선포했다.[88]

1978년 하반기, 이란 혁명이 시작되었는데 샤에 반대하는 석유 산업 노동자들이 파업에 참여하면서 1978년 말에는 이란의 석유 생산은 거의 중단되었고, 12월 말에는 수출까지 중단됨으로써 심각한 에너지 안보 위기가 시작되었다. 당시 이란은 전 세계에서 4번째로 큰 석유 생산국가였으며 하루에 6백만 배럴의 석유를 생산하고 있었는데, 1979년에는 생산량이 거의 1/10로 줄어들었다.[89] 벌리거(1979)는 이란이 1978년 7월에 하루 5.8백만 배럴의 석유를 생산했으나 1979년 1월에는 445,000배럴로 생산량이 급감했다고 주장한다. 이로 인해 미국은 극심한 디젤 및 휘발유 부족을 경험했다.[90]

다음으로 자원의 무기화라 부르는 상황으로, 에너지 자원의 공급 국가가 자원을 정치적, 전략적 무기로 인식하여 활용하는 경우다. 에너지 자원을 생산 및 수출하는 단일 국가 또는 OPEC과 같은 여러 국가의 집단이 에너지 자원을 정치적 무기로 활용하여 대상 국가의 외교정책에 영향력을 행사하고자 하는 경우가 자원을

---

88) PBS, http://www.pbs.org/wgbh/pages/frontline/shows/tehran/etc/cron.html (검색일: 2023년 3월 25일).

89) James Phillips, "The Iranian Oil Crisis," *Backgrounder*, No. 76 (The Heritage Foundation, 1979).

90) Philip K. Verleger Jr., "The U.S. Petroleum Crisis of 1979," *Brookings Papers on Economic Activity*, No. 2 (1979), pp. 463-476.

무기화하는 상황이며, 이 경우에도 에너지 안보 위기가 발생할 수 있다. 단일 국가가 에너지 자원을 정치적 무기로 활용하는 경우는 대게 민족주의적인 성향이 강한 지도자가 등장하면서 자국의 자원을 정치적 카드로 사용하는 경우이다. 이 경우 공급 국가의 요구에 에너지 자원이 볼모로 잡힐 수 있다.

국가들 간의 집단이 자원을 정치적 무기로 활용하는 경우도 있다. 가장 대표적인 사례는 1967년도 석유 금수조치와 1973년도 석유 금수조치다. 사우디아라비아의 경우 방대한 석유 매장량과 생산량을 배경으로 1973년도 석유 무기화를 주도했다.[91] 코헤인과 나이(1977)는 상호의존 개념을 설명하면서 비대칭적 의존(asymmetries in dependence)을 지적하였는데 석유 무기화가 대표적인 사례이다. 그들에 따르면 상호의존이란 완전하게 평등한 상태로 균형 잡힌 의존 관계가 아니며, 여기서 비대칭적 의존은 상대방의 행위에 영향을 줄 수 있는 원천이 된다고 주장한다. 따라서 에너지 공급자에게 비대칭적 관계로 의존하고 있는 대부분의 소비국가는 에너지원의 공급 중단에 민감(sensitivity)하면서도 취약(vulnerability)하다. 특히, 짧은 시간 안에 다른 대안(대체 에너지원)을 마련할 수 없는 에너지 부문에서 그 취약성은 굉장히 크고, 에너지 공급 국가는 이러한 취약성을 전략적으로 활용하기도 한다.[92]

---

91) Itayim, 1974, pp. 86-89.

92) Robert O. Keohane and Joseph S. Nye, *Power and Interdependence* (Little, Brown and Company, 1977), pp 8-19.

공급 국가가 이러한 취약성을 전략적, 정치적으로 활용한 대표적인 사례가 1973년의 석유 위기(석유 무기화)이다.

에너지 안보 위기 발생 요인: 지정학적 요인

에너지 자원이 중동, 아프리카 지역과 같이 일부 지역에 집중적으로 편중 및 매장되어 있고, 생산자와 소비자가 멀리 떨어져 있기 때문에 대부분 파이프라인을 통해서 육상으로, 유조선(tanker)에 의해서 해상으로 수송이 이루어지고 있다. 석유의 경우 상당량이 공해상에서의 유조선을 통한 해양 수송으로 이동하며 파이프라인, 철도 및 트럭을 통해서도 국제적인 이동이 이루어진다. 석유는 수송 방식에 따른 정확한 통계를 찾기 힘들지만 천연가스의 경우 파이프라인과 LNG(liquefied natural gas)에 의한 해양 수송과 같은 두 가지 방식으로 대부분 이동하기 때문에 가스의 수송에서 파이프라인이 차지하는 비중이 어느 정도인지 파악이 가능하다.[93]

---

93) Paul Stevens, "Transit Troubles: Pipelines as a Source of Conflict," (The Royal Institute of International Affairs, 2009), p. 3.

5. 해상수송로 안보의 전략적 중요성

제2차 세계대전 이후 국제적인 교역이 증가함에 따라 해상수송도 비약적으로 증가했다. 해상수송의 증가는 자연스럽게 해상수송로 안보의 중요성으로 이어진다. 특히 호르무즈 해협, 수에즈 운하, 말라카 해협 및 파나마 운하와 같은 주요 choke point는 그 경제적 및 전략적 중요성이 커져갔다.[94]

그림-8   국제 해상 교역 및 상품 수출 변화(1955~2022년)

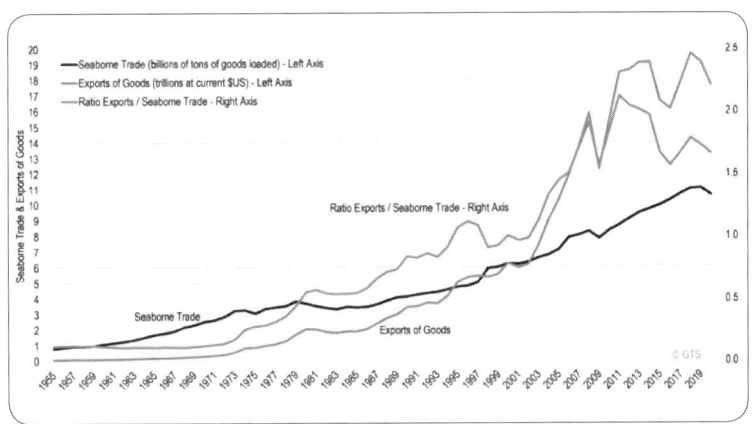

출처: Jean-Paul Rodrigue and Theo Notteboom, "Maritime Transportation," https://transportgeography.org/contents/chapter5/maritime-transportation/ (검색일: 2022.11.10).

---

94) Jean-Paul Rodrigue and Theo Notteboom, "Maritime Transportation," https://transportgeography.org/contents/chapter5/maritime-transportation/ (검색일: 2022년 11월 10일).

석유의 해상수송 증가

해상수송로 안보가 국가안보 차원에서 전략적으로 더욱 중요해진 것은 석유의 해상수송이 증가하면서부터이다. 해상수송로 안보는 대체로 석유의 해상수송로와 연관되는 경우가 많다. 에너지 자원의 생산자와 소비자가 멀리 떨어져 있기 때문에 대부분 파이프라인을 통해서 육상으로, 유조선에 의해서 해상으로 수송이 이루어지고 있다. 최초의 파이프라인은 Iraq Petroleum Company(IPC)가 건설한 IPC 파이프라인으로 1934년에 완공되었다. 본 파이프라인을 통해 이라크 키르쿠크(Kirkuk) 유전에서 레바논의 트리폴리(Tripoli)와 하이파(Haifa)를 통해 지중해로 석유가 수출되었다. 1948년에 이스라엘이 건국되자 하이파 노선이 폐쇄되었고 시리아의 배니아스(Banias)로 향하는 지선(spur line)이 1952년에 완공되었다. IPC는 1955년에 시리아와 그리고 1959년에는 레바논과 협정을 맺고 두 국가를 경유하는 석유에 대한 통과료(transit fee)를 정하였다. 1966년 8월, 극우파였던 바스당(Ba'th)이 시리아 정부를 장악하면서부터 통과료에 대한 재협상을 요구하였고, 시리아에서 레바논 지선으로 가는 석유 공급이 중단되었다. 이 중단 사태를 두고 IPC와 시리아는 갈등을 빚었다. IPC 파이프라인 분쟁은 정치적 요인이 분쟁 원인으로 지목된 대표적인 사례이다.[95]

---

95) Paul Stevens, "Pipelines or pipe dreams? Lessons from the history of Arab transit pipelines," *Middle East Journal*, Vol. 52, No. 2 (Spring, 2000), pp. 227-228; Stevens, 2009, p. 8.

석유는 수송 방식에 따른 정확한 통계를 찾기 힘들지만, 천연가스의 경우 파이프라인과 LNG(liquefied natural gas)에 의한 해양 수송과 같은 두 가지 방식으로 대부분 이동한다.[96] 천연가스 수송에서 파이프라인의 비중은 해상수송보다 크며 그 역할이 지속적으로 증가해왔다.

그림-9 수송 방식에 따른 천연가스의 국제 교역량(1991~2010년)

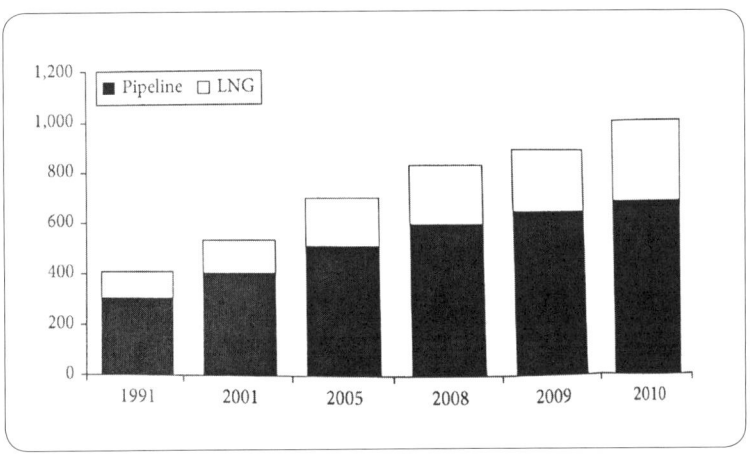

출처: BP, *Statistical Review of World Energy 2011* (2011); Ekpen James Omonbude, *Cross-border Oil and Gas Pipelines and the Role of the Transit Country: Economics, Challenges and Solutions* (Palgrave Pivot, 2012), p. 2. 재인용.

---

96) Stevens, 2009, p. 3.

'choke point'의 전략적 중요성

중동 페르시아만에 위치한 호르무즈 해협과 말레이시아와 인도네시아 사이의 말라카 해협이 가장 유명한 choke point이다. 이러한 관문, 전략적해협 또는 해상요충지가 중요한 이유는 전 세계적으로 생산된 석유(하루 9천만 배럴)의 63%가 선박을 통한 해상수송으로 이동하는데, 그중 80% 이상의 선박이 이러한 요충지를 통과하기 때문에 이곳이 봉쇄되지 않도록 하는 해상수송로 보호는 매우 중요하다.[97] 따라서 해상수송의 안보 확보도 중요하며 공급 지역 또는 유조선에 대한 군사적 보호라는 군사안보적 요인이 결합되기도 한다. 1956년 수에즈 운하 위기처럼 수송로가 봉쇄될 위협에 처하는 경우 에너지 안보는 극심한 위기를 맞이할 수 있다. 파토우(2007)는 석유 교역로(trade routes)를 봉쇄하는 것도 일종의 석유 무기(oil weapon)라고 주장한다. 그는 호르무즈 해협과 말라카 해협을 전 세계에서 가장 중요한 choke point라고 설명하면서, 호르무즈 해협을 우회하여 석유를 이동시키는 것은 현실적으로 불가능하다고 설명한다. 따라서 호르무즈 해협은 페르시아만의 석유지대와 전 세계를 연결하는 요충지대이기 때문에 호르무즈 해협이 봉쇄되는 것은 석유 시장에 최악의 악몽(ultimate nightmare)이라

---

97) Charles Emmerson and Paul Stevens, "Maritime Choke Points and the Global Energy System: Charting a Way Forward," (The Royal Institute of International Affairs, 2012), p. 2; U.S. Energy Information Administration, *World Oil Transit Chokepoints* (November 10, 2014).

고 설명한다.[98]

choke point에 대한 봉쇄는 석유를 직접적으로 무기로 활용하는 것은 아니지만, 국제적으로 이동하는 석유의 대부분이 choke point를 통과하고 주요 요충지에 대한 안보가 중요하다는 점을 고려하면 이곳에 대한 봉쇄는 에너지 안보에 매우 심각한 위협이 될 수 있다. 해상수송에서 전략적으로 중요한 요충지 또는 관문 중 어느 하나라도 군사적인 충돌이나 해적행위 등 위협으로 인해 봉쇄된다면, 해상수송은 지체되거나 중단되어 에너지 자원을 비롯한 상품 가격의 급격한 상승을 야기하여 세계경제를 위험에 빠뜨릴 수 있다.[99] 실제로 이란은 2006년 6월 석유를 무기로 사용할 수 있다고 시사했을 때, 페르시아만 석유 수송을 방해할 수도 있다는 위협을 함으로써 석유 무기화를 언급했다.[100]

choke point 같은 해상요충지에 대한 전면적인 봉쇄는 현실적으로 막강한 해군력이 뒷받침되지 않는 한 쉽지 않다. 석유를 수송하는 유조선(tanker)을 직접 공격함으로써 석유가 대상국에 도달하지 못하도록 하는 방식도 역사적으로 존재한다. 석유 수송선을 공격하여 해상수송을 방해하려고 했던 대표적인 사례는 제1차 세

---

98) Fattouh, 2007, p. 15.

99) 문정인·부승찬, 2013, pp. 29-30.

100) Aresu Eqbali, "Iran says will use oil as weapon if pushed," *Platt's Oilgram Price Report*, Vol. 84 (122) (June 27, 2006), p. 12; BBC Monitoring Middle East, "Iran press: Commentary warns of use of oil weapon in event of US attack," (July 16, 2006).

계대전에서 독일의 유보트(U-boat) 공격이다. 당시 독일은 영국으로 향하는 유조선에 대한 공격을 1915년부터 감행하였고 1917년에 그 수위를 높였다. 그 결과 1917년부터 영국은 극심한 석유 부족을 경험했고 미국에 석유 공급을 요청하였다.[101]

choke point를 봉쇄함으로써 국제적인 위기가 발생했던 대표적인 사례는 이집트 나세르(Gamal Abdel Nasser) 대통령의 등장으로 발생한 1956년 수에즈 운하 위기를 들 수 있다. 나세르는 1956년 6월에 대통령으로 집권한 이후 수에즈 운하를 국유화했고, 이는 영국, 프랑스 및 이스라엘의 이집트 침공을 야기했다.[102] 이집트는 11월 초 영국, 프랑스, 이스라엘 군의 침공에 대항하여 수에즈 운하를 통한 선박의 흐름을 중단시켰다. 수에즈 운하가 봉쇄되자 중동 지역에서 석유를 수입하던 영국은 심각한 에너지 안보 위기를 겪었다. 수에즈 운하 위기 여파로 당시 미국의 아이젠하워 대통령은 미국이 가진 우려가 매우 중대하다는 신호를 보내면서, 중동을 '사활적인 국가이익(vital national interest)' 지역으로 선언하는 결의안을 의회에 요구하여 받아냈다. 이후 미국과 미국의 동맹국들은 점점 더 중동의 석유에 의존하게 되었는데 미국은 나세르의 범아랍 운동(Pan-Arab movement)이 언젠가 서유럽과 일본의 산업에 핵심적인 석유의 흐름을 중단시킬지 모른다는 것을 두려워했다.[103]

---

101) Kelanic, 2012, pp. 136-139.

102) Itayim, 1974, pp. 86-89.

103) Cohen, 2008, 113-114.

해상수송로 안보 위협이 발생하는 경우 이에 대한 안보 확보를 위해 군사력의 사용이 중요한 선택지로 등장할 수 있고, 실제로 국가는 군사력을 사용한 사례가 있기 때문에 해상수송로 안보는 국가안보 문제가 된다. 적대적인 의도를 가진 국가 또는 테러 집단이 호르무즈 해협이나 말라카 해협과 같은 중요 해상수송로 또는 요충지를 봉쇄하거나 봉쇄를 위협하는 경우, 이러한 국가나 비국가행위자에 대한 외교, 경제적 대응보다 군사적 개입이 가장 확실한 안보 확보 수단이 되기 때문이다. 예를 들어 제2차 세계대전 이후 전 세계 주요 해상수송로 안보에서 핵심적인 역할을 해 온 미국은 해상수송로 안보를 위해 군사력의 사용을 중요한 수단으로 고려해 왔으며 실제로 군사력을 사용한 사례도 있다. 이 책에서 사례연구로 자세히 다룰 1987년 페르시아만 위기가 그것인데, 이란-이라크 전쟁이 고조되었던 1987년 미국은 중립국 쿠웨이트 유조선을 군사적으로 보호하는 결정을 내렸고, 실제로 쿠웨이트 유조선을 호위함으로써 군사력을 사용했다.

표-3 주요 choke point의 수송 능력, 위협 요인(2003년)

이름	하루 당 선박 이용	제약 요인	잠재적인 중단 위협
호르무즈 해협	50	폭이 좁아서 두 개의 3km 폭 항로 이용	이란
수에즈 운하	38	20만톤 (DWT)	이집트의 정치적 불안정, 테러리즘
보스포러스 해협	125	21만톤 (DWT)	터키의 제한
말라카 해협	170	30만톤 (DWT)	해적 활동
파나마 운하	35	12만톤 (DWT)	/

출처: Jean-Paul Rodrigue and Theo Notteboom, "Maritime Chokepoints: Capacity, Limitations and Threats," https://transportgeography.org/?page_id=775 (검색일: 2019년 6월 5일).

    페르시아만의 호르무즈 해협은 말라카 해협, 보스포러스 해협 등 다른 주요 해상요충지에 비해 이동하는 선박의 통행량이 많은 것은 아니지만, 전 세계에서 가장 많은 양의 석유가 이동한다는 전략적인 중요성 때문에 이 해상수송로에 대한 지배를 두고 지속적으로 경쟁이 있어 왔다.[104] 주요 choke point를 통과하는 하루 석유의 물량은 다음 그림과 같다. 호르무즈 해협, 말라카 해협을

---

[104] Jean-Paul Rodrigue and Theo Notteboom, "Maritime Chokepoints: Capacity, Limitations and Threats,"
https://transportgeography.org/?page_id=775 (검색일: 2019년 6월 5일).

통과하는 물량이 압도적으로 많은 것을 알 수 있다.

그림-10 주요 choke point를 통과하는 일일 석유의 물동량

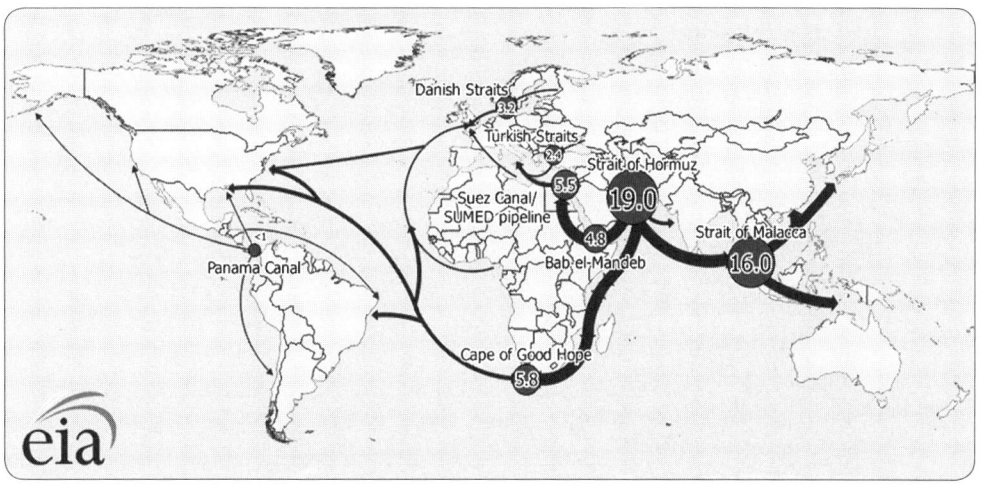

출처: U.S. Energy Information Administration 2017.

    2011년부터 2016년까지 주요 choke point를 통과하는 원유 및 석유제품의 물량 통계를 보더라도 호르무즈 해협과 말라카 해협을 통과하는 물량이 많고 그 양도 증가하는 추세를 확인할 수 있다. 무엇보다 석유의 해상 교역량이 증가하는 추세도 주목할 필요가 있다.

표-4 주요 choke point를 통과하는 원유 및 석유제품의 물량(2011~16년)

단위: 백만 배럴/하루

이름	2011	2012	2013	2014	2015	2016
호르무즈 해협 (Strait of Hormuz)	17.0	16.8	16.6	16.9	17.0	18.5
말라카 해협 (Strait of Malacca)	14.5	15.1	15.4	15.5	15.5	16.0
수에즈 운하 & SUMED 파이프라인 (Suez Canal and SUMED[105] Pipeline)	3.8	4.5	4.6	5.2	5.4	5.5
밥 엘-만답 (Bab el-Mandab)[106]	3.3	3.6	3.8	4.3	4.7	4.8
덴마크 해협 (Danish Straits)	3.0	3.3	3.1	3.0	3.2	3.2
터키 해협 (Turkish Straits)	2.9	2.7	2.6	2.6	2.4	2.4
파나마 운하 (Panama Canal)	0.8	0.8	0.8	0.9	1.0	0.9
희망봉 (Cape of Good Hope)	4.7	5.4	5.1	4.9	5.1	5.8
전 세계 해상 석유 교역량	55.5	56.4	56.5	56.4	58.9	n/a
전 세계 석유 공급량	88.8	90.8	91.3	93.8	96.7	97.2

출처: U.S. Energy Information Administration, *World Oil Transit Chokepoints* (July 25, 2017).

---

105) Suez-Mediterranean Pipeline

106) 아덴만(Gulf of Aden)에서 홍해(Red Sea)로 들어가는 입구에 위치한 해협으로 Bab el-Mandeb 또는 Bab al-Mandab으로 표기됨.

많은 국가들이 이러한 choke point가 있는 바다나 지역을 공유하는 경우가 있기 때문에 이는 다자적인 안보 협력의 유인이 되기도 한다. 안보 협력을 통해 이익을 누릴 수 있는 국가들이 많고, 한 국가가 광범위한 해상수송로 전체에 안보를 제공하는 것이 현실적으로 어렵기 때문이다. 제2차 세계대전 이후 미국은 강력한 해군력을 바탕으로 동맹국과 우방국에게 중요한 해상수송로에 안보라는 일종의 공공재 또는 클럽재(club goods)를 제공하는 역할을 담당했다.[107]

석유 산업의 성장과 해상수송로 안보 확보를 위한 미국의 노력

미국은 상업적인 이익을 보호하기 위해 또는 상업적인 목적의 해상수송로 안보를 위해 세계대전 이전부터 해군을 해외에 파견하는 적극적인 군사 정책을 취해왔다. 미국의 포경선과 상선들이 상업적 이익을 얻기 위해 전 세계로 진출함에 따라 외교관들과 해군(naval forces)도 이들을 따라갔다. 미국 대통령들은 종종 외교관 이상을 해외에 파견했다. 예를 들어 미 해병대(U.S. Marines)는 이미 남북전쟁(1861~1865) 무렵 리비아 트리폴리(Tripoli) 해안까지도 진출했다. 바르바리(Barbary) 해적들을 징벌하기 위해서 제퍼슨(Thomas

---

107) 미국의 전반적인 국력 특히 해군력의 쇠락과 이로 인한 해상수송로 안보 제공자 역할의 변화에 대해서는 다음을 참고할 것. 김지용, "세력전이와 해양패권 쟁탈전: 공공재·전환재 경쟁을 중심으로," 『글로벌정치연구』 제12권 제2호 (2019).

Jefferson)은 트리폴리와 알제에 해군을 파견했는데 이는 미국 대통령이 보낸 최초의 원정대(expedition)이다. 미 해군은 예전부터 아주 오랜 시간 동안 전 세계적으로 활동했다.

1815년에 바르바리 해적들을 견제하기 위해서 영구적인 지중해 함대(permanent Mediterranean squadron)가 창설되었다. 1822년에 미국은 서인도 함대와 태평양 함대(Pacific squadron)를 만들었는데, 태평양 함대는 남아메리카와 남태평양의 남양제도(South Sea islands)에 있는 미국의 포경선과 상업적인 이익을 보호하는 것이 임무였다. 1826년에는 남대서양 함대가, 1835년에는 동인도 함대가, 그리고 1843년에는 아프리카 서쪽 해안에 아프리카 함대가 창설되었다. 1860년 해병대는 미국인의 생명과 재산을 보호하기 위해 라이베리아로 돌아왔다.[108] 즉, 대부분의 해양에서 미 해군은 활동하고 있었다.

1859년 비셀(George Bissell)과 드레이크(Edwin L. Drake)가 펜실베니아(Pennsylvania)의 타이터스빌(Titusville) 지역에서 석유를 성공적으로 시추한 이후, 미국 석유 산업은 비약적으로 성장하였다.[109] 19세기 후반에는 석유가 국가 전체가 아닌 지역 차원에서 생산되었기 때문에 에너지와 관련된 정책 결정은 지역 차원에서 이루어졌고, 그 이후에는 연방국가 수준으로 옮겨졌다. 당시에는 천연자원

---

108) Walter Russell Mead, *Special Providence: American Foreign Policy and How It Changed the World* (New York; London: Routledge, 2002), pp. 25-26.

109) 석유 산업의 발전과 역사에 대해서는 다음 문헌을 참고. Daniel Yergin, *The Prize: The Epic Quest for Oil, Money & Power* (New York: Free Press, 2009).

의 개발과 사용을 조정하는 종합적인 에너지 정책이 부재했다. 대신 석유, 석탄 및 천연가스는 독립적으로 규제되었다.[110]

1900년부터 1920년까지의 시기는 현대적인 에너지 산업, 에너지 시장 및 연방 에너지 규제가 형성되기 시작한 시기다. 이 기간 동안 석유와 천연가스 시장도 확대되면서 석탄에서 다른 화석연료로의 이행이 진행되었다. 1900~1920년 석유 산업은 대형 산업의 패러다임이었다. 석유 기업인 스탠더드 오일(Standard Oil)과 관련 업체는 석유 시장의 64%를 통제했는데, 이는 연방 정부의 성공적인 반독점 소송으로 인해 1900년의 90% 점유율에서 크게 감소한 것이다. 1920년 무렵, 3대 석유 회사들은 국가 전체 석유 정제능력의 72%를 통제했다. 이 기간 동안 에너지 시장은 지역이나 주 수준에서 전국적인 수준으로 이동해갔다. 연방 차원에서의 국가 개입은 흔하지 않았고 개입하더라도 그것은 일시적인 문제로 인한 것이었다. 물론 반독점 행위에 대한 정부의 개입도 존재했다.[111]

연방정부는 가격, 수송 및 분배를 조정할 수 있는 힘을 가진 최초의 에너지 부처(agency)인 미국 연료 행정부(USFA: United States Fuel Administration)를 설립했으나 이 조직은 제 힘을 발휘하지 못하였고, 에너지 산업을 조정하는 것이 아니라 전쟁을 위한 자원을

---

110) Joseph P. Tomain, "The Dominant Model of United States Energy Policy," *University of Colorado Law Review*, Vol. 61 (1990), p. 357.

111) Tomain, 1990, pp. 358-359.

동원하는 것이 목적이었다. 1900~1920년까지 에너지 시장에는 다음과 같은 특징이 있었다. (1) 보기에는 고갈되지 않을 것 같은 석유, 천연가스 및 석탄의 공급, (2) 지방(local)에서 지역(regional), 연방국가 간 자원 생산 및 분배로의 변화, 3) 시장과 에너지 효율성의 지속적인 성장, 4) 산업 집중화와 통합화의 증가 및 대규모 생산, 5) 각 산업에서의 수송 병목(transportation bottlenecks) 규제자들은 에너지 산업을 통합적으로 관리하지 않았고 각각 관리가 되었다.[112]

스미스(2015)에 따르면 자국 및 OECD 국가를 위한 해외 석유 확보 노력에서 미국 정부와 기업은 공생관계를 형성하게 되었고, 제1차 세계대전 때부터 에너지 문제와 관련하여 군산복합체(military-industry complex)가 형성되는 등 제도화가 이루어졌다.[113] 1944년 2월 14일 미국 루즈벨트(Franklin D. Roosevelt) 대통령과 사우디아라비아 국왕(Abdul Aziz Al Saud 또는 Ibn Saud)과의 회담은 미국이 국가 차원에서 중동 지역 정치에 공식적으로 개입하는 전환점이 된 사건이다. 당시 양국은 동맹에 대한 협상을 진행했고, 중동 지역 특히 페르시아만 지역에 대한 미국의 개입은 점점 확대되었다.

미국은 중동지역의 석유를 국가안보 차원에서 인식하기 시작하였으며 그것의 전략적 역할을 고려하기 시작했다. 소련이 중동지

---

112) Tomain, 1990, pp. 360-361.

113) Andrew Price Smith, *Oil, Illiberalism, and War: An Analysis of Energy and US Foreign Policy* (Cambridge, Mass.: MIT Press, 2015), pp. 1-10.

역으로 침입하는 경우에 미국은 영국과 협력으로 중동 석유 시설을 파괴하여 소련이 사용하지 못하도록 하는 계획을 1948년 8월과 12월 30일, 그리고 1949년 1월에 NSC 회의에서 논의하기도 했다. 당시 트루먼 대통령이 승인한 이 계획은 정부뿐 아니라 미국, 영국 석유 기업과의 협력으로 계획을 실행하는 것이 특징이다. 트루먼 정부에서 만들어진 이 정책은 아이젠하워를 거쳐 케네디 정부까지 지속되었다.[114]

해상수송로 안보에 대한 미국의 관심은 1800년대 후반 마한(Alfred T. Mahan)의 저작으로 전환점을 맞게 되었다. 미국 해군력의 아버지로 불리우는 마한은 '바다에 대한 접근을 보장하는 것은 국가번영(national prosperity)에 핵심'이라고 주장했는데, 이는 해상수송로가 국가의 발전 그리고 더 나아가 안보에 얼마나 중요한 요소인지를 보여주는 것이다. 이후 미국은 '공해의 자유(freedom of the seas)'를 엄격하게 강조하면서 전 세계의 해상수송로 안보(sea lane security)를 유지하는 데 주도적인 역할을 하게 되었다.[115]

당시 마한이 주장한 핵심 내용은 "어떤 위협에 대하여 바다를

---

114) Steve Everly, "U.S., Britain Developed Plans to Disable or Destroy Middle Eastern Oil Facilities from Late 1940s to Early 1960s in Event of a Soviet Invasion," (The National Security Archive, 2016). http://nsarchive.gwu.edu/NSAEBB/NSAEBB552-US-and-Britain-planned-to-destroy-Middle-East-oil-facilities-in-case-of-Soviet-invasion-from-1940s-1960s/ (검색일: 2023년 3월 20일).

115) Ryan Henry, Christine Osowski, Peter Chalk, and James T. Bartis, *Promoting International Energy Security: Volume 3, Sea-Lanes to Asia* (Santa Monica, CA: RAND Corporation, 2012), pp. 7-8.

통제할 수 있는 충분한 해군력(seapower)이 있다면 그 국가는 강해질 수 있다"는 것이다. 그는 특히 해상의 전략적인 수송로(strategic lines of communication) 또는 병참선의 중요성을 강조했다. 마한은 해상수송은 육상 수단에 비해 저렴하고 훨씬 활용의 범위가 넓다는 점을 지적하면서 그는 평화로운 수송(shipping)을 위해서는 해군력이 핵심이라고 보았다. 그리고 choke point로 표현할 수 있는 핵심 해상수송로에 대해 강조한 부분은 마한의 시대 이후 지금까지도 의미가 있다.[116]

국가안보 차원에서 미국이 해상수송로 안보에 큰 변화를 가져온 것은 20세기 초 해군 법안 통과로 시작되었다. 1916년 여름 미국 의회는 해군 법안인 'Naval Bill(Naval Act of 1916)'을 통과시켰다. 동 법은 미국의 해군 선박 건조, 해군 지원 및 인력 등 역사에서 가장 규모가 크고 야심찬 예산지출 법안(appropriation bill)이었다. 해군 법안의 통과로 미 해군은 이전보다 훨씬 많은 규모의 예산을 확보하게 되었고, 이후 1919년 법안에 의해 이러한 움직임은 강화되었다. 두 법안의 통과는 미국이 전 세계적인 군사력 역량과 함께 영향력을 갖게 하는 데 기여했다. 윌슨 대통령은 1916년 8월에 Naval Bill(Naval Act of 1916)에 서명함으로써 미국의 해군력은 비약적으로 성장했고, 이후 에너지 자원을 비롯한 세계 주요 해상수송

---

116) Reynolds B. Peele, *Maritime Chokepoints: Key Sea Lines of Communication (SLOCs) and Strategy* (U.S. Army War College, 1997), pp. 3-5.

로의 보호자로서 역할을 수행하는 데 기여하게 되었다.[117]

미국의 해군력 성장과 해상수송로 안보를 위한 노력은 제2차 세계대전 이후 특히, 수에즈 운하 위기 이후 영국의 쇠락과 교차하였다. 제2차 세계대전 기간 동안에는 인도양이 해군 작전의 격전지로서 핵심적인 해상수송로 통제를 위한 경쟁이 치열했는데, 세계대전 이후 영국은 인도양 지역 바다에 대한 안보를 제공하는 책임을 맡았다. 그러나 수에즈 운하 위기 이후인 1960년대부터 영국은 해상수송로 안보를 제공하는 의지를 상실하기 시작했고,[118] 미국이 그 역할을 담당하게 되었다.

---

117) Eugene Edward Beiriger, "Building a Navy 'Second to None': The U.S. Naval Act of 1916, American Attitudes Toward Great Britain, and the First World War," *British Journal for Military History*, Vol. 3, No. 3 (2017), pp. 4-5.

118) Philip Andrews-Speed and Christopher Len, *The Future of the US Security Umbrella for Sea Lines of Communication (SLOCs) between the Middle East and Southeast Asia, and the Future Role of China* (National University of Singapore, 2016), p. 11.

해양안보와 미국의 외교정책

2장

미국의 외교정책 결정 과정

2장
미국의 외교정책 결정 과정

1. 미국 외교정책의 변화 요인

국내정책과 대조적인 의미로 사용하는 '외교정책(foreign policy)' 또는 '대외정책'이란 "국가의 공직자들이 해외에서 획득하고자 하는 목표(goal)이자, 그러한 목적이 생기게 하는 가치(value)이며, 그것을 추구하기 위해 사용되는 도구(means)"이다.[1]

---

[1] "the goals that the nation's officials seek to attain abroad, the values that give rise to those objectives, and the means or instruments used to pursue them." Charles W. Kegley Jr. and Eugene R. Wittkopf, *American Foreign Policy: Pattern and Process* (New York: St. Martin's Press; London: Macmillan, 1996), p. 7.

케글리와 위트코프(1996)에 따르면 냉전 기간 전술은 변했지만, 미국 외교정책의 목표와 그것을 지탱했던 가치는 변하지 않았다. 반공산주의(anticommunism),[2] 반소련주의, 그리고 봉쇄(containment)는 냉전 기간 미국 외교정책을 구성하는 핵심적인 요인으로, 트루먼(Harry S. Truman) 대통령에서부터 부시(George H. W. Bush) 대통령에 이르기까지 현대 미국 외교정책에 반복적인 패턴(pattern)이 있다. 미국 외교정책의 역사적인 패턴은 근본적인 방향 전환이 이루어지기보다는 점진적인 적응이 그 특징이다.[3] 미국 외교정책의 점진적인 변화 경향은 케네디(John F. Kennedy), 존슨(Lyndon B. Johnson) 행정부의 외교정책 보좌관을 역임한 힐스만(1967)도 강조하고 있다. 힐스만(1967)에 따르면 거대한 결정에 의해서라기보다 기존 정책을 조금씩 수정하는 일을 계속함으로써 미국의 정책 변화가 일어나는데, 새로운 정책은 천천히 부상하고 멈추기도 한다. 이러한 과정은 시행착오의 과정으로써 정책이 뒤집혀지기도 하고 일련의 점진적인 단계를 통해서 앞으로 나아간다.[4] 또한 외교정책을 결정하는 과정은 서로 경쟁하는 목표들을 조정해야 하기 때문에 '정

---

[2] 코헨(2008)은 이념적으로 반공산주의(anticommunism)는 미국의 행동을 이끌었던 엔진이었는데, 1950~70년대 소련이 부강해짐에 따라 공산주의에 대한 미국의 두려움도 함께 커졌다고 주장한다. Warren I. Cohen, *The Cambridge History of American Foreign Relations: Volume IV America in the Age of Soviet Power, 1945-1991* (Cambridge University Press, 2008), pp. 246-247.

[3] Kegley and Wittkopf, 1996, pp. 7-8, 11.

[4] Roger Hilsman, *To Move a Nation: The Politics of Foreign Policy in the Administration of John F. Kennedy* (Garden City, N.Y.: Doubleday; New York: Delta Publishing, 1967), p. 5.

치적(political)'이다.[5] 힐스만(1967)의 주장은 외교정책의 결정과정이 합리적이라는 시각에 비판적인 입장이다.

미국의 외교정책을 변화시키는 요인은 무엇인가? 이러한 질문에 답하기 위해서 케글리와 위트코프(1996)는 로즈나우(1971)[6]가 처음 제안한 프레임워크를 활용하였다. 로즈나우(1971)의 프레임워크에 따르면 종속변수라 할 수 있는 어떤 국가의 외교정책에 영향을 주는 잠재적인 요인 즉, 독립변수를 다섯 개의 카테고리로 구분할 수 있다. 그것은 (1) 외부적(글로벌) 환경, (2) 그 국가의 사회적 환경, (3) 정책 결정이 일어나는 정부 환경(setting), (4) 정책결정자들에게 주어진 역할, 그리고 (5) 정책결정자 개인의 특성이다. 이러한 요인들이 결합하여 미국 외교정책의 방향을 형성한다는 주장이다. 이 프레임워크의 전제는 각 카테고리를 다른 카테고리와 함께 작용하는 인과적 행위자로 다룰 수 있다는 점이다. 이상에서 언급한 카테고리는 서로 연결되어 있고 집합적으로 외교정책을 결정한다. 로즈나우(1971)의 프레임워크는 하나의 변수 또는 하나의 요인으로만 미국 외교정책을 설명하는 것은 불가능하다는 입장이다.[7]

비슷한 맥락에서 모겐소(1944)는 사회적 현상의 다양성과 우연성을 자연과학의 방법을 따라서 단순한 인과관계의 연계로 구성하는 '단일 원인의 방법론(method of the single cause)'이 사회과학에

---

5) Hilsman, 1967, p. 13.

6) James N. Rosenau, *The Scientific Study of Foreign Policy* (New York: Free, 1971).

7) Kegley and Wittkopf, 1996, pp. 14-19.

적합하지 않다고 주장한다.[8] 실제로 미국의 외교정책 또는 행위를 하나의 변수로만 설명하는 것은 충분하지 않고, 여러 변수를 동시에 고려해야 한다. 앞서 설명한 것과 같이 여러 변수를 종합적으로 고려해야 미국의 정책결정자들이 직면했던 여러 제약과 촉발 요인을 확인할 수 있고, 이를 통해 미국의 대외관계를 설명하는 데 있어서 지속적인 패턴과 변화에 대한 이해가 가능하다.[9] 여러 변수를 동시에 고려해서 외교정책을 이해해야 한다는 원론적인 입장에 동의하더라도, 실제로 특정 외교정책이라는 결과를 설명하는 연구를 수행할 때 그것을 어떻게 할 것인지에 대한 구체적인 연구설계나 방법론의 문제는 쉽지 않다. 예를 들어 3가지 변수로 어떤 외교정책을 설명한다고 가정한다면, 그 중 어느 변수의 인과적인 영향력이 가장 큰지 변수 간의 가중치를 확인하는 것도 쉽지 않고, 각 변수가 개별적으로 그리고 다른 변수와 연계해서 복합적으로 어떤 과정으로 결과에 영향을 주었는지 확인하고 그러한 과정을 이론화하는 것은 무척 어렵다.

여기서 정책결정 과정(policy-making process)은 앞서 언급한 카테고리별 요인들을 정책이라는 결과로 변환시키는 과정이다. 그 과정은 참여자의 수가 많고 정책을 결정하는 절차에서 정책결정자

---

8) Hans J. Morgenthau, "The Limitations of Science and the Problem of Social Planning," *Ethics*, Vol. 54, No. 3 (April, 1944), pp. 174-175; 전재성, "한스 모겐소(Hans Morgenthau)의 고전적 현실주의 국제정치이론: 메타이론적 검토와 실천지(prudence)의 의미,"『국제지역연구』제8권 제2호 (1999), p. 60.

9) Kegley and Wittkopf, 1996, pp. 27-29.

에게 영향을 주는 요인들이 많기 때문에 복합적(complex)이다. 또한 하나의 외교정책 결정은 다음에 일어나는 정책결정의 과정에 영향을 미치는 요소로 피드백처럼 작용한다. 예를 들어, 1991년 걸프 전쟁 개입 시 미국이 군사력을 사용하기로 한 결정의 배경은 그보다 10년 전인 1979년 이란의 미국 대사관 인질 사건과 소련의 아프가니스탄 침공 사건까지 거슬러 올라간다. 당시 국방부는 이란 또는 소련을 중동지역의 잠재적 침략자로 상정하면서 군사적 대응 계획을 마련했고 그렇게 '작전계획(Operation Plan) 90-1002'이 만들어졌다.[10]

미국 외교정책의 전통, 외교이념

미국 외교정책을 분석할 때 선행되어야 하는 작업은 바로 미국 외교의 거시적인 흐름에 대해 이해하는 것이다. 미드(2002)에 따르면 제2차 세계대전 이전에도 미국은 외교정책에서 매우 왕성한 활동을 해왔으며, 외교적 성과도 많았다. 그러나 프랭클린 루즈벨트(Franklin D. Roosevelt) 이전의 미국 외교정책에 대해서 즉, 미국의 외교정책 역사와 전통에 대해서 이해하고 있는 정치인이나 심지어 학자들이 드물다고 미드(2002)가 토로한 것처럼, 대부분의 정치인과 학자들은 대체로 제2차 세계대전 이후 또는 루즈벨트 대

---

10) Kegley and Wittkopf, 1996, pp. 14-19.

통령의 재임 시절 이후 미국 외교정책에 대해서만 관심을 가지며, 미국 외교정책을 단지 고립주의와 이상주의(개입주의 또는 국제주의)라는 이분법적 시각으로 단순하게 이해하는 경향이 강하다.[11] 그러나 미국 외교정책에 대한 역사와 전통은 오랜 역사를 가졌는데, 미국 외교정책을 단순하게 고립주의와 이상주의(개입주의 또는 국제주의) 두 가지 전통으로만 이해하는 것은 미국 외교의 전체 모습을 파악하는 데 부족하다.

예를 들어 미드(2002)는 다음 네 가지 외교정책에 대한 시각들이 서로 경합하면서 발전해 왔다고 주장한다. 해밀턴주의(Hamiltonian), 윌슨주의(Wilsonian), 제퍼슨주의(Jeffersonian), 그리고 잭슨주의(Jacksonian)가 그것이다.

먼저, 해밀턴주의는 미국 정부에게 첫 번째 중요한 과제는 국내외에서 미국 기업의 성장을 도모하는 것이라는 입장이다. 정부가 미국 상인 및 투자자의 권익을 보호하는 것이 중요하며 그런 의미에서 그들은 미국의 국익 관점에서 영국이 만든 질서의 중요성을 인식하고 있다. 해밀턴주의는 일반적으로 영국과의 협력을 중요하게 생각했으며, 영국 제국이 쇠퇴했을 때 미국이 그 책임을 떠맡아야 한다는 입장이었다. 해밀턴주의는 정부와 대기업 사이의 강한 동맹이 국내적인 안정과 해외에서 효과적인 행동을 하는 데 핵심이라고 간주하였다. 해밀턴주의자들은 미국이 세계경제로 통

---

11) Walter Russell Mead, *Special Providence: American Foreign Policy and How It Changed the World* (New York; London: Routledge, 2002), pp. 1-8; 이삼성, 『현대 미국외교와 국제정치』 (서울: 한길사, 1993), pp. 21-23.

합될 필요성이 있다고 꾸준히 주장해왔다. 클레이(Henry Clay), 웹스터(Daniel Webster), 헤이(John Hay), 루즈벨트(Theodore Roosevelt), 애치슨(Dean Acheson), 및 부시(George H. W. Bush) 등이 여기에 해당한다.

다음으로 윌슨주의 시각은 미국이 미국의 민주적 그리고 사회적 가치들을 전 세계에 전파하고 법의 지배를 받아들이는 평화로운 국제 공동체를 만들 도덕적인 의무가 있고, 거기에 국가 이익도 있다고 믿는다. 윌슨주의는 미국의 가치를 전 세계에 전해야 하는 도덕적인, 그리고 실용적인 이유가 있다고 주장한다. 세계질서를 해밀턴주의자들 같이 경제적 아젠다 시각에서 이해하는 것이 아니라, 윌슨주의는 법적이고 도덕적인 관점에 더욱 관심을 갖고 있다. 그들은 다른 국가들이 미국의 기본적인 가치들을 수용하고 그에 따라 국내 및 외교정책을 수용하는 것이 미국의 이익이 될 것이라고 믿고 있다.

제퍼슨주의는 미국의 외교정책은 민주주의를 해외에 전파하는 데 관심을 덜 가져야 한다고 주장한다. 제퍼슨주의는 해외에서 나쁜 동맹국들과 미국이 얽히게 만들거나 전쟁의 위험을 증가시키는 해밀턴주의와 윌슨주의 외교정책에 대해 역사적으로 매우 비판적인 입장을 취해 왔다. 제퍼슨주의는 위험한 세계에서 미국의 민주주의를 지키는 것이 가장 사활적인 미국인의 이익이라고 보아 왔다. 제퍼슨주의는 미국의 가치들을 다른 국가에게 강요하는 시도들을 반대하는 조언을 하면서, 미국의 독립을 지키는 데 있어서 가장 비용이 적게 들면서 덜 위험한 방법을 꾸준히 강구해왔다. 아담스(John Quincy Adams), 케난(Goerge F. Kennan), 비어드(Charles

Beard) 등이 제퍼슨주의자들에 해당한다.

마지막으로 잭슨주의는 외교와 국내 정책 모두에서 미국 정부의 가장 중요한 목표는 미국 국민의 물리적인 안보와 경제적인 행복(well-being)이어야 한다고 보면서, 미국은 해외의 언쟁을 추구하지 않아야 한다고 주장한다. 잭슨주의는 미국인들 사이에 광범위하게 퍼져 있는 포퓰리스트 그리고 존경(honor), 독립, 용기 및 군사적인 자부심 문화를 보여주는데, 매케인(John McCain), 맥아더(Douglas MacArthur) 등이 여기에 해당한다.[12]

2. 외교정책 결정에 대한 기존 논의들

외교정책을 설명하는 연구는 크게 세 유형으로 구분할 수 있다. 첫째, 외교정책의 내용 및 실행과정을 사료 또는 문헌을 분석함으로써 역사적 방식으로 서술하는 것이다. 이러한 연구는 외교정책을 역사학적으로 연구한다. 두 번째는 외교정책의 의도나 목적, 그리고 그 결과를 분석하고 평가한 다음, 특정 방향을 제시하는 외

---

12) Mead, 2002, pp. 87-88. 미국 외교의 전통이나 외교이념과 관련해서는 다음 문헌을 참고할 것. 이삼성, 『현대 미국외교와 국제정치』 (서울: 한길사, 1993), pp. 21-60; 최영보 외, 『미국 현대외교사: 루즈벨트 시대에서 클린턴 시대까지』 (서울: 비봉출판사, 1998); 권용립, 『미국 외교의 역사』 (서울: 심인, 2013); 권용립, 『미국의 정치 문명』 (서울: 심인, 2019); 차태서, "예외주의의 종언? 트럼프 시대 미국패권의 타락한 영혼," 『국제지역연구』 제28권 제3호 (2019), pp. 1-30.

교정책의 규범적 연구이다. 마지막으로 어떤 국가의 외교정책을 결정하는 요인, 특정 외교정책 행위(패턴)의 발생 원인을 이해하기 위한 외교정책의 인과적 연구이다.[13] 이 중 세 번째 외교정책 결정요인 연구나 외교행위의 패턴분석에서 지배적인 위치를 차지한 이론 또는 관점은 현실주의와 합리주의적 접근으로, 합리적 선택론이나 구조적 현실주의가 국가의 외교정책을 연구하는 데 자주 활용되었다.[14] 외교정책 행위를 설명할 때 현실주의/합리주의 접근은 국가의 내부 환경, 정책결정자라는 개별 인간 행위자에 주목하기보다는 국제정치의 구조적 요인과 같은 외부 환경을 강조하는 '방법론적 구조주의'에 속한다는 공통점이 있다.[15]

반면에 '외교정책분석론(FPA: Foreign Policy Analysis)' 또는 '외교정책론'이라고 명명할 수 있는 일련의 연구들은 국제체제 전체나 국가 단위를 분석수준으로 보는 것이 아니라, 정책결정의 과정에 참여하는 개별 인간 행위자 및 그들 간의 상호관계, 그리고 엘리트 집단 및 관료정치에 주목한다. 외교정책분석론은 국제정치학의 하위 학문분과로서 제2차 세계대전 이후 발전하기 시작했고, 현실주의나 자유주의 같은 국제정치 일반이론과 분석수준에서도 차이

---

13) 은용수, "제4장 : 외교정책 설명과 방법론 – 패러다임 전환 및 확정을 위한 제언," 『세계정치』 제20권 (서울대학교 국제문제연구소, 2014), p. 154.

14) Kenneth N. Waltz, *Theory of International Politics* (Boston, Mass.: McGraw-Hill, 1979); Robert Gilpin, *The Political Economy of International Relations* (Princeton, N.J.: Princeton University Press, 1987); Alexander Wendt, *Social Theory of International Politics* (Cambridge University Press, 1999).

15) 은용수, 2014, pp. 154-155.

가 있다. 외교정책분석론 연구는 국가를 단일한 합리적인 행위자로 간주하지 않으며 외교정책이 결정 및 실행되는 미시적인 과정에 주목한다. 외교정책분석론은 국가라는 행위자를 일반적인 수준에서 추상화하여 이론화시킨 국제정치 이론을 보완할 수 있는 이론으로 평가받는다.[16]

기존의 현실주의와 외교정책분석론 또는 외교정책론 연구는 국가에 대한 인식에서 차이가 있는데, 외교정책분석론은 국가를 '인간들이 구성하고 운영하는 행위체'로 인식한다. 따라서 외교정책분석론은 인간 행위자인 정책결정자들이 상황을 어떻게 인식하고 어떤 믿음을 가지며, 어떤 조직에서 행동하는지가 외교정책의 결정, 그리고 나아가 국제정치에 영향력을 행사한다고 주장한다. 예를 들어 특정 정책결정자의 정치 신념이나 그들이 타국 또는 타국의 지도자에 대해 가지고 있는 이미지와 같은 심리적인 부분을 분석의 대상으로 삼는 연구들이 있고, 관료 집단 간의 역학관계에 주목하면서 그들 간 협상의 결과물로서 외교정책을 분석하는 관료정치적 접근도 있다. 또한 소규모 엘리트 집단에 주목하면서 소집단 자체의 논리에 주목하는 연구도 존재한다.

정리하면, 외교정책분석론 또는 외교정책론 연구로 분류할 수 있는 일련의 연구들은 외교정책이라는 결과를 분석할 때 독립변

---

16) 전재성, "외교정책 연구의 역사와 이론의 발전," 김계동 외 지음 『현대외교정책론』 (서울: 명인문화사, 2016), pp. 3-22; 장성일, "위기 시 미국 외교정책 결정의 통합적인 분석: 페르시아만 해상 수송로 위기에서 군사적 대응 결정," 『한국정치학회보』 제54집 제2호 (2020년 6월), p. 230.

수로서 신현실주의와 같이 국제체제라는 구조적 변수, 외부 환경 요인에 주목하는 것이 아니다.[17] 외교정책분석론은 외교정책의 결정 과정에 관여하는 인간 행위자 자체 또는 그들 간의 상호관계에 주목하면서 인간과 인간의 집합인 국가가 반드시 이성적으로 또는 합리적으로 행동하는 것은 아니라는 점을 공유한다.

아울러 결정(decision)이나 선택(choice)을 이행(implementation)과 구분할 필요가 있다. 스나이더와 공저자들(1954)은 정책결정에서 결정(선택)과 이행을 구분하여 사용하며, 스프라우트(1956)도 마찬가지로 국가 운영에서 '결정'이란 의도적으로 여러 대안들을 검토한 후, 목적이나 수단을 선택하거나 둘 모두 선택하는 것으로 정의한다.[18] 이 책도 정책결정이라 할 때 그것은 정책의 이행이나 실행을 포함하는 개념이 아니라 특정한 외교정책의 선택이라는 결정 그 자체라고 간주한다.

합리적 행위자 모델

외교정책을 분석하는 가장 대표적인 접근은 엘리슨과 젤리코

---

17) 은용수, 2014, pp. 162-164.

18) Richard C. Snyder, H. W. Bruck, and Burton Sapin, *Decision-Making as an Approach to the Study of International Politics* (Princeton: Princeton University Press, 1954), pp. 57-58; Harold Hance Sprout, *Man-milieu Relationship Hypotheses in the Context of International Politics* (Princeton: Princeton University, 1956), p. 9.

(1999)가 '합리적 행위자 모델(Rational Actor Model)'이라 명명한 입장으로 현실주의의 세 가지 전제를 포함한다. 첫 번째 전제는 국가가 외교정책 행위의 주체이며 모든 국가는 현실주의자인 모겐소가 주장하듯 권력의 관점에서 정의된 국가이익을 극대화하기 위해 노력한다. 둘째, 국가는 단일체적인 또는 단일한(unitary) 행위자이다. "미국이 중국과 경쟁한다"고 표현하는 것처럼 국가를 마치 하나의 사람처럼 의인화해서 보는 것이다. 국가는 국가를 구성하는 개인들이나 집단들로 쪼개서 분석할 필요가 없다는 입장이다. 세 번째 전제는 국가는 합리적(rational) 행위자라고 간주한다. 국가라는 행위자가 설정한 목표나 목적을 달성하기 위해서 최적의 수단을 선택한다는 의미에서 행위자가 합리적이라는 의미이다. 국가가 추구하는 목표를 위해 많은 대안(alternatives)이 존재하는데 그중에서 비용 대비 효용이 가장 좋은 대안을 선택(choice)하며, 그러한 선택이 가져오는 결과(consequences)도 인지하고 행동한다는 관점이다.[19] 국가의 목표는 국가이익으로부터 도출되며, 국가는 목표를 달성하기 위한 현실적인 선택을 고려하면서 각 선택이 가져올 예상되는 결과를 평가한다. 여기서의 결과란 이익(benefit)과 비용(cost)을 고려한 것이다. 즉, 목표 달성(국가이익)을 위해 어떤 선택을 했을 때 그것이 가져오는 이익과 비용을 고려하는 가치 극대화

---

[19] Graham T. Allison and Philip D. Zelikow, *Essence of Decision: Explaining the Cuban Missile Crisis* (New York: Longman, 1999), pp. 13-75; 박건영, 『외교정책결정의 이해』 (서울: 사회평론아카데미, 2021), pp. 48-51.

의 행동이 합리적 선택이다.[20] 국가 또는 정부의 목표(aims)와 그에 대한 계산을 중심으로 국가의 결정을 설명하는 것이 합리적 행위자 모델의 특징이다.[21] 결국 합리적 행위자인 국가는 자신 앞에 주어진 여러 가지 대안 중에서 하나를 선택해야 하는 입장에 처하며, 각 대안을 선택했을 때의 결과를 고려하여 국가는 최선의 결과를 가져오는 대안을 선택한다.[22]

엘리슨과 젤리코(1999)는 1962년 쿠바 미사일 위기를 분석하면서 미국이 소련의 위협에 대해 해상봉쇄를 선택한 이유를 다음과 같이 합리적 행위자 관점에서 설명했다. 당시 미국이 선택할 수 있는 선택지는 1) 아무 것도 하지 않는 것, 2) 외교적 압력, 3) 카스트로에게 비밀리에 접근, 4) 전면적인 쿠바 침공, 5) 공습 및 6) 해상봉쇄였는데 미국은 마지막 대안을 선택했다. 해상봉쇄는 너무 강하지도, 그렇다고 너무 약하지 않은 대응이라는 점에서 장점이 있고, 소련에게 선택을 떠넘길 수 있는 점에서도 유용했다. 미국이 자신의 앞마당에서 해군을 활용하기 때문에 상황을 미국에게 유리하게 전개시킬 수 있었다. 결국 해상봉쇄는 최후통첩이라는 선택지와 결합된 형태로 최종 선택되었고, 미국이 선택할 수 있는 선택지 중에서 가장 최적화된 대안이라는 것이다.[23]

---

20) Yetiv, 2011, pp. 30-33.
21) Allison and Zelikow, 1999, p. 13.
22) Allison and Zelikow, 1999, p. 18.
23) Allison and Zelikow, 1999, pp. 109-120; 박건영, 2021, pp. 65-70.

예티브(2011) 역시 합리적 행위자 모델의 시각에서 제1차 걸프전쟁에서 미국이 어떻게 그리고 왜 전쟁을 선택했는지 분석하였다. 예티브(2011)에 따르면 이라크의 쿠웨이트 침공은 미국이 오랜 시간 동안 페르시아만에서 가지고 있던 국가이익을 위협하는 사건이었다. 사막의 방패(Desert Shield) 작전은 이라크의 잠재적인 공격으로부터 사우디아라비아를 보호하는 목적으로 시작되었는데, 미국의 전쟁 개시 결정은 점진적으로 이루어졌으며 외교적 수단, 경제제재 등도 중간에 대안으로써 고려되었다. 그가 활용한 합리적 행위자 모델은 미국이 전쟁으로 가는 사건을 재구성하는 데 도움을 주지만, 문제는 정책결정자들이 마주한 당시 상황을 어떻게 인식했으며, 어떤 과정으로 그런 결정(전쟁 개입 결정)에 도달하게 되었는지에 대한 설명을 제시하지 못하는 한계가 있다.[24]

합리적 행위자 모델이 가정하는 합리성에 대해 조금 더 살펴보자면, 이 접근은 인간이 '객관적 합리성(objective rationality)' 또는 '포괄적 합리성(comprehensive rationality)'에 기초하여 행동한다고 가정한다. 이러한 인식은 후술할 '제한된 합리성(bounded rationality)'의 반대 접근으로 인간이 가지는 인식적, 인지적인 한계를 고려하지 않고 인간을 '경제적 인간'으로 간주한다. 결국 합리적 행위자 모델은 인간, 그리고 나아가서 국가 간의 차이를 인정하지 않는다. 모든 인간과 국가는 단일체적인 행위자로 합리적으로 판단하고 선택 또는 결정하기 때문에 국가지도자가 가지고 있는 서로 다

---

24) Yetiv, 2011, pp. 56-57.

른 신념이나 외교정책의 선호, 국가 간 제도의 차이 및 국내정치의 제도 차이가 외교정책에 영향을 주지 않는다는 입장이다.

합리적 행위자 모델은 어떤 국가의 외교정책 결정을 이해할 때 유용하다. 모델의 논리가 간결하고, 이 모델을 어떤 국가의 외교정책에 적용하여 설명할 때 왜 그러한 결정을 내렸는지 설명하는 과정에서 많은 정보가 필요하지 않다. 그 국가의 정부가 처한 대외적인 환경, 정책목표에 대한 정보만 있으면 정책결정의 과정에 대한 상세한 정보가 없어도, 왜 그런 결정을 내렸는지 파악하는 것이 상대적으로 수월하다. 실제로 어떤 국가의 외교정책을 연구할 때 연구자가 접근할 수 있는 정보가 제한적인 경우가 많아서 그 국가의 정책목표가 무엇이었는지, 그리고 어떤 선택지들이 있었는지 파악하여 왜 그런 외교정책을 선택했는지 설명하는 방법이 일반적이며, 이러한 접근은 합리적 행위자 모델을 활용한 방식이다.[25]

합리적 행위자 모델은 국가를 단일한 조직(monolith)으로 가정하고 있기 때문에 국가 내부에서 벌어지는 정책결정의 역동적인 모습을 파악하지 못하는 한계가 있다. 실제 외교정책이 결정되는 과정은 대통령을 비롯하여 국무장관, 국방장관, 국가안보보좌관 등 여러 인간 행위자들이 참여하며, 그들은 각자의 조직적 지위에 따라 자신의 역할을 수행한다. 합리적 행위자 모델은 다층적인 정책결정의 구조에서 정책결정이 이루어지는 현실은 제대로 반영하지

---

25) 김현, "외교정책결정의 구조와 과정." 김계동 외 지음 『현대외교정책론』 (서울: 명인문화사, 2022), pp. 37-38.

못하는 한계가 있다.[26]

외교정책의 심리학적 분석

인지적 접근(cognitive approach)을 포함한 심리학적 분석은 기존 주류 이론들이 주목하지 않았던 인간 행위자라는 개별 정책결정자에 초점을 맞춘다. 예를 들어 로사티(2000)는 국제정치에서 특정 국가가 개입하여 행위가 이루어지는 것은 실제로는 '국가'가 아닌 '사람'이라고 주장하며 인간이라는 개별 행위자의 중요성을 강조하고 있다.[27] 심리학적 분석은 국제정치의 구조나 외부 환경, 그리고 단순한 이익-비용 계산이 외교정책의 선택이나 결과로 이어진다고 가정하지 않는다. 즉, 정책결정자 개인의 역할과 인지(cognition), 인식(perception)을 정책결정에 영향을 미치는 중요한 설명 요인 또는 변수로 상정하며, 합리적 행위자 모델이 주목하지 않았던 심리적 요인도 중요한 변수로 간주한다. 인지적 분석은 정책결정이 이루어지는 그 과정 속으로 들어가 정책결정자 개인의 인지가 어떻게 정책결정 행위에 영향을 주는지 주목한다. 정책결정자들이 과도한 정보를 시간의 압박 속에서 정보의 불확실성과

---

26) Allison and Zelikow, 1999, p. 5.

27) Jerel A. Rosati, "The Power of Human Cognition in the Study of World Politics," *International Studies Review*, Vol. 2, Issue 3 (2000), p. 47.

함께 처리해야 하는 상황에 처하는 경우가 종종 있다는 것이 인지적 분석이 가지는 기본 가정이다.

이러한 가정은 '제한된 합리성'이라고 하는 논의와 맞닿아 있다. 복합적인 문제를 해결하기에는 인간의 능력(capacity of the human mind)이 제한적이라는 것으로 사이먼(1957)이 처음으로 이 개념을 사용하였다.[28] 인지적 분석은 다양한 선택지의 효용(이익과 비용)을 주목하기보다 현실을 평가하는 데 있어서 인지적인 한계에도 주목한다. 그리고 개인적인 편견, 세계의 작동 방식에 대한 신념 등도 분석에 포함한다. 결국 구체적으로 정책 결정 과정이 어떻게 이루어지는지에 대하여 합리적 행위자 모델이 설명하지 못하는 과정에 대해서 인지적 접근은 대안적인 설명을 제공할 수 있는 장점이 있다.[29]

예를 들어 1990~91년 걸프전쟁에서 미국의 전쟁 결정을 연구한 예티브(2011)는 정책결정자가 현실을 어떻게 자신의 이미지로 인식하였고 과거의 유사한 사례를 사용함으로써 정책결정을 어떻게 단순화시켰는지 인지적 접근으로 설명하였다.[30] 제1차 걸프전쟁의 사례를 보면, 부시 대통령은 다른 조언자들이 제안한 후세인(Saddam Hussein)과의 합의에 왜 강하게 반대하였는가? 부시 대통령이 전쟁을 더 선호하게 된 것은 무엇 때문인가? 이와 같은 질문

---

28) Herbert A. Simon, *Models of Man* (New York: John Wiley & Sons, 1957), pp. 196-202.
29) Yetiv, 2011, pp. 58-59.
30) Yetiv, 2011, pp. 59-61.

에 대하여 인지적 분석은 유용한 대답을 제공해줄 수 있다.

외교정책의 심리학적 분석 또는 인지적 연구와 이론에서 핵심은 인간이라는 개별행위자이고, 그들이 가지고 있는 인식이나 신념이 중요한 역할은 한다. 국가나 제도는 인간들에 의해 구성되고 인간이 운영하기 때문에 인간 행위자들이 무엇을 믿고, 상황을 어떻게 인식하고 있는지, 중요 개별 행위자의 성격은 어떠한지가 국가의 행위(외교정책), 그리고 나아가 국제정치에 영향을 준다고 주장한다. 심리/인지적 분석의 출발은 인간 행위자의 합리성에 대한 비판이다. 즉, 이러한 접근은 합리적 행위자 모델이 가정하듯 모든 인간 행위자가 반드시 이성적, 합리적으로 생각하며 결정하는 것이 아니라는 것을 전제로 한다. 따라서 정책결정자의 개별적인 심리 및 인지적 요인을 외교정책 결정에 관한 설명의 대상으로 다루지만, 모든 국제정치적 현상과 국가의 외교정책 결정을 지도자 한 사람의 책임으로 돌리는 것은 아니다. 개별행위자들이 가지는 비합리성 또는 제한된 합리성을 인정하면서 정책결정자들의 심리적 요인들의 인과적 효과를 강조하는 것이 심리 및 인지적 접근의 특징이고, 이 점이 기존 국제정치이론과 다른 부분이다. 그러나 그 중요성에도 불구하고 인간의 심리, 인식을 강조하는 외교정책 연구들은 비과학적이라는 편견으로 인해 그동안 주목받지 못하였다.[31]

심리 및 인지적 접근으로 외교정책 결정을 분석한 대표적인 연

---

31) 은용수, "심리/인지적 연구와 국제관계학," 『국제정치논총』 제53집 4호 (2013), pp. 84-90.

구를 살펴보면, 리베라(1968)의 연구는 심리학을 국제정치 연구에 접목한 대표적인 시도로서, 그는 외교정책 결정 과정에서 심리적 요인의 역할을 강조했다. 리베라(1968)는 개인이 현실을 어떻게 재구성하며, 개인의 성격(personality)이 정책결정에 어떤 영향을 미치는지 등을 분석하였다.[32] 저비스(1976)의 연구는 합리적 선택 이론에 대한 비판으로 출발하여 인식(perception)이라는 요인과 외교정책 연구를 접목하는 시도를 했다. 또한 그는 합리적인 정책결정자들이 왜 오인(misperception)하게 되는지 분석했다. 저비스(1976)는 외교정책을 결정하는 정책결정자들이 자신을 둘러싼 환경과 다른 행위자들에 대한 인식은 종종 현실로부터 벗어나고, 이로 인해 행동에도 영향을 미친다고 주장한다. 아울러 저비스(1976)는 후술할 콩(1992)의 연구와 마찬가지로 외교정책을 결정하는 과정에서 과거의 경험 또는 역사적 유사점(historical analogies)도 중요한 역할을 한다고 강조한다.[33] 외교정책 결정에서 인지적(cognitive) 측면을 다루면서 그것이 정책결정에 미치는 역할을 조명하였다는 점에서 저비스(1976)의 연구는 국제정치의 구조가 아닌 인간 행위자 중심 외교정책 연구에 큰 기여를 하였다. 또한 정책결정에서 과거의 경험이 가진 역할을 강조한 저비스(1976)의 연구는 모든 정책결정을 분석할 때 그것을 단편적, 독립적으로만 이해하는 것이 아니라 역

---

32) Joseph H. de Rivera, *The Psychological Dimension of Foreign Policy* (Columbus, OH: Charles E. Merrill Publishing Company, 1968).

33) Robert Jervis, *Perception and Misperception in International Politics* (Princeton, N.J.: Princeton University Press, 1976).

사적 맥락 속에서 분석해야 한다는 사실을 보여주었다.

과거에 발생한 역사적 사례에 대한 유사점 또는 그러한 고려가 정책결정에 미친 영향력을 분석한 대표적인 연구로는 콩(1992)의 연구를 들 수 있다. 콩(1992)의 연구는 정책결정에서 신념의 인과적 역할에 대해 다루고 있다. 그는 특히 저비스(1976)의 연구와 마찬가지로 정책결정에서 역사적 유사점의 역할에 주목하였는데, 정책결정에 선행하여 역사적 사례/유사점들(과거의 역사적 사실에 대한 고려)이 실제로 정보의 처리에서 인과적 영향력을 행사했는지 확인하고자 했다. 그는 베트남 전쟁 위기의 핵심적인 순간들에서 미국 고위 정책결정자들이 가졌던 몇 가지 역사적인 유사점 예를 들어 뮌헨(Munich) 사례나 한국전쟁 사례 등의 역할에 대해서 분석했다.[34]

콩(1992)의 분석과 마찬가지로 유사점 또는 역사적 사례에 대한 유사점이 정책결정에 미친 영향에 대해서 예티브(2011)도 주목하였다. 예티브(2011)는 1990~91년 걸프전쟁에서 미국의 전쟁 결정을 연구하였는데, 정책결정자가 현실을 어떻게 자신의 이미지로 인식하였고 과거의 유사한 사례를 사용함으로써 정책결정을 어떻게 단순화시켰는지 인지적 접근으로 정책결정 과정을 설명하였다. 연구 결과 정책결정자들은 뮌헨 사례와 베트남 전쟁 사례에서 많은 영향을 받았다. 즉, 히틀러(Adolf Hitler)에 대한 영국 체임벌린(Neville Chamberlain) 수상의 실패한 유화정책이 그것이다. 예티브

---

[34] Yuen Foong Khong, *Analogies at War: Korea, Munich, Dien Bien Phu, and the Vietnam Decisions of 1965* (Princeton, N.J.: Princeton University Press, 1992).

(2011)에 따르면 뮌헨 사례를 통해 본 부시 대통령은 후세인을 마치 히틀러와 같이 인식했고, 협상이나 경제제재보다는 부시 대통령이 전쟁을 선호하도록 이끌었다. 또한 당시 정책결정의 과정에서 베트남 전쟁이라는 역사적 사례는 전쟁을 어떻게 준비하고 치루어야 하는지에 대한 아이디어를 제공했다.[35]

외교정책을 심리학적 접근으로 분석한 연구는 인간의 합리성을 전제로 한 기존 이론들이 설명하지 못하는 인지적 요인과 외교정책 결정 간의 관계를 보여줄 수 있다는 점에서 기존 이론의 설명력을 보완해주는 중요한 역할을 할 수 있다. 그러한 장점에도 불구하고 심리학적 연구에도 한계가 있는데, 인식, 인지를 핵심 분석의 대상으로 삼게 되면 그러한 변화를 확인하기 위해 매우 심도 있는 자료가 필요하지만, 그러한 자료를 확보하는 것이 현실적으로 어렵다. 또한 특정 인물이 정책결정에서 중요한 역할을 할 수 있으나, 한 사람의 역할로 모든 정책 결정이 이루어지는 것이 아니기 때문에 인지적 분석을 적용하는 데 주의할 필요도 있다.

정부정치/관료정치 모델

정부정치 모델(Government Politics) 또는 관료정치(Bureaucratic Politics) 이론은 인지적 접근과 마찬가지로 국가 내의 역동적인 모

---

[35] Yetiv, 2011, pp. 59-61.

습에 주목하는데, 앨리슨과 젤리코(1999)의 연구가 대표적이다. 앨리슨과 젤리코(1999)는 쿠바 미사일 위기를 설명하면서 정부정치 모델을 적용하였는데 그들은 합리적 행위자 모델에 대한 대안으로서 정부정치 모델을 제시하였다.

  그들에 따르면 정부정치 모델은 다음과 같이 네 가지를 가정한다. 첫째, 정책결정자는 자신의 특정 관료조직(bureaucracy)에 의해 영향을 받고 자신의 관료조직을 옹호한다. 그들은 국가이익을 공유하긴 하지만, 자신이 속한 부서의 이익이라는 다른 측면의 이해관계를 가지고 있다. 즉, 그들의 역할이나 지위를 통해 어떤 이슈에 대해서 어떤 입장을 취할 것인지 예측할 수 있다. 개인이 아니라 자신이 속한 부처나 자신의 역할에 의해 행동이 주로 결정된다는 입장이다. 둘째, 정책결정은 비용-효용의 계산 결과가 아니라, 광범위한 관료적 환경(bureaucratic setting) 속에서 개인들 간의 갈등, 혼란, 협상(bargaining), 합의로부터 도출된 것이다. 각 개인은 자신이 생각하는 국가, 조직 및 개인적 이해관계를 증진시키는 결과를 위해서 자신의 재량으로 활동한다. 셋째, 협상은 특정 그룹에서만 일어나는 것이 아니라 대통령을 포함한 모든 그룹의 구성원들 간에도 발생한다. 그들은 자신이 원하는 것을 위해서 자신의 협상력을 활용한다. 마지막으로 개별 행위자는 합리적인 행위자로 간주되지만, 그들의 상호작용으로 발생하는 결과는 비용-혜택 결과를 반영하는 것이라기보다 일종의 꼴라주(collage)이다. 이 꼴라주는 다층적 상호작용 속에서 개인 및 그룹 행위자들의 결정과 행위를 반영한다. 그리고 위원회 환경에서 특정 조직(agency)을 대표하는 개인들 간의 협상도 반영하며, 주요 행위자들의 상대적인 영향력도 반영한다.

예를 들어 쿠바 미사일 위기에서 해상봉쇄라는 미국의 외교정책 결정을 정부정치 모델의 시각에서 분석하면, 그러한 결정은 강력한 조치가 필요하다는 케네디 대통령의 초기 결정, 맥나마라 국방장관의 저항 및 공중공격을 주장하는 이들과 같이 여러 조각들로 이루어지는 꼴라주이다.[36]

관료집단 간의 관계가 외교정책 결정에 영향을 미치기 시작한 것은 관료집단의 성장과 관련이 있다. 냉전기 국가안보 정책에 관한 행정부의 통제력을 강화하기 위해 거대한 관료가 형성되었는데, 이로 인해 부처 간 경쟁이 촉진되면서 행정부의 권한은 분산되었다. 또한 각종 기구의 설립과 확장은 다양성과 갈등을 정책과정 속으로 가져왔다. 결국 정부정치 이론 또는 관료정치 이론은 외교정책의 결정은 단일한 행위자에 의해 이루어지는 것이 아니라는 인식에서 출발한다. 정책이란 특정 안건에 대한 견해 차이를 가지고 있으면서 자신들의 개인적 이익과 소속 부처의 이익을 증진시키려 하는 정치적 행위자들, 거대한 조직들의 복잡한 상호작용 속에서 형성된다.[37] 대통령이 확고한 정책결정을 내려도 그 결정이 무시되거나 이행과정에서 관료정치에 의해 그 의도와는 다르게 다른 방향으로 추진될 수도 있다. 또한 카드 게임에 비유하면 대통령이 선을 잡고 있지만 그는 유관 부처가 제공하는 카드를

---

36) Allison and Zelikow, 1999; Yetiv, 2011, pp. 121-123.

37) 정진위 편역, 『미국외교정책, 1890~1993』 (서울: 박영사, 1996), pp. 46-47.

가지고 게임에서 패를 돌릴 수 있을 뿐이다. 외교정책 형성에 많은 기관들이 개입할수록 정책 조정이 어렵고, 주도권을 차지하기 위한 경쟁도 발생한다.[38]

허드슨(2007)이 설명한 것과 같이 관료제라는 기계에서 개인의 권력은 매우 작지만, 어느 정도 자율성을 가질 수 있는 부분이 있다. 예를 들어, 자신이 중간 관료라고 가정한다면 상관이 내린 지시를 일부러 이행하지 않거나, 지시받은 것과 다른 활동을 의도적으로 할 수 있다. 대체로 고위 관료는 자신이 내린 구체적인 지시 각각에 대해서 그것이 의도한대로 제대로 이행되고 있는지 확인할 시간이 없기 때문에 이런 경우가 발생할 수 있다. 실제로 1973년 10월 12일 키신저 국무장관과 슐레진저(James R. Schlesinger) 국방장관의 전화 통화 내용을 확인하면, 관료조직 내에서 사보타주(sabotage) 행위가 있었음을 알 수 있다. 키신저는 전쟁에 필요한 장비를 이스라엘에게 제공하라는 결정 및 지시를 내렸으나 국방부의 중간 관료들은 키신저가 지시한 명령을 일부러 지체시키는 일이 발생하였다.[39]

정부정치 모델 또는 관료정치 이론이 주장하는 것처럼 실제로 군사력의 사용 같은 중대한 외교정책의 결정에 관료정치 요소들

---

38) 정진위 편역, 1996, pp. 48-54.

39) Valerie M. Hudson, *Foreign Policy Analysis: Classic and Contemporary Theory* (Lanham: Rowman & Littlefield, 2007); Nina Howland and Craig Daigle (eds.), *Foreign Relations of the United States, 1969-1976, Volume XXV, Arab-Israeli Crisis and War, 1973* (Washington: Government Printing Office, 2011), Document 166: Memorandum of Conversation.

이 영향력을 행사하는가? 관료집단의 이해관계나 그들 간의 정치적 협상이 정책 결정에 결정적인 영향력을 미치는가? 결정된 정책을 이행하는 과정에서 관료정치의 요소들이 어느 정도 영향력을 행사할 수 있지만, 군사력을 사용할 것인지, 경제제재를 할 것인지와 같은 정책을 선택하는 결정 과정(decision making)에서 관료정치가 결정적인 역할을 한다고 단언하기는 어렵다. 관료정치 이론이 제시하는 요인들이 정책결정에 영향을 줄 수 있다는 일반론적인 주장에 동의하지만 많은 요인들이 정책결정 과정에 영향을 줄 수 있기 때문에 지금 수준의 관료정치 이론으로는 특정 외교정책 결정에 관료정치가 어느 정도의 인과적인 영향력을 행사하는지 확인하는 것은 쉽지 않다.

저비스(1976)가 지적하였듯 언제 그것이 작동하는지, 어떤 조건에서 외교정책에 영향을 주는지 밝히지 못하면 관료정치가 정책 결정을 결정한다는 구조주의적 결정론에 빠질 수 있는 위험이 존재한다. 저비스(1976)는 외교정책 결정들이 다양한 관료조직들이 만들어낸 일부의 선호들을 구현한 것은 사실이지만, 관료정치의 규칙(rules of bureaucratic politics)들이 예측하는 방식으로 그들이 결합된 것은 아니라고 지적한다. 관료조직의 시각과 선호로부터 정책이 어떻게 만들어지는지 구체적으로 설명하는 이론이 만들어지기 전까지, 우리는 관료정치 수준에서 정책의 결정을 설명할 수 있다고 말하기 어렵다.[40] 이에 대해 김기정(2019)은 비일상적 상황

---

40) Jervis, 1976, pp. 24-28.

중에서도 위기가 아닌 상황에서는 관료정치 모델이 더 작동한다고 주장한다. 그는 위기 상황에는 소집단 역동성 모델(small-group dynamics)이 더 설명력이 있다고 보았고, 위기일수록 외교정책 결정을 내리는 단위가 작아진다고 주장한다.[41]

관료정치는 관료제가 존재하는 모든 정책결정 과정에서 작동한다. 각 부처나 기관별로 존재의 목적과 특정 정책이나 이슈에 대한 시각과 역할이 다르기 때문에 관료조직 간의 갈등이나 이견차이는 존재하는 것이 일반적이다. 따라서 부처 간의 갈등이 있다고 또는 서로의 입장이 다르다고 그것이 반드시 어떤 결과에 영향을 주는 것으로 보긴 어렵다. 즉, 관료정치 모델이 주장하는 것처럼 실제로 '관료집단 사이의 정치'가 어떤 정책의 선택이라는 결과에 영향을 주기 위해서는 관료정치가 일상적인 수준을 넘어 정책 결정에까지 영향을 주는 관료정치가 작동하는 조건을 파악해야 한다. 즉, 관료정치가 작용하는 정책결정의 구조일 때 그 힘을 발휘하기 때문에 정책결정을 내리는 시점에서 정책결정의 구조를 파악하는 것이 중요하다.

예를 들어 1973년 10월 중동전쟁이 발생했을 때 닉슨 행정부에서 키신저는 국무장관 겸 국가안보보좌관으로서 주요 외교정책 관련 논의 및 결정에서 매우 중요한 역할을 했다. 당시 미국의 외교정책 결정과 그 과정을 살펴보면 그 결과가 관료정치 이론이 주

---

41) 김기정, 『외교정책 공부의 기초』 (서울: 연세대학교 대학출판문화원, 2019), pp. 150-156; 장성일, 2020(a), p. 236.

장하는 것처럼 관료조직 내 갈등(intra-bureaucratic conflict)의 결과와 같은 관료정치의 부산물이라고 보기 힘들 정도로 키신저는 정책 결정의 과정을 사실상 독점했다.

통합적인 외교정책 이론

하나의 요인 또는 변수로 외교정책을 설명하는 것이 아니라 여러 가지 요인을 복합적으로 고려하거나 외교정책을 설명하는 다양한 시각을 접목하는 통합적인 외교정책 이론의 구축을 위한 노력들도 있다.

신고전현실주의 또는 신고전적 현실주의(Neoclassical Realism)는 로즈(1998)가 처음 제시한 용어로, 국제체제 수준의 변수와 국내정치 변수들 간의 일정한 상관관계를 규명하려는 노력으로 통합적인 외교정책 접근이다.[42] 신고전현실주의는 왈츠(1979)와 길핀 등 신현실주의의 핵심 주장인 국제정치의 체제가 국가의 외교정책 결정에 부여하는 압력(제약)의 중요성을 인정하고 이를 우선적인 독립변수로 고려한다. 즉, 국가들 사이에 '상대적인 물질적 힘(relative material power)'의 분포가 국가의 외교정책 결정에 가장 우선적이고 중요한 변수라고 인식하며, 장기적인 관점에서 볼 때 국

---

42) Gideon Rose, "Neoclassical Realism and Theories of Foreign Policy," *World Politics*, Vol. 51, No. 1 (October, 1998), p. 146.

가들은 결국 체제적인 영향력을 벗어나서 자유롭게 행동하기 어렵다고 지적한다. 신고전현실주의는 특정 국가의 외교정책은 무정부 상태(anarchy)와 물질 능력의 배분(distribution of capabilities) 같은 체제적인 요소에 의해 우선적으로 좌우된다는 점을 강조하면서, 외교정책이 우선 무정부 상태나 힘의 배분과 같은 요소에 의해 상당 부분 좌우된다는 신현실주의 설명을 전적으로 인정한다. 어떠한 외교정책 이론도 개인이나 국내정치적 변수보다 국제체제적인 요인을 우선적으로 고려해야 한다는 입장이다.[43]

장기적인 관점에서 국제체제의 구조적 변수의 영향력이 가장 크지만, 중단기적으로 볼 때 이러한 체제적인 압력은 외교정책의 결정에서 국내정치 차원의 매개변수 예를 들어, 국가의 특수한 정치구조, 개인 지도자의 인식 등에 의해 때로는 희석되거나 여과되어 진다는 점을 신고전현실주의는 강조한다. 즉, 2022년 러시아의 우크라이나 침공 전쟁 결정과 같은 국가의 외교정책 선택은 반드시 객관적인 물질적인 힘에 대한 판단에 의존하여 이루어지지 않으며, 실제로는 정치지도자들과 상대적 힘에 대한 그들의 인식이 영향을 준다는 것이다.[44] 상대적인 물리적 힘이 국가들의 외교정책 결정에 기본적인 척도를 제공하지만, 이러한 상대적 힘의 분포가 언제나 즉각적이고 완벽하게 한 국가의 대외정책으로 연결되

---

[43] 양준희·박건영, "신고전적 현실주의(Neoclassical Realism) 비판," 『국제정치논총』 제51집 제3호 (2011), pp. 8-10.

[44] 정재욱, "탈 냉전기 북한의 군사도발 결정 매커니즘 고찰: 신고전적 현실주의 분석틀을 중심으로," 『지역과 세계』 제39권 제2호 (2015).

지는 않는다. 동시에 체제적 압박(systemic pressures)은 정책결정자의 인식(perceptions)과 국가구조(state structure)라는 단위 차원의 매개변수(intervening unit-level variables)를 통해 해석될 수밖에 없기 때문에, 물질적 힘이라는 체제적 요소가 특정 국가의 외교정책에 미치는 영향력은 간접적이고 복잡하다고 것이 신고전현실주의의 주장이다.[45] 신고전현실주의자들은 간혹 국가지도자 또는 정책결정자의 오인(misperception)이나 국내정치적 요소 때문에 체제적 변수가 제대로 작동하지 않을 수 있으며, 이와 같은 경우 개인이나 국내적 변수를 이론화 과정에 포함시켜야 한다고 주장한다.[46]

민츠(2002; 2004)의 경우, 합리적 선택 이론과 심리/인지적 접근을 하나의 프레임워크로 통합한 이론(Poliheuristic Theory)을 제시하면서 두 단계로 구성된 통합적인 외교정책 이론을 제시했다. 그에 따르면 여러 대안들 중에서 특정 외교정책을 선택하는 외교정책의 결정과정은 두 단계로 진행된다. 첫 번째 단계는 대통령 입장에서 정치적으로 수용 가능한가의 여부가 중요한 기준이 되며, 수용 가능한 대안들만 남게 되어 다음 단계로 이동한다. 예를 들어, 군사적 개입이나 무력 사용이 국민이나 의회의 지지를 받기 어려운 정치적으로 부담이 되는 상황에서는 그러한 대안들이 제외되고, 정치적으로 수용 가능한 대안들만 남게 되어 두 번째 단계로

---

45) Rose, 1998, pp. 146-147.

46) Brian Rathbun, "A Rose by Any Other Name: Neoclassical Realism as the Logical and Necessary Extension of Structural Realism," *Security Studies*, Vol. 17, No. 2 (2008), p. 296.

넘어간다. 첫 번째 단계는 심리/인지적 분석의 요소를 활용한 단계이며, 다음 단계는 합리적 선택 이론에 기반하여 진행된다. 전 단계에서 걸러진 대안들은 각 대안의 비용과 이익에 대한 효용을 판단하여 최종 선택이 이루어진다는 것이 이 이론의 핵심이다. 예를 들어, 어떤 방식의 군사적 대응을 선택했을 때 기대 이익이 더 큰지, 경제제재를 취한다면 어떤 방식이 더 나은지가 평가되고 최종적인 대응 방식이 결정된다.[47]

민츠의 통합이론은 외교정책을 설명하는 서로 다른 두 시각을 하나의 프레임워크로 통합하고자 노력했고, 이를 통해 보다 간결하면서 예측력이 높은 이론을 만들고자 했다는 점에서 매우 의미 있는 시도였다. 아울러 그의 이론은 기존의 논의들이 제한적으로 설명했던 외교정책 결정의 과정을 조금 더 현실적으로 보여주고자 했다는 점에서도 의미가 있다. 그러나 민츠의 통합이론은 미국 외교정책의 결정이 제도적인 과정으로 이루어지는 특징을 제대로 보여주지 못하고 있고, 허만(1974; 1989; 2001)[48] 등이 강조하는 누가

---

[47] Alex Mintz (eds.), *Integrating Cognitive and Rational Theories of Foreign Policy Decision Making* (New York, NY: Palgrave Macmillan, 2002), pp.1-7; Alex Mintz, "How Do Leaders Make Decisions?: A Poliheuristic Perspective," *Journal of Conflict Resolution*, Vol. 48, Issue 1 (February, 2004), pp. 3-13.

[48] Charles F. Hermann, "What Decision Units Shape Foreign Policy: Individual, Group, Bureaucracy?," *Policy Studies Journal*, Vol. 3, Issue 2 (December, 1974), pp. 166-170; Margaret G. Hermann and Charles F. Hermann, "Who Makes Foreign Policy Decisions and How: An Empirical Inquiry," *International Studies Quarterly*, Vol. 33, No. 4 (December, 1989), pp. 361-387; Margaret G. Hermann, "How Decision Units Shape Foreign Policy: A Theoretical Framework," *International Studies Review*, Vol. 3, Issue 2 (Summer, 2001), pp. 47-81.

정책결정에 참여하면서 최종 결정에 영향을 주는지 행위자의 문제(decision unit)에 대해서 명확하게 규정하지 않는다.[49] 이 책은 이러한 문제를 보완하기 위해서 핵심 정책결정자들이 참여하는 최상위 제도인 국가안전보장회의 NSC(National Security Council) 차원에서의 정책결정 과정에 주목한다.

3. 미국 외교정책 결정의 특징

앞서 살펴본 것과 같이 외교정책 결정에 대한 기존의 논의들은 미국의 실제 외교정책 결정 과정의 일부 또는 단편적인 모습을 설명하고 있다. 또한 많은 논의들은 정책결정이 내려진 특정 시점을 '스냅샷(snapshot)'으로 끊어서 그 순간의 정책 결정만 분석하고 있어서 미국 외교정책, 그리고 그 과정을 온전히 이해하는 데 부족하다. 외교정책의 최종 결정 권한은 대통령에게 있지만[50] 그 결정까지 가는 과정은 복합적인 논의 과정으로 전개되며, 미국 외교정책 결정의 특징이 그 과정에 녹아 있다.

---

49) 장성일, 2020(a), pp. 236-238.

50) 특히, 군사력의 사용에 대한 결정은 더욱 그렇다. 군사력 사용을 결정하는 National Command Authority는 대통령과 국방장관이 중심이다. Reagan Library, Donley, Michael B.: Files, Box 91857, [Joint Chiefs of Staff] JCS Quarterly Meeting w/ President, 08/09/1985, "The Chain of Command," (1985.08.09).

역사적 맥락에서 이루어지는 점진적인 정책 결정

우선, 미국 외교정책의 결정 특히 큰 변화를 가져오는 결정은 '역사적 맥락'에서 이루어진다. 그런 의미에서 정책결정은 '점진적'이며 '순환적'이다. 정책결정자들은 특정 시점에 존재하는 선택지만 고려하여 결정을 내리는 것이 아니다. 힐스만(1967), 그리고 케글리와 위트코프(1996)가 강조하는 것과 같이 외교정책은 어떤 하나의 결정으로 급격하게 방향이 바뀌거나 변화하는 것이 아니라 점진적으로(incrementally) 일어난 변화의 결과다. 기존 정책을 조금씩 수정하는 일을 계속함으로써 외교정책의 변화가 일어나는데, 하나의 결정은 다음에 발생하는 정책결정 과정에 영향을 미치는 요소로서 피드백처럼 작용한다. 예를 들어, 1991년 걸프전쟁 개입 시 미국이 군사력을 사용하기로 한 결정의 배경은 1979년 이란의 미국 대사관 인질 사건과 소련의 아프가니스탄 침공 사건, 그리고 카터 독트린(Carter Doctrine)까지 거슬러 올라간다. 따라서 당시 정책결정자가 처한 상황에서의 판단만이 아니라 과거에 내렸던 결정이 정책결정 과정에서 피드백으로 작용한다.[51] 과거에 내린 결정이 현재 그리고 앞으로의 정책결정에 영향을 미친다는 의미에서 정책결정의 과정은 순환적이다.

정책결정자들은 특정 시점에서 그들에게 주어진 각 대안의 효과와 비용만 고려하는 것이 아니라, 과거의 결정이나 제도적 가이

---

[51] Hilsman, 1967, p. 5; Kegley and Wittkopf, 1996, pp. 7, 14-19.

드라인들이 대안의 일부를 구성하거나 대안을 고려하는 과정에서 영향을 준다. 따라서 특정 시점의 외교정책 결정을 분석하기 위해서는 이전에 내렸던 유사한 결정이나 외교정책을 역사적 맥락으로 파악하는 것이 중요하고, 정책결정자들이 과거 사례를 어떻게 인식하고 정책결정을 내리는 과정에 참고하는지 분석하는 것이 필요하다. 외교정책의 결정은 역사적 맥락과 무관한 당시의 독립된 또는 제한적인 결정이 아니라 역사적 맥락에서 기존 정책과 연속성을 가지고 내려진 결정이다. 또한 현재 국가안보 전략, 관련 이슈에 대한 대통령의 지침(Presidential Directives)도 정책결정 과정과 최종 정책의 선택을 이해하는 데 중요하다. 과거의 결정들과 마찬가지로 이러한 대통령의 지침도 정책 결정에 있어서 일종의 가이드라인으로 작용한다.

외교정책과 같은 공공정책의 결정은 여러 대안 중 최선의 방안을 선택하는 합리적 선택(rational choice)으로 이해하는 경우가 많다. 하지만 현실적으로 정책결정은 과거의 선례를 참고하거나 부처 간 협상에 의해서도 일어난다. 정부 안팎에서 제기된 여러 정책적 요구가 정당, 이익집단을 통해 집약된 다음, 정부로 흘러가 그것이 의제화되고 정부 관리들은 여론의 영향을 받으면서 다양한 논의를 거쳐 하나의 정책이 탄생한다. 이러한 정책결정의 과정은 하나의 정치적 과정(political process)으로 이해할 수도 있는데 이 과정에 참여하는 행위주체들 간 이해관계와 역학관계도 중요하다.

제도를 통해 이루어지는 공유된 결정 과정

다음으로 미국 외교정책의 결정은 제도화된 과정을 통해 이루어지며 전문 관료의 역할이 중요하다. 국가안전보장회의(NSC: National Security Council, 이하 NSC로 약칭)는 미국 외교정책 결정 과정의 환경(setting)으로 가장 중요한 제도이다. NSC 전체 회의, NSC에 소속된 위원회 회의 또는 워킹그룹이나 태스크포스는 대통령을 비롯한 핵심 정책결정자들이 최선의 정책 결정을 할 수 있도록 사전에 여러 대안이나 외교정책을 검토하거나 제안한다. 정책결정 과정에 참여하는 행위자는 자신의 위치에 따라 각자의 역할이 규정되어 있다.

일반적으로 정책결정의 과정에서 대통령의 역할이 가장 중요하고,[52] 대통령이 최종 결정 권한을 가지고 있으나, 특정 인물이나 조직이 정책 결정의 전체 과정을 독점하는 것이 아니라, 여러 행위자가 역할을 공유하며 참여한다는 관점에서 정책결정의 과정은 '공유된 결정 과정'이다. 그리고 정책 결정의 과정에 참여하는 개인 행위자들은 권력을 공유한다.[53] 공유된 결정 과정은 미국 정치의 특징이 외교정책 결정 과정에도 반영된 결과로 볼 수 있다.

---

52) David Patrick Houghton, *The Decision Point: Six Cases in U.S. Foreign Policy Decision Making* (New York; Oxford: Oxford University Press, 2013), p. 142.

53) 그런 의미에서 외교정책을 비롯한 정부의 결정은 정치적 과정의 결과로도 볼 수 있으며, 엘리슨과 젤리코(1999)의 정부정치(government politics) 모델은 외교정책 결정의 중요한 특징을 잘 파악하고 있다. Allison and Zelikow, 1999, p. 256.

NSC 설치 이후 외교정책에서 국무장관, 국방장관 그리고 국가안보보좌관은 공유된 결정 과정에 참여하여 협력하면서 동시에 경쟁하는 관계로 대통령은 이들이 제공한 다양한 제안을 보고 최종 결정한다. 그런 의미에서 닉슨 행정부에서 국무장관과 국가안보보좌관을 겸직한 키신저의 사례는 매우 이례적이다. 전쟁 권한에 관하여 대통령과 의회가 권력을 공유하듯 외교정책의 결정 과정도 개인이나 부처가 독점하는 것이 아니라 유사한 권한을 나눠 가지면서 경쟁하며 협력한다.[54]

외교정책의 결정이 제도화된 과정으로 이루어지기 때문에 결국 국가안보나 외교에 정통한 전문관료의 자문 역할이 중요하게 되고, 따라서 NSC를 이끄는 국가안보보좌관, 국무장관 및 국방장관의 역할이 중요하다. 엘리슨과 젤리코(1999)는 정부를 "각자의 생명이 있는 느슨하게 연합된 조직들의 거대한 복합체(conglomerate)"라고 정의하면서, 조직 행동(organizational behavior) 모델에 따르면 정부의 행위를 규격화된 행위 패턴에 따라서 작동하는 거대한 조직들의 결과라고 설명한다.[55]

외교정책의 결정은 다른 분야에 비해 참여 주체의 수나 갈등의 정도가 상대적으로 적으며 정책결정의 과정도 단순한 편이다. 외

---

[54] 장성일, 2020(a), p. 237. 권력 공유에 대한 논의는 다음을 참고할 것. Richard E. Neustadt, *Presidential Power: The Politics of Leadership* (New York: Wiley, 1960), p. 33; Bruce W. Jentleson, *American Foreign Policy: The Dynamics of Choice in the 21st Century* (New York: Norton, 2014), pp. 30-32.

[55] Allison and Zelikow, 1999, p. 143.

교정책의 특성상 고도의 전문성과 매우 높은 수준의 기밀이 필요하기 때문에 그렇다. 물론 외교정책의 결정 과정에서 정부 내 여러 기관 및 부처 간 갈등도 존재한다. 대표적으로 백악관의 NSC, 국무부 그리고 국방부 사이에 존재하는 각 조직의 입장 차이와 영향력에 대한 경쟁을 들 수 있다. 때로는 자신이 대표하는 조직의 입장을 더 강하게 보여주기 위한 부처 간 갈등이 존재하면서 관료정치적 성격을 띄기도 한다. NSC는 주요 외교 현안에 대해 고위 정책결정자들이 심층적 논의를 통해 해결방안을 모색하고 대통령에게 자문하는 기구라면, 일상적인 외교정책의 결정과 집행은 국무부가 전담하고 있다.[56]

---

56) 미국정치연구회, 『미국 정부와 정치 2』 (서울: 오름, 2013), pp. 594-597.

4. 미국 외교정책 결정의 제도

백악관

미국 대통령을 직접적으로 보좌하는 기관을 총칭하여 대통령실(EOP: Executive Office of the President)이라 부르는데, 프랭클린 루즈벨트(Franklin D. Roosevelt) 대통령은 대통령의 업무를 효율적으로 지원하기 위해서 1939년에 대통령실을 만들었다. 루즈벨트 이후 미국의 대통령들은 자신의 권력을 지속적으로 확대해왔으며, 그들은 이전보다 더 많은 권한을 가진 행정부와 백악관 조직이라는 제도적 자원을 활용해왔다.[57] 루이스와 모(2018)는 헌법이 규정한 권력분립에 따라 대통령이나 의회는 행정부에 대하여 독점적인 권한을 행사하지 못하지만, 대통령은 관료 시스템의 구조를 변화시킴으로써 자신이 선호하는 방향으로 정치적 세력 균형을 이동시키기 위해 노력해왔다고 지적한다.[58]

대통령실은 여러 조직들로 구성되어 있다. 예를 들어 The Council of Economic Advisers, the Council on Environmental

---

57) 주미영, "미국 대통령직의 개혁과 향후 과제," 『국제정치논총』 제43집 제4호 (2003), p. 220; 백창재, "미국 대통령의 권력자원과 리더십," 『국가전략』 제24권 제4호 (2018), pp. 135-139.

58) David E. Lewis and Terry M. Moe, "The Presidency and the Bureaucracy: The Levers of Presidential Control," in Michael Nelson (eds.), *The Presidency and the Political System* (Washington, DC: CQ Press, 2018), p. 377.

Quality, the National Economic Council, the National Security Council, the Office of Domestic Climate Policy (Climate Policy Office), the Office of Management and Budget, the Office of Science and Technology Policy, the Office of the National Cyber Director, the Office of the United States Trade Representative(USTR) 등이 대통령실에 속해 있다. Director of the Office of Management and Budget 같은 자리는 상원의 승인을 받아야 지명할 수 있으나 대부분의 자리는 대통령의 재량으로 임명할 수 있다. 대통령실은 창설 초기에 비해 그 기능이 매우 확대된 상태로 대략 1,800여 명이 근무하고 있다.[59]

대통령 직속기구와 함께 대통령을 보좌하는 가장 중요한 참모 조직은 대통령비서실(White House Office)이다. 대통령비서실은 정치가와 지도자로서 대통령의 직무를 보완 및 지원하고 대통령과 각 부 또는 기타 정부 기관과의 일상적 의사소통을 조정하는 역할을 한다. 대통령을 보좌하는 비서진들은 각료들과 달리 상원의 임명 동의를 받을 필요가 없어 철저하게 대통령의 판단과 선택으로 결정된다. 따라서 비서진들은 오랫동안 대통령의 인근에서 친밀한 관계를 유지하며 일해 온 사람들이고 대통령에 대해 높은 충성심을 가지는 경향이 있다. 대통령을 보좌하는 비서실 조직은 미국이

---

[59] The White House, https://www.whitehouse.gov/about-the-white-house/our-government/the-executive-branch/ The White House, https://www.whitehouse.gov/administration/executive-office-of-the-president/ (검색일: 2022년 12월 20일).

건국된 초기부터 확립되어 운영되어 오던 제도가 아니었다. 경제사회적 변화와 정부의 기능이 확장됨에 따라 행정부의 수장으로 있는 대통령의 업무는 더욱 증대되었고, 이에 따라 그 역할을 보좌하는 조직의 필요성이 대두되었다.

초기 대통령들은 공식적인 보좌 조직을 가지지 못했기 때문에 보좌진을 사비로 고용해야 했으며 1857년에야 비로소 3명의 유급 보좌관을 둘 수 있게 되었다. 국가 설립 당시 시민의 자유와 권리의 확보가 최대의 헌법적 과제였고 이를 보호하기 위하여 철저한 권력분립을 도모하였기 때문에 비서실과 같은 조직은 대통령의 권한을 비대화시킬 우려가 있었을 뿐 아니라, 당시에는 당과 내각이 대통령실의 역할을 대신하고 있었기 때문에 그 필요성도 그리 크지 않았다. 이후 후버(Herbert C. Hoover) 행정부(1929~1933)부터는 단순한 비서 업무에서부터 벗어나 소수의 전문가들이 배치되어 대통령을 보좌하기 시작했고, 이러한 보좌진의 규모는 지속적으로 증가하여, 1943년에는 51명에 불과했던 참모진의 수가 1953년에는 247명으로 증가하였으며, 1972년에는 583명으로 확대되었다.[60]

국무장관, 국방장관, 재무장관 등은 대체로 내각 중 대통령과 밀접하게 소통하는 그룹(inner cabinet)에 속한다. 특히 대통령에게 국가안보 문제는 핵심적인 이슈이기 때문에 국방장관은 최근 행정

---

60) 김혁·유성진, "대통령과 관료제," 미국정치연구회 편, 『미국 정부와 정치 2』 (서울: 오름, 2020), pp. 175-176.

부에서 매우 중요한 내각 구성원이며, 국무장관과 국무부 고위 관료 역시 대통령과 매우 긴밀한 관계를 맺고 있다. 국가안보 위기 상황에서 대통령은 이들을 직접 만나거나 전화 통화를 하면서 이들과 논의한다.[61] 그런데 제2차 세계대전 이후 대통령실의 규모, 중요성 그리고 권력은 크게 증가했으며, 내각이 담당했던 많은 기능들을 백악관의 참모들이 담당하게 되었다. 이렇게 대통령실이 확대된 이유는 대통령이 필요한 것들을 내각과 관료들이 충분히 제공하지 못한 것도 하나의 이유였고, 대통령이 원하는 만큼의 속도로 관료들이 일을 진행하지 못한 것도 이유였다. 최근 행정부들의 사례를 보면 대통령실에서 가장 중요한 인물은 비서실장(chief of staff), 국가안보보좌관(national security advisor), 최고 정치 자문(chief political adviser), 공보담당 비서 또는 대변인(press secretary)이다.

비서실장(Chief of Staff)은 대통령실을 감독하는 역할을 한다. 비서실장은 대통령실을 총괄하는 책임자로 내각 구성원들이 대통령에게 접근하기 위해서 반드시 통과해야 하는 일종의 문지기(gatekeeper) 역할을 하며, 비서실장은 사실상 백악관의 운영을 관리한다. 대통령은 상원의 동의를 받을 필요 없이 재량으로 비서실장을 임명할 수 있다. 국가안보보좌관 그리고 정치나 경제보좌관 같은 핵심 참모들은 비서실장을 통해서 대통령에게 보고한다. 장관이나 다른 기관의 보고 자료도 마찬가지로 비서실장을 통해

---

61) Thomas F. Cronin and Michael A. Genovese, *The Paradoxes of the American Presidency* (New York: Oxford University Press, 2004), pp. 194-195.

서 대통령에게 보고된다. 최근 행정부들을 살펴보면 비서실장은 대통령이 정책적 우선순위, 정치 및 입법적인 전략, 그리고 대민관계 접근들을 만드는 데 도움을 주는 작업에 점점 더 깊숙이 관여하고 있다. 아울러 비서실장은 백악관에 쏟아지는 다양한 정보(intelligence, information)를 관리한다. 비서실장은 대통령의 시간을 지키고자 노력하며, 대통령의 두뇌 집단(brain trust)의 일부로서, 그리고 다른 대안들이 대통령의 관심을 받을 수 있도록 하는 중재자로서 역할을 하고자 노력한다.[62]

최근 행정부에서 모든 대통령은 국가안보팀을 이끌고 국가안전보장회의를 조정(coordinate)하기 위해서 경험이 풍부한 외교정책 베테랑을 국가안보보좌관으로 채용했다. 국가안보보좌관은 NSC 직원들을 활용하여, 그리고 NSC 회의 과정을 통해서 대통령이 일관적인 외교정책을 만드는 데 기여한다.[63] 국가안보보좌관은 때로는 대통령에게 직접 보고하면서 국무장관과 함께 외교정책의 결정에서 가장 핵심적인 역할을 한다. 앞서 살펴본 것처럼 NSC 창설 이후 외교정책에서 국무장관, 국방장관 그리고 국가안보보좌관은 공유된 결정 과정에 참여하여 협력하면서 동시에 경쟁하는 관계이며, 대통령은 이들이 제공한 다양한 조언을 바탕으로 최종 외교정책을 결정한다.

---

62) Cronin and Genovese, 2004, pp. 204-206.
63) Cronin and Genovese, 2004, pp. 206-207.

국가안전보장회의(NSC)

제2차 세계대전이 끝난 후 1947년에 제정된 국가안전보장법과 1949년 동 법의 수정으로 외교, 경제, 군사정책 등을 포함하여 종합적으로 국가안보 문제에 대응하기 위한 국가안보 관련 조직 또는 제도가 탄생했다. 예를 들어, 군 조직의 통합 및 권력 분산으로 국방부를 창설하여 국방장관이 새롭게 만들어진 공군부를 포함하여 육군, 해군 등 3군을 통솔하도록 하였고, 통합적인 국가안보 정책 조정을 위해 장관급 인사들이 참여하여 대통령에게 자문하는 NSC도 창설되었다. 또한 합동참모본부를 법률적으로 공식 존속시키기로 했으며 정보기관으로서 중앙정보국(CIA)을 창설했다.[64]

그중 미국 외교정책의 핵심적인 제도는 국가안전보장회의(National Security Council)이다. 미국의 외교정책 결정 제도는 1947년에 제정, 1949년에 개정된 국가안전보장법(National Security Act)이 규정하는 것과 같이 NSC의 자문을 받아 대통령이 최종 결정을 내리는 방식이다. 연방헌법에 따라 외교정책의 최종 결정권자이자 군의 통수권자인 대통령이 국가안보 문제를 해결하는 데 최선의 결정을 내릴 수 있도록 NSC가 최고위 자문기구로 대통령을 보

---

[64] 이렇게 탄생한 전반적인 국가안보 조직 또는 체계를 국가안보 제도(institutions), 국가안보 시스템(system), 국가안보 구조(structure), 국가안보 기구(apparatus)와 같이 다양한 용어로 지칭한다. 이 책에서는 이를 국가안보 제도로 사용한다. 장성일, "미국 국가안보 제도의 기원: 국가안전보장회의(NSC) 창설 과정에서 관료 조직 간 정치," 『평화연구』 제29권 제1호 (2021년 봄호), pp. 75-76.

좌하도록 국가안전보장법은 규정하고 있다.[65] 현재 외교정책 결정 관련 미국 국가안보 제도는 국가안전보장법에 그 뿌리를 두고 있으며,[66] NSC는 창설 이후 그 역할과 규모가 확대되었다.

국가안전보장회의인 NSC는 "미국 역사상 처음으로 외교정책과 군사정책을 통합하여 대통령에게 직접 자문하는 상설 조직이다."[67] NSC는 국가안보 제도의 핵심으로, 미국 외교정책의 결정 과정에서 가장 중요한 역할을 수행하는 제도이다. 제2차 세계대전 이전까지 미국은 통합적인 분석과 정책 대응을 위한 조직이나 국가안보 제도가 없었다. 연방헌법의 규정에 따라 군의 통수권자이자 외교정책에 포괄적인 권한을 가진 대통령이 전통적으로 정책 조정의 역할을 해왔다.[68]

그러나 군을 통합적으로 지휘하는 조직은 NSC의 탄생 이전에도 있었는데 합동참모본부(The Joint Chiefs of Staff, 이하 합참)이 그것이다. 1941년 12월 일본의 진주만 공격 이후 미국은 제2차 세계대전에 참전했으며 효율적인 전쟁 수행을 위해 군을 통합적으

---

65) Robert Cutler, "The Development of the National Security Council," *Foreign Affairs*, Vol. 34, No. 3 (April, 1956), p. 441.

66) D. Robert Worley, *Orchestrating the Instruments of Power: A Critical Examination of the U.S. National Security System* (Lincoln: Potomac Books, An imprint of the University of Nebraska Press, 2015), pp. 245, 296.

67) U.S. Congress, Congressional Record, Volume 93, Part 7, 80th Congress, 1st Session (July 7, 1947), p. 8299.

68) 장성일, "미국 국가안보 제도의 기원: 국가안전보장회의(NSC) 창설 과정에서 관료 조직 간 정치," 『평화연구』 제29권 제1호 (2021년 봄호), p. 80.

로 지휘할 조직 즉, 합참을 창설했다. 진주만 공격 이후 루즈벨트와 처칠(Winston Leonard Spencer-Churchill)은 아르카디아 회담(Arcadia Conference)에서 연합참모본부(Combined Chiefs of Staff)를 창설했다. 동 연합참모본부는 미국과 영국이 함께 전쟁을 수행하는 과정에서 전략적 방향을 제시하기 위한 최고의 통합적인 군사조직이었다. 당시 영국은 통합적인 군사조직인 British Chiefs of Staff Committee를 운영하고 있었으나 미국에는 이러한 통합조직이 없었다. 따라서 미국은 1942년 육군과 해군을 통합 지휘하면서 동시에 영국과 군사 협력을 도모하기 위해 최고 사령부로서 합동참모본부를 창설했지만, 당시 합참의 설립 근거나 역할 등을 규정하는 합참에 대한 법적인 지위는 없었다. 합참의 영향력은 지속적으로 커졌고 합참은 육군과 해군을 통솔하며 통합적인 군사정책을 조정하는 핵심적인 역할을 하게 되었다. 합참의 권한이 커지는 상황에서 제2차 세계대전이 끝나가는 무렵 합참에 대한 법적 근거를 마련해야 한다는 필요성이 제기되었다. 1947년 국가안전보장법에 따라 합참에 대한 법적 근거를 마련하고 합참을 공식적인 국가조직으로 인정했다.[69]

NSC는 제2차 세계대전 이후 등장한 미국의 새로운 국가안보 제도를 구성하는 하나의 조직으로 탄생했다. 1947년 7월 26일 트루먼 대통령이 국가안전보장법에 서명하면서 현재까지도 미국 국

---

[69] The Joint Chiefs of Staff, "Origin of Joint Concepts," https://www.jcs.mil/About/Origin-of-Joint-Concepts/ (검색일: 2022년 12월 27일); 장성일, 2021, pp. 80-81.

가안보 제도, 외교정책 결정에 중요한 역할을 하는 제도가 출현했다. 이전과 다른 가장 큰 변화는 군 부처들을 통합하고 외교 및 군사정책을 통합하는 것이다. 국가안전보장법에 따라 공군부를 별도의 독립된 조직으로 창설했고, 상원의 임명 동의를 받아야 하는 국방장관이 군 부처를 통솔하는 새로운 조직인 국방부(창설 초기 당시 명칭은 National Military Establishment)의 민간인 책임자가 되도록 했다. 또한 국방부 산하에 합참을 공식적으로 설치하여 합참은 대통령과 국방장관에게 군사 자문 역할을 하도록 했다. 외교 및 군사정책의 통합과 조정에 관련해서는 국가안보와 관련된 국내정책을 포함하여 외교 및 군사정책을 통합적으로 고려하여 대통령에게 직접 자문하는 상설기구인 NSC가 탄생했다. 국가안전보장법은 NSC의 기능을 "국가안보 관련 문제에서 군 조직뿐 아니라 정부의 다른 부처와 조직들이 보다 효율적으로 협력하도록 만들기 위해서 국가안보와 관련된 국내, 외교 및 군사정책의 통합에 대하여 대통령에게 자문하는 것"으로 규정했다. 1949년에 국가안전보장법이 개정되면서 NSC는 대통령실 산하 조직이 되었다.[70]

NSC의 탄생 과정에서 NSC의 역할이나 기능, 연방헌법이 부여한 대통령의 권한과의 관계나 NSC의 구성원에 대한 논쟁이 있었다. 물론 국가안보 정책 조정을 위해 상설 조직이 필요하다는 생각은 의회도 공유하고 있었기 때문에,[71] 국가안전보장법 제정 과

---

70) 장성일, 2021, p. 97.
71) Worley, 2015, p. 300.

정에서 의회는 NSC 창설의 필요성에 대해서는 큰 이견은 없었다. 다만 의회는 새롭게 탄생할 매우 중요한 조직이 대통령을 보좌하는 역할에서 어떤 속성이어야 하는지 고심했다. 제2차 세계대전이라는 거대한 전쟁을 경험하면서 군 조직은 이전에 비해 비대해졌고 군이 새로운 국가안보 조직을 통제하는 것을 우려하면서, 의회는 민간이 이러한 조직을 어떻게 통제할 것인지 그 방법을 고민했다. 따라서 국가안전보장법안에 대한 상원에서의 논의는 육, 해, 공군부의 통합 문제, 세 군 조직을 통솔할 국방장관의 역할과 그것이 국가안보 및 권력구조에 미칠 영향 등에 집중되었다.[72]

입법 과정에서 NSC에 대한 논의는 국방장관이 NSC 안에서 어떤 역할을 해야 하는지가 중요했고, 제2차 세계대전 이후 미국의 국가안보 정책을 주도하게 될 새로운 조직인 NSC를 군이 장악하지 않도록 의회는 민간의 통제가 필요하다는 인식을 공유하고 있었다. 대통령을 비롯하여 국무장관, 국방장관 등의 장관급 인사들도 민간인이기 때문에 군이 통제하는 것이 아니라 민간인이 국가안보 최상위 자문 조직인 NSC를 통제하도록 해야 한다는 점을 일부 의원들은 강조했다.[73]

NSC라는 조직을 어떤 인사로 구성하며 누가 의장 및 부의장을 맡을지 문제도 민간의 통제, 그리고 권력 확대에 대한 견제의 관

---

72) Richard A. Best, Jr., *The National Security Council: An Organizational Assessment* (Congressional Research Service, 2011), p. 5; 장성일, 2021, p. 94.

73) U.S. Congress, Congressional Record, Volume 93, Part 7, 80th Congress, 1st Session (July 9, 1947), pp. 8496-8499; 장성일, 2021, p. 95.

점에서 중요했다. 의회에 제출된 법안에서는 대통령, 국무장관, 국방장관, 육군장관, 해군장관, 공군장관 및 국가안전보장자원위원회 의장 이렇게 7인으로 NSC를 구성하며 대통령이 필요에 따라 참석자를 지정하도록 규정했다. 대통령이 의장을 맡고, 부의장은 NSC 구성원 중에서 지명하도록 한 것이다.[74] 이러한 법안 내용에 대해서 이견을 제시하면서 국가안보 관련 의회 위원회에 속한 의장들도 NSC의 구성원이 되어야 한다는 일부 의원들의 주장이 있었으나,[75] 그러한 내용은 최종 법에 반영되지 않았다.

여기서 주목할 부분은 백악관이 제출한 법안을 검토하는 과정에서 의회는 대통령이 NSC에 포함되도록 수정했다는 점이다. 당시 백악관은 대통령이 NSC 구성원이 되지 않도록 함으로써 대통령이 NSC의 결정이나 제안으로부터 자율성을 지킬 수 있는 방식을 선호했다. 그러나 상원은 대통령을 NSC 구성원에 포함시켰고 NSC 회의를 주재하도록 법안을 수정했다.[76] NSC에서 국방장관의 역할과 관련하여 의원들은 국방장관이 NSC의 구성원이 되도록 하되 다른 장관들보다 더 많은 권한을 갖지 않도록 노력했다. 예를 들어, 국방장관을 NSC 부의장으로 하는 경우 국방장관에게

---

74) U.S. Congress, Congressional Record, Volume 93, Part 7, 80th Congress, 1st Session (July 7, 1947), p. 8291.

75) U.S. Congress, Congressional Record, Volume 93, Part 7, 80th Congress, 1st Session (July 9, 1947), p. 8494.

76) Alfred D. Sander, "Truman and the National Security Council: 1945-1947," *Journal of American History*, Vol. 59, No. 2 (September, 1972), pp. 381-382.

너무 많은 권력과 권한이 부여되기 때문이다.[77] 국방장관이 NSC 부의장까지 맡는다면 대통령 부재 시 국방장관은 대통령을 대신하여 의장으로서 더 큰 권력을 가질 수 있고, 의회는 이러한 결과가 발생할 가능성을 우려하여 이를 제도적으로 방지하기 위해 국방장관을 부의장으로 지정하지 않기로 했다.[78]

NSC가 어떤 역할을 할지, 어떤 권한을 가져야 하는지에 대해서도 의원들은 NSC가 정책을 '결정'하는 제도가 아니라, 대통령에게 '자문'을 하는 조직이어야 한다는 데 의견을 모았다.[79] NSC를 외교정책 결정 기구로 권한을 부여한다면, 그것은 연방헌법에서 보장하는 대외정책의 최고 책임자로서 대통령의 권한을 침해할 수 있다. NSC를 대통령에 대한 자문기구로 그 권한을 규정하면, 대통령은 NSC의 자문이나 권고를 받아들이지 말지 선택할 수 있는 자율성이 유지되며, 연방헌법이 규정하는 대외정책의 최종 책임자로서의 권한도 보장된다. NSC는 최종 외교정책 결정을 내리는 회의체가 아니라는 점이 매우 중요하다. NSC는 국가안보와 관련된 중요한 사안을 논의하거나, 국가안보 위기 시에 국내외 다양한 요인을 통합적으로 고려하여 대통령이 최선의 결정을 내리도록 도움을 주는 자문 기구이다. 따라서 NSC 회의가 소집되었다고

---

77) U.S. Congress, Congressional Record, Volume 93, Part 7, 80th Congress, 1st Session (July 9, 1947), p. 8496.

78) 장성일, 2021, p. 96.

79) U.S. Congress, Congressional Record, Volume 93, Part 7, 80th Congress, 1st Session (July 9, 1947), pp. 8496-8499.

반드시 특정 사건, 이슈에 대한 결정이 내려졌다고 보기는 어렵다. NSC는 대통령이 외교정책, 군사정책을 통합적으로 고려하여 최적의 정책 결정을 내릴 수 있도록 국무, 국방, 재무, 정보기관 등 다양한 정부 조직의 역량을 통합적으로 모아 자문하는 최고위 기구 또는 제도이며, 최종적인 외교정책의 결정 권한은 오로지 대통령에게 있다.[80]

최종 국가안전보장법은 대통령이 NSC를 직접 지휘할 수 있도록 권한을 부여함으로써 대통령에게 NSC 운영에 대한 넓은 재량권을 부여하는 결과를 가져왔다. 대통령은 자신의 필요에 따라 NSC의 기능이나 역할 및 인적 자원의 구성을 확대하거나 줄일 수 있는 권한을 갖게 되었고, 실제로 행정부별로 NSC의 위상 및 인력 규모는 변해왔다. 국가안전보장법은 NSC의 의무를 다음과 같이 규정했다. 첫째, 국가안보 이익 관점에서 미국의 실제적이고 잠재적인 군사력과 관련하여 미국의 목표, 책무 및 위험요인들을 평가하여 그와 관련하여 대통령에게 제안한다. 둘째, 국가안보와 관련된 정부 부처 및 조직의 공통 문제에 대해 정책을 고려하고 그와 관련하여 대통령에게 제안한다. 동 법은 또한 NSC는 그것이 적절하다고 여기는 경우 또는 대통령이 요구하는 경우에 대통령

---

[80] Karl Inderfurth, *Fateful Decisions: Inside the National Security Council* (New York: Oxford University Press, 2004), Introduction. 국가안전보장회의(NSC)의 구체적인 창설 과정 및 그 역사에 대해서는 다음 연구를 참고할 것. 장성일, "미국 국가안보 제도의 기원: 국가안전보장회의(NSC) 창설 과정에서 관료 조직 간 정치," 『평화연구』 제29권 제1호 (2021년 봄호).

에게 정책 제안을 하고 보고서를 제출하도록 규정했다.[81]

국가안전보장법은 대통령이 의장으로서 NSC 회의를 주재하도록 규정했다. 대통령이 참석하지 못하는 경우 대통령이 NSC 구성원 중 한 명을 지명하여 대통령을 대신하여 회의를 주재하도록 했는데 부의장에 대한 별도의 규정은 없었다. 1947년 국가안전보장법 제정 당시 법이 규정한 NSC 구성원은 대통령, 국무장관, 국방장관, 육군장관, 해군장관, 공군장관 및 국가안전보장자원위원회(National Security Resources Board) 의장 및 기타 대통령이 지명하는 참석자들로 다른 부처의 장관이나, Munitions Board 의장, Research and Development Board 의장 등이다. 1949년에 국가안전보장법이 개정되면서 NSC의 구성원에 변화가 생겼다. 개정된 법은 NSC가 다음 인사들로 구성된다고 규정했다. 대통령, 부통령, 국무장관, 국방장관, 국가안전보장자원위원회 의장 및 기타 대통령이 지명하는 참석자들로 다른 부처의 장관이나 차관(Under Secretaries), Munitions Board 의장, Research and Development Board 의장 등이다. 처음 제정된 법과 다르게 부통령이 NSC의 구성원으로 참석하게 된 것이다.

국가안전보장법에서는 NSC에 민간인 사무국장(executive secretary)을 둘 것을 규정했는데 그 역할은 오늘날 국가안보보좌관(national security adviser)과 다르다. 당시 사무국장을 비롯한 사무국

---

81) 장성일, 2021, pp. 97-98.

은 정책 입안이나 집행의 역할을 하지 않았고,[82] NSC가 발족할 당시 조직의 규모는 10~15명 수준이었으며 담당 업무는 단순 비서 업무 정도였다.[83]

핵심 정책결정자들

외교정책을 논의하고 결정하는 과정에 참여하는 핵심 정책결정자들(core/top-level decision-makers)은 누구인가? 군사력의 사용을 포함하여 모든 외교정책의 결정에서 최종 권한은 대통령에게 있다. 하지만 앞서 살펴본 것과 같이 대통령의 최종 결정에 도움을 주기 위해 다양한 정책결정자들이 정책결정의 과정에 참여한다. 가장 핵심적인 역할을 하는 정책결정자는 대통령을 포함하여 국무장관, 국가안보좌관, 국방장관, 합동참모본부 의장, 그리고 정보기관의 수장인 국가정보국 국장(DNI: Director of National Intelligence) 및 중앙정보국(CIA: Central Intelligence Agency) 국장 등이다.

9/11 테러 이후 정보를 다루는 조직 개편의 요구가 있었고, 2004년 7월에 발표된 9/11 Commission(The National Commission on Terrorist Attacks Upon the United States) 보고서는 국가정보국의 창

---

[82] United States Department of State, "A New National Security Structure," https://history.state.gov/departmenthistory/short-history/security (검색일: 2022년 12월 28일).

[83] 길정일, "미국 국가안보회의(NSC)운영사례 연구," 『국가전략』 제6권 제2호 (2000), p. 108.

설을 포함하여 미국 정보조직(Intelligence Community)의 개편을 제안했다. 부시 대통령은 2004년 12월 17일 Intelligence Reform and Terrorism Prevention Act(IRTPA)에 서명하면서 1947년에 제정된 국가안전보장법(National Security Act)을 수정했고, 개정된 국가안전보장법에 따라 2005년에 모든 정보조직을 총괄하는 국가정보국 국장(DNI)직이 탄생했다. 국가정보국 국장 또는 국가정보국장(DNI)은 미국의 정보공동체(Intelligence Community)라 부르는 정보를 담당하는 조직의 수장으로서 국가정보 프로그램을 감독(overseeing)하고 이행을 지시한다. 국가정보국장(DNI)은 또한 국가안보와 관련된 정보 문제에 대하여 대통령, NSC 그리고 국토안보회의(HSC: Homeland Security Council)에서 핵심 자문으로 활동한다. 대통령은 상원의 자문 및 동의와 함께 국가정보국 국장을 임명한다. 국가정보국 국장(DNI)은 독립적인 조직인 the Office of the Director of National Intelligence(ODNI)와 the Central Intelligence Agency(CIA)를 포함하여 18개의 정보기관으로 구성된 미국의 정보공동체를 총괄한다. 그리고 국가정보국 국장은 CIA 국장을 대신하여 NSC 회의에 참석하여 대통령에게 정보 관련 자문을 한다.[84]

부통령은 대체로 NSC 회의에 참석은 하지만 적극적인 의견을 내면서 논의에 참여하기보다 옵저버로서의 역할을 하는 것이 대

---

84) Office of the Director of National Intelligence, https://www.dni.gov/index.php/who-we-are (검색일: 2022년 12월 13일).

부분이다. 다음으로 중요한 참여자들은 실무를 담당하는 국무부와 국방부의 부장관이나 차관급 인사들, 지역 전문가와 특정 이슈에 대한 국무부, NSC 소속 전문가들이다. 또한 대통령의 가족이나 지인, 또는 개인적인 자문들이 정책결정에 참여하기도 한다.[85]

표-5 외교정책의 핵심 정책결정자들

	대통령
Core Decision-Makers	국무장관, 국가안보좌관, 국방장관, 합참의장, 정보기관의 수장 (+ 부통령)
Second Tier	국무부 부장관(deputy) 또는 차관, 국방부 부장관(deputy) 또는 차관
Regional Specialist	국무부 또는 NSC 소속 지역 전문 관료, 정책 대상 국가의 미국 대사
Issue Specialist	국무부, NSC, 관련 부처 소속, 특정 문제 전문 관료, 또는 외부 민간 전문가
Advisors	백악관 비서실장, 대통령의 개인적인 자문
Congress	의회 지도자들 (+ 상원 및 하원 외교위원회)[86]

---

85) Christopher Paul, "The U.S. Military Intervention Decision-Making Process: Who Participates, and How?," *Journal of Political and Military Sociology*, Vol. 32, No. 1 (Summer, 2004), p. 24.

86) 행정부의 외교정책 및 안보정책과 관련된 의회의 위원회(Congressional Committees)로는 상원 외교위원회(Senate Committee on Foreign Relations), 하원 외교위원회(House Committee on Foreign Affairs)가 있다.

외교정책 권한에서 대통령(행정부)과 의회의 관계

외교정책 권한과 관련하여 대통령과 의회의 관계에 대한 미국 헌법의 의도와 디자인에 대해 명확한 답을 내리기 어렵다. 일반적으로 대통령과 의회의 관계를 '권력의 분립(separation of power)'으로 생각하기 쉽지만, 사실 '권력을 공유하는 개별적인 기관(separate institutions sharing powers)'으로 보는 것이 더 타당하다는 의견도 있다. 권력분립에 따르면 대통령은 a라는 권력을, 그리고 의회는 b라는 서로 다른 권력을 가져야 하지만, 실제로 대통령과 의회의 관계는 다르다. 대통령과 의회 모두 a라는 권력을 함께 공유하며 b라는 권력도 함께 공유하고 있기때문에,[87] 서로 다른 권력을 가진 상태 즉, 권력이 나누어져 있다고 보기 힘들다.

표-6 외교정책에서 미국 대통령과 의회의 헌법적인 권한 비교

	대통령에게 부여된 권한	의회에게 부여된 권한
전쟁에 관한 권한 (War Power)	군 최고통수권자	전쟁선포권
조약에 관한 권한	조약 협상 및 체결	조약의 인준 (상원의 2/3 찬성으로 인준)
임명 권한	대사 및 외교 부처의 고위직 임명	대통령 지명자 인준 (상원)

---

87) Bruce W. Jentleson, *American Foreign Policy: The Dynamics of Choice in the 21st Century* (New York: Norton, 2014), pp. 30-32; Richard E. Neustadt, *Presidential Power: The Politics of Leadership* (New York: Wiley, 1976), p. 101.

	대통령에게 부여된 권한	의회에게 부여된 권한
통상 권한	통상 협상 및 관련자 임명	외국과의 통상 규제
일반적인 권한	정책 집행권, 거부권 행사	입법권, 감사 권한

출처: Bruce W. Jentleson, *American Foreign Policy: The Dynamics of Choice in the 21st Century* (New York: Norton, 2014), p. 32

위 표와 같이 대통령이 외교정책의 모든 권한을 독점하거나 대통령과 의회가 서로 독립적인 다른 권한을 가진 것이 아니라, 대통령과 의회 모두 외교정책에 관련된 유사한 권한을 공유하고 있어서, 어느 한쪽이 역할을 못하는 경우 외교정책이 제대로 집행되기 어렵다. 예를 들어 대통령이 어떤 국가와의 통상 조약을 체결하더라도 상원이 이 조약을 인준하지 않으면 대통령 또는 행정부가 주도한 외교정책은 무산된다. 대통령이 어떤 외교정책을 결정하더라도 의회가 그러한 정책에 대한 예산 배정을 거부하면 대통령이 결정한 외교정책은 제대로 집행되기 어려운 구조다. 결국 성공적인 외교정책의 수행을 위해 대통령은 의회와 협력적인 관계를 추구해야 하는 것이 현실이다.[88]

제1차 세계대전 이후 국제평화를 만들기 위한 방법으로 윌슨(Woodrow Wilson) 대통령이 주창하여 국제연맹(League of Nations)이 탄생했으나, 정작 상원의 비준 실패로 미국이 국제연맹에 가입하지 못한 사례는 대통령 또는 행정부가 외교정책을 독점하고 있는 것이 아니라는 사실을 보여주는 대표적인 사례다. 1920년 3월 19

---

88) 미국정치연구회, 2013, pp. 579-580.

일 상원에서 베르사유 조약(Treaty of Versailles) 비준에 대한 투표가 이루어졌는데 49-35로 상원에서 비준에 필요한 의석에 7석이 부족하여 비준이 무산되었다. 윌슨 대통령이 주창한 국제연맹 규약(Covenant of the League of Nations)은 베르사유 조약에 포함되어 있었기 때문에 국제연맹에 대한 비준도 실패했고, 정작 미국이 창설을 주도한 국제기구(국제연맹)에 미국이 가입하지 못하는 상황이 벌어졌다.[89]

미국 연방헌법은 대통령을 외교정책의 최고 수립자이자 군의 통수권자로 규정하고 있다. 효율적인 외교정책을 추진하기 위해 특히 위기 상황에서는 신속한 결정이 필요하며, 국익 차원의 단일한 목적을 추구해야 하는데 이에 부합하는 권력기구는 대통령이라고 연방헌법의 제정자들은 생각했다. 연방헌법의 제정자들은 당시 미국이 마주한 안보적 상황으로 인해 통일된 하나의 국가가 필요하며 하나의 정부가 효율적인 외교를 위해서도 더욱 중요하다는 점을 인식하고 있었다. 새로운 연방헌법의 옹호론자들은 미국인이 처한 현재 상황의 위급함과 독특함을 강조하면서 미국이 선택의 기로에 있다고 보았다. 그들은 연합(Union)을 통해서 미국이 얻게 될 이점들에 대해 설명하기 시작했는데, 주들 간에 더 강한 연합을 통해서 얻을 수 있는 매우 분명한 이점은 국가안보

---

89) The New York Times, "Senate Defeats Treaty, Vote 49 to 35; Orders it Returned to the President," (March 19, 1920); The U.S. Department of State, Office of the Historian, Foreign Service Institute, https://history.state.gov/milestones/1914-1920/league (검색일: 2022년 12월 21일).

가 더욱 강화된다는 것이다. 조금 더 통일된(unified) 국가는 외국의 침입으로부터 자신을 더 잘 지킬 수 있고, 여러 개의 주들에 의해서가 아니라 전체 국민을 대변하는 하나의 정부가 외국과의 외교관계를 더욱 잘 다룰 수 있다고 보았다. 잉글랜드와 스코틀랜드를 하나로 만들면서 영국(Great Britain)을 강화시켰던 연합법(Act of Union)의 사례는 통일의 장점에 대하여 많은 유용한 경험을 제공한다고 연방헌법 옹호론자들은 주장했다.[90]

그런 의미에서 연방헌법은 대통령에게 외교에서 일체의 권한을 부여하고 있는데 외교사절 및 군대에 대한 통제권이 외교 및 안보정책의 핵심이다. 특히 제2차 세계대전 이후 외교정책의 수립과 추진에서 대통령은 거의 독점적인 권한을 행사했다. 이러한 이유로는 외교정책은 고도의 전문성과 방대한 정보 수집, 엄격한 기밀 유지 그리고 신속한 정책 집행이 중요하기 때문에 의회보다는 대통령 중심의 외교정책 기구가 더 적합하기 때문이다. 또한 대통령은 군의 최고 통수권자이다. 제2차 세계대전 이후 국제정치에서 미국의 역할이 증가하면서 군통수권은 더욱 중요해졌는데 이는 전쟁수행권으로 확대될 수 있다. 전쟁은 외교의 수단이라는 관점에서 볼 때 외교정책의 최고 책임자인 대통령이 군사력의 사용을 결정하는 것은 당연하다. 연방헌법 제1조 제8항에 따르면 전쟁을 선언하고 군대를 육성하는 권한은 연방의회에 있다. 그러나 연방

---

90) Alexander Hamilton, James Madison, and John Jay, *The Federalist Papers* (New American Library, 2003), No. 1, 3-4, 5.

헌법에서 전쟁에 관한 권한은 명확하지 않다. 많은 대통령은 군의 통수권한을 이용하여 독자적으로 전쟁을 수행했는데, 한국전쟁을 포함하여 코소보 전쟁에 이르기까지 의회의 공식적인 전쟁 선포 없이 대통령의 결정으로 미국은 독자적인 군사행동을 수행했다.

이처럼 확대되고 있는 대통령의 전쟁 수행 권한에 의회가 제동을 걸었다. 1973년 11월 7일에 통과된 전쟁권한법(War Powers Resolution 또는 War Powers Act: Public Law 93-148)은 대통령의 전쟁 수행권을 의회가 법적으로 제한하려 한 시도였다. 당시 닉슨 대통령은 전쟁권한법에 거부권을 행사했으나, 양원에서 동 법이 압도적으로 통과되었다.[91] 그러나 전쟁권한법의 실질적인 효력은 아직 제한적이다. 왜냐하면 전쟁 그리고 군사력의 사용이 지니는 정책결정의 특성 때문에 대통령의 권한을 견제하기 위한 의회의 개입이 현실적으로 제한적이기 때문이다. 전쟁에 관한 정책결정은 가장 중대한 국가안보에 대한 것으로 대체로 비밀리에, 그리고 신속하게 이루어져야 하는 경우가 많아서 전쟁권한법의 현실적인 적용은 쉽지 않다.[92]

일상적인 상황에서 어떤 외교정책을 결정할 때 백악관의 핵심 정책결정자뿐 아니라 의회 지도자들도 참여하고 그 과정이 비교적 공개적이기 때문에 신속한 의사 결정이 어렵고 정책의 목표나 방식을 정하는 것도 합의를 이루기가 쉽지 않다. 그러나 위기 상

---

91) 최명·백창재, 『현대 미국정치의 이해』 (서울: 서울대학교출판문화원, 2013), pp. 387-389.

92) 최명·백창재, 2013, pp. 382-389. 미국정치연구회, 2013, pp. 581-585. 참고.

황에서는 대체로 비밀리에, 그리고 빠른 시간 내에 대응 방식을 논의하고 결정을 내려야 하기 때문에 의회 지도자들과 같이 핵심 정책결정자가 아닌 인물들이 정책결정의 과정에 참여할 가능성이 줄어들고, 이러한 상황은 대통령의 정책결정에 대한 의회의 개입이나 견제를 어렵게 만든다.[93] 결국 군사력의 사용에 대해 의회가 견제할 수 있는 장치가 있으나 현실적으로 군사력의 사용은 대통령의 독점적인 권한이나 다름없다.[94] 특히 위기 상황에서라면 더욱 그렇다.

의회가 대통령에게 공식적으로 군사력의 사용 권한을 인정한 사례 중 하나는 2001년 9.11 테러 이후 테러리즘에 대한 대응으로서 대통령의 무력 사용을 승인한 것이다. 부시(George W. Bush) 대통령은 상원과 하원의 합동결의안(A joint resolution to authorize the use of United States Armed Forces against those responsible for the recent attacks launched against the United States: Public Law 107-40)을 2001년 9월 18일에 서명하였다.[95]

---

93) Christopher Paul, "The U.S. Military Intervention Decision-Making Process: Who Participates, and How?," *Journal of Political and Military Sociology*, Vol. 32, No. 1 (Summer 2004), p. 26.

94) 전쟁권한법에 대한 구체적인 내용은 다음 자료를 참고할 것. Congress.gov https://www.congress.gov/bill/93rd-congress/house-joint-resolution/542 (검색일: 2022년 12월 21일).

95) The White House, https://georgewbush-whitehouse.archives.gov/news/releases/2001/09/20010918-10.html (검색일: 2022년 12월 21일); The Senate Foreign Relations Committee, https://www.foreign.senate.gov/imo/media/doc/DAV18476.pdf (검색일: 2022년 12월 21일).

해양안보와 미국의 외교정책

3장

이 책의 주장 및 분석틀

이 책의 주장 및 분석틀

이 책의 주장

이 책은 해상수송로 안보, 그리고 에너지 안보가 군사력의 사용 결정이라는 미국 외교정책에 어떻게 영향을 주는지 분석함으로써 해상수송로 안보와 미국의 외교정책(군사력 사용 결정) 간의 관계를 설명한다. 이 책의 핵심 주장은 다음과 같다.

첫째, 해상수송로 안보와 미국의 군사력 사용 결정이라는 외교정책 간의 관계와 관련하여, 해상수송로 안보 위협 수준의 변화가 미국이 군사적 대응을 선택하는 외교정책 결정에 영향을 준다. 해상수송로 안보 위협이 증가할수록 정책결정자들은 군사적 대응을 중요한 외교정책 수단으로 고려하며, 해상수송로 안보 위협의 수준이 심각할 때 미국은 해상수송로를 보호하기 위한 최후의 수단으로 군사력의 사용을 선택할 가능성이 높다. 해상수송로 안보에 대한 고려가 미국이 군사적 대응을 선택하도록 하는 데 영향을 준다는 것이다.[1]

미국이 군사력을 선택하는 조건은 해상수송로 안보 위협의 수준이 심각할 때이나, 해상수송로 안보 위협의 수준이 높아졌다고 해서 정책결정자들이 군사적 대응을 바로 선택하는 것이 아니다. 군사적 대응의 선택은 외교적 대응, 경제적 대응 수단을 모두 소모한 이후, 군사적 수단을 선택함으로 인해 얻을 수 있는 에너지 안보를 포함하여 전반적인 안보 이익이 클 때, 그리고 군사력의 사용에 대한 정당성이 확보되었을 때 해상수송로 안보를 위한 마지막 수단으로 군사적 대응을 선택한다. 군사적 대응의 선택이라는 최종 외교정책을 이해하기 위해서는 결국 외교정책이 결정되는 그 과정을 국가 내 정책결정자 수준에서 분석해야 한다.[2]

미국이 군사력을 사용하기로 한 결정은 하나의 목적만을 위한 것이 아니라 다양한 목적을 고려한 전략적인 선택이었다.[3] 자타라인(2013)도 주장하듯 페르시아만 위기에서 미국은 '투 트랙(two-track)' 정책을 추구했는데, 한쪽으로는 전쟁을 종료시키기 위해 외교적으

---

1) 장성일, "해상수송로 안보와 미국의 외교정책: 레이건 행정부의 쿠웨이트 유조선 군사적 보호 결정," 『한국과 국제정치』 제38권 제2호 (2022년 6월), pp. 31-60.
2) 장성일, "외교정책 연구에서 '정책결정(Decision-making)' 관점 재조명: 1967년 티란 해협 수송로 안보 위기 시 미국의 무대응 분석," 『국제정치논총』 제60집 제2호 (2020년 6월), pp. 213-227.
3) 장성일, 2022(a), pp. 35-40.

로 국제적인 압력을 이란에 행사하고, 다른 한쪽에서는 이란을 견제하고 소련의 영향력을 견제하면서 전략적인 석유 지역에서 미국의 이익을 보호하고자 선적 변경 결정(쿠웨이트 유조선에 군사적 보호 제공 결정)을 했다.[4] 실제로 미국은 여러 목적을 염두에 두고 군사적 수단의 선택을 논의했다. 예를 들어 가장 중요한 목적은 페르시아만을 통행하는 유조선과 페르시아만 지역 산유국의 석유 시설을 이란의 공격으로부터 보호하는 것이었다. 아울러 미국은 군사적 대응을 소련의 페르시아만 진출에 대한 견제 수단으로도 고려했다.

둘째, 어떤 요인들이 미국 외교정책의 결정 과정에 영향을 주는지의 문제와 관련하여 국제정치의 구조적인 요인, 외교정책에 대한 의회에 입장 같은 국내정치적 이해관계의 고려, 역사적 선례 등 다양한 수준의 여러 요인이 정책결정의 과정 및 최종 외교정책의 선택에 영향력을 행사한다. 해상수송로 안보가 군사력의 사용 결정에 가장 중요한 역할을 했으나, 당시 국제정치의 구조적 변수라 할 수 있는 미소냉전의 국제정치 구조 즉, 소련에 대한 견제는 미국이 군사력의 사용을 결정하는 데 영향력을 행사했다. 아울러 정책결정자들은 대안으로 논의중인 외교정책에 대해 의회가 어떤 입장인지 그 부분도 중요하게 생각했으며, 전쟁권한법의 통과 이후 군사력을 사용하는 외교정책에 더 신중한 입장을 보였다.

셋째, 여러 수준에서 작동하는 변수들이 어떻게 상호작용하는

---

4) Lee Allen Zatarain, *America's First Clash with Iran: The Tanker War, 1987-88* (Casemate Publication, 2013), pp. 35-36.

지 설명하는 다수준적인(multilevel) 통합적인 외교정책 이론이 필요하며, 이 책은 정보 영역, 결정 영역 및 정책 가이드라인 영역으로 구성된 통합적인 분석틀을 제시하여 미국 외교정책의 결정 과정을 설명한다.[5] 미국 외교정책의 결정 과정을 온전히 이해하기 위해서는 미국 외교정책의 특징을 고려해야 하며, 위협의 발생과 이에 대한 정책결정자의 인식에서부터 최종적인 외교정책 대안의 선택에 이르기까지 외교정책 결정 과정에 영향을 주는 여러 수준에서 작동하는 변수들도 동시에 고려해야 한다.

기존의 많은 논의들은 정책결정이 이루어진 특정 시점을 '스냅샷(snapshot)'으로 끊어서 그 순간의 결정만 분석하고 있어서, 미국 외교정책의 결정 과정을 온전히 이해하기 어려웠다. 미국 외교정책 결정은 한순간에 일어나기보다는, 역사적 맥락에서 이루어지며 점진적인 결정이고 그 과정이 순환적이다. 아울러 제도를 통해 이루어지는 공유된 결정 과정이 특징이다. 또한 그동안 정책결정자의 인식, 관료정치의 역할 등 외교정책 결정에 영향을 주는 다양한 수준에서 각 요인의 영향력을 확인하는 연구가 활발하게 이루어졌지만, 이를 하나의 통합된 분석틀로 정립하려는 시도는 많지 않았다. 여러 수준에서 작동하는 변수들이 어떻게 상호작용하는지 설명하는 다수준적인 통합적인 외교정책 이론이 필요하며, 통합적인 외교정책 분석은 국제체제 수준의 변수, 개인 차원의 변

---

5) 이 책에서 제시하는 통합적인 외교정책 분석틀은 엄밀한 의미에서의 이론이라기보다 통합적인 외교정책 이론 구축을 위한 예비적 논의이다.

수 및 조직 차원의 변수를 모두 고려해야 의미가 있다.

이번 장에서는 냉전기 미국의 외교정책 사례를 비교분석하기에 앞서 본 연구가 취하는 연구의 전략 및 주요 변수, 미국 외교정책의 분석틀을 설명한다. 그리고 본 장에서 제시한 분석틀을 활용하여 해상수송로 안보 위협의 수준이 달랐던 냉전기 세 위기 사례에서 미국의 외교정책을 분석한다.

1. '정책결정의 관점' 분석

외교정책 연구에서 '정책결정의 관점'

이 책은 세 위기 당시 정책결정자들의 논의 과정이 담긴 1차연구자료를 활용하여 '정책결정의 관점'에서 세 위기 상황에서 미국의 외교정책 결정 과정을 비교분석한다.

국가의 대외적 행위인 외교정책에 대한 연구, 폭넓게는 국제정치에서 국가의 행동을 이해하기 위해서는 '정책결정의 관점(Decision-making approach)'에서 분석해야 한다는 주장은 외교정책분석론(Foreign Policy Analysis)이라는 연구 분과를 개척한 스나이더(Richard C. Snyder)의 논의로부터 시작되었다.[6] 외교정책분석론은

---

[6] 외교정책분석론에 속하는 연구 분야 소개 및 IR 연구에 기여 방안에 대해서는 다음 문헌들을 참

국가의 행위를 설명하는 데 있어서 현실주의 및 자유주의 이론과 분석수준에서 차이가 있는데 외교정책이 결정되고 실행되는 미시적 과정 즉, 국가 내 정책결정의 과정에 주목한다.[7] 그런 의미에서 외교정책분석론 연구는 국가를 일반적인 개념으로 추상화하여 국가의 행위를 연구하는 국제정치 일반이론을 보완하는 이론으로 평가받고 있다.[8] 무엇보다 외교정책분석론은 국가 내에서 개인이든 집단이든 국가의 대외적인 행위인 외교정책 결정에서 인간 행위자의 역할을 강조한다. 국가는 구조적 현실주의의 주장과 같이 국제체제 변수에 의해 수동적으로 움직이는 것이 아니라[9] 국가 내에서 역동적으로 상호작용하며 결정하는 인간 행위자의 역할이 중요하다는 것이다. 국가를 움직이는 것은 인간 행위자라는 입장

고할 것. Valerie M. Hudson and Benjamin S. Day, *Foreign Policy Analysis: Classic and Contemporary Theory* (Lanham: Rowman & Littlefield, 2019), pp. 4-14; Nikolas K. Gvosdev, Jessica D. Blankshain, and David A. Cooper, *Decision-Making in American Foreign Policy: Translating Theory Into Practice* (Cambridge University Press, 2019). 국내 문헌으로는 김현(2005)의 연구가 대표적이다. 그는 1975~2004년 기간 동안 「한국정치학회보」와 「국제정치논총」 논문 중 외교정책분석론 연구들을 정리 및 평가했다. 김현, "외교정책분석론의 국내 연구 성과와 동향," 「정치•정보연구」 제8권 제1호 (2005).

7) 안문석(2011)과 이수진·이신화(2019)의 연구가 대표적이다. 오바마 행정부의 외교정책 분석에서 안문석(2011)은 현실주의, 자유주의 및 구성주의와 같은 국제정치이론을 활용하였고, 이수진, 이신화(2019)는 대통령 개인의 특성이라는 국가 내의 요인에 주목하였다. 안문석, "국제정치이론 관점에서 본 오바마 행정부의 외교안보정책," 「국제정치논총」 제51집 제3호 (2011); 이수진·이신화, "외교정책결정자의 개인적 특성과 미국의 군사적 개입격차: 오바마 대통령의 크림반도 및 남중국해 대응 비교," 「국제관계연구」 제24권 제1호 (2019).

8) 전재성, "외교정책 연구의 역사와 이론의 발전," 김계동 외 지음 「현대외교정책론」 (서울: 명인문화사, 2016), pp. 3-22.

9) Kenneth N. Waltz, *Theory of International Politics* (Boston, Mass.: McGraw-Hill, 1979).

이다.[10] 그런 의미에서 정책결정의 관점을 중요하게 간주하는 외교정책분석론은 국제체제 변수라는 구조적 요인과 국내 변수 간의 상호작용이 어떻게 일어나는지, 그리고 인간 행위자는 외부 변화를 어떻게 인식하고 정책결정자의 신념이나 인식이 정책결정에 어떤 방식으로 영향을 주는지 확인하는 데 기여한다.[11]

외교정책분석론 연구의 기반을 마련한 스나이더는 비슷한 시기에 활동했던 현실주의 이론의 거장 모겐소(Hans J. Morgenthau)와 국가의 외교정책 행위 연구에서 다른 시각을 가지고 있었다.[12] 외교정책 이론이 아니라 국제정치 일반이론을 정립하고자 했던 모겐소는 국가를 마치 당구공처럼 단일한 또는 단일체적인 행위자로 간주하면서 국가의 이익은 동일하다고 보았다. 이에 따라 국가의 행위를 분석할 때 국가 내에 존재하는 인간 행위자인 정책결정자의 의도나 동기(motives) 등은 중요하지 않고, 국가 내 수준에서 정

---

10) Roger Hilsman, *To Move a Nation: The Politics of Foreign Policy in the Administration of John F. Kennedy* (Garden City, N.Y.: Doubleday; New York: Delta Publishing, 1967), pp. 3-17.

11) 장성일, "외교정책 연구에서 '정책결정(Decision-making)' 관점 재조명: 1967년 티란 해협 수송로 안보 위기 시 미국의 무대응 분석," 『국제정치논총』 제60집 제2호 (2020년 6월), pp. 219-220.

12) 모겐소의 저작 초판은 1948년에, 스나이더의 논문은 1952년에, 그리고 스나이더, 브룩, 사핀의 저작은 1954년에 출판되었다. Hans J. Morgenthau, *Politics Among Nations: The Struggle for Power and Peace* (New York: Alfred A. Knopf, 1948); Richard C. Snyder, "The Nature of Foreign Policy," *Social Science*, Vol. 27, No. 2 (April, 1952); Richard C. Snyder, H. W. Bruck, and Burton Sapin, *Decision-Making as an Approach to the Study of International Politics* (Princeton: Princeton University Press, 1954).

책결정의 과정을 분석할 이유도 없다. 그에 따르면 외교정책의 분석에서 중요한 것은 국가 차원의 국력이다.[13] 모겐소는 국가의 행위를 설명하는 데 인간의 본성에 관심을 가졌으나 인간 행위자의 역할에는 큰 관심을 두지 않았다.[14] 모겐소는 외교정책 결정에 영향을 주는 요인들에 관심을 갖기보다, 국제정치라는 무대에서 국가들이 어떻게, 그리고 왜 그렇게 행동하는지 '국가들 간의 정치'가 작동하는 근본 원리에 더 주목하였다. 그런 의미에서 그는 국가 내에서 이루어지는 인간 행위자들의 상호작용에 주목하기보다 국가를 단일한 행위자로 가정하면서 국가의 행위를 설명할 수 있는 일반이론으로서 국제정치 이론을 만들고자 했다.

반면에 스나이더(1952)는 국가의 행위를 국제적 환경에서의 외부 자극이 국내적 요인과 상호작용하여 나타난 결과로 보면서 국가 내 요인도 강조하였다.[15] 정책결정 관점의 출발은 외교정책의 결정에서 인간 행위자의 중요성에 대한 인식이다. "국가의 행위는 국가라는 이름으로 행동하는 정책결정자들에 의한 행위"이다. 즉, 국가의 대외적인 행위를 분석하기 위해서 분석의 초점은 추상적인 개념으로서 국가가 아니라 공직에 있는 정책결정자들의 행위

---

13) Hans J. Morgenthau, *Politics Among Nations: The Struggle for Power and Peace* (New York: Alfred A. Knopf, 1978), p. 6.

14) 합리주의 또는 현실주의 접근에 속하는 IR의 이론들은 '방법론적 구조주의'에 속하는 이론들로써, 이들은 국가를 동질의(homogeneous) 독립체로 상정하면서 국가는 합리적으로 행동한다고 가정한다. 은용수, "제4장: 외교정책 설명과 방법론 – 패러다임 전환 및 확정을 위한 제언," 『세계정치』 제20권 (서울대학교 국제문제연구소, 2014), pp. 160-161.

15) Snyder, 1952, p. 65.

로, 정책결정자들이 외부 세계를 어떻게 받아들이고 재구성하는지 분석하는 것이 중요하다.[16] 이러한 인식은 인간 행위자인 정책결정자의 인지 및 심리적 요인의 중요성을 강조한 것으로 국가의 합리적 행위, 인간의 합리적 선택 논의에 대한 비판으로서 이후 외교정책 연구에 영향을 주었다.

예를 들어, 인지적 분석(cognitive approach)은 현실주의와 같은 국제정치 일반이론이 조명하지 않았던 개별 외교정책 행위자에 주목하였다. 로사티(2000)는 국제정치에서 국가의 행위는 실제로는 추상적인 '국가'가 아니라 '사람'에 의한 것이라고 주장하면서 인간 행위자의 역할 중 인간 인지(human cognition)의 중요성을 강조하였다.[17] 인지적 분석은 국제정치 체제의 구조나 외부 환경 그리고 이익과 비용에 대한 계산이 외교정책을 결정한다고 가정하지 않는다. 개인 행위자 중에서 특히 지도자의 인지(cognition), 인식(perception) 및 신념 또는 세계관이 정책결정 과정에 영향을 미친다고 가정한다. 인지적 분석 그리고 심리적 연구는 합리주의 이론들이 가정하는 인간의 합리성에도 의문을 제기한다. 즉, 인간은 현실을 평가하고 인지하는 데 한계가 있다는 것으로 이는 사이먼(1957)의 제한된 합리성 논의와 연결된다.[18]

---

16) Snyder, Bruck and Sapin (1954), pp. 36-37.

17) Rosati, 2000, pp. 46-47.

18) Herbert A. Simon, *Models of Man* (New York: John Wiley & Sons, 1957), pp. 196-202. 심리 및 인지적 분석을 활용한 대표적인 외교정책 연구는 다음을 참고할 것. Joseph H. de Rivera, *The Psychological Dimension of Foreign Policy* (Columbus, OH: Charles

정책결정의 관점 분석의 유용성

정책결정의 관점에서 외교정책을 분석하면 여러 측면에서 유용하다. 우선 티란 해협 위기에서 미국의 무대응 현상과 같은 사건은 실제로 매우 중요한 사건이지만, 행태주의에 기반하거나 국가를 동질의 단일한 행위자로 가정하며 국가가 합리적으로 행동한다고 파악하는 이론은 이러한 현상 자체를 놓칠 수 있고, 왜 그런 현상이 일어났는지, 그리고 어떤 요인들이 그러한 결과에 기여했는지 확인하는 것도 쉽지 않다. 또한 합리주의 이론들이 예측하는 방향으로 국가가 행동하지 않는 경우 이러한 결과가 왜 일어났는지 분석하는 데 정책결정 접근이 기여할 수 있다. 결국 국가의 대외적인 행위나 무대응이 왜, 그리고 어떤 과정으로 그런 결과가 나왔는지 이해하기 위해서 인간 행위자가 관여하는 국가 내 정책결정자 수준을 들여다보아야 한다.[19]

군사 작전을 수행하는 것과 같은 국가의 대외적인 행위는 위협

E. Merrill Publishing Company, 1968); Robert Jervis, *Perception and Misperception in International Politics* (Princeton, N.J.: Princeton University Press, 1976); 은용수, "심리/인지적 연구와 국제관계학," 『국제정치논총』 제53집 제4호 (2013), pp. 84-90; 이수진·이신화, "외교정책결정자의 개인적 특성과 미국의 군사적 개입격차: 오바마 대통령의 크림반도 및 남중국해 대응 비교," 『국제관계연구』, 제24권 제1호 (2019). 콩(1992)의 경우 과거의 경험이나 역사적 유사성에 대한 고려가 정책결정에 미친 영향을 분석하였다. *Yuen Foong Khong, Analogies at War: Korea, Munich, Dien Bien Phu, and the Vietnam Decisions of 1965* (Princeton, N.J.: Princeton University Press, 1992).

19) Richard C. Snyder, H. W. Bruck, and Burton Sapin (eds.), *Foreign Policy Decision-making: An Approach to the Study of International Politics* (New York: Free Press of Glencoe, 1962), p. 33; Hudson and Day, 2019, p. 8.

의 인식에서부터 여러 대안의 고려 및 선택, 그리고 실제 이행에 이르기까지 일련의 결정과 이행이 모여 도출된 결과이기 때문이다. 즉, 외부에서 관찰가능한 국가의 대외적 행위로 나타나는 행태만을 분석의 대상으로 삼게 되면, 그 행위가 발현 또는 이행되기 이전에 이뤄졌던 일련의 핵심적인 결정들과 그 결정에 영향을 준 요인들, 그리고 그 요인들의 역할을 파악하지 못할 수 있고, 그런 의미에서 정책결정 관점의 분석은 의미가 있다.

둘째, 외교정책 연구에서 국가 내 정책결정 과정에 주목하면 국제체제의 구조적 변수와 국내정치 변수가 국가 내 정책결정자에게 어떻게 영향을 주고, 결국 국가의 대외적 행위에 어떻게 영향을 주는지 그 연결 과정을 추적할 수 있다. 추상적인 국가가 아니라 인간 정책결정자를 행위자로 주목함으로써 행위자와 구조 사이의 상호작용을 파악하는 데 유용하다.[20]

예를 들어 신현실주의가 주장하는 국제체제 요인이 어떻게 인간 행위자에게 영향을 주고, 그것이 결과적으로 국가의 대외적 행위인 외교정책에 영향을 주는지 그 과정을 분석할 수 있다.[21] 특히 국제체제 구조의 영향력을 강조하는 이론이 예측하는 방향으로 국가가 행동하지 않았을 때 왜 그런 현상이 일어났는지 그 원인을 밝히는 데 정책결정 분석은 유용하다. 마찬가지로 국내정치 변수

---

[20] Hudson and Day, 2019, pp. 10-14.

[21] Yong-Soo Eun, "Why and how should we go for a multicausal analysis in the study of foreign policy? (Meta-)theoretical rationales and methodological rules," *Review of International Studies*, Vol. 38, No. 4 (October, 2012).

가 국가의 대외적인 행위인 외교정책에 어떻게 영향을 주는지 그 과정이나 영향을 확인할 수 있다. 의회, 여론, 사회적 요인과 같이 한 국가의 국내정치 변수들은 외교정책의 선택이나 이행에 영향을 주는 것으로 알려져 왔다.

나프탈리(2020)의 경우 국내정치 위기와 외교정책의 관계를 비밀 해제된 사료에 근거하여 추적했는데, 그는 국내 정치적 위기 상황에서 미국 대통령이 외교정책을 어떻게 활용했는지에 주목했다.[22] 서정건(2018)이 지적한 바와 같이 한 국가의 국익을 정의하는 문제는 단순하지 않고 미국의 경우 '외교정책의 결정을 둘러싼 미국 정치(American politics of foreign policy-making)'를 이해하는 것이 중요하다.[23] 결국 이를 구체적으로 확인하기 위해서는 분석수준을 국제체제 전체나 국가 자체가 아니라 국가 내 수준으로 해야 한다. 특히 정책결정의 과정을 미시적으로 추적하여 어떤 조건에서 국내정치의 각 요인들이 정책결정자의 선택에 영향을 주는지, 그리고 그 과정은 어떤 단계로 진행되는지 확인할 필요가 있다.

또한 스나이더와 그의 동료들은 일련의 사건이나 결과는 어떤 변수가 작용하여 가져온 인과적 결과가 아니라 단지 우연(chance)에 의해 발생할 수도 있다고 강조한다. 분쟁이나 전쟁과 같이 어떤 사건이 발생했을 때 연구자는 이러한 결과를 논리적이고 인과

---

22) Timothy Naftali, "The Wounded Presidency, Part Two: The Untold Story of U.S. Foreign Policy During the Clinton Impeachment Crisis," *Foreign Affairs* (January 29, 2020).

23) 서정건, 2018, p. 88.

적인 방식으로 설명하려는 유혹에 빠지는데, 그것이 우연히 발생할 수 있는 가능성을 놓칠 수 있다고 그들은 지적한다.[24] 정책결정 분석은 어떤 사건이나 행위가 우연에 의한 것인지 아닌지 확인하는 데에도 기여할 수 있다. 이외에도 정책결정 과정에 대한 분석은 '동시성의 문제(simultaneity)'를 확인할 수 있다. 국가가 정책결정을 내리거나 각 선택된 정책을 이행하는 과정은 하나씩 차례대로 이루어지는 순차적인 방식이 아니라 실제로는 동시에 여러 결정을 내리고 이행하는 과정이다. 이런 동시성의 문제는 제대로 주목받지 못했는데 정책결정 과정에 대한 분석은 동시에 이루어지는 여러 결정 과정과 이행을 확인할 수 있게 해준다.[25]

　결국 정책결정 중심의 분석은 추상적인 개념으로서 국가가 아니라 자율성을 가진 인간 행위자를 분석의 중심에 둠으로써 서로 다른 분석수준을 다루는 이론들이 통합될 수 있는 기회를 제공한다. 정책결정 분석은 국제정치에서 일부 부분에게만 적용되거나 또는 적용되지 않았던 다양한 이론들을 연계시킬 수 있는 기반을 제공할 수 있다. 국제정치학에서는 제도, 집단의 역학관계, 국내 정치 등 현상들을 연구하는 여러 이론들이 발전했는데 국가를 단일한 하나의 행위자로 가정하는 것이 아니라, 인간 행위자 중심의 정책결정 과정으로 분석한다면 다양한 이론들을 연계시킬 수 있

---

24) Snyder, Bruck, and Sapin, 1954, p. 31.
25) Snyder, Bruck, and Sapin, 1954, p. 32.

는 기회가 생기며, 이는 통합적인 이론 발전에 기여할 수 있다.[26] 정책결정 관점의 분석은 기존 국제정치이론을 완전히 대체하기보다 아직은 그러한 이론이 설명하지 못하는 부분들을 보완하는 차원에서의 접근이라 할 수 있다.[27]

국가의 다양한 외교정책 행위

대안의 선택이나 결정, 선택된 대안이나 정책의 이행 여부, 외부에서 관찰 가능 여부 등으로 구분하여 국가의 행위를 간략하게 정리하면 〈표-7〉과 같다. 군사력의 사용과 같이 외부로 쉽게 관찰할 수 있는 외교정책 A를 제외하고 나머지 세 가지 유형은 외부에서 관찰하기 어렵다. 외부 관찰자의 시각에서 경험적으로 관찰가능한 국가의 대외적 행위가 없는 사례는 그동안 실증주의 또는 행태주의가 지배적인 국제정치학 연구에서 별 주목을 받지 못했던 것이 사실이다.[28] 그러나 본 연구처럼 국가의 대외적 행위에 주목하

---

26) Richard C. Snyder, H. W. Bruck, and Burton Sapin (eds.), *Foreign Policy Decision-making: An Approach to the Study of International Politics* (New York: Free Press of Glencoe, 1962), pp. 74-85; 밸러리 허드슨, 신욱희 외 역 『외교정책론』 (서울: 을유문화사, 2009), 21-22.

27) Joe D. Hagan, "Does Decision Making Matter?," in Joe D. Hagan and Margaret G. Hermann (eds.), *Leaders, Groups, and Coalitions: Understanding the People and Processes in Foreign Policymaking* (Blackwell Publishers for the International Studies Association, 2001), pp. 6-10.

28) 은용수, 2013, p. 89.

는 것이 아니라 국가 내 수준에서 정책결정에 주목하면 국가의 대외적 행태를 분석의 대상으로 한 기존 이론들이 설명하지 못하는 국가의 대외적 행동을 이해하는 데 기여할 수 있다. 그런 의미에서 외교정책 연구에서 정책결정 시각은 여전히 유용하다.[29]

비슷한 맥락에서 허드슨과 데이(2019)는 겉으로 드러나고 관찰이 가능한 국가의 '행위(action)'와 정책결정자들이 내리는 '결정(decision)'을 구분해야 한다고 주장한다. 어떤 결정이 있었다고 해서 그것이 반드시 관찰이 가능한 행위 또는 특정 외교정책으로 이어지는 것은 아니다. 예를 들어 정책결정자들이 내린 어떤 결정은 가시적인 행위를 가져오기도 하지만, 어떤 결정에 따라 행동하지 않기로 할 수도 있다. 또는 정책결정자들이 다양한 대응 방식을 논의했으나 합의를 이루지 못해 결정을 내리지 못하는 경우도 있다. 어떤 행위를 하겠다고 결정했지만 그것을 외부에 드러나지 않는 방식으로 결정함으로써 현실 세계에서는 아무런 대응이 없었던 것처럼 보이기도 한다.

정책결정의 결과는 외부로 관찰가능한 대외적 행위가 있는 경우만이 아니라, 대응하지 않기로 결정하거나, 외부로 드러나지 않는 방식으로 대응하기로 결정하는 경우도 있기 때문이다.[30] 즉, 특정 대안이나 정책에 대한 선택과 그 이행 또는 행위는 구분되어야

---

29) Valerie M. Hudson and Benjamin S. Day, *Foreign Policy Analysis: Classic and Contemporary Theory* (Lanham: Rowman & Littlefield, 2019), pp. 4-5.

30) 밸러리 허드슨, 신욱희 외 역, 2009, pp. 17-18.

하는데 스나이더의 정책결정 분석 논의는 이러한 문제를 잘 지적하고 있다.

표-7 국가의 다양한 외교정책 행위

	대안의 선택 또는 결정	선택(결정)된 대안의 이행	외부에서 관찰 가능한지 여부	사례
A	O	O	O	군사력의 사용
B	O	O	X	비공식 채널 외교, 무대응, 중립 유지
C. 무대응 (inaction)	O	X	X	
D. 무결정 (indecision)	X	X	X	

이 책은 이러한 인식을 바탕으로 외교정책 연구에서 스나이더와 그의 동료들이 처음 제시한 정책결정의 관점에서, 세 해상수송로 안보 위기에서 미국의 외교정책을 분석한다.

non-event 연구의 중요성

이 책에서 사례연구로 분석하는 1967년 티란 해협 위기에서 미국의 무대응은 아무것도 일어나지 않은 사건 또는 현상(non-event)의 대표적인 사례이다. 미국의 핵심 우방국인 이스라엘에게 중대한 국가안보 위협인 이집트의 티란 해협 봉쇄 선언으로 시작된 위기는 결국 이스라엘의 선세공격과 함께 제3차 중동전쟁으로 이어졌다. 이스라엘은 이집트의 봉쇄 선언이 자국에게 전쟁 명분이라며 미국이 적극적으로 그리고 공개적으로 개입할 것을 꾸준히 요구했다. 그러나 미국은 위기 초반 한 차례의 성명 이외에 외부로 관찰가능한 별다른 행위를 하지 않았고, 그로 인해 이 위기는 그동안 연구자들에게 주목받지 못했다. 하지만 실제로 미국은 이집트의 봉쇄 선언을 중대한 국가안보 위협으로 인식하면서 군사력의 사용까지도 고려했다.

외교정책 이론 발전을 위해 'non-event'에 주목한 연구도 중요하다. 그동안 외교정책 연구자들은 non-event 연구에 큰 관심을 두지 않았는데, 이 책의 티란 해협 위기 사례연구와 같이 non-event 연구를 통해 잠재적인 설명변수를 발견하고, 정책결정에 참여하는 인간 행위자의 구체적인 인지 과정을 확인할 수 있다. 예를 들어 많은 연구가 관심을 갖는 군사력을 실제로 사용한 사례에 대한 연구도 중요하지만, 군사력의 사용이 예상되는 상황에서 군사적 대응을 결정하지 않거나 군사력을 사용하지 않는 경우, 왜 그런 결과가 나왔는지 연구하는 것도 외교정책 이론 발전을 위해 의미 있다. 결국 군사력을 사용하지 않기로 한 것도 외교정책 결정인데 다만 그것이 관찰가능한 외부 행위로 표출된 것이 아닐 뿐이다.[31]

---

31) Karl DeRouen Jr., "The Decision Not to Use Force at Dien Bien Phu: A Poliheuristic Perspective," in Alex Mintz (eds.), *Integrating Cognitive and Rational Theories of Foreign Policy Decision Making* (New York, NY: Palgrave Macmillan, 2002), pp. 11-12. 장성일, "외교정책 연구에서 '정책결정(Decision-making)' 관점 재조명: 1967년 티란

티란 해협 위기에서 미국의 무대응과 같은 사례는 연구 가치가 높은 사례지만 행태주의에 바탕을 두거나 국가를 단일한 행위자(unitary actor)로 가정하며 국가가 합리적으로 행동한다고 파악하는 이론은 이러한 현상을 놓칠 수 있고, 왜 그런 현상이 벌어졌는지 확인하는 것도 쉽지 않다. 핵심 우방국에 대한 국가안보 위협이 분명하며 지역 질서의 균형을 파괴할 수 있는 이집트의 공세적 행위에 미국이 대응하지 않았다는 것은 구조적 현실주의가 설명하지 못하는 독특한 현상이다. 이와 유사한 사례로 제2차 세계대전 발발 전에 일본과 독일의 위협이 분명한 상황에서도 영국, 프랑스, 미국 등이 이러한 위협에 대하여 억지나 균형정책을 하지 않았던 사례는 구조적 현실주의가 가진 설명력의 한계라고 볼 수 있다.[32] 결국 국가의 대외적인 행위나 무대응이 왜, 그리고 어떤 과정으로 그런 결과로 이어졌는지 이해하기 위해서는 국가 내 정책결정자 수준을 들여다보아야 한다.[33] 국가가 움직이는 것 또는 국가가 움직이지 않는 것은 결국 국가 내 인간 행위자인 정책결정자들의 결정 때문이다.[34]

해협 수송로 안보 위기 시 미국의 무대응 분석," 『국제정치논총』 제60집 제2호 (2020년 6월), pp. 212-213.

32) Hagan, 2001, p. 7.

33) 국제정치에서 분석수준에 대한 논의는 다음 문헌을 참고할 것. Kenneth N. Waltz, *Man, the State, and War* (New York: Columbia University Press, 1959); J. David Singer, "The Level-of-Analysis Problem in International Relations," *World Politics*, Vol. 14, No. 1 (October, 1961), pp. 77-92.

34) Snyder, Bruck, and Sapin, 1954, pp. 36-37; Harold H. Sprout, *Man-Milieu*

조직 차원의 정책결정

스나이더와 공저자들(1954)은 일련의 행위가 일어나는 시스템 내에 참여하는 사람을 정책결정자로 간주하였다. 그들은 그 시스템이 구체적으로 어떤 방식으로 작동하는지 설명하지 않아서 이 점이 한계로 지적받고 있으나, 그 시스템은 시간이 지나도 지속적으로 유지되는 어떤 특정한 관계와 행동 패턴을 가지고 있다고 보았다. 그리고 이 시스템에서 핵심은 조직(organization)이다. 국가의 대외적 행위를 설명할 때 중요한 것은 현실을 어떻게 정의하느냐에 대한 부분인데 스나이더는 조직이라는 맥락에서 이루어지는 정책결정 과정(decision-making process)에서 나온다고 보았다. 이 점을 염두에 두어야 국가의 행동을 결정하는 정책결정자들의 행위에 영향을 주는 다양한 요인들을 확인할 수 있고, 정책 선택이 어떻게 이루어지는지, 그리고 그러한 선택이 이루어지는 조건은 무엇인지 밝힐 수 있다고 그들은 주장했다.[35]

정책결정은 "어떤 과정으로서 이를 통해 정책결정자들이 예

Relationship Hypotheses in the Context of International Politics (Princeton: Princeton University, 1956), pp. 9-10; Rosati, 2000, p. 47; Valerie M. Hudson, "Foreign Policy Analysis: Actor-Specific Theory and the Ground of International Relations," *Foreign Policy Analysis*, Vol. 1, Issue 1 (2005), pp. 1-4; Yong-Soo Eun, "The power of human beliefs over the state's behaviour in world politics: An in-depth and comparative case study," *International Political Science Review*, Vol. 34, Issue 4 (2013), p. 373.

35) Snyder, Bruck, and Sapin, 1954, p. 54.

상하는 미래의 특정한 정세(state of affairs)를 달성하기 위한 의도를 가진, 사회적으로 규정된, 제한된 대안적인 프로젝트들 중에서 하나를 선택하는 선택이 이루어진다." 조직 차원의 정책결정(organizational decision-making)은 일련의 연속적인 활동들을 말하는데 스나이더와 공저자들(1954)은 이를 (a) 예비적인 결정 활동(pre-decisional activities), (b) 선택(choice) 및 (c) 이행(implementation)으로 구분하였다.[36] 정책결정에 대한 그들의 정의에서 주목할 점은 정책결정에서 정책결정자들이 달성하고자 하는 목표를 위해 특정한 대안을 선택하는 활동과 그것을 이행하는 활동을 구분하였다는 점이다. 대체로 이행된 정책은 국가의 외부적인 행위로 표출되어 관찰자가 그것을 확인할 수 있으나 대안을 선택하는 활동은 외부로 드러나지 않기 때문에 확인이 어렵다. 어떤 위협이 발생했을 때 그것을 억지하기 위해 군사력을 사용하기로 결정한 경우, 실제 그 이행 여부 및 방식은 결정했던 내용과 전혀 다를 수도 있다. 또는 의회의 반대로 인해 군사력의 실제 사용 자체가 무산될 수도 있다. 스프라우트(1956),[37] 그리고 정책결정에 관여하는 행위자 개념을 더욱 정교하게 정리한 허만(2001)[38]은, 이러한 논의를 인지하면서 대안을 선택하는 의미에서의 정책 결정(choice)과 국가의 대

---

36) Snyder, Bruck, and Sapin, 1954, p. 57.

37) Sprout, 1956, p. 9.

38) Margaret G. Hermann, "How Decision Units Shape Foreign Policy: A Theoretical Framework," *International Studies Review*, Vol. 3, No. 2 (Summer 2001), pp. 47–81.

외적인 행위인 외교정책의 이행 단계를 구분하여 사용한다.

정책결정이 조직이라는 제도의 맥락에서 이루어진다고 볼 때 어떤 조직에 주목해야 하는가? 그리고 누구의 활동에 주목해야 하는가? 정책결정의 과정에는 많은 관료조직들이 관여하는데 스나이더와 공저자들(1954)은 모든 조직이 다 분석의 대상은 아니라고 주장한다.[39] 그들은 관료조직 각자의 역할이 다르다는 부분을 인정하지만, 어느 조직이 가장 핵심적인 역할을 하는지에 대해서 구체적으로 설명하지 않는다. 누가 정책결정자들인가라는 문제에 대해서 그들은 오직 정부 관료만 정책결정 과정에 참여하는 행위자 즉, 정책결정자라고 보았다. 물론 그들도 인정하듯 가장 중요한 행위자인 대통령의 지인이나 관료가 아닌 특정 이슈 전문가, 언론인 등도 정책결정에 영향을 줄 수 있다. 하지만 그들이 정부 관료만 정책결정자로 한정하는 것은 정부 관료가 아닌 일반 시민의 영향력을 자료를 통해 경험적 연구로 확인이 가능한가와 같은 방법론적 문제로 인한 것이다.[40] 예를 들어 여론을 주도하거나 정책결정에 관여하는 관료에게 영향을 줄 수 있는 인물이 있다 하더라도 정부 관료가 움직이고 결정을 내려야 그것이 국가의 대외적인 행위로 표출되기 때문이다.[41]

---

39) Snyder, Bruck, and Sapin, 1954, pp. 58–59.
40) Snyder, Bruck, and Sapin, 1954, p. 63.
41) 스나이더와 그의 동료들이 구체화시키지 못했던 누가 정책결정에 참여하여 결정에 관여하는지 논의에 대해서는 다음 문헌을 참고할 것. 아래 문헌의 논의에서 중요한 부분은 단지 어떤 사람이나 조직이 정책결정 과정에 참여하는가에 대한 것이 아니라, 어떤 조건이나 상황에서

NSC 중심의 외교정책 분석

이 책은 위기 시 미국 외교정책의 결정을 분석하기 위해 국가안전보장회의(National Security Council, 이하 NSC) 수준에 주목하여 정책 결정이 어떤 과정으로 이루어지는지 분석한다. NSC 중심의 외교정책 결정 과정에 주목할 때 어떤 점에서 유용한가?[42]

첫째, 스나이더와 공저자들(1954)은 외교정책 연구에서 조직 차원의 정책결정을 강조하는데,[43] NSC는 미국 외교정책 결정의 기본 제도이자 핵심 조직이기 때문이다. 1947년에 제정된 국가안전보장법에 따라 NSC는 국가안보와 관련된 정책을 대통령에게 자문하기 위해 설립되었다. 이에 따라 NSC 회의체나 NSC 소속 위원회, 그리고 NSC 핵심 참석자들이 참여하는 임시 위기 대응 조직은 위기 시 대통령이 선택할 수 있는 대안을 논의 및 제안하며 대통령은 이를 바탕으로 최종 선택을 한다. 선호도와 활용에 정도

각 참여자들의 영향력이 커지는가이다. Charles F. Hermann, "What Decision Units Shape Foreign Policy: Individual, Group, Bureaucracy?," *Policy Studies Journal*, Vol. 3, Issue 2 (December, 1974), pp. 166-170; Margaret G. Hermann and Charles F. Hermann, "Who Makes Foreign Policy Decisions and How: An Empirical Inquiry," *International Studies Quarterly*, Vol. 33, No. 4 (December, 1989), pp. 361-387.

42) Amy B. Zegart, *Flawed by Design: The Evolution of the CIA, JCS, and NSC* (Stanford, CA: Stanford University Press, 1999), pp. 2-3; 윤태영, 『위기관리 리더십: 국가안전보장회의(NSC) 운영국가 사례연구』(인천: 진영사, 2019), p. 16; 장성일, "위기 시 미국 외교정책 결정의 통합적인 분석: 페르시아만 해상 수송로 위기에서 군사적 대응 결정," 『한국정치학회보』제54집 제2호 (2020년 6월). pp. 230-231.

43) Snyder, Bruck, and Sapin, 1954, p. 54; Snyder, Bruck, and Sapin, 1962, pp. 3-4.

의 차이는 있지만 대통령은 NSC를 국가안보 문제의 결정에서 중요한 자문기구로 활용해왔다.

NSC는 미국 외교정책 결정에서 가장 중요한 법에 근거한 제도로 최종 결정권자인 대통령에게 자문하는 것이 그 목적이다. NSC의 정책 권고를 더 활용할지, 비공식 자문의 의견을 더 활용하지 판단은 대통령이 한다. 대통령의 선호에 따라 외교정책 결정에서 NSC나 유사 위기 대응 조직의 영향력이 커지거나 작아질 수 있으나, 국가안보 문제와 관련하여 외교, 경제, 군사적 시각을 모두 고려하여 통합적인 대응 방안을 논의하고 대통령이 선택할 수 있는 선택지를 제공하는 것이 외교정책 제도로서 NSC의 역할이다. 즉, 외교정책이 결정되는 과정, 대통령의 정책 선택에 영향을 주는 방식은 연구자가 어느 요인에 더 주목하느냐에 따라 다양할 수 있다.

예를 들어 의회가 대통령의 외교정책 선택에 어떻게 영향을 미치는지 관심갖는 연구자는 본 연구와 다른 방식의 접근을 고려할 수 있다. 외교정책 결정이 이루어지는 여러 가지 방식 중 NSC를 중심으로 이루어지는 정책결정 과정은 외교정책 제도로서 가장 기본이기 때문에 이 책은 NSC에 주목한다. 또한 미국 외교정책 결정 과정에서 가장 핵심적인 행위자인 대통령, 국무장관, 국가안보보좌관, 국방장관, 합참의장, CIA 국장이 NSC의 핵심 구성원이다.[44] 일반적인 제도적 정책결정을 벗어나는 예외적인 사례

---

44) The U.S. Department of State, "The Changing Dynamics of U.S. Foreign Policy-

도 존재한다. 대통령이 NSC의 자문을 받는 제도적 과정을 무시한 채 결정을 내리거나 특정 인물에게 기존 제도적 절차를 뛰어 넘는 과도한 권한을 부여하는 경우가 그렇다. 닉슨 행정부 때 키신저(Henry A. Kissinger) 국무장관의 경우가 대표적으로 그는 NSC 설치 이후 유일하게 국무장관과 국가안보보좌관을 겸직하면서 사실상 외교정책 결정 과정을 독점했다. 하지만 본 연구는 예외적인 상황을 설명하는 것이 목적이 아니라 제도적 차원에서 이루어지는 일반적인 과정에 주목한다.

둘째, 방법론적 문제로 정책결정에 관여하는 핵심 행위자나 조직을 어디까지 분석할 것인가의 문제다. 미국 외교정책이 결정되는 과정은 매우 복합적이며 대통령을 비롯한 행정부의 조직들과 의회, 언론 및 이익집단과 같이 다양한 개인과 집단 행위자들이 그 과정에 참여한다. 문제는 이 모든 행위자들의 상호작용을 통해 이루어지는 복합적인 관계를 설명하는 것은 현실적으로 불가능하며, 각 행위자나 조직이 정책결정 과정에 미치는 영향력이 동일한 것도 아니다. 스나이더와 공저자들(1954)은 오피니언 리더 같은 사회적 변수가 정책결정에 영향을 줄 수 있다고 인정하면서도 연구의 실현 가능성을 고려할 때 민간 행위자를 포함하지 않고, 정부에서 공식적인 역할을 하는 공직자만 정책결정자로 판단하고 연구해야 한다고 주장한다. 공적 지위를 가진 사람들이 결정을 내리

Making: An Interview with Under Secretary of State for Political Affairs Thomas R. Pickering," *U.S. Foreign Policy Agenda*, Vol. 5, No. 1 (March, 2000), p. 5.

거나 움직일 때 국가의 행위에 변화가 일어나기 때문이다.[45]

따라서 이 책은 핵심 정책결정자들이 참여하는 외교정책 결정의 마지막이자 최상위 단계이며, 특히 군사력의 사용 결정에서 최종 결정권자인 대통령에게 국가안보 문제를 자문하는 NSC를 중심으로 이루어지는 정책결정 과정을 분석한다. 특히 위기 상황에서는 여러 가지 제약으로 인해 작은 그룹이 중심이 되어 정책결정이 이루어질 가능성이 높은데,[46] NSC 회의에 참석하는 정책결정자들이 이 그룹에 속하기 때문에 NSC 또는 NSC와 유사한 기능을 수행하는 자문 기구 중심의 분석은 의미가 있다.[47]

또한 외교정책 이론 발전에 중요한 지속적인 자료 확보의 문제도 있다. 이론은 경험적 연구를 통해 검증되고 개선되어야 한다. NSC, 그리고 유사 위기 대응 조직의 회의 기록은 제한적이지만 지속적으로 공개되기 때문에 외교정책 이론을 구축하고 기존 이론을 검증 및 보완하는 데 유용하다. NSC 중심의 외교정책 연구는 확인가능한 경험적 자료를 바탕으로 지속적인 연구를 할 수 있어 외교정책 연구의 이론과 현실 간의 간극을 확인함으로써 이론 발전에 기여한다.[48]

---

45) Snyder, Bruck, and Sapin, 1954, p. 63.

46) 김기정, 『외교정책 공부의 기초』 (서울: 연세대학교 대학출판문화원, 2019), p. 152.

47) Nikolas K. Gvosdev, Jessica D. Blankshain, and David A. Cooper, *Decision-Making in American Foreign Policy: Translating Theory Into Practice* (Cambridge University Press, 2019), pp. 192-237.

48) Richard E. Neustadt, "Presidential Power and the Research Agenda," *Presidential*

예를 들어 연구자 입장에서 유사해 보이는 위협이 발생했을 때 이에 대응하는 외교정책 행위가 다른 경우 어떤 요인 때문에 그러한 결과가 발생했는지 기존 이론을 적용하여 검증할 수 있다. 핵심 정책결정자의 위협 인식의 차이가 정책 선택에 미친 영향, 국가안보 의제를 놓고 관료집단 간의 갈등, 의회나 여론과 같은 국내정치 변수 등 여러 변수가 작용할 수 있다. 어떤 요인이 실제 정책 선택이나 대응에 의미 있는 영향을 주는지 가설을 검증하고 이론을 개선하기 위해 위협의 발생 시점에서부터 정책 선택에 이르기까지 개별 행위자와 핵심 조직 등에 대한 구체적인 자료가 필요하다. 지속적인 1차연구자료 확보가 가능한 NSC 중심의 연구는 그런 의미에서 외교정책 이론 발전에 기여할 수 있다. 정책결정자 개인과 관료조직 차원의 새로운 자료가 공개됨에 따라 연구자는 자료의 부족으로 확인하지 못했던 특정 요인의 영향력을 확인할 수 있어 NSC 중심 연구는 이론 발전을 위한 경험 연구에 기여한다.

Studies Quarterly, Vol. 32, No. 4 (December, 2002), p. 720; 김헌, 2005, pp. 269-270.

2. 주요 변수에 대한 설명

특정 국가나 세력이 주요 해상수송로의 안보를 위협하거나 해상수송로 주변 지역의 분쟁으로 해상수송로 안보가 불안정해지는 등 위기가 발생할 때 정책결정자 개인 또는 집단이 이를 위협으로 인지하면, 정책결정자들은 그러한 위협에 대응하기 위한 외교, 경제 및 군사적 수단을 논의하기 시작한다. 해상수송로 안보 위기 상황에서 미국 외교정책의 결정 과정인 해상수송로 안보 위협에 어떤 대응 방식으로 대응할지 논의에 영향을 미치는 요인으로는 해상수송로 안보 위협이 가장 중요할 것이다. 구체적으로 해상수송로 안보 위협의 성격 및 수준이 그것이다. 다음으로 국제정치의 구조적 요인 예를 들어, 냉전 시기에는 소련과의 경쟁이나 소련에 대한 고려, 지역 국가의 안보에 대한 고려 및 미국 국내 정치적 고려 등도 외교정책의 결정에 영향을 주는 변수로 고려할 수 있다.

해상수송로 안보 위협의 수준

해상수송로 안보와 미국의 외교정책(군사력 사용 결정) 간의 관계를 분석하는 이 책에서 가장 주목하는 변수는 해상수송로 안보인데, 이는 해상수송로 안보 위협의 수준으로 파악할 수 있다.

앞서 살펴본 것과 같이 석유(원유)를 포함한 많은 에너지 자원은 유조선을 이용하여 해상에서 수송하기 때문에 호르무즈 해협, 수에즈 운하, 말라카 해협과 같은 choke point라 부르는 주요 해상 요충지, 또는 관문을 반드시 통과해야 하며, 해상수송로에 대한 위협은 매우 심각한 에너지 안보 위기, 더 나아가 국가안보 위기를 초래할 수 있다. 그런 의미에서 전략적으로 중요한 주요 해상수송로가 적대 세력에게 봉쇄되거나 공격으로 인해 불안정할 때, 또는 해상수송로 안보에 대한 위협이 예상되거나 증가할 때 군사적 수단을 동원한 해상수송로 안보 확보의 필요성이 제기된다. 예를 들어, 중동전쟁 발발 전인 1967년 5월 24일 NSC 회의에서 정책결정자들은 이스라엘에게 핵심적인 석유 수송로인 아카바만(Gulf of Aqaba)을 보호하고 개방하기 위해 미국은 어떤 군사적 조치를 취할 수 있는지 논의했다.

해상수송로 안보 위협의 수준, 또는 정도를 어떻게 측정할 것인가? 해상수송로 안보 위협을 발생시키는 사건들을 정량적인 방식으로 구분하는 것을 생각해볼 수 있으나, 문제는 위협의 수준을 평가할 때, 특정 사건이나 행위자의 행위를 인지하는 사람(정책결정자)의 주관적인 판단이 개입되기 때문에 이러한 작업이 쉽지 않다. 그럼에도 불구하고 어떤 사건이 발생했을 때 그것이 어느 정도의 안보 위협인지 판단할 수 있는 기준이 필요하다. 해상수송로 안보 위협의 수준을 구분하는 완벽하게 정량적인 측정 기준을 마련하긴 어렵지만 이 책에서는 낮음, 보통, 높음(심각)의 세 단계로 구분한다.

우선 위협을 어떻게 정의할 것인가? 루소와 레타메로(2007)는 '위협(threat)'이란 "어떤 행위자(agent)나 집단이 다른 행위자나 집난에 대하여 부정적인 결과를 안겨 주기 위한 역량(capability)을 가지고 있거나 의도(intention)를 가지고 있는 상황"으로 정의하고 있다.[49] 이러한 정의는 위협을 행위자의 행위 측면에서 주로 이해하고 있고, 그것을 받아들이는 정책결정자의 인식을 고려하지 않기 때문에 위협을 온전히 이해하는데 부족하다.

반면 볼드윈(1971)은 위협을 보다 폭넓게 논의했는데 그는 'A가 B를 위협하는 경우'에 위협의 의미를 세 가지 측면에서 파악하였다.

첫째, 위협은 'A의 활동(activities)'이라는 관점에서 정의할 수 있다. 다른 의미로 위협은 A가 B의 미래 행동을 변화시키기 위한 의도로 하는 일(undertaking)이다. 이는 영향력을 행사하려고 하는 행위자의 행위에 초점을 맞춘 것이다. 둘째, 대상이 되는 B의 심리적 조건(psychological condition)의 관점에서 위협을 정의한다. A의 행위가 아니라 B의 태도의 관점에서 위협을 이해하는 것인데, 위협은 '피해가 발생할 것이라고 예상(anticipation of harm)'하는 것이다. 즉, 위협이라는 것은 심리적인 개념으로서 개인이 어떤 상황을 해석하는 것이다. 이러한 개념에 따르면 A가 무엇을 하든지 상관없이 B가 위협을 받을 수 있다. 심지어 A가 존재하지 않을 때에도 B는 위협받을 수 있다. 이러한 관점에 따르면 위협이라는 것은 'A의 행위(A's activities)를 B가 인지한 결과물(outcome)'이라고 할 수 있다. 이러한 시각은 B가 A의 행위를 어떻게 인지하느냐에 초점을 맞추

---

49) David L. Rousseau and Rocio Garcia-Retamero, "Identity, Power, and Threat Perception: A Cross-National Experimental Study," *The Journal of Conflict Resolution*, Vol. 51. No. 5 (2007), p. 745.

고 있다. 세 번째 위협의 의미는 A는 B가 위협을 받는 것으로 느끼게 만들어서 성공한다는 의미로서 A와 B의 관계적 측면에서 위협을 다루고 있다.[50] 그러나 이 세 번째 의미는 앞의 두 의미에 비해 위협을 이해하는 데 명확하지 않다.

이 책에서는 볼드윈(1971)의 위협 논의 중 앞의 두 가지 관점에서 위협을 이해한다. 즉, 도전하는 국가나 적대 세력의 행위나 활동, 그리고 그것을 받아들이는 정책결정자의 인식을 모두 고려하여 해상수송로 안보 위협의 수준을 구분한다. 이 책에서 제시하는 구분법은 베이트만(2003), 이준범·장지호(2005), 헨리 외(2012)와 같은 많은 연구들이 일반적으로 제시하는 것처럼 여러 유형 중에 어떤 위협들이 속하는지 분류에 따른 것이 아니라, 정책결정자 입장에서 대응이 필요한가의 여부에 따라 위협의 수준 또는 정도를 구분한 것이다. 본 연구가 위협의 종류나 유형을 정리하는 것이 아니라, 위협의 수준을 개념화하는 이유는 그렇게 함으로써 해상수송로 안보 위협을 독립변수로 조작화할 수 있는 기반을 마련할 수 있기 때문이다. 즉, 해상수송로 안보 위협을 독립변수로 상정하고 그 값 또는 수준의 변화를 측정가능한 방식으로 조작화했을 때 그것의 변화가 국가의 외교정책에 영향을 주는지 확인할 수 있다.[51]

---

50) David A. Baldwin, "Thinking about Threats," *The Journal of Conflict Resolution*, Vol. 15, No. 1 (1971), p. 72.

51) 해상수송로 안보 위협으로 분류할 수 있는 유형별 구체적인 요인들에 대해서는 다음 문헌을 참고할 것. Sam Bateman, "Sea Lane Security," *Maritime Studies*, Issue 128 (January-February, 2003); 이준범·장지호, "에너지 안보관점에서 본 동북아 석유수송로의 지정학적 분석: 동남아시아 해협 혼란 요인과 영향을 중심으로," 『21세기정치학회보』 제15집

따라서 이 책에서는 도전자의 행위와 정책결정자의 인식이라는 두 가지 구성요소를 종합하여 해상수송로 안보 위협의 수준을 낮음, 보통 그리고 심각의 세 단계로 구분하였다. 도전자는 국가 및 비국가 행위자를 모두 포함하고 있으며, 자연재해와 같이 행위자로 표현할 수 없는 요소들은 배제했다. 도전자의 행위를 받아들이는 주체, 본 연구에서 정책결정자 개인이나 집단은 도전자의 행위만을 독립적으로 인식하기보다, 현재 정책결정자가 다뤄야 하는 여러 가지 이슈나 문제들을 동시에 고려하여 우선순위를 설정하고 국가 및 비국가 행위자의 행동이나 환경 변화를 인식 및 평가한다. 그런 의미에서 도전자의 행위 자체 또는 사건만을 별개로 놓고 위협의 수준을 평가하는 것은 적절하지 않다. 또한 정책결정자는 비슷하게 보이는 도전자의 행위를 상황에 따라서 다르게 인식할 수 있기 때문에 정책결정자가 어떤 이슈들을 다루고 있는 상황 속에서 도전자의 행위를 인식하는지 맥락을 이해하는 것이 중요하다.

제2호 (2005); Ryan Henry, Christine Osowski, Peter Chalk, and James T. Bartis, *Promoting International Energy Security: Volume 3, Sea-Lanes to Asia* (Santa Monica, CA: RAND Corporation, 2012), pp. 11-19. 예를 들어 헨리 외(2012)의 연구는 해상수송로 안보에 위협이 되는 여러 요인들을 정리하였다. 그들은 3개의 층위(tier)로 구분하여 구체적으로 어떤 위협들이 있는지 제시했다. 첫 번째 층위는 비국가 위협이다. 화산 폭발, 지진, 쓰나미와 같은 자연 재해를 포함하여 점점 증가하는 해적 활동(piracy), 그리고 테러리즘이 이러한 위협에 해당된다. 두 번째 층위는 테러 지원국가와 같은 소위 불량국가(rogue state)에 의해 발생하는 위협이다. 세 번째 층위는 국가 대 국가 간 분쟁(state-to-state conflicts)으로 인해 발생하는 문제다. 예를 들어 1981~1988년까지 이란-이라크 전쟁 중 양국은 상대 국가 선박 및 중립국의 선박을 공격함으로써 페르시아만 지역 해상수송로 안보를 위협했던 사례가 있다.

예를 들어 이 책에서 다루는 1973년 위기에서 중동전쟁 초기인 10월 6일 이집트 잠수함이 티란 해협 인근에서 에이라트 항구로 가는 파나마 국적 유조선을 공격한 사건이 있었다. 공격이 실패하긴 했지만, 미국의 핵심 우방국인 이스라엘의 석유 수송로를 항행하는 선박에 대한 군사적 공격이라는 행위가 있었음에도 불구하고, 미국은 이를 대응이 필요한 수준의 위협으로 인식하지 않았다. 그 이유는 이스라엘과 이집트 사이에 전쟁이 발발한 당시 상황에서 양국 간의 교전 중지가 더 중요한 우선순위였기 때문이다.

1967년 위기 사례도 유사하다. 이집트가 티란 해협 봉쇄를 선언하자 미국은 이를 해상수송로 안보 위협으로 인식하면서 위기가 시작되었는데 미국은 이에 대한 다양한 대응 방안을 논의하기 시작했다. 영국과 해양선언을 추진했고, 티란 해협 통행 선박에 대한 군사적 보호 논의도 이어갔다. 그러나 이스라엘과 이집트 사이에 교전이 발생하자 미국은 교전 중지를 더 중요한 우선순위로 두었고, 이스라엘의 해상수송로 안보 위협 대응은 후순위로 밀렸다. 이집트가 물리적으로 해상수송로를 봉쇄하거나 통행하는 선박에 큰 피해를 입힐 정도로 군사 공격을 하는 등의 행위가 없었기 때문에 정책결정자 입장에서 이집트의 해상수송로 봉쇄 위협은 상대적인 중요성이 낮았고, 대응할 필요성도 크지 않았다. 이집트의 봉쇄 선언에 대해서도 미국과 이스라엘이 각자 인식했던 위협의 정도도 달랐다는 점이 중요하다.

결국 위협을 정의하고 위협의 수준을 구분할 때 중요한 부분은 도전자의 활동만큼 그것을 받아들이고 해석하는 정책결정자의 인식이 중요하다는 것을 확인할 수 있다. 현실적인 문제는 도전자의 행위를 정책결정자가 위협으로 인식하는지, 어느 정도의 위협으로 인식하는지 그것을 어떻게 확인하느냐이다.

이 책에서는 미국 외교정책을 논의하고 결정하는 데 핵심적인 역할을 하는 정책결정자들의 기록물(1차연구자료)을 통해 이를 확인하였다. 구체적으로 핵심 정책결정자들이 참여하여 논의하는 NSC 회의 자료를 활용하였다. 또한 핵심 정책결정자들이 대통령에게 보고한 자료와 대화록, 회의록 등도 활용하였다. 이러한 자료를 분석함으로써 도전자의 행위를 당시 미국 정책결정자들이 어떻게 인식했는지 확인할 수 있고, 이를 통해 본 연구에서 비교 분석하는 세 위기에서 각 해상수송로 안보 위협이 도전자의 행위와 정책결정자의 인식을 종합했을 때 어느 수준이었는지, 그리고 그것이 어떻게 변화했는지 확인할 수 있다.

표-8 해상수송로 안보 위협의 수준

낮음	보통	심각
(도전자의 행위)	(도전자의 행위)	(도전자의 행위)
• 해상수송로 안보에 영향을 줄 수 있는 사건이 발생했으나 그것이 의도성이 없는 우발적인 사건이나 사고인 경우	• 적대 세력이 해상수송로 안보에 피해를 주기 위해 의도적으로 위협을 하거나 해상수송 선박을 공격하는 경우	• 해상수송로 안보에 심각할 피해를 줄 수 있는 역량을 가진 적대 세력이 해상수송로 봉쇄를 위협하는 경우

낮음	보통	심각
(도전자의 행위) • 적대 세력이 해상수송로 안보를 위협할 가능성이 존재하나 대응이 필요할 정도가 아닌 경우 • 해상수송 선박 통행에 일부 피해가 있지만 그것이 매우 미미하고 일시적인 경우	**(도전자의 행위)** • 해상수송 선박 통행에 차질을 주는 정도의 피해 발생 • 적대 세력의 추가적인 공격을 억지하기 위해서 정책적 대응이나 관리가 필요한 수준임	**(도전자의 행위)** • 적대 세력이 해상수송로 안보에 피해를 주기 위해 의도적으로 해상수송로를 완전히 물리적으로 상당한 수준 이상으로 봉쇄하거나, 해상수송 선박에 대한 대규모 공격을 가함으로써 당장 해상수송로 안보에 큰 피해를 주는 경우 • 해상수송 선박 통행이 완전히 중단되거나 거의 중단되는 수준의 피해가 발생하는 정도 • 적대 세력의 공격을 억지하거나 봉쇄된 해상수송로를 물리적으로 개방시키기 위해 즉각적으로 대응이 필요한 수준임
(정책결정자의 인식) • 도전자의 행위를 해상수송로 안보 위협으로 인지하지 않음 - 대응의 필요성 없음	**(정책결정자의 인식)** • 도전자의 행위를 해상수송로 안보 위협으로 인지함 - 대응 방안 논의 시작 - 위기가 더 고조되는 경우를 가정하고 군사적 대응의 가능성 모색 - 그러나 즉각적인 군사적 대응 필요성 없음	**(정책결정자의 인식)** • 도전자의 행위를 해상수송로 안보 위협으로 인지함 • 정책결정자가 마주한 여러 이슈들 중에서 해상수송로 안보 위협이 우선순위 이슈가 됨 ▶ 즉각적인 군사적 대응의 필요성 제기
• 예시 - 우발적인 선박 간 충돌 - 1973년 중동전쟁 중 이집트의 위협 - 1981~1983년 이란-이라크 전쟁 중 이란의 위협	• 예시 - 해상수송로 봉쇄 능력 있는 적대국가가 봉쇄 위협 (실제 봉쇄는 없음) - 선박 공격 위협 - 선박에 대한 간헐적 공격 (국가, 해적 행위) - 1967년 중동전쟁에 앞서 발생한 티란 해협 위기 - 1983~1986년 이란-이라크 전쟁 중 이란의 위협, 간헐적 선박 공격	• 예시 - 이란의 호르무즈 해협 봉쇄 - 1987년 이후 이란의 일본 선박 공격, 야간 공격 및 쿠웨이트 본토에 대한 공격 등

이상에서 논의한 기준에 따라 평가하면 해상수송로의 안보 위협의 수준이 낮았던 사례는 1973년 중동전쟁 위기다. 이스라엘과 아랍 국가들 간의 전쟁 초기에 이스라엘에게 중요한 해상 석유 수송로인 티란 해협에서 이집트의 공격이 있었으나 실패했고, 이 사건은 미국 정책결정자들의 관심의 거의 받지 못했다. 그들에게는 교전의 중지가 더 큰 관심이었기 때문이다.

해상수송로 안보 위협의 수준이 보통인 사례는 1967년 티란 해협 위기 사례다. 전쟁이 일어나기 전 이집트는 티란 해협을 봉쇄하겠다고 선언하면서 위기가 발생했다. 이스라엘에게 티란 해협 봉쇄 선언은 그 자체만으로도 중대한 위협이었으나, 미국 입장에서는 당장 긴급한 조치를 취해야 할 정도로 심각한 위협은 아니었다. 이집트가 봉쇄 선언을 했으나 물리적으로 봉쇄를 강제하는 모습이 없었고, 티란 해협을 통행하는 선박에 대한 공격도 발생하지 않았다. 이스라엘에게는 심각한 위협이었으나 미국의 정책결정자들에게는 그렇지 않았다.

마지막으로 해상수송로 안보 위협의 수준이 심각했던 사례는 1987년 페르시아만 위기 사례다. 1980년 이란-이라크 전쟁 초기부터 1983년 중반까지 위협은 크게 염려할 수준이 아니었다. 그러나 1983년 말, 이란이 페르시아만을 통행하는 유조선을 공격할 수 있다는 가능성이 제기되자 위협의 수준은 이전보다 높아졌고, 미국은 이에 대한 대응 방안을 논의하기 시작했다. 1984년에 이란이 유조선을 공격하자 미국의 우려는 점점 커졌고, 결국 1987년 1월 페르시아만 해상수송로 안보 위협은 심각한 수준에 달했다. 왜냐하면 이란이 야간에도 유조선을 공격하기 시작했고 공격력이 더 좋은 새 미사일을 사용하면서 피해 가능성이 더 커졌기 때문이다.

실제 정책결정 과정에서 해상수송로 안보 위협이 어떤 성격의 것인지, 그리고 그 수준이 어느 정도인지가 중요한 역할을 할 것이다. 물리적으로 해상수송로를 봉쇄하거나 해상수송 선박을 공격하는 것이 아니라, 단순한 위협이라면 정책결정자들은 우선 외교적 대응을 먼저 고려하고, 잠재적인 공격이나 봉쇄의 가능성을 염두에 두면서 군사적 대응 논의를 함께 진행할 것이다. 그러나 유조선과 같은 해상수송 선박에 대한 직접적인 공격과 같이 심각한 수준의 위협이 발생하면 즉각적으로 군사적 대응을 할 수 있도록 신속하게 군사기획과 군사력의 예비적 이동이 이루어지고, 정치 및 외교적 대응도 이루어질 것이다.

그리고 정책결정자들은 해상수송로 안보 위협의 성격을 고려하여 위협의 수준에 비례한 대응을 고려할 것이다. 이러한 비례적 대응은 군사, 정치, 경제 등 어떤 수단의 대응을 할지 고려하는 것뿐 아니라, 마지막 단계에서 실제로 군사적 대응을 선택할 것인지, 그리고 여러 군사적 대응 선택지 중에서 어떤 군사적 대응 방식을 선택하는지에 있어서도 해당된다. 군사적 대응을 선택하는 데 있어서 그것을 통해 이루고자 하는 목표를 고려하고, 그것이 위기를 더욱 고조시킬 것인지 고려하여 위협에 비례하여 필요한 수준의 계산된(measured) 군사적 대응만 할 것이다.

예를 들어 적대국의 군사적 공격을 받아 인명 피해가 발생하면 공격을 한 대상(미사일 기지 등)에 대한 군사 공격을 하는 방식이다. 그러나 인명 피해가 없는 위협에 대하여 과감한 군사 공격으로 상대 조직에 큰 인명피해가 발생한다면, 이는 미국이 예상하지 않았던 더 큰 위기로 고조될 수 있기 때문에 군사적 대응을 고려할 때 여러가지 선택지 중에서 위기를 더 이상 고조시키지 않으면서도 위협의 수준에 비례하여 대응하는 군사적 대응 방식을 선택할 것이다. 결국 정책결정자는 위협의 수준에 비례한 정치, 경제 및 군사적 대응이 무엇인지 고려한다. 위협의 수준보다 심각하게 큰 규모로 대응하게 되면 이는 위기를 관리하기 힘들 정도로 고조시킬 수 있기 때문이다.

페르시아만 위기 사례에서 해상수송로 안보 위협은 호르무즈 해협을 항행하는 유조선에 대한 이란의 공격이 주요 위협이었다. 이에 대한 군사적 대응은 유조선에 대한 군사적 보호를 통해 이란의 공격을 억지하는 정도가 충분했기 때문에 미국은 이와 같은 결정을 내렸다. 만약 미국이 이란 본토를 공격하면 그러한 군사력의 사용은 위기를 더욱 심각하게 만들어서 이란과 전면적인 교전을 하게 되는 상황으로 빠질 수 있는 위험이 있다. 물론 유조선을 호위하는 미국 군함을 이란이 공격하는 경우 이에 대한 보복 공격과 함께 군사 공격을 개시한 목표물(예를 들어 이란의 공군기지)에 대한 보복 공격도 대응 방안으로 선택 가능할 것이다.

국제정치 구조적 요인: 냉전 대결에서 소련에 대한 견제

국제정치의 구조, 그것이 개별 국가에게 가하는 압력은 국가의 행동에 영향을 주는 중요한 요인임을 부인하기 어렵다.[52] 이 책이 다루는 냉전 시기 사례들은 당시 국제정치의 구조적 힘인 미국과 소련 간의 냉전 대결 즉, 미소 경쟁관계 및 미국 입장에서 소련에 대한 견제 또는 고려도 미국 외교정책의 결정에 영향을 미치는 중요한 변수일 것이다. 냉전기 미국 외교 및 안보정책을 설명할 때 반공산주의(anticommunism)는 가장 중요한 요인으로,[53] 미국과 소련의 경쟁은 지구적 차원에서의 경쟁이면서 동시에 지역적 수준에서의 경쟁이다. 특히 중동 지역과 같이 에너지 자원이 풍부한 지역에 미국이 군사적으로 개입한다면 마찬가지로 동 지역에 중대한 이해관계를 가진 소련과 충돌할 가능성이 있고, 미국의 정책결정자들은 이러한 가능성을 염두에 두고 정책결정을 할 가능성이 높다.

냉전 기간 소련에 대한 미국의 외교정책은 봉쇄(containment)로, 다른 국가나 기타 국가안보 문제에 대한 외교정책은 소련에 대한 견제와 독립적이기 어려웠다. 봉쇄는 전후 세계질서를 다시 구성하기 위해서 소련이 제2차 세계대전 결과 자신이 획득한 권력과 입지(position)를 활용하는 것을 막으려는 아이디어였다. 봉쇄라는 아이디어는 1941년부터 워싱턴의 관료들 마음 속에 있었는데 이

---

52) Kenneth N. Waltz, *Theory of International Politics* (Boston, Mass.: McGraw-Hill, 1979).

53) Charles W. Kegley Jr. and Eugene R. Wittkopf, *American Foreign Policy: Pattern and Process* (New York: St. Martin's Press; London: Macmillan, 1996), pp. 7-8; Warren I. Cohen, *The Cambridge History of American Foreign Relations: Volume IV America in the Age of Soviet Power, 1945-1991* (Cambridge University Press, 2008), pp. 246-247.

를 구체화시킨 사람은 케난(George F. Kennan)이었다. 그는 1947년 7월 "장기적이고 인내심이 있으나 확고하면서 방심하지 않는 방식으로 러시아의 팽창하는 추세를 봉쇄할 것(long-term, patient but firm and vigilant containment of Russian expansive tendencies)"을 공개적으로 요구했다.[54] 케난의 봉쇄 개념, 그리고 세력균형 아이디어는 트루먼 행정부에서 구체적으로 정책화되었으며 냉전기 소련에 대한 미국 외교정책의 근간이 되었다.[55]

냉전기 미국은 어떤 외교 및 안보정책을 결정하든지 소련과의 경쟁 관계를 늘 고려해왔고 그것은 지구적 차원과 지역 차원에서의 결정 모두에 해당된다. 따라서 해상수송로 안보 위협에 대한 대응으로서 대응 방식을 논의할 때에도 소련의 반응이나 소련의 행동에 미칠 영향력에 대해서도 고려할 것이다. 미국은 기본적으로 소련의 영향력 확대를 견제 및 봉쇄하는 맥락에서 대응 방안을 고려하면서, 소련과의 직접적인 충돌은 최대한 피하고 소련과의 긴장관계가 격상되지 않도록 고려할 것이다. 예를 들어 정치, 외교적 대응을 논의할 때 UN 안보리 결의안을 채택하는 경우 소련이 거부권을 행사할 것인지 고려하거나, 소련의 페르시아만 영향력 확대 저지나 견제를 목적으로 군사적 대응도 고려할 수 있다.

---

54) X, "The Sources of Soviet Conduct," *Foreign Affairs*, XXV (July, 1947), p. 575.

55) 케난의 봉쇄 개념과 세력균형의 역할, 그리고 트루먼 행정부에서 케난의 아이디어들이 정책화되는 과정에 대해서는 다음 문헌 참고. John Lewis Gaddis, *Strategies of containment: A Critical Appraisal of American National Security Policy during the Cold War* (New York: Oxford University Press, 1982), pp. 4, 25-88.

국내정치적 이해관계의 고려

국제정치와 국내정치는 서로 독립적이며 분리되어 있는 것이 아니다. 의회, 이익집단, 여론을 비롯하여 다양한 국내정치 변수들이 외교정책의 선택이나 이행에 영향을 줄 수 있다.[56] 대통령으로서 국내정치적 이익을 위해 예를 들어, 외부 적대 세력에 대한 강한 리더십을 보여주려는 목적으로 군사적 수단을 선택할 수도 있다. 민주주의 국가에서는 여러 국내정치적 변수가 외교정책의 결정에 영향을 줄 수 있는데, 왈트(1987)는 국내정치 로비세력이 미국의 대 중동정책에 영향을 주었는지 분석하기 위해서 미국 내에 존재하는 친이스라엘 집단의 역할에 주목하였다.[57] 베르디어(1994)의 경우 국가안보 위기 상황이 아닌 일상적인 상황에서는 국내정치가 국내정책 및 외교정책을 결정한다고 주장한다. 그는 민주주의

---

56) 국내정치와 외교정책의 관계에 대해서는 다음을 참고할 것. Charles W. Ostrom, Jr. and Brian L. Job, "The President and the Political Use of Force," *American Political Science Review*, Vol. 80, Issue 2 (June, 1986), pp. 541-566; Patrick James and John R. Oneal, "The Influence of Domestic and International Politics on the President's Use of Force," *Journal of Conflict Resolution*, Vol. 35, Issue 2 (June, 1991), pp. 307-332; 밸러리 허드슨, 신욱희 외 역 『외교정책론』 (서울: 을유문화사, 2009), 5장; 권용립, 『미국 외교의 역사』 (서울: 삼인, 2013), pp. 29-37; 서정건, "미국 국내 정치와 북한 비핵화 이슈: 합의(agreements)에서 이행(commitments)으로," 『국방연구』 제61권 제3호 (2018), pp. 85-102; 김기정, 『외교정책 공부의 기초』 (서울: 연세대학교 대학출판문화원, 2019), pp. 95-97; Timothy Naftali, "The Wounded Presidency, Part Two: The Untold Story of U.S. Foreign Policy During the Clinton Impeachment Crisis," *Foreign Affairs* (January 20, 2020).

57) Stephen M. Walt, *The Origins of Alliances* (Ithaca: Cornell University Press, 1987), pp. 251-260.

국가에서 통상정책(trade policy)이 만들어지는 과정을 분석하면서 유권자의 역할이 가장 중요하다고 지적하였다.[58] 서정건(2018) 역시 한 국가의 국익을 정의하는 문제는 단순하지 않고, 미국의 경우 '외교정책의 결정을 둘러싼 미국 정치(American politics of foreign policy-making)'를 이해하는 것이 중요하다고 강조한다.[59]

국내정치 요인들이 국가의 외교정책에 영향을 준다는 가능성을 열었을 때 현실적인 문제는 외교정책에 영향을 줄 것으로 추정되는 국내정치 요인들이 너무 많다는 데 있다. 모든 국내정치 요인을 분석하는 것을 현실적으로 어렵다. 민츠(2002)는 국내정치적 고려란 외교정책의 최종 결정자인 대통령의 입장에서 국민이나 의회의 동의, 또는 지지받기 매우 어려운 극단적인 정책적 대안들을 제외하고 다른 선택을 한다는 의미로 설명한다.[60] 예를 들어, 단독적인 전쟁수행이나 무력 사용이 그 시점에서 국민이나 의회의 지지를 받기 어렵고 대통령에게 정치적으로 부담이 된다면, 그러한 대안들이 제외되고 정치적으로 수용가능한 대안들만 남게 된다는 주장이다.

이 책은 민츠(2002)와 마찬가지로 외교정책의 최종 결정자인 대

---

58) Daniel Verdier, *Democracy and International Trade: Britain, France, and the United States, 1860-1990* (Princeton, N.J.: Princeton University Press, 1994), Introduction.

59) 서정건, 2018, p. 88.

60) Alex Mintz (eds.), *Integrating Cognitive and Rational Theories of Foreign Policy Decision Making* (New York, NY: Palgrave Macmillan, 2002), pp. 1-7.

통령 입장에서 국내정치적 고려에 주목한다. 국내정치적 고려는 대통령의 국내정치적 이익, 의회와의 관계를 포함한다. 대통령의 국내정치적 이익은 다가올 선거에 앞서 취할 수 있는 정치적 이익 예를 들어, 재선 가능성이나 대통령에 대한 지지율 등을 고려할 수 있다.

예를 들어 1950년 한국전쟁이 발발했을 때 트루먼 행정부가 한국전쟁에 개입하기로 한 결정이 대표적이다. 당시 미국의 개입 결정은 소련의 영향력이 확대되는 것을 저지하고, 또한 미국의 성공적인 개입을 통해 트루먼 정부의 정치적 이익을 얻고자 했던 국내정치적 이유도 있었다.[61] 또한 1962년 쿠바 미사일 위기에서 케네디 대통령도 자신이 선택할 수 있는 대안의 국내정치적 영향을 고려했다. 당시 공화당은 케네디의 쿠바 정책에 대해 격렬한 비판을 하고 있었는데 쿠바에 미사일을 설치하는 소련의 도발적 행동에 대해 대통령이 아무런 행동을 취하지 않을 경우, 그것이 가져오는 국내정치적 결과에 대해 맥나마라 국방장관뿐 아니라 케네디 대통령도 충분히 인지하고 있었다.[62] 즉, 대통령이 어떤 대응을 고려하고 실제로 선택하는 과정에서 그러한 선택지가 여론에 미칠 영향, 선거에 미칠 영향 등을 고려한다.

해상수송로 안보 위협을 발생시킨 국가 또는 세력에 대한 대응

---

61) Cohen, 2008, pp. 67-68.

62) Graham T. Allison and Philip Zelikow, *Essence of Decision: Explaining the Cuban Missile Crisis* (New York: Longman, 1999), p. 113.

으로서 경제적 대응을 고려하는 경우에도 정책결정자는 국내정치적 이익을 고려할 수 있다. 특정 국가에게 특정 상품의 수출입을 제한함으로써 경제제재를 하게 되면 이는 미국의 다양한 국내 경제 주체에게도 부정적인 영향을 줄 수 있기 때문에 대응 방안을 고려하는 과정에서 정책결정자는 국내 경제 주체에 미칠 영향력도 고려할 수 밖에 없다.

군사력의 사용을 포함하는 대응 방안을 논의할 때 의회와의 관계나 외교정책에 대한 의회의 입장도 매우 중요하다. 특히 1973년에 전쟁권한법이 통과된 이후, 의회는 대통령과 소수의 정책결정 참여자가 주도하는 국가안보 관련 정책 특히, 군사력의 사용에 대한 대통령의 권한을 견제하려고 노력하고 있다. 따라서 정책결정자들은 위협이 발생하는 경우 위협에 대응하기 위한 방식을 논의할 때 의회 지도자들에게 관련 상황과 이에 대한 선택지들을 설명하기도 하며, 이 과정에서 군사력 사용에 대한 의회 지도자들의 의견을 듣기도 한다.

이상에서 살펴본 변수 이외에도 정책결정자의 외교정책 대안 선택에 영향을 줄 수 있는 요인으로 지역 국가의 안보에 미칠 영향 등을 생각할 수 있다. 미국이 특정 외교정책을 결정 및 이행할 때 그것은 지역국가 간의 관계, 지역 동맹국이나 우방국과의 관계, 전반적인 지역 안보에 영향을 줄 수 있기 때문에 정책결정자는 그러한 결과도 고려할 가능성이 있다.

종속변수: 외교정책의 선택 또는 결정

종속변수는 해상수송로 안보 위기에서 미국의 외교정책 결정 또는 선택이다. 이러한 결정 또는 선택은 해상수송로 안보를 위한 목적에서 군사력을 사용하기로 한 결정에서부터 대통령의 공식 성명 같은 외교적 대응, 경제제재 등 다양하며 군사적 대응도 여러 방식이 될 수 있다. 이 책은 특정 외교정책을 선택한 이후 그 구체적인 이행까지는 분석의 대상으로 삼지 않는데, 이 책은 국가 내 정책결정자 수준에서 마주한 여러 가지 선택지 중에서 군사력을 선택하기로 한 그 결정 및 그 과정에 주목하기 때문에 군사력을 실제로 사용하는지 또는 어떤 방식으로 군사력을 사용하는지의 실제 사용은 연구의 대상이 아니다. 어떤 위협에 대하여 군사력을 사용하여 대응하기로 결정한 이후에 즉각적으로 군사력이 사용되는 경우도 있으나, 군사력 사용 결정과 실제 이행에 시간적인 차이가 나는 경우도 있기 때문에 본 연구에서는 정책결정자 수준에서의 군사력 사용 결정까지를 분석의 대상으로 한정하였다.

이 책에서 주목하는 군사적 대응 또는 군사력의 사용 결정은 해상수송로 안보를 위한 목적으로 특정 위협에 대응하거나 그것을 예방 또는 억지하는 등 목적으로 군사력을 이동시키는 결정을 의미한다. 안보를 위협하는 행위자나 적대세력을 공격하는 무력 사용뿐 아니라, 교전 지역으로 군사력을 이동시키는 것 또한 실제 교전 가능성이 매우 높다는 것을 인지한 상태에서의 결정이기 때문에 군사적 대응이다. 이 책에서 사용하는 군사적 대응이나 군사력의 사용은 군사력(정규군)을 평시의 작전 범위(normal operation zone/area)에서 교전 지역(combat zone) 또는 안보 위협이 큰 지역으로 이동시키는 것을 의미하며, 이로 인해 교전의 가능성이나 안보 위협에 노출될 가능성, 피해받을 가능성이 이전에 비해 현저하게 커진다. 평시 작전 범위 내에서 군사력을 이동시키거나, 공격 및 피해받을 가능성이 현저하게 낮은 지역으로 군사력을 이동시키는 것은 위협에 대응하는 군사적 대응이나 군사력의 사용으로 간주하지 않는다.

예를 들어 1973년 10월 중동전쟁이 발발하자 미국은 지중해에 주둔하고 있던 해군을 이동시켰는데 이는 이집트와 교전이 이뤄질 수 있는 지역으로 이동시킨 것이 아니라 비상사태를 대비하는 의미에서의 이동이었고, 특정 위협에 대한 직접적인 대응의 성격은 아니다. 반면 1987년에 미 해군이 쿠웨이트 유조선을 호위하기 위해 페르시아만 호르무즈 해협 안쪽으로 이동한 것은 해상수송로 안보 및 에너지 안보를 위한 가장 대표적인 군사적 대응의 사례로서, 이는 사실상 미국이 이란과의 교전 가능성을 염두에 두고 교전 지역으로 군사력을 이동시키기로 한 결정이다. 이란의 미사일 공격이나 어뢰, 전투기 공격 등 직접적인 공격을 받을 가능성과 군사적으로 대응해야 할 가능성이 매우 높아져 사실상 군사력을 실질적으로 사용한다는 의미다. 따라서 훈련을 위해 이동시키는 것과 엄연히 다른 군사적 이동이다.

정책결정자는 다양한 목적을 위해 군사력의 사용을 결정할 수 있다. 군사적 수단을 사용하는 목적은 적대세력을 직접 공격하거나 적대세력의 공격에 대한 보복 공격, 적대세력의 공격을 억지하는 수단(deterrence)으로서의 무력 시위, 교전 지역 거주 자국민에 대한 대피(evacuation) 준비, 전쟁으로 인해 발생할 수 있는 비상사태(contingency)에 대한 대비 등이 있다.

앞서 살펴본 것과 같이 1950년 한국전쟁이 발발했을 때 트루먼 행정부가 전쟁에 개입하기로 한 결정이 대표적이다. 트루먼 행정부의 결정에는 복합적인 요인들이 작용했다. 미국의 개입 결정은 소련의 공세를 저지하면서 소련의 영향력이 확대되는 것을 저지하고, 비(非)공산세계(non-Communist world)의 수호자로서 미국의 의지를 보여주는 시험이었으며, 북한이라는 침략자를 응징하면서 UN의 신뢰를 지키고자 하는 다양한 목적이 있었다. 또한 미국의 성공적인 개입을 통해 트루먼 정부의 정치적 이익을 얻고자 했던 국내정치적 이유도 있었다.[63] 즉, 한국전쟁에서 미국의 개입 결정은 이상에서 언급한 다양한 요인들이 복합적으로 작용하여 이루어진 결정으로서 그 결정은 하나의 변수로만 설명하기 어렵다.

해상수송로 안보와 관련한 군사적 수단의 활용은 유전 지대(oil field)나 석유 관련 시설 등을 적대세력의 공격이나 테러리즘 등으로부터 보호 또는 대비, 해상수송로가 적대적 세력에 의해 통제되는 것을 예방하거나 위협 세력의 공격을 억지하는 것, 유조선의 안전한 이동을 위한 군사적인 안보 제공(에스코트) 등을 생각할 수 있다.

---

63) Cohen, 2008, pp. 67-68.

다양한 외교정책 선택지

위기 상황에서 정책결정자들이 고려할 수 있는 외교정책 선택지는 외교적 대응에서부터 군사적 대응까지 다양하다. 위협에 대한 대응은 일반적으로 준비 과정이 짧고 비용이 적게 발생하는 〈외교적 대응〉▶〈경제적 대응〉▶〈군사적 대응〉의 순서로 진행될 가능성이 높고, 어느 하나만을 선택하기보다는 동시 진행적이다. 예를 들어, 외교적 대응을 준비나 실행하면서도 경제제재와 같은 경제적 대응을 동시에 논의하면서 진행하는 것이다. 선택한 대응 방식이 효과가 없는 경우 다음 대응 방식을 선택할 것이다.

외교적 대응은 위협에 대응하기 위한 방식으로 비교적 준비 과정이 짧아서 대체로 정책결정자들이 위기 초반에 선택하는 외교정책이다. 비공개적으로 외교 채널을 통해서 위협 발생 국가 또는 세력에게 우려를 전달하고 해상수송로 안보를 위협하는 공격적인 행위의 자제를 요구하거나, 대통령이나 국무장관의 공식 성명 발표를 통해 공개적으로 위협을 발생시키는 국가나 세력에 대하여 정치적 및 외교적 압력을 행사할 수도 있다. 아울러 위협적 행위를 규탄하는 UN 안보리의 결의안을 통과시키는 국제기구를 활용한 다자적 방식의 대응도 고려할 수 있으나, 소련과 같은 UN 안전보장이사회 상임이사국 개별 국가와의 관계로 인해 UN에서의 다자적인 대응은 미국의 독자적인 대응에 비해 진행이 다소 느릴 수 있다.

경제적 대응의 대표적인 사례는 특정 국가 전체 또는 그 국가의 지도자 개인이나 그룹, 국가 조직에 대한 경제제재이다. 원유와 같은 특정 상품의 수출이나 수입을 제한하기도 하고, 특정 인물이 국제 금융 거래에 접근하는 것을 제한하는 등 다양한 방식의 경제적 대응을 고려할 수 있다. 원유 수출이 국가의 가장 큰 수입인 대부분의 중동 산유국의 경우 원유 수출을 제한하거나 그 국가의 원유를 수입하는 것을 제한하는 경제제재는 대상 국가의 재정에 큰 타격을 줌으로써 매우 큰 정치적 압력을 행사할 수 있다. 이란-이라크 전쟁 중 이란의 페르시아만 해상수송로 위협에 대응하기 위해 레이건 행정부는 이란에 대한 무기 판매를 금지하는 Operation Staunch를 실시하였는데 이는 경제적 대응의 사례다. 정치, 외교적 대응에 비해 경제제재는 조금 더 많은 논의가 필요하다. 특정 국가를 겨냥하여 경제제재를 실시함으로써 자국 내 경제 주체들도 피해를 입을 수 있기 때문이다. 미국 내에 있는 경제 주체들의 경제적 피해를 최소화하면서 대상 국가에게 최대한의 압력을 행사할 수 있는 방법을 모색해야 하는데 이러한 논의는 다소 시간이 걸릴 수 있다.

군사적 대응 선택 과정

마지막으로 군사적 수단으로 대응하는 논의 및 최종 선택 과정은 여러 단계를 거쳐 진행될 것이다. 그리고 군사적 대응은 가장 마지막 수단으로 선택할 수 있는 선택지다. 왜냐하면 정치, 경제적 대응에 비해 군사적 대응을 선택하는 데 있어서 냉전기에는 소련과의 관계, 국내여론, 의회와의 관계 등 고려해야할 요인들이 많고, 군사력 사용의 목적과 범위 및 방식 등에 대한 군사기획 논의도 필요하기 때문에 다른 대응에 비해 많은 시간이 소요되는 선택지이다. 또한 필요 이상의 무력을 사용하는 경우 관리하기 힘들 정도로 현재의 위기나 긴장 상태가 고조될 수 있고, 가장 심각한 경우 전면적인 교전으로 이어질 수 있기 때문이다. 물론 낮은 단계의 군사력 사용인 군사력의 이동을 통한 무력시위를 선택하더라도, 그러한 선택지를 짧은 시간에 선택하는 것은 쉽지 않다.

① 군사 작전 수행을 위한 지역 국가와의 협의

미국의 군사적 대응은 많은 경우 인접 지역이 아니라 원거리 군사 작전이기 때문에 군사 작전을 위한 해당 지역 국가와의 협의는 군사적 대응을 논의하는 과정에서 중요하다. 미국이 단독으로 군사 작전을 결정 및 실시하더라도 해당 지역 국가의 공군기지, 항만 시설 등 현지 인프라를 이용해야 하는데 지역 국가와의 협의가 없이 어렵다. 실제로 1980년대 이란-이라크 전쟁 중 페르시아만과 주변 지역에서 이란의 위협에 대응하기 위해 레이건 행정부는 군사적 대응에 대해 오랜 시간 동안 논의를 진행했는데, 페르시아만 지역 국가의 공군 기지나 항만을 이용하는 접근권(access) 문제를 해결하기 위해 미국은 지역 국가들과 협력을 모색하며 많은 노력을 기울였다.

② 군사적 고려: 군사기획(Military Planning)

군사적 대응을 논의하는 과정 그리고 최종 선택 단계에 앞서 현실적으로 중요한 부분 중 하나는 군사적 고려인데 군사기획 또는 군사계획(military planning)이 그것이다. 군사기획 또는 군사계획은 "어떤 목표를 달성하기 위해서 관련된 위험(risks)을 동시에 고려하면서 군사적 역량(military capabilities)을 시간과 공간 속에서 어떤 방식으로 사용할 것인지 결정하는 과정(process)"을 의미한다. 이상적으로는 국가의 전략적 목표를 설정하는 것에서부터 군사계획이 시작된다고 볼 수 있다. 군사기획 또는 군사계획을 통해 대통령이 활용할 수 있는 군사적 선택지들(military options)을 확인하게 되는데, 대통령은 정치, 외교, 경제 등 다른 선택지와 군사적 선택지를 통합적으로 고려할 수 있다. 군사기획 과정에서 각 선택지가 가지는 장점(benefits), 비용(costs), 그리고 위험요인(risks)들을 확인한다. 대통령과 국방장관에게 가장 핵심적인 군사자문으로서 합동참모본부 의장(CJCS: The Chairman of the Joint Chiefs of Staff)은 군의 사령관들이 제안한 목표 그리고 군사적 최종상태(military end state)에 대하여 자문을 하기도 한다.[64] 군사기획에서는 위협에 대한 평가, 군사력 사용의 목표, 목표 달성을 위한 군사적 대응 방식, 이를 위한 군사적 역량 평가 등이 이루어진다. 전 지구적 차원에서 다양한 위협에 대응하기 위해 군사력을 운용하는 미국에게 특정 위협에 대응하기 위한 군사적 대응 방안을 논의할 때 군사기획은 매우 중요한 부분이다. 제한된 군사적 역량 내에서 가장 효율적으로 군사력을 사용하기 위해 정책결정자들은 신중하게 정치, 군사적 고려를 한다.

---

64) United States Joint Chiefs of Staff, *Joint Publication (JP) 5-0: Joint Planning* (16 June 2017), p. I-1.

군사기획 단계에서 우선 현재 군사적으로 대응해야 하는 위협의 속성이 무엇인지, 그 영향력이 어떠한지 등에 대한 평가가 이루어진다. 위협에 대한 정확한 평가는 구체적인 군사적 대응 방식을 고려하는 데 기초 자료가 된다. CIA, 국무부, 국방부, NSC 등은 이러한 평가를 위한 정보(intelligence)를 제공한다. 이러한 정보를 바탕으로 위협에 비례하는 또는 그에 상응하는 군사적 대응 방식들을 고려할 수 있다. 다음으로 정책결정자들은 군사력 사용의 목표에 대한 논의를 진행한다. 예를 들어, 군사적 대응을 통해 얻고자 하는 목표가 해상수송로 안보 위협을 발생시키는 적대 세력의 추가적인 공격이나 위협적인 행위를 억지(deterrence)하는 것인지, 공격 주체를 보복적 차원에서 공격하는 것인지 등에 대한 구체적인 군사력 사용의 목표를 논의한다. 기존에 발표된 국가안보전략이나 특정 이슈 또는 문제에 대한 대통령의 지침(Presidential Directives) 등이 해상수송로 안보 위협에 대응하는 군사력 사용의 목표를 규정하는 데 일종의 가이드라인으로서 역할을 한다. NSC 회의체 수준의 회의에서 정책결정자들은 군사력 사용의 목표를 논의한다.

군사적 대응의 목표를 설정했다면 그것을 달성하기 위해 구체적으로 어떻게 대응해야 하는지 즉, 군사력을 어떻게 활용해야 하는지에 대한 논의가 이루어진다. 여러 가지 발생가능한 시나리오에 대하여 각각의 대응 방식을 논의하기도 한다. 또한 여러 국가가 함께 참여하는 다자적인 개입이나 미국 독자적으로 개입할지의 부분도 논의가 이루어진다. 다자적인 대응에서는 개입에 참여할 국가와의 군사기획에 대한 논의도 별도로 진행되어야 한다. 마지막으로 정책결정자들은 군사적 목표 달성을 위해서 필요한 군사적 역량 또는 현황에 대해서도 논의한다. 군사적 목표 달성을 위해서 필요한 군사적 자원이 어느 정도이며, 실제로 활용가능한 자원은 어떠한지 등에 대한 논의가 그것이다. 현재 가용한 군사적 역량은 여러 군사적 대응 선택지 중에서 어느 방식을 선택할지 영향을 준다.

③ 군사력의 예비적 이동

군사적 대응을 논의하는 과정에서 군사력의 예비적 이동이 이루어진다. 군사력의 예비적 이동은 미래에 발생할 수 있는 긴급상황(contingency)에 대비하거나, 특별한 목적을 위해 군사력을 활용하기 위해서 예비적 차원에서 군사력을 이동시키는 것이다. 아직 구체적으로 군사력을 어떻게 활용할 것인지 결정되지 않았으나, 잠재적인 군사력의 사용에 대비하기 위한 차원에서 이루어지는 군사력의 이동이다. 이 단계에서 군사력의 이동은 정치적 고려가 반영된 것으로 소련과 같은 경쟁국가에게 위협이 되지 않는 방식으로 이루어진다. 해상수송로 안보 위협이 심각한 단계로 넘어가고, 다른 모든 수단을 소모한 다음 군사적 대응을 최후 수단으로 선택한 다음, 군사력은 군사기획 단계에서 규정한 임무 수행을 위해 이동하게 된다.

④ 군사적 대응의 선택

해상수송로 안보 위협에 대한 대응으로서 외교적 대응이나 경세적 내응이 효과적이지 않은 경우, 최후의 수단으로 군시적 대응을 선택할 수 있다. 군사적 대응은 해상수송로 안보 위협이 심각한 수준일 때 현실적으로 선택가능한 대안으로 등장한다. 군사기획 과정을 통해 다음 표와 같이 각 해상수송로 안보 위협 상황(시나리오)에 따른 여러 가지 군사적 대응 방식 선택지가 도출될 것이다. 동일한 위협에 대하여서도 군사 공격을 하느냐, 어느 목표물을 공격하느냐 등에 따라 여러 방식의 군사적 대응 선택지들이 도출될 수 있다. 이러한 선택지들은 군사 작전의 관점에서 군사적 판단에 기초한 선택지들이다. 최종 단계에서 정책결정자는 위협의 속성을 고려하여 여러 선택지 중에서 위협 대응에 효과적이면서 현재의 위기를 추가적으로 고조시키지 않는 군사적 대응 방식을 선택할 것이다.

표-9 해상수송로 안보 위협의 성격에 따른 군사적 대응 선택지의 예시

해상수송로 안보 위협의 성격(위협 시나리오)	군사적 대응 방식	군사적 대응 목표	군사 공격 대상	인명 피해 예상 (아군/적군)	군사 작전 이행까지 필요 시간
적대 세력이 군사력 동원하여 호르무즈 해협 완전 봉쇄	봉쇄된 해협 근처로 미군 함정의 파견 (Show of Force)	해협 개방		/	
	기존 병력에 대한 대규모 추가 파병	해협 개방		/	

해상수송로 안보 위협의 성격(위협 시나리오)	군사적 대응 방식	군사적 대응 목표	군사 공격 대상	인명 피해 예상 (아군/적군)	군사 작전 이행까지 필요 시간
미군 함정이나 정찰기에 대한 적대 세력의 공격	공격 주체에 대한 보복 공격 1	추가적인 공격 억지	공격 국가의 공군기지, 미사일 시설 등		
	공격 주체에 대한 보복 공격 2	추가적인 공격 억지	공격 국가의 군 사령부		
	사이버공격 (Cyber attack)	추가적인 공격 능력 훼손	미사일 기지의 무기 제어 전산 시스템		
해협 통행 유조선에 대한 공격	미국 및 동맹국 소유의 유조선에 대한 해군의 호위	추가적인 공격 억지, 유조선 통행 보호			
	모든 유조선에 대한 해군의 호위	추가적인 공격 억지, 유조선 통행 보호			

실제로 특정 방식의 군사적 대응을 선택할 때 현실적으로 중요한 부분은 선택하고자 하는 그러한 군사 작전이 군사기획 관점에서 얼마나 준비되어 있느냐, 그리고 군사적 역량 측면에서도 준비가 되어 있느냐일 것이다. 어떤 군사 작전을 어떻게 수행할 것인지에 대한 부분과 아울러 그러한 작전을 수행할 군사적 역량이 준비되어 있느냐는 그러한 군사적 대응을 선택하는 결정에서 중요하다. 아무리 효과적인 군사적 대응 방식을 고려했다 하더라도, 그

것을 실행할 수 있는 역량이나 군사 작전의 준비가 되어 있지 않다면 그러한 방식은 선택 및 실행하기 어렵기 때문이다.

3. 미국 외교정책 결정 과정의 분석틀

　미국 외교정책이 결정되는 그 과정은 직선적(linear)이지 않고, 입체적이다. 다양한 행위자들이 정책결정의 과정에 참여하며, 여러 요인들이 그 과정과 최종 선택에 영향을 주기 때문에 정책결정의 과정은 다면적이다. 이 책은 그러한 과정을 보여주는 분석틀을 제시하고, 동 분석틀에 따라 세 위기에서 해상수송로 안보가 외교정책에 미친 영향, 미국 외교정책의 결정 과정을 설명한다.

　앞서 살펴본 것과 같이 미국 외교정책의 결정은 역사적인 맥락에서 이루어지며, 점진적이고 순환적이다. 정책결정자들은 위기를 마주한 그 특정 시점에 존재하는 선택지나 상황만 고려하는 것이 아니라, 기존 정책을 바탕으로 결정을 내리고 그들이 내린 결정은 다음에 발생하는 정책결정 과정에 영향을 미치는 요소로 피드백처럼 작용한다. 아울러 미국 외교정책의 결정은 제도화된 과정을 통해 이루어지는 공유된 결정 과정으로, 국가안보나 외교에 정통한 관료의 자문 역할이 중요하고, 따라서 NSC를 이끄는 국가안보보좌관, 국무장관 및 국방장관의 역할이 중요하다. NSC 회의, NSC 소속 위원회 회의 또는 워킹그룹이나 태스크포스는 대통령을 비롯한 핵심 정책결정자들이 정책 결정을 용이하게 하기 위해 사전에 다양한 외교정책을 검토하거나 제안한다.

　다음 그림은 이상에서 설명한 미국 외교정책 결정 과정의 특징을 반영하여 고안한 위기 시 NSC 수준에서 미국 외교정책의 결정 과정을 설명하는 분석틀이다. 본 분석틀은 정보 영역(Intelligence), 결정 영역(Decision) 및 정책 가이드라인(Policy Options/Guidelines)이라는 세 영역으로 구성되는데 이 과정은 순환적이다. 이 분석틀에는 앞서 논의한 외교정책 설명 이론의 일부가 통합되어 있다. 결정 영역에서 대통령을 포함한 정책결정자들은 활용가능한 정책적 제안들 각각에 대해서 평가하고 논의한다고 가정하기 때문에 합리적 행위자 모델의 일부가 작동한다. 대응 방식을 논의하면서 관련 이슈에 대한 기존의 결정이나 과거 유사한 사례에서 내렸던 결정 등을 참고하기 때문에 인지적 분석도 본 분석틀에 통합되어 있다. 또한 NSC(국가안보보좌관), 국무부(국무장관), 국방부(국방장관) 등 여러 관료조직이 문제 해결 및 대응을 위한 정책 제안을 하면서 서로 경쟁하기 때문에 관료정치가 작동하지만 앞서 지적한 것과 같이 그 역할은 제한적이다.

그림-11 위기 시 미국 외교정책 결정 과정의 분석틀(NSC 수준[65])

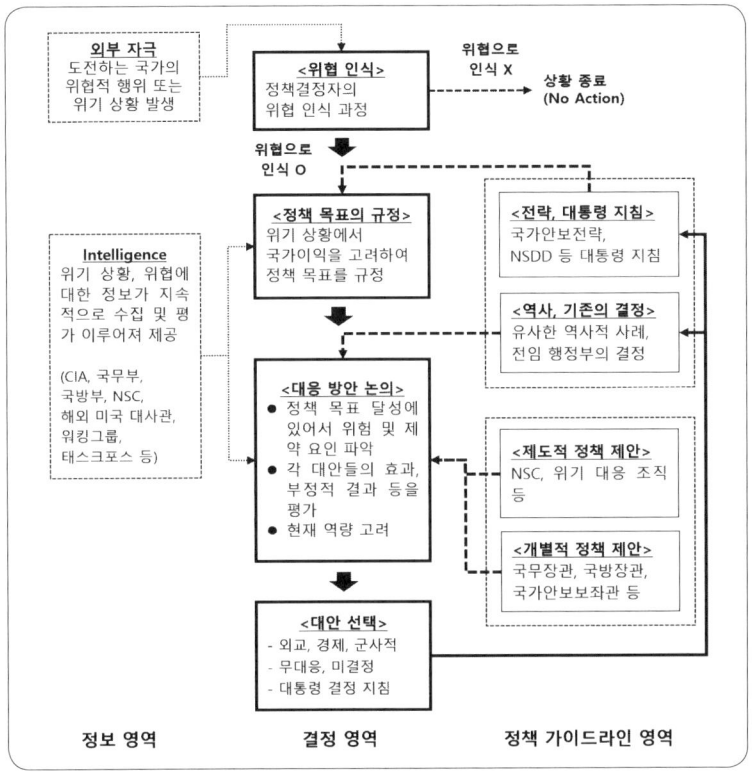

이 책에서는 미국 외교정책의 결정 과정을 세 영역으로 구분하여 설명을 시도하나, 실제로는 각 영역이 중첩되는 경우도 있다. 예를 들어, 정책 가이드라인 영역에 해당하는 개별 행위자(국무장

---

65) NSC 전체 회의 또는 핵심 정책결정자들이 참여하는 NSC 소속 특별 회의 및 이에 준하는 회의체

관, 국가안보보좌관)가 현재 위기 상황을 정리한 정세자료(intelligence) 와 함께 정책 제안을 하는 경우도 있기 때문이다. 각 영역에 대한 구체적인 설명은 다음 표와 같다.

표-10 외교정책 결정의 세 영역

정보 영역	결정 영역	정책 가이드라인 영역
• 안보를 위협하는 특정 국가나 세력의 행위 및 사건에 대한 정보가 생산되어 정책결정자에게 전달됨 • 전쟁, 교전 같은 외부 상황 변화에 대한 정보를 정책결정자들에게 전달하는 역할 • CIA 브리핑, 국무부, 국방부, NSC 상황실, 해외 주재 미국 대사관의 전문(cable), 워킹그룹이나 태스크포스의 상황 자료 등 다양한 행위자가 자료(intelligence)를 생산 및 전달함	• 현재 활용가능한 정보, 선택할 수 있는 대안 및 정책적 역량(정치, 경제 및 군사적 역량)을 바탕으로 외교정책을 논의 및 결정(선택)하는 영역임 • 대통령, 국가안보보좌관, 국무장관, 국방장관, CIA 국장, 합참의장 등 핵심 정책결정자 그룹이 정책 결정의 과정에 참여 • NSC 회의 또는 NSC 소속 회의에서 논의와 제안 및 결정이 이루어짐 • 최종 결정 권한은 대통령에게 있음	• 결정 영역의 기초 자료로 활용되거나 영향을 주는 영역 • 과거 유사한 사례에서 내렸던 결정, 관련된 사건에서의 결정, 현재의 국가안보 전략이나 관련 문제에 대한 제도적 가이드라인 등이 초기 단계에서 중요한 역할을 함 • NSC 회의와 소속 핵심 회의를 지원하는 워킹그룹 및 태스크포스의 정책 제안 • 국가안보보좌관, 국무장관, 국방장관 등 개별 행위자의 정책 제안

도전국가 또는 적대세력이 해상수송로를 위협하는 행위를 하면서 전체적인 과정이 시작된다. 미국 또는 미국의 동맹국과 적대적인 관계에 있는 국가 또는 세력이 자국 및 동맹국의 석유 해상수송로를 봉쇄하겠다고 위협하거나, 그럴 가능성이 제기되거나, 또는 해상수송로를 통과하는 선박에 대한 공격이 발생하는 경우가

그것이다. 1967년 위기 사례의 경우 이집트가 이스라엘에게 중요한 석유 해상수송로인 티란 해협을 봉쇄하겠다고 선언했고, 정책결정자들이 이를 위협으로 인지하면서 위기가 시작되었다. 후술하겠지만 해상수송로 안보를 위협하는 행위나 사건을 정책결정자들이 위협으로 인식할 때 위기가 시작되며, 위협으로 인식하지 않는 경우 대응 논의가 이루어지지 않는다.

정보 영역(Intelligence)

미국과 동맹국의 해상수송로 안보를 위협할 가능성이 있는 사건이나 행위가 발생하는 경우 정보기관, 해외 주재 미국 대사관 등에서 관련 정보를 국무부(국무장관), 백악관 또는 NSC(국가안보보좌관) 같은 조직이나 특정 정책결정자에게 보고한다. 이러한 정보는 이후에도 지속적으로 정책결정자에게 제공되는데 그들은 이 정보를 바탕으로 대응이 필요한지의 여부나 대응 방안을 논의 및 결정한다. 광범위하면서도 정확하고 최신의 해외 정보(intelligence) 수집 및 분석은 국가가 효과적인 외교정책을 수행하고 방어적 차원에서의 군사적 대비에 필수적이다. 그러나 제2차 세계대전 이후에 CIA가 창설된 것만 보더라도 이러한 인식은 그리 오래되지 않았다.[66] 다양한 정보기관이 제공하는 정보를 바탕으로 정책결정자는

---

66) Harold Sprout and Margaret Sprout, *The Ecological Perspective on Human Affairs:*

새로운 상황 변화를 다시 인지하고 이러한 정보에 기반하여 대응 방안을 논의한다. 정보 영역은 전쟁, 교전 같은 외부 상황 변화에 대한 정보를 정책결정자들에게 전달하는 역할을 한다. CIA, 국무부, 국방부, NSC 상황실, 해외 주재 미국 대사관, 워킹그룹이나 태스크포스 등 다양한 조직과 개별행위자가 외부 상황에 대해 정보를 생산하여 꾸준히 정책결정자에게 제공한다.

정책 가이드라인 영역(Policy Options/Guidelines)

미국 외교정책 결정은 역사적 맥락에서 이루어지는 점진적인, 그리고 제도를 통해 이루어지는 공유된 과정이기 때문에 정책 가이드라인 영역은 결정 영역의 기초 자료로 활용되거나 정책결정 방향을 제시한다. 과거 유사한 역사적 사례에서 다른 국가나 전임 행정부가 내린 결정이나 행동, 현재 국가안보 전략 및 대통령 결정 지침(Presidential Directives) 등은 정책결정자가 대안을 고려할 때 가이드라인이자 지름길이 된다. 과거 유사한 사례의 경험이 정책결정의 과정에 영향을 준다는 측면에서 이 부분은 인지적 분석의 설명력이 유용한 부분이라 할 수 있다. 스나이더와 공저자들(1954)도 정부가 과거에 한 행동과 정책 규칙이 정책결정자의 심의과정

With Special Reference to International Politics (Princeton: Princeton University, 1965), p. 1.

을 자동적으로 협소하게 만드는데 이는 기존의 정책을 뒤집는 것을 어렵게 만든다.[67] 어떤 문제에 대해 내려진 결정은 이후에 발생하는 유사한 위기에 영향을 주는 순환적 과정을 반복한다. 따라서 순환적이며 제도적이고 다층적인 미국 외교정책 결정에 대한 이해가 없이 이익과 비용의 측면에서만 분석하거나, 단순히 관료조직 간 경쟁의 관점에서 미국 외교정책 결정 과정을 설명한다면 이는 현실을 제대로 포착하지 못할 위험이 있다.

제도적 차원에서는 NSC, 임시 위기 대응 조직의 정책 제안이 이루어진다. 개별 행위자 차원에서는 국무장관, 국방장관, 국가안보보좌관 등이 조직의 대표로서 또는 개별 행위자로서 대통령에게 직접 정책 제안을 하며 이 과정에서 그들이 경쟁하는 관료정치가 작동할 수 있다.

결정 영역(Decision)

결정 영역에서는 정보 및 정책 가이드라인 영역에서 제공된 전략, 정책 제안을 참고하여 정책결정자가 대안을 논의하며 최종 선택하는 과정이 진행된다.[68] 대통령, 국가안보보좌관, 국무장관, 국

---

67) Snyder, Bruck, and Sapin, 1954, p. 65.

68) 외교정책 결정의 진행 과정은 스나이더(1952)의 논의를 참고하여 재구성했다. Richard C. Snyder, "The Nature of Foreign Policy," *Social Science*, Vol. 27, No. 2 (April, 1952), p. 64.

방장관, 재무장관, CIA 국장, 합참의장 등 핵심 정책결정자들이 이 과정에 참여한다. 그들의 참여로 NSC 회의 또는 이에 준하는 임시 위기 대응 조직 회의에서 논의가 이루어지는데 대통령은 외교정책의 최고 결정권자로 그는 회의 결과 도출된 정책 제안을 참고하여 최종 결정을 내린다. 결정 영역에서 정책결정이 진행되는 과정은 앞의 두 영역과의 관계를 통해 이루어지며 이 과정에서 합리적 선택, 심리/인지적 과정 및 관료정치가 복합적으로 작동한다.[69]

1) 정책결정자의 위협 인식 및 해상수송로 안보 위협의 수준 평가

가장 첫 번째 단계는 정보 영역에서 정보기관이 생산하여 전달한 외부 환경 변화에 대한 자료에 대해 정책결정자의 판단이 이루어진다. 정책결정자는 이러한 외부 변화에 대응할 것인지 여부를 판단한다. 정책결정자가 해당 정보를 대응이 필요한 국가안보 위협으로 인식하는 경우, 다음 과정으로 진행되며 그렇지 않은 경우 상황은 종료된다. 현실주의가 주장하는 국제정치체제의 구조적인 힘, 국가 수준의 변수가 국가 내 인간 행위자와 연결되는 과정이다.[70]

정책결정자의 위협 인식 과정이 중요한 이유는 유사한 외부 위협에 국가가 동일한 방식으로 기계적으로 반응하는 것이 아니기

---

[69] 장성일, "미국 국가안보 제도의 기원: 국가안전보장회의(NSC) 창설 과정에서 관료 조직 간 정치," 『평화연구』 제29권 제1호 (2021), p. 74.

[70] 이와 관련된 논의는 Yong-Soo Eun(2012)를 참고할 것.

때문이다. 국가 내에 행동하는 개인 및 집단으로서 인간 행위자는 외부 관찰자 입장에서 유사하게 보이는 동일한 위협을 다르게 인식할 수 있기 때문에 국가를 단일한 행위자로 간주할 수 없다. 정보를 보고 받은 정책결정자가 그 사안을 안보 위협으로 인지하느냐 아니냐가 중요하며 여기서 행위자의 위협 인식 과정이 작동한다. 결국 정책결정자가 어떤 상황에서 위협을 인식하는지 그 맥락을 이해하는 것이 중요하다. 그런 의미에서 외교정책 결정 분석에 심리/인지적 접근은 유용하다.

해상수송로 안보 위협의 수준을 확인할 때에도 정책결정자의 인지가 중요하다. 이러한 인지 과정은 정책결정자 개인 또는 NSC 회의 같은 협의체를 통해서 소규모 집단으로 이루어진다. 도전국가나 적대세력의 행위를 해상수송로 안보 위협으로 인지하고 이에 대한 대응이 필요하다고 판단하면 다음 단계로 진행이 된다. 그러나 별도의 대응이 필요할 정도라고 판단하지 않으면 아무런 행동을 취하지 않게 된다. 해상수송로 안보 위협의 수준이 낮은 경우 정책결정자는 이에 대한 대응 논의가 필요하다가 생각하지 않지만, 위협이 어느 정도 되고 그것이 향후에 심각해질 우려가 있는 경우 정책결정자는 이 위협을 관리하거나 대응하기 위한 논의를 시작한다. 정책결정자는 위협이 어느 정도인지 현황에 대한 평가를 시작으로 정치, 경제 및 군사적 대응 수단을 논의하기 시작한다.

2) 국가이익을 고려한 정책 목표의 규정

정책결정자는 지역 차원의 이익을 포함한 국가이익을 고려하여 위기 시 외교정책 목표를 규정한다. 목표에 대한 규정이 이루어져야 대통령에게 제안할 수 있는 외교, 경제 및 군사적 선택지를 도출할 수 있기 때문이다. 국가안보전략에서 규정하는 국가이익, 지역 차원의 이익이나 목표, 관련 위협에 대한 대응 목표 등은 위기 시 정책결정자가 외교정책의 목표를 규정하는 가이드라인이다. 대통령이 기존에 내린 결정 지침도 정책목표 설정에 영향을 준다. 외교정책의 목표 또한 합리주의 이론이 주장하듯 고정된 것이 아니라 정책결정자의 의도적인 산물이다. 세계적 차원에서 발생하는 다양한 이슈를 동시에 고려하는 미국은 특정 위기를 개별적으로 판단하는 것이 아니라 당면한 다른 이슈와의 관계를 고려하여 종합적으로 판단한다. 이 과정에서도 정책결정자의 인지 과정이 작동한다.

3) 대안 논의: 역사적 선례, 국내정치적 고려, 합리적 선택 과정 및 정당성 문제

위기 시 정책결정자는 시간의 제약 속에서 결정을 내린다. 따라서 초기 논의 과정에서 과거 유사한 역사적 선례나 사건, 전임 행정부가 내린 결정이나 행동은 정책결정자에게 인지적 지름길(shortcut)로 작동한다. 그들은 히틀러에 대한 영국의 외교정책(유화정책) 같이 과거에 발생한 유사한 또는 대표적인 역사에서 국가가 어떤 결정을 내렸는지, 그리고 그러한 결정이 위기 해결에 유용했는지 판단한다.[71]

---

71) Jervis, 1976, pp. 217-218.

그중 대안 선택에 가장 큰 영향을 주는 요인은 유사한 위기에서 전임 행정부가 내린 결정이나 행위다.[72] 예를 들어 1967년에 홍해 인근 티란 해협에서 이집트가 이스라엘의 해상수송로를 위협하는 위기가 발생하자 정책결정자들은 수에즈 운하 위기 때 미국이 이스라엘에게 했던 약속에 근거하여 대응 방안을 논의했다. 역사적 선례를 참고하는 인지적 과정은 정책결정자가 더 많은 대안을 고려하게 만드는 것이 아니라, 선택지를 줄여주는 과정이다.[73] 제한된 시간 내에 대안을 선택해야 하는 위기 상황에서 정책결정자는 우선 역사적 선례에 기대어 현재 상황을 해석하며 이에 부합하는 선택지들이 우선순위에 놓이게 된다. 그러나 정책결정의 과정에서 역사적 선례가 반드시 논의 초기 단계에서만 영향을 주는 것은 아니다. 일반적으로 역사적 선례를 참고하는 인지적 과정이 초기 단계에서 이루어지지만, 이후의 단계에서도 역사적 선례에 대한 고려가 대안 논의 및 최종 정책의 선택에도 영향을 줄 수 있다.

역사적 선례를 검토한 결과 정책결정자는 앞서 규정한 정책 목표를 달성할 수 있는 다양한 선택지들을 두고 각 대안을 선택했을 때 기대할 수 있는 효용이나 결과, 위험 요인 및 부정적 결과를 평가한다. 이때 과정은 각 대안의 효용과 부정적 결과를 국내외 정치, 경제 및 군사적 이익 관점에서 종합적으로 평가하는 합리적 선택의 과정으로 합리적 행위자 모델의 논리가 작동한다. 어떤 방

---

72) Snyder, 1952, p. 67.
73) Jervis, 1976, p. 220.

식의 대안이든 결국 대통령이 최종적으로 선택하기 때문에 각 대안의 선택에 따른 국내 및 국제정치적 차원의 이익과 부정적 결과도 고려한다.

아울러 어떤 대안을 선택했을 때 그것을 실행할 수 있는 정책적 역량이 되는지도 평가한다. 예를 들어 특정 방식의 군사적 방식으로 대응했을 때 원하는 정책 목표를 달성할 수 있다 하더라도, 주어진 시간 내에 그러한 대응을 할 수 있는 역량이 되는지는 전혀 다른 문제다. 그런 의미에서 역량에 대한 평가는 어떤 대안을 실제로 실행할 수 있느냐에 대한 고려다. 각 대안을 목표하는 시간 내에 실행할 수 있느냐에 대한 평가 후 결국 선택할 수 있는 대안은 좁혀지고, 남겨진 대안은 최소의 비용으로 기대하는 결과를 가져올 수 있는지에 대한 기준으로 순위가 정해진다. 대체로 외교적 대안과 경제적 대안을 순차적으로 활용하거나 동시에 활용한 후, 군사적 대응은 최후 수단으로 선택한다.

해상수송로 안보 위협이 심각한 수준일 때, 그리고 군사력 사용에 앞서 군사기획이 마련되었다고 해서, 그것이 바로 군사적 대응의 선택으로 이어지는 것은 아니다. 외교적 대응 및 경제적 대응과 같은 다른 수단으로 이미 대응했으나 그것이 위협의 억지에 기여하지 않을 때, 정책결정자는 마지막 대응 수단으로서 군사적 대응을 고려한다. 무엇보다 군사력의 사용은 오히려 현재 위기를 고조시켜 원하지 않는 무력충돌이나 전쟁으로 이어질 가능성이 높고, 국내 여론 및 의회와의 관계로 인해 선택에 제약이 많아 외교적, 경제적 대응으로 위기를 해결하지 못한 경우 마지막 수단으로서 대통령이 활용하는 선택지다.

그런 의미에서 여러 선택지 중에서 군사력의 사용이 가장 효용이 있고 합리적이라 하더라도 군사력의 사용이 국내외적으로 충분히 받아들여질만한 정당성이 있는지의 문제에 대해 정책결정자들은 고려할 것이다. 군사력의 사용 이외에는 다른 수단으로 위협에 대응할 수 없는가? 미국 및 동맹국의 해상수송로 안보를 심각하게 위협하여 군사력의 사용을 통해 안보를 확보하는 것이 정당할 정도의 위협인가? 이 문제는 국제 사회 및 국내 여론과 의회의 지지 문제에서도 군사적 대응의 정당성을 가지느냐와 연결이 되기 때문에 중요한 부분이다. 예를 들어 해상수송로 안보에 대한 위협이 어느 정도 있더라도 그것이 군사적 대응이 필요하다고 생각할 정도로 심각한 위협이 아니라면, 군사력의 사용을 선택했을 때 국제사회의 여론이나 국내 여론에서 부정적인 반응을 예상할 수 있다. 또한 미국이 직접적인 공격을 받는 경우 이에 대한 보복 공격으로서의 군사력의 사용은 지지받을 수 있다.

결국 군사력 사용의 정당성은 정책결정자가 실제로 군사적 수단을 마지막 대응 수단으로 선택하느냐의 결정에 앞서 일종의 조건으로서, 정당성의 확보가 충족되었을 때 정책결정자는 군사적 대응을 선택할 수 있다. 직접적인 공격을 받아 이에 대한 보복의 성격으로서 군사력을 사용하는 것은 당연한 선택이지만, 위협이 심각하다 하더라도 공격받지 않는 상황에서 군사력을 예방적 차원이나 선제적으로 사용하기 위해서는 군사력 사용에 대한 충분한 정당성이 확보되어야 하기 때문에 일정 부분 정치적인 판단이 이루어진다. 의회의 승인은 아니더라도 군사력의 사용을 지지하는 결의안을 받거나 의회 지도자들과 군사력 사용의 필요성에 대해 협의하는 행동이 일어나는데, 군사력의 사용 결정 과정에서 정치적 판단이 이루어진다고 볼 수 있다. 실제로 1967년 5월 30일, 국가안보보좌관이 대통령에게 보낸 자료에서도 어떤 방식으로든 미국의 군사력이 사용되기 전에 상하원 합동결의안이 만들어지는 것이 정치적으로 필요할 것이라고 국가안보보좌관은 제안했다.[74)]

민츠(2002)는 초기 대응 논의 단계에서 국내정치적으로 수용할 수 있는가의 여부에 따라 군사적 수단을 제외하거나 남겨둔다고 주장했으나, 이 책의 분석틀은 다른 단계에서도 이러한 정치적 판단이 이루어진다고 본다.

이 책이 제시하는 분석틀을 정리하면 위협 인식에서부터 정책 목표의 규정, 그리고 대안 논의 초기 단계에서는 주로 인지적 분석이 설명하는 그러한 과정이 이루어진다. 이후 남겨진 대안에 대한 논의는 합리적 선택 과정으로 진행되며, 일정한 조건 하에서는 관료집단 간의 정치가 정책결정의 과정 및 정책 선택에 영향력을 발휘하기도 하지만, 일반적으로 관료 집단 간 정책 경쟁에 그치는 경우가 많다. 국무부의 이해관계를 대표하는 국무장관, NSC의 수장으로서 대통령을 가까운 자리에서 보좌하는 국가안보보좌관, 그리고 군사력의 사용에 대해 조언하는 국방장관과 이를 조정하는 대통령이 관료정치에 참여하는 핵심 행위자들이다. 정책 목표 달성을 위해 어떤 대안을 선택해야 하는지 논의에서 관료정치

---

74) Johnson Library, National Security Files, Memos to the President, Walt Rostow, Box 16 [2 of 2], Walt Rostow, May 25-31, 1967, Volume 29 [1 of 2], "Arab-Israel Crisis," (1967.05.30.).

가 작동하는 것을 부인할 순 없으나 그것이 독립변수로서 특정 정책의 선택에 의미 있는 영향을 주는지 밝히는 것은 쉽지 않다. 저비스(1976)가 지적하듯 어떤 조건에서 관료정치가 정책 선택에 결정적인 영향을 주는지 그 조건을 구체적으로 규명하는 작업이 필요하다.[75] 관료 집단 간의 갈등이나 경쟁은 정도의 차이가 있을 뿐 항상 존재하기 때문에 관료정치는 변수가 아니라 상수라는 비판도 제기될 수 있다. 정책결정 과정의 구조에 따라 관료정치의 영향력은 달라질 수 있다. 예를 들어, 대통령이 정책결정 과정을 적극적으로 주도하는 경우 관료집단 간의 정치가 작동할 여지가 줄어든다.

본 분석틀에서 주목해야 하는 부분은 위기 시 정책결정자는 크고 작은 여러 결정을 하고 행동하는데, 그 결정은 이후에 내리게 될 결정의 기초가 되거나 역사적 선례로 작용하는 식으로, 정책결정의 과정이 순환적인 구조라는 점이다. 대표적인 사례로 카터 독트린은 레이건 행정부에서 신속 전개 공동 기동 부대와 이후 중부사령부의 창설 및 쿠웨이트 유조선 보호를 위한 군사적 대응에 영향을 주었다.

다음 장에서는 이상에서 설명한 분석틀을 활용하여 냉전기 세 해상수송로 안보 위기에서 미국의 외교정책을 분석한다.

---

75) Jervis, 1976, pp. 24-28.

2

해양안보와 미국의 외교정책

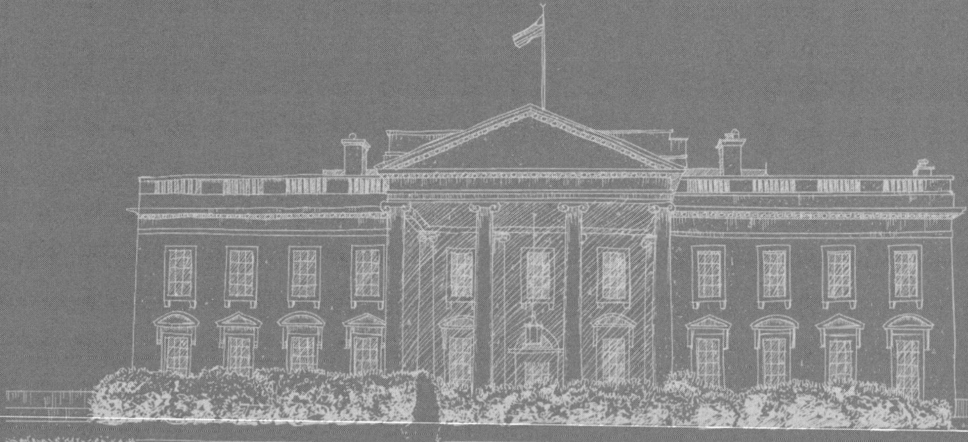

냉전기 미국의 외교정책 사례연구

제4장 _ **1967년 티란 해협 위기**

제5장 _ **1973년 중동전쟁 위기**

제6장 _ **1987년 페르시아만 위기**

제7장 _ **결론**

해양안보와 미국의 외교정책

4장

1967년 티란 해협 위기

1967년
티란 해협 위기

    1967년 티란 해협[1] 위기는 (1) 이집트의 티란 해협 봉쇄 선언(5월 22일), (2) 중동 산유국의 석유 금수조치(6월 6일)라는 두 가지 형태의 위협이 조합된 해상수송로 안보 위기 및 에너지 안보 위기였다. 이스라엘로 들어가는 해상수송로를 봉쇄하겠다는 이집트의 위협이 당시 위기에서 가장 큰 위협이었는데 이스라엘은 이 해상수송로를 통해 석유를 수입하고 있었기 때문이다. 중동에서 핵심적인 우방국인 이스라엘의 석유 수송로 안보 위기는 미국에게도 중대한 국가안보 위협이었다.

    그러나 미국은 대외적으로는 이집트의 행위를 규탄하는 대통령

---

[1] 티란 해협(Straits of Tiran)과 아카바만(Gulf of Aqaba)은 지리적으로 붙어 있다. 티란 해협 위기 당시 미국의 정책결정자들은 두 지명을 사실상 동일한 의미로 사용하였고, 이 책도 이러한 사용법에 따른다.

성명만을 발표할 뿐 해상수송로 안보 위기를 해결하기 위해서 가시적으로 드러난 어떠한 조치도 하지 않았다. 즉, 미국은 이스라엘 입장에서 사활적인 이익이 달린 해상수송로 안보 위협에 '무대응'으로 '대응'한 것처럼 보인다. 이스라엘과의 관계가 갖는 중요성, 이스라엘이 중동 지역에서 가지는 전략적 역할, 그리고 이집트의 공격적 행위가 지역 질서의 균형을 깨뜨릴 수 있다는 점 등을 고려할 때, 미국은 적극적으로 개입하여 이스라엘의 해상수송로 안보를 확보하기 위해 노력했어야 하지만, 외부로 관찰할 수 있는 당시 미국의 행동은 무대응, 또는 아무것도 일어나지 않은 사건이나 현상(non-event)처럼 보였다.

하지만 당시 정책결정자들의 논의 과정이 담긴 백악관의 기록물들을 활용하여 '정책결정(Decision-making)' 관점에서 미국의 외교정책 결정을 다시 분석했을 때, 미국은 대응하지 않은 것이 아니라, 미국의 대응이 외부로 알려지지 않도록 결정하고 다양한 대응 방식을 논의했다는 사실을 확인할 수 있다. 미국은 티란 해협 위기가 발생하자 이를 중대한 국가안보 위협으로 받아들이면서 쿠바 미사일 위기 때 케네디 행정부가 비상 대응조직을 설치한 것처럼 위기 대응 조직을 설치했다. 그리고 영국과 다자적인 외교적 대응을 포함하여 군사력의 사용 가능성까지도 고려했다. 다만 이러한 모든 대응 과정을 외부에 알려지지 않도록 비밀스럽게 진행하기로 내부적으로 '결정'했기 때문에 관찰자의 시각에서 미국은 대응하지 않은 것으로 보일 뿐이다.

1. 위기의 배경

이집트의 티란 해협 봉쇄 선언

티란 해협 위기는 제3차 중동전쟁(6일 전쟁)의 발발에 앞서 1967년 5월 22일 이집트가 티란 해협 또는 아카바만을 봉쇄하겠다고 선언함으로써 시작되었다. 티란 해협은 홍해에서 이스라엘의 최남단의 전략적 항구인 에이라트(Eilat)로 가는 아카바만의 입구에 위치하고 있다. 이스라엘에게 티란 해협이 중요한 이유는 석유를 수송하는 유조선이 에이라트 항구로 들어오기 때문에 반드시 티란 해협을 통과하여 아카바만으로 들어가야 한다. 즉, 티란 해협 또는 아카바만이 봉쇄되면 이스라엘에게 사활적 이익이 있는 석유의 해상수송로가 봉쇄된다. 결국 티란 해협 또는 아카바만 문제는 이스라엘에게 에너지 안보 문제이자 국가안보의 문제였고, 미국 입장에서 중동의 가장 핵심적인 우방국의 에너지 안보 위기는 자국의 국가안보 문제였다. 시나이 반도(Sinai Peninsula) 남단이자 티란 해협 입구에 있는 도시 샤름 엘-셰이크(Sharm El-Sheikh)를 통제한다는 것은 티란 해협을 통제한다는 의미로, 수에즈 운하 위기가 끝나고 이스라엘이 시나이 반도에서 철수한 이후 1967년 당시 이집트가 샤름 엘-셰이크를 통제하고 있었다.

그림-12 티란 해협과 아카바만

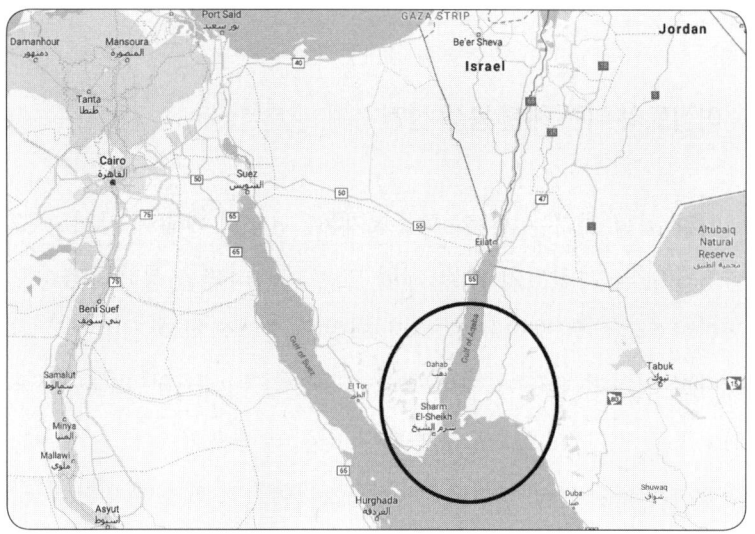

출처: Google Maps (https://www.google.com/maps/ 검색일: 2022.07.03)

위기 당시 미-소 관계

1962년 쿠바 미사일 위기로 최고 수준의 대치 상태에 도달한 후, 존슨 행정부에서 미국과 소련 간의 대립은 이전만큼 격렬하지 않았다. 1964년 대통령 재선 이후 미국 국내적으로 베트남 전쟁에 반대하는 목소리가 커지기 시작했으나 이전보다 더 많은 미군이 베트남 전쟁에 파병되었고 존슨 대통령은 베트남 전쟁에서 승리하고자 하는 의지가 강했다. 북베트남에 대한 미군의 폭격 이후 소련이 개입하면서 베트남을 두고 미국과 소련의 경쟁이 재현

되었다. 소련은 미군의 폭격으로 파괴된 장비들을 제공했고 하노이 정부에 대규모의 현대적인 물자들을 제공하였다. 1966년 6월, 존슨 대통령은 431,000명까지 병력 증강을 승인하면서 베트남 전쟁에서 승리하고자 하는 의지를 보여주었다.[2] 1965년 이후 소련이 북베트남을 지원하긴 했으나 1967년 티란 해협 위기 당시 전반적인 미소 간의 갈등은 이전만큼 격렬하지 않았다. 쿠바 미사일 위기를 경험하면서 두 초강대국은 서로의 직접적인 대결이 가져올 파국적인 결과를 잘 이해하고 있었기 때문에 경쟁을 하되 직접적인 대결로 이어지지 않도록 관리하는 모습을 보여주었다.

냉전 기간 동안 중동 문제는 미소관계에서 계속해서 문제였다. 소련은 중동지역에서 자신의 영향력을 확대할 대상으로 1955년부터 1974년까지 이집트를 선택했다. 1967년 중동전쟁의 발발 전에 시리아에 있던 소련 요원들은 이스라엘의 공격이 임박하다는 잘못된 정보를 퍼뜨렸고, 시리아는 나세르에게 지원을 요청했다. 소련도 비슷한 내용을 반복하자 이집트는 이 정보를 확실한 것으로 받아들이고 이스라엘을 겁주기 위해서 UN 평화유지군의 철수를 요구했다. 그리고 이집트군을 아카바만에 파견했는데 이곳은 이스라엘에게 핵심적으로 중요한 항구인 에이라트를 괴롭힐 수 있는 지역이었다. 결국 이스라엘은 선제공격을 했고 6일전쟁이 시작되었다. 이스라엘은 이집트, 요르단, 시리아군을 궤멸시키면서

---

[2] Warren I. Cohen, *The Cambridge History of American Foreign Relations: Volume IV America in the Age of Soviet Power, 1945-1991* (Cambridge University Press, 2008), pp. 161-179.

시나이 반도, 요르단 강의 서안 지구, 예루살렘 및 골란 고원(Golan Heights)을 점령했다. 소련은 시리아와 이집트에 물자를 공급했고, 수 천 명의 군사자문을 보냈다. 그에 대한 대가로 소련은 아랍 항구 및 공군기지에서 사용 권한을 확대했는데 미래에 미국 해군의 작전에 대응할 수 있는 위치였다.[3]

2. 정책결정의 제도

존슨 행정부의 NSC 구성

1967년 티란 해협 위기 당시 외교정책의 핵심 정책결정자 그룹인 NSC의 구성원은 존슨(Lyndon B. Johnson) 대통령, 러스크(Dean Rusk) 국무장관, 맥나마라(Robert McNamara) 국방장관, 파울러(Henry H. Fowler) 재무장관, 헬름스(Richard Helms) 중앙정보국 국장, 휠러(Earle G. Wheeler) 합참의장, 로스토우(Walt Whitman Rostow) 국가안보보좌관이며, 케네디 행정부에서 국가안보보좌관을 역임했던 번디(McGeorge Bundy)는 대통령 특별자문이자 중동 위기를 다루기 위해 설치된 NSC 특별위원회 비서실장으로 참여했다. 존슨 대통령의 경우 중요한 안보정책은 국무장관, 국방장관, CIA 국장과 소규

---

[3] Cohen, 2008, pp. 192-194.

모의 비공식 회의를 통해 결정하였기 때문에 NSC의 역할이 유명무실했다는 주장도 있다.[4] 실제로 NSC 특별위원회가 중동전쟁 이후 위기를 다루는 데 중심적인 역할을 했으나, 티란 해협 위기 초반에는 '중동 통제 그룹(Middle East Control Group)'이 외교정책 대안 논의를 주도하며 대통령이 선택할 수 있는 선택지를 제공했다.

중동 통제 그룹

당시 위기에서는 국무부 주도의 범부처 합동 기구인 '중동 통제 그룹'이 티란 해협 위기 대응에서 주도적인 역할을 담당했다. 중동 통제 그룹은 이집트의 티란 해협 봉쇄 선언 직후 설치된 조직으로 당시 위기에 대응하는 것이 주요 목적이었다. 구체적으로 살펴보면 이집트가 티란 해협을 봉쇄하겠다고 선언한 다음 날인 5월 23일, 미국은 교전이 발생하는 경우와 아카바만 개방 방식을 논의하기 위해 중동 통제 그룹을 설치했다. 5월 18일 이후 국무장관에 의해 아랍-이스라엘 위기의 핵심 직무자로 지정된 로스토우(Eugene V. Rostow) 국무부 차관을 의장으로 하고, 밴스(Cyrus R. Vance) 국방부 부장관(Deputy Secretary of Defense), 콜러(Foy D. Kohler) 국무부 부차관(Deputy Under Secretary of State for Political Affairs), 배틀

---

4) 외교통상부, 『미국 개황』 (외교통상부, 2011), p.36; David C. Humphrey, "NSC Meetings during the Johnson Presidency," *Diplomatic History*, Vol. 18, Issue 1 (1994), pp. 29-45.

(Lucius D. Battle) 국무부 차관보(Assistant Secretary) 등이 회의에 참석했고 CIA 인사도 이후에 참여했다.

그리고 데이비스(Rodger P. Davies) 국무부 부차관보(Deputy Assistant Secretary of State for Near Eastern and South Asian Affairs)의 지휘 아래 공식적인 워킹 그룹이 설치되었고, 백악관, 국무부, 합동참모본부 및 CIA 인사들도 동 워킹 그룹에 합류했다. 31일에는 동 워킹 그룹이 태스크 포스(Task Force)로 전환되었는데 배틀 차관보를 의장으로 했다. 동 태스크 포스는 중동 통제 그룹에 필요한 자료를 준비하는 역할을 담당했다. 태스크 포스 아래에는 각 전문 분야에 따라 다음 네 개의 위원회가 있었다. 구체적인 위원회는 다음과 같다. 1. The Committee on Political Settlement (정치적 해결을 위한 위원회) 2. The Committee on Contingency Military Planning (군사력 사용을 위한 비상계획 관련 위원회) 3. The Evacuation Committee (위기 지역 미국인 대피 준비 관련 위원회) 4. The Economic Vulnerabilities Committee (석유 위기 같은 경제 문제 대비 논의 위원회)

NSC 특별위원회

제3차 중동전쟁(6일 전쟁)이 발발하자 교전 중지 이후 향후 중동 평화를 어떻게 정착시킬지에 대한 논의도 중요해졌다. 미국은 중동전쟁 이후 중동 위기를 다루기 위해 'NSC 특별위원회(Special Committee of the National Security Council)'를 설치했다. 1962년 10월 쿠바 미사일 위기가 발생했을 때 케네디 행정부는 위기 대응을 위해 10월 22일 'ExCom(The Executive Committee of the National Security Council)'을 설치했는데 존슨 행정부가 설치한 NSC 특별위원회는 이와 유사한 위기 대응 회의체로 보인다.[5]

NSC 회의에 참여하는 핵심 정책결정자들의 대부분이 NSC 특별위원회 회의에 참석했다. 러스크 국무장관이 NSC 특별위원회의 의장을 맡았고, 맥나마라 국방장관, 파울러 재무장관, 헬름스 CIA 국장, 휠러 합동참모본부 의장, 로스토우 국가안보좌관은 NSC 회의 참석자이면서 NSC 특별위원회에도 참여했다. 또한 클리퍼드(Clark M. Clifford) 해외정보 자문위원회 의장(the chairman of the Foreign Intelligence Advisory Board)도 참여했고, 케네디 행정부에서 국가안보보좌관을 역임했던 번디가 대통령 특별자문(Special Consultant to the President)이자 NSC 특별위원회의 사무국장(Executive Secretary)으로 참여했다. 대통령, 부통령 및 UN 대사도 필요시 회의에 참석하도록 했다.[6] NSC 특별위원회는 포괄적인 중동 평화 문제를 구축하기 위한 논의를 중심으로 운영되었다.[7] 그리고 특별위원회가 설치된 당일 저녁 6시 30분에 새로 설치된 NSC 특

---

[5] Council on Foreign Relations, https://www.cfr.org/blog/twe-remembers-executive-committee-national-security-council-cuban-missile-crisis (검색일: 2023년 4월 10일).

[6] Johnson Library, National Security Files, National Security Council Meetings Files, Box 2, Vol. 4, Tab 53, Middle East War, "National Security Council Meeting," (1967.06.07., 12:07-1 p.m.).

[7] Johnson Library, National Security Files, National Security Council Meetings Files, Box 2, Vol. 4, Tab 53, Middle East War, "National Security Council Meeting," (1967.06.07., 12:07-1 p.m.).

별위원회의 첫 회의가 열렸다.

표-11 1967년 티란 해협 위기에서 주요 사건 및 미국의 외교정책[8]

날짜	주요 사건 및 미국의 외교정책 결정
1967.05.22.	이집트가 티란 해협(아카바만)을 봉쇄하겠다고 선언함
1967.05.23.	영국의 제안으로 티란 해협에서 항행의 자유를 보장하는 '해양선언' 추진, 미국도 이러한 방식에 협력하기로 함
	티란 해협 해상수송로 위협에 대응하기 위한 '중동 통제 그룹' 설치함, 같은 날 통제 그룹의 첫 회의가 열림
	중동 위기에 대한 존슨 대통령의 공식 성명 발표
1967.05.24.	NSC 회의에서 군사적 대응 위한 초기 논의 시작
1967.05.26.	이스라엘 에반 외교장관이 미국을 방문, 티란 해협 문제 해결 위해 존슨 대통령과 회동함
1967.05.28.	제5차 통제 그룹 회의에서 해양선언 초안 승인
1967.05.30.	국무장관, 국방장관 공동으로 군사력 사용 시나리오 담은 보고서를 대통령에게 제출함
1967.05.31.	승인된 해양선언 초안을 이스라엘에게 전달함
	위기 대응 조직 개편으로 기존에 통제 그룹을 지원하는 워킹 그룹이 태스크 포스로 전환됨
1967.06.04.	긴급사태 실무 그룹(Contingency Work Group)이 작성한 군사 계획 시나리오가 중동 통제 그룹에 보고됨
1967.06.05.	이스라엘의 선제공격으로 제3차 중동전쟁(6일 전쟁) 발발
	미국 국무부는 해양선언 관련 모든 활동 유보할 것을 결정 및 지시
1967.06.06.	제11차 통제 그룹 회의에서 교전이 중단될 때까지 해양선언에 대한 작업을 중지하기로 결정함

---

[8] 장성일, "외교정책 연구에서 '정책결정(Decision-making)' 관점 재조명: 1967년 티란 해협 수송로 안보 위기 시 미국의 무대응 분석," 『국제정치논총』 제60집 제2호 (2020년 6월), p. 232.

날짜	주요 사건 및 미국의 외교정책 결정
1967.06.07.	중동전쟁 대처를 위한 NSC 특별위원회 설치 이스라엘군이 샤름 엘-셰이크를 확보함으로써 티란 해협을 통제 ▶ 해상수송로 안보 위기가 사실상 종료됨
1967.06.08.	이집트가 교전 중지에 합의
1967.06.10.	이스라엘과 시리아가 교전 중지에 합의하면서 제3차 중동전쟁 종료

그림-13 외교정책 결정 과정의 도식화 (1967년 사례)

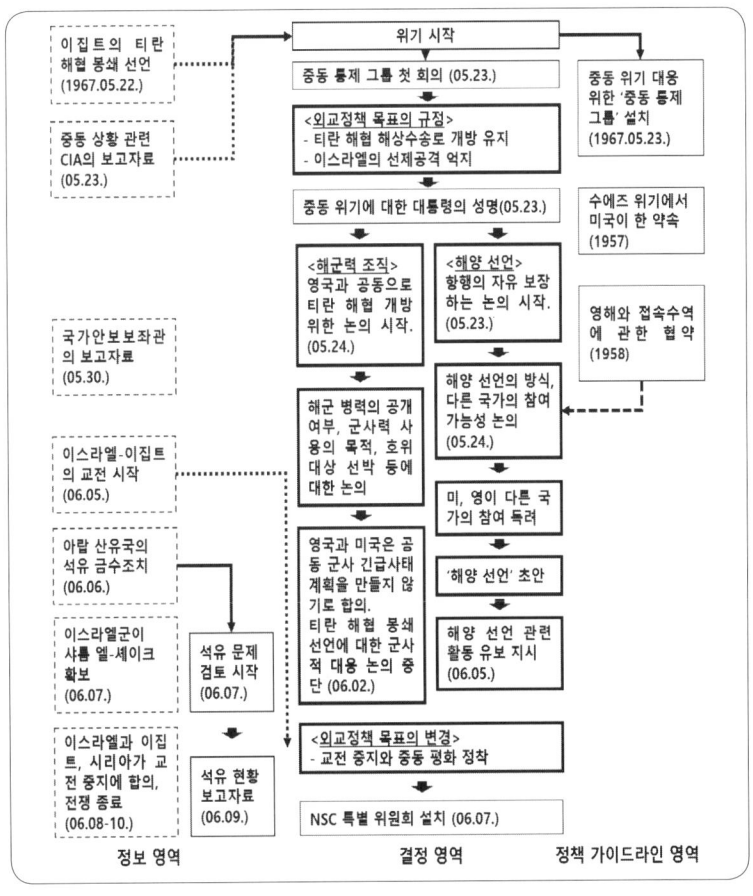

4장. 1967년 티란 해협 위기 287

1967년 5월과 6월 중동 위기 당시 NSC에서 고위급 간부였던 손더스(Harold H. Saunders)에 따르면, 당시 존슨 대통령, 러스크 국무장관, 맥나마라 국방장관 및 로스토우 국가안보좌관이 중심이 되어 대응 방안을 논의했으며, 그 과정에서 두 가지 중대한 결정을 내렸다고 그는 회상하고 있다. 첫 번째 결정은 위기 발생 초기에 내린 결정으로, 이스라엘이 현재의 위기를 군사적으로 해결하지 않도록 설득하기로 결정한 것이다. 두 번째 결정은 전쟁이 발발한 이후에 내린 결정으로, 또 다른 휴전(truce)이 아니라 아랍-이스라엘 전체 문제의 해결(settlement)을 추구하기로 결정했다는 것이다.[9]

미국은 핵심 우방국 이스라엘의 석유 생명선이 위협받는 상황을 티란 해협 봉쇄 선언 직후부터 심각하게 받아들이면서도, 이에 대한 외교정책이 아랍 국가들의 반감을 사지 않도록 신중하게 그리고 비공개적으로 대응 방식을 논의해갔다. 미국은 독자적인 대응보다는 공개적으로는 UN을 통한 해결을 강조하면서 동시에 이스라엘의 석유 수송로 안보를 위해 영국이 제안한 '해양선언(Maritime Declaration)'을 추진해 나갔다. 또한 영국과 협력하여 티란 해협을 군사적으로 개방시킬 수 있는 군사력의 사용 가능성도 염두에 두면서 논의를 진행했으나 크게 진전되진 못했고, 중동전쟁의 발발과 함께 미국은 교전 중지에 더 많은 신경을 쓰게 되었

---

9) Johnson Library, National Security Files, National Security Council Histories, Middle East Crisis, Box 17, Folder 1, Vol. 1 Tabs 1-10 [1 of 2], "The Middle East Crisis: Preface, Introduction," (1968.12.20.).

다. 그리고 6월 7일, 이스라엘군은 샤름 엘-셰이크(Sharm el-Sheikh)를 확보함으로써 티란 해협을 통제하게 되었고, 티란 해협 해상수송로 안보 위기는 미국이 제한적인 역할만 하면서 사실상 종료되었다.

이어지는 내용에서는 정보 영역, 정책 가이드라인 영역 및 결정 영역으로 구성된 이 책의 분석틀을 활용하여 티란 해협 위기에서 미국의 외교정책 결정 과정과 정책결정에 영향을 준 요인들을 간략하게 분석한다. 그리고 다음으로 당시 위기에서 미국이 해상수송로 안보 위협에 대응하여 고려했던 주요 외교정책 대안 각각에 대해서 정책결정자들이 어떤 과정으로 대안을 논의했는지 그 과정을 상세하게 설명할 것이다.

3. 외교정책 결정 분석: (1) 정보 영역

이집트의 티란 해협 봉쇄 선언

1967년 5월 22일 이집드(United Arab Republic)의 나세르는 아카바 만이 이스라엘 선박에게 봉쇄될 것이라고 선언했다. 미국이 입수한 정보를 소련측과 공유하기 위해 국무장관 명의로 국무부가 주 소련 미국 대사관에 발신한 전문에 따르면 당시 정세를 파악할 수 있다. 전문에 따르면 1) 이스라엘이 그 당시에 자국의 국경에서 어떠한 행동을 취하지 않았음에도 불구하고 이집트는 시나이에서 대규모의 군 병력 증강을 해왔고, 2) 이로 인해 평소 30,000명이던 병력이 50,000명으로 증가했다. 3) 이집트는 UNEF(United Nations Emergency Force)의 철수를 요청했고 UN 사무총장은 이에 응했다. 4) 이집트는 해군을 아카바만 입구 방향을 향하여 홍해로 이동시켰으며, 5) 나세르는 방금 아카바만이 이스라엘 선박(Israeli flagships)에게 봉쇄될 것이라고 선언했는데 이스라엘이 전쟁을 원한다면 이집트는 이에 응할 것이라고 덧붙였다.[10]

5월 23일 중앙정보국(CIA) 국장 헬름스가 준비한 백악관용 브리핑 자료는 당시 미국의 정보기관이 중동 위기를 어떻게 평가하고 있는지 확인할 수 있다. 우선 동 자료는 5월 22일에 중동 상황이 급격하게 나빠졌다고 평가하면서 이스라엘이나 아랍 국가들이나 진정으로 그들이 전쟁을 바란다는 증거는 아직 없다고 보았다. 아카바만 문제와 관련하여 아직 이집트의 의도가 분명하지는 않지만, 나세르는 이제 이스라엘 선박에 대하여 아카바만을 봉쇄한다고 선언했고, 그는 이러한 행위가 이스라엘에게는 전쟁의 명분(casus belli)이라는 사실을 반드시 알아야 한다는 것이다. 또한 아카바만 입구에 자리 잡았던 UNEF가 철수함에 따라서 이집트의 연안 포병대(coast artillery unit)가 이 지역을 접수하기 위해서 파견되었다. 아카바만 입구(shipping channel)는 선박의 항로가 포병부대의 손쉬운 사정

---

10) Harriet Dashiell Schwar (eds.), *Foreign Relations of the United States, 1964-1968, Volume XIX, Arab-Israeli Crisis and War* (Washington: Government Printing Office, 2004), Document 38: Telegram From the Department of State to the Embassy in the Soviet Union.

거리 내에 있는데, 이집트가 파견한 포병부대가 아카바만을 통행하는 선박을 쉽게 공격할 수 있게 되었다는 의미다. 가장 중요한 부분은 하나 또는 그 이상의 유조선이 페르시아만 항구에서부터 이스라엘의 항구인 에일라트까지 가야 하는 상황인데, 왜냐하면 이스라엘이 이러한 방식으로 석유를 수입하고 있기 때문이다.

아울러 CIA 자료는 이집트군이 시나이 또는 국경 근처에서 증강되고 UNEF가 철수한 상황에서 이스라엘은 이러한 변화를 새로운 상황이라고 인식하면서, 방어적 차원에서 군을 동원하고 있으며 오늘 국가안보 비상 회의를 소집할 것이라고 전망했다. 헬름스는 이스라엘은 자신의 남쪽 항구인 에이라트로 가는 선박에 대해 (이집트가) 개입하는 것을 아마도 전쟁 명분(a cause for war)이라고 간주할 것이라고 평가했는데, 이스라엘이 이집트의 티란 해협 봉쇄 선언을 매우 심각한 국가안보 위기로 인식한다는 평가이다. 소련 문제와 관련해서 그는 현재 소련의 태도는 아랍인들에게 가장 중요하다고 보았다. 소련은 현실적인 문제에 직면하고 있는데, 그들은 완전한(full-blown) 전쟁을 원하지 않는데, 특히 미국이 개입할 수 있는 그런 전쟁을 원하지 않는다고 평가했다. 중동 지역의 불안과 긴장은 해당 지역에서 서구의 세력을 잠식하려고 하는 소련에게 유용했으며, 현재 상황에서 전쟁은 우연(accident), 사건(incident), 또는 오산(miscalculation)으로부터 발생할 수 있다고 평가했다.[11]

---

11) Schwar (eds.), 2004, Document 45: Briefing Notes for Director of Central

이집트의 아카바만 또는 티란 해협 봉쇄 선언으로 촉발된 위기에 대응하기 위한 목적으로 5월 23일 중동 통제 그룹 회의가 열렸다.

중동전쟁의 발발

티란 해협 위기에 대응하기 위해 다양한 외교적 노력과 군사력의 사용 가능성을 논의하고 있는 가운데 중동전쟁의 발발은 중동위기와 미국의 대응을 새로운 국면으로 이끌었다. 6월 5일 이스라엘의 선제공격으로 제3차 중동전쟁(6일 전쟁)이 발발하자 미국 외교정책의 우선순위는 교전 중지로 바뀌게 되었고, 교전 중지 이후 향후 중동 평화를 어떻게 정착시킬지에 대한 논의도 중요해졌다.

구체적인 내용을 정리하면 1967년 6월 5일 새벽 2시 50분, 국가안보보좌관 로스토우(Walt Rostow)는 중동지역에서 교전이 개시되었다는 신문 보도가 들어오고 있다는 보고를 백악관의 상황실로부터 받았다. 이스라엘과 이집트 간에 공식적인 교전이 시작되면서 중동전쟁이 발발했다. 그는 NMCC(National Military Command Center)에 연락하여 이 사실을 공식적으로 확인하라고 지시했다. 새벽 2시 55분, 그는 중동전쟁 발발이 사실이라는 확인을 받고 집을 나서 백악관으로 향했다. 존슨 대통령이 중동 교전 소식

Intelligence Helms for Use at a White House Meeting.

을 처음 접한 것은 4시 35분이었다. 로스토우는 대통령에게 전화를 걸어 상황에 대해 보고했고, 이 사안은 빠른 시일 내로 UN 안전보장이사회(Security Council)에서 논의해야 한다고 생각했다. 로스토우는 전쟁이 어떻게 시작되었고 누가 먼저 시작했는지 정보(intelligence)를 기반으로 객관적으로 최대한 조속하게 평가하는 것이 중요하다고 생각하여, 해외정보 자문위원회 의장인 클리퍼드에게 그 평가(assessment)를 준비하라고 요청했다.[12]

이스라엘은 이집트가 먼저 공격을 시작했다고 주장하고 있었으나, 이집트와 이스라엘 중 어느 쪽이 교전을 먼저 시작했는지 확실하지 않았다.[13] 5일에 작성되어 대통령에게 보고된 대통령 일일보고(President's Daily Brief)에 따르면 정보가 아직 파편적이긴 하지만 이스라엘이 불리해진 상황을 타개하기 위해서 먼저 이집트를 선제공격했을 가능성이 높다는 점을 명시하고 있다.[14] 대통령은 그날 오전 성명을 발표하여 즉각적인 교전 중단을 가져올 수 있도록 모든 당사자들이 UN 안전보장이사회를 지지하도록 촉구하였

---

12) Johnson Library, National Security File, NSC Histories, Middle East Crisis, Vol. 3.; Schwar (eds.), 2004, Document 149: Memorandum for the Record.

13) Johnson Library, Recordings and Transcripts of Telephone Conversations and Meetings WH Series, Box 8, January 1966 - December 1967, March - June 1967, "Telephone Conversation between Johnson and Rusk (Reference No. 11901)," (1967.06.05., 05:09 a.m.).

14) Johnson Library, National Security Files, National Security Council Histories, Middle East Crisis, May 12-June 19, 1967, Box 19, Vol. 6, Appendices A-D, "Daily Brief," (1967.06.05.).

다.[15]

교전에 대한 정보가 확실하지 않았으나 미국은 소련과의 긴장 관계가 발생하지 않도록 위기 상황에서 매우 신중했다. 오전 8시 15분, 코시긴(Aleksey Nikolayevich Kosygin) 소련 수상에게 메시지를 보내면서 미국은 교전을 예방하기 위해 그동안 최선을 다해 왔다고 전했다. 또한 UN 안전보장이사회가 가능한 빨리 이 교전을 종식시키는 데 성공하는 것이 중요하다고 느끼며, 미국은 그런 목표(교전 종식)를 위해 이사회 모든 국가들과 협력할 준비가 되어 있다고 전했다.[16]

그날 오전 대통령이 참석한 핵심 정책결정자들의 회의에서 대통령은 다음 행동을 지시했다. 1) 현재 중동 위기와 관련하여 해당 국가 정부의 입장에 대한 대사관들의 평가를 준비할 것, 그리고 2) 미국이 해양선언(Maritime Declaration)을 더 진전시키기로 결정한다면, 해양선언에 대해서 이들 국가들이 취할 입장에 대한 최선의 예측(best estimate)에 대해 준비할 것, 3) 중동과 관련한 석유 문제를 파악할 것, 4) 이스라엘이 여분의 부품(spare parts) 또는 무기의 재공급(resupply of arms)을 요청하는 경우 어떻게 해야 할 것인지 조사할 것 등이 그것이다.[17]

---

15) Schwar (eds.), 2004, Document 152: Editorial Note.

16) Schwar (eds.), 2004, Document 157: Message From the White House to Premier Kosygin.

17) Schwar (eds.), 2004, Document 163: Memorandum Prepared by the Assistant Secretary of State for Near Eastern and South Asian Affairs (Battle).

전쟁 발발 첫날 오후 4시 35분에 국무부가 중동 소재 미국 대사관들에게 발송한 전문을 보면 위기에 대해 정책결정자들이 어떻게 대응했는지 파악할 수 있다. 국무부가 해외에 있는 대사관에 보내는 전문은 대체로 어떤 사안에 대한 미국의 외교정책 결정 내용과 각 대사관이 따라야 하는 지시사항을 담고 있기 때문이다. 국무부가 발송한 전문에 따르면 UN 안전보장이사회는 오전에 긴급 세션을 가졌으나 결의안을 도출하지는 못했고, 일부 도시에서 폭동이 있다는 보고를 받았는데, 미국 외교 시설과 국민들에게 최대한의 안전을 제공하도록 각국 정부에 요청하길 지시하고 있다. 전문에 따르면 미국은 아카바만 문제에 대해 인지하고 있으며 교전 중지가 현재로서 미국에게 가장 중요하다고 강조했다.[18]

4. 외교정책 결정 분석: (2) 정책 가이드라인 영역

1956년 수에즈 운하 위기와 미국의 약속

티란 해협 위기에서 미국의 외교정책 및 이스라엘의 반응에 영향을 주었던 사건은 수에즈 운하 위기에서 미국이 했던 약속이다.

---

18) Schwar (eds.), 2004, Document 162: Circular Telegram From the Department of State to All Posts.

1967년 5월 이집트가 티란 해협을 봉쇄하겠다고 선언하자, 이스라엘은 티란 해협에 대한 과거 미국의 약속을 상기시키면서 미국이 적극적으로 개입하여 위기에 대응해주기를 꾸준히 요구했다. 실제로 맥나마라 국방장관이 이스라엘 에반 장관(Abba Eban)을 만난 자리에서 에반은 1957년 2월 26일 당시 덜레스(John F. Dulles) 미국 국무장관이 했던 약속을 상기시켜주었다. (이스라엘은) 아카바만을 자유롭게 통행할 수 있는 권리가 있으며 미국은 이러한 권리를 지키기 위해서 행동할 것이라는 약속이 그것이다.[19] 즉, 1967년 티란 해협 위기는 이스라엘이 시나이 반도를 점령했던 1956년 수에즈 운하 위기까지 거슬러 올라간다.

티란 해협 위기에서 이스라엘이 지적한 미국의 약속(commitments)이란 1957년 수에즈 운하 위기의 마지막 단계에서 미국이 이스라엘군의 철수를 유도하기 위해 한 약속이다. 티란 해협 바로 앞에 위치하여 전략적으로 중요한 지역인 샤름 엘-셰이크를 포함하여 시나이 반도에서 이스라엘군의 철수를 얻어낸 합의(settlement)의 일환으로서, 미국은 티란 해협을 통과하는 국제적인 항행의 권리를 지지할 것이라고 이스라엘에게 확약했다.[20] 1967년 6월 3일 러스크 국무장관은 아랍 국가들에 있는 미국 대사관에

---

19) Schwar (eds.), 2004, Document 69: Memorandum of Conversation.

20) Johnson Library, National Security Files, National Security Council Histories, Middle East Crisis, May 12-June 19, 1967, Box 20, Vol. 9 Appendix P, "United States Policy and Diplomacy in the Middle East Crisis, May 15-June 10, 1967," (1969.01.10.), pp. 99-100.

보낸 전문에서도 티란 해협에 대한 미국의 약속에 대해 설명했다. UN 헌장 51조에 의거하여 이스라엘 기함(flagships)에게 자기 방어의 권리를 보장한다는 이스라엘의 성명은 당시 미국 덜레스 국무장관과의 협의로 초안이 만들어진 것이었고, 러스크는 미국과 이스라엘이 취한 이러한 부분을 이집트도 인지하고 있다고 덧붙였다.[21]

1957년 2월 20일 라디오와 TV 동시 연설에서 아이젠하워(Dwight D. Eisenhower) 대통령은 아카바만 문제에 대해 미국의 입장을 설명했고, 대통령의 지시에 따라 덜레스 국무장관은 2월 11일에 이미 이스라엘 정부에 미국의 입장을 전달했다. 구체적으로 아카바만의 선박 통행 문제에 대해서 미국은 아카바만이 국제수로라는 사실을 인정하며 어떤 나라도 아카바만에서 선박이 자유롭게 항행하는 권리를 침해할 수 없다는 내용이다. 또한 미국은 이러한 권리를 행사할 준비와 이러한 권리가 인정받을 수 있도록 다른 국가들과 함께할 준비가 되어 있다는 점도 선언했다.[22]

---

21) Johnson Library, 1969, pp. 99-100.
22) University of Michigan Digital Library, *Public Papers of the Presidents of the United States: Dwight D. Eisenhower* (1957), pp. 151-156.

국무부의 군사적 긴급사태 보고서

5월 29일 국무부 워킹 그룹 내 유럽 문제국(Bureau of European Affairs)에서 군사적 긴급사태 보고서(military contingency paper)를 완성했다. 이 보고서는 중동에서 활용가능한 군사 병력, 군사 행동이 어떻게 전개될 것인지에 대한 설명, 교전 발생 이후 아랍의 경제적 보복 가능성, 소련의 역량과 예상 행동들, 전쟁 이후 협상 입지, 실제 교전 발생 이후 48시간 내에 미국이 취해야할 행동들에 대한 구체적인 확인 목록 등을 다루면서, 본 보고서는 다음과 같은 몇 가지 결론을 내렸다. 1) 티란 해협에서 교전이 전쟁으로 이어지는 것을 막는 것은 매우 어려울 것이다. 2) 이스라엘은 공중에서 우세를 장악하려 할 것이며 10일 또는 2주 이내에 시나이 반도에 있는 이집트군을 파괴할 가능성이 크지만, 인적 및 물적으로 큰 희생이 따를 것이다. 3) 이스라엘이 이집트 영토의 상당 부분을 점령하기 전에 교전을 중단시키는 것은 무척 어려울 것이다. 동 보고서는 또한 수에즈 운하와 일부 석유 파이프라인을 아랍 국가들이 중단시킬 가능성에 대해 연구를 계속해야 함을 지적했다.[23]

결국 이스라엘의 선제공격으로 중동전쟁이 시작되었고, 존슨 대통령은 6월 7일 오후 12시 7분에 열린 NSC 회의에서 중동전쟁 이후 중동 위기를 다루기 위해 NSC 특별위원회를 설치했다.

---

23) Johnson Library, 1969, pp. 74-78.

5. 외교정책 결정 분석: (3) 결정 영역

전술한 바와 같이 티란 해협 위기에 대하여 주로 중동 통제 그룹이 대응 방안을 논의하고 이를 대통령에게 보고했기 때문에, 중동 통제 그룹의 대응 논의 과정을 분석하면 당시 위기 상황에서 미국의 구체적인 대응 논의 과정과 주요 결정 내용을 확인할 수 있다. NSC 회의는 해상수송로 위기뿐 아니라 전 세계적인 국가 안보 이슈를 다루었다면, 중동 통제 그룹은 티란 해협 해상수송로 안보 위협이라는 특정 안보 이슈에 대응하기 위해 조직된 기구이기 때문이다.

정책결정자의 위협 인식 및 해상수송로 안보 위협의 수준 평가

도전자인 이집트의 티란 해협 봉쇄 선언은 미국의 중동 우방국 석유 해상수송로 안보를 위협하는 행위였고, 미국은 이를 대응이 필요한 위협으로 인식하였다. 물론 아직 이집트가 티란 해협을 물리적으로 봉쇄한 것은 아니었기 때문에 해상수송로 안보 위협의 수준이 심각한 단계라고 보긴 어렵지만, 미국의 정책결정자들은 그러한 가능성을 염두에 두고 대응 방안을 논의하기 시작했다.

1967년 5월 23일에 열린 중동 통제 그룹의 첫 회의 기록을 통해 위기 초반 미국의 위협 인식과 초기 결정을 확인할 수 있다. 아직 미국은 티란 해협 문제와 관련하여 구체적인 정책 방향 또는 입장을 정리하지 못한 상태였다. 중동 통제 그룹은 티란 해협에서 미국 선박이 이집트에 의해 제지당하는 경우 미국의 대응 시나리오를 만들도록 통제 그룹을 지원하는 실무 그룹(Staff Group)에 지시했다. 그리고 현재 미국이 의도하는 정책 방향에 대해서 이란 정부에게 충분히 알렸다. 군사적 대응과 관련해서 미 해군 함정이 발포당하는 경우 해군의 명령이 어떻게 되어야 하는지에 대해서는 기획 그룹(Planning Group)에게 준비 지시를 내렸다.[24] 24일 저녁, 중동 통제 그룹의 세 번째 회의가 열렸는데 통제 그룹은 현재 위기 상황이 심각하다고 평가했고, 이스라엘 정부가 아카바만과 티란 해협을 자유롭게 항행할 수 있는 권리를 매우 중대하게 생각하고 있다고 판단했다.[25]

국가이익을 고려한 정책 목표의 규정

이집트의 티란 해협 봉쇄 선언으로 촉발된 위기에서 미국 정책 결정자들은 어떤 정책 목표를 염두에 두면서 대응 방안을 논의해 나갔는가? 그들은 크게 두 가지 목표를 가지고 있었다.

---

24) Johnson Library, National Security Files, Files of the Special Committee of the National Security Council, Box 1, Minutes of Control Group Meetings [2 of 2], "First Meeting of Control Group," (1967.05.23.).

25) Johnson Library, National Security Files, Files of the Special Committee of the National Security Council, Box 1, Minutes of Control Group Meetings [2 of 2], "Control Group Meeting No. 3," (1967.05.24., 6:30 p.m.).

하나는 이집트가 실제로 티란 해협을 봉쇄하지 못하도록 하는 것으로, 선박이 티란 해협을 자유롭게 항행할 수 있도록 보장하기 위해 해상수송로를 개방시키는 것이다. 이러한 목표를 달성하기 위해 미국은 이집트와 양자외교를 통해 이집트의 봉쇄 선언 의도를 파악하려고 노력했고, 동시에 해양선언을 추진하면서 다자적인 방식으로 이집트를 외교적으로 압박하고자 했다. 아울러 미국은 이상의 외교적 대응이 충분하지 않는 경우를 대비하여 해군력을 조직하여 물리적으로 즉, 군사력을 사용하여 티란 해협을 개방시키고자 노력했다. 다음으로 미국은 자국의 에너지 안보에 사활적인 이해관계가 있는 해상수송로가 위협받는 상황에서 선제공격을 할 수 있는 이스라엘의 공격적인 행동을 억지하고자 하는 목표도 있었다. 이스라엘의 공격은 또 다른 중동전쟁을 의미했기 때문에 미국은 이스라엘이 선제공격하지 않도록 설득했다.

그러나 중동전쟁의 발발로 미국의 정책 목표는 바뀌었다. 6월 5일 이스라엘과 이집트 사이에 제3차 중동전쟁(6일 전쟁)이 발발하면서 이집트와 이스라엘의 행동을 억지하는 것은 더 이상 목표가 아니었기에 해양선언 활동은 유보되었고 교전 중지가 최우선 과제가 되었다. 그리고 미국은 이스라엘과 아랍 국가 간 평화 구축에 대해 고민하기 시작했다.[26]

---

26) Johnson Library, National Security Files, National Security Council Histories, Middle East Crisis, Box 17, Folder 1, Vol. 1 Tabs 1-10 [1 of 2], "The Middle East Crisis: Preface, Introduction," (1968.12.20.).

대안 논의에서 역사적 선례의 역할

티란 해협 위기에서 미국의 외교정책에 영향을 주었던 사건은 과거 수에즈 운하 위기에서 미국이 이스라엘에게 했던 약속이다. 당시 미국은 샤름 엘-셰이크를 포함하여 시나이 반도에서 이스라엘군이 철수하도록 티란 해협을 통과하는 국제적인 항행의 권리를 지지할 것이라고 이스라엘에게 확약했다.[27] 미국은 아카바만이 국제수로라는 사실을 인정하며 어떤 나라도 아카바만에서 선박이 자유롭게 항행하는 권리를 침해할 수 없다는 내용으로, 미국은 이러한 권리를 행사할 준비와 이러한 권리가 인정받을 수 있도록 다른 국가들과 함께할 준비가 되어 있다는 점도 선언했다.[28]

이스라엘도 티란 해협에 대한 미국의 과거 약속을 인지하고 있는 상황에서 미국은 티란 해합에서 선박의 자유로운 항행의 권리를 보장하기 위해 대응 방안을 논의하기 시작했다. 티란 해협 문제와 관련해서 이런 역사적 맥락이 있기 때문에 나세르의 티란 해협 봉쇄 위협이 발생하자 이스라엘 입장에서는 티란 해협을 개방시키기 위해서 미국이 어느 정도까지 구체적인 의지를 가지고 있

---

27) Johnson Library, National Security Files, National Security Council Histories, Middle East Crisis, May 12-June 19, 1967, Box 20, Vol. 9 Appendix P, "United States Policy and Diplomacy in the Middle East Crisis, May 15-June 10, 1967," (1969.01.10.), pp. 99-100.

28) University of Michigan Digital Library, 1957, pp. 151-156.

는지가 중요한 문제였다.[29] 이스라엘은 "이스라엘에 대한 공격은 미국에 대한 공격"이라는 점을 미국이 공개적으로 천명해주기를 요구하면서 미국이 군사력을 사용하여 티란 해협 문제에 적극적으로 대응해주기를 요구했다.[30] 이스라엘은 덜레스 국무장관이 했던 약속을 다음과 같이 이해하고 있었다. 미국이 공개적으로 이스라엘의 입장을 지지하면서 독자적으로 군사력을 사용해서라도 아카바만이 봉쇄되지 않도록 적극적으로 개입해야 한다는 것이다. 이스라엘은 미국이 적극적으로 개입할 것을 티란 해협 위기 초반부터 꾸준히 미국 측에 요구했다. 그러나 미국은 그러한 약속이 반드시 적극적인 군사력의 개입을 포함하는 것으로 받아들이지 않았고, 이스라엘 입장에서 미국이 군사력 사용에 소극적이었던 것은 결국 수에즈 운하 위기에서 미국이 했던 약속을 서로 다르게 이해하고 있었기 때문인 것으로 보인다.

합리적 선택 과정을 통한 대안 논의

위기 발생 직후 미국은 중동 통제 그룹 회의를 통해 대응 방안

---

29) Johnson Library, National Security Files, National Security Council Histories, Middle East Crisis, Box 17, Folder 1, Vol. 1 Tabs 1-10 [1 of 2], "The President in The Middle East Crisis: May 12 – June 19, 1967," (1968.12.19.).

30) Schwar (eds.), 2004, Document 64: Memorandum of Conversation; Document 66: Message From President Johnson to Prime Minister Wilson.

을 논의하기 시작했다. 첫 회의에서는 티란 해협에서 자유로운 항행을 보장하고 그러한 항행을 보장하기 위해 해군 병력을 조직하려는 영국의 이니셔티브를 UN 안전보장이사회를 통한 해결과 함께 투 트랙으로 진행할 것도 제안하였다. 즉, 미국은 UN 안보리가 즉시 개최될 수 있도록 노력하면서 동시에 UN이 아닌 다른 다자적 방식으로 외교 및 군사적 대응도 논의하고 진행시켜야 한다는 내용이다. "UN 안보리의 행동이 영국 이니셔티브의 진행 속도를 늦추도록 해서는 안 된다"며 UN을 통한 해결은 여러 가지 대안 중 하나일 뿐이라는 것이다. 또한 상황이 악화될 경우를 대비하여 해당 지역의 미국 정부 요인들이 대피할 수 있도록 해당 지역 대사들에게 권한을 주어야 한다고 권고했다.[31]

5월 24일 저녁에 개최된 세 번째 중동 통제 그룹 회의에서 참석자들은 이스라엘 정부가 아카바만과 티란 해협을 자유롭게 항행할 수 있는 권리를 매우 중대하게 생각하고 있다고 판단하면서, 현재 위기에서 대통령이 선택할 수 있는 선택지를 크게 세 가지로 정리했다. 첫 번째 선택지는, 해양선언과 군사적 개입을 모두 준비하는 것으로 통제 그룹은 이 대안을 선호했다. 실제로 이 대안에 따라서 미국은 대응 논의를 이어 갔다. 구체적으로 아카바만을 통과하여 항행할 권리에 대하여 해양 국가들이 공동으로 선언하는 것(해양선언)과 미국과 영국의 해군이 아카바만을 통과하는 상업적

---

31) Johnson Library, National Security Files, Files of the Special Committee of the National Security Council, Box 1, Minutes of Control Group Meetings [2 of 2], "First Meeting of Control Group," (1967.05.23.).

인 선박과 유조선을 호위하기 위한 계획을 준비(해군 호위 병력의 조직)한다는 것이다. 여기서 이스라엘 정부는 티란 해협에 대한 치안 유지 활동에 관여하지 않는다고 가정하였다. 두 번째 선택지는 미국은 해양선언에만 참여하고 군사적 개입은 하지 않는 것이다. 미국과 다른 해양 국가들은 아카바만의 국제적인 지위에 대하여 공동선언문을 발표하지만 티란 해협을 통과하는 선박을 호위하는 일은 이스라엘에게 맡겨 둔다는 방법이다. 세 번째 방식은 해양선언과 군사적 개입 모두 안하면서, 이스라엘군에 대한 군사적 지원만 하는 것이다. 미국은 지난 23일 저녁 대통령이 발표한 성명에만 만족하면서 티란 해협을 개방하는 일은 이스라엘에게 맡겨 두고, 만약 교전이 발생한다면 미국은 영국과 함께 이스라엘군에게 재보급하는 방식이다.[32]

티란 해협 위기에서 미국의 정책결정자들이 대응 방식으로 논의했던 대표적인 외교정책의 내용은 아래와 같다.

---

[32] Johnson Library, National Security Files, Files of the Special Committee of the National Security Council, Box 1, Minutes of Control Group Meetings [2 of 2], "Control Group Meeting No. 3," (1967.05.24., 6:30 p.m.).

표-12 1967년 티란 해협 위기에서 논의된 대응 방식

외교적 대응	• 존슨 대통령의 성명 발표 • 對이집트 양자외교: 이집트의 봉쇄 선언 의도 파악 위해 부통령을 미국에 초대하기로 결정 • 對이스라엘 양자외교: 이스라엘이 선제공격 못하도록 예방 노력 • UN 안보리를 활용한 위기 해결 추진(다자외교) • 4강회의(다자외교): 미-영 회담에서 프랑스가 제안한 4강 회의 가능성 논의 • 영국과 협력으로 해양선언의 추진(다자외교)
경제적 대응	• NSC 회의에서 IMF, World Bank를 활용하는 방법이 거론됨
군사적 대응	• 영국과 공동으로 해군력 조직 논의

NSC 차원, 그리고 위기 대응 조직인 중동 통제 그룹 차원에서 정책결정 과정을 예비적인 결정 활동, 선택(결정) 및 이행으로 구분하여 정리하면 다음과 같다.

---

33) Johnson Library, 1969, p. 37.

34) Schwar (eds.), 2004, Document 64: Memorandum of Conversation.

35) Schwar (eds.), 2004, Document 86: Telegram From the Department of State to the Embassy in Israel.

36) Schwar (eds.), 2004, Document 77: Memorandum of Conversation; Johnson Library, National Security Files, Files of the Special Committee of the National Security Council, Box 1, Minutes of Control Group Meetings [2 of 2], "Fifth Meeting of Control Group," (1967.05.28., 1:00 p.m.).

37) Schwar (eds.), 2004, Document 86: Telegram From the Department of State to the Embassy in Israel.

38) Johnson Library, National Security Files, Files of the Special Committee of the National Security Council, Box 1, Minutes of Control Group Meetings [2 of 2], "Seventh Control Group Meeting," (1967.06.01., 4:30 p.m.).

표-13 티란 해협 위기에서 미국의 다양한 외교정책 결정 및 이행

대응 방안	예비적인 결정 활동	선택(결정)	이행
위기 대응 조직		• 위기 대응 기구의 설치	• 중동 통제 그룹 설치 • 태스크 포스 설치
양자외교 (對이집트)			• 이집트 대상으로 대통령 성명 발표[33]
		• 이집트의 봉쇄 의도 파악 위해 부통령을 미국에 초대하기로 결정	• 이집트 부통령 초대 위한 준비 진행
양자외교 (對이스라엘)	• 미-이스라엘 외교장관, 국방장관, 대통령 회담[34] • 정상 간 서신 교환	• 이스라엘이 선제공격 못하도록 예방 노력[35] • 이스라엘과 군사 분야 협력 거부[36]	• 이스라엘 선제공격 자제 요구[37] • 이스라엘에 계속 석유 공급하도록 이란 접촉[38]
다자외교 (UN)	• 중동 통제 그룹 회의[39]	• UN 안보리 활용하여 해결하기로 미-영 합의[40] • UN 안보리 활용한 위기 해결 추진[41]	
다자외교 (4강 회의)	• 미-영 회담에서 프랑스가 제안한 4강 회의 가능성 논의	• 미국은 4강 회의 대신 UN을 활용한 외교에 집중하기로 결정[42]	
해양선언의 추진 (다자협력)	• 영국의 제안 [43] • 미-영 회담으로 해양선언 추진하기로 논의[44] • 참여 가능 국가 검토[45] • 의회와 협의 진행 • 이란 활용 소련 접근[46]	• 미, 영이 분업하여 참여 가능 국가에 접근하기로 합의 • 해양선언 초안 결정 및 대상 국가에게 초안 회람하기로 결정[47]	• 미, 영이 분업하여 참여 가능 국가에 외교적 접촉하여 의견 조사[48] • 이스라엘에 해양선언 초안 전달[49]

대응 방안	예비적인 결정 활동	선택(결정)	이행
경제제재	• NSC 회의에서 IMF, World Bank를 활용하는 방법이 거론됨[50]	• 대통령은 미국이 선택할 수 있는 경제제재 방안 확인 지시	
군사력의 사용 (해상수송로 보호 해군 병력 구성)	• 영국의 제안[51] • NSC 회의에서 활용 가능 군사력 검토[52] • 미-영 회담으로 군사적 행동 필요성 논의[53] • 군사력 사용의 목표, 방식, 효과 등 논의[54] • 의회와 협의 진행하여, 합동결의안 작성[55] • 비공개로 프랑스, 일본 등과 협력 추진[56]	• 티란 해협 통행 선박 감시 위해 해군부와 임시 그룹 설치하기로 결정[57] • 긴급사태 대비 계획 준비 지시[58] • 국무장관, 국방장관 공동으로 군사력 사용 시나리오 보고서 작성 • 미-영, 군사 합동 계획 논의 중단하기로 결정[59]	• 국무장관, 국방장관 공동으로 군사력 사용 시나리오 담은 보고서 대통령에게 제출[60] • 긴급사태 실무 그룹이 작성한 군사 계획 시나리오가 중동 통제 그룹에게 보고됨[61]

39) Johnson Library, National Security Files, Files of the Special Committee of the National Security Council, Box 1, Minutes of Control Group Meetings [2 of 2], "First Meeting of Control Group," (1967.05.23.).

40) Johnson Library, 1969, pp. 35-36.

41) Johnson Library, National Security Files, National Security Council Meetings Files, Box 2, Vol. 4, Tab 52, Middle East Crisis, "Record of National Security Council Meeting held on May 24, 1967 at 12 noon," (1967.05.24., 12:00 p.m.).

42) Schwar (eds.), 2004, Document 58: Memorandum of Conversation.

43) Johnson Library, 1969, pp. 35-36.

44) Schwar (eds.), 2004, Document 68: Paper Prepared in the Department of State.

45) Johnson Library, National Security Files, Files of the Special Committee of the National Security Council, Box 1, Minutes of Control Group Meetings [2 of 2], "Control Group Meeting No. 3," (1967.05.24., 6:30 p.m.).

46) Johnson Library, National Security Files, Files of the Special Committee of the National Security Council, Box 1, Minutes of Control Group Meetings [2 of 2], "Control Group Meeting #2," (1967.05.23., 6:30 p.m.).

47) Johnson Library, National Security Files, Files of the Special Committee of the National Security Council, Box 1, Minutes of Control Group Meetings [2 of 2], "Fifth Meeting of Control Group," (1967.05.28., 1:00 p.m.); Johnson Library, National Security Files, Files of the Special Committee of the National Security Council, Box 1, Minutes of Control Group Meetings [2 of 2], "Sixth Meeting of the Control Group," (1967.05.28., 8:00 p.m.).
48) Johnson Library, 1969, pp. 93-95.
49) Johnson Library, 1969, pp. 84-86.
50) Johnson Library, National Security Files, National Security Council Meetings Files, Box 2, Vol. 4, Tab 52, Middle East Crisis, "Record of National Security Council Meeting held on May 24, 1967 at 12 noon," (1967.05.24., 12:00 p.m.).
51) Johnson Library, 1969, pp. 35-36.
52) Johnson Library, National Security Files, National Security Council Meetings Files, Box 2, Vol. 4, Tab 52, Middle East Crisis, "Record of National Security Council Meeting held on May 24, 1967 at 12 noon," (1967.05.24., 12:00 p.m.).
53) Schwar (eds.), 2004, Document 68: Paper Prepared in the Department of State.
54) Schwar (eds.), 2004, Document 72: Memorandum for the Record.
55) Johnson Library, National Security Files, Memos to the President, Walt Rostow, Box 16 [2 of 2], Walt Rostow, May 25-31, 1967, Volume 29 [1 of 2], "Memorandum For the President: Arab-Israel Crisis," (1967.05.30., 6:30 p.m.).
56) Johnson Library, National Security Files, Memos to the President, Walt Rostow, Box 16 [2 of 2], Walt Rostow, May 25-31, 1967, Volume 29 [1 of 2], "Memorandum For the President: Arab-Israel Crisis," (1967.05.30., 6:30 p.m.).
57) Johnson Library, National Security Files, Files of the Special Committee of the National Security Council, Box 1, Minutes of Control Group Meetings [2 of 2], "Control Group Meeting Number 4," (1967.05.27.).
58) Johnson Library, National Security Files, Files of the Special Committee of the National Security Council, Box 1, Minutes of Control Group Meetings [2 of 2], "Control Group Meeting Number 4," (1967.05.27.).
59) Schwar (eds.), 2004, Document 130: Memorandum of Conversation.
60) Johnson Library, National Security Files, Memos to the President, Walt Rostow, Box 16 [2 of 2], Walt Rostow, May 25-31, 1967, Volume 29 [1 of 2], "Memorandum For the President: Arab-Israel Crisis," (1967.05.30., 6:30 p.m.).
61) Schwar (eds.), 2004, Document 147: Memorandum From the Contingency Work Group on Military Planning to the Middle East Control Group.

국내정치적 고려

당시 미국의 국내정치적 상황은 외교정책의 결정 과정에서 일종의 제약 요인으로 작용했다. 의회가 행정부의 정책결정 과정에 적극적으로 개입하여 영향력을 행사하거나 정책결정자들이 의회의 입장을 고려하여 대응 방안을 논의하는 경우, 특정한 외교정책 결과나 행위로 이어지는 데 기여하지만, 때로는 행정부가 정책결정을 쉽게 내리지 못하도록 하는 제약 요인으로도 작용한다. 티란 해협 위기에서는 후자의 방식으로 국내정치 특히 의회 요인이 작용하였다. 즉, 정책결정자들은 군사력의 사용을 포함한 미국의 적극적이고 공개적인 개입에 호의적이지 않은 의회의 입장을 고려하면서 대응 방안을 논의해 나갔다. 당시 미국의 국내정치적 상황을 보면 미국이 해외에서 추가적으로 개입하는 것(commitments)에 의회가 강하게 반대하고 있는 상황이었기 때문에 나세르의 티란 해협 봉쇄 선언에 대해 행정부는 조심스럽게 대처했다.

이상의 내용을 구체적으로 정리하면 다음과 같다. 미국 행정부의 정책결정자들은 선박이 티란 해협을 통과하여 항행할 권리에 대하여 해양국가들이 공동으로 선언하는 해양선언을 추진하고, 티란 해협을 통과하는 상업적인 선박과 유조선을 군사적으로 호위하기 위한 계획 즉, 군사력의 사용을 논의했는데, 이러한 대응 방안에 대한 의회의 입장, 의회와의 관계를 고려했다. 당시 미국의 국내정치적 상황을 살펴보면, 1966년 6월, 존슨 대통령은 431,000명까지 병력 증강을 승인하면서 베트남 전쟁에서 승리하고자 하는 의지를 보여주었다. 이미 베트남 전쟁을 치루면서 베트남에 대규모 병력을 파병한 상황에서 다른 지역에 미국이 추가적으로 특히, 군사력을 사용하여 개입하는 방안에 의회가 반대하고 있었다.[62]

이집트가 티란 해협 봉쇄를 선언한 바로 다음 날인 5월 23일, 러스크 국무장관은 상원 외교위원회(Senate Committee on Foreign Relations)에 참석했는데, 그 자리에서 의원들은 미국이 중동지역에서 단독적인 행동을 하는 것에 매우 강하게 반대하는 입장을 피력했다. 이와 같은 국내정치 상황에서 미국은 티란 해협 위기에서 독자적이고 적극적인 대응보다는 다자적이며 소극적인 대응을 추구하게 되었다.[63] 특히 정책결정자들은 미국이 베트남 전쟁을 수행하고 있는 상황에서 군사력을 사용하는 문제에 더 신중할 수 밖에 없었다. 5월 30일 국무장관과 국방장관이 대통령에게 공동으로 제출한 보고서에서도 정책결정자들이 대응 방안을 논의하는데 의회 입장을 고려하고 있음을 확인할 수 있다. 해당 보고서는 해양선언을 진행하는 문제에 대하여 의회 지도자 및 외교위원회 같은 핵심 위원회들과 즉시 논의할 것을 권고하였고, 어떤 방식으로든 미국의 군사력이 사용되기 전에 상하원 공동으로 결의안이 만들어지는 것이 정치적으로 필요할 것이라고 권고했다.[64] 외교

---

62) Cohen, 2008, pp. 161-179.

63) Johnson Library, National Security Files, National Security Council Histories, Middle East Crisis, Box 17, Folder 1, Vol. 1 Tabs 1-10 [1 of 2], "The President in The Middle East Crisis: May 12 - June 19, 1967," (1968.12.19.).

64) Johnson Library, National Security Files, Memos to the President, Walt Rostow,

정책의 결정 특히, 군사력의 사용에 대한 결정에서 의회 변수라는 국내정치 요인이 정책결정 과정에 어떻게 영향을 주는지 확인할 수 있는 부분이다.

다음으로 당시 위기에서 미국이 해상수송로 안보 위협에 대응하여 고려했던 주요 외교정책 대안 각각에 대해서 정책결정자들이 어떤 과정으로 대안을 논의했는지 그 과정을 상세하게 설명한다.

6. 외교적 대응: 대통령 성명, 다자 및 양자외교

대통령 성명 발표

이집트의 티란 해협 봉쇄 선언 하루 뒤인 5월 23일 존슨 대통령은 처음으로 중동 위기에 대한 공식적인 성명을 발표했다. 미국은 중동의 위기가 가진 잠재적인 폭발력에 놀라움을 표시하면서 아카바만의 봉쇄 선언으로 중동 위기가 새로운, 그리고 매우 심각한 국면으로 접어들었다고 평가했다. 또한 이집트의 봉쇄 행위를 "불법적(illegal)"이며 "평화로 가는 명분에 있어서 처참한 것(potentially

---

Box 16 [2 of 2], Walt Rostow, May 25-31, 1967, Volume 29 [1 of 2], "Arab-Israel Crisis," (1967.05.30.).

disastrous to the cause of peace)"이라고 발표했다. 그리고 미국은 아카바만을 전 세계 공동체에게 매우 중요한 국제 수로(international waterway)라고 간주하고 있다는 사실을 존슨 대통령은 강조했다. 중동지역 모든 국가의 정치적인 독립과 영토적 통합을 지원하는 데 있어서 미국의 강한 의지(commitment)를 발표하면서 지난 세 명의 미국 대통령은 어떤 형태로든 중동에서 침략적 행위를 강력하게 반대해왔으며, 그러한 침략에 대한 반대는 현 행정부의 정책이라고 존슨 대통령은 덧붙였다.[65] 그러나 대통령의 성명에서는 해상수송로가 개방되는 데 미국이 강한 의지가 있다고 강조하면서도 그것이 위협받을 때 미국이 구체적으로 어떻게 개입할 것인지 내용은 없다. 특히 성명은 군사력 사용 가능성을 전혀 언급하지 않고 있다.

한편 5월 23일 국무부는 이스라엘과 시리아에서 필요한 경우 미국 정부 인사들을 각 대사관이 대피 명령을 내리도록 각 대사관에 지시를 내렸고, 로마를 대피 장소로 지정했다.[66]

---

65) Johnson Library, 1969, p. 37.

66) Johnson Library, 1969, p. 44.

UN을 활용한 다자외교

영국과 긴밀한 협력을 통해서 해양선언을 추진함과 동시에 미국은 UN을 통해 티란 해협 봉쇄 선언으로 시작된 위기에 대응하고자 했다. 미국은 군사적 대응을 포함하여 독자적인 대응보다는 UN이나 핵심 강대국과 협력하여 다자적인 대응을 하는 데 더 많은 관심을 가지고 있었다.

5월 22일 로스토우 국무부 차관은 영국 대사 딘(Sir Patrick Dean)과의 대화에서 영국 외교장관은 특히 아카바만의 항행 권리에 대해 큰 관심을 가지고 있다는 사실과 영국 정부가 바다에서 항행의 자유를 지키기 위해서 필요한 경우에는 독자적으로 행동할 준비가 되어 있다는 사실을 알고 있다고 밝혔다. 미국과 영국은 UN 안전보장이사회를 최대한 활용하고, 티란 해협 봉쇄 문제에 대응하기 위한 준비를 지체없이 진행해야 한다는 데에 합의했다.[67]

5월 23일 로스토우 국무부 차관은 이스라엘 하만(Avraham Harman) 대사 및 에브론(Ephraim Evron) 공사와 만난 자리에서 미국의 입장을 전달했다. 그는 여론의 관점에서 봤을 때 미국이 독자적인 행동을 하기에 앞서 UN에서 모든 시도를 해보는 것이 중요하다는 점을 전달했다. 그는 어떤 행동을 취하기 전에 양국의 협의가 매우 중요하다는 점도 강조했다. 하만 대사는 지금 위기에서 미국의 입장을 다음과 같이 정리하면서 그것을 확인하고자 했다.

---

67) Johnson Library, 1969, pp. 35-36.

아카바만은 국제수로이며 아카바만에서 수송을 방해하려는 어떠한 시도는 UN 헌장의 51조에 의거하여 이스라엘 정부의 보복 행위(reprisal)를 정당화시킬 것이다. 하만은 덜레스 국무장관이 이러한 요지를 1957년에 이스라엘에게 분명하게 언급했다는 점도 덧붙였다. 하만과 에브론은 이스라엘 입장에서 협의를 진행할 시간이 충분하지 않다는 우려를 나타냈다.[68] 5월 27일 오전 UN 사무총장은 중동 순방 직후 보고서를 작업하여 안전보장이사회에 제출했다. 그는 동 보고서에서 티란 해협에서 선박의 항행을 제한하게 되면 위험한 결과가 발생할 수 있음을 지적했다.[69]

6월 5일부터 6일까지는 교전 중지를 요구하는 결의안, 그리고 군의 철수를 위한 논의들이 UN 안전보장이사회에서 진행되었고, 미국과 소련이 첫 번째 단계로서 교전 중지를 요구하는 결의안에 합의하면서 6일에 안보리에서 결의안이 만장일치로 채택되었다.[70] 교전 중지를 요구하는 UN 안보리의 결의안 통과에도 불구하고 7일에도 교전은 계속되었고, 이스라엘은 시나이 반도의 상당 부분을 장악했다. 소련은 이집트 탱크와 항공기의 일부 여분 부품들을 공중 수송하고 있으나 주요한 소련군의 이동 징후는

---

68) Johnson Library, 1969, pp. 41-43.

69) Johnson Library, 1969, pp. 60-61.

70) Schwar (eds.), 2004, Document 181: Memorandum From Nathaniel Davis of the National Security Council Staff to the President's Special Assistant (Rostow); Document 182: Message From Premier Kosygin to President Johnson; Document 183: Message From President Johnson to Premier Kosygin.

없었다.[71]

이집트와 양자외교

5월 22일 나세르의 티란 해협 봉쇄 선언으로 해상수송로 안보 위기가 시작된 직후 미국은 이집트가 이스라엘 선박에게 아카바 만 항행을 봉쇄하는 것을 공격 행위(act of aggression)라고 간주한다는 점을 이집트 대사를 통해서 이집트 정부에 전달했다. 이집트 외교장관 리아드(Mahmoud Riad)는 23일 오전 이집트는 아카바만에서 이스라엘 선박을 정지시킬 것이며 다른 선박들의 모든 전략 물자를 압수할 것이라는 구체적인 아카바만 봉쇄 내용을 미국에 전달했다.[72] 미국 입장에서는 이집트가 봉쇄 선언을 한 의도를 정확하게 파악하는 것이 중요했다. 이를 위해 정책결정자들은 존슨 대통령이 모히딘(Zakaria Mohieddin) 이집트 부통령과 만날 수 있도록 이집트 부통령의 미국 방문을 추진했고,[73] 6월 초 이 문제는 중

---

71) Schwar (eds.), 2004, Document 186: President's Daily Brief; Johnson Library, National Security File, NSC Histories, Middle East Crisis, Vol. 6, Appendix A.

72) Johnson Library, National Security Files, National Security Council Histories, Middle East Crisis, May 12-June 19, 1967, Box 20, Vol. 9 Appendix P, "United States Policy and Diplomacy in the Middle East Crisis, May 15-June 10, 1967," (1969.01.10.), pp. 30-33.

73) Johnson Library, National Security Files, Files of the Special Committee of the National Security Council, Box 1, Minutes of Control Group Meetings [2 of 2], "Eighth Control Group Meeting," (1967.06.03., 11:00 a.m.).

동 통제 그룹에게 중요한 현안이 되었다. 모히딘 부통령은 6월 7일 저녁 이전에 미국에 도착할 예정이었는데, 문제는 언제든지 이스라엘과 아랍 국가 사이에 교전이 발생할 수 있기 때문에 미국은 모히딘의 방문을 재촉하는 상황에서[74] 중동전쟁이 발발했다.

이스라엘과 양자외교

한편 이스라엘은 에반(Abba Eban) 외교장관을 미국 워싱턴 D.C.로 보내어 티란 해협의 해상수송로 안보에 대한 미국의 구체적인 의지를 얻어내고자 매우 적극적으로 노력했다. 5월 25일 러스크 국무장관은 그동안의 정보를 종합할 때 이집트와 시리아가 이스라엘을 당장 공격할 것이라고 보기 어려우며, 미국 정부는 의회와의 온전한 연대 없이 "이스라엘에 대한 공격은 미국에 대한 공격"이라는 내용에 대해 확약(assurance)을 줄 권한이 없다는 점을 존슨 대통령은 이스라엘이 이해해주길 바라고 있다고 전했다.

에반은 26일 저녁 존슨 대통령, 맥나마라 국방장관 및 국무부 관리들이 참여하는 회의에서 티란 해협과 아카바만을 개방시키기 위해서 미국이 어느 정도까지 의지(commitment)를 가지고 있는지 물었다. 이에 대해 존슨 대통령은 우선 UN 사무총장의 중동 출장

---

74) Johnson Library, National Security Files, Files of the Special Committee of the National Security Council, Box 1, Minutes of Control Group Meetings [2 of 2], "Ninth Control Group Meeting," (1967.06.04., 11:00 a.m.).

보고서가 나올 때까지 기다려야 하며, 그 다음에 UN이 효과적이지 않다는 것이 분명해지면 그 이후에 미국을 포함한 우방국가들이 구체적으로 어떻게 행동할 것인지 논의할 것이라고 답했다. 나세르의 티란 해협 봉쇄 위협이 발생하자 중동 위기에서의 초점은 이스라엘을 위한 미국의 전반적인 안심(reassurance) 보장에서 티란 해협을 개방시킨다는 구체적인 의무(obligation)로 이동했다. 이 의무는 수에즈 운하 위기 이후인 1957년도 합의(settlement)에서 미국이 이스라엘에게 약속하면서 생겨난 것이다.[75]

결국 UN 사무총장의 중동 보고서와 UN 안전보장이사회의 행동, 그리고 미국 의회의 반응 모두 판단하기 어려운 문제들이었다. 존슨 대통령은 이전 미국 대통령의 발언을 충분히 인지하고 있다고 말하면서도, 미국 국민들과 의회가 대통령의 제안을 지지하지 않는다면 그러한 발언들이 의미 없을 것이라며 여론과 의회의 역할도 강조했다. 그리고 이스라엘이 먼저 선제공격과 같은 독자적인 행동을 하지 않기를 주문했다. "티란 해협과 아카바만이 선박의 자유로운 항행에 계속 개방되어 있도록 미국은 가능한 모든 노력을 할 것이다"가 미국의 입장이라고 이스라엘 총리에게 전달해도 되는지에 대해 존슨 대통령은 그렇다고 답했다. 미국과 이스라엘이 연합군사활동을 실시하자는 이스라엘의 제안에 대해 존슨 대통령은 중동뿐 아니라 전 세계에 알려질 수 있는 그런 합동조직

---

75) Johnson Library, National Security Files, National Security Council Histories, Middle East Crisis, Box 17, Folder 1, Vol. 1 Tabs 1-10 [1 of 2], "The President in The Middle East Crisis: May 12 - June 19, 1967," (1968.12.19.).

(joint staff)을 설치하는 것을 바라지 않는다고 답변했다.[76]

5월 27일, 해양선언의 진행 사항 및 티란 해협에서 호위 병력의 구성 논의에 대한 설명을 들은 이후에도 즉각적인 행동이 이루어지지 못하는 것에 대해 이스라엘 하만 대사는 우려를 표현했다.[77]

6월 2일, 이스라엘은 다시 자국에 대한 미국의 안전보장에 대해 물었고 러스크 국무장관은 이전에 존슨 대통령이 전달한 내용 이외에 더 이상의 변화는 없으며, 현재 미국은 해양선언을 추진중이고 홍해에서 군사력의 조직에 대하여 미국 의회의 승인을 받을 정도로 다자적인 계획은 마련되지 못했다고 답했다. 이스라엘은 티란 해협이 실제로 봉쇄되는지 시험할 준비가 되어 있으며 아랍이 먼저 공격하도록 기다릴 수 없다는 입장을 밝혔는데 러스크 국무장관은 다시 한번 이스라엘이 교전을 먼저 시작하지 않도록 경고했다.[78]

6월 3일, 존슨 대통령은 에시콜(Levi Eshkol) 이스라엘 총리에게 서한을 보내 중동 위기에서 미국의 외교정책이 근거하고 있는 원칙을 설명했다. 첫째, 이전 미국 대통령들이 밝힌 것과 같이 미국은 중동지역 모든 국가들의 영토적인 통합과 정치적인 독립을 지지한다. 둘째, 공해의 자유(freedom of the seas)이다. 존슨은 미국이 다른 국가들과 협력해야 할 필요가 있다고 지적하면서, 티란 해협

---

76) Johnson Library, 1969, pp. 53-57.
77) Johnson Library, 1969, pp. 64-71.
78) Johnson Library, 1969, pp. 97-98.

과 아카바만 통행 권리를 주장하기 위해서 주요 해양 국가들이 해양선언에 참여하도록 설득하고 있다고 설명했다. 또한 미국은 영국과 협력하여 티란 해협에 다국적군으로 이루어진 해군 병력을 구성하기 위해 노력하고 있다는 점도 덧붙였다.[79]

4강회의

프랑스는 미국, 영국, 프랑스 및 소련이 만나 중동 위기를 해결하는 4강 회의를 5월 24일 미국에 제안했다. 이러한 제안에 미국은 소련이 협력하지 않을 것이고 4강이 무언가에 합의하는 것이 어려울 것이라며, 현재로서는 영국이 제안한 해양선언을 더 나은 대안으로 생각했다. 미국은 이후에도 프랑스의 4강 회의 제안에 크게 관심을 두지 않았다.

7. 외교적 대응: 해양선언 추진

이집트 나세르의 티란 해협 봉쇄 선언으로 위기가 시작된 이후 6월 5일 이스라엘-이집트 간에 중동전쟁이 발발하기 전까지 미국

---

79) Johnson Library, 1969, pp. 97-98.

은 영국이 제안한 '해양선언(Maritime Declaration)'을 가장 중요한 외교적 대응 수단으로 간주했다. 영국과 공동으로 추진한 해양선언은 해상수송로 안보 위협에 대응하기 위한 정치 및 외교적 대응에서 핵심이었고, 6월 5일 이스라엘과 이집트 간의 교전이 발발하기 전까지 활발하게 논의가 진행되었다. 해양선언은 사실상 물리적 구속력이 없는 외교적, 정치적 선언으로서 티란 해협이 이스라엘을 포함하여 모든 국가의 자유로운 통행이 보장되는 국제수로임을 선포하는 것이다.

해양선언은 영국의 제안으로 시작되었고 미국은 이러한 제안에 부응하였으나, 영국과 미국 모두 아주 적극적인 모습을 보인 것은 아니었다. 티란 해협 봉쇄 선언 직후 영국은 해양국가들이 항행의 자유를 함께 선언하자고 미국에 해양선언 아이디어를 제안했고, 5월 23일 미국은 이러한 제안에 환영하는 입장을 보였다. 24일, 영국에서는 해양선언과 관련하여 더욱 구체적인 논의가 이어졌다. 어떠한 합의나 행동이든 그것은 국제적인 성격을 가져야 하며, UN에서의 해결을 강조하고, 해양선언을 지지하기 위한 군사적 행동의 필요성도 있다는 것이다. 이러한 영국의 제안에 대해 미국은 원칙적으로 동의했으나 몇 가지 문제에 대해서 논의가 필요했다. 예를 들어, 그러한 성명(해양선언)이 UN에서의 절차에 미치는 영향이 무엇인지, 성명을 언제, 그리고 어떤 방식으로 실행하는지도 중요한 문제였다. 또한 프랑스를 비롯하여 다른 국가들을 해양선언에 어떻게 참여시키는가의 문제도 중요했다.

해양선언 논의의 시작

　로스토우 국무부 차관은 5월 22일 영국 대사 딘(Sir Patrick Dean)과의 대화에서 영국 외교장관은 특히 아카바만의 항행 권리에 대해 큰 관심을 가지고 있다는 사실과 영국 정부가 바다에서 항행의 자유를 지키기 위해서 필요한 경우에는 독자적으로 행동할 준비가 되어 있다는 사실을 알고 있다고 밝혔다. 로스토우는 또한 필요한 경우에 대응하기 위해서 수에즈 동쪽에 충분한 군사력을 가지고 있다는 사실도 밝혔다. 그리고 다음 날인 23일 미국은 해양국가들이 선언을 하고 홍해에서 해군(naval force)을 조직하자는 제안을 환영한다고 영국 측에 전달했으나, 미국은 전면에 나서는 것을 원하지 않았다. 미국과 영국은 UN 안보리를 최대한 활용하고, 티란 해협 봉쇄 문제에 대응하기 위한 준비를 지체없이 진행해야 한다는 데에 합의했다.[80)]

　5월 24일, 해양선언과 관련하여 영국에서는 내각 회의에서 구체적인 논의가 이루어졌고 영국의 톰슨(George Thomson, Minister of State for Foreign Affairs)은 로스토우 차관에게 관련 내용을 전달했다. 이집트가 티란 해협을 신속하게 봉쇄하면 이는 1956년 수에즈 운하 위기때보다 더 처참한 전쟁을 가져올 수 있다는 영국 정부의 우려가 있었다. 그러한 상황을 막고자 영국 내각은 '자유로운 무해통항의 권리(the rights of free and innocent passage)' 그리고 이러한

---

80) Johnson Library, 1969, pp. 35-36.

권리에 대하여 국제적인 합의를 추구한다는 영국의 의지를 역설하는 '1957년도 영국의 성명'을 재확인했다. 구체적인 실행 방안과 관련하여 국제적으로 합의하는 어떤 행동이든 그것은 국제적인 성격을 가져야 하며, 단지 미국과 영국이 실행하는 행동에 제한되어서는 안된다며 아카바만 봉쇄 위기에 다자적 협력을 강조했다. 소련의 거부권 행사 가능성을 인식하면서 양국은 UN을 통해 행동하고자 노력해야 하며, 아카바만에서의 군사적 행동과 지중해 동부에서의 억지력을 가진 행동(deterrent action)을 고려할 필요성뿐 아니라, 1957년도 성명을 재확인하는 공식적인 성명의 필요성도 강조했다. 즉, 해상수송로 보호를 위한 정치적 성명과 군사적 대응 모두 고려가 필요하다는 것이다. 영국의 제안은 지중해에서 무력 시위(show of force)를 할 수 있는 군사력과 티란 해협을 통과하는 선박을 호위하는 군사력을 모두 포함하고 있고, 이스라엘과 이집트 모두 체면을 살릴 수 있도록 하는 정치적 제안도 마련해야 한다고 보았다.

　이러한 영국의 해양선언 제안에 대해 미국은 원칙적으로 동의하지만, 그것을 실행할 때 많은 현실적인 문제가 있다는 점을 지적했다. 예를 들어, 그러한 성명이 UN의 절차에 미치는 영향을 평가하는 것이 중요하며 그것을 언제(timing), 어떤 방식(modalities)으로 실행하는지도 중요한 요인이다. 또한 프랑스를 포함하여 다른 국가들을 어떻게 참여시키는가의 문제도 있다고 설명하면서, 미국은 영국의 제안을 환영하면서도 동시에 조심스럽고 소극적인 자세를 보여주었다. 해양선언을 제안한 영국 또한 자신이 이 선언을 제안하는 데 있어서 너무 앞에서 나서는 것을 원치 않는다는 언급을 했다. 러스크 미 국무장관은 영국의 해양선언 제안은 의회의 지원이 필요한 의회와 협의가 필요한 문제라며, 영국의 제안에 신중한 입장을 보였다. 또한 러스크는 어떤 행동이든지 다자적인 행동이어야 하며, UN에서 최대한 모든 자원을 활용해야 한다는 미 상원 외교위원회(Foreign Relations Committee)의 합의된 내용도 전달했다.

영국이 제안한 해양선언의 기초가 될 수 있을지도 모르는 1958년도 '영해와 접속수역에 관한 협약(Convention on the Territorial Sea and the Contiguous Zone)'의 제16조 4절이 티란 해협 사례에도 적용되는지 법적 검토를 하기로 양국은 합의했다. 또한 양국은 1949년도 아랍-이스라엘 정전 협정의 적용 및 1956년에 발효된 세 건의 합의(arrangement)의 적용 문제에 대해서도 검토하기로 합의했다. 아래는 '영해와 접속수역에 관한 협약'의 제16조 4절이다.

> There shall be no suspension of the innocent passage of foreign ships through straits which are used for international navigation between one part of the high seas and another part of the high seas or the territorial sea of a foreign State.
> (Convention on the Territorial Sea and the Contiguous Zone, 1958).

해양선언 초안

이스라엘을 안심시키기 위한 노력으로 5월 31일 오후 로스토우 차관은 이스라엘 하만 대사에게 국무부가 준비한 해양선언 초안을 보여주었다. 초안의 내용은 다음과 같으며 이 내용은 중동에서 미국의 정책에서 가이드라인이 된다는 점을 설명했다. 그리고 본 선언의 목적은 아카바만은 모든 국가가 항행의 권리를 가지고 있는 국제수로라는 점을 주장하는 것이었다.

The Governments of maritime nations subscribing to this Declaration express their grave concern at recent developments in the Middle East which are currently under consideration in the United Nations Security Council. Our countries, as Members of the United Nations committed to the Purposes and Principles set forth in the Charter, are convinced that scrupulous respect for the principles of international law regarding freedom of navigation on international waterways is indispensable.

In regard to shipping through the waterways that serve ports on the Gulf of Aqaba, our Governments reaffirm the view that the Gulf is an international waterway into and through which the vessels of all nations have a right of passage. Our Governments will assert this right on behalf of all shipping sailing under their flags, and our Governments are prepared to cooperate among themselves and to join with others in seeking general recognition of this right.

이집트가 실제로 티란 해협 봉쇄를 실행하는지 확인하기 위해 미국은 호위받지 않은 선박이나 호위받는 선박 한 척을 티란 해협을 통과하도록 하는 방법을 논의하고 있으며, 미국은 영국이 제안하는 해양선언에 참여하면서 의회와의 협의도 진행하고 있다고 답했다. 현재까지 이집트가 자신이 공언한 티란 해협 봉쇄를 실제로 하고 있다는 징조가 없다는 것이 미국의 판단이었다. 하만 대사는 5월 23일 이후 아카바만을 통과하여 에이라트 항구로 간 선박이 없기 때문이라고 주장했으나, 미국 측은 미국 정보에 따르면 바로 직전에 에이라트를 향하는 두 척의 선박이 아카바만을 통과했다고 반박했다.[81]

해양선언의 현실적인 문제는 이집트가 실제로 아카바만, 티란 해협을 봉쇄했을 때 그것을 물리적 수단 예를 들어, 군사력을 동원해서라도 개방시키겠다는 구체적인 실행 내용은 없고, 사실상 정치적 선언에 가깝다는 점이다.

미국과 영국은 각자 해양선언에 대한 지지를 얻기 위해 여러 나라들과 접촉했다. 5월 30일 무렵, 영국은 이탈리아, 노르웨이, 덴마크, 네덜란드, 벨기에, 그리스, 파나마, 라이베리아, 일본에 접촉하여 자신이 제안한 해양선언에 대한 의견 조사를 실시했다. 미국은 프랑스, 벨기에, 캐나다, 네덜란드, 인도, 이탈리아 및 노르웨이에 접촉했다. 미국과 영국이 접촉한 국가는 모두 31개국으로 미국은 18개 국가를, 영국은 13개 국가를 접촉했다. 미국뿐 아니라 해

---

81) Johnson Library, 1969, pp. 84-86.

양선언을 제안한 영국조차 해양선언을 추진하는 과정에서 전면에 나서는 것을 무척 부담스러워했다. 6월 2일 저녁 무렵, 호주, 아이슬란드, 네덜란드가 해양선언을 지지한다는 의사를 표시했다. 프랑스는 여전히 4강 회의가 최선의 대안이라고 생각하며 해양선언은 중동 위기 해결에 별 도움이 되지 않는다고 보았다.[82]

중동전쟁의 발발과 해양선언 논의 유보

티란 해협 위기에 대응하기 위해 해양선언을 논의하고 있는 가운데 6월 5일 이스라엘의 선제공격으로 제3차 중동전쟁(6일 전쟁)이 발발하자 미국에게 우선순위는 티란 해협 안보보다 교전 중지로 바뀌게 되었고, 교전 중지 이후 향후 중동 평화를 어떻게 정착시킬지에 대한 논의도 중요해졌다.

백악관 상황실로부터 중동지역에서 교전이 개시됐다는 보고를 받은 국가안보보좌관 로스토우는 존슨 대통령에게 상황을 보고했고, 대통령은 그날 오전 성명을 발표하면서 즉각적인 교전 중단을 가져올 수 있도록 모든 당사자들이 UN 안전보장이사회를 지지하도록 촉구했다.[83] 그날 오전 해양선언과 관련하여 대통령은 미국이 해양선언을 더 진전시키기로 결정한다면, 해양선언에 대해서

---

82) Johnson Library, 1969, pp. 93-95.
83) Schwar (eds.), 2004, Document 152: Editorial Note.

관련 국가들이 취할 입장에 대한 최선의 예측(best estimate)에 대해 준비할 것을 지시했다.[84]

한편 국무부는 6월 5일 오전, 그동안 추진해온 모든 해양선언 관련 활동을 유보하라고 지시했다. 6월 6일, 국무부 차관보 배틀은 해양선언 활동 중지 이유로 다음 두 가지를 들었다. 우선, 일단 교전이 시작된 이상 UN 안보리에서 교전 중지 결의안을 얻어내는 것이 1차적인 목표이기 때문이며, 다음으로는 미국이 해양선언에 대한 지지를 얻기 위해 압력을 행사한다면 이것은 공명정대한 (중립적인) 위치를 고수하고 있는 미국의 입장이 다른 방향으로 벗어난 것처럼 보일 수 있기 때문이다.[85] 미국 입장에서 전쟁의 발발 이전에는 교전의 방지가 목표였다면, 일단 교전이 시작된 이후에는 그것을 중지시키는 것이 가장 중요한 목표였다. 전쟁이 발발한 이상 해양선언의 추진과 해군력 조직의 논의는 우선순위에서 밀릴 수 밖에 없었다.

6월 7일 국무부가 보낸 전문에 따르면 이스라엘군은 샤름 엘-셰이크를 확보함으로써 티란 해협을 통제하게 되었다.[86] 이집트의 티란 해협 봉쇄 선언으로 시작된 해상수송로 안보 위기가 사실상 종료되었다.

---

84) Schwar (eds.), 2004, Document 163: Memorandum Prepared by the Assistant Secretary of State for Near Eastern and South Asian Affairs (Battle).

85) Johnson Library, 1969, pp. 103-105.

86) Johnson Library, 1969, p. 141.

8. 군사적 대응: 해군력 조직

티란 해협을 개방하기 위한 해군력 조직

이집트의 티란 해협 봉쇄 선언에 대응하기 위해 미국은 영국과 함께 해양선언을 추진하면서 동시에 그 선언을 물리적으로 강제할 수 있는 군사적 대응 방안도 고려했다. 해양선언과 마찬가지로 미국은 주로 영국과 군사적 대응 방안을 논의했는데 티란 해협을 항행하는 선박을 군사적으로 보호하는 것이 주요 내용이다. 앞으로 이 책에서 구체적으로 다루겠지만 티란 해협 위기에서 미국이 고려했던 군사적 대응은 레이건 행정부에서 페르시아만 호르무즈 해협을 항행하는 쿠웨이트 유조선을 미국이 군사적으로 보호하기로 한 군사적 대응과 매우 유사하다.

5월 24일 미국 로스토우 국무부 차관의 주재로 영국의 톰슨 및 제독(Admiral Jozef Bartosik)이 참석한 가운데 미국과 영국은 군사적 계획에 대한 논의를 진행했다. 먼저 영국은 티란 해협 봉쇄 위기에 대한 대응으로 선박이 티란 해협을 자유롭게 항행하도록 물리적으로 강제하는 군사적 계획에 대한 영국의 제안을 설명했다. 영국이 제안한 해군 병력의 구성은 1) 탐사 병력(probing force), 2) 엄호 병력(cover force), 그리고 3) 억지 병력(deterrent force)으로 이루어져 있다. 탐사 병력은 티란 해협에서 상선들을 보호하는 호위대(escort)로서 조직이 되는데, 이상적으로는 지대공 미사일을 가진 미국 순양함(cruiser) 한 척, 몇 척의 구축함(destroyer) 및 영국의 소형 구축함(frigate) 몇 척으로 구성이 된다. 문제는 이들 병력이 이집트의 공중공격에 취약하며 초기에는 기뢰 제거 능력이 없다는 데 있다. 엄호 병력은 영국의 항모타격부대인(strike carrier) HMS(Her/His Majesty's Ship) Hermes 한 척과 현재 인도양에 있는 호송 선박들이다. 이 엄호 병력은 군사적 역량이 크진 않지만, 이집트에 대해서 정치적 억지력을 가질 것으로 판단되었다. 탐사 병력의 효율성은 주로 지중해 동부에서 억지 병력의 존재에 크게 의존할 것이라는 점이 영국의 판단이었다. 억지 병력은 미국 제6함대(Sixth Fleet)의 공중공격 부대들과 영국의 빅토리어스(Victorious) 함선, 그리고 영국의 키프로스 폭격부대로 구성한다는 것이다.

이러한 영국의 제안에 대해서 탐사 병력의 군사력이 약할 것이라는 점이 지적되었고, 미국의 제6함대와 영국 해군이 지중해 동부에 존재하는 것이 그 자체로 충분한 것인지, 또는 그러한 병력이 존재하며 어디에 있는지를 공개적으로 발표할 필요가 있는지에 대한 문제가 제기되었다. 또한 억지력이 사용된다면, 군사력 사용의 목적은 티란 해협에 있는 군사적인 목표에 대한 공격인지, 아니면 이집트의 공중병력을 상쇄시키는 것인지 그 목적을 어떻게 할 것인가에 대한 문제도 제기되었다. 아울러 어떤 선박을 호위할 것인지에 대한 이슈도 있었다. 탐사 병력을 구성하는 데 앞으로 10일 정도 소요될 것으로 전망되며, 미 군함이 억지 병력에 사용된다면 그러한 병력은 수에즈 운하를 통과해서 이동해야 하는데 이러한 이동은 현실적이지 않다는 우려도 있었다. 양국은 군

대표들이 별도로 이상의 문제들을 논의하기로 합의했다.[87]

5월 30일 국가안보보좌관 로스토우가 대통령에게 보고한 자료에 따르면 당시 미국은 중동 시나리오를 다음의 3단계로 구상하고 있었다. 첫째, 아랍-이스라엘 분쟁 위협을 저지하기 위해 그리고 아카바만 문제를 정치적으로 해결하기 위해서 UN 안과 밖에서 행동하는 것이고, 둘째는 해양선언에 대한 부분으로 가능한 많은 해양국가들이 티란 해협과 아카바만이 국제 수로라는 원칙을 지지하는 공식적이고 공개적인 확인을 받도록 하는 것이다. 마지막 부분은 잠재적인 군사력의 사용이 관련된 긴급사태 계획(contingency planning)으로 우선 티란 해협을 통과하는 선박을 이집트가 실제로 방해하는지 확인하는 긴급사태 계획을 마련하고, 다음으로 티란 해협의 자유로운 항행을 지지하기 위해서 필요한 경우에 군사력의 사용을 위한 긴급사태 계획을 준비하는 것이다. 미국은 독자적인 군사력의 사용 가능성보다 많은 국가들이 참여하는 다자적인 대응을 더욱 선호했으나, 현실적으로 영국의 참여만이 유력했다.

또한 이 자료는 해양선언에 대하여 의회 지도자 및 의회 외교위원회 같은 핵심 위원회들과 즉시 논의할 것을 권고하였고, 어떤 방식으로든 미국의 군사력이 사용되기 전에 상하원의 결의안이 만들어지는 것이 정치적으로 필요할 것이라고 권고했다. 군사력의 사용과 관련한 결정에서 의회와의 협의나 지원이 중요하다는

---

87) Johnson Library, 1969, pp. 44-48.

부분을 지적한 것이다.[88] 그러나 1980년대 이란-이라크 전쟁 중 페르시아만 위기 사례와 다르게 이상에서 제기된 문제들은 더 이상 충분히 논의되지 않았다.[89]

군사력 이동 논의에서 소련에 대한 고려

군사적 논의와 관련하여 6월 2일 미국과 영국은 백악관에서 논의를 거쳐 공동 군사 긴급사태 계획은 만들지 않기로 합의했다.[90] 중동지역까지 관할하는 미국 제6함대의 활동을 보더라도 군사적 대응을 위한 별도의 조치들은 보이지 않았다. 6월 7일 제6함대 사령관(Commander of the Sixth Fleet)이 합동참모본부(Joint Chiefs of Staff)에 보낸 전문을 보면, 6월 5일과 6일 제6함대 소속 항공기들이 이스라엘, 시리아나 이집트 지역으로 비행을 전혀 하지 않았고 평시처럼 있었다.[91]

중동 인근 지역의 일부 병력의 이동에 대해서 소련이 오인하지

---

88) Johnson Library, National Security Files, Memos to the President, Walt Rostow, Box 16 [2 of 2], Walt Rostow, May 25-31, 1967, Volume 29 [1 of 2], "Arab-Israel Crisis," (1967.05.30.).

89) Johnson Library, 1969, pp. 49-50.

90) Johnson Library, 1969, pp. 95-96.

91) Schwar (eds.), 2004, Document 192: Telegram From the Commander of the Sixth Fleet (Martin) to the Joint Chiefs of Staff.

않도록 미국은 매우 신중한 태도를 보였다는 점도 확인할 수 있다. 수에즈 운하 북부 지중해쪽 항구인 사이드항(Port Said)에서 떨어진 곳에서 이스라엘군이 실수로 미 해군의 리버티호를 어뢰로 공격한 사건이 발생했는데 미국은 지중해에 있는 항공모함 사라토가(Saratoga)에게 현장 조사를 위해 항공기를 파견할 것을 지시하였다. 6월 8일 오전 11시 17분에 코시긴 소련 수상에게 보낸 메시지에서, 존슨 대통령은 항공기 파견 목적은 오직 사고 선박에 대한 조사 목적이라는 것을 알아주길 바란다며, 미 해군의 움직임을 소련이 오인하지 않도록 신중하게 행동하는 모습을 보여주었다.[92]

사실상 이스라엘의 승리로 교전이 끝난 6월 10일 존슨 대통령과 핵심 정책결정자들이 만난 회의에서 미국은 제6함대의 이동을 결정했는데 대통령이 잠시 자리를 비운 사이, 맥나마라 국방장관은 제6함대를 돌려서 지중해 동쪽 방향으로 움직여야 하는지를 참석자들에게 물었고, 톰슨(Llewellyn E. Thompson Jr.) 대사와 헬름스는 여기에 동의했다. 제6함대의 작전을 모니터링하고 있는 소련의 잠수함들은 이러한 미군의 움직임을 즉시 소련 본국에 보고할 것으로 파악했다. 대통령이 돌아오자 맥나마라는 제6함대의 이동 가능성에 대해 언급했고, 대통령은 그렇게 할 것을 명령했다. 대통령의 지시에 따라 맥나마라는 보안 전화를 들고 제6함대의 이동 명령을 내렸다.[93] 당

---

92) Schwar (eds.), 2004, Document 212: Message From President Johnson to Premier Kosygin.

93) Schwar (eds.), 2004, Document 244: Memorandum for the Record; Johnson Library, National Security Files, National Security Council Histories, Middle East

시 정책결정자들이 제6함대의 이동을 결정한 목적은 명확하지 않으나, 해상수송로 안보 위협에 대한 대응이나 교전을 위한 목적이 아닌 것은 분명하다.

① 군사 작전 수행을 위한 지역 국가와의 협의

티란 해협 봉쇄에 대응하기 위한 군사적 대응의 핵심은 티란 해협에 해군을 파견하여 물리적으로 해협을 개방하는 것이었다. 군사 작전을 성공적으로 수행하기 위해서 지역 국가와의 협력이 필요했으나 당시 미국과 영국이 추진했던 공동 군사적 대응은 충분한 준비가 되어 있지 않은 상태였다.

② 군사적 고려: 군사기획(Military Planning)

군사기획에서는 위협에 대한 평가, 군사력 사용의 목표, 목표 달성을 위한 군사적 대응 방식, 이를 위한 군사적 역량 평가 등이 이루어진다. 군사기획이 제대로 이루어져야 정책결정자는 군사적 대응이 필요한 시점에 맞는 군사적 대응을 선택할 수 있다.

1967년 티란 해협 위기에서 미국은 영국과 해군력 조직을 공동으로 논의했으나 적극적인 모습을 보이지 않았고, 이에 따라 군사기획도 충분히 진행되지 않았다. 이집트의 티란 해협 봉쇄 선언

Crisis, May 12-June 19, 1967, Box 19, Vol. 7 Appendices G-H.

이틀 뒤인 5월 24일 미국과 영국은 해군력을 어떤 방식으로 조직할 것인지에 대해 논의했다. 당시 논의는 탐사 병력, 엄호 병력 및 억지 병력을 어떻게 구성할 것인지, 지중해와 인근 해역에 있는 미국과 영국의 함대 중 어느 병력을 어디에 배치할 것인지에 주목했고, 군사기획에서 중요한 군사력 사용의 목표와 같은 부분들은 구체적으로 논의가 이루어지지 않았다. 군사력 사용의 목적이 티란 해협에 있는 군사적인 목표물에 대한 공격인지, 이집트의 공중 병력을 상쇄시키는 것인지, 그리고 어떤 선박을 군사적으로 호위할 것인지 등에 대한 논의는 이루어지지 않았다. 탐사 병력을 구성하는 데 약 10일 정도 소요될 것으로 전망되었고, 미 군함을 억지 병력으로 사용하는 경우 수에즈 운하를 통과하여 이동해야 하는데 이러한 이동이 현실적인지 문제도 제기되었다.

③ 군사력의 예비적 이동

군사력의 예비적 이동은 미래에 발생할 수 있는 긴급상황(contingency)에 대비하거나, 특별한 목적을 위해 군사력을 활용하고자 예비적 차원에서 군사력을 이동시키는 것이다. 잠재적인 군사력의 사용에 대비하기 위한 차원에서 이루어지는 군사력의 이동이다.

1967년 티란 해협 위기에서 중동지역까지 관할하는 미국 제6함대의 활동은 군사적 대응을 준비하는 차원에서 특별한 활동이나 이동을 보여주지 않았다. 한편 중동 인근 지역의 일부 병력의 이동에 대해서 소련이 이러한 미군의 이동을 오인하지 않도록 미국은 매우 신중한 태도를 보였다.

9. 에너지 안보 문제 해결을 위한 노력

티란 해협 위기는 해상수송로 안보 문제로 시작되었으나 이후 중동전쟁이 발발하면서 아랍 산유국의 석유 금수조치가 시작됐고, 이는 미국과 미국의 동맹국 및 우방국에게 에너지 안보 문제이기도 했다. 중동전쟁이 발발하자 존슨 대통령은 중동과 관련한 석유 문제를 파악할 것을 지시했다.[94]

아랍 산유국의 석유 금수조치

중동전쟁 발발 직후 아랍 산유국들은 석유 금수조치를 내리면서 위기는 또 다른 국면으로 전환되는 것처럼 보였다. 하지만 그들의 석유 무기는 산유국들의 협력 부족 및 세계 석유 시장에서의 영향력 부족으로 실패했다.

6월 5일 쿠웨이트, 사우디아라비아, 리비아, 알제리, 이집트, 시리아, 레바논, 바레인, 카타르, 아부다비의 석유장관들은 회의를 열고 성명(communiqué)을 발표했다. 당시 성명의 주요 내용은 다음과 같다. 첫째, 아랍 석유는 침략을 하거나 또는 아랍 국가들

---

94) Schwar (eds.), 2004, Document 163: Memorandum Prepared by the Assistant Secretary of State for Near Eastern and South Asian Affairs (Battle).

에 대한 침략에 참여한 국가에게 거부되어야 한다. 둘째, 이스라엘을 지원하는 어떠한 공격(armed attack)을 포함하여 아랍 국가를 상대로 한 공격에 직접적 또는 간접적으로 참여하는 국가의 경우, 아랍 국가 내에 있는 그 국가의 회사 자산 그리고 국민들은 전쟁법(subject to laws of war)의 적용을 받을 것이다. 6월 6일, 이라크, 쿠웨이트와 알제리는 미국과 영국에 대한 석유 수송의 중단(suspension of oil deliveries)을 선언했다.[95] 1960년 석유수출국기구(OPEC: Organization of the Petroleum Exporting Countries)가 만들어진 이후 처음으로 중동 산유국들이 석유를 정치적 무기로 활용한 것이다. OPEC은 이란, 이라크, 쿠웨이트, 사우디아라비아, 베네수엘라 5개 창립 회원국이 1960년 9월 10~14일에 개최된 바그다드 컨퍼런스 결과로 설립한 정부 간 기구다. 카타르(1961), 인도네시아(1962), 리비아(1962), UAE(1967), 알제리(1969), 나이지리아(1971), 에콰도르(1973), 앙골라(2007), 가봉(1975), 적도기니(2017), 콩고(2018) 등이 이후에 OPEC 회원으로 가입했다.[96]

---

[95] Schwar (eds.), 2004, Document 180: Editorial Note.
[96] 카타르는 2019년 1월 회원 자격을 종료시켰고 인도네시아는 2016년 11월 회원 자격을 유예했다. OPEC 본부는 첫 5년 동안 스위스 제네바에 있었으나 1965년 9월 1일 오스트리아 비엔나로 위치를 옮겼다. The Organization of the Petroleum Exporting Countries, https://www.opec.org/opec_web/en/about_us/24.htm (검색일: 2023년 4월 5일).

석유 금수조치에 대한 미국의 대응

아랍 산유국은 1967년, 처음으로 석유를 정치적 무기로 사용했다. 석유를 무기로 사용하는 측이나 석유 무기에 공격받는 측이나 모두 서툴렀다. 당시 미국 정책결정자들은 석유와 같은 에너지 문제에 대해서 그 중요성을 인지했으나, 에너지 문제에 대한 현황 파악이나 대응 방안 등에 대해서 준비가 되어 있지 않았다.

미국은 NSC 특별위원회를 중심으로 위기에 대응해나갔는데 아랍 산유국의 석유 금수조치 가능성을 염두에 두고 대응 방안을 고려했으나, 군사적 수단을 활용하는 방안에 대해서는 거의 고려하지 않았다. 당시 NSC에서 중동, 북아프리카 및 남아시아 고위 담당관(senior officer responsible for the Middle East, North Africa and South Asia)으로 재직한 손더스(Harold Saunders)가 대통령 특별자문 번디에게 1967년 6월 7일에 보고한 자료에 따르면 그런 모습을 확인할 수 있다. 보고 자료에서 손더스는 석유 문제(oil problem)에 대해서는 아직 살펴보지 못했다고 보고하고 있다. 원래 석유 문제는 국무부 소속 태스크 포스(Battle's Task Force) 내에 존재하는 경제적 취약 하위위원회(economic vulnerabilities subcommittee)가 담당하는데, 석유 문제에 대한 리뷰가 이뤄지지 않았다.[97] 같은 날 저녁 6시 30분, 번디는 대통령에게 새로 설치된 NSC 특별위원회의 조직 구

---

97) Johnson Library, National Security Files, Files of the Special Committee of the National Security Council, Box 1, Special Committee Meetings [3 of 3], "Memorandum For McGB," (1967.06.07.).

성, 역할 분담에 대해 제안하면서 석유 문제도 다뤄야 한다고 조언했다.[98]

6월 8일 국무장관 러스크는 내무장관 우달(Stewart L. Udall)에게 보낸 서한에서 석유 금수조치 발생 이후 에너지 위기 상황을 다음과 같이 정리했다. 알제리, 쿠웨이트, 그리고 바레인이 미국과 영국에 대한 석유 수출을 금지했으며, 이라크가 Iraq Petroleum Company의 작업 정지를 명령했다. 아람코(Aramco)의 Trans Arabian Pipeline이 봉쇄되었고, 수에즈 운하도 봉쇄되었다. 리비아는 외국 석유 회사의 운영 중지를 명령했다. 러스크는 이러한 변화로 석유 공급 비상사태(oil supply emergency)가 발생했으며 미국과 동맹국의 안보에 부정적인 영향을 주고 있다고 언급했고, 러스크는 비상조치(emergency procedures)의 시작을 요구했다.

러스크는 경제 담당 국무부 차관보(Assistant Secretary of State for Economic Affairs)인 솔로몬(Anthony M. Solomon)과 12시 24분에 가진 전화 통화에서, 현재 석유 현황에 대한 정리 자료를 요구하였다. 솔로몬에 따르면 리비아 항구는 현재 닫혀 있지만 조만간 개방 가능성이 있으며, 사우디아라비아의 경우 영국과 미국에 석유 공급을 중단했으나, 남아시아에 있는 미군에 대한 석유 공급은 문제가 없다고 그는 답했다. 쿠웨이트는 영국과 미국에 대한 석유 선적(shipment)을 중단했으나 이란은 문제가 없고, 알제리는 대부분

---

98) Johnson Library, National Security Files, Files of the Special Committee of the National Security Council, Box 1, Special Committee Meetings [3 of 3], "Memorandum For the President (from McGeorge Bundy)," (1967.06.07., 6:30 p.m.).

프랑스로 석유를 공급하는데 이쪽도 문제가 없었다. 아람코는 사우디아라비아에서 정유시설을, 그리고 바레인으로 향하는 송유관을 중단해야 했다. 에너지 위기의 심각성에 대해서 솔로몬은 수에즈 운하가 봉쇄된 것이 가장 큰 문제라고 평가했고, 아랍 산유국의 석유 금수조치로 인해 발생하는 석유의 부족분은 유럽과 일본에게 5~15% 정도이기 때문에 심각한 수준은 아니라고 판단했다.

6월 9일 솔로몬은 번디에게 "The Middle Eastern Oil Problem"이라는 제목의 보고서를 제출했다. 동 보고 자료에 따르면 아랍 석유의 이동이 평소의 약 40%이며, 사우디아라비아, 리비아, 이라크는 석유를 수출하지 않고 있고, 쿠웨이트, 알제리는 미국과 영국에 석유 금수(embargo)를 하고 있다. 아바단(Abadan) 시설은 이라크 유조선의 노동자(tanker pilot) 파업으로 닫힌 상태다. 보고 자료에서는 석유의 흐름이 주말에 증가할 수 있다고 전망하고 있는데, 하루 1.5백만 배럴 정도는 부족할 것으로 보이며, 수에즈 운하가 봉쇄되어 있는 한 유조선 문제는 심각하다고 설명하고 있다. 그러나 아랍 산유국들이 West Bank에서 이스라엘을 몰아내기 위해 미국을 압박하기 위한 목적으로 석유를 활용한다면, 석유 공급 위기는 상당 시간 동안 지속될 수 있다고 보았다.[99]

석유 금수조치에 대응하여 결국 미국은 하루 약 1백만 배럴의 석유를 국내에서 추가로 생산하면서 아랍 산유국의 석유 금수조

---

99) Schwar (eds.), 2004, Document 214: Memorandum of Telephone Conversation Between Secretary of State Rusk and the Assistant Secretary of State for Economic Affairs (Solomon).

치로 인해 발생한 부족분을 충분히 상쇄했다. 그해 9월 무렵 결국 석유 금수조치는 해제되었고, 잠시 동안 국제석유시장은 공급 과잉을 경험했다.[100] 이로써 아랍 산유국의 첫 번째 석유 무기는 별 소득 없이 종료되었다.

10. 소결

소결에서는 티란 해협 위기에서 해상수송로 안보 위협, 국제정치의 구조적 요인인 소련에 대한 고려, 그리고 국내정치적 요인 또는 이해관계가 미국 외교정책의 결정과정에 어떠한 영향을 주었는지, 군사적 대응을 비롯한 외교정책 대안 논의 및 선택에 어떤 영향을 주었는지 정리한다.

해상수송로 안보 위협의 영향력

"해상수송로 안보에 대한 위협의 변화가 미국이 군사적 대응을 선택하는 외교정책 결정에 영향을 주는가?"라는 이 책의 핵심 질문

---

100) The Council on Foreign Relations, "Oil Dependence and U.S. Foreign Policy," https://www.cfr.org/timeline/oil-dependence-and-us-foreign-policy (검색일: 2023년 4월 3일).

에 대해 당시 해상수송로 안보 위협이 어느 정도였는지 그 수준과, 그것이 정책결정에 미친 영향으로 구분하여 정리하면 다음과 같다.

해상수송로 안보 위협의 수준과 관련하여 이집트의 티란 해협 봉쇄 선언은 미국의 핵심 우방국인 이스라엘에게 중대한 국가안보 위협이었으나, 미국 입장에서는 아직 심각한 수준은 아니었다고 판단할 수 있다. 우선 봉쇄할 것이라고 정치적으로 선언만 했을 뿐 실제로 이집트는 티란 해협을 통행하는 선박을 물리적으로 방해하거나 유조선과 같은 수송 선박을 군사 공격한 것도 아니었다.

정책결정 분석을 통해 확인할 수 있는 중요한 부분은 바로 이집트의 티란 해협 봉쇄 선언이라는 동일한 행위를 미국과 이스라엘이 서로 다르게 즉, 다른 수준의 위협으로 인식했으며, 이러한 인식의 차이는 이후 미국의 소극적인 대응에도 기여했다. 두 국가 모두 이집트의 봉쇄 선언을 대응이 필요한 수준의 국가안보 위협으로 받아들였으나 위협의 수준에 대한 인식에서 차이가 있었다. 이스라엘은 자국에게 중대한 석유 수송로를 봉쇄하는 이집트의 위협을 전쟁명분이라고 주장하면서 즉각적인 군사력의 사용이 정당하다고 판단했다. 그러나 미국은 이집트의 행위가 해상수송로 안보에 위협인 것은 사실이지만, 즉각적인 군사력의 사용을 정당화할 수 있을 정도의 심각하고 급박한 위협이라고 판단하지 않았다. 위기 발생 초반인 5월 24일 NSC 회의에서 그러한 미국의 위협 인식을 확인할 수 있다.[101]

---

101) Johnson Library, National Security Files, National Security Council Meetings Files,

이집트가 시나이 반도 지역으로 군 병력을 이동시킨 것에 대해서도 미국은 이러한 이집트의 행위를 방어적 차원이라고 인식한 반면에, 이스라엘은 이집트의 행위를 공격적인 시도라고 인식했다.[102] 특히 이스라엘 에반 외교장관은 미국 맥나라마 국방장관을 만난 자리에서 이집트의 행위는 이스라엘의 존재 자체를 위협하는 것이라면서 아카바만 봉쇄를 이스라엘 입장에서는 전쟁명분이라고 분명히 밝혔다. 그리고 에반 외교장관은 미국이 단독으로라도 티란 해협 항행의 자유를 지지하는 입장을 분명하게 해줄 것을 미국에 요구했다.[103] 이후에도 이스라엘은 미국에게 적극적인 개입을 통한 위기 해결을 요구했으나, 미국은 국내 여론과 의회와의 협력 문제를 거론하며 소극적으로 대응 논의를 이어갔다.

그러나 분명한 점은 미국 정책결정자들은 해상수송로 안보 위협에 대한 대응 수단으로 위기 발생 초반부터 군사력의 사용 가능성을 논의하기 시작했다는 점이다. 해상수송로 안보 위협이 미국이 군사적 대응을 선택하도록 영향력을 행사한 것은 아니지만, 정책결정자들이 군사력의 사용을 중요한 대안으로 고려하게 만들었다는 점이 중요하다. 미국 정책결정자 입장에서 당시 이집트의 행동은 급박한 국가안보 위협은 아니었지만, 실제로 이집트가 티란

Box 2, Vol. 4, Tab 52, Middle East Crisis, "Record of National Security Council Meeting held on May 24, 1967 at 12 noon," (1967.05.24., 12:00 p.m.).

102) Schwar (eds.), 2004, Document 64: Memorandum of Conversation.

103) Schwar (eds.), 2004, Document 69: Memorandum of Conversation.

해협을 봉쇄하거나 동 해협을 통과하여 항행하는 선박을 공격하거나 저지시킴으로써 자유로운 항행에 지장을 줄 가능성은 존재했다. 따라서 미국은 티란 해협에서 선박의 자유로운 항행을 물리적으로 보장할 수 있는 군사력의 사용 가능성도 염두에 두면서 정치적 선언인 해양선언을 비롯한 외교적 대응을 논의 및 추진했다. 잠재적인 티란 해협의 봉쇄 가능성에 대비하여 미국은 티란 해협을 항행하는 선박을 군사적으로 보호하는 해군력 조직 논의를 영국과 공동으로 이어갔다.

국제정치 구조적 요인인 소련과 경쟁의 영향력

당시 국제정치의 구조적 요인이라 할 수 있는 미소냉전의 국제정치 구조 즉, 소련에 대한 고려, 소련에 대한 견제는 미국이 군사력의 사용을 결정하는 과정에서 어떤 역할을 했는가? 해상수송로 안보 위협에 대한 외교정책 대응을 논의하는 과정에서, 그리고 군사력의 사용을 논의하는 과정에서 미국은 일정 부분 소련을 고려하였다는 것을 확인할 수 있다.

이집트가 티란 해협에 대한 봉쇄를 선언한 이후, 미국 정책결정자들은 소련의 의도에 대해서도 검토했다. 그들은 소련이 이러한 위기를 조장했는지 의심했으나 그렇지 않다는 것이 그들의 판단이었다. 즉, 이집트의 봉쇄 선언으로 인한 아랍과 이스라엘의 위기는 소련 입장에서 기회인 것은 사실이지만, 소련이 의도적으로 만들어낸 결과가 아니고 이집트의 독자적인 행동으로 인한 것이라는 판단이다.[104] 중동의 위기 해결을 위한 소련의 개입은 사실상 없었고, 티란 해협 위기에서 소련과의 경쟁 관계나 고려가 미국의 정책결정 과정에 많은 영향력을 행사했다고 보기 힘들다. 물론 미국은 군사력을 이동시키는 논의를 하면서 미국의 행동이 소련에게 잘못된 신호를 보내지 않도록 신중한 모습을 보여주었다.

국내정치 요인의 영향력

해상수송로 안보 위협에 대한 외교정책 대응을 논의하는 과정에서, 그리고 군사력의 사용을 논의하는 과정에서 미국 국내정치적 요인들은 어떤 역할을 했고, 어느 정도 영향력이 있었는가?

티란 해협 위기에서 당시 미국의 국내정치적 상황 특히, 의회는 다른 지역에서 행정부의 추가적인 군사력 사용에 비판적인 입장이었다. 대규모 병력을 투입하여 베트남에서 전쟁을 수행하고 있는 당시 상황을 고려할 때, 다른 지역에 미국이 군사력을 추가로 파병하는 방안에 의회가 반대하는 것은 당연했고, 정책결정자들은 의회의 이러한 입장을 인지하고 있었다. 상원 외교위원회 의원들은 미국이 중동 지역에서 단독적인 행동을 하는 것에 반대했

---

104) Johnson Library, National Security Files, National Security Council Meetings Files, Box 2, Vol. 4, Tab 52, Middle East Crisis, "Record of National Security Council Meeting held on May 24, 1967 at 12 noon," (1967.05.24., 12:00 p.m.).

고,[105] 국내정치적 압력으로 인해 정책결정자들은 미국의 독자적이며 적극적인 대응을 모색하기 어려웠다. 그 결과 미국은 다자적인 대응을 선호했고, 이스라엘의 요구와 다르게 소극적인 모습을 보여주었다.

결론

1967년 티란 해협 위기는 석유 해상수송로에 대한 안보 위협으로 인해 발생했고, 그런 의미에서 동시에 에너지 안보 위기라는 점에서 이란-이라크 전쟁 중에 발생한 1987년 페르시아만 위기와 매우 유사하다. 그리고 미국의 정책결정자들이 대응 방안으로 논의했던 군사력의 사용은 주로 석유의 해상수송로 안보를 확보하기 위한 것이기 때문에 군사적 대응의 목적도 비슷하다. 두 위기 사례에서 모두 핵심 해상수송로의 봉쇄 위협에 대응하기 위해 군사적 대응 방안을 논의했었으나 1967년 티란 해협 위기에서 미국은 군사적 대응을 선택하지 않았다.

해상수송로 봉쇄 위협에 대응하여 정책결정자들이 군사적 개입을 논의했으나 논의가 더 이상 진행되지 못한 이유로 우선 해상수송로 안보 위협이 당장의 군사적 개입이 필요할 정도로 급박하

---

105) Johnson Library, National Security Files, National Security Council Histories, Middle East Crisis, Box 17, Folder 1, Vol. 1 Tabs 1-10 [1 of 2], "The President in The Middle East Crisis: May 12 - June 19, 1967," (1968.12.19.).

거나 심각하지 않았다는 점을 들 수 있다. 이집트의 봉쇄 선언 이후에 이집트는 해협 봉쇄를 구체적인 행동으로 실행하지 않았다. 따라서 미국의 정책결정자 입장에서 해상수송로 봉쇄는 선언적인 위협에 불과했다. 이집트는 해협을 통과하는 유조선을 공격하거나 물리적으로 티란 해협을 봉쇄한 것이 아니었기 때문에 선언을 넘어서는 위협 이상은 없었다. 미국은 티란 해협의 안보 위협에 대응해야 할 필요성을 인지했으나 군사적 대응을 해야 할 정도로 심각하고 급박한 위협으로 인지하지 않았는데 해양선언 초안이 마련된 5월 31일 무렵 그러한 점을 확인할 수 있다.

그날 로스토우 국무부 차관은 이스라엘 하만 대사에게 국무부가 준비한 해양선언 초안을 보여주면서 이집트가 실제로 티란 해협 봉쇄를 실행하고 있는지 확인하기 위해 선박을 티란 해협에 보내 통과시키는 방법을 논의중이라고 전달했다. 이집트는 티란 해협을 봉쇄하겠다고 선언했으나 그때까지도 실제로 티란 해협을 봉쇄하는 징후를 찾기 어렵다는 것이 미국의 판단이었다. 5월 말까지도 티란 해협 안보에 대한 위협은 존재했으나 미국 정책결정자들이 인식했던 위협의 수준은 이스라엘이 받아들인 그것과 달랐다. 즉, 미국 정책결정자들은 이집트의 당시 수준의 위협이 당장 군사력을 사용해야 하는 급박하고 심각한 위협이라고 받아들이지 않았다.

아울러 미국 입장에서는 군사력을 사용해서 얻을 수 있는 에너지 안보 이익이 크지 않았다. 티란 해협은 이스라엘에게 중요한 석유의 해상수송로였으나 미국의 전체적인 에너지 안보 입장에서 군사적 개입을 통해 얻을 수 있는 에너지 안보 이익보다 중동

지역 국가들로부터 받을 수 있는 정치적 부담이 컸다고 평가할 수 있다. 심각한 수준이 아닌 해상수송로 안보 위협에 대응하고자 군사적 개입을 한다면 중동 국가들은 미국에 대해 부정적인 인식을 가질 수 있고, 이는 이스라엘뿐 아니라 중동 국가들과의 관계도 중요하게 생각하는 미국에게 부담이 되기 때문이다.

해양안보와 미국의 외교정책

5장

1973년 중동전쟁 위기

1973년 중동전쟁 위기

1. 위기의 배경

    1973년 10월 6일부터 제4차 중동전쟁 또는 욤 키푸르 전쟁(Yom Kippur War)이 시작되었다. 아랍 산유국들은 석유 금수조치와 더불어 석유 생산량 감축이라는 방식으로 석유를 정치적인 무기로 사용했으며 리비아, 바레인, 사우디아라비아, 시리아, 아부다비, 알제리, 이집트, 카타르, 쿠웨이트가 이러한 움직임에 동참했다. 사우디아라비아의 경우 방대한 석유 매장량과 막대한 생산량을 바탕으로 당시 석유 무기화를 주도했다.[1] 중동국가 간 전쟁이 발발할

---

1) Fuad Itayim, "Arab Oil-The Political Dimension," *Journal of Palestine Studies*, Vol. 3,

것으로 전혀 예상하지 못했던 미국은 전쟁 발발에 놀랐으며, 미국은 중동전쟁 위기에 대응하기 위해 NSC의 위기 대응 조직인 '워싱턴 특별조치 그룹'을 중심으로 대응 방안을 논의하기 시작했다.

1967년 티란 해협 위기와 마찬가지로 1973년 중동전쟁 당시 중요한 해상수송로는 이스라엘의 티란 해협이었다. 동 지역의 해상수송로 안보를 위협하는 이집트의 행위가 있었으나, 미국 입장에서는 교전 중지와 석유 금수조치에 대한 대응이 더 급박한 현안이었기에 해상수송로 안보 문제는 큰 주목을 받지 못했다.

위기 당시 미-소 관계

1968년 말, 존슨에 이어 닉슨이 대통령에 당선되었다. 새 대통령인 닉슨과 핵심 외교정책 자문인 키신저는 미국 안보에 대한 베트남의 중요성에 대해서 환상이 없었다. 그들은 강대국 정치의 무자비한 실행자들이었으며, 인기 없는 전쟁의 부담으로부터 벗어나고 싶어 했고, 자신의 에너지를 소련 및 중국과의 관계에 집중하려고 했다. 그러나 문제는 대통령으로서 국내뿐 아니라 해외에서도 강한 모습을 보여주어야 했다. 따라서 1972년으로 예정된 대통령 선거 전에 항복하지 않고 베트남에서 나오는 방법을 찾아야 했다. 긴 노력 끝에 미국은 평화 협상에 앞서 소련과 중국의 지지

No. 2 (Winter, 1974), pp. 86-89.

를 얻어내는 데 성공했다. 군사적 대치, 미국의 추가적인 양해, 미국과 관계 개선을 원하는 소련 및 중국으로부터의 압력, 닉슨이 대통령으로 재선될 것이라는 인식 등 여러가지 요인이 작동하여 1972년 가을, 북베트남은 승리 없는 외교적 합의를 수용했다. 1973년 2월, 마침내 베트남 전쟁이 종료되었다.[2]

다른 미국 리더들처럼 닉슨과 키신저는 미국의 이익이 보존되는 안정적인 세계질서를 추구했다. 자신의 전임자들과 마찬가지로 그들은 안정적인 세계 질서를 만들기 위해 소련의 영향력을 봉쇄하는 것이 핵심이라고 생각했다. 제3세계를 비롯하여 안정적인 세계질서를 유지하기 위해서 그들은 소련과의 긴장 완화(détente)를 도모했다. 미국은 베트남 전쟁에서 해방되는 데 소련의 지원을 활용했고, 닉슨 독트린을 발표함으로써 미국이 직접 개입하기보다 지역 국가에 대한 책임을 이양하는 방향으로의 외교정책 전환을 시도했다.[3]

닉슨 행정부 들어서 미소 간의 긴장 완화가 진행되고 있었지만 두 국가가 전략적 이해관계를 가지고 있는 중동 지역에서의 미소 관계는 달랐다. 나세르가 죽은 후 후임으로 사다트(Anwar Sadat)가 등장했다. 소련은 사다트와 시리아가 전쟁 준비를 해왔다는 것을 알고 있었으며, 1973년 무렵 이집트와 시리아가 1967년 6일 전

---

2) Warren I. Cohen, *The Cambridge History of American Foreign Relations: Volume IV America in the Age of Soviet Power, 1945-1991* (Cambridge University Press, 2008), pp. 161-179.

3) Cohen, 2008, pp. 182-192.

쟁에서 이스라엘이 얻어낸 성과들을 뱉어내도록 하기 위한 행동을 취하는 것을 심각하게 고려하고 있었다는 점을 소련은 인지하고 있었다. 미국 정부도 이집트의 전쟁 계획을 포함하여 어느 정도 정보가 있었으나, 키신저는 사다트의 결의와 이스라엘과 가까운 미국을 곤란스럽게 하려는 소련의 의지를 평가절하했다.

1973년 10월 중동전쟁 발발 며칠 후 소련은 중동지역에서 영향력을 유지하려는 시도로 자신의 아랍 고객들에게 필요한 물자를 재공급하기 위해서 대규모의 공수작전(airlift)을 시작했다. 일주일 동안 미국은 크게 개입하지 않았으나 이후에 이스라엘의 반격 직후에 바로 미국의 공수작전도 시작되었다. 중동전쟁 중 소련의 제안으로 소련 브레즈네프(Leonid I. Brezhnev) 공산당 서기장(General Secretary of the Communist Party)과 미국의 키신저 국무장관은 이스라엘과 아랍 교전국들 모두가 수용할 수 있는 교전 중지 합의를 만들기 위해 노력하기도 했다.

그러나 미국과 소련은 협력하면서도 동시에 경쟁했고 완전한 긴장 완화는 적어도 중동지역에서는 이루어지지 않았다. 중동전쟁이 막바지에 이르자 이스라엘은 더 진격하고자 했다. 그러자 사다트는 교전 중지를 강제하기 위해서 미국과 소련에게 군대를 보내달라고 요청했고, 화가 난 브레즈네프는 이스라엘의 교전 중지 위반을 중단시키기 위해서 소련에 합류하라고 미국에게 요청했다. 그는 필요한 경우에는 소련이 단독으로라도 군대를 파견할 것이라고 경고했으며 공수부대에 동원령까지 내렸다. 미국은 소련을 견제하기 위해서, 그리고 이스라엘이 교전 중지에 응하도록 강제하기 위해서 미군에 전략적 경계경보(strategic alcrt)를 내림으로써 대응했다. 다행히 미국과 소련의 전면 충돌은 피했으나 양국은 상대방의 행동에 대해 실망했다.

  1973년 중동전쟁으로 미소 양국은 데탕트의 의미에 대해 양국 지도자들이 가졌던 일종의 환상을 떨쳐버렸다. 중동에서 미국의 입지를 훼손시키려는 소련의 명백한 시도에 대해 미국은 실망했다. 무엇보다 소련은 또 다른 중동전쟁이 임박하다는 사실을 미국에 먼저 알리지도 않았다. 그리고 소련은 아랍 국가들이 미국에 대항하도록 조장했다. 이후 중동 문제 해결 과정에서 미국은 소련을 배제시켰으며, 사다트는 미국과의 화해를 시도했다. 미국은 소련이 중동에서 중요한 역할을 하도록 내버려 두려는 의도가 전혀 없었던 것이 분명하며, 결국 강대국 경쟁(great-power rivalry)은 거의 변한 것이 없었다.[4]

2. 정책결정의 제도

닉슨 행정부의 NSC 구성

  1973년 중동전쟁 위기 당시 닉슨 행정부에서 NSC 구성원은 다음과 같다. 대통령 닉슨(Richard M. Nixon)을 포함하여 애그뉴(Spiro

---

4) Cohen, 2008, pp. 194-196.

T. Agnew)5) 부통령, 키신저(Henry A. Kissinger, 1973.09.23.~1977.01.20.) 국무장관, 슐레진저(James R. Schlesinger) 국방장관, 슐츠(George P. Shultz) 재무장관, 콜비(William E. Colby) CIA 국장(Director of the Central Intelligence), 무러(Thomas H. Moorer) 합동참모본부 의장(Chairman of the Joint Chiefs of Staff), 국무장관을 겸직했던 키신저(1969.01.20.~1975.11.03.) 국가안보보좌관(Assistant to the President for National Security Affairs) 등이다.

전임 대통령들과 다르게 닉슨 대통령은 외교정책을 결정할 때 자신의 국가안보보좌관이자 국무장관까지 겸직한 키신저라는 개인, 그리고 국가안보보좌관으로 키신저가 지휘하는 NSC라는 조직에 크게 의존했다. 닉슨은 키신저와 매우 긴밀한 관계를 유지했으며 키신저는 해외 지도자가 방문했을 때 열린 회의에도 정기적으로 참석했다. 1973년 9월 닉슨이 키신저를 국무장관에 임명하면서 키신저는 미국 역사상 최초이자 유일하게 국무장관과 국가안보보좌관직을 동시에 겸직한 인물이 되었다. 키신저는 12명 수준이던 NSC 직원을 34명까지 확대했으며, 키신저의 지휘 아래 NSC는 해외 지부(overseas posts)에 전송하는 정책 전문(policy cables)을 승인하는 임무까지도 맡게 되었다. 사실상 키신저의 NSC가 있는 백악관이 외교정책의 생산기관이 되었으며 이러한 변화는 외교정책의 정책결정 과정에 국무부의 참여를 현저하게 낮추었다.

키신저는 NSC 회의에서 다룰 안건을 정했고, NSC의 훈령

---

5) 애그뉴 부통령이 1973년 10월 10일 사임한 이후, 부통령직은 그해 10월 6일까지 공석이었다.

(NSC directives)을 준비하기 위해서 부처 간 워킹그룹도 설치했다. 키신저는 또한 Senior Review Group, Washington Special Actions Group, Verification Panel, 40 Committee, Intelligence Committee, Defense Program Review Committee를 NSC의 하위 위원회로 설치했으며 위원회의 회의도 주재했다.[6]

NSC 회의는 자주 열리지 않았고, Senior Review Group, Washington Special Actions Group이 실제로 구체적인 외교 이슈를 다루었다. 그 중 중동 문제, 위기 관리 및 전쟁과 같은 이슈는 NSC 회의보다는 Washington Special Actions Group에서 다루었고 의장인 키신저가 주도해나갔다.

워싱턴 특별조치 그룹

'워싱턴 특별조치 그룹(WSAG: Washington Special Actions Group)'은 NSC 산하에 있는 NSC 관련 6개의 위원회 중 하나로 키신저가 설치했다. 1969년 7월 3일 National Security Decision Memorandum-19에 근거하여 설치된 동 조직은 주로 전쟁, 분쟁과 같은 위기 관리가 필요한 문제들을 다루는 위원회였으며 키

---

6) The Richard Nixon Presidential Library and Museum, https://www.nixonlibrary.gov/national-security-council-structure-and-functions (검색일: 2023년 1월 23일).

신저가 의장을 맡았다.[7] 워싱턴 특별조치 그룹(WSAG)은 고위급 태스크 포스로서 위기 상황에서 미국 정부의 모든 조직의 조정(coordination)을 책임지는 역할을 했으며, 급변하는 위기 상황에서 대통령의 지시에 따라 부처들이 유연하고 시의적절한 행동을 할 수 있도록 만드는 관리팀이기도 했다. 동 조직에는 CIA 국장 및 합참의장도 참여했다.[8]

---

[7] National Security Decision Memoranda(NSDM)는 NSC 회의 결과로 도출되든지, 아니면 부처의 수장이 참여하는 회의에서 협의를 통해 도출되든지 대통령의 결정을 부처 및 기관에 알리기 위한 목적으로 닉슨 대통령의 명령으로 만들어졌다. National Security Study Memoranda(NSSM)는 주로 NSC 회의에서 고려할 수 있도록 특정 외교정책이나 국가안보 문제에 대해 연구를 수행하도록 지시하는 것이 목적이다. The White House, "National Security Decision Memorandum 1: Establishment of NSC Decision and Study Memoranda Series," (January 20, 1969).

[8] The Richard Nixon Presidential Library and Museum, https://www.nixonlibrary.gov/finding-aids/national-security-council-institutional-files-h-files (검색일: 2023년 1월 23일).

표-14 1973년 중동전쟁 위기에서 주요 사건 및 미국의 외교정책

날짜	주요 사건 및 미국의 외교정책 결정
1973.10.06.	10월 전쟁의 발발과 함께 미국은 아랍 산유국의 석유 금수조치 가능성을 매우 심각한 위협으로 인식함 ▶ 에너지 안보 위기의 시작
1973.10.06.	이집트 잠수함이 에이라트 항구로 가는 파나마 국적 유조선 공격 ▶ 해상수송로 안보 위협 발생
1973.10.09.	쿠웨이트는 석유를 전쟁의 수단(무기)으로 사용해야 한다고 아랍 산유국들에게 촉구함
1973.10.10.	바그다드 라디오는 모든 아랍 국가들이 미국에 대한 석유 수출을 중단해야 한다고 촉구함
1973.10.14.	석유 공급 중단 문제에 대응하기 위한 태스크 포스 활동 시작 (NSC + 국무부)
1973.10.14.	대통령 자문인 러브는 석유 비상사태 계획을 국무장관에게 제출
1973.10.16.~17.	OPEC 석유 장관들이 비엔나에서 만나 회의 진행
1973.10.17.	아랍 산유국들은 원유의 고시 가격 인상과 석유 감산 조치를 발표함
1973.10.17.	사우디아라비아 왕, 닉슨 대통령에게 이스라엘 지원 중지 경고
1073.10.20.~21.	사우디아라비아, 리비아, 아부다비, 바레인, 알제리, 쿠웨이트, 두바이, 카타르가 미국에 대한 석유 공급 중단 선언함 (석유 금수조치)
1973.10.22.~23.	UN 안보리에서 교전 중지 결의안 통과됨
1973.10.25.	실제 교전 중지로 10월 전쟁 종료

그림-14 외교정책 결정 과정의 도식화 (1973년 사례)

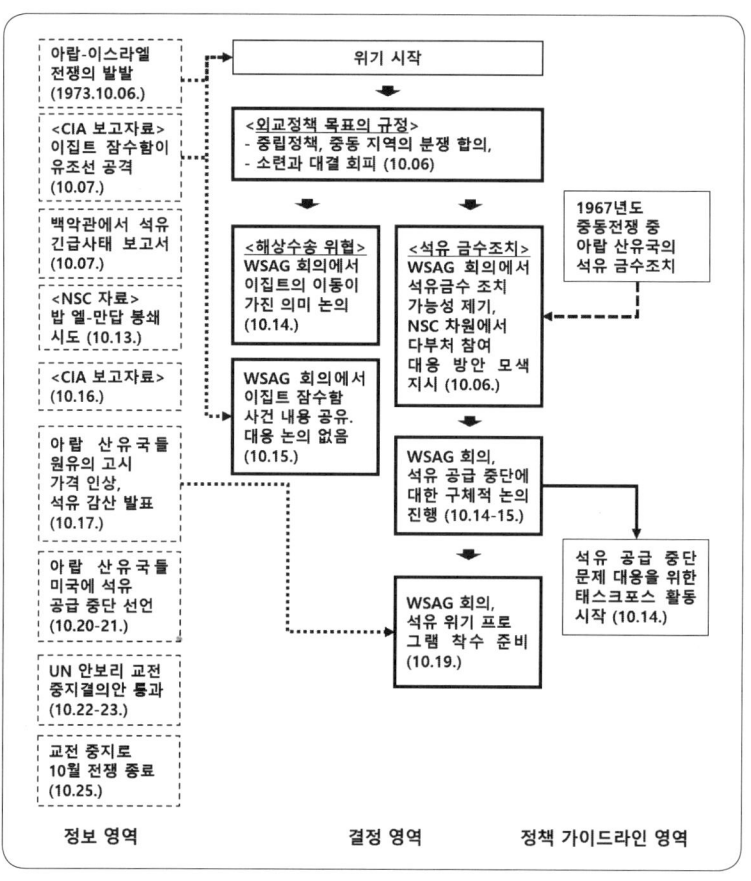

1973년 중동전쟁의 발발과 함께 시작된 위기는 해상수송로 안보에 대한 위협이 크지 않았고, 주로 아랍 산유국의 생산량 감산과 석유 금수조치로 인한 에너지 안보 차원의 위협이 큰 위기였다. 당시 미국은 산유국의 석유 감산과 석유 금수조치에 대한 대응 방안을 주로 논의했으며, 군사적 대응보다는 석유 시장의 힘을

이용하거나 국내적 차원에서 대응할 수 있는 대안을 논의했다. 중동전쟁 초반 티란 해협 근처에서 이집트의 도발이 있었는데 사건 자체만 봤을 때 해상수송로 안보 위협으로 받아들일 수 있었으나, 미국 정책결정자들은 이집트의 공세적인 행위를 대응이 필요한 수준의 위협으로 받아들이지 않았다. 이미 이스라엘과 이집트 사이에 교전이 발생한 이상 정책결정자 입장에서 우선순위는 교전 중지, 그리고 발생 가능성이 있는 아랍 산유국의 석유 금수조치에 대한 대응에 있었기 때문이다.

그런 의미에서 1973년도 중동전쟁 위기에서 해상수송로 안보 위협의 수준은 낮았고, 해상수송로 안보를 위한 NSC 차원의 대응 논의는 거의 진행되지 않았다. 대신 중동전쟁의 발발로 티란 해협을 비롯한 주변 지역의 해상수송로 안보 위협이 발생하자 국무장관 겸 국가안보보좌관 키신저는 비공식 채널(backchannel) 메시지를 활용하여 이집트와 양자외교를 통해 해상수송로 안보 문제를 관리하고자 노력했다.

표-15 1973년 중동전쟁 위기에서 정책결정자들이 논의한 대응 방식

외교적 대응	• 키신저의 양자외교를 통한 해상수송로 안보 위협 관리 • UN 안보리의 교전 중지 결의안

경제적 대응	• 석유 중단(oil cut-off)이 발생하는 경우에 대비한 긴급상황 계획
	  (석유 금수조치 발생 전)
	• 석유 공급 중단 문제 대응 위한 태스크 포스 활동
	  (석유 금수조치 발생 이후)

군사적 대응	• 중동 지역 미국인 대피를 위한 준비 • 만일의 상황을 대비하기 위한 예비적인 군사력의 이동

3. 외교정책 결정 분석: (1) 정보 영역

중동전쟁의 발발

1973년 10월 6일 미국 워싱턴 D.C. 현지 시간으로 오전 8시 29분, 국무장관이자 국가안보보좌관인 키신저(Henry A. Kissinger)는 주 워싱턴 D.C. 이스라엘 대사관의 부대사(Deputy Chief of Mission)인 샤레브(Mordechai Shalev)와의 통화에서 중동전쟁 발발 소식을 접했다.[9] 이집트와 시리아 주도로 이스라엘에 대한 기습 공격을 감행함으로써 제4차 중동전쟁, 10월 전쟁 또는 욤 키푸르 전쟁(Yom Kippur War)이 시작되었다.

이집트 잠수함의 유조선 공격

1967년 티란 해협 위기가 주로 티란 해협 또는 아카바만에서 발생한 해상수송로 안보 위협이 주요했다면 1973년 중동전쟁 위기는 그렇지 않았다. 매우 간헐적으로 석유 해상수송로 위협이 발생하긴 했다. 10월 7일 저녁에 보고된 CIA의 현황 보고 자료에 따르

---

9) Nixon Library, Henry A. Kissinger Telephone Conversation Transcripts (Telcons), Chronological File, Box 22, folder 7 - October 6, 1973, "Kissinger Telephone Conversation with Shalev," (1973.10.06., 08:29 a.m.).

면 홍해(Red Sea)에서 두 척의 구축함과 두 척의 잠수함을 포함한 이집트 해군이 해상에 있었는데, 이스라엘의 군 사령부는 이집트 해군이 홍해에 있는 이스라엘 항구로 가는 해로들(sea lanes)을 봉쇄할 것이라고 예측했다. 실제로 중동전쟁 발발 초기에 이집트 해군이 유조선을 공격한 사건이 발생했다. 이집트 잠수함이 페르시아만으로부터 이스라엘의 에이라트(Eilat) 항구로 항행하여 가고 있는 파나마 국적의 유조선을 공격했다. 이집트 잠수함은 유조선을 향해 어뢰 세 발을 발사했으나 모두 빗나갔고, 별다른 충돌은 없었다. CIA는 이스라엘이 이 사건을 이집트가 에이라트 방향으로 항행하고 있는 모든 선박의 움직임(all shipping)을 봉쇄하려고 시도하는 추가적인 증거로 간주하고 있다고 보고했다.[10]

10월 13일 NSC가 키신저 국무장관에게 보고한 자료는 중동전쟁이 계속됨에 따라서 발생할 수 있는 몇 가지 중요한 문제들을 제시했다. 예를 들어 시리아와 이집트를 보호하기 위해서 방어적인 차원에서 전투기를 띄우는 것과 같이 소련의 개입이 심화되거나, 아랍 석유 생산의 감소로 유럽, 일본 및 미국에게 심각한 석유 부족이 유발되는 문제 등이다. 동 보고자료는 해상수송로 안보와 관련된 문제도 다루었는데, 이란에서 이스라엘로 향하는 석유 유조선이 진입하지 못하도록 홍해 남쪽 입구에 위치한 밥 엘-만답(Bab el-Mandab)을 봉쇄하려는 시도가 문제라고 보았으나, 보고서는

---

10) Central Intelligence Agency, "Situation Report Number 9, As of 22:30 EDT," (1973.10.07.).

이와 관련된 구체적인 내용을 다루지는 않았다.[11]

10월 16일자 CIA의 현황 보고 자료는 정체를 확인할 수 없는 한 척 또는 두 척 이상의 구축함이 10월 7일과 10월 8일 저녁에 홍해 입구로 가는 지부티(Djibouti)의 해안 근처에서 미국의 석유 회사에 전세가 된 두 척의 유조선을 멈추어 세웠고, 그들이 교전 지역(war zone)에 진입하고 있다고 말했다고 보고했다. CIA의 보고 자료에 따르면 유조선의 선장들은 정확하게 구축함의 신원을 확인할 수 없으나 그들은 소련 구축함이라고 믿었으나, CIA는 그 구축함은 당시 아덴(Aden)에서 작전을 수행중인 두 척의 이집트 소속 구축함 중 하나인 것으로 보인다고 판단했다.[12]

아랍 산유국의 석유 무기화[13]

---

11) Howland and Daigle (eds.), 2011, Document 169: Memorandum From William B. Quandt of the National Security Council Staff to Secretary of State Kissinger.

12) Central Intelligence Agency, "Situation Report Number 44, As of 16:30 EDT," (1973.10.16.).

13) '석유의 무기화(oil weapon)'는 Paust와 Blaustein(1974), Maull(1975), Graf(2012)의 개념 정의에 따라 "대상 국가의 정책 변화라는 정치적 목적을 달성하기 위해 석유를 정치적 수단으로 활용하는 것"으로 정의할 수 있다. 'oil weapon'은 결국 석유의 정치적 활용을 의미하며 국내 문헌에서는 '석유 무기화'로 통용된다. Jordan J. Paust and Albert P. Blaustein, "The Arab Oil Weapon: A Threat to International Peace," *The American Journal of International Law*, Vol. 68, No. 3 (July, 1974), p. 412; Hanns Maull, "Oil and Influence: The Oil Weapon Examined, (Adelphi Paper 117, 1975)," in *The Evolution of Strategic Thought: Classic Adelphi Papers (Adelphi series)* (The International Institute for Strategic Studies, 2008), p. 328; Rüdiger Graf, "Making Use of the "Oil Weapon": Western Industrialized Countries and Arab Petropolitics in 1973-1974,"

1973년 10월 제4차 중동전쟁이 전개됨에 따라 아랍 산유국들은 석유 금수조치와 더불어 석유 생산량 감축으로 석유를 정치적으로 무기화했으며 리비아, 바레인, 사우디아라비아, 시리아, 아부다비, 알제리, 이집트, 카타르, 쿠웨이트가 여기에 동참했다. 사우디아라비아의 경우 방대한 석유 매장량과 막대한 생산량을 배경으로 1973년도 석유 무기화를 주도했다.[14]

1967년 티란 해협 위기 당시 상황과 다르게 1973년 무렵에는 국제석유시장에서 OPEC 회원국인 아랍 산유국의 시장 점유율이 높았으며, 서방 세계는 아랍 석유에 크게 의존하고 있었기 때문에 많은 국가들이 에너지 안보 위기에 매우 취약했다.

표-16 미국과 동맹국의 석유 소비에서 차지하는 중동 국가의 수입 비중(1972년)

단위: %

	사우디 아라비아	리비아	이라크	아랍 국가 전체
유럽	22%	14%	9%	75%
일본	18%	1%	1%	50%
미국	5%	1%	0.1% 이하	10%

출처: The White House, "Oil Contingency Paper(12:00)," (1973.10.07.).

Diplomatic History, 2012, Vol. 36, No. 1 (2012), p. 185.

14) Fuad Itayim, "Arab Oil-The Political Dimension," Journal of Palestine Studies, Vol. 3, No. 2 (Winter, 1974), pp. 86-89.

위 자료와 같이 미국은 중동 석유에 크게 의존적이지 않았다. 문제는 미국의 핵심 동맹국인 유럽과 일본의 중동 석유 수입 의존이 매우 높았다. 그 결과 유럽과 일본은 아랍 산유국의 생산량 감소와 석유 금수조치에 매우 취약했다.[15]

표-17 EC 국가들의 아랍 석유 의존도(1972년)

단위: 전체 수입에서 차지하는 비중(%)

	파이프라인에 의한 페르시아만 지역 석유 (현재 작동 중지)	유조선에 의한 북아프리카 석유 (수송시 7일 소요)	유조선에 의한 페르시아만 지역 석유 (수송시 35일 소요)	전체 아랍 석유
이탈리아	24	19	26	69
프랑스	14	18	46	78
영국	5	15	48	68
서독	4	39	29	72
베네룩스	6	4	53	63
덴마크	…	1	66	67

출처: Central Intelligence Agency, "Arab Oil Cutback and Higher Prices: Implications and Reactions," (1973.10.19.), p. 3.

---

15) 켈라닉(2012)은 특정한 조건 하에서 석유는 외교정책의 수단으로써 대상국을 강제(coercion)하는 데 효과적일 수 있다고 주장하면서, 그는 군사적 측면에서 석유 무기화에 주목했다. 우선 석유 공급에 차질이 생기면 전쟁수행에 중대한 문제가 발생하기 때문에 석유는 군사적으로 강력한 무기가 될 수 있다. 그에 따르면 대상국의 취약성(vulnerability)은 중요한 변수이다. 석유 수입에 대한 의존도가 높을수록, 그리고 석유 공급이 중간에 차단당할 우려가 있는 섬일수록, 석유 공급망을 보호할 수 있는 군사력이 약할수록 취약성이 커지며, 이런 조건에서 석유는 대상국을 강제하는 데 힘을 발휘한다. Kelanic, 2012, pp. 3-6.

위 〈표-17〉에 따르면 유럽 국가들의 경우 유조선(tanker)으로 석유를 공급하는 비율이 대체로 매우 높고 그 중 영국, 프랑스, 베네룩스 및 덴마크의 비중이 매우 높다. 즉, 에너지 안보에서 해상수송로 안보가 당시에도 여전히 매우 중요하다는 것을 알 수 있다.

4. 외교정책 결정 분석: (2) 정책 가이드라인 영역

비록 당시에는 석유 무기가 성공적이지 않았으나 1967년 중동전쟁 때 이미 아랍 산유국이 정치적 무기로 사용한 석유 금수조치를 경험한 미국은 1973년 중동전쟁 초기부터 석유 금수조치의 발생 가능성과 그것이 미칠 수 있는 영향력에 대해 1967년 위기보다 더 심각하게 고민하기 시작했다. 이 점은 키신저가 닉슨 대통령에게 보고한 자료에서도 확인할 수 있다. 키신저는 핵심적인 이슈로 중동에 있는 미국 시민들의 안전에 대해 언급한 후, 아직은 아랍 국가들의 석유 금수조치(Arab oil boycott) 위협이 없다고 보고했다. 그러나 10월 7일 교전이 재개된다면, 아랍 국가들은 심각한 피해를 입을 것이고, 미국 시민의 안전과 아랍 국가들의 석유 금수조치라는 미국의 두 가지 이해관계는 위험에 처할 수 있다고 키신저는 분명히 언급했다.[16] 전쟁 발발 5개월 전인 1973년 5월 미국은

---

16) Nina Howland and Craig Daigle (eds.), *Foreign Relations of the United States,*

이스라엘과 이집트 사이에 교전이 일어날 가능성을 낮게 평가했지만, 교전이 일어나면 미국에 대한 석유 금수조치가 있을 가능성을 염두에 두었다.[17]

석유 공급 중단에 대응 위한 태스크 포스 활동

10월 14일 오전 WSAG 회의에서 석유 공급 중단에 대비한 구체적인 논의가 이루어졌는데, 이후 키신저 국무장관은 석유 공급 중단에 대비한 프로그램이 필요하다고 판단했다. 그는 석유 공급 중단 문제에 대응하기 위한 태스크 포스의 활동을 지시하면서 대통령의 에너지 문제 자문인 러브 주지사를 포함하여 국무부, 국방부 및 NSC가 협력하기를 주문했다. 본 태스크 포스는 석유 공급이 중단되면 대통령이 취할 수 있는 방법들을 마련해야 할 것을 강조하면서, 키신저는 유럽, 일본에 대한 문제에도 미국이 어떻게 해야 하는지 대응 방안을 마련하라고 주문했다.[18]

1969-1976, Volume XXV, Arab-Israeli Crisis and War, 1973 (Washington: Government Printing Office, 2011), Document 109: Memorandum From Secretary of State Kissinger to President Nixon.

17) 정보기관들이 종합적으로 만들어낸 보고서인 국가정보 판단 보고서(National Intelligence Estimates)의 예측치임. Howland and Daigle (eds.), 2011, Document 59: National Intelligence Estimate.

18) The White House, "Washington Special Actions Group Meeting: Memorandum of Conversation," (1973.10.14.).

5. 외교정책 결정 분석: (3) 결정 영역

정책결정자의 위협 인식 및 해상수송로 안보 위협의 수준 평가

당시 CIA를 비롯한 미국의 정보 당국은 이스라엘과 아랍 국가들간의 또 다른 무력 충돌 즉, 중동전쟁이 일어날 것을 예측하지 못했다. 중동전쟁이 발발한 10월 6일 이전에 CIA는 아랍 국가들이 공격하지 않을 것이라고 결론을 내렸기 때문에 아랍 국가들의 공격은 이스라엘뿐 아니라 미국의 정책결정자들을 깜짝 놀라게 했다.[19]

1973년에도 이스라엘에게 중요했던 해상수송로에 대한 안보 위협과 관련하여 미국의 정책결정자들은 당시 해상수송로 안보 위협을 1967년 위기에서 티란 해협에 대한 안보 위협에 비해 덜 심각한 것으로 인식했다. 이스라엘은 이집트 잠수함의 공격 사건을 이집트가 이스라엘로 향하고 있는 모든 선박의 해상수송을 봉쇄하려는 시도로 보았으나, 미국의 정책결정자들은 중동전쟁의 교전 중지와 석유 금수조치에 대한 대응 논의를 더 중요한 현안으로 고려하는 상황에서 이집트의 유조선 공격 사건에 대해 큰 관심을 보이지 않았다. 1967년 티란 해협 위기에 비해 이집트의 행동이

---

19) Central Intelligence Agency, https://www.cia.gov/library/readingroom/collection/president-nixon-and-role-intelligence-1973-arab-israeli-war (검색일: 2018년 12월 10일).

더 공세적이었으나, 미국의 정책결정자들은 이러한 행위를 심각한, 또는 급박한 안보 위협으로 인지하지 않은 것이다. 정책결정자들이 해상수송로 안보 위협을 낮게 인지함에 따라 해상수송로 안보를 위한 외교정책 대응 논의는 매우 적었다.

국가이익을 고려한 정책 목표의 규정

닉슨 대통령이 키신저로부터 공식적인 보고를 받은 것은 10월 6일 오전 9시 25분이었다. 키신저는 단지 교전 중단이라는 미시적 차원의 해결보다 중동 지역의 분쟁을 합의하는 거시적 차원의 문제 해결에서 외교적 합의가 중요함을 지적했다. 닉슨 대통령은 현 위기 상황에서 미국이 취할 외교정책의 방향을 처음으로 제시했는데, 당시 상황에서는 어느 쪽이 먼저 전쟁을 시작했는지 알 수 없기 때문에 미국은 어느 편도 들지 않는 중립을 취해야 한다는 것이다. 키신저는 이제 장기적으로 중동에서 이전의 상태를 유지하는 것은 불가능하다는 현실을 언급하면서, 우선 소련이 미국과 같은 중립적 입장에 함께 할 것인지 확인하는 것이 필요하다는 의견을 제시하였다.[20] 키신저 국무장관이 10월 10일 오후 3시 15분, 국무부 고위 관료들과 가진 회의에서 한 발언을 통해서도 당시 위

---

20) Nixon Library, Henry A. Kissinger Telephone Conversation Transcripts (Telcons), Chronological File, Box 22, folder 7 - October 6, 1973, "Kissinger Telephone Conversation with the President," (1973.10.06., 09:25 a.m.)

기에서 미국의 정책 목표를 확인할 수 있다. 당시 위기에서 키신저가 생각했던 성공적인 결과는 "미국이 소련과의 대결을 피하면서, 동시에 온건한 아랍 국가들을 과격하게 만들지 않는 결과"를 가져오는 것이었다.[21]

닉슨 대통령과 키신저 국무장관이 생각하는 정책 목표는 중동전쟁과 교전 이후 지역 질서를 고려한 미국의 외교정책 목표로서 티란 해협 같은 해상수송로 문제에 대해서 구체적으로 다루고 있지 않다.

합리적 선택 과정을 통한 대안 논의

1967년 위기와 마찬가지로 1973년 당시 중요한 해상수송로는 이스라엘의 티란 해협과 주변 지역이었다. 중동전쟁의 발발 초반, 이집트 잠수함이 유조선을 공격한 도발 행위가 있었음에도 불구하고, 미국 정책결정자들에게 시급한 우선순위는 교전 중지, 그리고 발생 가능성이 있는 아랍 산유국의 석유 금수조치에 대한 대응이었기 때문에 해상수송로 안보 위협에 대한 대응 논의는 NSC 회의나 WSAG(워싱턴 특별조치 그룹) 회의에서 비중 있게 다루어지지 않았다. 해상수송로 안보 관련 논의를 정리하면 다음과 같다.

---

21) Howland and Daigle (eds.), 2011, Document 148: Minutes of the Secretary of State's Staff Meeting.

10월 13일 NSC는 해상수송로 관련 내용을 키신저 국무장관에게 보고했다. 그 내용은 이란에서 이스라엘로 향하는 석유 유조선이 진입하지 못하도록 홍해 남쪽 입구에 위치한 밥 엘-만답(Bab el-Mandab)을 봉쇄하려는 시도가 있었으나 구체적으로 확인되지 않았다는 내용이다. 10월 14일 오전에 열린 WSAG 회의에서도 해상수송로에 대한 문제가 언급되었다. 당시 회의에서 이집트의 이동 상황에 대해 언급하면서 이집트가 시나이에서 남쪽으로 이동하는 것으로 보이는데 이집트의 목표는 시나이 서부를 유지하는 것이지, 완전히 건너가는 것을 목표로 하지 않는다고 참석자들은 판단했다. 그들은 이집트가 시나이 반도에서 남쪽으로 이동하는 것의 목표가 수에즈 근처에 있는 석유 유정(oil wells)을 보호하려는 것인지, 아니면 티란 해협을 통제할 수 있는 전략 지역인 샤름 엘 셰이크를 확보하려는 것인지 정책결정자들은 정확하게 파악하지 못했다.[22]

10월 15일 오전에도 WSAG 회의가 열렸는데 그날 참석자들은 전쟁 초기에 발생한 이집트의 잠수함 어뢰 발사 사건을 다루었으나, 정책결정자들은 이에 대한 대응 방안 마련과 같이 별도의 논의를 이어가지 않았다. 그리고 참석자들은 당시 아카바만을 통과하고 있는 유조선이 있는지에 대해 정보도 확보하지 못한 상태였다.[23]

---

22) The White House, "Washington Special Actions Group Meeting: Memorandum of Conversation," (1973.10.14.)

23) The White House, "Washington Special Actions Group Meeting: Memorandum of Conversation," (1973.10.15., 10:08 a.m.).

6. 외교적 대응: 양자 및 다자외교

키신저의 비공식 외교를 통한 티란 해협 안보 관리

중동전쟁의 발발로 티란 해협을 비롯한 주변 지역의 해상수송로 안보 위협이 발생하자 국무장관 겸 국가안보보좌관 키신저는 비공식 채널(backchannel) 메시지를 활용하여 이집트와 양자외교를 통해 해상수송로 안보 문제를 관리하고자 노력했다.

10월 7일 이스마일(Ismail) 이집트 국가안보보좌관(Presidential Adviser for National Security Affairs)이 키신저 국무장관에게 보낸 비공식 채널 메시지는 이집트의 입장을 담고 있었다. 예를 들어, 이집트는 이스라엘이 점령한 모든 영토로부터 철수해야 하며, 그런 다음에 이집트는 UN의 평화 협상에 참여할 준비를 할 것이라고 언급하면서, 티란 해협에서 항행의 자유(freedom of navigation)에 동의한다고 언급했다. 그리고 이집트는 제한된 기간 동안 그것을 보장하는 수단으로서 이스라엘이 이 지역에서 철수한 이후에 국제적인 세력의 주둔(international presence)을 받아들일 수 있다는 입장을 덧붙였다.[24]

10월 8일 NSC가 보고한 자료를 통해 키신저는 이집트가 이란

---

[24] Howland and Daigle (eds.), 2011, Document 118: Backchannel Message From the Egyptian Presidential Adviser for National Security Affairs (Ismail) to Secretary of State Kissinger.

에서부터 석유를 싣고 이스라엘의 에일라트로 향하는 유조선을 격침하려고 했다는 사실을 인지하고 있었다.[25] 이스마일은 다시 비공식 채널 메시지를 통해 이집트의 입장을 키신저에게 전달했는데, 이스라엘은 1967년도 국경선으로 철수하고 이집트의 영토를 이집트에게 돌려주어야 하며, 티란 해협의 자유로운 항행을 관리하기 위해 샤름 엘 셰이크에 국제적인 세력의 주둔이 있을 수 있다는 점도 확인했다.[26] 10월 12일 키신저가 이스마일에게 보낸 메시지에서도 이집트가 요구한 조건 및 미국의 입장을 확인할 수 있다. 이집트는 우선 UN 관리 하에서 1967년도 국경선으로 회귀하고, 특정 시간에 티란 해협의 항행의 자유를 UN이 보장하며, 이스라엘의 완전한 철수에 맞춰서 교전 중지 등 조건을 제시했다. 이에 대해 키신저는 미국이 군사적으로 개입하고 있다는 주장은 잘못된 것이라고 답변하면서 티란 해협 문제에 대해서는 별다른 언급을 하지 않았다.[27]

10월 22일 이스라엘 총리는 키신저와 가진 면담에서 중동전쟁 발발 초기에 이집트 해군이 밥 엘-만답 해협(Straits of Bab el-Mandab)

---

25) Howland and Daigle (eds.), 2011, Document 124: Memorandum From William B. Quandt and Donald Stukel of the National Security Council Staff to Secretary of State Kissinger.

26) Howland and Daigle (eds.), 2011, Document 138: Backchannel Message From Secretary of State Kissinger to the Egyptian Presidential Adviser for National Security Affairs (Ismail).

27) Howland and Daigle (eds.), 2011, Document 160: Backchannel Message From Secretary of State Kissinger to the Egyptian Presidential Adviser for National Security Affairs (Ismail).

을 봉쇄했다는 사실을 키신저에게 전달했는데 당시 키신저는 이러한 정보에 대한 구체적인 사실을 인지하지 못하고 있었다.[28]

UN 안전보장이사회의 교전 중지 결의안

아랍 산유국들이 석유 금수조치 행렬에 참여하는데 가운데 10월 22일 오전 UN에서 교전 중지 결의안이 통과되었는데 UN 안보리는 "Cease-fire in Middle East"라는 제목의 '결의안 338(Resolution 338)'을 승인했다. 동 결의안은 교전 중지를 촉구하면서, 휴전(truce)을 강제하는 것과 최종적인 국경선을 규정하는 문제는 추가적인 협상으로 남겨두었다. 결의안은 구체적으로 12시간 내에 모든 군사적 행동 중지를 요구하면서, 1:00 PM EDT, 그리고 7:00 PM 중동시간까지 교전 중지가 이루어질 것을 요구하였다. 다음으로 UN 안보리 '결의안 242(Resolution 242)'를 모든 부분에서 즉시 이행할 것을 요구했다. 셋째, 결의안은 적절한 감시(auspices) 하에 관련된 모든 측 사이에서 협상을 동시적으로 시작할 것을 명시했다. 이 결의안은 당사국들이 수용하는 경우, 결의안은 교전 중지를 위한 기초만을 제공하는 것이며 평화 협상이 겨우 시작된 것에 불과했다. 결의안에는 교전 중지선(cease-fire lines)을 어떻게 정할 것이며 그것을 어떻게 강제할 것인지에 대한 내용이

---

28) Howland and Daigle (eds.), 2011, Document 230: Memorandum of Conversation.

없기 때문에, 교전 중지(휴전)를 어떻게 강제할 것인지도 논란의 여지가 있었다. 동 결의안에서 1967년도 교전 중지 결의안인 '결의안 242'의 이행을 요구하는 부분도 분쟁의 소지가 있는데, 이스라엘이 점령하는 지역에서 철수하는 문제가 어려운 부분이었다.[29]

10월 22일과 23일에 교전 중지를 촉구하는 UN 안보리의 결의안 통과 이후 일부 지역에서 교전이 계속되었다. 무엇보다 교전 중지를 실제로 어떻게 집행할 것인지에 대한 문제가 남아 있었고, 미국과 소련이 감독자가 되는 것에 대한 폭넓은 지지가 있었으나 중국은 이에 대해 반대하였다. 10월 25일 실제로 교전이 중지되면서 10월 전쟁은 끝났다.[30]

7. 군사적 대응 논의

1967년 티란 해협 위기 그리고 1980년 페르시아만 위기와 다르게 1973년 10월 중동전쟁 중에 논의된 군사적 대응은 해상수송로 안보 위협에 대한 대응과 같은 에너지 안보를 위한 목적이라기보

---

29) Central Intelligence Agency, "Situation Report Number 66, As of 06:30 EDT," (1973.10.22.).

30) Central Intelligence Agency, "Situation Report Number 71, As of 11:30 EDT," (1973.10.23.).; Central Intelligence Agency, "Situation Report Number 80, As of 16:30 EDT," (1973.10.25.).

다, 중동 지역 미국인 대피 대비와 중동 교전에 대한 대비가 목적이었다. 따라서 해상수송로 안보나 에너지 안보 위기에 대한 대응으로서 군사적 대응 논의는 거의 이루어지지 않았다.

중동전쟁의 발발과 지중해 지역 미군의 움직임

중동전쟁이 발발하자 WSAG 회의에 앞서 키신저는 필요할 때 움직일 수 있도록 제6함대(6th Fleet)를 준비 가동하도록 위치시키며 증강병력에 대해서도 알아보고, 국방부는 군사적 행동과 관련된 어떤 것에 대해서도 함구하고 있을 것을 국가안보 부보좌관(Deputy Assistant to the President for National Security Affairs)인 스코크로프트(Brent Scowcroft)에게 지시했다.[31]

10월 6일 전쟁 발발 이후 첫 WSAG 회의에서 미국은 군사력의 이동에 대해서 매우 신중한 모습을 보였다. 당시 지중해에는 두 척의 항공모함 이외에 헬리콥터(LTA)도 있었는데 리비아에서 상황이 발생하면 미국인을 대피시키는 데 이를 활용할 수 있을 것으로 보았다. 문제는 전투기의 호위 없이 헬리콥터(LTA)를 리비아 지역으로 가져갈 수 없다는 것이다. 리비아 방향으로 군사력을 움직이면 이것은 '공조된 행위(coordinated action)'로 해석될 것이라는 위험

---

31) Nixon Library, Henry A. Kissinger Telephone Conversation Transcripts (Telcons), Chronological File, Box 22, folder 7 – October 6, 1973, "Kissinger Telephone Conversation with Scowcroft," (1973.10.06., 08:50 a.m.).

도 있었다. 그러한 움직임은 아랍 세계 전체에 충격을 주는 음모론(conspiracy)으로 비춰질 것이라는 우려였다. 그러나 지중해 동쪽으로 군사력을 이동시킨다면, 리비아를 위협하지 않고도 움직일 수 있는데, 참석자들은 군사력을 이동시키는 경우에는 가능한 매우 조용하게 해야 하며 주목받지 않도록 해야 한다는 입장을 정리했다. 지중해에는 두 척의 항공모함이 있었는데, 미군이 움직인다면 정치적으로 역효과를 낳을 수 있기 때문에 제6함대의 이동과 관련해서는 아직 움직여서는 안되지만, 신속하게 움직일 수 있도록 경계 상태에 두도록 했다. 소련군의 움직임과 관련해서는 어떠한 특별한 행동이 감지되지는 않았다.[32]

10월 6일 오후에 열린 WSAG 회의에서는 군사적 대응과 관련하여 다음과 같은 내용들이 합의되었다. 첫째, 그리스 아테네에 있는 항모 전단 태스크 포스(Carrier Task Force)는 크레타(Crete) 동쪽 끝으로 전진하도록 명령한다. 둘째, 이스라엘의 장비(equipment) 요청에 대한 어떠한 답장도 월요일(10월 8일) 또는 화요일(10월 9일)까지 연기한다. 즉, 장비 문제에 대해서 그때까지 이스라엘에게 답변하지 않는다. 셋째, 국무부는 중동 지역에서 미국인 대피 계획에 대한 현황 보고서를 준비한다. 넷째, 중동 및 동아시아 담당 국무부 차관보(Assistant Secretary of State for Near Eastern and South Asian Affairs)인 시스코(Joseph J. Sisco) 주도하에 태스크 포스팀이 미국 시

---

32) The White House, "Washington Special Actions Group Meeting: Memorandum of Conversation," (1973.10.06., 09:01 a.m.).

민들을 구출하기 위해서 리비아로 들어가는 긴급사태 대책 시나리오(coordinated & detailed contingency scenario)를 준비한다. 다섯째, 제6함대의 이동에 대해서 질문을 받으면, 국방부는 이동을 확인할 것이지만, 그러한 이동에 대한 구체적인 사항을 논의하지 않는다고 답한다. 미국인에 대해 질문을 받으면, 아직 대피의 필요성이 제기되지는 않았지만, 긴급사태 대책(contingency plan)이 존재하고 그것을 실행할 준비가 되어 있다고 대답할 것이다.[33]

지중해 병력의 이동과 관련하여 구체적으로 살펴보면, 닉슨 대통령은 지중해에 있는 병력을 동쪽으로 이동시키라고 지시했는데 미군이 이동하는 모습이 포착되도록 하는 것이 목적이었다. 이에 따라 키신저는 아테네에 있는 병력 중 항모기동부대(carrier task force)를 크레타 동쪽으로 이동시키라고 구체적으로 지시했다. 리비아에서 혹시 모를 문제가 생겼을 때 미국인의 대피에 활용할 수 있도록 병력을 이동시키라는 것이다. 그리고 상황이 나빠져서 추가적인 병력이 필요한 경우 스페인에서 병력의 이동을 명령할 수 있기 때문이다. 당시 북해에 있는 케네디호(Kennedy)를 필요한 경우 추가 병력으로 활용할 수 있으나, 케네디호를 지중해 방향으로 지금 이동시키는 것은 소련을 자극할 수 있기 때문에 지금 이동시키기에는 너무 이르다고 정책결정자들은 판단했다. 독일에서 병력을 빼서 움직이는 것은 정치적인 문제가 있기 때문에 다른 병력

---

33) The White House, "Washington Special Actions Group Meeting: Memorandum of Conversation," (1973.10.06., 7:22 p.m.).

의 이동은 아직 시기상조라고 보았다. 미국인 대피를 위해 리비아로 진입하는 경우 구체적인 긴급사태 계획(contingency plan)을 마련해야 하며 키신저는 국무부, 국방부, 합동참모본부, CIA가 함께 이 작업을 진행하라고 지시했다.[34]

10월 7일 저녁에도 WSAG 회의가 열렸는데 군 병력의 이동이나 군사적 대응 관련해서 특별한 내용은 없었다. 북해에서 훈련 중인 케네디 항모기동부대는 진행중인 훈련이 끝나면 그 이후에 지브롤터(Gibraltar) 방향으로 이동하도록 했고, 스페인에 있는 루즈벨트(Roosevelt) 항모기동부대는 주말에 출항하여 조금씩 동쪽으로 이동하게 했다. CIA와 합동참모본부(JCS)는 8일 정오까지 특히, 다음 날이나 이튿 날에 무슨 일이 벌어질지에 대해서 군사적 상황에 대한 평가 자료(judgement)를 준비하기로 했다.[35]

군사력 이동 논의에서 소련에 대한 고려

10월 6일 오후에 열린 WSAG 회의에서 논의한 것과 같이 미국의 정책결정자들은 만일의 사태에 대비하기 위해 지중해 병력의 이동을 고려하면서, 동시에 그러한 움직임이 소련을 자극하지 않

---

34) The White House, "Washington Special Actions Group Meeting: Memorandum of Conversation," (1973.10.06., 7:22 p.m.).

35) The White House, "Washington Special Actions Group Meeting: Memorandum of Conversation," (1973.10.07., 6:06 p.m.).

도록 매우 신중하게 논의하고 결정을 내렸다. 특히 키신저 국무장관은 소련과의 대결을 피하는 것을 중요하게 생각했다. 그는 이번 중동전쟁에서 미국에게 성공적인 결과는 소련과의 대결을 피하면서, 동시에 온건한 아랍 국가들을 과격하게 만들지 않는 것임을 국무부 회의에서 분명하게 언급했다.[36]

지중해에 있는 미군 병력의 이동은 교전에 참여하거나 특별한 목적을 위해 교전 지역으로 이동이 아니었다. 미군의 이동은 만일의 사태에 대비하기 위한 경계 상태의 유지였으며 움직임은 과격하지 않고 조심스러웠으나, 소련은 이러한 미국의 움직임에도 민감하게 반응했다. 10월 12일 오후 1시 소련은 키신저 국무장관에게 메시지를 보내면서 제6함대의 이동에 대해 불만을 표시했다. 소련은 지중해 동부에서 제6함대가 이동하는 것을 미국이 뭔가 보여주기 위한 일종의 '보여주기 위한 행동(demonstrative movement)'으로 해석하면서 이해하기 어렵다고 문제를 제기했다. 또한 소련은 미국 함대의 움직임에 대해 미국 측이 소련에게 말하지 않는 것에도 불만을 표시했다.[37]

사실 소련 또한 직접적인 교전을 위한 행동은 아니었지만 아랍 국가들에게 전쟁에 필요한 물자를 공급하기 위해 미국이 이스라엘에게 하는 것과 마찬가지로 꾸준히 움직였다. 10월 14일 기준

---

36) Howland and Daigle (eds.), 2011, Document 148: Minutes of the Secretary of State's Staff Meeting.
37) Howland and Daigle (eds.), 2011, Document 162: Message From the Soviet Leadership to Secretary of State Kissinger.

으로 소련의 특별한 군사적 움직임은 없으나, 소련은 아랍 국가에게 전쟁 물자를 제공하기 위한 공수작전(airlift)을 높은 수준으로 계속 진행했고, 그때까지 200번의 비행이 이루어질 정도로 활발했다.[38] 미국은 소련의 물자 제공 항공기들이 들어오는지 모니터링 하기 위해서 두 대의 구축함을 동쪽으로 이동시키는 것을 고려하였다.[39]

중동전쟁이 고조됨에 따라 미국과 소련은 만일의 상황에 대비하기 위해 서로 군사적 태세를 준비하면서도 양국 간의 직접적인 군사적 충돌이 일어나지 않도록 관리하였다. 특히 키신저 국무장관은 소련 도브리닌(Anatoly F. Dobrynin) 대사와 지속적으로 연락을 취하면서 서로가 상대방의 행동을 오인하지 않도록 위기를 관리하는 모습을 보여주었다. 예를 들어 10월 8일 오후 WSAG 회의에 앞서 키신저 국무장관은 도브리닌 대사와 대화를 나누었는데 그는 1967년 위기에 비해 당시 소련은 덜 위협적인 것으로 판단했다. 키신저와 소련 대사의 적극적인 소통을 통해 확인할 수 있는 점은 위기 상황에서도 미국이 소련과 소통하면서 불필요한 충돌을 예방하고자 노력했다는 사실이다.[40]

---

38) The White House, "Washington Special Actions Group Meeting: Memorandum of Conversation," (1973.10.14., 9:16-11:00 a.m.).

39) The White House, "Washington Special Actions Group Meeting: Memorandum of Conversation," (1973.10.15., 10:08 a.m.).

40) The White House, "Washington Special Actions Group Meeting: minute," (1973.10.08., 5:55 p.m.).

8. 에너지 안보 문제 해결을 위한 노력

석유 금수조치 가능성 제기

중동전쟁이 발발한 첫날인 10월 6일 오전 9시에 열린 WSAG 회의에서 아랍 산유국의 석유 금수조치 가능성이 제기되었다. 참석자들은 1967년에는 심지어 다란(Dhahran)에서도 문제가 있었다고 언급하면서 이번에는 석유 금수조치가 일어날 가능성이 매우 높다고 평가했다. 이미 1967년에 아랍 산유국의 석유 무기를 경험한 미국의 정책결정자들은 유사한 상황에서 석유 금수조치의 가능성을 염두에 두고 전쟁의 흐름을 조심스럽게 지켜보았다.[41] 그들은 사우디아라비아의 석유가 가장 중요하다고 보면서도 동시에 미국의 동맹국인 유럽 국가들에게 주요 공급원인 리비아 석유가 중요하다는 점도 인지했다. 1967년 위기 때와 마찬가지로 중동의 석유 금수조치는 미국보다 유럽에게 더욱 치명적이며 미국은 자국뿐 아니라 동맹국의 에너지 안보 문제도 중요하게 생각했다. 그런 의미에서 미국 정책결정자들은 리비아가 서유럽에 대한 석유 공급을 거부하는 가능성을 우려했으며, 이 문제를 해결하기 위해 사

---

[41] 1967년 티란 해협 위기에서 정책결정자들이 과거 수에즈 위기 사례를 역사적 선례로 활용한 것처럼, 1973년 중동전쟁 위기에서도 정책결정자들은 1967년 아랍 산유국의 석유 무기화 시도를 역사적 선례로 활용하면서 발생 가능성이 있는 석유 금수조치를 비롯한 석유 무기화에 대비했다.

우디아라비아의 파이잘(Faisal bin Abdulaziz Al Saud) 왕에게 접근하는 것을 하나의 방법으로 고려했다.

미국은 아직 석유 금수조치가 발생하는 경우에 대비한 구체적인 계획이 없었고, 정책결정자들은 석유 금수조치가 일어나면 미국이 대단히 힘든 곤경에 처할 것임을 우려했다. 초기 판단에 따르면 미국에게는 30일 분량의 석유 공급량 밖에 없고 유럽은 약 60일 정도 공급량이 있으며 15일 이내에 공황이 발생할 것이라고 판단했다. 다행인 점은 미국의 전체 석유 수입은 25%인데 그중에서 7%만 중동지역에서 수입한다는 것이다. 따라서 미국에 대한 석유 금수조치는 재앙적이지 않을 것이지만, 그럼에도 불구하고 정책결정자들은 석유 배급조치(ration)를 시작해야 할 가능성이 있을 정도로 앞으로 다가올 석유 금수조치를 심각하게 받아들였다. 그들은 "일본은 고작 10분 정도 쓸 분량의 공급량밖에 없다"며 석유의 90%를 페르시아만에서 가져오는 일본의 상황을 가장 심각하게 받아들였고, 유럽에서는 광란이 일어날 것이며 그들은 이것을 타개하기 위해서 정치적인 시도를 할 것이라고 예상했다.[42]

10월 6일 오후에도 WSAG 회의가 열렸는데 정책결정자들은 석유 금수조치를 대비하여 석유 중단(oil cut-off)과 관련된 다양한 긴급사태들, 그리고 각 긴급사태에서 미국의 선택들에 대하여 국무

---

42) The White House, "Washington Special Actions Group Meeting: Memorandum of Conversation," (1973.10.06., 09:01 a.m.).

부, 재무부 및 NSC가 합동연구를 통해 준비하기로 했다.[43]

10월 6일 오후에 열린 WSAG 회의 결과 미국은 NSC 차원에서 여러 부처가 참여하는 석유 공급 중단 대비 계획을 준비하기 시작했고, 7일에는 백악관에서 석유 긴급사태 보고서(Oil Contingency Paper)가 나왔다. 동 보고서에 따르면, "미국은 현재 하루당 약 1.7백만 배럴의 아랍 원유와 석유 제품을 수입하고 있는데 이는 미국의 전체 석유 소비에서 약 10%를 차지한다. 이번 겨울에는 수입량이 2.3백만 배럴로 증가하여 전체 소비에서 15%에 달할 것으로 전망된다. 전쟁 첫날 정책결정자들의 우려와 다르게 현재 미국의 석유 재고량은 모든 아랍 석유 공급이 중단되는 경우 210~250일 정도 공급량으로 충분하다. 아랍 석유의 금수조치가 발생한다면 의무 할당 정책(mandatory allocation/complete rationing)이 필요할지도 모른다. 석유 금수조치가 발생하면 일본과 유럽에 대한 피해는 매우 심각할 것이며, 할당 정책을 하더라도 심각한 경제적 피해를 가져올 것이다. 유럽은 전체 소비에서 아랍 석유가 75% 이상을, 일본은 50% 이상을 차지한다"라고 보고서는 설명했다.[44]

10월 7일 오후에 열린 WSAG 회의 결과 석유 중단에 대비한 조치들이 내려졌다. 정책결정자들은 이번에는 재무부에게 10월 9일 저녁까지 석유 중단이 발생하는 경우에 대비한 미국의 긴급상황

---

43) The White House, "Washington Special Actions Group Meeting: Memorandum of Conversation," (1973.10.06., 7:22 p.m.).

44) The White House, "Oil Contingency Paper," (1973.10.07.).

계획을 준비하라고 지시했다.[45]

표-18 미국 석유 수입(oil import)의 구성(1973년 10월 1일)

단위: 천 배럴/하루

아랍 산유국들로부터 미국으로 직접 가는 원유 물량	1,00
아랍 산유국들로부터 오는 석유 제품(refined products)	
- 카리브 지역을 통해서 가는 물량	330
- 유럽을 통해서 가는 물량	260
아랍 산유국들로부터 미국으로 가는 전체 석유	1,690
겨울에 추가적으로 필요한 수요	600
겨울에 미국의 전체 수요 전망 (Total projected U.S. needs in winter)	2,290
미국의 전체 석유 소비량	17,000

출처: The White House, "Oil Contingency Paper," (1973.10.07.).

1973년 10월 1일 기준으로 미국은 전체 소비하는 석유 중 약 10% 정도를 아랍 산유국으로부터 수입하고 있었다. 유럽이나 일본에 비해서 미국의 중동 석유 의존도는 굉장히 양호한 편이었으나 사소한 공급량 부족에도 민감하게 반응하는 국제석유시장의 특성을 감안할 때 10%라는 수치가 결코 낮은 것은 아니었다. 중동

---

45) The White House, "Washington Special Actions Group Meeting: Memorandum of Conversation," (1973.10.07., 6:06 p.m.).

산유국 국가별로 봤을 때 미국은 사우디아라비아로부터 가장 많은 석유를 수입하고 있었고 알제리, UAE, 리비아가 뒤를 이었다. 사우디아라비아의 석유는 미국 입장에서 중동 석유 수입의 절반에 해당하기 때문에 사우디아라비아가 석유 금수조치에 참여한다면 미국으로서는 상당한 수입량 감소를 우려해야 했다.

표-19 미국 석유 수입(oil import)의 구성 추정치(1973년 10월)

단위: 천 배럴

리비아	200
알제리	300
이라크	20
쿠웨이트	100
사우디아라비아	870
UAE	200
전체	1,690

출처: The White House, "Oil Contingency Paper," (1973.10.07.).

아랍 산유국, 석유 금수조치 촉구

미국의 우려대로 중동전쟁이 전개되면서 아랍 산유국들은 석유를 정치적 무기로 사용할 것을 촉구하기 시작했다. 10월 9일 NSC에서 키신저 국무장관에게 보고한 자료에 따르면 레바논과 시리아 파이프라인을 통해 수송되는 이라크 및 사우디아라비아의 석유가 이동하지 못하고 있으며, 쿠웨이트는 석유를 전쟁의 수단으로 사용할 것을 촉구하고 있다고 보고하고 있다. 10월 10일 CIA

의 보고 자료도 쿠웨이트가 석유를 무기로 사용할 것을 촉구하고 있다는 정보를 보고하고 있다.[46] 바그다드 라디오는 10월 10일 모든 아랍 국가들이 미국에 대한 석유 수출을 중단해야 한다고 촉구했다. 시리아에서 석유 터미널의 봉쇄와 Arabian-American Oil Company 소유의 Tapline 송유관의 50% 수송량 하락으로 인해 서유럽으로 가는 석유의 약 6%가 감소했다.[47] 아랍 산유국들이 본격적인 석유 금수조치를 시행하기 전에 이미 아랍의 석유 공급은 점차 감소하고 있었다.

석유 공급 중단에 대응 위한 태스크 포스 활동

미국은 전쟁 물자를 공급해달라는 이스라엘의 요청에 대해 그것이 석유 금수조치와 연결될 수 있다는 점을 우려했다. 이스라엘이 요청한 무기를 너무 일찍, 그리고 눈에 띄도록 제공하는 경우 아랍 산유국이 석유 금수조치를 할 수 있다며 이스라엘에 대한 정책이 가져올 수 있는 에너지 안보적 고려도 했다.[48]

---

46) Central Intelligence Agency, "Central Intelligence Bulletin: Arab States-Israel," (1973.10.10.).

47) Central Intelligence Agency, "Central Intelligence Bulletin: Arab States-Israel," (1973.10.11.).

48) Howland and Daigle (eds.), 2011, Document 139: Memorandum From William B. Quandt of the National Security Council Staff to Secretary of State Kissinger.

전쟁 초기에 비해 석유 공급 중단에 대비한 구체적인 논의가 이뤄진 것은 10월 14일 오전 9시 16분에 시작한 WSAG 회의에서였다. 에너지 문제에 대한 대통령 자문인 콜로라도 주지사(공화당) 러브(John Arthur Love)는 석유 공급 중단은 직접적인 중단과 간접적인 중단 모두를 고려해야 한다고 강조하면서 논의를 이어갔다. 그는 이란의 석유가 문제가 아니라고 보았으며, 나머지 페르시아만 산유국들과 리비아, 알제리가 함께 석유 공급 중단을 하는 경우를 가정했다. 러브에 따르면 부족한 석유 공급량을 상쇄하기 위해 미국은 몇 가지 조치를 취할 수 있는데 예를 들어, 미국의 국내 석유 생산량을 증가시키는 것, 석탄으로부터 석유를 추출, 석유 수요량을 조절, 차량의 제한 속도를 변경, 가솔린에 대한 세금 부과 등이 그것이다. 문제는 이러한 조치들은 급격한 행동이 필요한 것으로 러브에 따르면 미국은 즉시 그리고 매우 강경한 행동을 바로 취해야 한다고 보았다.[49] 러브의 논의처럼 석유 생산량 감소나 공급량 중단으로 인한 에너지 안보 위기는 수요 공급의 문제로서, 이에 대한 대응 또한 미국은 수요, 공급에 대한 해결방식으로 접근하였고 군사적 대응은 이와 같은 방식의 에너지 안보 위협에는 논의되지 않았다.

앞서 언급한 것과 같이 미국은 자국의 에너지 상황만을 에너지

---

49) The White House, "Washington Special Actions Group Meeting: Memorandum of Conversation," (1973.10.14.).

안보 문제로 보지 않았고 동맹국의 에너지 문제도 미국의 국가안보 문제로 받아들였다. 정책결정자들은 미국만이 아니라 일본과 유럽의 상황을 고려하면 전혀 다른 차원의 문제가 된다는 사실을 인지하였다. 물론 아직까지 어떤 산유국도 실제로 미국을 위협한 것은 아니지만, 문제는 미국이 그것에 대응할 수 있는 프로그램이 없다는 점을 우려했다.

키신저 국무장관은 석유 공급 중단에 대비한 프로그램이 필요하며 패닉을 만들지 않도록 조심스러운 대응을 강조했다. 그리고 키신저는 석유 공급 중단 문제에 대응하기 위한 태스크 포스의 활동을 지시하면서 러브 주지사, 국무부, 국방부 및 NSC가 협력하기를 주문했다. 본 태스크 포스는 석유 공급이 중단되면 대통령이 취할 수 있는 방법들을 마련해야 할 것을 강조하면서, 키신저는 유럽, 일본에 대한 문제에도 미국이 어떻게 해야 하는지 대응방안을 마련하라고 주문했다. 그리고 키신저는 석유 중단 또는 석유 금수조치가 가지는 정치적 영향력을 확인하는 또 다른 워킹그룹을 만들라고 지시했으며 국무부와 국방부가 협업하라고 지시했다. 키신저는 구체적으로 그 워킹그룹은 대통령이 해야 하는 기술적인 프로그램과 서유럽 및 일본과 관련하여 미국이 당면할 수 있는 정치적인 프로그램을 만들어야 한다고 덧붙였다.[50]

에너지 문제에서 대통령 자문인 러브 주지사가 작성하여 10월

---

50) The White House, "Washington Special Actions Group Meeting: Memorandum of Conversation," (1973.10.14.).

15일에 키신저 국무장관에게 제출한 '석유 비상사태 계획'은 미국으로 공급되는 석유와 석유제품의 공급 중단에 대응하여 그것을 채우기 위한 방법들로, 동 계획은 공식적인 배급제도(rationing) 준비도 제안했다.[51] 비상 프로그램으로서 배급 조치는 매우 과격한 방식이긴 하지만 정책결정자들은 10월 15일 오전 10시에 열린 WSAG 회의에서도 이러한 조치가 필요하다는 점을 강조했다. 배급 조치는 지금 당장 시행될 필요는 없지만 반드시 필요한 조치이며 모든 일들이 잘 되어서 모두가 협력한다면 이것의 시행을 피할 수 있다고 보았다. 하지만 대중에게 배급 조치가 있을 것이라고 발표하는 것은 사재기를 유발할 위험이 있기에 시기 조정이 중요했다. 아직까지 석유 금수조치가 있을 것이라는 징후는 없으나, 만약 석유 금수조치가 발생하면 대통령은 배급제도를 제외한 모든 프로그램을 실행해야 할 것이라고 정책결정자들은 판단했다.[52]

정책결정자들은 여전히 유럽과 일본의 상황을 크게 우려했다. 그들은 석유 금수조치가 발생하면 이는 중동전쟁에 대한 유럽과 일본의 태도에 영향을 줄 것이라고 보았는데 유럽과 일본의 외교정책 변화가 일어날 수 있다는 의미였다. 이날 회의에서는 석유 금수조치의 두 가지 시나리오와 미국의 대응을 논의했다. 첫째, 아랍 산유국들이 아랍 국가에서 미국으로 가는 석유만 공급을 중단

---

51) The White House, "Memorandum for Henry A. Kissinger. Subject: Emergency Oil Contingency Plan," (1973.10.15.).

52) The White House, "Washington Special Actions Group Meeting: Memorandum of Conversation," (1973.10.15., 10:08 a.m.).

하는 경우, 일부 부담이 있지만 미국은 이 정도 공급 중단에 대처할 수 있다고 판단했다. 다음으로 아랍 산유국들이 석유를 공급받는 모든 국가들에게 모든 공급을 중단하는 경우, 미국은 서유럽과 일본에게 석유를 공급해줘야 하는데, 이것은 미국에서 하루에 5~6백만 배럴의 석유를 공급하는 것으로 이는 미국 소비의 1/3에 해당하는 엄청난 양이다. 즉, 두 번째 시나리오가 발생하면 미국이 겪게 될 경제적 피해는 매우 컸다.[53]

서유럽에서 석유 공급 감소가 두드러졌다. 10월 15일 CIA의 상황보고 자료에 따르면 지중해 동부에 있는 주요 파이프라인 터미널 모두가 가동 중단되면서, 서유럽으로 가는 석유가 하루 2백만 배럴 즉, 서유럽 소비량의 13%가 감소했다. 이로 인해 가장 큰 피해를 입은 국가는 이탈리아, 스페인과 오스트리아였다.[54]

표면적으로 중동전쟁에서 중립적 위치를 내세우는 미국은 실제로 이스라엘을 지원하고 있기 때문에 이러한 행동이 중동 산유국들에게 부정적인 영향을 주지 않을까 미국은 신중하게 움직였다. 그중 가장 많은 석유를 보유하고, 공급하는 사우디아라비아는 전략적으로 중요한 행위자였다. 키신저 국무장관은 10월 14일 사우디아라비아에 메시지를 보내어 미국이 이스라엘을 지원하고 있는 것에 대해 해명했다. 미국이 이스라엘에 공수(airlift)하는 것은

---

53) The White House, "Washington Special Actions Group Meeting: Memorandum of Conversation," (1973.10.15., 10:08 a.m.).

54) Central Intelligence Agency, "Situation Report Number 40, As of 16:30 EDT," (1973.10.15.).

반(反)아랍 정서 차원에서 한 것이 아니라, 이집트에게 공수작전을 하고 있는 소련의 행동 때문이라며 사우디아라비아 국왕에게 이해를 구하였다.[55]

전쟁에 필요한 장비를 제공함으로써 미국이 이스라엘을 지원하고 있는 모습에 페르시아만 국가들은 그러한 행동에 항의하는 성명을 냈고, 그들은 자신의 입지를 지키기 위해서 서방 세계의 석유 이해관계에 부정적인 행동을 할 수 밖에 없게 될 것임을 시사했다.[56] 키신저의 해명에도 불구하고 사우디아라비아는 예외가 아니었다. 파이잘 사우디아라비아 왕은 미국이 이스라엘에게 전쟁에 필요한 장비를 제공하는 것에 대해 매우 분노했다.[57] 10월 16일 CIA는 미국의 이스라엘에 대한 물자 제공에 대한 대응으로 사우디아라비아는 석유 생산을 줄일 수 있다고 보고했다. 현재 이스라엘에 대한 미국의 무기 제공 정책을 변화시키려고 유럽이 노력하지 않는다면 파이잘 왕은 석유 생산을 줄일 필요가 있을지도 모른다고 판단한다는 요지다.[58] 결국 석유수출국기구(OPEC) 장관들은 10월 16~17일 비엔나에서 만나 회의를 했는데 그들은 1967년에

---

55) The White House, "Washington Special Actions Group Meeting: Memorandum of Conversation," (1973.10.15., 10:08 a.m.).

56) Central Intelligence Agency, "Situation Report Number 40, As of 16:30 EDT," (1973.10.15.).

57) The White House, "Washington Special Actions Group Meeting: Memorandum of Conversation," (1973.10.16., 10:08 a.m.).

58) Central Intelligence Agency, "Situation Report Number 44, As of 16:30 EDT," (1973.10.16.).

이어 다시 한번 석유를 정치적 무기로 사용하기로 결정했다.

아랍 산유국의 유가 인상과 석유 감산 발표

10월 17일 이후 아랍 산유국들이 석유 감산 조치와 미국에 대한 석유 금수조치를 발표한 것은 표면적으로 전쟁에서 중립적 위치를 유지해온 미국이 실제로 이스라엘에게 전쟁 물자를 제공하고 있다는 사실에 대한 반발로서 아랍 산유국은 1967년과 마찬가지로 석유를 정치적 무기로 사용했다.

아랍 산유국들은 먼저 원유(crude oil)의 고시 가격(posted prices)을 전격적으로 인상했다. 지난 10월 16일에 쿠웨이트에서 열린 OPEC 회의에서 페르시아만 국가들 석유 장관들은 원유의 고시 가격을 70% 인상할 것을 석유 회사들에게 통보하기로 결정했다. 그리고 페르시아만 국가들 석유 장관들은 당시 중동 위기에서 석유의 역할을 논의하기 위해 아랍석유수출국기구(OAPEC: Organization of Arab Petroleum Exporting Countries, 이하 OAPEC) 본부에서 논의를 진행했다.

1973년 10월 17일, 미국이 핵심 무기들을 이스라엘에게 재공급하기로 결정한 것에 대한 대응으로, OAPEC의 11개 회원국들은 석유 생산량을 즉시 5% 줄이겠다고 발표했다. 그리고 이스라엘이 1967년도 국경선으로 돌아가고 팔레스타인의 법적인 권리들(legal rights)이 회복될 때까지 그들은 매달 5%씩 추가로 석유 생산을 감산하기로 발표했다. 1967년 위기 때와 마찬가지로 정치적 목적을 위한 석유 무기의 사용인 것이다. 또한 OPEC의 6개 페르시아만 국가 회원국들은 일방적으로 석유 가격을 70% 인상했는데, 석유의 고시 가격을 배럴당 $3.01에서 $5.12로 인상했다. 리비아, 아부다비, 쿠웨이트, 사우디아라비아를 포함한 일부 국가들은 미국에 대한 완전한 석유 금수조치(total embargo)를 공식적으로 발표하거나, 또는 그렇게 할 것을 위협했다. 각 OAPEC 국가의 석유 감산 누적 효과는 "미국에 대한 완전한 석유 금수조치(complete embargo on oil to the United States)"를 가져오기 위해서 의도한 것이며, 이스라엘에 대항한 전쟁에서 아랍 산유국들은 매우 진지한 "Front Line Fighters" 라는 것을 보여주기 위한 것이었다.

10월 18일 사우디아라비아의 파이잘 왕은 닉슨 대통령에게 메시지를 보내면서 이스라엘이 1967년에 점령한 영토에서 물러나도록 미국이 압력을 행사할 것을 주문했다. 사우디아라비아는 미국이 계속 이스라엘을 지원한다면 중동에서 미국의 이해관계는 위협받을 것이라고도 경고했다.[59]

'석유 무기'에 대한 미국의 대응

중동전쟁 초기부터 우려했던 석유 공급 문제가 실제로 발생하자 미국은 우선 그러한 석유 무기가 가져올 효과에 대해 평가했

---

59) Howland and Daigle (eds.), 2011, Document 200: Editorial Note.

다. 10월 19일 CIA의 보고서는 미국에 대한 석유 금수조치의 효과는 "상대적으로 작을 것이며, 첫 번째 달 이후에, 석유 감산의 타격은 유럽과 일본에게 가해질 것이다"라고 평가했다. CIA 보고서는 또한 대부분의 중동 석유를 생산했던 미국 기업들은 석유 금수조치를 피하기 위해서 자신들 사이에서 공급량을 이동시킬 수 있을 것이라고 믿었다. 미국의 취약성(vulnerability) 관점에서 보면, CIA 보고서는 다음과 같이 결론 내렸다. 몇 년 이후가 아니라 이 위기가 지금 발생한 것은 아마도 다행일 것이다. 왜냐하면 몇 년 이후 시점에서 미국은 거의 하루당 5백만 배럴의 아랍 석유를 수입할 것으로, 또는 미국의 소비량에서 21~22%를 아랍에서 수입할 것으로 예측되었기 때문이다.[60] 석유 금수조치 발생 전의 예상과 같이 미국에 대한 직접적인 타격은 크지 않았다고 CIA 보고서는 평가했다.

아랍 산유국의 석유 감산 조치 이후 CIA는 이러한 석유 감산이 가져올 수 있는 영향력을 평가했는데 사우디아라비아는 OAPEC 회의에서 결정한 5%가 아니라 11월까지 10%의 석유 생산량을 감소할 것이며, 하루에 850,000배럴이라는 최초 감산은 모든 소비자에게 적용될 것이라고 보았다. 친(親)아랍적인 정책을 선택하는 국가는 석유 금수조치에서 예외였다. CIA는 석유 감산 조치에 대해서 미국이 어떻게 반응하는지 그리고 유럽과 일본이 미국의 정책을 변경하도록 영향력을 행사하는지 확인하고자 사우디아라비

---

60) Howland and Daigle (eds.), 2011, Document 200: Editorial Note.

아는 추가적인 감산 결정을 당분간 하지 않을 것으로 전망했다. 쿠웨이트, 알제리 및 리비아 같은 다른 아랍 산유국이 감산에 합류하면서 최초의 감산량은 하루당 1.4백만~2백만 배럴에 달할 것이며, 각각 70%와 40%의 석유를 아랍 산유국으로부터 수입하는 서유럽과 일본이 가장 큰 타격을 받을 것으로 CIA는 전망했다.[61]

리비아, 아부다비, 쿠웨이트, 그리고 사우디아라비아는 미국에 대하여 전면적인 금수조치를 선언하거나 하겠다고 위협했다. 그러나 미국은 유럽과 카리브지역에서 정제된 제품을 포함하여 하루 1.6백만 배럴의 아랍 석유만을 수입하기 때문에, 금수조치가 효과적이라 하더라도 미국에 대한 영향력은 상대적으로 작을 것이고, 첫 번째 달 이후, 감산의 예봉은 유럽과 일본에게 떨어질 것이라고 CIA 보고 자료는 전망했다.[62] 결국 정책결정자들의 우려와 마찬가지로 미국에게 중요한 동맹국 및 우방국인 유럽과 일본의 에너지 문제가 현실적으로 가장 취약한 에너지 안보 문제였다.

아랍 산유국들이 미국을 비롯한 서방세계에게 석유를 정치적 무기로 사용하기로 발표한 이후 열린 10월 19일 오전 첫 WSAG 회의에서 정책결정자들은 에너지 안보 위기와 관련하여 다음 내용들을 합의했다.

---

61) Central Intelligence Agency, "Central Intelligence Bulletin: Arab States-Israel," (1973.10.19.).
62) Central Intelligence Agency, "Arab Oil Cutback and Higher Prices: Implications and Reactions," (1973.10.19.).

첫재, 러브 주지사는 국무부, 국방부 그리고 NSC 직원들과 함께 석유 프로그램에 대한 대통령의 연설문 초안을 의회에게 보내는 메시지로 변경시킨다.

둘째, CIA는 석유 중단의 영향력에 대한 보고서를 준비할 것이다.

셋째, 국무부는 미국이 OECD와 가질 수도 있는 석유와 관련된 논의에 대한 보고서를 오늘 준비한다.

넷째, 중동 석유에 대한 미-영 대화를 요구하는 히스(Edward Heath) 영국 총리의 요구에 동의한다.

석유 위기 프로그램의 착수와 관련하여 중동전쟁의 교전 중지가 결정되면 최대한 조속히 석유 위기 프로그램을 실행해야 하는데 정책결정자들은 아직까지 아랍 석유 무기화 움직임은 상대적으로 온건하다고 보았다. 그리고 그들은 교전중지 이후에, 만약 협상이 길어진다면, 압박 수단으로서 아랍의 석유 무기 사용은 지속될 가능성이 높거나, 또는 강화될 것으로 판단했다.

정책결정자들은 석유 공급 중단의 영향에 대해서는 당장의 석유 공급 중단의 즉각적인 영향력은 매우 크지는 않을 것으로 보았다. 그러나 그들은 석유 공급 중단의 장기적인 영향력은 훨씬 클 것이며 그 결과 아랍 산유국들에게 더 큰 권력을 줄 것으로 예측했다. 석유 공급 중단은 미국 석유 소비의 1%만 영향을 줄 것이지만, 유럽이 미국에 대한 수출을 줄이면 상황이 달라질 수 있다. 유럽은 이미 석유 중단으로 인해 피해를 보고 있는데 유럽으로 가는 석유 물량에서 하루 1-2백만 배럴이 감소했다. 유럽은 하루 1,500

만 배럴의 석유를 소비하는데, 그중 아랍 국가들로부터 1,100만 배럴을 수입한다. 이는 전체 소비에서 무려 72%에 달하는 양으로 유럽이 추가적으로 수출 통제를 한다면, 미국은 수입을 적게할 것이며 이미 예상하는 것보다 미국의 석유 부족분은 훨씬 더 커질 것이라는 전망이 나왔다. 그리고 이미 유럽은 석유 제품의 수출을 줄이고 있다는 내용도 공유되었다.[63]

미국 정책결정자들의 예상대로 유럽은 아랍 산유국의 석유 무기에 매우 취약했다. 석유 공급 중단에 대응하여 공동의 입지를 만들려고 서유럽 국가들은 시도하고 있으나, 내부 균열이 발생해서 효율적이지 못했다. 유럽 국가 차원에서 공동대응 계획이 존재하지만 자국의 이익에 대해 서로 다른 시각을 가지고 있어서 그 계획은 효과적으로 사용되지 않고 있었다. 지중해 동부에 있는 세 개의 파이프라인의 중단으로 이탈리아 석유 수입의 24%, 프랑스 석유 수입의 14%가 감소했다. 이탈리아는 이미 대부분의 석유 제품을 EC 밖으로 수출하는 것을 금지시키는 조취를 취했다. 향후 몇 달 동안 석유 수입 감소는 EC 국가들의 재고로 부분적으로 상쇄할 수 있는데 모두 대략 두 달치 공급량의 재고를 가지고 있었다. 그러나 문제는 아랍 석유가 EC 회원국들의 석유 수입에서 63~78%나 차지하고 있으며, 그들 국가의 전체 소비에서도 비슷한 비율을 차지하고 있다는 사실이다. 따라서 아랍 산유국들이 매달

---

63) The White House, "Washington Special Actions Group Meeting: Memorandum of Conversation," (1973.10.19.).

5~10% 누적으로 석유를 감산한다면 이미 작동이 중단된 파이프라인 문제와 함께 EC 국가들을 압박하여 석유 재고를 빨리 소진하게 만들 수 있었다. 당시 석유 소비 수준이 유지된다면, 재고는 6~9개월 내에 고갈될 것이며, 이용할 수 있는 전체 공급량은 평상시의 절반으로 감소할 수 있었다.[64]

10월 20일 오후를 기준으로 미국에 대한 석유 금수조치를 내린 국가는 사우디아라비아, 리비아, 아부다비, 바레인 등이었다. 미국에 대한 사우디아라비아의 석유 수출은 하루 약 600,000배럴로 이는 미국 석유 소비의 3.5%에 달한다. 미국에 대한 아랍 산유국 전체 금수조치는 10월의 경우 하루 1.8백만 배럴로, 이는 미국 석유 소비의 약 10%에 해당한다. 아랍 산유국들이 감산을 5% 이상으로 할 가능성이 제기되었는데, 어떤 경우든 석유 회사들은 어디든 공급가능한 물량으로 공급하는 것으로 전환함으로써, 아랍 산유국의 석유 금수조치를 다소 누그러뜨릴 수 있을 것이 확실하다고 CIA는 판단했다.[65] 곧이어 알제리도 석유 금수조치 대열에 합류했다. 알제리는 10월 20일 저녁 미국으로 가는 모든 석유의 공급을 중단하며 석유 생산량을 10% 줄이겠다고 발표했다. 당시 미국이 수입하는 알제리 석유는 하루 150,000배럴로 미국 전체 석

---

64) Central Intelligence Agency, "Situation Report Number 57, As of 22:30 EDT," (1973.10.19.).

65) Central Intelligence Agency, "Situation Report Number 60, As of 16:30 EDT," (1973.10.20.).

유 소비의 1% 정도 되었다.[66] 쿠웨이트도 미국에 대한 원유 공급을 중단하며 전체 석유 생산의 10%를 줄이겠다고 21일에 발표했다. 미국이 쿠웨이트에서 수입하는 원유는 하루 150,000배럴로 미국 전체 소비량의 1% 정도였다.[67] 10월 21일, 두바이 또한 미국에 석유 금수조치를 내렸는데 두바이는 미국이 이스라엘의 침략을 지원하기 때문에 금수조치를 한다고 밝혔다. 10월 21일에는 바레인, 쿠웨이트, 카타르도 미국에 대한 석유 금수조치를 내렸다.[68]

9. 소결

소결에서는 1973년 중동전쟁 위기에서 해상수송로 안보 위협, 국제정치의 구조적 요인인 소련에 대한 고려, 그리고 국내정치적 요인 또는 이해관계가 미국 외교정책의 결정과정에 어떠한 영향을 주었는지, 군사적 대응을 비롯한 외교정책 대안 논의 및 선택에 어떤 영향을 주었는지 정리한다.

---

66) Central Intelligence Agency, "Situation Report Number 61, As of 22:30 EDT," (1973.10.20.).
67) Central Intelligence Agency, "Situation Report Number 63, As of 11:30 EDT," (1973.10.21.).
68) Central Intelligence Agency, "Situation Report Number 66, As of 06:30 EDT," (1973.10.22.).

해상수송로 안보 위협의 영향력

당시 해상수송로 안보 위협이 어느 정도였는지 그 수준과, 그것이 정책결정에 미친 영향으로 구분하여 정리하면 다음과 같다.

1967년 티란 해협 위기와 마찬가지로 1973년 중동전쟁에서 이스라엘에게 핵심적인 해상수송로인 티란 해협, 그리고 인근 해로의 안보에 영향을 줄 수 있는 사건이 발생한 것은 사실이다. 그러나 미국의 정책결정자들은 이를 심각한 위협으로 인지하지 않았고, 따라서 이에 대한 대응 논의도 활발하지 않았다. 중동전쟁 초기 이집트 해군이 유조선을 공격한 명백한 도발행위가 있었는데, 1967년 위기에서 이집트는 티란 해협 봉쇄를 위협만 했지 실제로 봉쇄하거나 항행 선박을 공격하지 않았다는 점에서 도전세력 또는 적대세력의 행위 차원에서만 봤을 때 1973년 위기의 상황이 더 심각했다. 그러나 이러한 행위를 받아들이는 정책결정자의 인식은 달랐다. 1967년 티란 해협 위기는 중동전쟁이 발발하기 전에 발생한 사건으로 미국 정책결정자들이 이집트의 봉쇄 선언을 중대한 국가안보 위협으로 인식했다. 반면에 1973년 이집트의 도발행위는 전쟁이 시작된 이후에 발생한 것으로 정책결정자들 입장에서 당시 더 중요한 외교정책의 우선순위나 목표는 중동전쟁의 교전 중지, 그리고 전 세계적인 충격을 가져올 수 있는 아랍 산유국의 석유 금수조치에 대한 대응에 있었다.

결국 도전세력 또는 적대세력의 행위와 정책결정자의 위협 인식을 종합했을 때 1973년 중동전쟁에서 해상수송로 안보에 대한 이집트의 위협은 상대적으로 낮은 수준이었고, 이에 대한 대응 논의가 핵심 의제가 아니었다. NSC 수준의 회의에서 이집트 잠수함의 선박 공격 사건에 대한 매우 간결한 보고만 공유되었을 뿐, 정책결정자들은 중동전쟁의 교전 중지를 위한 노력, 그리고 발생 가능성이 있는 아랍 산유국의 석유 금수조치에 대한 대응에 더 집중했다.

국제정치 구조적 요인인 소련과 경쟁 및 국내정치 요인의 영향력

중동전쟁 발발 이후 외교정책 대응을 논의하는 과정에서, 그리고 군사력의 이동이나 사용을 논의하는 과정에서 미국 정책결정자들은 미국과 소련과의 대결 가능성, 소련의 반응이나 대응 등을 고려했고, 이러한 고려가 미국 외교정책에 영향을 주었다는 점을 확인할 수 있다. 예를 들어, 중동전쟁 초반 키신저 국무장관이 국무부 관료들과 가진 회의에서도 미국 입장에서 소련과 대결을 피하는 것이 미국에게 성공적인 결과라고 언급한 것과 같이 중동전쟁에 대한 미국의 외교정책은 소련의 중동전쟁 개입 가능성 등 소련에 대한 고려가 중요한 역할을 했다.[69]

그러나 티란 해협, 밥 엘-만답 같은 해상수송로 안보 위협에 대한 대응 차원의 논의에서 정책결정자들이 소련을 얼마나 고려했는지에 대해서, 그리고 국내정치 요인의 영향력에 대해서는 관련

---

[69] Howland and Daigle (eds.), 2011, Document 148: Minutes of the Secretary of State's Staff Meeting.

기록이 충분하지 않아 그러한 요인들의 영향력 또는 효과가 분명하지 않다. 아울러 중동전쟁 발발 이후 미국이 고려했던 군사력의 사용 논의는 해상수송로 안보 위협에 대한 대응 차원이라기보다, 분쟁 지역의 미국인 대피를 위한 준비와 유사시에 대한 대비 차원에서 이루어졌다는 점에서 1967년 티란 해협 위기에서 군사력의 사용 논의와 차이가 있다.

결론

1967년 티란 해협 위기와 1973년 중동전쟁 사례는 모두 이스라엘과 중동 국가 간의 전쟁과 관련되어 발생한 해상수송로 안보 위기로 매우 유사해 보인다. 그러나 1967년 티란 해협 위기 사례는 중동전쟁 발발 이전에 발생한 해상수송로 안보 위기에 대응하여 군사적 대응 논의가 비교적 활발했던 반면, 1973년 중동전쟁 위기에서는 거의 그렇지 않았다. 1967년 위기 사례와 다르게 1973년 위기는 해상수송로에 대한 위협으로 발생한 위기라기보다, 주로 중동전쟁 발발 이후 아랍 산유국들이 석유의 생산량을 조절하거나 석유 금수조치를 함으로써 국제 석유시장에 영향을 주어 발생한 위기이기 때문이다.

1967년 위기 사례와 마찬가지로 1973년 중동전쟁 위기에서도 미국은 군사력의 이동과 같은 군사적 대응을 논의할 때 중동지역 정치에 대해 고려했다는 점을 확인할 수 있다. 예를 들어 중동전쟁 발발 초기 정책결정자들은 미국인 대피 준비를 목적으로 지중해에 있는 항공모함을 이동하는 것을 논의하면서 리비아 방향으로 군사력을 이동시키는 행동이 아랍 세계 전체에 충격을 주는 음모론(conspiracy)으로 비춰질 것으로 보았고, 군사력을 이동시키는 경우 가능한 매우 조용하게, 그리고 주목받지 않도록 해야 한다고 판단했다.[70]

---

70) The White House, "Washington Special Actions Group Meeting: Memorandum of Conversation," (1973.10.06., 09:01 a.m.).

해양안보와 미국의 외교정책

6장

1987년 페르시아만 위기

1987년 페르시아만 위기

1. 위기의 배경

본 장은 페르시아만을 항행하는 유조선에 대한 이란의 공격 가능성을 미국이 심각한 안보 위협으로 인식한 1983년 후반부터 쿠웨이트 유조선을 공식적으로 군사적으로 보호하겠다고 결정한 1987년 3월까지의 시기를 분석한다. 1967년 티란 해협 위기와 마찬가지로 이란-이라크 전쟁 중 가장 큰 해상수송로 및 에너지 안보 위협은 석유의 해상수송로인 페르시아만을 항행하는 선박에 대한 공격, 그리고 페르시아만 또는 호르무즈 해협 봉쇄 위협이었다. 그러나 1967년 티란 해협 위기와 다르게 1980년대 페르시아만에서의 위협은 이란이 유조선을 공격함에 따라 현실이 되었으며,

전 세계 석유의 해상수송에서 페르시아만의 중요성을 감안할 때 페르시아만 위기는 미국을 비롯한 서방 세계에게 대단히 큰 위기였다. 미국은 이란의 유조선 공격 가능성을 우려한 1983년 말부터 해상수송로 안보를 위한 다양한 군사력의 사용 가능성을 구체적으로 논의하기 시작했고, 오랜 논의 및 준비 끝에 1987년에 3월 쿠웨이트 유조선에 대한 군사적 보호를 결정했다.

미국은 공식적으로 그리고 표면적으로는 이란-이라크 전쟁에 대해 중립적인 입장을 보였다.[1] 이란-이라크 전쟁이 한창인 1987년 미국은 페르시아만 해상수송로에 대한 안보 위협에 군사적 수단을 실제로 활용하여 대응했다. 이는 냉전 시기 에너지 자원의 해상수송로를 보호하기 위해 미국이 군사력을 사용한 최초의 사건으로 그 자체로서도 의미가 있다. 미국은 페르시아만을 항행하는 쿠웨이트 유조선을 이란의 공격으로부터 보호하기로 1987년 초에 결정했으며, 그해 7월 21일부터는 실제로 미국의 국기를 단 최초의 유조선인 브리지톤(Bridgeton)을 포함하여 쿠웨이트 유조선을 미국의 군함이 에스코트함으로써 군사력을 사용하여 해상수송로 안보 및 에너지 안보 위기에 대응했다. 레이건 대통령의 명령에 따라서 미 해군이 민간 유조선에 대한 에스코트를 시작함에 따라 이를 '탱커 전쟁(Tanker War)'이라도 부른다.

페르시아만 위기에서 가장 중요했던 전략적인 지점은 호르무

---

[1] Bernard Gwertzman, "U.S. sees Iranian setback in push on second front," *The New York Times* (January 16, 1987).

즈 해협(Strait of Hormuz)이었다. 호르무즈 해협은 아라비아해, 조금 더 구체적으로는 오만만(Gulf of Oman)에서부터 페르시아만으로 들어가는 입구이다. 호르무즈 해협에서 가장 통로가 좁은 곳은 폭이 22해리(nautical miles)인데 이곳은 이란과 오만의 영해에 해당하는 지역이다. 호르무즈 해협을 통과할 때 2개의 선박 항로(shipping lanes)가 있는데 각각이 하나의 방향이다. 각 선박 항로는 폭이 2마일이며 두 항로는 2마일의 완충지대(buffer)로 구분되어 있다.[2]

그림-15 페르시아만 호르무즈 해협

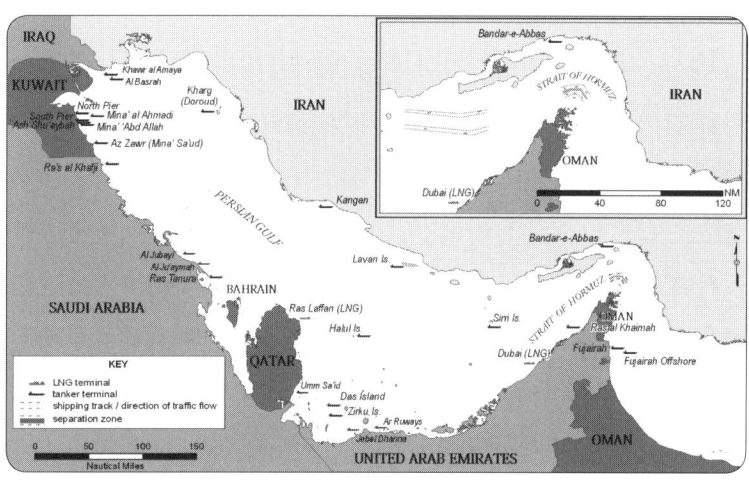

출처: Michael Ratner, *Iran's Threats, the Strait of Hormuz, and Oil Markets: In Brief* (Congressional Research Service, 2018), p. 2.

---

2) Michael Ratner, *Iran's Threats, the Strait of Hormuz, and Oil Markets: In Brief* (Congressional Research Service, 2018), p. 1.

이란-이라크 전쟁의 발발

1980년 9월 22일 이라크의 공격으로 이란-이라크 전쟁이 시작되었다. 1981년부터 이라크는 페르시아만을 항행하는 선박을 공격하기 시작했는데, 1984년부터 이란은 이에 대응하여 선박 공격에 가담했다. 전쟁에서 승리하기 위해 이란은 페르시아만에서 석유를 수송하는 유조선을 공격하기 시작했는데 바레인 근처에 있는 쿠웨이트 유조선이 1984년 5월 이란의 공격을 받았다. 이란이 본격적으로 페르시아만을 항행하는 유조선을 공격하기 시작한 1984년 당시 미국은 이러한 공격이 에너지 안보 특히 페르시아만의 해상수송로 안보에 심각한 위협으로 인지하고 있었다. 다음 그림과 같이 페르시아만 호르무즈 해협은 1984년 당시 전 세계에서 가장 많은 석유가 이동하는 전략적으로 매우 중요한 지역이자 해상수송로였다. 소련의 아프가니스탄 침공 이후 카터 대통령은 페르시아만 지역을 미국의 사활적 이익이 있는 지역이라면서 군사력을 동원해서라도 보호하겠다고 선언했으며, 전략적으로 중요한 페르시아만 해상수송로 보호에 대한 미국의 의지는 이란-이라크 전쟁 기간 중에 더욱 구체화되었다.

그림-16 페르시아만 호르무즈 해협을 통과하는 석유의 이동(1984년 추정치)

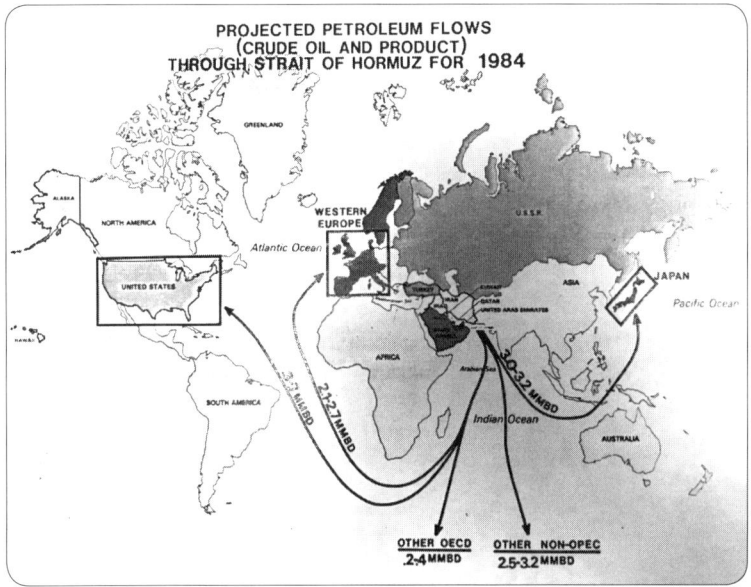

출처: Reagan Library, Martin, William F.: Files, Box 90477, Iran-Iraq Energy (2), "The Iran-Iraq Threat to World Oil Flows," (1984.05.31.).

이란이 지속적으로 유조선을 공격하자 쿠웨이트는 외부의 도움을 요청했다. 소련이 쿠웨이트의 요청에 가장 먼저 응답했는데 소련은 세 척의 쿠웨이트 유조선을 보호하기로 했다. 1987년 3월, 레이건 대통령은 미국도 쿠웨이트 유조선을 보호하겠다고 결정했다. 당시 미국 법은 미국 해군이 외국의 민간 선박을 호위하는 것을 금지하고 있었는데 레이건 행정부는 편법을 사용했다. 즉, 11척의 쿠웨이트 유조선이 미국의 국기 성조기를 달게 하는 것이었다. 그런 방법으로 브리지톤(Bridgeton)호는 미국의 국기를 단 최초의

유조선이 되었으나 이란 지뢰의 희생양이 되었다.[3]

위기 당시 미-소 관계

소련의 아프가니스탄 침공은 미소 관계가 다시 대결적인 관계로 가게 만드는 중요한 계기였다. 1979년 12월 소련은 아프가니스탄을 침공함으로써 카터(James Earl Carter, Jr.) 행정부가 소련에게 강하게 대응할 수 있는 기회를 제공했으나 데탕트의 훼손이 그 대가였다. 1978년 아프가니스탄에서는 권력을 잡고 있던 공산 정권이 주로 인종적 갈등을 이유로 붕괴되고 있었다. 소련은 아프가니스탄과 국경을 마주하고 있었기 때문에 아프가니스탄에서 발생한 불안을 소련이 그냥 두고 있을 수 없었다. 그리고 이란에서 이슬람 근본주의자들이 승리한 것은 미국뿐 아니라 소련의 이해관계도 위협하는 일이었다. 미국의 핵심 관심사는 페르시아만의 석유를 통제하는 것이었던 반면, 소련은 자신의 국경 지방의 안보를 우려했다. 정치적 압력이 실패하자 소련은 전통적인 힘의 정치로서 무력을 사용하기로 했다. 그러나 소련은 자신의 안보에게 사활적인 이익을 지키기 위해 미국이 앞으로 할 대응을 과소평가했다.

카터 행정부는 소련의 아프가니스탄 침공에 격렬하게 대응했

---

3) Mike Coppock, "America's Forgotten Tanker War With Iran," *Sea Classics*, Vol. 40, Issue 11, (November, 2007), pp. 30-37.

다. 카터 대통령은 소련의 행동을 제2차 세계대전 이후 세계 평화에 대한 가장 중대한 위협이라고 명명했다. 카터 대통령은 미국 농민들의 불만에도 불구하고 소련에게 곡물 금수조치(grain embargo)를 내렸고, 모스크바에서 개최되는 하계 올림픽에 미국 선수들이 불참하는 방향의 결정도 내렸다. 그리고 그는 '카터 독트린'을 발표했는데, 이는 미국이 페르시아만 지역을 사활적 이익이 있는 지역으로 간주하면서 소련이 이 지역으로 진출하는 것을 참지 않을 것이라는 소련에 대한 강력한 경고였다. 소련의 새로운 위협에 대응하기 위해서 카터는 미군의 군비증강도 요구했다. 결국 새로운 미소 대결 구도가 시작되었고 미소 간 경쟁은 1980년대에도 계속되었다.[4]

카터에 이어 대통령이 된 레이건(Ronald W. Reagan)은 국제 정세에 대해 별로 아는 것이 없었고 분석 능력도 부족했으며, 그에게 소련은 미국이 이겨야 하는 전쟁에서의 적에 불과했다. 1982년 중반 조지 슐츠(George P. Shultz)가 헤이그를 대신하여 국무장관이 되면서 미국은 소련과의 관계 개선에 노력하는 모습을 보여주었다. 하지만 레이건 대통령은 여전히 소련 지도자에 대한 불신이 컸고, 이후 발생한 일련의 사건들은 소련과의 관계 개선을 어렵게 만들었다.

1983년 3월 미국이 발표한 전략적 방위 시스템(SDI: strategic

---

4) Warren I. Cohen, *The Cambridge History of American Foreign Relations: Volume IV America in the Age of Soviet Power, 1945-1991* (Cambridge University Press, 2008), pp. 207-218.

defense system, Star Wars) 개발은 소련에게 위협적이었으며 소련은 SDI의 개발을 중단시키거나 SDI와 경쟁해야 하는 상황에 놓였다. 그리고 얼마 지나지 않아 미소 관계 발전에 가장 부정적인 영향을 준 사건이 발생했다. 1983년 8월 31일, 알래스카에서 서울로 가는 대한항공 007편이 소련 전투기에 의해 격추되었다는 소식이 미국에 전해졌는데 미국인을 포함한 모든 승객이 사망했다. 소련은 처음에 여객기 격추를 부인했으나 이후 그 여객기가 스파이라고 주장했다. 미국 정보당국에 따르면 그 비행기는 실제로 소련 영공으로 들어갔고 소련은 실수로 동 여객기를 스파이로 간주했다. 레이건 대통령은 격노하면서 소련이 일부로 그 사실을 알고서 민간항공기를 격추했다고 주장했다. 소련의 대한항공 격추는 소련에 대한 미국의 불신을 더욱 키우는 사건이었다.

1985년 3월, 고르바초프(Mikhail Gorbachev)가 소련의 새로운 지도자로 등장했다. 고르바초프는 소련의 경제에 활력을 불어 넣기 위해서는 과격한 변화들이 필요할지도 모른다는 사실을 이해하고 있었다. 고르바초프는 안보 딜레마를 이해하고 있는 최초의 소련 지도자였는데 그는 미국을 위한 안보 없이는 소련을 위한 안보도 없다는 것을 이해하고 있었다. 그해 11월, 레이건과 고르바초프는 제네바에서 첫 정상회담을 가졌다. 몇 달 후 고르바초프는 미국의 조건을 수용하는 방향으로 중거리 미사일 협정에 서명하겠다는 입장을 보여주었으나, 적극적인 소련에 대한 미국의 응답은 소련에게 실망스러웠다. 1986년 4월, 미국은 유럽 테러에 연루된 리비아에 대한 보복으로 카다피(Muammar al-Qaddafi)를 제기할 목적으로 리비아를 공격했는데 카다피는 소련과의 관계가 있었기 때문이다. 미국은 계속해서 제3세계에서 소련의 우방국에게 압력을 가했으며, 1986년 4월 말, 소련의 체르노빌(Chernobyl) 원자력 발전소 사고는 소련에 대한 서방 세계의 신뢰를 회복하는 데 도움이 되지 않았다.[5]

레이건 행정부에서 미소 관계는 냉전적인 경쟁 관계가 지속되었다. 미국은 여전히 소련을 신뢰하지 않았으며 레이건은 소련과의 관계 개선에 적극적이지 않았다. 무엇보다 1979년 12월 소련의 아프가니스탄 침공은 미국과 미국의 핵심 동맹국들이 중동지역 특히 페르시아만에서 가지고 있는 석유의 해상수송로 안보와 에너지 안보 이익을 더욱 적극적으로 지키도록 만드는 촉매제가 되었다.

2. 정책결정의 제도

레이건 행정부의 핵심 정책결정자

레이건 행정부 외교정책의 핵심 정책결정자는 레이건(Roland W. Reagan) 대통령을 비롯하여, 슐츠(George P. Shultz) 국무장관(1982.07.16.~1989.01.20.), 와인버거(Caspar W. Weinberger) 국방장관

---

5) Cohen, 2008, pp. 219-236.

(1981~1987)이었다. 그중 슐츠 국무장관은 레이건 대통령의 임기가 끝날 때까지 함께 할 정도로 대통령의 신임을 받았다. 백악관의 NSC를 이끄는 수장으로서 국가안보보좌관도 외교정책의 핵심 정책결정자로서 큰 역할을 한다. 그러나 레이건 행정부에서는 이전 행정부와 비교해서 국가안보보좌관의 잦은 교체가 이루어지면서 국가안보보좌관이 국무장관과 경쟁할 정도의 위상을 갖긴 힘들었다. 그런 의미에서 관료 조직 간의 경쟁이 외교정책 결정에 크게 영향을 줄 조건이 아니었다.[6]

NSC의 국가안보 계획그룹

레이건 행정부에서는 NSC 회의체보다 위기 대응 회의체인 국가안보 계획그룹(NSPG: National Security Planning Group, 이하 NSPG)을 중심으로 이란-이라크 전쟁, 페르시아만 해상수송로 안보와 같은 국가안보 위기들을 다루며 정치·군사적 대응 방안을 논의했다. NSPG는 쿠바 미사일 위기 시 대응 기구로 설치한 ExCom(The Executive Committee of the National Security Council), 그리고 1967년 중동전쟁 발발 후 중동 위기를 다루기 위해 설치된 NSC 특별위원회와 유사한 역할을 수행했다. 1981년에 설치된 NSPG에 NSC 회의

---

6) 장성일, "위기 시 미국 외교정책 결정의 통합적인 분석: 페르시아만 해상 수송로 위기에서 군사적 대응 결정," 『한국정치학회보』 제54집 제2호 (2020년 6월), p. 244.

참석자와 마찬가지로 대통령, 국가안보보좌관, 국무장관, 국방장관, CIA 국장, 합동참모본부 의장 등의 핵심 정책결정자들이 참석하여 NSPG는 사실상 위기 대응을 위한 NSC 회의체나 마찬가지였다. NSPG 회의를 지원하기 위한 조직으로 Interagency Group은 NSPG 회의에서 결정해야 하는 외교정책 선택지들을 미리 논의하여 제공했다.[7]

레이건 행정부에서는 이전 행정부와 마찬가지로 국가안보와 관련된 대통령의 결정을 알리고 그것이 이행되도록 하는 목적에서 대통령의 명령인 국가안보결정지침(NSDD: National Security Decision Directive)을 활용했다. 레이건 행정부는 300건 이상의 국가안보결정지침(NSDD)을 발표했다.

표-20 페르시아만 위기에서 주요 사건 및 미국의 외교정책

날짜	주요 사건 및 미국의 외교정책 결정
1979.12.	소련의 아프가니스탄 침공 (이란 석유 위협)
1980.01.23.	카터 대통령은 1980년 연두교서에서 '카터 독트린'을 발표함
1980.03.	소련의 아프가니스탄 침공 이후 페르시아만 지역에서 미국의 이익을 보호하기 위해 '신속 전개 공동 기동 부대 (RDJTF: Rapid Deployment Joint Task Force)' 창설 (RDJTF는 이후 '중부사령부'로 발전함)
1983.01.01.	미국 중부사령부(United States Central Command) 창설

---

7) The White House, https://georgewbush-whitehouse.archives.gov/nsc/history.html (검색일: 2023년 4월 5일).

날짜	주요 사건 및 미국의 외교정책 결정
1983.03.30.	국가안보결정지침 87호(NSDD-87): 포괄적인 미국 에너지 안보 정책
1983.07.12.	국가안보결정지침 99호(NSDD-99): 근동 및 남아시아에 대한 미국의 안보 전략
1983.10.	이란의 호르무즈 해협 봉쇄 위협 가능성 제기로 대응 논의 시작 ▶ 해상수송로 안보 위기 시작
1983.10.24.	페르시아만 해상수송로 안보 위협에 대하여 Senior Interagency Group의 대응 방안 제안
1983.11.07.	NSPG(NSC)에서 페르시아만 해상수송로 안보 위한 군사적 대응 논의
1983.11.26.	국가안보결정지침 114호(NSDD-114): 이란-이라크 전쟁에 대한 미국의 정책
1983.11.	군사적 기획을 위한 동맹국 및 페르시아만 국가들과 협의 진행
1984.04.05.	국가안보결정지침 139호(NSDD-139): 이란-이라크 전쟁의 확전(escalation) 대비 위한 조치들
1984.05.17.	사우디아라비아, 페르시아만 위기에서 미국의 입장 표명 요청
1984.05.25.	국가안보결정지침 141호(NSDD-141): 이란-이라크 전쟁의 확전(escalation)에 대한 대응
1986.09.02.	국가안보결정지침 238호(NSDD-238): 개정된 국가안보 전략
1986.12.	쿠웨이트가 자국 선박을 보호해줄 것을 미국과 소련에게 요청
1987.01.	1월 중순 소련 군함이 페르시아만 진입
1987.01.23.	이란-이라크 전쟁에 대한 레이건 대통령의 성명 발표
1987.02.25.	이란-이라크 전쟁에 대한 레이건 대통령의 성명 발표
1987.03.07.	미국은 페르시아만을 항행하는 쿠웨이트 유조선을 이란의 공격으로부터 군사적으로 보호하겠다고 전달함 ▶ 해상수송로 안보 위기에 대응하여 군사력 사용 최종 결정
1987.07.21.~22.	미국 최초로 페르시아만에서 쿠웨이트 국적의 유조선을 호위하는 작전 실행함

그림-17 페르시아만 위기에서 미국의 군사력 사용 결정 과정[8]

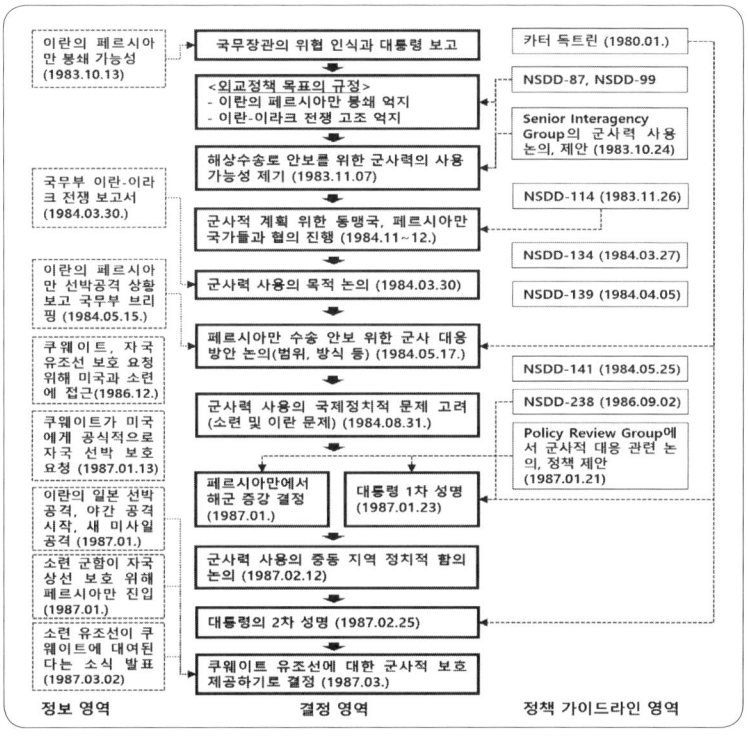

미국 외교정책은 어떤 하나의 결정으로 급격하게 방향이 바뀌거나 변화하는 것이 아니라 점진적으로 변화가 일어난다. 기존 정책을 조금씩 수정함으로써 정책 변화가 일어나는데, 하나의 결정은 다음에 일어나는 정책결정 과정에 영향을 미친다. 당시 정책결정자가 처한 상황에서의 판단만이 아니라 과거에 내렸던 결정이

---

8) 장성일, 2020(a), p. 245.

정책결정 과정에서 피드백으로 작용한다.[9] 그런 의미에서 특정 시점의 외교정책 결정을 분석하기 위해서는 이전에 내렸던 결정을 역사적 맥락에서 파악하는 것이 중요하고, 정책결정자들이 과거 사례를 어떻게 인식하고 정책결정을 내리는 과정에 참고하는지 분석하는 것이 필요하다. 즉, 미국 외교정책의 결정은 역사적 맥락과 무관한 당시의 독립된 또는 제한적인 결정이 아니라 역사적 맥락에서 기존 정책과 연속성을 가지고 내려진 결정이다.

1987년 미국이 쿠웨이트 유조선을 군사적으로 보호하기로 한 결정도 마찬가지다. 쿠웨이트 유조선에 대한 군사적 보호 결정은 미국이 당시에 주어진 상황 속에서 역사적인 맥락과 무관하게 독립적으로 내린 결정이 아니라, 1980년 카터 독트린 발표 이후 페르시아만의 해상수송로를 보호하기 위한 미국의 의지와 노력이 여러 과정을 통해 만들어진 결과이기 때문이다. 즉, 1987년 미국의 결정을 온전히 이해하기 위해서는 레이건 행정부 초기부터 미국이 내린 다양한 결정들과 노력을 파악해야 한다.

1983년 말부터 미국이 군사적 대응을 최종 선택한 1987년 3월까지 페르시아만 해상수송로 안보를 위해 정책결정자들이 논의한 다양한 외교정책은 아래와 같다.

---

9) Charles W. Kegley, Jr., Eugene R. Wittkopf, *American Foreign Policy: Pattern and Process* (New York: St. Martin's Press; London: Macmillan, 1996), pp. 7, 14-19; Roger Hilsman, *To Move a Nation: The Politics of Foreign Policy in the Administration of John F. Kennedy* (Garden City, N.Y.: Doubleday; New York: Delta Publishing, 1967), p. 5.

표-21 페르시아만 위기에서 정책결정자들이 논의한 다양한 대응 방식

외교적 대응	• UN을 통한 이란-이라크 전쟁 교전 중지 결의안의 추진 • 레이건 대통령의 성명 발표 • 군사적 기획을 위한 동맹국 및 페르시아만 국가들과 협의 (페르시아만에서 군사 작전을 위한 군사적 차원의 협의)
경제적 대응	• 이란에 대한 경제제재(Operation Staunch) • 석유 공급 중단에 대한 대비

군사적 대응	• 페르시아만 항행 선박에 대한 군사적 호위(escort) 제공으로 보호 (페르시아만 개방 유지)
	  (1) 국제적인 수역에서 모든 상업적 수송 선박 보호
	  (2) 중립국의 수송 선박만 보호
	  (3) 교전하지 않는 국가의 선박만 보호(다자적인 개입)
	  (4) 교전하지 않는 국가의 선박만 보호(독자적인 개입)

3. 외교정책 결정 분석: (1) 정보 영역

CIA의 페르시아만 해상수송 안보 평가

미국은 페르시아만 해상수송의 중요성을 어떻게 평가하고 있었을까? CIA의 Directorate of Intelligence가[10] 1983년 4월에 작성한 정보 평가 보고서(intelligence assessment)를 통해 이 점을 확인할 수 있는데, 동 보고서는 페르시아만의 석유 수송을 에너지 안보 차원에서 분석하고 있다. Directorate of Intelligence의 1차적인 임무는 해외에서 진행되고 있는 일들에 대한 권위 있는 정보를 제공하고 평가함으로써, 국가안보정책을 만들고 이행하는 책임이 있는 대통령과 고위급 관료들을 위해 봉사하는 것이다. 즉, 여기서 생산된 자료는 대통령 및 고위 관료들(장관들)에게 보고된다.

CIA의 보고자료에 따르면 1973년 중동전쟁 위기와 아랍 산유국의 석유 무기 사용 이후, 일본과 서유럽 국가들은 페르시아만 석유에 대한 수입 의존도를 낮추고자 노력했고 실제로 이전에 비해 수입량은 감소했다. 그럼에도 불구하고 1980년대에 들어서도 페르시아만 석유 수입에 대한 비중은 여전히 높았고, 이는 페르시아만 해상수송로 안보가 위협받는 상황에 이들 국가의 에너지 안보

---

10) Central Intelligence Agency, *The Directorate of Intelligence: A brief Description* (February, 1977), p. 1.

가 매우 취약하다는 것을 의미한다.

표-22 주요 국가들의 페르시아 석유에 대한 의존[11]

단위: 천 배럴/하루

	1982년			1978년			1973년		
	페르시아만	전체 수입량	비율 (%)	페르시아만	전체 수입량	비율 (%)	페르시아만	전체 수입량	비율 (%)
미국	842	4,782	18	2,602	8,364	31	1,380	6,256	22
일본	2,708	4,625	59	3,853	5,347	72	4,100	5,576	74
서유럽	4,078	13,120	31	8,455	13,128	64	10,807	16,714	65
프랑스	924	2,033	45	1,749	2,494	70	1,893	2,875	66
이탈리아	802	2,040	39	1,437	2,362	61	1,739	2,669	65
영국	357	964	37	966	1,596	61	1,793	2,749	65
서독	446	2,217	20	886	2,848	31	1,307	3,001	44

비고: 1982년도 수치는 1982년도 전반기 자료임

출처: Reagan Library, Near East and South Asia Affairs Directorate, NSC: Records, Box 14, Persian Gulf – 1983, "Oil Transport From the Persian Gulf: An Energy Security Issue," (1983.04.).

---

11) 원유(crude oil) 및 정제 제품(refined products)을 포함한 수입량을 의미한다.

호르무즈 해협 봉쇄의 영향력 평가

근동 및 남아시아에 대한 미국의 안보 전략(NSDD-99)이 발표된 지 한 달 후, 미국 에너지부는 페르시아만의 호르무즈 해협이 봉쇄되는 경우 그것이 가져올 수 있는 영향력에 대해 평가하는 자료를 작성했다.

1983년 8월 말에 발표된 이 자료에서 호르무즈 해협이 봉쇄(closure)되는 경우 전 세계의 석유 공급량은 하루 1천만 배럴(10 MMB/D)이 감소될 것이라고 미국 에너지부는 예상했다. 감소되는 1천만 배럴 중에서 국제에너지기구(IEA) 소속 국가들에 대한 감소분은 하루에 4.9백만 배럴이며, 미국에 대한 감소분은 하루에 0.5백만 배럴이 될 것이라고 에너지부는 추정했다. 에너지부는 그 당시 페르시아만 지역 석유에 대한 미국의 의존도는 높지 않다고 보았는데, 미국은 하루 50만 배럴 정도의 석유를 페르시아만 지역에서 수입하는데 이는 석유 공급의 3% 정도에 해당한다.

문제는 미국의 핵심 동맹국들에게 있었다. 일본, 터키, 이탈리아, 스페인, 포르투갈, 그리스와 같이 핵심적인 6개 IEA 회원국들은 페르시아만 석유에 크게 의존하고 있었다. 특히, 에너지부는 페르시아만 석유 수출이 전면적으로 중단된다면 일본, 터키, 이탈리아의 석유 공급량 절반 이상이 중단될 것으로 예측했다. 결국 페르시아만에서 호르무즈 해협 봉쇄는 미국에게 직접적인 영향력이 크지 않지만, 미국의 핵심 동맹국에 대한 피해는 매우 심각할 것으로 에너지부는 예상했다. 그 결과 미국의 핵심 동맹국들은 자신의 공급량 부족을 상쇄시키기 위해서, 또는 전 세계 유가 상승을 완화시키기 위해 도움을 요청하면서 미국 정부를 정치적으로 압박할 가능성이 높다고 에너지부는 평가했다. 그리고 에너지부는 정치적, 기술적, 그리고 군사적 결정이 이러한 수치를 어느 정도 상쇄시킬 수 있다고 보았으나 구체적인 방식은 언급하지 않고 있다.[12]

국가별로 페르시아만 석유 수입에 의존하고 있는 상황은 아래 자료와 같다. 일본, 터키, 이탈리아, 그리스, 스페인, 포르투갈, 네덜란드 같은 국가는 페르시아만 석유에 대한 의존도가 매우 높기 때문에 호르무즈 해협이 봉쇄되는 경우 극심한 석유 공급 부족을 경험할 수 있었다.

표-23 IEA 국가별 페르시아만 석유 수입량

단위: 천 배럴/하루

	호르무즈 해협을 통해 수입하는 석유	가용한 석유 공급량에서 차지하는 비중(%)
호주	120	21.2
오스트리아	30	14.3
벨기에	82	25.2
캐나다	20	1.3
덴마크	41	21.0
독일	281	13.6
그리스[13]	71	32.3
아일랜드	0	0

---

12) Reagan Library, Martin, William F.: Files, Box 90410, Iran-Iraq Energy (2), "Effects of the Closure of the Strait of Hormuz," (1983.08.28.).

	호르무즈 해협을 통해 수입하는 석유	가용한 석유 공급량에서 차지하는 비중(%)
이탈리아[14]	751	45.9
일본	2066	55.8
네덜란드[15]	236	31.9
뉴질랜드	30	35.3
노르웨이	9	5.0
포르투갈[16]	56	29.5
스페인[17]	378	41.8
스웨덴	0	0
스위스	24	10.0
터키[18]	101	29.7
영국	166	11.5
미국	465	3.1
IEA 전체[19]	4917	16.5

출처: Reagan Library, Martin, William F.: Files, Box 90410, Iran-Iraq Energy (2), "Effects of the Closure of the Strait of Hormuz," (1983.08.28.).

---

13) 페르시아만 지역 전체에서 수입하는 석유는 가용한 공급량의 48.2%에 해당함.

14) 페르시아만 지역 전체에서 수입하는 석유는 가용한 공급량의 55.2%에 해당함.

15) 페르시아만 지역 전체에서 수입하는 석유는 가용한 공급량의 35.5%에 해당함.

16) 페르시아만 지역 전체에서 수입하는 석유는 가용한 공급량의 42.1%에 해당함.

17) 페르시아만 지역 전체에서 수입하는 석유는 가용한 공급량의 47.1%에 해당함.

18) 페르시아만 지역 전체에서 수입하는 석유는 가용한 공급량의 53.8%에 해당함.

19) IEA 국가들이 페르시아만 지역 전체에서 수입하는 석유는 가용한 공급량의 17.9%에 해당함.

표-24 IEA 국가들의 석유 재고량(inventories)(1983년 7월)

	백만 배럴(MMB)	앞으로 소비할 수 있는 날짜 (일)
호주	36	67
오스트리아	24	130
벨기에	29	77
캐나다	98	66
덴마크	38	190
독일	287	124
그리스	27	113
아일랜드	9	97
이탈리아	162	101
일본	437	107
네덜란드	66	115
뉴질랜드	6	81
노르웨이	16	98
포르투갈	18	94
스페인	87	86
스웨덴	47	117
스위스	45	212
터키	14	41
영국	121	83
미국	1344	93
전체 IEA	2913	97

출처: Reagan Library, Martin, William F.: Files, Box 90410, Iran-Iraq Energy (2), "Effects of the Closure of the Strait of Hormuz," (1983.08.28.).

국무부의 이란-이라크 전쟁 보고서

1984년 3월 30일 맥팔레인(Robert C. McFarlane) 국가안보보좌관은 국무부가 작성한 "Iran-Iraq War: Summary of CPPG Review" 보고 자료를 대통령에게 전달했다. 국무부의 보고서는 이란-이라크 전쟁이 미국의 일반적인 국가안보 및 에너지 안보 관점에서도 중대한 위협이 될 수 있는 단계로 악화되고 있다고 판단했는데 특히, 동 보고서는 석유 시설에 대한 공격, 이란의 페르시아만 호르무즈 해협의 봉쇄 가능성 등을 제기했다.

동 보고서는 서론에서 이란-이라크 전쟁이 페르시아만 아랍 국가들의 안보와 페르시아만 항행의 자유에서 미국의 이익을 위협할 수 있는 조금 더 위험한 국면으로 들어가고 있을지도 모른다고 평가했다. 이라크는 이란의 석유 수출 시설을 공격하는 방향으로 갈지 모르며, 이란은 이라크가 이란의 석유 수출을 심각하게 방해한다면 호르무즈 해협을 봉쇄할 것이라고 위협했다고 보고서는 설명하면서, 이란은 페르시아만 국가들의 시설을 공격하거나 페르시아만에 있는 미국인과 미국 시설에 대한 테러리즘을 활용할 수도 있다고 보고서는 전망했다.

군사적 대응 논의와 관련하여 보고서는 다음과 같이 기술했다. 미국의 요청에 따라 영국은 페르시아만 지역 근처로 기뢰제거함을 이동시키고 있는데 프랑스에서는 비슷한 요청에 반응이 없었다. 주요 에너지 소비 국가들 및 주요 수송 국가들과 협의하기 위해서 주요 동맹국 및 소비 국가들에 의한 에너지 정책 행동과 함께 페르시아만 안보를 지키는 데 있어서 미국의 리더십을 통합하는 전략이 개발될 것이라고 보고서는 설명했다. 또한 페르시아만에서 비(非)교전 국가 항구로 들어가고 그곳으로부터 나오는 중립 수송의 안보를 유지하기 위해서 미국은 행동을 취할 것이며, 그렇게 수송 국가들을 안심시킬 것이라고 보고서는 향후 일정도 서술했다. 그러나 보고서는 수송을 효과적으로 지키기 위한 미국의 능력은 접근 문제(access)에 달려 있다고 보았는데 결국, 해상수송을 군사적으로 보호하기 위해서는 페르시아만 지역 국가들의 공군기지, 항구 등 시설들에 대한 미국의 접근 문제가 가장 중요하다는 것을 다시 강조하는 부분이다. 아울러 동 보고서는 미국의 군사적 지원을 위해서는 해당 국가의 요청이 필요하다고 제안하고 있다. 미국이 합법적으로 군사적인 보호를 제공하기 위해서는 보호를 받고자 하는 국가가 미국에게 해군 지원을 요청해야 한다는 사실을 국가들에게 알릴 것이라고 보고서는 기술했다.[20]

실제로 미국이 쿠웨이트 유조선에 대한 군사적 보호를 결정한 것은 쿠웨이트가 미국에게 자국 유조선 보호를 요청한 이후였으며, 정책결정자들은 군사적 보호를 받고자 하는 국가의 요청이 있을 때 이에 대한 응답으로서 군사적 개입을 할 수 있다고 결정했다.[21]

---

20) Reagan Library, Executive Secretariat, NSC: NSPG Meetings, NSPG 0087 03/30/1984 [Iran-Iraq War], "Memorandum from McFarlane: Meeting with the NSPG, March 30, 1984," (1984.03.30.).

21) Reagan Library, Executive Secretariat, NSC: NSPG Meetings, NSPG 0089 05/17/1984 [Iran-Iraq War], "National Security Planning Group (NSPG) Minutes, May 17, 1984," (1984.05.17.).

이란과 이라크의 유조선 공격

유조선에 대한 이란과 이라크의 공격은 이란-이라크 전쟁이 새로운 국면으로 전개되도록 만들었는데, 이는 에너지 자원의 수송 안보 관점에서 페르시아만 석유의 흐름을 방해 또는 중단시키는 위협이었다. 특히 이란은 계속해서 석유 시설들을 공격하고 호르무즈 해협을 봉쇄할 것이라고 위협했다. 이란은 사우디아라비아와 쿠웨이트 유조선을 공격함으로써 이라크의 공격에 대응해왔다. 이란은 또한 서방 세계가 개입하기에 앞서 페르시아만에 기뢰(mine)를 설치하거나, 페르시아만 봉쇄(blockade)를 선언하거나, 유조선에 대한 공격을 더 강화함으로써 호르무즈 해협을 일시적으로 봉쇄할 수 있는 능력이 있었다.[22] 다음 자료는 1984년 5월 19일 기준으로 페르시아만에서 이란과 이라크의 선박 공격 현황을 보여준다.

---

22) Reagan Library, Martin, William F : Files, Box 90477, Iran-Iraq Energy (2), "The Iran-Iraq Threat to World Oil Flows," (1984.05.31.).

그림-18 페르시아만에서 이란과 이라크의 선박 공격(1984년 5월 19일 기준)

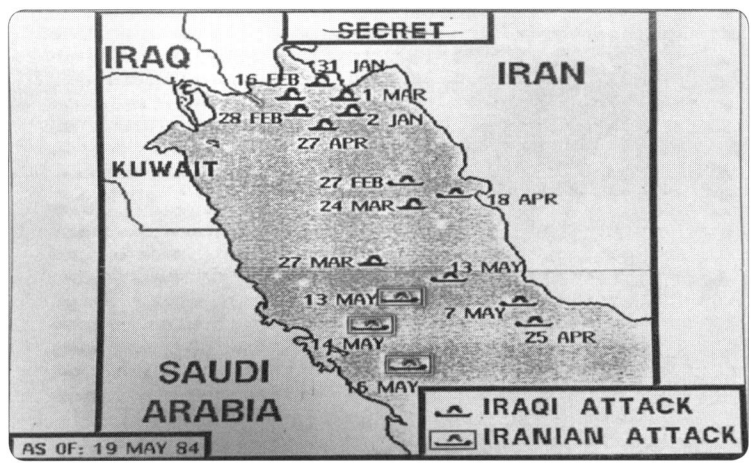

출처: Reagan Library, Martin, William F.: Files, Box 90477, Iran-Iraq Energy (2), "The Iran-Iraq Threat to World Oil Flows," (1984.05.31.).

1984년 5월 자료에 따르면 일상적인 상황에서 400~500척에 달하는 모든 종류의 선박들이 페르시아만에서 활동하고 있었다. 당시 페르시아만에는 대략 50척의 유조선들이 항행하고 있었고 오만만에 80척이 추가로 대기하고 있었다고 미국 해군은 추정했다. 1984년 5월 24일 정오를 기준으로, 6척의 유조선을 포함하여 16척의 미국 소유 또는 미국이 통제하는 선박들이 페르시아만 내에 있었거나 또는 바로 인근에 있었다. 아래 그림은 1984년 5월 24일 기준으로 페르시아만을 항행하는 미국 상선의 현황을 보여주고 있다.[23]

---

23) Reagan Library, Martin, William F.: Files, Box 90477, Iran-Iraq Energy (2), "The

그림-19　페르시아만에 있는 미국 상선의 현황(1984년 5월 24일 기준)

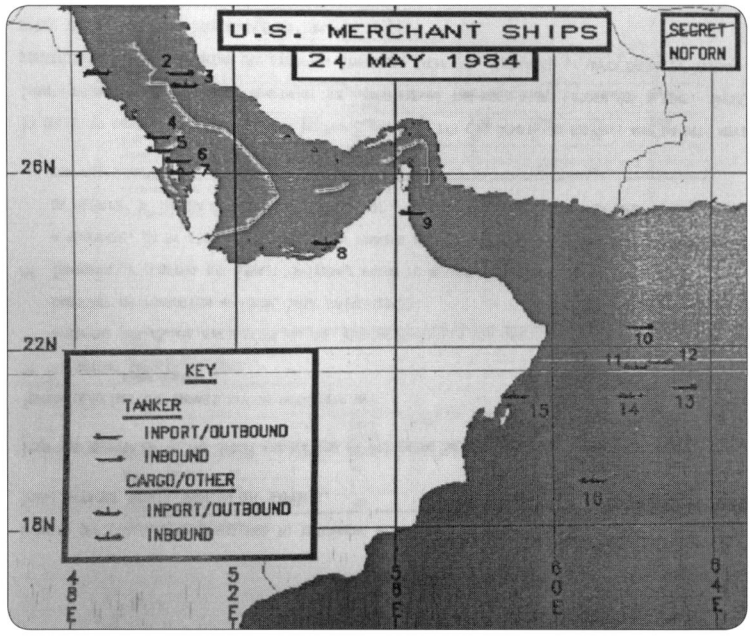

출처: Reagan Library, Martin, William F.: Files, Box 90477, Iran-Iraq Energy (2), "The Iran-Iraq Threat to World Oil Flows," (1984.05.31.).

　　1984년 2사분기 기준으로 페르시아만 석유에 대한 의존도를 살펴보면, 미국은 석유 소비의 3% 정도만 페르시아만 석유에 의존하고 있어서 의존도는 낮은 편이었다. 나머지 OECD 국가들은 호르무즈 해협을 통해서 하루당 5~6백만 배럴의 석유를 공급받는데, 일본의 경우 소비량의 약 60%를 페르시아만에 의존하고 있어

Iran-Iraq Threat to World Oil Flows," (1984.05.31.).

서 의존도가 매우 높았다. 서유럽의 경우에는 소비량의 20%를 호르무즈 해협을 통과하여 수송되는 석유에 의존하고 있었다.[24]

그림-20 자유세계(Free World): 석유의 잉여 생산 능력

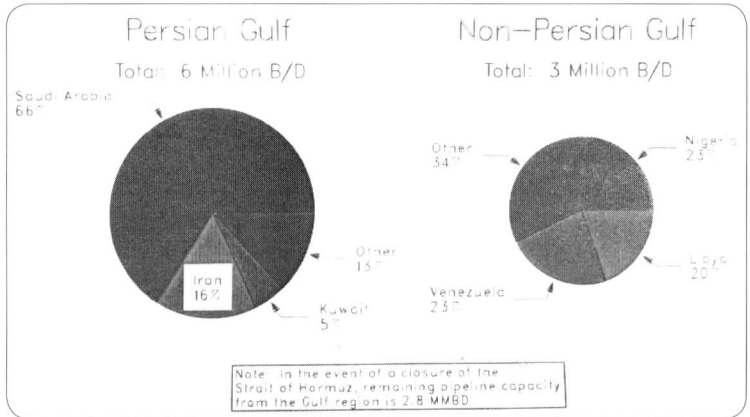

출처: Reagan Library, Martin, William F.: Files, Box 90477, Iran-Iraq Energy (2), "The Iran-Iraq Threat to World Oil Flows," (1984.05.31.).

국제석유시장에서 중요한 요소는 잉여 생산능력이다. 잉여 생산능력(surplus oil production capacity)이란 생산자가 석유를 추가로 생산할 수 있는 능력을 의미하는데, 잉여 생산능력이 충분한 경우 공급 중단이나 감소 문제가 발생하더라도 그러한 부족분에 대해 대처할 수 있는 역량이 있기 때문에 잉여 생산능력을 가진 국가들

---

24) Reagan Library, Martin, William F.: Files, Box 90477, Iran-Iraq Energy (2), "The Iran-Iraq Threat to World Oil Flows," (1984.05.31.).

이 일시적으로 석유 증산을 통해 시장을 안정시킬 수 있다. 반면 잉여 생산능력이 부족한 경우 사소한 공급 중단이나 감소에 시장은 큰 혼란을 겪을 수 있다. 1984년 5월 기준으로 대부분의 석유 잉여 생산능력은 페르시아만 국가들에 집중되어 있었고 특히, 사우디아라비아의 비중이 가장 높았다. 1987년 초에 발표한 1985년 당시 자료에 따르면 전 세계 석유 잉여 생산능력의 36%를 사우디아라비아가 차지하고 있었다. 다른 페르시아만 산유국이 나머지 35%를, 그리고 기타 OPEC 국가들이 27%를 차지했고, OPEC이 아닌 산유국은 잉여 생산능력의 불과 2%만 가지고 있었다. 즉, 1985년 당시 전 세계 석유 잉여 생산능력의 71%를 페르시아만 지역 산유국이 점유하고 있었다.[25] 미국이 페르시아만 국가의 석유시설에 대한 보호 및 페르시아만 해상수송로에 대한 안보에 전략적 이해관계를 가지고 주목하는 것은 그들이 가지고 있는 높은 잉여 생산능력을 보호해야 하는 목적도 있었다.

---

25) Reagan Library, Danzansky, Stephen I.: Files, XVII. (F) Energy - Security Study (1), "Your Meeting with Congressmen Cheney, Edwards, and Boulter, February 27, 1987," (1987.02.26.).

쿠웨이트의 유조선 보호 요청

1983년 말 이란이 페르시아만을 봉쇄함으로써 모든 석유 수출을 막을 수 있다는 가능성을 인지한 이후 정책결정자들은 대응 방안을 논의하기 시작했고, 그들은 미국이 군사력을 사용하기 위해서는 군사적 보호를 받을 국가의 요청이 있어야 한다는 조건에 합의했었다. 쿠웨이트가 자국 유조선을 보호해달라고 미국에 요청하면서 미국은 군사력을 사용하여 페르시아만 해상수송로 안보를 확보할 수 있는 정당성을 마련했다.

쿠웨이트가 미국에 자국 유조선 보호를 요청한 것은 1986년 후반부터 이란이 쿠웨이트를 집중적으로 공격했고, 이란이 쿠웨이트 선박 또는 쿠웨이트와 거래하는 선박을 목표로 공격하고 있다는 것이 분명해졌기 때문이다.[26] 쿠웨이트는 1986년 말 자국 유조선을 보호하기 위해 미국과 소련 양측에 접근했고, 쿠웨이트 상선이 미국의 국기로 달고 항행하도록 등록하는 가능성을 미국 해안경비대(US Coast guard)에 제안했다.[27] 쿠웨이트의 최종 목표는 강대국이 이란-이라크 전쟁에 개입하도록 하여 전쟁을 끝내도록 하는 것이었다.[28] 1987년 1월 13일, 슐츠 국무장관에게 쿠웨이트의 공식

---

26) Martin S. Navias and E.R. Hooton, *Tanker Wars: The Assault on Merchant Shipping during the Iran-Iraq Conflict, 1980-1988* (London; New York: I.B. Tauris, 1996), p. 135.

27) Navias and Hooton, 1996, p. 131.

28) Lee Allen Zatarain, *America's First Clash with Iran: The Tanker War, 1987-88*

적인 요청이 이루어졌고, 슐츠는 쿠웨이트가 소련에게도 자국 유조선 보호 요청을 했다는 사실을 인지하고 있었다.[29]

이란의 일본 선박 공격 및 야간 공격 개시, 소련 군함의 활동

1987년이 되자 페르시아만 해상수송로 안보 위협은 이전보다 더욱 심각한 단계로 접어들었다. 해상수송로 안보 위협의 수준은 이미 보통 단계를 넘어 군사적 대응을 즉각 고려해야 하는 수준에 이르렀고, 쿠웨이트는 자국의 유조선에 대한 보호를 요청한 상황이었다.

이란은 중국으로부터 파괴력이 더 강력한 미사일을 획득하면서 대규모 유조선을 침몰시킬 수 있는 능력을 갖게 되었고,[30] 1987년 1월 6일에는 UAE 인근 일본 선박인 Cosmo Jupiter를 공격하기도 했다. 동 선박은 쿠웨이트를 향해 항행하는 중이었다.[31] 또한 이란은 쿠웨이트 영토로 미사일을 발사하기 시작했고,[32] 1월 초부터 야간 공격도 시작하면서 페르시아만 해상수송로 안보는 더욱 위

(Casemate Publication, 2013), p. 30.

29) Zatarain, 2013, pp. 33-34.

30) Navias and Hooton, 1996, p. 139. Zatarain, 2013, p. 34.

31) Navias and Hooton, 1996, p. 138.

32) Zatarain, 2013, p. 35.

험해졌다. 아울러 페르시아만에서 소련의 활동도 변수였다. 소련 군함이 자국 상선을 보호하기 위해 페르시아만에 진입한 것인데, 1982년 이후 소련 군함이 페르시아만에 진입한 것은 이란이 자국의 상선을 억류한 1986년 9월이 유일했다.[33)] 1987년 1월 중반 소련은 구축함이 호위하는 수송대(a four-ship convoy)를 페르시아만 지역에서 운영했다.[34)]

4. 외교정책 결정 분석: (2) 정책 가이드라인 영역

카터 독트린의 발표

이란 인질 위기와 소련의 아프가니스탄 침공 이후 발표된 '카터 독트린'은 중동지역 특히, 페르시아만에 대한 미국의 정책이 이전보다 더 적극적으로 변화하게 된 중대한 계기였다. 이란 인질 위기는 1979년 11월 이란에서 발생한 사건이다. 1953년에 CIA 주도 쿠데타로 재탄생한 샤(the shah of Iran)는 자신에게 적대적인 세력이 위협적이게 되자 1979년 1월 권력을 버렸다. 이후 이슬람 근본주

---

33) Bernard E. Trainor, "Iranian Warships Now Using Missiles for Night Attacks," *The New York Times* (January 20, 1987).

34) Anthony H. Cordesman and Abraham R. Wagner, *The Lessons of Modern War – Volume II: The Iran-Iraq War* (Westview Press, 1991), p. 273.

의자들이 호메이니(Ayatollah Khomeni)를 자신의 지도자로 세웠고, 11월 호메이니의 추종자들은 미국 대사관을 점령하여 직원들을 인질로 삼았다. 그들은 57명의 미국인을 14개월 동안 인질로 잡으면서 이란 인질 위기는 카터 대통령의 임기 내내 지속되었다. 인질에게 자유를 주지 못하는 카터 행정부의 무능함에 대중은 대통령의 리더십에 실망했다.[35]

1980년 1월 23일 카터 대통령은 연두교서에서 '카터 독트린'이라 부르는 성명을 발표했는데, 다음은 카터 대통령의 연두교서 중 페르시아만 지역에 대한 미국의 이해관계와 이를 지키고자 하는 미국의 의지를 설명하는 부분이다.

> "페르시아만과 남서아시아에서의 새로운 안보 위협에 대응하기 위해서는 공동의 노력이 필요하며, 중동 석유에 의존하는 모든 국가들의 참여가 필요하다. 그리고 중동지역에서 위협당할 수 있는 국가들과의 협의와 긴밀한 협력이 필요하다. 이러한 도전에 대응하기 위해서는 국가적인 의지, 외교적 및 정치적 지혜, 경제적 희생 그리고 물론 군사적인 역량이 필요하다. … 미국의 입장은 다음과 같이 매우 분명하다. 페르시아만 지역을 통제하려는 어떠한 외부 세력의 시도는 미국의 사활적인 이익(vital interests)에 대한 공격으로 간주하고, 미국은 군사력을 포함하여 필요한 모

---

35) Cohen, 2008, pp. 207-218.

든 수단을 활용하여 그 공격을 격퇴할 것이다.[36] ... 미국은 앞으로도 페르시아만 지역 방어를 위한 노력을 계속할 것이며, 현재 북아프리카 및 페르시아만 지역에서 미군이 사용할 핵심 해상 및 공중 시설에 대한 협의를 진행하고 있다."(The American Presidency Project)[37]

카터 독트린의 발표 이후 미국은 페르시아만에서 가지고 있는 에너지 안보 국가이익을 지키기 위해 군사적 진출을 더욱 적극적으로 추진해 나갔다. '신속 전개 공동 기동 부대 (RDJTF: Rapid Deployment Joint Task Force)'의 창설과 이후 중부사령부 (USCENTCOM: United States Central Command)의 창설이 대표적이다. 이러한 노력은 레이건 행정부에 들어와서도 지속되었다.

---

36) "An attempt by any outside force to gain control of the Persian Gulf region will be regarded as an assault on the vital interests of the United States of America, and such an assault will be repelled by any means necessary, including military force."

37) The American Presidency Project, https://www.presidency.ucsb.edu/documents/the-state-the-union-address-delivered-before-joint-session-the-congress (검색일: 2023년 4월 3일).

국가안보결정지침(NSDD)

국가안보결정지침(NSDD: National Security Decision Directive)과 같은 대통령의 명령은 국가안보와 관련된 사건이나 이슈에 대한 미국의 결정 또는 정책과 이행을 확인할 수 있는 중요한 문서로, 레이건 행정부에서 국가안보와 관련된 대통령의 결정을 알리고 그것이 이행되도록 하는 목적에서 만들어졌다. 대통령은 국가안보결정지침(NSDD)에 서명하며, 레이건 행정부는 300건 이상의 국가안보결정지침을 발표했다. 반면 National Security Study Directive(NSSD)는 중대한 국가안보 정책 관련 연구를 하도록 지시하는 문서이다. 각 NSSD 결과는 향후 미국 국가안보 정책의 기초자료로 활용되었는데, 대통령은 NSSD에서 제시한 정책을 NSDD로 발표하기도 했다. 트루먼 행정부부터 역대 행정부는 NSDD, NSSD와 같이 국가안보 문제에 대한 대통령의 명령이나 정책 연구를 문서로 발표했다. 트루먼과 아이젠하워 행정부에서는 National Security Council(NSC)을, 케네디 및 존슨 행정부에서는 National Security Action Memorandum(NSAM)을 발표했다. 닉슨과 포드 행정부에서는 National Security Decision Memorandum(NSDM)을, 그리고 카터 행정부에서는 Presidential Directives(PD)에 대통령의 결정 내용을 담아 이행하도록 했다. 닉슨 행정부 때부터 정책결정 문서와 정책연구 문서가 구분되어 발표되었다.[38]

---

38) 장성일, 2020(a), p. 244.

다음 자료는 레이건 행정부가 발표한 국가안보결정지침(NSDD) 중에서 페르시아만의 해상수송로 안보와 관련된 국가안보결정지침을 정리한 것이다.

표-25 페르시아만 해상수송로 관련 레이건 행정부의 국가안보결정지침(NSDD)

결정지침	날짜	주요 내용
NSDD-32	1982.05.	미국의 국가안보 전략[39]
NSDD-87	1983.03.	동 결정지침은 호르무즈 해협 봉쇄가 가장 심각한 석유 공급 문제를 유발시킬 수 있다고 판단했다. 국가안보결정지침 87호(NSDD-87)는 소련, 소련의 대리인, 또는 다른 과격한 세력이 페르시아만과 기타 주요 석유 생산 지역에 개입 억지를 정책 목표로 설정했다.[40]

---

39) Reagan Library, Executive Secretariat, NSC: National Security Decision Directives (NSDD) Files, NSDD-32 [U.S. National Security Strategy] (1), "National Security Decision Directive 32: U.S. National Security Strategy," (1982.05.20.).

40) Reagan Library, NSDD-87 [Comprehensive US Energy Security Policy] (1983.03.30.), (https://www.reaganlibrary.gov/sites/default/files/archives/reference/scanned-nsdds/nsdd87.pdf) (검색일: 2018년 9월 15일).

결정지침	날짜	주요 내용
NSDD-99	1983.07.	국가안보결정지침 99호(NSDD-99)는 근동 및 남아시아 안보 전략으로, 중동을 포함하는 구체적인 이익과 전략을 담고 있어서 이란-이라크 전쟁에 대한 미국 외교정책의 기초가 되었다. 국가안보결정지침 99호(NSDD-99) 발표 이후 페르시아만 석유 수송 선박 및 석유 수출 시설들에 대한 이란의 공격 위협이 중요한 국가안보 이슈로 부상했다. 국가안보결정지침 99호(NSDD-99)는 근동 및 남아시아에서 미국의 지역 안보 목표로 (a) 소련 공격 억지 및 전투 준비 태세 유지, (b) 소련의 영향력 확대 노력에 대항, (c) 적정한 석유 공급에 대한 미국과 서방의 접근 보호, (d) 이스라엘 안보 보장으로 규정했다.[41]
NSDD-114	1983.11.	페르시아만 해상수송로 측면에서 에너지 안보 이익과 군사적 대응 가능성을 명시하여 미국 외교정책에서 중대한 변화를 보여주는 대통령의 명령 지침이다. 국가안보결정지침 114호(NSDD-114)는 페르시아만 지역에서 교전국이 아닌 국가의 수송 선박에 대한 공격, 방해 또는 핵심적인 석유 생산과 환적 시설에 대한 공격을 억지 또는 방어하기 위해서 필요한 방법을 계획하는 데 있어서 핵심 동맹국, 페르시아만 국가들과 정치적 및 군사적 협의가 즉시 시작되어야 한다고 강조했다. 또한 국제적인 수송에 호르무즈 해협을 계속 개방시키기 위해 필요한 어떤 조치라도 취하는 것이 미국의 정책이라고 동 지침은 규정했다.[42]

---

41) Reagan Library, Poindexter, John: Files, Box 2, [Iran-Iraq War, May 1984] (1), "National Security Decision Directive 99: United States Security Strategy for the Near East and South Asia (S)," (1983.07.12.).

42) Reagan Library, Executive Secretariat, NSC: National Security Decision Directives (NSDD) Files, NSDD 114 [U.S. Policy toward Iran-Iraq War] (1), "National Security Decision Directive 114: U.S. Policy Toward the Iran-Iraq War (S)," (1983.11.26.).

결정지침	날짜	주요 내용
교전 수칙 개정	1984.02.	개정된 페르시아만 지역 교전 수칙은 중부사령부 사령관과 태평양 사령부 사령관에게 미국과 비(非)미국 상업 선박 및 항공기를 보호하기 위한 공통의 가이드라인을 제공하는데 이란과 이라크를 교전 국가로 명시하였다. 개정된 교전 수칙은 테러 위협에 주목하면서 적대적인 의도를 표시하는 항공기나 수상선에 대하여 교전을 허가했고, 항행의 자유가 있는 지역에서 기뢰 매설을 적대적인 행위로 간주했다.[43]
NSDD-134	1984.03.	국제 에너지 정책으로 페르시아만 수송 안보의 중요성은 국가안보 결정지침 134호(NSDD-134)에서도 강조되었다.[44]
NSDD-139	1984.04.	이란-이라크 전쟁의 확전 대비 조치로 미군의 시의적절한 이동과 효과적인 작전 지원을 위해서 필요한 사전 기획과 준비를 위해 페르시아만 국가들과 협의를 추진하기로 했다.[45]

---

43) Reagan Library, Crisis Management Center, NSC: Records, RAC Box 9, Persian Gulf: Iran-Iraq War: Iran-Iraq: Crisis Planning Notice/Guidance (2), "Rules of Engagement (ROE) for Northern Arabian Sea/Persian Gulf Area," (1984.02.10.).

44) Reagan Library, Executive Secretariat, NSC: National Security Decision Directives (NSDD) Files, NSDD 134 03/27/1984, "National Security Decision Directive 134: US International Energy Policy Goals and Objectives," (1984.03.27.).

45) Reagan Library, Executive Secretariat, NSC: National Security Decision Directives (NSDD) Files, NSDD 139, "National Security Decision Directive 139: Measures to Improve U.S. Posture and Readiness to Respond to Developments in the Iran-Iraq Wa," (1984.04.05.).

결정지침	날짜	주요 내용
NSDD-141	1984.05.	이란-이라크 전쟁의 확전 대응으로 사우디아라비아, 쿠웨이트와 교역하는 교전국이 아닌 국가의 선박에 대한 공격으로 시급한 대응 마련이 필요함에 따라 나온 결정이었다. 국가안보결정지침 141호(NSDD-141)는 국방부와 국무부가 협력하여 미군 및 미국 선박에 대한 공격 시나리오, 이에 대한 대응 방안을 담은 보고서를 만들도록 지시했고, 각 대안을 지원하기 위한 군사 기획의 준비, 페르시아만 국가 및 핵심 동맹국과의 협의 방안에 대해서도 준비하도록 지시했다.[46]
NSDD-238	1986.09.	이란-이라크 전쟁 상황 변화와 해상수송로 안보 위협을 반영하여 국가안보 전략에 대한 개정이 이루어졌다. 기존의 국가안보 전략(NSDD-32)과 다르게 개정된 국가안보 전략(NSDD-238)에서는 페르시아만에서 항행의 자유를 중요한 목표로 설정하고 군사력을 활용하여 이것을 보호하겠다는 것을 분명하게 명시했다.[47]

맥팔레인 국가안보보좌관이 NSDD-87, NSDD-99, NSDD-114, NSDD-134, 국무부가 작성한 "Iran-Iraq War: Summary of CPPG Review" 보고자료 등 이란-이라크 전쟁 관련 기존 국가안보결정지침들 및 보고서 등의 주요 내용을 1984년 3월 30일 NSPG 회의

---

46) Reagan Library, Executive Secretariat, NSC: National Security Decision Directives (NSDD) Files, NSDD 141 [Responding to Escalation in the Iran-Iraq War] (1), "National Security Decision Directive 141: Responding to Escalation in the Iran-Iraq War," (1984.05.25.).

47) Reagan Library, Executive Secretariat, NSC: National Security Decision Directives (NSDD) Files, NSDD 238 [Revised National Security Strategy] (6), "National Security Decision Directive 238: Revised National Security Strategy," (1986.09.02.).

에 앞서 대통령에게 보고한 것처럼,[48] 정책결정자들은 기존에 있는 대통령의 결정 및 외교정책에 대한 이해를 기반으로 당시 위기에서 외교정책 대응 방안을 논의했다는 사실을 확인할 수 있다.

미국의 국가안보 전략(NSDD-32)

1982년 5월 20일, 레이건 행정부의 국가안보 전략이 담긴 국가안보결정지침 32호(NSDD-32)가 승인되었다. 이 문건은 미국의 국가안보 전략으로서 대통령의 명령으로 이뤄진 연구인 "NSSD 1-82: U.S. National Security Strategy"를 기반으로 하여 만들어진 결정이다. 본 전략은 소련의 위협을 여전히 가장 중대한 미국의 국가안보 위협으로 간주하면서도 지구적인 목표로서 에너지 안보도 중요하게 기술하고 있다.

우선 본 전략은 미국의 국가안보 정책의 기반이 되는 지구적인 목표를 기술하고 있다. 그중 가장 중요한 목표로 미국, 미국의 동맹국 및 기타 중요 국가들에 대한 소련과 소련 동맹국의 군사적 공격을 억지(deter)하고, 그것이 실패하는 경우 공격을 격퇴하는 것으로 규정하였다. 에너지 안보에 대한 문제에서 해외 시장에 미국이 접근하는 것과 미국 및 미국의 동맹국들과 우방국들이 해외의

---

48) Reagan Library, Executive Secretariat, NSC: NSPG Meetings, NSPG 0087 03/30/1984 [Iran-Iraq War], "Memorandum from McFarlane: Meeting with the NSPG, March 30, 1984," (1984.03.30.).

에너지 및 천연자원에 접근하도록 보장하는 것을 목표로 설정하고 있다. 즉, 동 전략은 미국뿐 아니라 동맹국의 에너지 문제도 포괄적인 미국의 에너지 안보로 규정하고 있다.

본 전략은 전시 계획에서 우선순위로 북미의 방어를 최우선 순위로 보고 있으며, 다음으로 중요한 지역은 NATO가 있는 유럽이다. 동 전략은 서남아시아(중동)에서 석유에 대한 접근을 보장하는 것도 전시 계획에서 매우 중요한 우선순위로 규정하고 있다.[49] 이러한 규정은 위기 상황에서 석유 수송 및 석유 시설물에 대한 보호를 위해 미국이 군사적으로 개입할 수 있는 근거를 제공한다고 볼 수 있다.

미국의 포괄적인 에너지 안보 정책(NSDD-87)

1983년 3월 30일에 발표된 국가안보결정지침 87호(NSDD-87)는 레이건 행정부의 에너지 안보 정책 방향을 담은 문서다. 본 명령에서는 포괄적인 에너지 안보 정책의 근본적인 원칙으로 첫째, 에너지 비상상황(energy emergency)이 발생하기 전에, 그리고 가능한 그 비상상황 기간 동안에 국내와 국제적인 에너지 시장에 주로 의존해야 함을 강조하고 있다. 즉, 에너지 비상상황이나 위기를 기본

---

49) Reagan Library, Executive Secretariat, NSC: National Security Decision Directives (NSDD) Files, NSDD-32 [U.S. National Security Strategy] (1), "National Security Decision Directive 32: U.S. National Security Strategy," (1982.05.20.).

적으로 시장의 힘으로 해결하고자 한다. 다음으로 위기에서 에너지 공급량을 강화시킬 수 있는 준비가 되어야 하며, 셋째, 위기든 평시든 모든 상황에서 국방 및 포괄적인 국가안보 목적으로 에너지 자원을 공급하는 것이 원칙이다. 이상의 원칙을 실현하기 위해, 레이건 행정부의 정책이 추구해야 할 목표는 다음과 같이 규정하고 있다. 우선 위기가 발생하기에 앞서 국내 및 국제적인 시장의 기능을 개선하여 긴급상황이 일단 발생하면 시장이 최대의 효율로 작동할 수 있도록 한다. 둘째, 위기 상황에서 전반적인 시장의 가격, 공급 및 수요를 통제하지 않으면서 공급 측면의 요인들에게 영향을 준다. 셋째, 모든 상황에서 서양의 안보적 필요를 충족하기 위해 미국과 동맹국이 필요한 연료를 얻을 수 있도록 보장한다.

국가안보결정지침 87호(NSDD-87)는 잠재적인 에너지 공급 중단 시나리오를 제시하고 있다. 시나리오에 따르면 페르시아만의 호르무즈 해협이 봉쇄되는 경우 수출 역량에서 하루당 1,700만 배럴의 석유 부족을 유발하는데, 이는 대략 하루당 800~1,000만 배럴의 순수 석유 부족을 가져올 것이다. 페르시아만이 봉쇄되지는 않더라도 페르시아만에서 수출 역량에서 하루당 7백만 배럴의 대규모 공급 중단이 발생하는 경우, 석유에 대한 수요가 낮은 시나리오에서조차도 대부분의 잉여수출 능력을 제거시킬 것이라고 시나리오는 평가했다. 사우디아라비아로부터의 공급량이 중단되는 경우 생산 역량에서 하루당 1,100만 배럴의 감소를 가져오는데, 이는 하루당 2~5백만 배럴의 순수 석유 부족을 가져올 수 있다. 결국 호르무즈 해협의 봉쇄가 가장 심각한 석유 공급 문제를 유발시킬 수 있다는 것이 국가안보결정지침 87호(NSDD-87)의 판단이었다.

국가안보결정지침 87호(NSDD-87)는 공급 중단을 억지하기 위한 정책도 제시하고 있다. 동 결정지침은 에너지 안보는 미국 외교정책의 지속적인 주요 목표라고 강조하면서, 공급 중단 대비 정책을 제시하고 있다. 미래에 발생할 수 있는 대규모 석유 공급 중단 또는 방해를 억지하고 그러한 문제의 파급력을 줄이기 위한 미국의 노력은, 석유 수출국들에게 그러한 공급 중단의 예방에 맞추어져 있어야 한다고 동 결정지침은 강조했다. 또한 동 결정지침은 다른 주요 에너지 소비 국가들과 함께 연합 전선을 만드는 데에 집중해야 한다고 강조하고 있다. 페르시아만 지역과 관련하여 국가안보결정지침 87호(NSDD-87)는 소련, 소련의 대리인 또는 다른 과격한 세력이 페르시아만과 기타 다른 주요 석유 생산 지역에 개입하는 것의 억지를 정책 목표로 설정하고 있다.[50] 이러한 내용은 카터 독트린에서 강조한 페르시아만에 대한 미국의 에너지 안보적 고려와 군사적 보호 의지가 반복 표현된 부분이라 평가할 수 있다.

페르시아만의 에너지 해상수송 안보의 중요성은 아래와 같이 1984년 3월 27일에 발표된 미국의 국제 에너지 정책 목표인 국가안보결정지침 134호(NSDD-134)에서도 강조되었다.

---

50) Reagan Library, NSDD-87 [Comprehensive US Energy Security Policy] (1983.03.30.), (https://www.reaganlibrary.gov/sites/default/files/archives/reference/scanned-nsdds/nsdd87.pdf) (검색일: 2018년 9월 15일).

"The best policy to guarantee the continued flow of oil from the Persian Gulf in the near term is to ensure, along with our allies and countries in the area, freedom of navigation in the Persian Gulf and the Strait of Hormuz, as well as protection of key oil production and transshipment facilities; and over the longer term to favor increasing the number of alternative outlets for Persian Gulf crude."(Reagan Library, 1984)[51]

근동 및 남아시아에 대한 미국의 안보 전략(NSDD-99)

근동 및 남아시아(Near East and South Asia)에 대한 미국의 안보 전략이 담긴 국가안보결정지침 99호(NSDD-99)의 발표는 에너지 안보 관점에서 미국의 중동 정책에 중대한 변화를 가져온 또 다른 계기였다. 1983년 7월 12일 국가안보결정지침 99호(NSDD-99)의 발표 이후 중동지역에 대한 전략이 정리되기 시작하고, 이란-이라크 전쟁 확전(escalation)에 대한 우려가 정책결정자들에게 중요한 이슈로 부각되기 시작했다. 특히, 페르시아만 지역에서 석유 수송 선박(shipping) 및 석유 수출 시설들(oil facilities)에 대한 이란의 공격 위

---

51) Reagan Library, Executive Secretariat, NSC: National Security Decision Directives (NSDD) Files, NSDD 134 03/27/1984, "National Security Decision Directive 134: US International Energy Policy Goals and Objectives," (1984.03.27.).

협이 매우 중요한 에너지 안보 및 국가안보 이슈로 부상했다.

또한 NSC(NSPG) 차원에서 페르시아만 석유 수송 및 수출 시설에 대한 군사적 보호에 대해 본격적인 논의가 이루어지기 시작하였다. 즉, 국가안보결정지침 99호(NSDD-99) 발표 이후 미국은 군사력을 사용하여 개입해야 하는 비상사태에 대한 계획(contingency planning)을 점차 준비하게 되었다. 이란이 실제로 수송 선박을 공격하기 이전부터 미국은 군사 개입 논의를 시작했고, 정책결정자들은 군사적 개입 가능성을 진지하게 논의하기 시작했다. 결국 미국은 국가안보결정지침 114호(NSDD-114), 국가안보결정지침 134호(NSDD-134), 국가안보결정지침 141호(NSDD-141)를 발표하면서 페르시아만에 대한 전략 목표와 위기 상황에서 군사적 대응 논의를 더욱 구체화했다.

국가안보결정지침 99호(NSDD-99)는 중동 및 남아시아 지역을 포괄하는 미국의 국가 안보 전략을 보여주는 대통령의 명령이다. 국가안보결정지침 99호(NSDD-99)는 페르시아만 지역만을 다룬 것이 아니지만, 중동을 포함하는 구체적인 미국의 이익과 전략을 담고 있어서 이란-이라크 전쟁에서 미국 외교정책의 기초가 되었다고 평가할 수 있다. 페르시아만에 대한 미국의 정책 목표는 국가안보결정지침 114호(NSDD-114)에서 구체화되었다.

국가안보결정지침 99호(NSDD-99)는 근동 및 남아시아에서 미국의 지역적 이익을 우선 소련의 확장을 억지함으로써 그리고 해당 지역에 있는 국가들의 주권을 지지함으로써 해당 지역에서 소련이 헤게모니 지위를 차지하지 않도록 하는 것으로 규정하고 있다. 다음으로 동 결정지침은 미국과 미국의 주요 동맹국들이 페르시아만 석유에 지속적으로 접근할 수 있도록 유지하는 것을 미국의 이익으로 규정하고 있다. 동 결정지침에 따르면 미국의 지역 안보 목표는 다음과 같다. 첫째, 소련의 공격(aggression)을 억지(deter)하고 필요한 경우에 전투할 수 있도록 준비 태세를 유지하는 것. 둘째, 영향력을 확대하기 위한 소련의 노력에 대항하는 것. 셋째, 적정한 석유 공급(adequate supplies of oil)에 대한 미국과 서방의 접근(access)을 보호하는 것, 그리고 안전하고 국제적으로 인정받는 국경 내에서 이스라엘의 안보를 보장하는 것이다.

국가안보결정지침 99호(NSDD-99)에서 제시하는 단기계획을 위한 전략적인 개념은 에너지 안보를 위한 군사 전략을 구체화하고 있고 이는 향후 페르시아만 위협에서 군사적 대응의 기초가 되었다. 국가안보결정지침 99호(NSDD-99) "근동 및 남아시아에서 미국의 단기적인 군사 전략과 개념 및 작전은 유전 지대(oil fields), 환적 지점들(transshipment points), 해상 및 공중 병참선(sea and air lines of communication)의[52] 보호에 초점을 맞추어야 한다고 규정했다. 동 결정지침은 어떤 경우라도 미국의 계획은 소련이 이와 같은 사활적인 자원(vital resources)을 통제하는 것을 예방하도록 해야 한다"라고 구체화하고 있다.

국가안보결정지침 99호(NSDD-99)는 또한 소련의 공격을 억지하기 위해서, 그리고 페르시아만 지역에서 소련 전투 병력의 이동을 차단하기 위해서 미국은 군 자산을 전진 배치해야 할 준비가 되어

---

52) sea line of communication: 해상 병참선/해상 교통로 (해상수송로)

있어야 함을 강조하였다. 그리고 페르시아만 지역에 있는 중대한 자원에 대한 미국과 동맹국의 접근을 위협하는 소련과 소련의 대리인, 또는 기타 다른 세력의 어떠한 군사적인 움직임을 차단하는 데 있어서 레이건 행정부는 강한 의지를 가지고 있다는 점을 재차 강조했다.[53] 이러한 내용은 카터 독트린에서 표현된 페르시아만 보호에 대한 미국의 의지가 표현된 부분이다. 미국은 페르시아만에 대한 소련의 통제를 매우 중대한 에너지 안보 위협으로 간주했고 군사적 대응도 중요한 선택지로 고려했다.

이란-이라크 전쟁에 대한 미국의 정책(NSDD-114) 승인

레이건 대통령은 1983년 11월 26일 이란-이라크 전쟁에 대한 미국의 정책인 국가안보결정지침 114호(NSDD-114)를 승인했다.[54] 국가안보결정지침 114호(NSDD-114)는 카터 독트린 발표 이후 미국이 해상수송로 안보 위협에 군사적 수단을 사용하여 대응할 수 있다는 외교정책의 기반을 만든 중요한 대통령의 결정이다. 국가안보결정지침 99호(NSDD-99)가 근동 및 남아시아 지역 전반에 대한 포

---

53) Reagan Library, Poindexter, John: Files, Box 2, [Iran-Iraq War, May 1984] (1), "National Security Decision Directive 99: United States Security Strategy for the Near East and South Asia (S)," (1983.07.12.).

54) Reagan Library, Executive Secretariat, NSC: National Security Decision Directives (NSDD) Files, NSDD 114 [U.S. Policy toward Iran-Iraq War] (1), "National Security Decision Directive 114: U.S. Policy Toward the Iran-Iraq War (S)," (1983.11.26.).

괄적인 미국의 이익과 정책 목표를 제시했다면, 국가안보결정지침 114호(NSDD-114)는 페르시아만 지역으로 한정하였으며 특히, 해상수송로 측면에서 미국 에너지 안보의 이익과 군사적 대응 가능성을 명시한 해상수송로 안보 및 에너지 안보와 관련한 미국 외교정책에서 중대한 변화다. 다음은 국가안보결정지침 114호(NSDD-114)의 주요 내용이다.

- 페르시아만 지역에서 교전국이 아닌 국가의 수송(shipping)에 대한 공격 또는 방해(interference) 또는 핵심적인 석유 생산과 환적 시설(transhipment)에 대한 공격을 억지(deter) 또는 방어(defend)하기 위해서 필요한 방법들을 계획하는 데 있어서 미국과 협조하기를 희망하는 핵심 동맹국과 페르시아만 국가들과의 정치적 및 군사적 협의(consultations)가 즉시 시작되어야 한다.
- 협의를 하는 데 있어서 미국은 접근권 협의(access arrangements)에 최고의 우선순위를 두어야 한다. 이 접근권 협의는 공중 또는 공병(sapper) 공격에 대항하여 핵심적인 석유 시설들과 환적 지점들을 보호하기 위해 필요한 군사력(forces)을 신속하게 파견하는 것을 촉진시킬 것이다.
- 호르무즈 해협을 국제적인 수송에 계속 개방시키기 위해서 필요한 어떤 조치라도 취하는 것이 현재 미국의 정책이다. 따라서 미국의 군사력은 국제적인 수송에 대하여 호르무즈 해협을 봉쇄하려는 어떠한 적대적인 노력을 억지하려고 노력할 것이며 그것이 실패하면 그것을 물리치려고 노력할 것

이다.
○ 페르시아만으로부터 오는 석유 흐름의 감소(curtailment)가 국제 경제 시스템에 대하여 가지는 실질적이고 심리적인 충격 때문에, 미국은 석유의 흐름(traffic)을 중단시키려는 목적을 가지고 하는 행위들을 즉각적으로 다룰 수 있는 준비가 되어 있어야 한다.
○ 국방장관 및 합동참모본부 의장은 국무부와 협조하여 지속적으로 페르시아만 지역의 긴장 상태를 검토해야 하며 미군이 신속하게 대응할 수 있는 준비를 하도록 적절한 조치를 취해야 한다. (Reagan Library, 1984)

레이건 행정부는 이스라엘과 불편한 관계가 될 수 있음에도 불구하고 민감한 군사 장비를 사우디아라비아에게 제공하는 것을 결정할 정도로 접근(access) 문제를 해결하기 위해서 행정부 초기부터 노력했고, 이러한 노력은 결국 페르시아만 지역 석유 시설 및 해상수송로에 대한 군사적 보호가 목적이었다. 접근 문제가 해결되어야 군사 작전을 수행하기 수월하기 때문이다.

북 아라비아해/페르시아만 지역에서 교전 규칙(ROE) 개정

1984년 2월 10일에는 교전 규칙에 대한 개정도 이루어졌다. 미국은 최근 증가하는 테러리스트 위협에 대응하기 위한 의도로 교전 규칙(JCS Rules of Engagement for the Middle East naval area)을 개정했다. 개정된 교전 규칙은 '중부사령부의 사령관(USCINCCENT: Commander IN Chief United States Central Command)'과 '태평양사령부의 사령관(USCINCPAC: Commander IN Chief United States Pacific Command)에게 미국과 비(非)미국 상업 선박 및 항공기 보호를 위한 공통의 가이드라인을 제시했다.[55] 개정된 교전 규칙의 핵심 내용을 살펴보면 우선 개정된 교전 규칙은 이란과 이라크를 교전 국가(belligerent states)로 명시했다. 아울러 동 규칙은 테러 위협에 주목하면서 적대적인 의도를 표시하는 항공기나 수상선(surface craft)에 대하여 교전하도록 허가를 내렸고, 항행의 자유가 있는 지역에서 기뢰를 매설하는 것을 적대적인 행위로 간주하였다.

국제 에너지 정책인 국가안보결정지침 134호(NSDD-134) 승인

1984년 3월 27일, 미국의 국제 에너지 정책 목표를 담은 국가안보결정지침 134호(NSDD-134: US International Energy Policy Goals and Objectives)가 승인되었다. 동 결정지침은 미국의 국제 에너지 정책의 목표로서 페르시아만 석유가 계속 공급되도록 하기 위해서는 단기적으로는 페르시아만과 호르무즈 해협에서 항행의 자유 즉, 에너지 해상수송로 안보를 확보하고 석유 생산 및 수송 시설을 보

---

55) Reagan Library, Crisis Management Center, NSC: Records, RAC Box 9, Persian Gulf: Iran-Iraq War: Iran-Iraq: Crisis Planning Notice/Guidance (2), "Rules of Engagement (ROE) for Northern Arabian Sea/Persian Gulf Area," (1984.02.10.).

호하는 것이 최선의 정책이라는 것을 강조했다. 또한 동 결정지침은 미국 대표들이 양자 관계에 기반하고 국제에너지기구 내에서도 미국의 동맹국들과 함께 에너지 문제의 속성과 적절한 대응 방안에 대해서 즉시 논의를 시작할 것을 지시했는데, 미국에게 중요한 대응 수단은 자유시장의 힘과 전략비축유(SPR: Strategic Petroleum Reserve)에 의존하는 것임을 지적했다.[56] 국가안보결정지침 134호(NSDD-134) 발표 이후, 미국은 이란-이라크 전쟁 확전의 결과로 발생할 수 있는 석유 공급 문제에 대비하기 위해 에너지 비상 준비(Energy Emergency Preparedness)에 대한 국제 협력도 모색했다.[57]

NSDD-139: 이란-이라크 전쟁의 확전 대비를 위한 조치

이란-이라크 전쟁의 확전, 그리고 구체적으로 페르시아만 해상수송로 안보 위협이 커지는 가운데 이란-이라크 전쟁의 확전(escalation) 대비를 위한 조치인 국가안보결정지침 139호(NSDD-139)가 1984년 4월 5일에 승인되었다. 이란-이라크 전쟁의 확전 또는

---

56) Reagan Library, Executive Secretariat, NSC: National Security Decision Directives (NSDD) Files, NSDD 134 03/27/1984, "National Security Decision Directive 134: US International Energy Policy Goals and Objectives." (1984.03.27.).

57) Reagan Library, Meese, Edwin: Files, Box CFOA 415, Persian Gulf Situation, "Memorandum from McFarlane to the President: Bilateral Discussions on Energy Emergency Preparedness," (1984.05.19).

테러리스트의 공격이 미국 및 미국 동맹국의 이익에 위협이 될 수 있다는 심각한 인식 하에, 페르시아만에서 분쟁의 확산을 억지하고 필요한 경우 미국의 이해관계를 보호할 수 있는 즉각적인 역량의 향상을 목적으로 본 명령이 승인되었다. 국가안보결정지침 139호(NSDD-139)에서 다음 행동들이 승인되었다.[58]

○ GCC(Gulf Cooperation Council)에서 사우디아라비아의 리더십을 인식하면서 파드(Fahd Bin Abdul Aziz Al Saud) 왕에게 보낼 서한을 준비하는데, 그 서한은 사우디아라비아 그리고 기타 다른 페르시아만 국가들에게 파견될 수 있는 미군에게 임시 접근권(contingent access)을 허용하기 위해 필요한 협의와 사전 기획을 착수한다는 원칙을 담고 있다.[59]
○ 사우디아라비아, 오만, 바레인을 포함하여 페르시아만의 핵심 국가들과 협의하기 위해 정치-군사 사절단이 파견될 것이다. 본 사절단의 임무는 일어날 수 있는 확전 시나리오들과 경보 지표들에 대해 검토하고, 페르시아만 국가들의 시설들에 대해 임시 접근권한을 확보하기 위한 합의를 이루는 데 있다. 미군의 시의적절한 이동과 효과적인 작전을 지

---

58) Reagan Library, Executive Secretariat, NSC: National Security Decision Directives (NSDD) Files, NSDD 139, "National Security Decision Directive 139: Measures to Improve U.S. Posture and Readiness to Respond to Developments in the Iran-Iraq Wa," (1984.04.05.).
59) 즉, 그동안 꾸준히 제기되었던 페르시아만 국가들에 대한 미군의 접근 문제에 대해 사우디아라비아와 협의한다는 것이다.

원하기 위해서 필요한 사전 기획과 준비를 위해 페르시아만 국가들과의 합의를 추진할 것이다.

○ 페르시아만 지역에서 미국의 이해관계에 대하여 급작스러운 공격이 이루어질 경우, 이에 시의적절하고 효과적이며 단호한 방식으로 대응하도록 단기적인 준비태세를 강화할 수 있는 방법들에 대한 제안도 이루어져야 한다. (Reagan Library, 1984)

NSDD-141: 이란-이라크 전쟁의 확전에 대한 대응

페르시아만에서 선박에 대한 공격이 고조되는 가운데 이란-이라크 전쟁의 확전에 대한 대응인 국가안보결정지침 141호(NSDD-141)가 5월 25일에 승인되었다. 사우디아라비아, 쿠웨이트와 교역하는 즉, 교전국이 아닌 국가의 선박에 대한 공격으로 그동안 우려했던 수송 안보 위협이 현실화되자, 이에 대한 시급한 대응 마련이 필요함에 따라 나온 대통령의 결정이었다. 사우디아라비아는 선박 공격에 대응하여 지지 성명 이외에도 군사 물자의 조속한 지원을 요청하고 있는 상황이었다. 또한 페르시아만에 있는 미군 병력과 시설 및 미국 소속 선박뿐 아니라 사우디아라비아에 있는 핵심 석유 시설들이 전통적인 또는 테러 수단에 의해 공격당할 수

있다는 위험성이 커지고 있었다.[60]

확전에 대한 긴급사태 대비 계획과 미군, 시설물 또는 미국 선박을 겨냥한 공격에 대한 대응으로 국가안보결정지침 141호(NSDD-141)는 다음 내용을 지시했다.

○ 페르시아만에 있는 미국 국적의 선박에 대한 위협이 증가하고 있는 점을 고려하여, 국무부는 쿠웨이트로 향하는 미국 선박에게 추가적인 특별 경고를 보낼 것이다.
○ 미군 병력, 시설물 또는 미국 선박에 대한 직접적인 공격 가능성을 예상하여, 국방부는 국무부와 함께 미국 군함, AWACS[61] 또는 공중급유기, 그리고 미국 국적의 선박에 대한 공격을 포함하여 가장 발생 가능성이 높은 시나리오들을 담은 보고서(concept paper)를 작성해야 한다.
○ 각 시나리오에서는 공격에 대응하는 선택지들을 제시해야 한다.
○ 각 선택지를 지원하기 위한 군사 계획이 준비되어야 하며, 합참의장은 이러한 군사 계획들을 긴급하게 검토하라.
○ 각 시나리오와 대응 선택지에 대하여, 국무부는 페르시아

---

60) Reagan Library, Executive Secretariat, NSC: National Security Decision Directives (NSDD) Files, NSDD 141 [Responding to Escalation in the Iran-Iraq War] (1), "National Security Decision Directive 141: Responding to Escalation in the Iran-Iraq War," (1984.05.25.).

61) Airborne Warning and Control System: 공중경보 및 통제체계. 또는 이러한 체계를 적재한 공중조기경보기

만 국가 및 핵심 동맹국과의 협의에 대한 제안을 제시하라.

(Reagan Library, 1984)

NSDD-99 이행을 위한 구체적인 행동과 제안

1984년 7월 5일, 슐츠 국무장관과 와인버거 국방장관은 '근동 및 남아시아에 대한 미국의 안보 전략'인 국가안보결정지침 99호(NSDD-99) 발표 이후, 국가안보결정지침 99호(NSDD-99)에서 제시한 전략 이행을 위해 필요한 구체적인 행동과 제안들을 담은 국무부와 국방부의 공동 보고 자료(Work Program)를 대통령에게 제출했다.[62] 군사 기획(military planning)과 요구사항(requirements)에 대한 거의 대부분의 내용들은 여전히 비공개 처리되어 있으나 보고 자료의 주요 내용은 다음과 같다.

○ (이스라엘, 지역 국가 협력 중요) NSDD-99, NSDD-111, NSDD-114, NSDD-115에서 제시한 목표를 달성하기 위해서 이스라엘 및 온건한 아랍 국가들과의 안보 협력이 모두 필요하다. 이스라엘은 중동 지역에서 미국의 안보 기획(security planning)을 지원하는 데 있어서 가치 있는 역할을 할 수 있

---

62) Reagan Library, Executive Secretariat, NSC: National Security Decision Directives (NSDD) Files, NSDD 99 [United States Security Strategy for the Near East and South Asia] (1), "NSDD 99 Conclusion Paper," (1984.07.05.).

을 뿐 아니라, 이스라엘과의 협력은 아랍 국가들과의 협력할 때 의회의 승인(Congressional approval)을 받는 데 도움이 될 것이다. 온건한 아랍 국가들과의 협력 없이 미국은 남서아시아 전략을 이행할 수 없다.

○ (동맹국과 협력) NATO 내에서는, 서남아시아로 파견하는 미군에 대한 동맹국의 지원에 대해 논의한다. 그러나 영국과 프랑스를 제외하고 서남아시아에서 미국의 작전을 군사적으로 지원하는 데 충분한 역량이 있는 국가가 별로 없다. 따라서 미국은 두 국가와의 협력에 초점을 맞출 것이다.

○ (일본과 협력) 일본과의 협력에서, 미국은 일본 본토로부터 1,000마일까지 해상수송로(sea lanes)를 보호하기 위한 일본 군사 역량의 지속적인 확대를 촉진하는 노력에 집중할 것이며, 이를 통해서 아마도 미국의 자산(미군)이 자유롭게 되면서 동 자산을 서남아시아에서 활용할 수 있도록 해줄 것이다. 이탈리아, 스페인 및 포르투갈과는 미군의 파견을 위한 시설 지원(facilities support)이 협력의 중심이 될 것이다.
  - 이러한 협력의 목적은 각자가 적절하고 건설적인 기여를 하도록 요청하기 위해서 미국의 동맹국 사이에 분업(division of labor)을 만드는 것이다.

○ (지역 국가에 무기 이전 정책) 공중 방위, 해상 정찰 및 방위, 이동 지상 병력에 대한 무기 이전(arms transfer)을 통해 개선이 이루어지면, 이 지역 국가들은 지역 방위를 위한 분업에 지역 국가들이 기여하는 데 도움이 될 것이다. 또한 지역 국가들이 미국의 장비를 구입하면 미 중부사령부(USCENTCOM)가

이 지역 긴급사태에 대비하기 위한 군수지원(logistics) 및 유지보수 계획을 세우는 데 도움이 될 것이다.

○ (이행 계획의 제안) 근동 및 남서아시아 정책을 이행하기 위해서 (1) 이란-이라크 전쟁에 대하여 지역 국가들과 정치 및 군사 협의, (2) 이스라엘과 제1차 공동 정치-군사 그룹 회의(Joint Political-Military Group talks) 개최, (3) 이 지역에서 필요한 군사 기획(military planning)의 지속적인 준비 등의 조치들이 진행되고 있다. 향후 12개월 동안 다음 절차를 추진할 계획이다.

(1) 남서아시아를 위해 프로그램된 병력에 대해 재확인하고 이 병력을 지원하기 위해서 1986~1990 회계년도에서 예산을 보장한다.

(2) 이 지역 국가들에 대한 전투기 판매 정책에 대해 검토한다.

(3) 이 지역 국가들에 대한 기술 이전을 고려하지만, 동시에 소련이나 리비아 같은 비우호적인 국가에 기술이 이전되는 것을 방어한다.

(4) 이 지역에 대한 미국의 관심과 의지(commitment)를 보여 주기 위해서 고위급 관리의 방문을 추진한다.

(5) 미군이 참여하는 제한적인 긴급사태 작전이라도 지원하기 위해서 이 지역에 최소한 한 개의 통신소(communication station)를 설치하도록 노력한다.

(6) 미 중부사령부(USCENTCOM)가 필요로 하는 연료 지원 요구사항을 만족시키기 위해서 지역 국가들에 접근한다.

(7) 유럽에서 남서아시아 지역으로 미군을 전용해야 하는 경우, 이를 보상하기 위해서 필요한 조치들을 방위 계획에 포함시키라고 NATO 내에서 지속적으로 압박한다.

(Reagan Library, 1984).

개정된 국가안보 전략(NSDD-238) 발표

1986년 9월 2일 레이건 행정부는 행정부 출범 초반에 발표한 기존의 국가안보 전략(NSDD-32: 1982.05.20.)을 대체하는 개정된 국가안보 전략(NSDD-238)을 승인했다. 국가안보결정지침 238호(NSDD-238)는 기존 국가안보 전략인 국가안보결정지침 32호(NSDD-32) 발표 이후, 그동안 국제정치에서 발생한 변화를 반영하여 개정한 국가안보 전략이다. 동 전략은 국가안보결정지침 32호(NSDD-32)를 비롯하여 그것을 지지하는 문서들을 대체한다고 언급하고 있다. 이란-이라크 전쟁의 전개와 이로 인해 발생한 페르시아만 해상수송로 안보에 대한 고려가 새로운 국가안보 전략(NSDD-238)에 반영된 것이라고 볼 수 있다. 기존 전략과 새로 발표된 전략에서 페르시아만 해상수송로 안보 및 에너지 안보 관련 내용은 아래 자료와 같이 차이가 있다.

표-26 기존 국가안보 전략(NSDD-32)과 개정된 국가안보 전략(NSDD-238) 비교

NSDD-32(1982.05.20)[63]	NSDD-238(1986.09.02.)[64]
• 미국의 국가안보 정책을 가이드하는 지구적인 목표들 　- 미국과 동맹국의 에너지 자원에 대한 접근 보장: 에너지 안보 • 전시 계획에 있어서 우선순위 　- 서남아시아에서 석유에 대한 접근 보장	• 미국 국가안보 정책의 포괄적인 목적들 　- 해외 시장과 자원에 대한 접근을 보장함으로써 미국의 경제적 복지 증진 • 평시에 있어서 지역별 목표 　- (근동/남서아시아) 소련 세력이 동맹국의 안보와 미국의 이익을 위협하는 방식으로 이 지역에서 영향력을 확대하는 것 예방 　- 미국은 석유 자원에 대한 서방 세계의 접근이 안정적이도록 노력할 것이며 페르시아만에서 무역의 자유를 유지하는 데에도 노력할 것이다. 　- 미국은 해당 지역에서 강한 해군력을 유지할 것이다.

국가안보결정지침 32호(NSDD-32)와 다르게 새로 개정된 국가안보결정지침 238호(NSDD-238)에서는 페르시아만에서 항행의 자유를 중요한 목표로 설정하고, 군사력을 활용하여 이것을 보호하겠다는 것을 분명하게 명기하고 있다. 아울러 개정 국가안보 전략은 에너지 안보 관점에서 페르시아만 해상수송로 안보의 중요성을 명시적으로 보여주고 있다.

---

63) Reagan Library, Executive Secretariat, NSC: National Security Decision Directives (NSDD) Files, NSDD-32 [U.S. National Security Strategy] (1), "National Security Decision Directive 32: U.S. National Security Strategy," (1982.05.20.).

64) Reagan Library, Executive Secretariat, NSC: National Security Decision Directives (NSDD) Files, NSDD 238 [Revised National Security Strategy] (6), "National Security Decision Directive 238: Revised National Security Strategy," (1986.09.02.).

5. 외교정책 결정 분석: (3) 결정 영역

정책결정자의 위협 인식 및 해상수송로 안보 위협의 수준 평가

1980년 9월 22일 이라크의 공격으로 이란-이라크 전쟁이 시작되었고, 1981년부터 이라크는 페르시아만을 항행하는 선박을 공격하기 시작했다. 1983년이 되자 이라크의 선박 공격에 대한 보복으로 이란이 페르시아만을 봉쇄할 수 있다는 가능성이 제기되었는데, 미국 정책결정자들이 본격적인 대응 논의를 시작한 것은 이란의 봉쇄 가능성을 위협으로 인식하기 시작하면서부터였다. 1983년 10월 국무장관의 보고로 미국은 이란의 위협을 대응이 필요한 국가안보 문제로 인식하고 대응 방안을 논의하기 시작했다.

이란-이라크 전쟁이 진행중인 1983년 10월 13일, 슐츠 국무장관은 레이건 대통령에게 페르시아만 해상수송로를 보호하기 위해 미국의 군사적 개입 필요성을 논의하는 자료를 제출했다. 이라크가 프랑스에서 구매한 미사일을 사용하여 이란의 석유 수출을 막고자 할 가능성이 크며, 이란은 이에 대응하여 페르시아만을 봉쇄함으로써 모든 석유 수출을 막을 수 있다고 국무장관은 보고자료에서 전망했다. 페르시아만의 봉쇄가 발생하면 석유가 계속 수송될 수 있도록 미국이 군사적으로 개입하게 만들 수 있다고 국무장관은 판단했다. 그리고 그는 이란의 공격에 직면하여 매우 중요한 수로인 페르시아만을 보호하기 위해 미국이 어떻게 대응해야 하

는지 모색해야 한다고 제안했다.[65]

중동에 대한 미국의 전략 중 특히, 해상수송로에 대한 중요성을 강조한 국가안보결정지침 99호(NSDD-99: 1983.07.12.)의 발표 이후, 미국은 페르시아만의 해상수송 안보 위협을 인지하기 시작했다. 슐츠 국무장관의 보고가 중요한 것은 미국이 석유의 해상수송로를 보호하기 위해 대응 방법으로 군사력의 사용을 매우 심각하게 고려하기 시작했다는 것이다. 국무장관의 대통령 보고를 시작으로 미국은 이란의 페르시아만 해상수송로 안보 위협 가능성을 염두에 두고 이에 대한 다양한 대응 방식을 논의하기 시작했다. 아직 이란이 실제로 페르시아만 해상수송로를 위협하는 행위를 한 것은 아니었기 때문에 해상수송로 안보 위협이 심각하지 않았으나, 이란의 군사적 역량을 고려할 때 이란 위협을 무시하기는 어려웠다.

당시 해상수송로 안보 위협의 수준을 정책결정자의 위협 인식까지 종합해서 평가하면, 이란-이라크 전쟁이 시작된 1980년부터 국무장관의 대통령 보고가 이뤄지기 전까지인 1983년 10월 이전까지는 그 수준이 낮거나 사실상 없었다. 그러나 1983년 국무장관의 보고로 대통령이 페르시아만 해상수송로 안보에 대한 이란 위협의 가능성을 인지하고, 국무장관이 이에 대한 대응 논의 필요성을 제안하면서 정책결정자가 인식하는 해상수송로 안보 위협의 수준은 이전보다 증가했다. 그리고 1984년부터 이란이 실제로 유조선을 공

---

65) Reagan Library, Executive Secretariat, NSC: NSPG Meetings, NSPG 0072 10/14/1983 [Middle East], "Memorandum for the President from George P. Shultz: Our Strategy in Lebanon and the Middle East," (1983.10.13.).

격하자 페르시아만 해상수송로 안보에 대한 이란의 위협은 더 이상 가능성이 아니라 현실이 되었으며, 미국의 외교정책 결정자들은 이전보다 더 구체적인 대응 방안을 논의하기 시작했다. 미국의 핵심 동맹국인 일본 선박을 공격하고, 야간 공격까지 감행하는 등 이란의 공세가 더욱 강렬해진 1987년에 이르러서 미국은 페르시아만 해상수송로 안보 위협을 매우 심각한 수준으로 받아들였다. 이상의 내용을 정리하면 페르시아만 해상수송로 안보 위협의 수준은 이란-이라크 전쟁 발발 이후 지속적으로 높아졌으며, 1987년이 되자 도전하는 국가인 이란의 행위와 그것을 받아들이는 미국 정책결정자의 인식 모두를 고려했을 때 가장 심각한 수준이 되었다.

국가이익을 고려한 정책 목표의 규정

이란 위협으로 인해 발생한 페르시아만 해상수송로 안보 위기에서 이란의 공격을 억지하며 동 해상수송로를 보호하는 것이 일차적인 목표겠으나, 미국은 다양한 외교정책 목표도 동시에 고려하고 있었다. 국무장관이 대통령에게 보고한 자료에 따르면 국무장관은 이란과의 정상 관계 회복을 염두에 두면서 이란이 소련과 가까워지지 않도록 하는 것이 이란-이라크 전쟁에 대한 미국 외교정책인 중립정책 이면에 있는 전략적 목표임을 강조했다.[66] 페르

---

66) Reagan Library, Executive Secretariat, NSC: NSPG Meetings, NSPG 0072

시아만 해상수송로 안보를 위협하는 이란의 행동에 대응하는 외교정책이 필요하지만, 그러한 외교정책이 이란과의 관계를 해치지 않도록 해야 한다는 전략적 판단은 정책결정자들이 대안을 고려하는 과정에서 계속되었다. NSPG 회의가 열리기 전인 1983년 10월, Senior Interagency Group(SIG) 회의에서도 동 위기 상황에서 목표로 이란-이라크 전쟁 고조 억지, 페르시아만 지역 국가에 대한 안보 제공 및 페르시아만 해상수송로 안보 확보를 규정한 점을 확인할 수 있다.[67]

대안 논의에서 역사적 선례의 역할: 레바논 위기에서 군사 개입 실패

평화유지군으로 개입한 이후 250여 명의 미군이 희생되어 1984년 2월에 철수한 레바논 군사적 개입 실패 사례는 정책결정자들이 페르시아만 위기에서 군사적 대응의 선택을 매우 신중하게 만들었다. 예를 들어, 1984년 3월 NSPG 회의에서 레이건 대통령은 "또 다른 베이루트(레바논 군사 개입 실패 사례)는 우리가 감당할 수 없

10/14/1983 [Middle East], "Memorandum for the President from George P. Shultz: Our Strategy in Lebanon and the Middle East," (1983.10.13.).

67) Reagan Library, Executive Secretariat, NSC: NSPG Meetings, NSPG 0076 11/07/1983 [Iran-Iraq; October 1983 Lebanon Marine Bombing] (1), "Senior Interagency Group Discussion Paper," (1983.10.27.).

다. 미국에게 또 다른 테러 공격이 일어날 가능성이 매우 높다"라고 언급하면서, 그는 이란 위협에 대한 군사적 대응이 레바논 위기와 같이 또 다른 테러 공격을 받을 수 있다는 우려를 표현했다.[68] 1984년 5월에 개최된 NSPG 회의에서도 레바논 사례는 다시 등장했다.[69] 페르시아만 통행 선박에 대한 이란의 공격이 일어나고 있는 상황에서 호르무즈 해협의 해상수송로 안보 확보를 위해 유조선을 군사적으로 보호하는 것과 같이 군사적 개입은 매우 유용한 대안이라는 점을 참석자들은 알고 있었다. 그러나 제2의 레바논 실패 사례가 될 수 있는 위험이 있기 때문에 정책결정자들은 군사적 개입 방식을 논의하는 데 신중한 모습을 보여주었다.

합리적 선택 과정을 통한 대안 논의

미국 정책결정자들이 이란의 위협을 중대한 해상수송로 안보 위협으로 인지한 1983년 말부터 미국이 군사적 대응을 최종 선택한 1987년 3월까지 페르시아만 해상수송로 위기에서 논의한 외교 정책 대응 방식은 다음과 같다.

---

68) Reagan Library, Executive Secretariat, NSC: NSPG Meetings, NSPG 0087 03/30/1984 [Iran-Iraq War], "National Security Planning Group (NSPG) Minutes, March 30, 1984," (1984.03.30.).

69) Reagan Library, Executive Secretariat, NSC: NSPG Meetings, NSPG 0089 05/17/1984 [Iran-Iraq War], "National Security Planning Group (NSPG) Minutes, May 17, 1984," (1984.05.17.).

표-27   페르시아만 위기에서 정책결정자들이 논의한 다양한 대응 방식

외교적 대응	• UN을 통한 이란-이라크 전쟁 교전 중지 결의안의 추진 • 레이건 대통령의 성명 발표 • 군사적 기획을 위한 동맹국 및 페르시아만 국가들과 협의 (페르시아만에서 군사 작전을 위한 군사적 차원의 협의)
경제적 대응	• 이란에 대한 경제제재(Operation Staunch) • 석유 공급 중단에 대한 대비
군사적 대응	• 페르시아만 통행 선박에 대한 군사적 호위(escort) 제공으로 보호 (페르시아만 개방 유지) (1) 국제적인 수역에서 모든 상업적 수송 선박 보호 (2) 중립국의 수송 선박만 보호 (3) 교전하지 않는 국가의 선박만 보호(다자적인 개입) (4) 교전하지 않는 국가의 선박만 보호(독자적인 개입)

    1983년 11월부터 페르시아만 해상수송로 안보를 위한 군사적 대응이 NSC 수준에서 논의되기 시작했고,[70] 1984년 3월 30일 NSPG 회의에서는 군사적 대응의 구체적인 목표 설정이 이루어졌다. 회의 참석자들은 국가안보결정지침 114호(NSDD-114)를 검토 후, 정책 목표를 논의했고, 군사력의 사용에 대해서 의회와 전쟁권한법에 대한 협의가 진행되고 있다는 점도 공유했다.[71] 그 결과 1984년 4월 5일에는 이란-이라크 전쟁의 확전 대비 조치인 국가

---

70) Reagan Library, Executive Secretariat, NSC: NSPG Meetings, NSPG 0076 11/07/1983 [Iran-Iraq; October 1983 Lebanon Marine Bombing] (1), "National Security Planning Group (NSPG) Minutes, November 7, 1983," (1983.11.07.).

71) Reagan Library, Executive Secretariat, NSC: NSPG Meetings, NSPG 0087 03/30/1984 [Iran-Iraq War], "National Security Planning Group (NSPG) Minutes, March 30, 1984," (1984.03.30.).

안보결정지침 139호(NSDD-139)가 승인되었다. 이 결정에 따라 미국은 군사 작전에 필요한 사전 기획과 준비를 위해 페르시아만 국가들과 협의를 추진하기로 했다.[72] 군사적 대응을 논의하는 과정에서 정책결정자들은 합리적 선택 과정에 따라 각 대안의 장점, 우려되는 국제정치적, 지역 정치적 문제들을 종합적으로 고려하여, 최적의 군사적 대응방식을 선택하고자 노력했다. 이를 정리하면 아래와 같다.

표-28 페르시아만 위기에서 정책결정자들이 논의한 군사적 대응 방식의 장단점

대응 방식	장점	예상되는 문제
(1) 출발한 항구나 목적지에 관계없이, 국제적인 수역에서 모든 상업적 수송 선박 보호	이라크 유조선도 보호함으로써 이라크 석유 수출에 기여함	미국이 이라크를 지원하는 것으로 인식되어 이란-이라크 전쟁에 연루될 가능성이 있음
(2) 출발한 항구나 목적지에 관계없이, 중립국의 수송 선박 보호	이라크 유조선도 보호함으로써 이라크 석유 수출에 기여함	이란-이라크 전쟁에 대한 미국의 중립 외교정책을 위태롭게 하여 미국이 전쟁에 연루될 가능성이 있음
(3) 중립 국가의 항구에서 온 또는 중립 국가의 항구로 향하는 중립 선박 보호 (교전하지 않는 국가 선박 보호) (다자적인 개입)	• 페르시아만에서 항행의 자유를 지킨다는 미국의 의지를 보여줌 • 미국과 동맹국의 이란-이라크 전쟁 교전 개입 가능성을 낮춤	다자적인 대응은 다른 국가들의 협력을 이끌어 내는데 시간이 많이 걸려 신속한 대응이 어려움

---

72) Reagan Library, Executive Secretariat, NSC: National Security Decision Directives (NSDD) Files, NSDD 139, "National Security Decision Directive 139: Measures to Improve U.S. Posture and Readiness to Respond to Developments in the Iran-Iraq War," (1984.04.05.).

대응 방식	장점	예상되는 문제
(4) 중립 국가의 항구에서 온 또는 중립 국가의 항구로 향하는 중립 선박 보호 (교전하지 않는 국가 선박 보호) (독자적 개입) ▶ 본 대안을 최종 선택함	• 페르시아만에서 항행의 자유를 지킨다는 미국의 의지를 보여줌 • 미국과 동맹국의 이란-이라크 전쟁 교전 개입 가능성을 낮춤 • 독자적 개입으로 신속한 대응이 가능함	

이상과 같이 정책결정자들이 이란의 위협을 억지하면서 해상 수송로 안보를 확보하기 위해 고려한 군사적 대응 방식은 크게 네 가지다. 우선 교전 당사국을 포함하여 모든 국가의 선박에게 군사적 보호를 제공할 것인지 중립국의 선박에만 제공할 것인지로 나뉜다. 출발한 항구나 목적지를 가리지 않고 미국이 군사적으로 모든 선박을 보호하면, 이라크의 석유 수출을 지원할 수 있어서 이란과의 전쟁에서 이라크에게 도움이 되지만, 전쟁에 대해서 중립적인 외교정책을 취하고 있는 미국의 입지가 불리해지는 위험이 있다. 그로 인해 발생할 수 있는 가장 위험한 시나리오는 미국이 이란-이라크 전쟁에 연루되는 것이다. 따라서 미국은 교전하지 않는 국가의 선박만을 군사적으로 보호하는 것이 합리적이다. 다음으로 교전하지 않는 국가의 선박만을 보호하기로 하더라도, 군사적 개입을 다자적인 방식으로 할 것인지 아니면 미국이 독자적으로 할 것인지에 따라 대응 방식이 나뉘어진다. 다자적인 방식은 미국이 받는 정치적, 군사적 부담이 적다. 문제는 군사력을 사용하는 다자적인 협력은 현실적으로 쉬운 일이 아니었고, 그것이 가능하나고 하더라도 신속한 대응은 장담할 수 없었다.

개입 방식에 대해 국무장관과 법무장관의 의견 차이가 있었으나 이것을 정책 선택에 의미 있는 영향을 준 관료정치라고 판단하기는 어렵다. 법무장관은 국제 공조를 강조하며 미국의 단독 또는 독자적인 개입 즉, 군사력의 사용에 반대했다. 반면 국무장관은 국제 협력을 통한 대응은 실제 대응에 오랜 시간이 소요되어 실패 가능성이 있다며, 빠른 대응을 위해 미국이 독자적으로 대응할 수 있다고 주장했고, 참석자들은 이러한 의견에 동의했다.[73] 실제로 미국은 독자적인 군사력의 사용을 선택했다.

국내정치적 고려

1973년에 전쟁권한법이 통과된 이후, 대통령의 무력 사용은 이전에 비해 신중할 수 밖에 없었다.[74] 페르시아만 위기에서 군사력

---

73) Reagan Library, Executive Secretariat, NSC: NSPG Meetings, NSPG 0089 05/17/1984 [Iran-Iraq War], "National Security Planning Group (NSPG) Minutes, May 17, 1984," (1984.05.17.).

74) 1973년에 통과된 '전쟁권한법(War Powers Resolution 또는 War Powers Act: Public Law 93-148)'은 대통령의 전쟁 수행 권한을 법으로 제한하려고 한 의회의 시도로서, 닉슨 대통령은 그 법안에 거부권을 행사했으나 양원에서 압도적으로 통과되었다. 최명·백창재, 『현대 미국정치의 이해』 (서울: 서울대학교출판문화원, 2013), pp. 387-389. 전쟁권한법의 통과 이후 의회는 대통령과 소수의 정책결정 참여자가 주도하는 국가안보 관련 정책 특히 군사력의 사용에 대한 대통령의 권한을 견제하려고 노력하고 있다. 따라서 정책결정자들은 위협에 대응하기 위한 방식을 논의하는 과정에서 의회 지도자들에게 관련 상황과 이에 대한 선택지들을 설명하기도 하며, 이 과정에서 군사력 사용에 대한 의회 지도자들의 의견을 듣기도 한다. 그러나 위기 상황에서는 긴급하게 결정을 내리는 경우가 많아서 행정부에 대한 의회의 견제는 실

을 사용하여 대응하는 방식을 논의하는 과정에서도 정책결정자들은 군사력의 사용에 대해 의회와 협의가 중요하다는 점을 인식하고 있었다.

예를 들어, 1983년 11월 7일 NSPG 회의에 앞서 열린 Senior Interagency Group 회의에서도 참석자들은 페르시아만 해상수송의 안보를 위해 군사력을 사용하는 경우, 그러한 군사적 행동에 대해 의회와 협의가 필요할 수 있다는 점을 지적했다.[75] 1984년 3월 30일 NSPG 회의에서도 슐츠 국무장관은 이미 전쟁권한법에 대해 대화하고 있다고 밝혔으나,[76] 구체적으로 어떤 논의가 있었는지, 그리고 누구와 전쟁권한법 논의를 진행하고 있었는지 그 자세한 내용은 현재까지 공개된 자료를 통해 확인하는 것은 어렵다. 그러나 페르시아만 위기 대응 수단으로 군사력의 사용을 논의하는 과정에서 정책결정자들은 전쟁권한법을 의식하고 있었고, 행정부 외교정책 권한의 국내정치 차원의 견제 행위자인 의회와 협의가 중요하다는 점은 인지하고 있었다. 1984년 5월 17일 맥팔레인 국가안보보좌관이 대통령에게 보고한 자료도 증가하는 적대적 행위에 대응하고자 현재보다 군사력의 증강을 한다면, 추가적인

효성이 떨어지는 경우가 많다.

75) Reagan Library, Executive Secretariat, NSC: NSPG Meetings, NSPG 0076 11/07/1983 [Iran-Iraq; October 1983 Lebanon Marine Bombing] (1), "Senior Interagency Group Discussion Paper," (1983.10.27.).

76) Reagan Library, Executive Secretariat, NSC: NSPG Meetings, NSPG 0087 03/30/1984 [Iran-Iraq War], "National Security Planning Group (NSPG) Minutes, March 30, 1984," (1984.03.30.).

파병(deployments)에 대해서 의회와 협의(consult)할 필요가 있을 것이라는 점을 지적했다.[77]

군사적 대응의 최종 선택

실제로 군사적 대응을 선택하는 과정에서 중요한 부분은 선택하고자 하는 그 군사적 대응 방식이나 군사 작전이 군사기획 관점에서 얼마나 준비되어 있느냐, 그리고 군사적 역량 측면에서도 준비가 되어 있느냐이다. 1967년 티란 해협 위기와 비교했을 때 1987년의 상황은 몇 년 동안의 논의 및 준비를 통해 군사기획과 군사적 역량 모두 준비된 상황이었다. 군사 작전 수행을 위한 중동지역 국가와의 협의도 진행되었기 때문에 군사적 대응을 선택할 수 있는 준비가 되어 있었다.

1987년 최종적인 군사적 대응을 선택하기에 앞서 미국은 이란에 경고하는 대통령 성명을 두 차례 발표했는데, 1980년 카터 독트린 발표 이후 레이건 행정부에서도 국가안보결정지침(NSDD)을 통해 강조한 페르시아만 석유의 해상수송로에 대한 미국의 관심과 그것을 지키고자 하는 의지를 성명에 분명히 밝혔다. 마침내

---

77) Reagan Library, Executive Secretariat, NSC: NSPG Meetings, NSPG 0089 05/17/1984 [Iran-Iraq War], "Memorandum from McFarlane to the President: Follow-up to the National Security Planning Group (NSPG) Meeting, May 17, 1984: Escalation in the Gulf War," (1984.05.17.).

1987년 3월 7일 미국은 쿠웨이트 유조선에게 군사적 보호를 제공하기로 한 미국의 결정을 쿠웨이트에 전달함으로써 해상수송로 안보 위협에 군사적 대응을 선택했다.

군사적 대응 선택에서 정당성 문제: 쿠웨이트의 선박 보호 요청

외교적 대응, 경제적 대응이 이란 위협 억지에 실패하자 결국 미국은 군사적 수단을 선택했다. 그러나 해상수송로 안보를 위한 그 효용이 분명하더라도 군사력의 사용은 대통령 입장에서 정치적인 부담이 있는 선택지다. 그런 의미에서 군사적 대응을 선택하기에 앞서 이에 대한 정당성을 확보하는 것이 중요하다. 실제로 레이건 행정부 정책결정자들은 군사적 보호를 받고자 하는 국가의 요청에 있을 때 이에 대한 응답으로서 군사적 개입을 할 수 있다는 군사적 대응의 조건이 충족되어야 한다는 데 합의했고,[78] 쿠웨이트가 자국 유조선에 대한 군사적 보호를 요청함에 따라 미국은 군사적 대응을 선택할 정당성을 확보했다. 그리고 1987년 3월 미국은 쿠웨이트 선박을 미국 국적의 선박으로 등록하고 페르시아만에서 그 선박들을 군사적으로 호위하기로 합의했다.[79]

---

78) Reagan Library, Executive Secretariat, NSC: NSPG Meetings, NSPG 0089 05/17/1984 [Iran-Iraq War], "National Security Planning Group (NSPG) Minutes, May 17, 1984," (1984.05.17.).

79) Reagan Library, Powell, Colin L.: Files, Box 1, Chron - Official (1987) [5], Telegram

6. 외교적 및 경제적 대응: 대통령 성명, 다자 및 양자외교

이란의 페르시아만 선박 공격 가능성이 제기된 이후 미국은 이에 대한 대응으로 교전이 확전되지 않도록 외교적 노력도 펼쳐왔다. 1983년 10월 31일에 UN 안보리가 발표한 이란, 이라크 양국 간의 교전 중지를 요구하는 UN 안보리의 결의안인 '결의안 540'의 내용에 부합하도록 교전 중지와 협상을 요청하고, 공조된 외교 활동 및 군사적인 비상사태 기획에 대하여 핵심 동맹국인 영국 및 프랑스와도 협의를 진행했다. 아울러 GCC 회원인 사우디아라비아, 오만, 쿠웨이트, 바레인, 카타르 및 UAE 같은 온건한 아랍 국가들과도 외교 및 군사적 비상사태 계획을 논의해갔다.[80]

외교적 노력을 특히 강조한 사람은 대통령의 고문과 법무장관을 역임한 미스(Edwin Meese III)였다. 그는 페르시아만에서 선박에 대한 공격을 멈추도록 이란과 이라크를 압박하기 위해서 페르시아만 국가들을 포함하여 전 세계 국가들을 동원함으로써 최대한의 외교적인 노력을 계속해야 한다고 강조했다. 그는 또한 미국의 행동에 대해서 미국 의회, 미국인(여론) 및 전 세계 국가의 지지를

7678 from Ambassy Kuwait: Protection options for Kuwaiti Shipping," (1987.05.16.).

80) Reagan Library, Executive Secretariat, NSC: NSPG Meetings, NSPG 0087 03/30/1984 [Iran-Iraq War], "Memorandum from McFarlane: Meeting with the NSPG, March 30, 1984," (1984.03.30.).

얻는 것이 중요하다고 보았다.[81]

페르시아만 해상수송로 안보에 대한 미국의 우려는 1984년 5월 15일 미국 국무부 대변인의 브리핑을 통해서 공개적으로도 표현되었다. 페르시아만에서 발생한 공격에 대해 미국은 우려하고 있느냐란 질문에 국무부 대변인은 다음과 같이 답변했다.

"페르시아만에서 국제적인 수송 선박(international shipping)에 대한 최근의 공격은 이란-이라크 전쟁이 심각한 수준에 이르고 있고, 페르시아만에서 항행의 자유가 점점 위협받고 있다는 것을 보여주는 일이라는 데 매우 심각하게 우려하고 있다. 미국은 이란과 이라크가 그러한 공격을 중단하고 'UN 안보리 결의안 540'의 이행을 요구하는데 이 결의안은 국제 수역에서 항행의 자유 권리를 확인하며 양측이 경제적 목표에 대한 공격 중지를 요구하고 있다. 미국은 군사적 해결이 없다는 것과 항행의 자유 원칙 및 해협을 통과할 권리에 대해 미국이 오랜 시간 동안 지켜온 의지를 강조한다."(Reagan Library, 1984).[82]

---

81) Reagan Library, Meese, Edwin: Files, Box CFOA 415, Persian Gulf Situation, "Memorandum from Edwin Meese to the President: Persian Gulf Situation," (1984.05.18.).

82) Reagan Library, Poindexter, John: Files, Box 2, [NSPG Meeting 05/17/1984 - Escalation in Gulf War/Energy Threats] (1), "Iran-Iraq War: Attacks on Gulf Shipping," (1984.05.15.).

아울러 국무부 대변인은 이란과 이라크가 페르시아만 해상수송로 안보를 위협하는 공격을 중지할 것을 요구했다.

영국과 프랑스 및 페르시아만 국가들과의 협의는 대부분 군사적 대응을 위한 준비 차원에서 이루어졌다. 예를 들어 페르시아만 지역에서 해상수송을 보호하기 위해 미국이 군사 작전을 효율적으로 수행하기 위해서는 해당 지역 국가들의 공군기지 및 항만 시설에 미군이 접근할 수 있는 권한이 있어야 하지만, 페르시아만 지역 국가들은 이러한 시설 제공에 적극적인 태도를 보이지 않았다.

미국 정책결정자들은 UAE 수장이자 GCC(Gulf Cooperation Council) 수장인 자이드(Sheik Zaid)를 미국 워싱턴으로 초대하는 방법도 고려했다.[83] 또한 레이건 대통령은 이란-이라크 전쟁의 교전 중지, 1980년 8월의 국경선으로 군대 철수 등을 요구하는 결의안을 통과시키기 위해서, UN 안보리 상임이사국으로부터의 지원을 압박하기로 결정했고, 이러한 결정 내용을 담은 전문이 바그다드, 베이징, 런던, 모스크바, 파리, 뉴욕(USUN), 본, 로마, 도쿄 등 소재 미국 대사관에 전송되었다.[84] 교전 중지를 요청하고 이라크를 침공한 이란에 대한 비판, 확전은 미국 이해관계 및 중동지역 미국 우방국의 이해관계에 대한 위협으로 간주한다는 내용을 담은 레

---

83) Reagan Library, Powell, Colin L.: Files, 1986-89, Chron - Official (1987) [1], "Iran-Iraq Situation," (1987.01.22.).

84) Reagan Library, Executive Secretariat, NSC: NSPG Meetings, NSPG 0144 02/12/1987 [U.S. Policy in Middle East], "Presidential Decision (Cable): Pressing for U.N. Action on the Gulf War," (1987.02.19.).

이건 대통령의 성명을 발표하는 것도 이란에 대한 국제적인 압력을 만들기 위한 외교적 조치 중 하나였다.[85] 실제로 레이건 대통령은 1987년 1월 23일과 2월 25일에 이란의 공격적인 행위를 비판하며 페르시아만의 석유 수송로 안보에 대한 미국의 강한 의지를 보여주는 성명을 발표했다. 대통령 성명에서 미국은 전쟁을 종식시키기 위해 국제사회가 협력할 것을 촉구했다.[86]

이란-이라크 전쟁에 대한 레이건 대통령의 성명

페르시아만에서 이란의 공세가 격렬해지면서 해상수송로 안보가 이미 심각한 수준으로 위협받는 가운데 1987년 1월 23일 레이건 대통령은 이란-이라크 전쟁에 대한 미국의 입장을 설명하는 대통령 성명을 발표했다. 전날 대통령 성명에 포함해야 할 내용으로 제안한 "미국은 호르무즈 해협을 통과하는 석유의 흐름을 보장하기 위해 강한 의지를 가지고 있다"라는[87] 내용을 포함하여 대통령은 다음과 같이 성명을 발표했다.

---

85) Reagan Library, Burns, William J.: Files, PRG [Policy Review Group] Meeting - Iran-Iraq War (01/21/1987) Box 91834, "January 21 PRG Meeting on Iran-Iraq War," (1987.01.21.).

86) Reagan Library, https://www.reaganlibrary.gov/archives/speech/statement-iran-iraq-war (검색일: 2023년 4월 3일).

87) Reagan Library, Powell, Colin L.: Files, 1986-89, Chron - Official (1987) [1], "Iran-Iraq Situation," (1987.01.22.).

"바스라(Basra 또는 Basrah) 인근 이라크군에 대한 현재 이란의 공격은 이란-이라크 전쟁이 페르시아만 지역 국가의 국민들에게 가져온 끔찍한 고통과 상실을 생각나게 만든다. 미국과 전 세계는 이와 같은 피투성이의 투쟁이 계속되고 있다는 점에 깊게 우려하고 있다. 이 전쟁은 미국의 전략적인 이해관계를 위협할 뿐 아니라 그 지역에 있는 우방국들의 안정과 안보도 위협하고 있다.

그동안 여러 차례 강조한 것과 같이 미국은 이란과 이라크가 주권과 영토 손실 없이 전쟁을 조속히 마무리할 수 있도록 하는 데 도움을 주고자 하는 강한 의지를 가지고 있다. 미국은 이란이 이라크 영토를 점령하는 것을 비판할 수 밖에 없으며 조속하게 협상을 통해 분쟁을 해결하도록 다시 이란에게 촉구한다.

미국은 이란-이라크 전쟁이 지역의 안보를 위협할 수 있다는 페르시아만 지역 우방들의 걱정을 공유한다. 미국은 어떠한 형태의 전쟁 확전은 미국뿐 아니라 지역 국가들의 이익에 대한 중대한 위협이라고 간주할 것이다. 미국은 여전히 호르무즈 해협을 통과하는 석유의 흐름을 보장하는 데 있어서 강한 의지를 가지고 있다. 미국은 또한 깊은 관계를 가진 페르시아만 지역 우방국들의 개별적이고 집단적인 자기 방어를 강하게 지지한다."(Reagan Library, 1987).[88]

---

88) Reagan Library, https://www.reaganlibrary.gov/archives/speech/statement-iran-iraq-war-0 (검색일: 2023년 4월 3일)

그림-21 이라크의 바스라(Basra)

출처: Bernard E. Trainor, "Battle for Basra; U.S. Experts Still Puzzled About Future of Gulf War," *The New York Times* (January 25, 1987).

　레이건 대통령은 최근 이란의 공격을 매우 심각한 위협으로 간주하면서 다시 한번 호르무즈 해협을 통과하는 석유의 흐름을 보장할 것이라는 미국의 강한 의지를 천명했다. 대통령 성명에서 강조한 이란의 공격으로 위협받고 있는 "미국의 전략적인 이해관계(strategic interests)"는 결국 미국과 동맹국의 에너지 수송 안보의 핵심인 페르시아만의 해상수송로 안보 이익이라고 볼 수 있다. 페르시아만 석유의 해상수송로에 대한 미국의 관심과 그것을 지키고자 하는 의지는 앞서 서술한 것과 같이 1980년 '카터 독트린' 발표 이후, 레이건 행정부에서도 여러 대통령의 국가안보결정지침

(NSDD)을 통해 강조되어 왔다. 이번 성명에서 "미국은 여전히 호르무즈 해협을 통과하는 석유의 흐름을 보장하는 데 있어서 강한 의지를 가지고 있다"라고 표현한 것도 비슷한 맥락이다.

이란-이라크 전쟁에 대한 레이건 대통령의 추가 성명

대통령 성명을 발표한 지 한 달 후인 1987년 2월 25일, 레이건 대통령은 다음과 같이 이란-이라크 전쟁에 대한 미국의 입장을 다시 강조하는 대통령 성명을 발표했다.

"이 비극적인 분쟁에서 교전은 땅과 하늘 그리고 바다에서 계속되고 있다. ... 미국은 협상을 통한 분쟁 종식을 향해 참여하기를 이란의 지도자들에게 종종 촉구해 왔다. 유감스럽게도 이란 정부는 지금까지 이러한 촉구에 반응을 보이지 않았다. 이란은 테러리즘과 협박을 통해서 주변 국가들을 전복시키기 위해 지속적으로 노력해 왔다.

미국은 이란과 이라크 양국의 주권과 영토적인 통합을 존중하는 결과를 위해 꾸준히 노력하고 있다. 이를 위해 이란을 협상 테이블로 나오도록 만드는 데 있어서 슐츠 국무장관이 국제적인 노력을 주도하도록 지시했다. ...

지난 1월에 강조한 것과 같이, 지금 분쟁은 페르시아만 지역에 있는 미국의 우방국 안정과 안보뿐 아니라 미국의 전략적인 이해관계를 위협하고 있다. 미국은 페르시아만 지역에 있는 우방국들의 자기 방어를 여전히 강하게 지지하고 있으며, 그러한 의지를 지지하는 의미로서 최근 해군을 페르시아만 지역으로 이동시켰다. 미국은 또한 호르무즈 해협을 통과하는 자유로운 석유의 흐름을 보장하는 데 아주 강한 의지를 가지고 있다."(Reagan Library, 1987).[89]

이번 성명은 지난 1월 23일 대통령 성명과 마찬가지로 페르시아만 지역에서 미국이 가지고 있는 전략적 이해관계를 강조하면서, 호르무즈 해협을 통과하는 자유로운 석유의 흐름을 보장하는 데 있어서 미국이 강한 의지를 가지고 있다고 천명했다. 지난 성명에 이어 반복된 페르시아만 수송로 안보를 보장하기 위한 미국의 "강한 의지"는, 그동안 미국이 오랜 논의를 통해 심각하게 고려해온 군사력을 사용한 대응 즉, 해군 함정으로 페르시아만을 드나드는 유조선에 대한 군사적 보호였다. 그것을 언제 공식적으로 발표할 것인지의 문제만 남아 있었다.

---

[89] Reagan Library, https://www.reaganlibrary.gov/archives/speech/statement-iran-iraq-war (검색일: 2023년 4월 3일).

경제적 대응: 이란에 무기 수출 통제

미국은 이란의 위협에 대응하는 경제적 대응 방식으로 이란에게 무기 수출을 통제하는 Operation Staunch 활동을 추진했다. 이 활동은 해상수송로 안보 위협에 대한 적극적인 대응이라기보다 이란의 무기 수급에 영향을 주기 위한 경제제재 성격이었다. 이란의 공세가 거세지면서 해상수송로 안보가 더 심각한 수준으로 악화되자, 미국의 정책결정자들은 군사적 대응을 동시에 논의해 나가면서 Operation Staunch 활동을 강화해나가기로 했다. 미국은 이 작전이 이란-이라크 전쟁을 조기에 끝내도록 하는 데 도움을 줄 것으로 기대했으나, 이란의 공세적인 활동을 억지하는 데 효과적이지 않았다.

7. 군사적 대응: 수송 선박에 대한 군사적 보호 제공

쿠웨이트 유조선을 군사적으로 보호하기로 한 1987년의 외교정책 결정은 페르시아만 해상수송로 안보를 위해 미국이 1983년 말부터 대응 방안을 논의하고 군사적으로 준비한 결과였다. 즉, 레이건 행정부의 1987년 군사적 대응 결정을 온전히 이해하기 위해서는 이란을 페르시아만 해상수송로 안보 위협으로 인식하고 대응 방안을 논의하기 시작한 1983년 말부터 정책결정자들의 논의 과정을 추적해야 한다.

Senior Interagency Group의 대응 방안 논의

정책결정자들에게 다양한 군사적 대응 방안에 대한 아이디어를 제공한 조직은 Senior Interagency Group(이하 SIG)이었다. 1982년 1월 12일에 발표한 국가안보결정지침 2호(NSDD-2: National Security Council Structure)에서는 Senior Interagency Group의 역할을 다음과 같이 설명하고 있는데, 동 조직은 NSC를 지원하는 그룹으로서 국가안보 관련 정책 목표 설정, 정책 선택지 개발, 적절한 권고사항 제공의 역할을 담당했다. The Senior Interagency Group - Foreign Policy(SIG-FP)는 CIA 국장, 국가안보보좌관, 국무부 부장관, 국방부 부장관, 합참의장 등으로 구성되어서 사실상 NSC나 NSPG 회의체의 구성원이 SIG에 다수 참석했다.[90]

1983년 11월 7일자 NSPG 회의에 앞서 10월 24일에 SIG 회의가 열렸는데, 동 회의에서는 앞으로 열릴 NSPG 회의에서 정책결정자들이 결정해야 하는 다양한 정치 및 군사적 선택지들을 제안했다.[91] 10월 24일 SIG 회의에서 참석자들은 이후 페르시아만에 대한 미국의 해상수송로 안보 및 에너지 안보 차원의 군사적 대응 논의가 적극적으로 이뤄지는 데 기여하는 핵심적인 내용들을 다

---

90) Reagan Library, NSDD-2 [National Security Council Structure] (https://www.reaganlibrary.gov/sites/default/files/archives/reference/scanned-nsdds/nsdd2.pdf) (검색일: 2018년 9월 10일).

91) Reagan Library, Executive Secretariat, NSC: NSPG Meetings, NSPG 0076 11/07/1983 [Iran-Iraq; October 1983 Lebanon Marine Bombing] (1), "Senior Interagency Group Discussion Paper," (1983.10.27.).

루었다.

  SIG가 페르시아만 석유 해상수송로 안보 문제를 중대한 이슈로 다루게 된 배경은 바로 이란-이라크 전쟁의 전개 상황 때문이었다. 이라크는 이란과 전쟁으로 석유 수출에 어려움을 겪으면서 외환 위기로 인한 어려움 가운데 위기 상황을 변화시키려고 절실하게 노력하고 있었다. 이라크는 프랑스로부터 구매한 Super Etendard 항공기와 Exocet 미사일을 사용하여 이란 석유 시설과 페르시아만의 수송선을 공격하겠다고 협박하는 중이었다. 이에 대한 대응으로 이란은 만약 이라크가 이란의 석유 수출을 저지하기 위해 그러한 무기를 사용한다면, 모든 석유 수출에 대하여 페르시아만을 봉쇄하겠다고 협박함으로써 대응하고 있었다. 이라크가 새로운 무기를 사용하면 이란이 실제로 페르시아만을 봉쇄할 것인지 분명하진 않았다. 그러나 문제는 이란은 페르시아만 국가들의 석유 시설들을 공격하고 최소한 일시적이라고 하더라도 페르시아만에서 중립적인 국가의 수송(neutral shipping)을 막거나 제한할 수 있는 군사적 역량을 가지고 있다는 데 있다. 따라서 당시 미국의 정책결정자들은 페르시아만 지역에서 이란의 해상수송로 안보 위협을 석유 수송과 관련된 에너지 안보 위협이자 국가안보 위협으로 인식하게 되었다.

  이란-이라크 전쟁이 고조되는 것을 억지하고, 페르시아만 국가들을 재안심시키며, 페르시아만과 호르무즈 해협에서 항행의 자유를 지키기 위해서 있을지도 모르는 미군의 개입에 대해 준비하고, 이란의 공격으로부터 페르시아만 국가들을 지키기 위해서, SIG 회의에서 정책결정자들은 다음과 같은 단기적인 외교, 에너지 및 정치-군사적 수단들을 취해야 한다고 합의했다. 어떤 조건에서, 그리고 어떻게 미국은 군사적으로 개입할 것인가? 그리고 그러한 군사적 행동의 목표(military mission)는 무엇인가에 대해 그들은 고민했다. 또한 에너지 정책에 대한 행동과 비상사태 계획을 하나의 전략으로 통합할 필요성도 제기되었다. 물론 정책결정자들은 일부 군사적 행동들이 전쟁권한법에 해당되어 의회와의 협의가 필요할 수 있다는 사실도 인지하고 있었다. 다음은 SIG 회의에서 참석자들이 합의한 내용이다.

(1) 전쟁의 고조를 억지하거나 그것을 준비하는 것을 목적으로 하는 단기적인 외교 및 에너지 수단들을 이행하거나 지속한다.
(2) 단기적인 정치-군사적인 수단들에 대해서 페르시아만 국가들 및 미국의 동맹국들과 협의를 시작한다.
(3) 군사적 행동 및 수송 선박 보호를 위한 미국의 정책(US policy for military action and for protecting shipping)과 관련하여 NSC의 결정 이후에, 동맹국 및 페르시아만 국가들과 비상사태 계획(contingency planning) 및 사전 고조단계 군사 활동(pre-escalation military activity)을 시작한다.
(4) 에너지부, 재무부, 국무부 같은 관련 부처는 활용가능한 국내 에너지 및 경제적 수단들에 대하여 검토하고, 발생할 가능성이 있는 석유 중단(oil cutoff)의 영향을 최소하기 위해서 권고사항들을 이행한다. (Reagan Library, 1983).

그리고 SIG는 다음과 같은 문제들을 NSC에서 결정해달라고 요청했다. 군사적 대응을 포함하여 미국의 외교정책 결정을 위한 최종 논의는 NSC 회의(당시에는 NSPG 회의)에서 이루어지기 때문이다.

○ 교전하지 않는 국가의 영토나 석유 시설들(oil facilities)에 대한 공격을 막거나 공격으로부터 지키기 위해서, 교전하지 않는 국가의 요청에 대하여, 미국은 (동맹국들과 함께) 군사적으로 대응해야 하는가?
○ 페르시아만에서 수송을 보호하기 위해서 미국은 동맹국들과 함께 군사적으로 대응해야 하는가? 어떤 종류의 선박을 보호할지, 그리고 어디에서 보호할지에 대하여 NSC의 결정이 필요하다.
○ 명시적인(overt) 이란의 군사적 움직임에 앞서 미국은 특정 상황 하에서 군사적 행동을 시작해야 하는가?
○ 앞서 언급한 상황에서 동맹국이 참여를 거절한다면 미국은 단독으로 또는 독자적으로(unilaterally) 개입해야 하는가?
○ 전쟁이 고조되는 상황에서 미군의 개입(military involvement)에 대한 한계(limits)는 무엇인가? (예: 어떤 목표를 공격할 것인가?) (Reagan Library, 1983).

다음 내용은 위기에 대비하는 SIG가 동의하는 단기적인 전략들로 정치-군사적 행동들에 대한 부분이다. 이러한 이슈들에 대하여 페르시아만 국가들과 협의하는 문제는 미국의 군사적 개입에 대한 NSC의 결정이 필요했다.

(1) 다국적으로는 NATO 내에서 미국 정책의 가이드라인에 대해 협의하라.

(2) 군사 협력에 대한 동맹국의 태도를 결정하기 위해서 영국 및 프랑스와 비상사태 계획(contingency planning)에 대한 협의를 강화하라. 호르무즈 해협과 페르시아만에서 항행의 자유를 지키기 위한 다국적인 계획에 대한 합의, 그리고 이란이 페르시아만 국가를 공격하는 경우 책임의 분할에 대한 개념과 같이 구체적인 계획은 군사 개입에 대한 미국 정책에서 NSC의 결정이 필요할 것이다.

(3) 영국, 프랑스, 뉴질랜드, 호주 및 이탈리아와 연합 해군 훈련에 대한 합의를 추구하라.

(4) 연합 군사 협력에 대하여 GCC(Gulf Cooperation Council) 국가들과의 새로운 협의를 시작하라. 일단 전쟁이 고조된 상황에서 미국의 군사적 개입에 대한 한계와 관련하여 미국의 정책이 NSC에서 결정되면, 다음과 같은 영역에서 작업을 계속해야 한다. 예를 들어, 연합 긴급사태 계획(combined contingency planning), 사우디아라비아와 오만에서 연합 공중 방어/TACAIR 훈련과 같은 연합 훈련 및 미국/동맹국 파견(deployments), USCINCCENT(Commander-In-Chief, United States Central Command)와 사우디아라비아 및 오만 해군 간의 강화된 해군 협력 등.

(5) 이란-이라크 전쟁의 확전에 대한 대응으로 미군의 현지 주둔 확대에 페르시아만 국가들이 동의하도록 준비해야 한다. 예를 들어, TACAIR, 해군과 AWACS 파병이 그것이다.

일부 페르시아만 국가와의 정보 공유를 제안한다. 수송 선박에 대한 다국적인 보호를 위한 계획 및 준비를 착수한다.
(Reagan Library, 1983).

SIG는 군사적 개입 즉, 군사력의 사용에 대해서도 매우 구체적으로 논의했는데 군사력의 사용은 다음 상황에서 고려되어야 한다고 정리했다.

첫째, 예방적인 군사 행동(preemptive military action)이다. 교전국이 페르시아만 석유 수출을 중단(cutoff)시키거나 심각하게 축소시키거나, 또는 우호적인 페르시아만 석유 생산 국가의 안보를 위협할 것이라는 임박한 행동(imminent actions)의 징후(indications)가 확실하게 존재한다면, 예방적인 군사 행동으로서 군사력을 사용하여 개입한다.

둘째, 대응적인 군사 행동(responsive military action)이다. 교전국의 군사적 위협이나 행위가 페르시아만 석유 수출의 중단 또는 심각한 축소를 가져온다면, 또는 우호적인 페르시아만 석유 생산 국가에 대한 군사적인 위협 또는 행위가 발생하는 경우, 그리고 그 국가들이 미국의 도움을 요청하는 상황에서는, 대응적인 군사 행동으로서 군사력의 사용을 고려할 수 있다. 예를 들어 수송 선박에 대한 호송(convoying of shipping) 또는 해상 정찰 증가(naval patrols)가 대응적인 군사 행동의 방식이다. 군사적 행동의 형태(type of military action)와 그것을 언제 시작하느냐의 문제는 National Command

Authority가[92] 결정해야 하는 근본적인 결정이다.

SIG 참석자들은 페르시아만 지역에서 미군 주둔의 증강(deterrent deployments)은 적대적인 이란의 행동을 억지할수도 있다는 점에 동의했다. 그러나 억지가 실패하면 군사적 목표에서 규정한 것과 같이 미국은 군사력을 사용할 준비가 되어 있어야 한다고 SIG는 강조했다. 다른 국가의 지지 문제도 중요했다. 미국의 수단에 대한 동맹국/페르시아만 국가들의 지지가 없다면, 이는 미국의 군사적 개입에 대한 정치적인 정당성을 약화시킬 것이며, 항행의 자유를 유지하기 위해 필요한 경우에도 페르시아만에서 미국이 지속적인 군사 작전을 수행하는 것이 어려울 것이다. 즉, 동맹국의 지지가 필요하고 페르시아만 국가들에 있어서 군사적 작전을 위한 접근 문제(access)도 중요했다.

SIG는 미국의 군사적 대응을 정당하게 만드는 교전국가의 행위들을 다음과 같이 구체적으로 제시했다.

(1) 이란의 기뢰(mining)
- 이란이 호르무즈 해협에 기뢰를 설치하고 이것이 해상수송(shipping)에 심각하게 영향을 준다면, 미국은 위협을 제거하기 위해서 국제적인 수역 그리고 교전을 하지 않는 바다에서 사우디아라비아, 오만, 프랑스, 영국과 같은 다른 국

---

92) National Command Authority는 대통령과 국방장관이 중심이다. Reagan Library, Donley, Michael B.: Files, Box 91857, [Joint Chiefs of Staff] JCS Quarterly Meeting w/ President, 08/09/1985, "The Chain of Command," (1985.08.09.).

가의 도움으로 기뢰 제거 작전을 수행할 것이다. 미국은 기뢰 제거 작전을 독자적으로 수행할 수 있는 충분한 능력이 없다.

(2) 교전국이 아닌 페르시아만 국가의 영토나 석유 시설(oil facilities)에 대한 이란의 위협 또는 공격
 - 어떤 상황에서든 미국은 미국의 도움을 요청한 국가와 협력해야 한다. 거의 대부분의 상황에서 미국은 미국의 대응이 계산된 것처럼 보이기 위해서, 그리고 그렇게 함으로써 소련이 최대한 개입하지 않도록 만들기 위해서, 오직 방어적인 병력(defensive forces)만 제공해야 한다.
 - (사우디아라비아에 대한 공격) 만약 이란이 사우디아라비아의 석유 시설들을 공격한다면, 우선 미국은 손상된 시설물의 보수 및 복구 작업에서 필요한 경우 도움을 주겠다고 제안할 수 있다. 여기서의 목표는 석유의 수출을 신속하게 회복하는 것이다. 다른 방식의 도움으로는 추가적인 이란의 공격을 억지하기 위해서 공중 방어 자산(air defense assets)을 제공하는 방식이 있다.
 - (쿠웨이트에 대한 공격) 이란이 쿠웨이트를 공격한다면, 쿠웨이트의 요청에 대응하여 도움을 줄 준비를 해야 한다. 전쟁 초기 쿠웨이트는 이란이 자신의 영토를 공격했을 때 미국에게 도움을 요청하지 않았는데, 아마 쿠웨이트는 앞으로도 그럴 것이다. 미국은 영국이 쿠웨이트를 보호하도록 장려해야 하며 아마 미국의 병참(logistics)과 공수 지원(lift support)은 가능할 것이다.

(3) 중립적인 국가의 상업적인 수송 차단(interdiction of neutral commercial shipping)
- 이란은 또한 국제 수역 또는 교전 지역이 아닌 영토의 바다에서 상업적인 수송(shipping)을 차단시킬 수 있는 공군 및 해군 자산을 일부 가지고 있다.
- 수송에 대한 보호와 관련하여, 미국은 배타적 수역(exclusion zone) 밖에서 머물 것이다. 이것은 수송 보호에 대한 1980년도 계획의 작전 구상이다.
- 중립적인 수송에 대한 이란의 불법적인 위협 또는 공격에 앞서서, 일어날 것 같지 않은 예외적인 상황을 제외하고, 미국은 국제적인 수역에서 중립적인 선박에 대한 적절한 이란의 해군 검문검색 행위(stop and search)에 대하여 군사적으로 대응하지 않을 것이다. 여기서 예외적인 상황이란 이란의 이러한 행동이 페르시아만에서의 중립적인 선박의 수송을 심각하게 단축시키고, 결국 석유 수출을 줄이는 경우를 의미한다. (Reagan Library, 1983).

미국 정책결정자들은 특히 군사력의 사용 가능성을 논의하는 과정에서 군사력의 사용이 소련의 개입이나, 소련과의 직접적인 충돌로 이어지지 않도록 매우 신중했다. 예를 들어 (2) 항목에서 "거의 대부분의 상황에서 미국은 미국의 대응이 계산된 것처럼 보이기 위해서, 그리고 그렇게 함으로써 소련이 최대한 개입하지 않도록 만들기 위해서, 오직 방어적인 병력(defensive forces)만 제공해야 한다"라고 제안한 부분은 정책결정자들이 소련의 개입 가능성을 얼마나 경계하고 있었는지 확인할 수 있는 내용이다.

이어서 SIG는 해상수송 선박에 대한 보호에서 다음과 같은 다양한 선택지를 제안했다.

(1) 출발한 항구 또는 목적지에 관계없이, 국제적인 수역에서 모든 상업적인 수송 선박을 보호한다.
- 이 선택지는 소련을 포함하여 교전국가 항구에서 오거나 그쪽으로 가는 교전국가가 아닌 나라의 선박을 보호하는 것뿐 아니라, 이란과 이라크 모두의 상업적인 수송 선박의 보호를 필요로 한다.
- **장점** 이 선택지를 실행하여 이라크가 페르시아만에서 석유 수출 시설들을 재개할수 있다면 이라크의 단기적인 재정 문제를 경감하는 데 도움이 될 수 있는데, 이는 이라크가 이란의 석유 수출 시설을 계속 공격하는 유인을 줄일 수 있다.
- **위험성** 그러나 이라크가 자신의 페르시아만 석유 수출 터미널을 다시 가동하려는 노력과 함께 이루어진다면 미국/동맹국의 모든 상업 선박 보호라는 이 선택지는 이란에게는 미국이 이라크와 관계 개선을 하려는 것으로 인식될 수 있다. 이로 인해 교전 국가의 수역에서 교전국의 선박을 보호함으로써 또는 밀수품을 운반하는 선박을 보호함으로써 미국을 교전국가로 만들 수 있는 위험성이 있다. 또한 이 선택지를 선택하면 소련의 무기 운반(arms shipments)을 미국이 보호해야 하는 경우도 발생한다.

(2) 출발한 항구 또는 목적지에 관계없이, (국제적인 수역에서, 그리고 요청받는 경우에는 교전하지 않는 국가의 영해에서) 중립국의 수송 선박(neutral shipping)을 보호한다.
- **장점** 1번 선택지와 마찬가지로 이라크를 목적지로 하는 상업 선박에 대한 보호는 이라크의 석유 수출에 도움을 줄 수 있다.
- **위험성** 이 선택지는 교전국가 항구로부터 온 선박 또는 교전국가 항구로 향하는 선박의 보호를 요구하기 때문에 미국의 중립정책을 위태롭게 하고, 미국/동맹국이 분쟁에 직접적으로 개입되는 큰 위험이 있다.

(3) (국제적인 수역에서 또는 요청받는 경우에는 교전하지 않는 국가의 영해에서) 중립국가의 항구에서 온 또는 중립국가의 항구로 향하는 중립 선박을 보호한다.
- **장점** 이 선택지는 교전국가에게 선박 이관 문제(ship hand-offs to belligerents)를 피할 수 있다.
- 미국이 방어적인 차원의 군사력(use of defensive force)을 사용할 수 있는 가장 좋은 사례이며, 동맹국의 협력에서도 가장 매력적인 선택지이다.
- 이는 페르시아만의 국제적인 수역을 통과하는 항행의 자유를 지킨다는 미국의 의지를 성취하면서도 미국과 동맹국이 의도하지 않게 교전에 개입될 가능성(inadvertent involvement)을 줄여줄 것이다.
- (국제적인 수역과 교전국가가 아닌 영해에서) 중립국가의 항구에서 오거나 그쪽으로 항히는 교전하지 않은 국가의

선박만을 보호하는 이 선택지는, 이라크의 석유 수출에 도
　　움을 주지 않기 때문에, 결과적으로 이란과의 교전 가능성
　　이 낮다. 그러나 기본적으로 이란은 미국을 지속적으로 비
　　판해왔기에 이 선택지도 이란의 의심을 완전히 떨쳐버리
　　는 것은 아니다.
　- 이 선택지를 이행하는 데 있어서 예를 들어, 소련의 선박을
　　보호하는 것과 같이 어떠한 교전 국가의 선박을 보호할 것
　　인지, 그리고 그들이 교전국가로 향하는 밀수품을 운반하
　　고 있지 않다는 것을 어떻게 보장할 것인지에 대해서 고민
　　해야 한다. (Reagan Library, 1983).

　미국은 1967년 중동전쟁, 1973년 중동전쟁과 마찬가지로 이란-이라크 전쟁에서도 표면적으로는 어느 국가도 지지하지 않는 중립적인 입장을 지키고 있었다. 그런 의미에서 (1)번 선택지가 제시한 군사적 행동은 친-이라크 정책으로 오해받을 수 있는 위험이 있었다.

　다른 국가의 요청이나 또는 미국 동맹국의 참여가 없는 미국의 군사적 개입에 대한 논의도 이루어졌다. SIG는 지역 국가로부터의 요청 또는 운송 국가로부터의 요청 없이 페르시아만에서 교전국이 아닌 중립국가의 선박을 보호하기 위해 미국이 해군을 활용하여 개입하는 것은 국내적으로, 그리고 국제적으로 지속하기 무척 어려울 것으로 판단했다. 동맹국과의 다자적인 군사적 개입은 소련의 고조적인 반응(escalatory response)을 불러일으키는 위험을 줄이고 페르시아만에서 미국의 군사 개입이 미국-이란의 대결로

가는 위험을 줄일 수 있을 것이다. 또한 미국이 동맹국과 함께 군사적 행동을 하게 되면 미국의 독자적인 행동보다 미국 국내적으로 그리고 국제적으로 더 많은 지지를 받을 것이라고 SIG는 평가했다.

그러나 SIG는 석유 해상수송로를 보호하기 위해서 미국의 독자적인 군사 개입이 가능한 상황도 구체적으로 제시했다. 예를 들어 만약 다른 국가의 보호 요청이 없는 상황에서 미국의 개입 요건(criteria for intervention)에 부합하는 정도로 해상수송과 석유 수출을 감소시키는 상황이 발생한다면, 페르시아만의 국제적인 수역에서 미 해군을 독자적으로 또는 단독으로 파견하여 사용할 준비가 되어 있어야 한다는 점에, 그리고 이러한 군사적 개입이 추가적인 공격이나 위협을 억지할 정도로 그리고 수송과 석유 수출의 재개를 가져올 정도로 유용할 때까지 해야 한다는 점에 SIG는 동의했다. 미국의 동맹국이 하나도 참여하지 않는다면 호르무즈 해협과 페르시아만에서 항행의 자유 그리고 페르시아만 국가들의 안보에 대한 미국의 약속(commitment)을 지키기 위해서 미국은 혼자서 행동할 준비가 되어 있어야 한다고 SIG는 강조했다. 그렇게 하지 않는다면, 이는 국제경제에 심각한 결과를 초래할 뿐 아니라 안보를 보장하겠다는 페르시아만 국가들이 가지고 있는 미국에 대한 신뢰를 산산조각 낼 것이라고 SIG는 평가했다.

미국의 독자적인 군사적 개입도 중요한 대응 방식으로 다루고 있는 SIG의 입장은 1967년 위기에서 티란 해협에 대한 미국의 입장과 큰 차이가 있다. 1967년 5월 이집트가 티란 해협을 봉쇄한다고 선언한 이후 미국은 군사적 대응을 논의했으나, 주로 영국과의 협력을 통한 다자적인 개입이 중심이었고 미국의 독자적인 군사적 대응은 거의 주목받지 못했다. 반면 페르시아만의 해상수송로 안보 위협에 미국 정책결정자들이 독자적인 군사적 대응까지 심각하게 고려하게 된 것은 페르시아만 해상수송로가 가지는 전략적 중요성, 해상수송로 위협의 심각성, 페르시아만에 대한 소련의 영향력 확대 우려 등 다양한 요인들이 복합적으로 작용했다고 볼 수 있다.

SIG는 페르시아만 군사적 개입에서 그 임무(Mission)나 목표에 대해서도 논의를 이어갔다. 예를 들어 SIG는 군사력의 사용 목적이 억지인지(deter), 선제공격인지, 또는 공격에 대한 방어(defend against attack)인지와 같이 해당 지역에 파병된 군사력이 어떤 목표를 달성할 것으로 예측되는지에 대한 근본적인 정책 결정이 필요하다고 보았는데, 이러한 문제는 앞으로 열릴 NSC 회의에서 결정할 사항이고, 군사력의 파병 이전에 이러한 부분들에 대한 결정이 이뤄져야 한다고 보았다.

NSC가 페르시아만 국가들과 항행의 자유를 지키기로 결정한다면, SIG는 다음과 같은 내용을 권고한다고 명시했다. 즉, 확전적인 행위에 대한 억지력(deterrent to escalatory actions)으로서 파견된 어떠한 군사력이라도 그러한 군사력은 선박 또는 교전국가가 아닌 영토에 대한 공격에 대한 대응을 허용하는 임무(mission)를 가져야 한다는 것이다. 그렇지 않는다면 교전국가가 아닌 또는 중립국가의 선박이 공격당하는 동안에 미군은 그 지역에서 그냥 지켜보는 상황이 발생할 수 있기 때문이다. 또한 긴급 월경 추적권(hot pursuit), 자기 영토라고 주장하는 영해 또는 영공에서 적대적인 세력에 대한 공격(attacks on hostile forces), 그리고 자신의 본거지(home base)로 돌아온 적대적인 세력에 대한 공격도 고려할 필요가 있다고 판단했다. 하지만 이러한 문제들에 대한 결정은 전쟁권한법과 의회의 의견을 고려해서 결정해야 했다. SIG는 권고 사항으로서 확전 이전 또는 이후에 페르시아만에 파병된 부대는 확전이 발생하는 경우 교전하지 않는 국가의 선박 또는 영토를 보호할 수 있도록 권한을 주어야 한다고 제안했다. SIG는 적대 국가의 본진 기지 또는 교전국의 영해나 영공에서의 공격에 대한 결정은 National Command Authority가 내려야 한다고 덧붙였다.

지난 10월 슐츠 국무장관이 대통령에게 보고한 내용과 비슷한 맥락으로 맥팔레인 국가안보보좌관은 에너지 안보에서 이란의 위협을 강조하는 보고 자료를 1983년 11월 5일 대통령에게 제출했다. 당시 재정 악화로 열세의 길을 걷고 있는 이라크가 이란의 석유 시설을 공격하면 이란은 다른 페르시아만 국가들을 공격할 가능성이 커지는 것이 큰 문제라고 지적하면서 그는 이상에서 논의한 Senior Interagency Group의 제안 내용을 정리하였다.[93]

---

93) Reagan Library, Executive Secretariat, NSC: NSPG Meetings, NSPG 0076 11/07/1983 [Iran-Iraq; October 1983 Lebanon Marine Bombing] (1), "McFarlane Memo to the President: National Security Planning Group Meeting," (1983.11.05.).

NSPG에서 해상수송로 안보 위한 군사적 대응 논의

　페르시아만에서 이란의 공격 가능성을 에너지의 해상수송로 안보에 대한 심각한 위협으로 인식한 이후, 이에 대한 미국의 대응 방안을 논의하기 위해 1983년 11월 7일 NSPG 회의가 열렸다. 군사적 선택지가 매우 중요한 대응 방안의 하나로 논의되었다는 점이 페르시아만에 대한 미국의 정책에서 큰 변화였다. 그날 회의는 전쟁에서 발생할 수 있는 잠재적 사안들(potential developments)에 대해서 페르시아만 아랍 국가들과 핵심 동맹국들과의 협의에 대한 미국의 정책을 검토하고, 이란-이라크 전쟁 확대에 대처하기 위한 군사기획(military planning)과 군사적 준비(force readiness)의 타당성을 검토하는 것이었다. 즉, NSPG 회의는 군사력 사용 가능성에 대한 논의였으며 동시에 페르시아만 온건 국가들을 보호하고 해상운송 및 석유 시설에 대한 공격을 억지하는 데 도움되는 예방적인 방법들을 고려하기 위한 목적이었다. 이는 해상수송에 대한 군사적인 보호나 군사력의 사용 가능성을 시사하는 부분이다.

　이날 NSPG 회의에서 정책결정자들은 다음과 같은 결정을 했다. 국무부는 유럽과 일본 동맹국 및 페르시아만 국가들과의 긴급한 협의를 이끌기 위해서 위임사항/권한(terms of reference)을 만드는데 주도적으로 해야 한다. 여기서의 초점은 호르무즈 해협을 봉쇄하려는 시도를 억지하기 위해서 또는 페르시아만 아랍 국가들의 석유 생산과 분배 시설들을 대상으로 피해를 입히기 위한 시도들을 억지하기 위해서 필요한 공동행동(joint action)에 초점을 두어야 한다. 국방부에게는 정치적인 수준에서 일반적인 협의가 이뤄진 다음에 조속하게 이어질 수 있는 군사적 수준에서의 개별적인 대화들을 위해서 조금 더 조작 지향적인(operationally oriented) 위임 사항/권한을 주도적으로 준비해야 한다고 지시했다.[94]

군사기획을 위한 동맹국 및 페르시아만 국가들과 협의

1983년 12월 19일 국무부는 이란-이라크 전쟁 관련 미국의 최근 정책과 국가안보결정지침 114호(NSDD-114) 발표 이후 현황을 정리한 자료를 맥팔레인 국가안보보좌관에게 제출했다. 국무부가 정리한 자료에 따르면 미국은 외교적 단계와 군사적 기획 수단을 동시에 추구하는데, 당장의 우선순위는 협상된 결과를 가져오기 위해서, 그리고 그것이 실패하면 전쟁이 확전되는 것을 예방하기 위해서 모든 가능한 외교 및 정치적 행위를 해야 한다고 보았다. 군사적으로는 군사 계획의 요소는 페르시아만에서 교전하지 않는 국가를 위한 항행의 자유에 대한 군사적인 위협에 대하여, 또는 페르시아만 국가에 대한 공격에 대하여, 그들이 도움을 요청하였을 때 핵심 동맹국 및 지역 우방국과 함께 효과적인 다자적인 대응을 보장하기 위해 필요한 군사 협력을 위한 진보한 계획을 착수하는 것이었다.

---

94) Reagan Library, Executive Secretariat, NSC: NSPG Meetings, NSPG 0076 11/07/1983 [Iran-Iraq; October 1983 Lebanon Marine Bombing] (1), "National Security Planning Group (NSPG) Minutes, November 7, 1983," (1983.11.07.).

국무부 자료는 군사기획 또는 군사계획에서 동맹국 및 페르시아만 국가들과의 협의 내용을 다음과 같이 구체적으로 설명했다.

- 우선 동맹국과의 협의와 관련하여 국가안보결정지침 114호(NSDD-114)가 지시하는 것과 같이 국방부의 참여와 함께 국무부는 미국의 핵심 동맹국 및 GCC 국가들과 집중적인 일련의 정치-군사 협의를 착수했다.
- 지난 1983년 11월 말 미국 워싱턴 D.C.에 있는 영국, 프랑스, 독일, 이탈리아, 일본, 호주 및 뉴질랜드 대표들은 페르시아만에서의 위협에 대한 미국의 평가와 그것을 다루기 위한 미국의 계획에 대해서 설명을 들었다.
- 영국, 프랑스, 이탈리아, 호주 및 뉴질랜드에게 페르시아만 긴급사태(Gulf contingencies)를 위한 합동군사기획(combined military planning) 과정을 시작할 것을 요청했고, 영국은 미국의 요청에 동의했으며 미영 군사계획 대화는 다가오는 1월 중순에 시작될 것이다.
- 한편 미국은 페르시아만에서 미국과 동맹국의 수송 선박 보호에 합의한 1980년도 합의를 검토하고 있다.
- 페르시아만 국가들과 협의 관련하여 1983년 12월 초 국무부/국방부 팀은 중립국의 선박 수송 또는 페르시아만 국가의 석유 시설물(oil facilities)을 겨냥한 이란의 공격을 억지하거나 방어하기 위한 외교적 수단과 공동군사기획(joint military planning)에 대하여 GCC(Gulf Cooperation Council) 6개 회원국과 정치-군사 협의를 마쳤다.

○ 오만, UAE, 카타르 및 바레인은 미국의 군사 팀을 받아들이기로 동의했는데, 그 팀은 다양한 확전 시나리오에서 이란의 위협, 미국의 대응 역량 및 페르시아만 국가 군사 지원을 평가할 것이다. 사우디아라비아도 위협 시나리오에 대한 평가를 요청했고, 쿠웨이트도 방문지 중 하나며 미국과의 정보 교환 확대를 원하고 있다.[95]

미국 중부군 사령관(USCINCCENT: Commander IN Chief United States Central Command)이 이끄는 군사 전략팀은 정치적 협의에 대한 후속 작업을 위해 12월 26일에 떠날 것이며, 이란과 관련된 긴급사태(contingencies)를 위해 핵심 페르시아만 국가들과의 양자 계획을 시작할 예정이다.[96]

사우디아라비아의 지지 성명 요청

페르시아만 상황에 대한 미국의 공개적인 선언을 요구하는 사우디아라비아의 요청으로 미국 정책결정자들은 해상수송로 안보

---

95) Reagan Library, Executive Secretariat, NSC: NSPG Meetings, NSPG 0082 12/22/1983 [Iran-Iraq War], "US Policy Towards the Iran-Iraq War: Status Report on NSDD-114," (1983.12.19.).

96) Reagan Library, Executive Secretariat, NSC: NSPG Meetings, NSPG 0082 12/22/1983 [Iran-Iraq War], "McFarlane Memorandum to the President: National Security Planning Group Meeting," (1983.12.21.).

문제를 더욱 심도 있게 논의하게 시작했다. 1984년 5월 17일 맥팔레인 국가안보보좌관은 대통령에게 보고한 자료에서, 그는 그날 오전에 있었던 슐츠 국무장관과 사우디아라비아 반다르(Bandar bin Sultan) 왕자의 논의내용을 보고했다. 사우디아라비아는 페르시아만 항구들에 기항하고 있는 선박들에 대한 이란 공격에 대한 사우디의 대응을 미국이 지지할 것을 요청했다. 이는 즉, 교전을 하지 않는 국가의 수송 선박(shipping)에 대한 이란의 공격을 비판하고 앞으로의 공격을 억지하겠다는 미국으로부터 공개적인 선언이 그것이다.

국가안보보좌관은 사우디아라비아의 요청에 비추었을 때 다음을 고려할 필요가 있다고 보았다. 지금까지 교전하지 않는 국가의 수송에 대한 증가하는 공격에 대해서 미국이 한 공식적인 성명들은 균형이 잡혀 있었다고 평가하면서, 그는 교전 국가가 아닌 선박에 대한 이란의 추가적인 공격을 억지하고자 하는 의도를 가진 수사적인 성명들을 피해야 한다고 보았다. 그는 공세적 행동에 미국이 효과적으로 대응하게 만들어주는 행동과 태도가 동반되지 않는 한, 그러한 성명들은 공허한 것으로 인식될 수 있고 미국이 위험에 노출되게 만들 수 있다고 평가했다. 즉, 그는 페르시아만 해상수송을 보호하겠다는 성명만으로는 부족하며, 미국은 실제로 그럴 수 있는 행동도 함께 준비해야 한다고 강조했다.[97]

---

97) Reagan Library, Executive Secretariat, NSC: NSPG Meetings, NSPG 0089 05/17/1984 [Iran-Iraq War], "Memorandum from McFarlane to the President: Meeting with the National Security Planning Group," (1984.05.17.).

페르시아만 해상수송로 안보를 위한 NSPG 차원의 대응 논의

1984년 3월 30일 중동 상황을 검토하기 위해 NSPG 회의가 열렸다. 이란은 바스라(Basrah)를 향해 대규모 공격 개시 준비에 근접하고 있었는데 쿠웨이트가 이라크에 도움을 주기 때문에 쿠웨이트에 대한 이란의 공격 위협이 증가하고 있다는 보고가 있었다. 이란-이라크 전쟁에서 표면적으로 중립을 외교정책으로 내세우고 있으나, 사실 미국 입장에서는 어느 쪽도 압도적인 승리를 하지 않도록 하는 것이 중요했다. 정책결정자들 또한 그러한 인식을 공유했고 이라크의 몰락은 최악의 위험이라고 판단하면서 이라크가 패배하지 않도록 할 필요가 있다고 보았다. 군사 작전을 위한 접근 문제에 대해서도 논의가 이뤄졌는데 문제는 중부사령부에게 페르시아만에서 대응할 수 있는 충분한 군사력이 있음에도 불구하고 지역 자원에 대한 접근권한이 필요하다는 것이었다.[98] 미국은 접근 문제를 해결하기 위해 페르시아만 지역 국가들과 지속적으로 협의를 이어갔다.

1984년 5월 17일에 열린 NSPG 회의에서 정책결정자들은 페르시아만의 해상수송 안보 문제를 더욱 구체적으로 다루면서 대응 방안을 모색했다. 특히 최근 이란과 이라크가 선박 공격의 수위를 높이고, 사우디아라비아가 지지 성명을 요구하는 상황 속에서 미

---

98) Reagan Library, Executive Secretariat, NSC: NSPG Meetings, NSPG 0087 03/30/1984 [Iran-Iraq War], "National Security Planning Group (NSPG) Minutes, March 30, 1984," (1984.03.30.).

국은 해상수송 선박(주로 유조선)을 보호하기 위해 군사적으로 개입해야 하는지, 어느 범위까지 군사적으로 개입해야 하는지 등에 대한 논의가 이루어졌다. 이번 NSPG 회의에서 1987년 3월 쿠웨이트 유조선에 대한 군사적 보호(escort) 결정의 기초적인 원칙이 논의되었다고 볼 수 있다.

이날 회의에서 CIA 국장은 페르시아만에서 이란, 이라크의 선박 공격을 설명하면서 이라크가 공격한 34개 선박 중 대부분은 유조선이 아니었고, 군함을 포함하여 다양한 선박이었으며, 지난 4월부터 이라크는 유조선을 공격하기 시작했는데, 대략 유조선에 대한 6번의 공격이 있었다고 보고했다. 또한 사우디아라비아 왕자가 슐츠 국무장관에게 전한 내용처럼 이란은 교전국이 아닌 다른 국가의 선박을 공격하고 있었다.

사우디아라비아의 요청도 이날 회의에서 논의 대상이었다. 반다르 왕자는 이란이 계속 상황을 악화시키면, 사우디아라비아는 군사력을 사용해서 대응할 것이라고 결정했으며, 파드 왕은 이란의 공격을 비난하는 성명을 내고자 한다고 전했다. 또한 파드 왕은 이란의 추가적인 공격을 억지하기 위해서 사우디아라비아가 강력한 성명을 내야 한다고 느끼며, 미국 대통령 또는 최소한 국무장관으로부터의 분명한 성명을 원한다고 밝혔다. 슐츠 국무장관은 이란의 공격을 억지하는 데 미국이 효과적이기 위해서는 사우디아라비아의 시설들에 대한 접근(access) 그리고 연합기획(combined planning)으로 가야 한다고 전했다. 페르시아만 국가의 시설에 대한 접근 문제는 페르시아만 미군의 현황을 설명한 켈리(Paul X. Kelley) 장군의 발언에서도 강조되었다. 그동안 미국이 페르시아만 지역 국가들과 접근 문제에 대해 협의를 해왔음에도 불구하고 지역 국가들이 쉽게 협력하지 못하는 이유는, 레이건 대통령의 설명처럼 GCC 국가들이 이란을 두려워하고 있기 때문으로 보인다는 의견도 있었다. 이란에 대한 두려움 때문에 GCC 국가들은 미국에게 도움을 요청하는 것을 꺼려하거나, 미국에게 접근권한을 제공하는 것을 꺼려하고 있다는 것이다.

켈리 장군은 페르시아만에 있는 미군의 현황을 정리했는데 그에 따르면 키티호크 전단(Kitty Hawk Battle Group)은 페르시아만의 중간 정도까지만 공중 지원을 해줄 수 있으나 48시간만 유지가 가능하며, 그 이후에는 공군 급유기(tanker)의 지원이 있을 때만 가능하다고 설명했다. 키티호크 소속 항공기는 부셔(Busher), 반다르(Bandar), 압바스(Abbas) 같은 이란의 목표에 대항하여 제한적인 공격만 수행할 수 있는데 이것 또한 지속할 수 없었다.

미국 선박에 대한 보호 문제도 회의에서 제기되었다. 군 해상수송 사령부(Military Sealift Command)에 전세된 10척의 미국 국적의 유조선들이 지금부터 7월 1일 사이에 바레인이나 쿠웨이트에서 기름을 싣기 위해서 페르시아만으로 이동할 것인데, 미국은 이 유조선들에 대해서 무엇을 해야 하는지 결정할 필요가 있다는 것이 쟁점이었다. 그러나 문제는 사우디아라비아 기지(bases)에 대한 접근이 없이 페르시아만 지역에서 해상수송 보호 문제에 집중하기 위해서 교전 가능한 군 병력을 페르시아만 지역으로 이동시킬 수 없다는 점이다. 또다시 페르시아만 지역 국가들에 대한 접근 문제가 중요하게 대두되었다. 또한 다음 주에 쿠웨이트로 기름을 실으러 가는 유조선이 예정되어 있는데, 유조선을 에스코트하기 위해서 중동군(MIDEASTFOR: Middle East Force)을 활용할 수 있는데, 그렇게 되면 페르시아만 남쪽이 노출되는 문제가 있었다. 이러한 이슈에 대한 결정은 내려지지 않았다.[99]

미국의 군사적인 보호를 받고자 하는 국가의 요청이 필요한가에 대한 문제에 대하여 슐츠 국무장관은 사우디아라비아가 미국의 도움을 원한다면, 사우디아라비아는 그것을 요청해야 할 것이라고 정리했고, 레이건 대통령도 중동 국가들의 요구가 있어야 미국이 도움을 줄 수 있다는 입장에 동의했다.

미국이 독자적으로 대응하는 것이 가능한지 아닌지에 대해서는 참석자들 사이에 이견이 있었다. 미스(Meese)는 미국에게 도와달라고 요청받는 경우, 미국은 진정으로 국제적인 노력의 일부분으로서만 직접적으로 개입해야 하며, 미국은 단독으로 또는 독자적으로(unilaterally) 개입해서는 안된다고 강하게 주장했다. 미스는 국제 공조를 강조하면서 영국, 프랑스를 압박하여 이들과 함께 협력해야 한다고 보았다. 그는 또한 미국보다 페르시아만 지역에 더 의존하는 다른 국가들도 참여시켜야 한다고 주장했다. 슐츠 국무

---

99) 중동군(MIDEASTFOR: Middle East Force)은 1949년에 창설된 부대로 중부사령부(CENTCOM)의 해군 부대를 지칭한다. 중부사령부 해군 부대(U.S. Naval Forces Central Command) 또는 중동군(MIDEASTFOR)은 아라비아만(Arabian Gulf), 오만만(Gulf of Oman), 북아라비아해(North Arabian Sea), 아덴만(Gulf of Aden)과 홍해(Red Sea)를 포함하는 지역을 책임지는 부대이다. 본 부대의 임무는 미국 제5함대(U.S. 5th Fleet)의 작전 지역 내에서 안보와 안정을 촉진시키기 위해서 해양안보 작전(maritime security operations), 전역 안보협력(theater security cooperation efforts)을 수행하고, 협력 국가들의 해양 역량(maritime capabilities)을 강화시키는 것이다. U.S. Naval Forces Central Command, https://www.cusnc.navy.mil/Subs-and-Squadrons/ (검색일: 2023년 4월 16일).

장관은 이러한 의견에 반대 입장을 전했다. 그는 국제적인 협력으로 대응하려면 너무 대응이 늦어서 실패할 수 있다고 주장하면서, 미국에 보호를 요청하면 미국이 독자적으로 대응할 수 있다고 보았고 참석자들은 이러한 의견에 대체로 공감했다.

국무장관은 그동안 미국이 언급한 것과 해왔던 일들을 정리했다. 공개적으로 미국은 호르무즈 해협을 개방시킬 것이며 해상수송에서 페르시아만이 안전하도록 할 것이라고 말해왔는데, GCC 국가들에게는 조금 더 구체적인 약속을 했다. 그것은 미국은 교전하지 않는 수송(non-belligerent shipping)을 보호할 것이며 석유 시설들을 보호하는 데 협조하겠다는 것이다. 그리고 그는 미국이 행동하기 위해서는 페르시아만 국가들이 미국에게 도움을 요청해야 한다는 것이 조건이고, 미국이 강조해온 빠른 행동을 위해서는 페르시아만 지역 시설에 대한 접근 문제가 해결되어야 한다고 언급했다.[100]

---

100) Reagan Library, Executive Secretariat, NSC: NSPG Meetings, NSPG 0089 05/17/1984 [Iran-Iraq War], "National Security Planning Group (NSPG) Minutes, May 17, 1984," (1984.05.17.).

페르시아만 해상수송로 안보를 위한 후속 논의

1984년 5월 17일 NSPG 회의 이후 후속 조치에 대해서 맥팔레인 국가안보보좌관은 대통령에게 보고한 문건에서 그는 성명보다 행동을 보여주는 것이 중요하다고 강조했다. 조금 더 단호한 성명을 한다고 그것이 이란이 해상수송 선박을 추가적으로 공격하지 못하도록 만들 것인지 전혀 분명하지 않다고 판단했기 때문이다.

최근 이란의 선박 공격에 대한 사우디아라비아의 우려를 지지하는 성명을 발표해야 하는지 문제에 대해서, 그는 대안적으로 페르시아만을 통과하는 항행의 자유를 보호하는 데 있어서 도움을 주겠다는 미국의 제안을 확인하는 서한을 파드 왕에게 보내는 방법을 고려해볼 수 있다고 제안했다. 그 서한은 페르시아만에서 항행의 자유를 지키고 사우디아라비아를 지키는 데 협조한다는 미국의 결의(determination)를 재확인하는 것이다. 그리고 그는 서한을 통해 군사력 사용에 필요한 접근 문제가 해결되어야 한다고 강조할 것도 제안했다. 그는 전쟁권한법에 관련된 부분에서 그 당시 사우디아라비아에 있는 미국의 자산은 사우디아라비아의 공군을 훈련하기 위한 것이며, 증가하는 적대적 행위에 대응하고자 현재 수준보다 군사력을 증강한다면, 추가적인 파병에 대해서는 의회와 협의가 필요함을 지적했다.[101]

---

101) Reagan Library, Executive Secretariat, NSC: NSPG Meetings, NSPG 0089 05/17/1984 [Iran-Iraq War], "Memorandum from McFarlane to the President: Follow-up to the National Security Planning Group (NSPG) Meeting, May 17,

1984년 5월 18일, 대통령의 고문(counselor)인 미스는 페르시아만 위기 상황에 대한 대응을 가이드하는 네 가지 원칙을 다음과 같이 제안했다.

- ○ 첫째, 군사적 대응과 관련하여 최우선 순위는 미국 국적의 선박과 미 군함(fleet)을 지원하는 다른 국적의 선박들을 보호하는 것이다. 이러한 선박들이 공격받으면 공격을 시작한 공항 또는 적절한 목표에 대한 즉각적인 보복이 있어야 한다. 그러한 보복은 활용가능한 모든 정보를 이용하여 사전에 신중하게 계획되어야 한다.
- ○ 둘째, 외교적으로 페르시아만에서 선박에 대한 공격을 멈추도록 이란과 이라크를 압박하기 위해서 페르시아만 국가들을 포함하여 전 세계 국가들을 동원함으로써 최대한의 외교적인 노력이 계속되어야 한다.
- ○ 셋째, 지역 국가 지원과 관련하여, 자신의 항구에서 교역하는 선박들과 석유 시설들을 포함하여 자국의 영토 보호 및 선박 수송과 관련하여 최대한 자기방어를 할 수 있도록 하기 위해서 페르시아만 지역 국가들에게 필요한 모든 군수(logistical) 지원과 다른 형태의 군사적 지원을 제공해야 한다.
- ○ 넷째, 다자적인 군사적 대응을 강조하면서 첫째 원칙에서 설명한 미국과 관련된 선박 수송의 보호를 위한 것이 아닌,

---

1984: Escalation in the Gulf War," (1984.05.17.).

미국이 취하는 어떠한 군사적 행동은 반드시 순수하게 국제적인 노력(다자적인 차원에서)의 일부로서만 이루어져야 하는데, 영국과 프랑스 및 페르시아만 지역 국가들을 포함하여 페르시아만 지역 석유에 의존하고 있는 다른 국가들을 이러한 다자적인 노력에 포함한다. (Reagan Library, 1984).

그는 다른 국가의 군사적 보호 요청과 관련하여, 미국과 다른 국가들에 의한 그러한 참여에서 전제조건(prerequisite)은 페르시아만 지역에 있는 국가가 자신의 항구 및 수송을 보호하기 위해서 미국의 군사적 행동을 요청해야 한다고 정리했다. 그리고 미스는 미국의 행동에 대해서 미국 의회, 미국인(여론) 및 전 세계 국가의 지지를 얻기 위해서 이상의 원칙들이 중요하다고 강조했다.[102]

페르시아만에서 미국의 군사적 대응 결정은 쉽게 내려지지 않았다. 1984년 8월 31일에 열린 NSPG 회의를 보면 정책결정자들은 이란과의 관계 및 소련의 영향력 확대에 대해서도 고려하는 모습을 확인할 수 있다. 미국 입장에서 이란은 페르시아만에서 가장 중요한 나라인데 이란은 미국과 소련 사이에서 중립적인 태도를 보이고 있었다. 슐츠 국무장관은 소련이 이란을 점령하는 것을 막는 것이 중요하며, 이는 정치, 경제 및 군사적 측면에서 장기적으로 이뤄져야 하는 전투라고 표현했다.

---

102) Reagan Library, Meese, Edwin: Files, Box CFOA 415, Persian Gulf Situation, "Memorandum from Edwin Meese to the President: Persian Gulf Situation," (1984.05.18.).

페르시아만에서 소련의 영향력이 점점 증가하고 있는 것도 미국에게 문제였다. 정책결정자들은 소련이 페르시아만 지역에 대규모 병력을 동원하여 침공할 가능성에 대해서는 낮게 평가했는데, 20~25개 사단을 동원하는 소련의 전면적인 침공은 준비하는데 최소한 1개월이 소요되고 페르시아만에 도달하는 작전은 최소한 3개월은 소요될 것이기 때문이다. 반면 정책결정자들은 외교적 측면에서 소련은 페르시아만 지역에서 영향력을 확대하기 위해서 무척 노력하고 있다고 평가했다. 아랍 국가들은 미국이 군사적으로 제공할 수 있는 억지력에 매우 큰 관심을 가지고 있으나, 그들은 눈에 띄는 방식으로 미국과 계획을 세우거나 협력하는 것을 원하지 않는다는 것도 정책결정을 더욱 어렵게 하고 있었다. 앞서 서술한 것과 같이 페르시아만 지역 국가들과의 협력 즉, 그들 국가에 대한 시설 접근 문제 해결 없이 효율적인 군사 작전은 현실적으로 어렵기 때문이다.[103]

쿠웨이트의 자국 유조선 보호 요청

1986년 후반에 이란은 쿠웨이트를 집중적으로 공격했는데 동기간 동안 이란은 쿠웨이트 소유, 그리고 쿠웨이트와 교역하는 유

---

103) Reagan Library, "NSPG 94: Pakistan and NSDD-99 Work Program" in Jason Saltoun-Ebin, *The Reagan Files: Inside the National Security Council* (Seabec Books, 2014).

조선 8척을 공격했다. 이란이 특히 쿠웨이트 선박 또는 쿠웨이트와 거래하는 선박을 목표로 공격하고 있다는 점이 분명했다. 쿠웨이트는 22척의 유조선을 보유했고 전적으로 선적(shipping)에 의존했다.[104]

쿠웨이트는 1986년 말 정부 소유의 Kuwaiti Oil Tanker Company에 소속된 22척 유조선 중 절반을 선적 변경(reflagging)하는 것을 주제로 미국과 소련 양측에 접근했다. 1986년 12월 10일, 쿠웨이트는 쿠웨이트 선박이 미국의 국기로 달고 항행하도록 등록하는 가능성에 대해서 미국 해안경비대(U.S. Coast Guard)에 제안했다.[105] 쿠웨이트의 최종 목표는 미국과 같은 강대국이 이란-이라크 전쟁에 개입하도록 만들어서 전쟁을 끝내도록 하는 것이었다.[106] 이란-이라크 전쟁은 소련이 중동지역에 다시 영향력을 행사할 수 있는 기회였다. 특히 소련이 쿠웨이트 유조선을 보호하는 임무를 맡게 되면, 서방 세계에게 전략적으로 매우 중요한 중동지역에 소련이 진출하는 기회였고, 따라서 소련은 1986년 말 쿠웨이트 선박들의 선적 변경을 원칙적으로 합의했다. 그리고 얼마 지나지 않아 1987년 1월 소련 군함이 상선을 보호하기 위해 페르시아만 지역으로 진입했다.[107]

---

104) Navias and Hooton, 1996, p. 135.
105) Navias and Hooton, 1996, p. 131.
106) Zatarain, 2013, p. 30.
107) Zatarain, 2013, p. 31.

1986년 12월, 쿠웨이트가 미국 대사관에 선적 변경 관련 공식적인 문의를 했을 무렵, 미국은 11월에 쿠웨이트가 소련에게도 비슷한 요청을 했다는 사실을 인지하고 있었다. 그리고 1987년 1월 13일, 쿠웨이트는 슐츠 국무장관에게 공식적으로 자국 선박 보호 요청을 했다. 당시 국무장관은 소련의 유조선을 사용하거나, 또는 소련의 깃발을 달고 쿠웨이트 유조선을 사용하여 페르시아만을 빠져나와 쿠웨이트의 모든 원유를 수송하는 제안을 소련이 했다는 사실을 다시 인지했다.[108]

쿠웨이트 선박에 대한 선적 변경 결정은 레이건 행정부 내에서도 이견이 있었다. NSC는 선적 변경을 지지했고 와인버거 국방장관은 그러한 계획을 가장 적극적으로 지지했다. 슐츠 국무장관은 이러한 제안에 가장 반대하는 입장이었다. 미국이 이런 결정을 내린 데 기여한 요인 중 하나는 샤(Shah)의 몰락과 레바논으로부터 철수 이후, 그리고 이란-콘트라(Iran-Contra) 사건 이후, 중동지역에서 미국의 신뢰를 다시 구축해야 하는 필요성 때문이었다.

이란의 일본 선박 공격 및 야간 공격 개시, 소련 군함의 활동

1987년을 시작으로 페르시아만의 해상수송로 안보 위협은 이전보다 더욱 심각한 단계로 접어들었다. 해상수송로 안보 위협의 수

---

108) Zatarain, 2013, pp. 33-34.

준은 이미 보통 단계를 넘어 군사적 대응을 즉각 고려해야 하는 수준에 이르렀고, 쿠웨이트는 자국 유조선에 대한 보호를 요청한 상황이었다.

이란이 중국으로부터 실크웜(Silkworm) 미사일을 획득하자 이란의 공격 능력은 크게 증가했다. 1986년 9월 경, 이란은 실크웜 미사일을 획득하고 있다는 사실이 분명해졌고 호르무즈 해협을 따라 배치할 예정이었다. 실크웜 미사일은 소련제 미사일을 중국이 개량한 것으로 사거리는 50마일로 기존에 이란이 사용했던 엑조세(Exocet) 미사일의 탄두보다 세 배 가량 커서, 이란이 실크웜 미사일을 획득함으로써 처음으로 대규모 유조선을 침몰시킬 수 있는 능력을 갖게 되었다. 결국 호르무즈 해협을 봉쇄하겠다는 이란 위협의 수준을 격상시킨 것이다.[109]

1987년 1월부터 이란은 페르시아만에서 공세를 이어갔다. 1월 6일 UAE의 함리야(Hamriyah) 석유 하역장(oil terminal)에서 12해리 떨어진 Cosmo Jupiter에 대한 공격은 이란이 일본 선박을 최초로 공격한 사건이라는 점에서 매우 중요하다. Cosmo Jupiter는 쿠웨이트를 향해 항행하는 중이었다.[110] 공개적으로 인정하진 않았지만, 이란은 1987년 1월부터 쿠웨이트 영토로 실크웜 미사일을 발사하기 시작했다. 이란은 1월 21일에 파일라카(Failaka) 섬에 미사일

---

109) Navias and Hooton, 1996, p. 139; Zatarain, 2013, p. 34.
110) Navias and Hooton, 1996, p. 138.

을 발사했고, 1월 24일에도 발사했다.[111] 그리고 이란은 호르무즈 해협을 통행하는 유조선에 대하여 1월 초부터 선박에서 발사하는 Sea Killer 미사일 공격을 시작했고, 처음으로 야간 공격을 시작했다. 상대적으로 안전했던 야간 항행도 이제는 더 이상 안전하지 않게 되면서 페르시아만 해상수송로는 더욱 위험해졌다.[112]

소련 군함의 페르시아만 재진입도 또 다른 변수였다. 소련의 군함이 페르시아만에 자국의 상선을 보호하기 위해 진입했는데, 미 해군에 따르면 소련 군함의 페르시아만 진입은 거의 드문 일이었다. 1982년 이후 소련 군함이 페르시아만에 진입한 경우는 이란이 소련 상선을 억류한 1986년 9월이 유일했다.[113] 1987년 1월 중반 소련은 구축함이 호위하는 수송대(a four-ship convoy)를 페르시아만 지역에서 운영했다.[114]

---

111) Zatarain, 2013, p. 35.

112) Bernard E. Trainor, "Iranian Warships Now Using Missiles for Night Attacks," *The New York Times* (January 20, 1987).

113) Bernard E. Trainor, "Iranian Warships Now Using Missiles for Night Attacks," *The New York Times* (January 20, 1987).

114) Anthony H. Cordesman and Abraham R. Wagner, *The Lessons of Modern War - Volume II: The Iran-Iraq War* (Westview Press, 1991), p. 273.

Policy Review Group 회의와 군사력의 예비적 이동

1987년 1월 21일 오후, 미국의 대응을 논의하기 위해 국가안보부보좌관인 콜린 파월(Colin L. Powell)이 참석한 Policy Review Group 회의가 열렸다.[115] 군사적 대응과 관련하여 참석자들은 다음과 같은 내용에 합의했고, 동 내용들을 추진하길 제안했다.[116]

○ 페르시아만에서 좀 더 북쪽으로 중동군(MIDEASTFOR: Middle East Force)을 재이동시킨다. 현재 밥 엘-만답(Bab el-Mandab)에 있는 중동군의 지휘선인 LA SALLE를 페르시아만으로 돌아오게 하고 중동군에 합류시킨다. 페르시아만 북쪽으로 이동은 즉시 가능하며 LA SALLE가 중동군에 합류하는 데 4~5일 정도 소요될 것이다. 합동참모본부가 후속 조치를 한다.
○ 사우디아라비아에게 공동 해군 훈련을 제안한다. 대통령의 성명과[117] 중동군의 이동은 파드 왕의 요청에 응한 것이다.

---

115) Reagan Library, Burns, William J.: Files, PRG [Policy Review Group] Meeting – Iran-Iraq War (01/21/1987) Box 91834, "Policy Review Group Meeting: Agenda," (1987.01.21.). Policy Review Group은 Senior Review Group과 마찬가지로 NSC 회의를 지원하기 위한 회의기구로써 상위 자문기구인 NSC 회의에서 결정이 필요한 사안들을 검토하고 정책을 제안한다.

116) Reagan Library, Burns, William J.: Files, PRG [Policy Review Group] Meeting – Iran-Iraq War (01/21/1987) Box 91834, "January 21 PRG Meeting on Iran-Iraq War," (1987.01.21.).

117) 레이건 대통령은 1987년 1월 23일 이란-이라크 전쟁에 대한 미국의 입장을 담은 성명을 발표했다.

페르시아만 북쪽에서 사우디아라비아 선박들이 우리와 합류하도록 하는 제안은, 사우디아라비아가 지역 방어에 기여해야 한다는 것을 상기시키는 일이다. (합동참모본부와 국방부의 업무이다.)

○ 미국이 신속하게 대응할 준비가 되어 있다는 것을 보여주기 위해서, 사우디아라비아에게, 또한 다란(Dhahran)에 F-15 TacAir Squadron의 신속한 파견을 제안한다. (국방부는 후속 조치한다.)

○ 페르시아만에서 양자 또는 삼자 해군 훈련 가능성에 대해서 영국 및 프랑스와 협의한다. 영국은 오만만(Gulf of Oman)에 3척의 선박이, 프랑스는 1척이 있다. (국무부와 합동참모본부가 후속 조치한다.)

○ 합동참모본부는 북아라비아해로 항공모함 한 척을 움직이는 방안의 장단점을 분석한다. 현재 지중해에 있는 케네디(Kennedy)와 빈센트(Vincent) 항공모함들은 좋은 선택이 아니라고 합동참모본부는 평가한다. 태평양에서 키티호크(Kitty Hawk)가 그 지역으로 이동하는 데 10일 정도 소요될 것이다.

○ 국방부와 합동참모본부는 "Fire-finder Radars"를 이라크에 판매하는 방안의 장단점을 평가한다. (Reagan Library, 1987).

1987년 1월 말, 미국은 쿠웨이트 유조선 11척 모두를 선적 변경

하겠다는 의지(willingness)를 전달했다.[118]

대통령 성명 발표 이후 정책결정자들의 논의

이란-이라크 전쟁에 대한 레이건 대통령의 성명 발표 이후에도 정책결정자들은 어떤 선택을 해야 하는지에 대해서 논의를 이어 갔다. 칼루치(Frank C. Carlucci) 국가안보보좌관은 NSPG 회의가 열 리기 하루 전인 2월 11일 대통령에게 보고한 자료에서 페르시아만 지역에서 미국이 취할 수 있는 전략을 제안했다. 그는 이란에 대 한 무기 수출을 통제하는 Operation Staunch 활동을 강화해야 하 며,[119] 미국의 우방 국가들을 안심시키고 이란을 억지하기 위해서 미국의 페르시아만 지역 군사적 주둔(military presence)을 증강시켜 야 한다고 주장했다. 또한 사우디아라비아, 쿠웨이트, 바레인과 긴 급사태에 대한 대비 계획(contingency planning)을 마련하고 제한적 인 무기 판매도 함께 이뤄져야 한다고 제안했다. 물론 그는 페르 시아만 국가들에게 무기를 판매하는 것은 의회와의 관계를 고려

---

118) Zatarain, 2013, p. 34.

119) 미국은 이 작전이 이란-이라크 전쟁이 가능한 조기에 끝나도록 하는 데 도움을 주는 미국의 전략에서 핵심적인 부분이라고 보았다. Reagan Library, Executive Secretariat, NSC: National Security Planning Group (NSPG) Files: Records, 1981-1987, NSPG 0144 02/12/1987 [U.S. Policy in Middle East], "Operation Staunch (S)," (1987.02.26.).

할 때 민감한 문제라는 점도 지적했다.[120]

그리고 다음 날인 2월 12일 오전 11시, 레이건 대통령이 참석하는 NSPG 회의가 열렸다. 레이건 대통령은 중동지역의 중요성과 미국의 역할도 중요함을 강조하면서, 미국의 외교정책은 이라크나 이란 어느 쪽이 승리하는 것을 추구하지 않는 중립이지만, 이란의 공세가 격렬한 지금은 이라크를 도와줄 때라고 강조했다. 이라크를 도와주어야 한다는 의견에 참석자들은 공감했는데 성명을 발표하는 방법도 제기되었다. 그리고 회의 참석자들은 이란의 군대와 혁명적인 행위가 다른 국가들을 위협하지 않도록, 이란이 전쟁에서 승리하도록 하면 안되며, 그런 의미에서 미국은 페르시아만 주변 국가들을 안심시키는 방법을 마련해야 한다고 보았다.

또한 이란-이라크 전쟁 관련 UN 안보리가 대화를 진행하고 있었지만, 미국의 정책결정자들은 실질적인 희망은 없다고 판단했다. 와인버거 국방장관은 중동군(MIDEASTFOR)이 미국의 탱크를 운반하는 쿠웨이트 선박 한 척을 바레인까지 호송하는 데에 동의했다는 소식을 전했는데, 쿠웨이트 선박에 대한 미군의 호송 문제에 대해서는 구체적인 논의가 이루어지진 않았다. 페르시아만 지역 국가들의 항구와 공항에 대한 접근 문제가 다시 제기되었는데 합참의장은 이들에 대한 접근 권한이 없다면 군사 작전을 수행하기

---

120) Reagan Library, Executive Secretariat, NSC: National Security Planning Group (NSPG) Files: Records, 1981-1987, NSPG 0144 02/12/1987 [U.S. Policy in Middle East], "Meeting with the National Security Planning Group," (1987.02.11.).

어렵다는 현실을 지적했다.[121]

정당성 확보 이후 군사적 대응의 최종 선택

1987년 3월 최종적인 군사적 대응을 선택하기에 앞서 미국은 공개적으로 이란에 경고하는 대통령 성명을 두 차례 발표했다. 1987년 1월 23일 성명을 통해 미국은 최근 이란의 공격을 매우 심각한 위협으로 간주하면서, 다시 한번 미국은 호르무즈 해협을 통과하는 석유의 흐름을 보장할 것이라는 강한 의지를 표명했다. 대통령 성명에서 강조한 이란의 공격으로 위협받고 있는 "미국의 전략적인 이해관계(strategic interests)"는 결국 미국과 동맹국의 에너지 안보의 핵심인 페르시아만의 해상수송로 안보 이익이라고 볼 수 있다. 미국은 페르시아만 석유의 해상수송로에 대한 관심과 그것을 지키고자 하는 의지를 1980년 카터 독트린 발표 이후 레이건 행정부에서도 대통령의 명령인 국가안보결정지침(NSDD)을 통해 여러 차례 강조해왔다.

1987년 2월 25일, 두 번째 대통령 성명에서도 미국은 페르시아만 지역에서 미국이 가지고 있는 전략적 이해관계를 강조하면서, 호르무즈 해협을 통과하는 자유로운 석유의 흐름을 보장하는 데

---

121) Reagan Library, Executive Secretariat, NSC: National Security Planning Group (NSPG) Files: Records, 1981-1987, NSPG 0144 02/12/1987 [U.S. Policy in Middle East], "Minutes of NSPG Meeting," (1987.02.12., 11:00 a.m.-12:00 p.m.).

미국이 강한 의지를 가지고 있다고 재차 강조했다. 여기서 지난 성명에 이어 반복된 페르시아만 수송로 안보를 보장하기 위한 미국의 "강한 의지"는 그동안 미국이 오랜 논의를 통해 고려해온 군사력의 사용 즉, 해군 함정으로 페르시아만을 드나드는 유조선에 대한 군사적 보호였다. 문제는 그것을 언제 공식적으로 발표하느냐만 남아 있었다.

외교적 대응, 경제적 대응이 이란 위협 억지에 실패하자 결국 미국은 군사력의 사용을 마지막 대안으로 선택했다. 외교적, 경제적 대응이 모두 실패했다고 군사적 수단의 선택으로 자연스럽게 이어지는 것은 아니다. 합리적 선택 과정에 따라 그 효용이 크더라도 군사력의 사용은 위기를 고조시켜 전쟁으로 이어질 수 있고, 의회와 여론이라는 국내정치적 부담도 있다. 군사적 수단의 선택이 가져오는 효용과 비용에 대한 계산에 더하여 군사적 대응을 선택하는 데 정당성을 확보하는 문제가 중요한 이유가 여기에 있다. 레이건 행정부는 군사적 보호를 받고자 하는 국가의 요청에 있을 때 이에 대한 응답으로서 군사적 개입을 할 수 있다고 군사력 사용의 전제조건을 결정했었다.[122] 1986년 말부터 이란의 공격이 더욱 심해진 상황에서 쿠웨이트가 자국 유조선에 대한 군사적 보호를 요청함에 따라 미국은 군사력을 사용하여 개입할 정당성을 확보했다. 1987년 1월과 2월, 레이건 대통령은 호르무즈 해협에서 미

---

122) Reagan Library, Executive Secretariat, NSC: NSPG Meetings, NSPG 0089 05/17/1984 [Iran-Iraq War], "National Security Planning Group (NSPG) Minutes, May 17, 1984," (1984.05.17.).

국의 전략적 이해관계를 강조하며 그것을 지키고자 하는 의지를 공개적으로 천명했고, 미국은 쿠웨이트 유조선을 군사적으로 보호하기로 결정했다.

　마침내 미국은 1987년 3월 쿠웨이트 유조선에 대하여 군사적 보호를 제공하기로 쿠웨이트에 전달함으로써 해상수송로 안보 위협에 군사적 대응을 선택했다. 그리고 군사적 대응의 방식은 앞서 미국이 고려했던 여러 가지 선택지 중에서 하나인 교전 국가가 아닌 선박에 대한 군사적 보호(에스코트) 방식으로, 다자적인 개입이 아니라 미국이 독자적으로 군사력을 사용하는 것이다. 1987년 3월 7일자 서한에서 와인버거 국방장관은 "쿠웨이트가 자국의 유조선들을 미국 깃발 아래에 (두려고) 노력했건 또는 요청을 했건 아니건" 미국은 (군사적인) 보호를 제공할 것이라고 제안하면서,[123] 미국은 쿠웨이트 선박을 미국 국적의 선박으로 등록하고 페르시아만에서 그 선박들을 호송하기로 합의했다. 미국과 쿠웨이트는 1987년 4월 2일에 선적 변경 합의(reflagging agreement)에 서명했고, 5월 19일까지 그러한 사실을 공식적으로 발표하지 않았다. 이 내용을 발표하면서 레이건 대통령은 "해상교통로(sea lanes)의 사용은 이란에 의해 좌우되지 않을 것이다. 이러한 해상교통로는 소련의 통제 아래에 두도록 하지 않을 것이다. 페르시아만은 전 세계 국가들이 항행하도록 계속 개방되어 있을 것이다"라고 언급했다.

---

123) Reagan Library, Powell, Colin L.: Files, Box 1, Chron – Official (1987) [5], Telegram 7678 from Ambassy Kuwait: Protection options for Kuwaiti Shipping," (1987.05.16.).

쿠웨이트의 유조선 22척 중에서 11척의 소유권이 US Chesapeake Shipping Incorporated로 이전되었고, 이로써 동 유조선들은 미국 해군의 보호를 받게 되었다.[124] 미국 해군의 보호란 쿠웨이트 석유 터미널(Kuwait oil terminals)로 들어가고 나오는 선박과 호르무즈 해협을 통과하는 선박에 대한 호위(escorts)를 포함한다. 쿠웨이트가 미군의 호위를 요청한 것은 페르시아만 지역 국가로서는 처음이었다.[125]

종합: 군사적 대응 선택 과정

마지막으로 페르시아만 위기에서 미국이 군사적 대응을 선택했던 과정을 여러 단계로 구성된 이 책의 설명 방식으로 정리하면 다음과 같다. 실제로 군사적 대응을 선택하는 과정에서 중요한 부분은 선택하고자 하는 그 군사 작전이 군사기획 관점에서 얼마나 준비되어 있느냐, 그리고 군사적 역량 측면에서도 준비가 되어 있느냐이다. 1967년 위기 사례와 비교했을 때 1987년의 상황은 군사기획과 군사적 역량 모두 충분한 준비가 되어 있는 상황이었다. 위협에 대한 정보를 바탕으로 군사적 대응의 목표에 대한 논의도

---

124) Navias and Hooton, 1996, p. 140.

125) John H. Cushman Jr., "U.S. is offering Kuwait's ships a naval shield," *The New York Times* (March 24, 1987).

충분히 이루어졌고, 어떤 방식으로 군사력을 사용할 것인지 다양한 선택지에 대한 논의도 진행되었다. 군사 작전 수행을 위한 지역 국가와의 협의도 진행되었기 때문에 군사적 대응을 선택할 수 있는 준비가 되어 있었다.

① 군사 작전 수행을 위한 지역 국가와의 협의

해상수송로 안보를 확보하기 위해서 군사적 대응을 해야 하는 경우, 미국은 본토에서 멀리 떨어진 페르시아만에서 군사 작전을 수행해야 했다. 여기서 가장 큰 문제 중 하나는 미국이 단독으로 군사 작전을 하더라도 페르시아만 지역 국가의 공군기지, 항만시설 등 현지 인프라를 이용해야 하는데 지역 국가와의 협의가 더디게 진행되었다는 것이다. 지역 국가와의 협의가 순조롭지 못했던 이유는 페르시아만 지역 국가들이 이란을 두려워하여 미국에 협조하는 것을 부담스러워했기 때문이었다. 미국에게 그런 시설을 제공하는 경우 이란에게 보복당할 수 있다는 위험이 있었다. 레이건 행정부는 군사적 대응에 대해 오랜 시간 동안 논의를 진행하면서 페르시아만 지역 국가의 공군 기지나 항만을 이용하는 접근권한(access) 문제를 해결하기 위해 지역 국가들과 협력에 많은 노력을 기울였다.

② 군사적 고려: 군사기획(Military Planning)

군사기획에서는 위협에 대한 평가, 군사력 사용의 목표, 목표 달성을 위한 군사적 대응 방식, 이를 위한 군사적 역량 평가 등이 이루어진다. 1967년 위기 사례와 페르시아만 위기 사례가 다른 점은 이란의 해상수송로 안보 위협에 대응하기 위한 군사적 대응을 고려하는 과정에서 군사기획이 충분히 이루어졌다는 것이다.

위협 평가와 관련하여, 1983년 10월 24일에 열린 Senior Intragency Group(SIG) 회의에서 당시 위협은 이라크가 석유 수출에 어려움을 겪으면서 위기를 변화시키고자 하는 노력에서 시작하였다고 평가했다. 이라크는 프랑스로부터 구매한 Super Etendard 항공기와 Exocet 미사일을 사용하여 이란 석유 시설과 페르시아만 수송선을 공격하겠다고 협박하는 중이었다. 이란은 이에 대응하여 모든 석유 수출에 대하여 페르시아만을 봉쇄하겠다고 협박하는 상황이었다. 이란이 실제로 페르시아만을 봉쇄할 것인지 분명하지 않았으나, 적어도 페르시아만을 통행하는 수송 선박을 막거나 제한할 수 있는 군사적 역량이 있었다.

1984년이 되자 이란이 페르시아만을 항행하는 선박에 대한 공격을 시작한 이후 공격의 수위는 점점 높아지면서 해상수송로 안보 위협도 커졌다. 1986년 9월 경, 이란은 실크웜 미사일을 획득하고 있다는 사실이 확인되었고, 호르무즈 해협을 따라 배치할 예정이었다. 실크웜 미사일은 기존에 사용하던 미사일보다 사거리가 길고 폭발력이 강해서 대규모 유조선도 침몰시킬 수 있었고, 결국 해상수송로 안보 위협이 더 커진 것이다.

군사력 사용의 목표와 관련하여, 이란 위협이 제기된 1983년 말부터 미국은 군사적 대응을 통해 이루고자 하는 목표를 논의하기 시작했다. 1983년 10월 24일에 열린 SIG 회의에서 정책결정자들은 미국의 군사 개입 조건, 군사적 행동 목표 등에 대한 화두를 던졌고, 11월 7일 NSPG 회의에서 군사력 사용 목표가 논의되었다. 그날 회의에서 호르무즈 해협 봉쇄 시도를 억지하고 페르시아만 아랍 국가들의 석유 생산과 분배 시설에 대한 이란의 공격 억지가 목표로 설정되었고, 이를 위해 국무부는 유럽과 일본 및 페르시아만 국가들과 협의를 시작하도록 했다. 또한 국방부는 군사적 수준에서의 협의를 준비하도록 했다.

이후 이란-이라크 전쟁에 대한 미국의 정책인 국가안보결정지침 114호(NSDD-114)가 발표되면서 해상수송로 안보를 위한 군사력 사용의 목표가 구체화되었다. 동 결정지침에서 "페르시아만 지역에서 교전국이 아닌 국가의 수송에 대한 공격 또는 방해 또는 핵심적인 석유 생산과 환적 시설에 대한 공격을 억지 또는 방어하기 위해서 ..." 라고 명시한 부분이 그것이다. 또한 본 결정지침은 "국제적인 수송에 호르무즈 해협을 계속 개방시키기 위해서 필요한 어떤 조치라도 취하는 것이 현재 미국의 정책"이라고 밝혔다.

1984년이 되어 이란의 선박 공격이 개시되자 군사적 대응은 주로 선박에 대한 군사적 보호에 초점이 맞추어졌다. 1984년 5월 17일에 열린 NSPG 회의에서 정책결정자들은 미국은 해상수송 선박(주로 유조선)을 보호하기 위해 군사적으로 개입해야 하는지, 어느 범위까지 해야 하는지 등을 논의했다. 이 회의 결과는 1987년 쿠웨이트 유조선에 대한 미국의 군사적 보호 결정의 기본적인 원칙이 되었다. 당시 회의에서 논의한 군사적 대응의 목적은 해상수송로 안보를 위해 이란의 공격을 억지하고 전쟁이 격화되는 것을 막는 것이었다.

1986년 9월 2일 레이건 행정부는 기존의 국가안보 전략(NSDD-32)을 대체하는 개정 국가안보 전략(NSDD-238)을 승인했는데, 이 전략은 페르시아만에서 항행의 자유를 중요한 목표로 설정하고 군사력을 활용하여 이것을 보호하겠다는 점을 분명히 했다. 앞서 강조된 것과 같이 이란의 페르시아만 봉쇄를 억지하는 것이 군사적 대응의 목표인 것이다.

한편 1984년 2월에는 북아라비아해 및 페르시아만 지역에서의 교전 규칙(ROE)에 대한 수정도 이루어졌는데 이로써 미국 및 비(非) 미국 상업 선박 및 항공기 보호를 위한 가이드라인이 만들어졌다. 교전 규칙 수정으로 이란과 이라크를 교전 국가로 명시하게 되었고, 적대적인 의도를 표시하는 항공기나 수상선(surface craft)에 대하여 교전 허가도 내렸으며, 항행의 자유가 있는 지역에서 기뢰 매설을 적대적인 행위로 간주했다. 이와 같은 교전 규칙의 개정은 페르시아만 지역 미 해군에게 보다 적극적으로 해상수송로 안보를 위해 개입할 수 있는 재량을 부여했다.

군사적 역량과 관련하여, 해상수송로 안보 위협에 대응하기 위해 미국은 여러 가지 군사적 대응 방식을 논의하면서 동시에 가용한 군사적 자원에 대해서도 점검해 나갔다. 1984년 5월 17일 NSPG 회의에서 합동참모본부 소속 켈리 장군은 페르시아만에 있는 미군 현황을 설명하였다. 그에 따르면 1984년 기준으로 키티호크 전단(Kitty Hawk Battle Group)을 활용하는 경우 페르시아만의 중간 정도까지만 공중 지원이 가능하고 작전 시간은 48시간 동안만 가능하며, 그 이상의 작전을 위해서는 공군 급유기의 지원이 필요했다. 그리고 이란의 목표물에 대해 키티호크 전단으로 군사 공격하는 경우 일부 지역만 제한적으로 작전을 수행할 수 있다고 켈리 장군은 덧붙였다. 유조선을 호송하는 작전의 경우 중동군(MIDEASTFOR)을 활용하는 방법도 고려할 수 있는데 문제는 중동군을 활용하는 경우 페르시아만 남쪽이 노출되는 위험이 있기 때문에 구체적인 결정을 내리지 못했다.

③ 군사력의 예비적 이동

1987년이 되자 이란은 페르시아만에서 공세의 강도를 높였고 소련 군함은 자국의 상선을 보호하기 위해 페르시아만에 진입했다. 해상수송로 안보 위협이 이전보다 더 심각한 상황으로 악화되었고 소련이 페르시아만에 진출하자, 미국은 군사력의 사용을 결정하기에 앞서 군사력을 예비적 차원에서 이동시켰다. 1987년 1월 21일 Policy Review Group 회의에서 제안한 군사력의 이동이 그것이다. 회의에서는 중동군(MIDEASTFOR)을 페르시아만에서 조금 더 북쪽으로 이동시키고, 중동군의 지휘선인 La Salle를 페르시아만에 복귀시킬 것을 제안했다. 아울러 정책결정자들은 북아라비아해로 항공모함 한 척을 이동시키는 방안의 장담점을 분석하라고 합동참모본부에 지시했다.

1987년 초 미국은 지중해와 페르시아만에서 미 해군의 병력을 증강시켰다. 최근 이란의 공세 속에서 미국의 이해관계를 보호하기 위한 선택지들을 검토하고 있는 가운데 이루어진 조치였다. 미국은 1987년 1월 9일에 시작된 이란의 공세에 대해 우려하고 있었고, 바스라(Basra) 근처에서 이란의 공격적인 행위를 자제하라고 이란에게 재촉하고 있었다. 페르시아만에서의 해군 병력 증강은 바스라 지역에서 이란의 군사적 공세가 거세짐에 따라서 촉발되었다. 지중해와 페르시아만에서 군함을 이동시키는 것은 군사적 행동이 필요한 경우에 여러 가지 선택지들을 활용하기 위한 시도였다. 지중해에는 항공모함 전투단(aircraft carrier group)이 있었는데 니미츠(Nimitz)호가 이끄는 전투단은 지중해 동쪽으로 이동중이었고, 케네디(Kennedy)호가 이끄는 전투단은 곧 스페인에 기항할 계획이었다. 다른 세 척의 군함도 1,600명의 해병과 함께 지중해에 머물고 있었다. 그리고 5척의 유사한 군함이 1,600명의 해병과 함께 일주일 후 도착할 예정이었다. 페르시아만에는 6척의 군함이 집결하여 북쪽으로 이동하고 있었고, 키티호크(Kitty Hawk) 항공모함과 호위 함대들은 아라비아해로 이동하기 위해 곧 필리핀을 떠날 예정이었다.[126]

---

126) Gerald M. Boyd, "State Dept. Bars Lebanese Travel; Navy Moves Ships," *The New York Times* (January 29, 1987).

④ 군사적 대응의 선택

목표 달성을 위한 구체적인 군사력의 사용 방식과 관련하여, 이란-이라크 전쟁 상황이 전개되면서 해상수송로 안보 위협의 수준이 점점 높아져갔고, 이에 대한 군사적 대응의 목표와 함께 구체적으로 논의했던 군사적 대응 방식도 변화해갔다. 위협에 대응한 구체적인 군사적 대응 방식은 1983년 10월 24일에 열린 SIG 회의에서부터 제기되었다. 다음 자료는 1983년 후반부터 미국이 논의했던 주요 군사적 대응 방식을 정리한 것이다.[127] 아래의 선택지들은 군사기획 과정을 통해 논의 및 도출된 다양한 해상수송로 안보 위협 상황에서 군사적 대응 방식들이다.

표-29 페르시아만 위기에서 해상수송로 안보 위협에 따라 고려한 군사적 대응

해상수송로 안보 위협의 성격 (위협 시나리오)	군사적 대응 방식	군사적 대응 목표	대응의 장점	예상되는 문제
이란이 호르무즈 해협에 기뢰를 설치하여 해상 수송에 충격을 주는 경우	위협 제거를 위해 영국, 프랑스 등과 함께 기뢰 제거 작전	이란의 해상수송 선박 공격 위협 제거		미국이 독자적으로 수행할 능력 없음
이란이 사우디 석유 시설을 공격하는 경우	공중 방어 자산(air defense assets) 제공	추가적인 공격을 억지 (석유 수출 회복)		

---

127) 1983년 10월 24일 SIG 회의를 시작하여 1986년까지 열린 NSPG 회의 등에서 논의된 해상수송로 안보 위협에 따른 주요 군사적 대응 방식들을 정리한 것이다.

해상수송로 안보 위협의 성격 (위협 시나리오)	군사적 대응 방식	군사적 대응 목표	대응의 장점	예상되는 문제
이란이 쿠웨이트를 공격하는 경우	병참과 공수 지원 (lift support)	영국이 쿠웨이트 보호하도록 유도		
이란이 교전 지역이 아닌 바다에서 수송을 차단시키는 경우 (이란의 해군 검색 행위)	이란이 페르시아만 중립 선박 수송을 심각하게 방해하는 경우가 아니면 개입 자제			
이란이 교전 지역이 아닌 바다에서 수송을 차단시키는 경우 (석유 수출을 줄이는 행위)	① 출발한 항구나 목적지 관계 없이, 국제적인 수역에서 모든 상업적 수송 선박 보호	수송 안보 확보 (이란의 공격 억지)	이라크 유조선도 보호함으로써 이라크 석유 수출에 기여함	미국이 이라크를 지원하는 것으로 인식되어 중립정책을 위태롭게 만들고 미국이 전쟁에 연루될 가능성이 있음
	② 출발한 항구나 목적지 관계없이, 중립국의 수송 선박 보호	수송 안보 확보 (이란의 공격 억지)	이라크 유조선도 보호함으로써 이라크 석유 수출에 기여함	이란-이라크 전쟁에 대한 미국의 중립 외교정책을 위태롭게 하여 미국이 전쟁에 연루될 가능성이 있음
	③ 중립 국가의 항구에서 온 또는 중립 국가의 항구로 향하는 중립 선박 보호 (교전하지 않는 국가 선박 보호) (다자적인 개입)	수송 안보 확보 (이란의 공격 억지)	• 페르시아만에서 항행의 자유를 지킨다는 미국의 의지를 보여줌 • 미국과 동맹국의 이란-이라크 전쟁 교전 개입 가능성을 낮춤	다자적인 대응은 다른 국가들의 협력을 이끌어 내는 데 시간이 많이 걸려 신속한 대응이 어려움
	④ 중립 국가의 항구에서 온 또는 중립 국가의 항구로 향하는 중립 선박 보호 (교전하지 않는 국가 선박 보호) (독자적 개입) ▶ 본 대안을 최종 선택함	수송 안보 확보 (이란의 공격 억지)	• 페르시아만에서 항행의 자유를 지킨다는 미국의 의지를 보여줌 • 미국과 동맹국의 이란-이라크 전쟁 교전 개입 가능성을 낮춤 • 독자적 개입으로 신속한 대응이 가능함	

이상의 여러 대안 중에서 미국의 정책결정자들은 페르시아만에서 이란의 위협 대응에 효과적이면서, 동시에 현재 위기를 더 고조시키지 않는 군사력의 사용 방식인 중립국가의 항구에서 온 또는 중립국가의 항구로 향하는 중립선박 보호(교전하지 않는 국가 선박 보호) 방식을 선택했고, 미국이 독자적으로 개입하는 방식을 선택했다.

 다양한 상황에서 미국이 선택할 수 있는 군사적 대응 방식에 대한 논의가 1983년 말부터 시작되었으나, 논의중인 군사적 대응을 실제로 실행하기 위해서는 그러한 군사 작전을 수행할 군사적 역량이 준비되어야 했다. 그런 의미에서 군사 작전 수행을 위한 중동지역 국가와의 협의도 중요했고, 레이건 행정부는 페르시아만 지역 국가의 공군 기지나 항만을 이용하는 접근권 문제를 해결하기 위해 지역 국가들과 협력에 많은 노력을 기울였다.

8. 페르시아만에 군사적으로 진출하기 위한 미국의 노력

 미국은 페르시아만 위기에서 군사적으로 어떻게 대응할 것인지 논의하면서, 동시에 효율적인 군사 작전을 위해 페르시아만 지역 국가와의 협력, 중동지역 관할 군 체제의 전환 등을 적극적으로 추진해 나갔다.

레이건 행정부의 초기 노력

'카터 독트린'에서 "미국은 앞으로도 페르시아만 지역 방어를 위한 노력을 계속할 것이며, 현재 북아프리카 및 페르시아만 지역에서 미군이 사용할 핵심 해상 및 공중 시설에 대한 협의를 진행하고 있다"라고 밝힌 바 있다. 카터 독트린의 내용처럼 이후 레이건 행정부에서도 미국은 에너지 안보 차원에서 페르시아만 해상 수송로 안보의 중요성을 인지하고 페르시아만에 군사적으로 진출하기 위해 지속적으로 노력했다. 1981년 3월 19일, NSC 회의에서 정책결정자들은 미군의 페르시아만 진출 문제를 에너지 안보 관점에서 다루었다. 레이건 대통령은 사우디아라비아에게 F-15 판매를 승인한 것이 결국 미군이 페르시아만에 주둔할 수 있는 기반을 마련하는 것이라고 보았고, 석유 시설과 특히 페르시아만 해상수송로에 대한 군사적 보호를 위해서는 충분한 군사력을 운용해야 하는데 지역 국가들의 협조가 없다면 사실상 어려웠다고 평가했다. 와인버거 국방장관도 중동지역에서 미군의 가장 중요한 목표가 석유의 공급을 보호하는 것이라고 분명하게 언급했다.[128]

4월 1일에 열린 NSC 회의에서도 비슷한 논의가 있었다. 사우디아라비아에게 F-15 전투기와 AWACS(airborne warning and control system: 공중경보 및 통제체계, 또는 이 체계를 적재한 공중조기경보기)를 판매

---

128) Reagan Library, "NSC 5: Sinai Peacekeeping Force; Pakistan" in Jason Saltoun-Ebin, *The Reagan Files: Inside the National Security Council* (Seabec Books, 2014).

하는 문제도 에너지 안보 차원에서 고려한 것이다. 사우디아라비아가 이러한 시스템을 갖게 되면 중동지역 정보 수집에서 우월했던 이스라엘은 불안해할 수 있기 때문이다. 와인버거 국방장관은 만약 소련이 유전 지대를 공격한다면 AWACS가 도움될 것이라고 덧붙였다.[129]

중부사령부(USCENTCOM)의 창설

1983년 1월 1일, 중부사령부(USCENTCOM: United States Central Command)의 창설은 중동지역 특히 페르시아만에 대한 미국의 관심과 의지를 보여주는 매우 중대한 노력이다. 중부사령부라는 이름이 지칭하듯이 중부사령부는 유럽, 아프리카 및 인도-태평양 사령부의 중간에 위치한 "중앙" 지역을 작전 지역으로 한다. 이란에서의 인질 위기, 소련의 아프가니스탄 침공으로 미국은 중동지역에서 이해관계를 지키기 위해 카터 행정부 시기인 1980년 3월 '신속 전개 공동 기동부대(RDJTF: Rapid Deployment Joint Task Force)'를 창설했다. 레이건 행정부에서는 동 부대를 통합된 사령부로 바꾸려고 노력했는데, 그 결과 1983년 1월에 중부사령부가 탄생했

---

129) Reagan Library, "NSC 7: Haig Trip to the Middle East and Europe, Saudi AWACS, and Nicaragua" in Jason Saltoun-Ebin, *The Reagan Files: Inside the National Security Council* (Seabec Books, 2014).

다.¹³⁰⁾ 중부사령부의 탄생으로 미국은 중동지역에서의 군사 작전을 더욱 적극적으로 할 수 있게 되었다. 하지만 중동지역에서 효과적이고 실질적인 군사 작전에 필요한 군사기지 같은 시설을 확보하는 것이 쉽지 않았고, 레이건 행정부는 이러한 접근 문제(access)를 해결하기 위해 페르시아만 지역 국가들과 지속적으로 협의를 해나갔다.

중부사령부 전진 본부(FHE)의 설치

페르시아만에 중부사령부의 전진 본부(FHE: Forward Headquarters Element)를 설치한 것은 국가안보보좌관 맥팔레인의 언급처럼 미국에게 획기적인 사건(milestone)이었다. 중부사령부의 공식적인 설치 이전 문제와 관련하여 레이건 대통령은 1982년 12월 2일, 국무장관과 국방장관에게 페르시아만에 중부사령부 전진 본부 설치 가능성을 알아볼 것을 지시했고,¹³¹⁾ 국무장관과 국방장관은 1983년 3월 5일 이를 정리한 자료를 공동으로 대통령에게 제출했다. 협력 대상으로 사우디아라비아, 오만 등 여러 나라들이 거론되었

---

130) United States Central Command, http://www.centcom.mil/ABOUT-US/HISTORY/ (검색일: 2023년 3월 3일).

131) Reagan Library, Near East and South Asia Affairs Directorate, NSC: Records, Box 010R-NESA (90585), Middle East - CentCom (Central Command) (2), "Unified Command for Southwest Asia," (1982.12.02.).

으며 전진 본부 설치를 위한 협의가 진행되었다.

그리고 마침내 1983년 11월 28일, 와인버거 국방장관은 맥팔레인 국가안보보좌관에게 보낸 자료에서 바레인 정부가 미국 중부사령부의 전진 본부를 페르시아만에 있는 중동군(MIDEASTFOR) 소속 선박에 설치하는 미국의 제안을 받아들였다는 소식을 전했다. 전진 본부는 중동군의 주력 함선인 USS La Salle에 설치되어 해상 위에서 이동하며 약 20명의 인원으로 전진 본부를 구성하기로 했다. USS La Salle가 페르시아만을 벗어나는 경우 전진 본부 인원은 바레인에 머물기로 했다. 바레인 정부가 미국의 중부사령부 전진 본부와의 연관되어 있다는 것을 부담스러워 하기 때문에 이와 관련된 성명은 조심스럽게 하기로 했다.[132] 미국 입장에서는 페르시아만 지역 국가와 군사적 협력을 이룬 성과지만, 바레인 입장에서는 미국에게 편을 드는 것으로 보일 수 있기 때문에 매우 조심스러운 상황이었다.

바레인의 합의 내용을 대통령에게 보고한 국가안보보좌관의 보고 자료 내용과 같이, 비록 주로 선박 위에 머물긴 하지만 중부사령부의 전진 본부를 페르시아만 지역에 설치한 것은 미국이 지역 국가들에 대한 접근을 촉진하게 하는 발판이었다. 특히 미국과 미국의 동맹국에게 사활적인 이해관계가 있는 지역에 미국이 군사

---

132) Reagan Library, Near East and South Asia Affairs Directorate, NSC: Records, Box 010R-NESA (90585), Middle East - CentCom (Central Command) (1), "Establishment of the USCENTCOM Foward Headquarters Element Afloat," (1983.11.28.).

적 차원에서 더욱 적극적으로 진출할 수 있는 계기를 마련한 일이었기에 중부사령부 전진 본부 설치는 획기적인 사건이었다.[133] 미국에게 사활적인 이해관계가 있는 페르시아만 지역에서 에너지 안보를 위한 미국의 군사적 활동을 지원하는 데 있어서 지역 국가들과 협력 및 지역 국가들의 공군기지, 항만 등에 대한 미군의 접근이 중요했다. 그런 맥락에서 미국이 바레인 정부로부터 전진 본부 설치 승인을 얻어낸 것은 매우 큰 성과였다.

9. 에너지 안보 문제 해결을 위한 노력

이란의 페르시아만 봉쇄나 해상수송 방해 위협에 대비하여 미국은 주로 NSPG 회의에서 군사적 대응을 중심으로 논의를 진행했다. 해상수송로 봉쇄 위협이라는 위기 특성으로 인해 군사적 개입을 통한 해상수송로 안보 확보가 가장 유력한 대안이었기 때문이다. 미국의 정책결정자들은 군사적 대응 이외에도 혹시 발생할 수 있는 에너지 공급 중단에 대비하여 이를 상쇄할 수 있는 방안들도 고민했다.

---

133) Reagan Library, Near East and South Asia Affairs Directorate, NSC: Records, Box 010R-NESA (90585), Middle East - CentCom (Central Command) (1), "Memorandum for the President," (1983.12.01.).

에너지 긴급사태 대비

1983년에 발표된 국가안보결정지침 87호(NSDD-87)는 레이건 행정부의 에너지 안보 정책 방향을 담은 문서다. 동 결정지침은 포괄적인 에너지 안보 정책의 근본적인 원칙으로 첫째, 에너지 비상상황(energy emergency)이 발생하기 전에, 그리고 가능한 그 위기 동안에 국내와 국제적인 에너지 시장에 주로 의존해야 함을 강조하고 있다. 즉, 에너지 위기를 기본적으로 시장의 힘으로 해결하고자 한 것이다. 둘째, 위기에서 에너지 공급량을 강화시킬 수 있는 준비가 되어야 하며, 셋째, 위기든 평시든 모든 상황에서 국방 및 포괄적인 국가안보 목적으로 에너지 자원을 공급하는 것이 원칙이다. 이상의 원칙을 실현하기 위해, 동 결정지침은 레이건 행정부의 정책이 추구해야 할 목표를 다음과 같이 규정했다. 우선, 위기가 발생하기에 앞서 국내 및 국제적인 시장의 기능을 개선하여 긴급 상황이 일단 발생하면 시장이 최대의 효율로 작동할 수 있도록 한다. 둘째, 위기 상황에서 전반적인 시장의 가격, 공급 및 수요를 통제하지 않으면서 공급 측면의 요인들에게 영향을 준다. 셋째, 모든 상황에서 서양의 안보적 필요를 충족하기 위해 미국과 동맹국이 필요한 연료를 얻을 수 있도록 보장한다.

국가안보결정지침 87호(NSDD-87)에서는 잠재적인 에너지 공급 중단 시나리오도 제시하고 있다. 예를 들어, 페르시아만의 호르무즈 해협이 봉쇄되는 경우 수출 역량에서 하루 당 1,700만 배럴의 석유 부족을 유발하는데, 이는 대략 하루에 800~1,000만 배럴의 순수 석유 부족을 가져올 것이다. 페르시아만이 봉쇄되지는 않더라도 페르시아만 수출 역량에서 하루당 700만 배럴의 대규모 공급 중단이 발생하는 경우, 석유에 대한 수요가 낮은 시나리오에서 조차도 대부분의 잉여수출 능력을 제거시킬 것이라고 동 결정지침은 전망했다. 사우디아라비아로부터의 공급량이 중단되는 경우 이는 생산 역량에서 하루 1,100만 배럴의 생산 감소를 가져오는데 이는 하루당 200~500만 배럴의 순수 석유 부족을 가져올 수 있다는 전망도 나왔다. 결국 호르무즈 해협의 봉쇄가 가장 심각한 석유 공급 문제를 유발할 수 있다는 것이 국가안보결정지침 87호(NSDD-87)의 평가였다.

국가안보결정지침 87호(NSDD-87)는 공급 중단을 억지하기 위한 정책도 제시했다. 에너지 안보는 미국 외교정책의 지속적인 주요 목표라고 강조하면서 동 결정지침은 공급 중단 대비 정책을 제시하고 있다. 미래에 발생할 수 있는 대규모 석유 공급 중단 또는 방해를 억지하고 그러한 문제의 파급력을 줄이기 위한 미국의 노력은, 석유 수출국들에게 그러한 공급 중단의 예방에 맞추어져 있어야 한다며, 다른 주요 에너지 소비 국가들과 함께 연합 전선을 만드는 데에 집중해야 한다고 동 결정지침은 강조했다.[134]

1983년 11월 7일 NSPG 회의에 앞서 10월 24일에 SIG 회의가 열렸는데 동 회의에서도 에너지 안보 문제를 거론했다. 석유 공급 중단에 대한 대비로서 SIG는 페르시아만으로부터의 석유 수출이

---

134) Reagan Library, Executive Secretariat, NSC: National Security Decision Directives (NSDD) Files, NSDD 134 03/27/1984, "National Security Decision Directive 134: US International Energy Policy Goals and Objectives," (1984.03.27.).

심각하게 감소하여 발생하는 부정적인 영향력을 최소화하기 위해서, 다양한 수준의 석유 감소가 가져오는 영향 및 그것이 미국과 세계에 미치는 경제적인 영향에 대해서 지금 평가해야 한다고 제안하면서, 적절한 대응에 대해서 정부 조직 간 합의가 필요하다고 제안했다. 또한 석유 공급 중단의 파괴적인 영향을 최소화하기 위해서는 공급 중단 이전, 그리고 공급 중단 이후 행동에 대해서 동맹국 및 주요 석유 기업들과 협의를 시작해야 할 것을 주문했다. 그리고 재무부는 페르시아만 석유 공급 중단의 경제적 영향에 대해 사전 평가 자료를 제공할 것을 제안했다.[135]

SIG는 국제적인 에너지 긴급사태 계획(International Energy Contingency Planning)도 제안했는데, 이란-이라크 전쟁 확전 결과로 발생하여 전 세계적인 석유 공급 중단 위협 또는 그런 실제적인 상황에서 활용할 수 있는 국제적인 에너지 긴급사태 행동을 다음과 같이 제안했다.

(a) 석유 생산 국가들이 즉각적인 생산량 증가를 하도록 권장 및 페르시아만 석유 생산 국가들이 육로로 수출하는 것을 확대하도록 노력한다.
(b) 공급 중단 가능성과 이에 대한 대응 가능한 수단을 검토하기 위해서 국제에너지기구(IEA) 이사회(governing board)의 비

---

135) Reagan Library, Executive Secretariat, NSC: NSPG Meetings, NSPG 0076 11/07/1983 [Iran-Iraq; October 1983 Lebanon Marine Bombing] (1), "Senior Interagency Group Discussion Paper," (1983.10.27.).

상 회의를 소집한다.

(c) 잠재적인 투기적 가격 상승을 완화시키고 비축 또는 매점매석을 피하기 위해서 특히 메이저 석유 회사와 같은 사적인 석유 시장 참여자들과 협력한다.

(d) 외교 및 군사적 행동을 위한 긴급사태 계획(contingency planning)과 통합될 수 있도록 이러한 국내 및 국제적인 수단들을 조속하게 검토해야 한다. (Reagan Library, 1983).

SIG의 논의와 제안 내용 중에서 외교적 대응은 그리 많지 않았다. SIG는 외교 전략으로서 (1) 단기적인 즉각적인 목표로서 페르시아만에서의 실질적인 교전 중지를 촉구하여 양측이 상대방의 석유 시설 또는 수출을 공격하지 않도록 하는 것이 목표인데, UN 안보리에서 그러한 실질적인 교전 중지를 추구해야 한다고 제안했다. 다음으로 (2) 시리아를 통과하는 이라크 파이프라인이 재개되도록 노력해야 하며, (3) 페르시아만에서 항행의 자유에 대한 미국의 의지를 계속해서 강조하는 것을 제안했다. SIG는 국제석유시장에 불필요한 긴장을 가져와 유가에 부정적인 영향을 줄 수 있는 언급은 피할 것을 주문했다.

1983년 11월 26일에는 이란-이라크 전쟁에 대한 미국의 정책 (NSDD-114)이 승인되었는데, 국무부에서 국가안보보좌관 맥팔레인에게 제출한 자료에 따르면 국가안보결정지침 114호(NSDD-114) 승인 이후 미국은 전쟁 확전을 줄이는 것을 목표로, 이란에게 전쟁을 끝낼 유인을 주면서, 4개의 외교 이니셔티브를 추진중인 것을 확인할 수 있다. 첫째는 이라크와의 논의인데 이란 석유 수출을 겨냥한 이라크의 공격은 이란의 대응을 가져올 가능성이 매우 크며, 이로 인해 석유 공급 중단이 일어날 가능성이 있고, 결국 전 세계에 있는 석유 수입 국가들에게 피해를 줄 것이라는 우려를 12월 20일에 럼스펠드(Donald H. Rumsfeld) 대사가 사담 후세인에게 전달할 계획이었다. 두 번째는 이란으로 서방 세계의 무기가 공급되는 것을 중단하기 위해 몇 국가들에게 이란으로 가는 무기 판매를 중단하거나 줄여줄 것을 요청했다. 셋째는 이란에 대한 미국의 수출 통제로 이란에 대하여 추가적인 미국의 수출 통제를 제안하며, 이란을 테러리스트 명단에 추가하기 위해 움직이고 있다는 것이다. 마지막은 UN 차원의 행동인데, 항행의 자유를 보장하기 위한 추가적인 결의안에 대해서 미국은 영국과 논의 중이었다.[136]

국제 에너지 정책인 국가안보결정지침 134호(NSDD-134)

1984년 3월 27일, 미국의 국제 에너지 정책 목표를 담은 국가안보결정지침 134호(NSDD-134: US International Energy Policy Goals and Objectives)가 승인되었다. 국가안보결정지침 134호(NSDD-134)는 미국의 국제 에너지 정책의 목표로서 페르시아만 석유가 계속 공급되도록 하기 위해서는, 단기적으로는 페르시아만과 호르무즈 해

---

136) Reagan Library, Executive Secretariat, NSC: NSPG Meetings, NSPG 0082 12/22/1983 [Iran-Iraq War], "US Policy Towards the Iran-Iraq War: Status Report on NSDD-114," (1983.12.19.).

협에서 항행의 자유 즉, 에너지 해상수송로 안보를 확보하고 석유 생산 및 수송 시설을 보호하는 것이 최선의 정책이라는 것을 강조했다. 동 결정지침에 따르면 석유 공급 중단과 관련한 미국의 국제 에너지 정책의 원칙은 다음과 같다. (1) 외교 및 군사적 대응이나 개입이 필요한 위기를 제외하고 기본적으로 시장이 해결하도록 한다. (2) 비상상황에서 에너지 공급을 강화시킬 수 있는 수단들을 지원한다. (3) 모든 상황에서 국방 및 포괄적인 국가안보를 목적으로 에너지를 공급하도록 한다. (4) 공황상태를 줄이고 경제적 혼란을 최소화하며 석유 공급 부족의 결과로서 미국과 동맹국이 수용하기 힘든 피해를 겪지 않도록 하기 위하여, 국제에너지기구(IEA)와 다른 매커니즘을 통해서 다른 에너지 소비 국가들과 국제적인 협력을 추진한다.

또한 국가안보결정지침 134호(NSDD-134)는 미국 대표들이 양자 관계에 기반하고 국제에너지기구(IEA) 내에서도 미국의 동맹국들과 함께 에너지 문제의 속성과 적절한 대응 방안에 대해서 즉시 논의를 시작할 것을 지시했다. 결정지침에 따르면 미국 입장에서 중요한 대응 수단은 바로 자유시장의 힘과 전략비축유(SPR: Strategic Petroleum Reserve)에 의존하는 것이다. 전략비축유는 전 세계적인 에너지 공급량 부족을 상쇄시킬 수 있는 미국에게 매우 소중한 장치인데, 대부분의 경우 초기에 전략비축유를 대량으로 인출하는 것은 대규모 석유 공급 중단의 경제적인 영향력을 상쇄시킬 수 있는 최선의 정책이 될 것이라고 국가안보결정지침 134호

(NSDD-134)는 평가했다.[137]

1984년 5월 19일, 맥팔레인 국가안보보좌관이 대통령에게 보고한 자료에 따르면 국가안보결정지침 134호(NSDD-134) 발표 이후 이란-이라크 전쟁 확전의 결과로 발생할 수 있는 석유 공급 문제에 대비하기 위해 미국은 에너지 비상사태 준비(Energy Emergency Preparedness)에 대한 국제 협력도 모색했다. 미국 대표들은 국가안보결정지침 134호(NSDD-134)에서 제시한 가이드라인에 근거하여 에너지 비상사태 준비를 논의하기 위해서 영국, 프랑스, 독일, 이탈리아, 일본 등의 고위급 관료들과 만났고, 국제에너지기구(IEA)와의 협력도 추진해 나갔다. 미국은 동맹국 간에 석유 공급 문제에 대처하는 과정에서 발생하는 부담을 공평하기 나누기 위해서 적절한 국제적인 정책들이 필요하다고 강조했다. 미국은 특히 전략적인 비축유(strategic stocks), 공조된 비축유 정책과 효과적인 공공 정보 전략을 강조했다. 동맹국들은 대체로 미국의 접근에 호의적으로 반응했고, 비축유 관련 이슈들에 대해 다자적인 협의를 진행하기로 했다.[138]

---

137) Reagan Library, Executive Secretariat, NSC: National Security Decision Directives (NSDD) Files, NSDD 134 03/27/1984, "National Security Decision Directive 134: US International Energy Policy Goals and Objectives," (1984.03.27.).

138) Reagan Library, Meese, Edwin: Files, Box CFOA 415, Persian Gulf Situation, "Memorandum from McFarlane to the President: Bilateral Discussions on Energy Emergency Preparedness," (1984.05.19.).

에너지 안보 종합 연구 지시

미국의 국내 생산이 감소하고 수입이 증가함에 따라서 레이건 대통령은 1986년 10월, 에너지부 장관인 헤링톤(John Herrington)에게 에너지 관련 국가안보 문제를 연구하라고 지시했다. 대통령의 지시에 따라 국무부, 국방부, 내무부, 재무부, NSC 등이 협조하여 연구에 착수했고, 1987년 3월 "Energy Security: A Report to the President of the United States" 제목의 보고서가 나왔다. 동 보고서는 미국 에너지 공급 및 수요의 모든 측면, 그리고 미국의 에너지 안보에 대한 함의를 다루었다.[139] 전 세계 에너지 전망, 미국의 에너지 상황, 에너지 효율성 문제, 천연가스의 효용, 석탄 및 원자력 발전, 재생가능 에너지, 에너지 긴급상황에 대한 국제 공조 등 에너지 관련 다양한 이슈들을 종합적으로 검토하고 있는 보고서였다. 에너지 안보를 위한 군사력의 역할 등 군사안보적 측면의 분석은 보고서의 핵심 내용이 아니었다.

---

139) Reagan Library, Danzansky, Stephen I.: Files, XVII. (F) Energy - Security Study (1), "From John S. Herrington of the Secretary of Energy to the President," (1987.03.16.).

10. 소결

소결에서는 1987년 페르시아만 위기에서 해상수송로 안보 위협, 국제정치의 구조적 요인인 소련에 대한 고려, 그리고 국내정치적 요인 또는 이해관계가 미국 외교정책의 결정과정에 어떠한 영향을 주었는지, 군사적 대응을 비롯한 외교정책 대안 논의 및 선택에 어떤 영향을 주었는지 정리한다.

해상수송로 안보 위협의 영향력

표-30 페르시아만 해상수송로 안보 위협의 변화

1980년~1983년	1983년 말~ 1984년 중반	1984년 중반~ 1986년 말	1987년 초~
-	낮음	보통	심각

우선 해상수송로 안보 위협의 수준에 대해 정리하면 페르시아만 위기에서 도전자인 이란의 도발적인 행위와 이에 대한 미국 정책결정자의 인식을 종합했을 때 해상수송로 안보 위협의 수준은 단계적으로 심각한 수준으로 변했다.

이란-이라크 전쟁 초반 페르시아만을 항행하는 선박에 대한 공격이나 위협이 전혀 없었던 것은 아니다. 이라크가 간헐적으로 선

박을 공격하긴 했으나 미국의 정책결정자들은 이를 대응이 필요한 수준의 위협으로 인식하지 않았다. 그러나 1983년 10월 국무장관이 대통령에게 페르시아만 해상수송로 안보 상황을 보고하면서부터 정책결정자들은 해상수송로 안보 위협을 인식했고, 1984년에 이르러 이란이 실제로 페르시아만을 항행하는 선박을 공격하자 정책결정자들이 인식하는 해상수송로 안보 위협은 더욱 커졌다. 그리고 1987년이 되자 해상수송로 안보 위협은 외교 및 경제적 수단으로 대응하기 어려울 정도로 심각한 수준이 되었다. 이란은 미국의 동맹국인 일본의 선박을 공격했고, 쿠웨이트 영토로 미사일 공격을 시작했으며, 야간 공격도 개시했다. 아울러 이란은 더 파괴력이 있는 미사일을 도입하여 대규모 유조선을 타격할 수 있는 능력을 갖추게 됨으로써 미국의 정책결정자들은 이란의 해상수송로 안보 위협을 매우 중대하게 받아들였다.

다음으로 해상수송로 안보 위협의 수준 변화가 미국이 군사적 대응을 선택하는 외교정책 결정에 영향을 주었는지에 대한 내용은 다음과 같다.

이란의 공격 또는 봉쇄 가능성을 중대한 해상수송로 안보 위협으로 인식한 1983년 말부터 1987년 3월 최종 군사력의 사용 결정까지 미국 정책결정자들의 대응 논의 과정이 담긴 기록물들을 분석한 결과, 외교정책의 결정 과정에서 해상수송로 안보에 대한 고려가 가장 중요한 역할을 했다는 것을 확인할 수 있다. 카터 독트린 발표 이후 페르시아만에 대한 미국의 이해관계 및 외교정책은 분명했기 때문에 미국은 카터 독트린에 근거하여 해상수송로 안보를 위해 군사석 수단을 선택할 명분이 있었다.

군사력의 사용 결정 과정에서 해상수송로 안보의 역할 및 영향력을 구체적으로 살펴보면 다음과 같다. 우선 정책결정자들이 페르시아만에서 해상수송로 안보 위협을 인지한 이후 해상수송로 안보 수준의 변화는 정책결정자들이 단순히 대응의 필요성 차원을 넘어서 군사력의 사용까지도 고려하도록 만들었다. 여기서 주목할 부분은 대응 논의 초기 단계에서부터 이미 정책결정자들은 군사력의 사용도 해상수송로 안보를 위한 선택지로 고려하고 있었고, 다양한 시나리오에서 미국이 선택할 수 있는 구체적인 군사적 개입 방식까지도 논의하기 시작했다는 점이다.

1983년 10월 국무장관이 대통령에게 페르시아만 안보 상황을 보고한 자료에서 이를 확인할 수 있다. 국무장관은 해상수송로 안보가 악화되면 군사력의 사용도 고려해야 할 것이라고 판단했고,[140] 10월 27일 Senior Interagency Group 회의에서도 참석자들은 여러 시나리오에서 미국이 선택할 수 있는 군사적 선택지의 장단점까지도 논의했다.[141] 국무장관의 보고 이후 11월 7일 NSPG 회의는 "미국이 페르시아만 지역에서 '항행의 자유(freedom of navigation)'에 대한 의지를 계속 강조할 것"을 권고한 SIG의 권고를 정리하면서, 국무부가 주도하여 호르무즈 해협을 봉쇄하려는 시

---

140) Reagan Library, Executive Secretariat, NSC: NSPG Meetings, NSPG 0072 10/14/1983 [Middle East], "Memorandum for the President from George P. Shultz: Our Strategy in Lebanon and the Middle East," (1983.10.13.).

141) Reagan Library, Executive Secretariat, NSC: NSPG Meetings, NSPG 0076 11/07/1983 [Iran-Iraq; October 1983 Lebanon Marine Bombing] (1), "Senior Interagency Group Discussion Paper," (1983.10.27.).

도를 억지하기 위해서 유럽과 일본 동맹국 및 페르시아만 국가들(Gulf States)과의 긴급한 협의를 하도록 결정했다.[142]

11월 7일 NSPG 회의 이후 국가안보결정지침 114호(NSDD-114)가 승인됐는데, 동 결정지침은 호르무즈 해협을 계속 개방하기 위해 필요한 어떤 조치라도 취하는 것이 현재 미국의 외교정책임을 분명히 밝히면서, 미국은 호르무즈 해협을 봉쇄하려는 어떠한 적대적인 노력을 억지하려고 노력할 것이라고 명시했다.[143] 1984년 3월 국가안보보좌관이 국무부 작성 자료를 대통령에게 보고한 문건에서도 이란이 호르무즈 해협을 봉쇄할 것에 대비하여 미국은 수송 선박을 군사적으로 보호할 필요성이 있다고 판단했다.[144]

이란의 선박 공격이 시작된 이후 발표된 국무부 대변인의 브리핑 내용을 통해서도 당시 미국이 페르시아만 해상수송로 안보 문제를 어떻게 인식하고 있었는지, 그리고 해상수송로 안보에 대한 미국의 관심과 이에 대한 의지가 얼마나 확고했는지 확인할 수 있다. 국무부 대변인은 "페르시아만에서 항행의 자유가 점점 위협받고 있다는 것을 보여주는 일이라는 데에 매우 심각하게 우려하고

---

142) Reagan Library, Executive Secretariat, NSC: NSPG Meetings, NSPG 0076 11/07/1983 [Iran-Iraq; October 1983 Lebanon Marine Bombing] (1), "National Security Planning Group (NSPG) Minutes, November 7, 1983," (1983.11.07.).

143) Reagan Library, Executive Secretariat, NSC: National Security Decision Directives (NSDD) Files, NSDD 114 [U.S. Policy toward Iran-Iraq War] (1), "National Security Decision Directive 114: U.S. Policy Toward the Iran-Iraq War (S)," (1983.11.26.).

144) Reagan Library, Executive Secretariat, NSC: NSPG Meetings, NSPG 0087 03/30/1984 [Iran-Iraq War], "Memorandum from McFarlane: Meeting with the NSPG, March 30, 1984," (1984.03.30.).

있다"며, "미국은 항행의 자유 원칙 및 (페르시아만의) 해협을 통과할 권리에 대해 오랜 시간 동안 강한 의지를 가지고 있다"라고 강조했다.[145] 1984년 5월 17일 NSPG 회의에서도 정책결정자들은 페르시아만 지역에서 항행의 자유를 강조하면서, 이 지역에서 이루어지고 있는 해상수송 선박에 대한 공격이 중단되어야 한다며 항행의 자유를 지키기 위한 미국의 결심(determination)을 강조했다. 그리고 그동안 미국이 우려했던 이란의 선박 공격이 시작된 이후인 1984년 5월 NSPG 회의는 1987년 쿠웨이트 유조선에 대한 군사적 보호 결정의 원칙을 마련한 것으로, 어느 범위까지 군사력을 사용해야 하는지 등에 대한 논의가 구체적으로 이루어졌다.[146]

이후 미국은 5월 25일 국가안보결정지침 141호(NSDD-141)를 통해 해상수송로 안보를 위한 대응을 이어갔다. 동 결정지침은 국무부와 국방부가 공동으로 미국 국적의 선박에 대한 공격을 포함하여, 발생 가능성이 높은 시나리오들을 담은 보고서를 작성하여 각 시나리오에서 공격에 대응하는 선택지들을 제시하도록 지시했다. 또한 각 선택지를 지원하기 위한 군사계획을 준비하여 합참의장이 검토하도록 하면서, 국무부는 이러한 시나리오 및 선택지에 대하여 페르시아만 국가 및 핵심 동맹국과의 협의 방안을 제시하도

---

145) Reagan Library, Poindexter, John: Files, Box 2, [NSPG Meeting 05/17/1984 - Escalation in Gulf War/Energy Threats] (1), "Iran-Iraq War: Attacks on Gulf Shipping," (1984.05.15.).

146) Reagan Library, Executive Secretariat, NSC: NSPG Meetings, NSPG 0089 05/17/1984 [Iran-Iraq War], "National Security Planning Group (NSPG) Minutes, May 17, 1984," (1984.05.17.).

록 지시했다.[147] 국가안보보좌관이 대통령에게 보고한 자료에서도 그는 당시 페르시아만 위기 상황에 대한 미국의 정책과 관련하여 항행의 자유를 강화하고 페르시아만 지역 국가들과 긴밀한 협력을 위해 미국이 할 수 있는 방안을 고려할 것을 제안했다.[148]

국가안보 전략 차원에서의 변화도 있었다. 1986년 9월 미국은 기존 국가안보 전략(NSDD-32)을 대체하는 새 국가안보 전략(NSDD-238)을 승인했다. 동 전략은 평시에 페르시아만 지역에서 소련 세력이 동맹국의 안보와 미국의 이익을 위협하는 방식으로 이 지역에서 영향력을 확대하는 것의 예방을 목표로 설정했다. 또한 미국은 페르시아만에서 무역의 자유를 유지하는 데에도 노력할 것이고 해당 지역에서 강한 해군력을 유지할 것이라고 명시했다. 기존 전략(NSDD-32)과 다르게 새로 개정된 전략(NSDD-238)에서는 페르시아만에서 항행의 자유를 중요한 목표로 설정하고, 군사력을 활용하여 이를 보호하겠다는 점을 분명하게 명시했다.[149] 이러한 변

---

147) Reagan Library, Executive Secretariat, NSC: National Security Decision Directives (NSDD) Files, NSDD 141 [Responding to Escalation in the Iran-Iraq War] (1), "National Security Decision Directive 141: Responding to Escalation in the Iran-Iraq War," (1984.05.25.).

148) Reagan Library, Executive Secretariat, NSC: National Security Planning Group (NSPG) Files: Records, 1981-1987, NSPG 0144 02/12/1987 [U.S. Policy in Middle East], "Meeting with the National Security Planning Group," (1987.02.11.).

149) Reagan Library, Executive Secretariat, NSC: National Security Decision Directives (NSDD) Files, NSDD-32 [U.S. National Security Strategy] (1), "National Security Decision Directive 32: U.S. National Security Strategy," (1982.05.20.); Reagan Library, Executive Secretariat, NSC: National Security Decision Directives (NSDD) Files, NSDD 238 [Revised National Security Strategy] (6), "National Security

화는 페르시아만 해상수송로의 전략적 중요성과 해상수송로 안보에 대한 미국의 의지를 명시적으로 보여주는 것이다.

쿠웨이트 선박에게 군사적 보호를 제공하기로 결정하기 전, 레이건 대통령은 페르시아만 지역에 대한 미국의 정책과 관련하여 두 차례 대통령 성명을 발표했는데, 성명 내용을 통해서도 페르시아만 해상수송로 안보에 대한 미국의 외교정책 및 의지를 확인할 수 있다. 성명에서 레이건 대통령은 최근 이란의 공격을 페르시아만 해상수송로 안보에 대한 매우 심각한 위협으로 간주하면서 "미국은 여전히 호르무즈 해협을 통과하는 석유의 흐름을 보장하는 데 있어 강한 의지를 가지고 있다"라고 강조했다.[150] 1987년 2월 25일, 레이건 대통령은 이란-이라크 전쟁에 대한 미국의 입장을 다시 강조하는 성명을 발표했는데, 그는 "이란-이라크 전쟁이 미국의 전략적 이해관계를 위태롭게 한다"라면서 페르시아만 해상수송로 안보를 보장하기 위한 미국의 "강한 의지"를 다시 강조했다.[151] 미국의 의지란 결국 그동안 미국이 오랜 논의를 통해 심각하게 고려해온 군사력의 사용 가능성을 포함하는 것이라 할 수 있다.

마침내 미국이 선택한 군사적 대응 방식은 해상수송로 안보를

Decision Directive 238: Revised National Security Strategy," (1986.09.02.).

150) Reagan Library, "Statement on the Iran-Iraq War," (January 23, 1987), https://www.reaganlibrary.gov/research/speeches/012387f (검색일: 2021년 12월 27일).

151) Reagan Library, "Statement on the Iran-Iraq War," (February 25, 1987), https://www.reaganlibrary.gov/research/speeches/022587i (검색일: 2021년 12월 27일).

위한 가장 합리적인 선택지였다. 페르시아만을 통과하는 유조선에 대한 공격이 가장 큰 피해였고 쿠웨이트도 자국 유조선에 대한 보호를 요청한 상황에서 가장 합리적인 개입 방식은 교전 국가가 아닌 선박에 대한 군사적 보호(에스코트)였고, 미국은 다자적인 개입이 아니라 독자적인 군사 개입을 선택했다. 교전 국가가 아닌 선박에 대한 군사적 보호란 미국이 해군 함정을 페르시아만 안쪽까지 보내 호르무즈 해협을 통과하는 쿠웨이트 선박에게 군사적 보호를 제공한다는 것이다. 이러한 방식의 군사적 개입은 이란이 페르시아만을 통행하는 유조선을 공격하지 못하도록 하는 억지 효과를 가질 수 있으며, 선박뿐 아니라 페르시아만 지역 국가들의 석유 시설에 대한 공격도 억지하는 효과를 가져올 수 있다. 결국 미국 정책결정자들이 선택한 군사적 대응 방식은 이란의 공격을 억지하면서 현재의 위기가 더 심각한 단계로 고조되는 것을 방지하는 차원에서 필요한 정도의 계산된 군사력의 사용이라고 할 수 있다.

이처럼 해상수송로 안보의 변화는 위기 초반부터 미국 정책결정자들이 군사력의 사용을 대응 선택지로 고려하도록 만들었고, 정책결정자들은 어떤 방식의 군사적 대응이 적절한지 구체적인 논의를 이어갔다. 해상수송로 안보에 대한 고려가 실제로 미국의 군사력 사용 결정 전체 과정에서 가장 중요한 역할을 했다는 것을 확인할 수 있다.[152]

---

152) 장성일, "해상수송로 안보와 미국의 외교정책: 레이건 행정부의 쿠웨이트 유조선 군사적 보

국제정치 구조적 요인인 소련과 경쟁의 영향력

2019년 초반까지 저자가 확보한 기록물에 따르면 해상수송로 안보가 전반적인 정책결정의 과정에서 핵심적인 역할을 했고, 예상할 수 있는 것처럼 미국 정책결정자들은 군사적 대응 방식을 논의하는 과정에서 소련의 대응 가능성이나 소련의 영향력 견제도 고려했다. 이란 위협을 인식한 1983년 말부터 군사력의 최종 사용 결정까지 정책결정자들의 전반적인 논의 과정을 추적하면, 미국의 군사력 사용 결정은 주로 이란이 야기한 해상수송로 안보 위협에 대한 대응 차원에서 이루어진 것이며, 소련 견제가 주요한 목적이라고 보긴 어렵다. 예를 들어, 1987년 쿠웨이트 유조선에 대한 군사적 보호 결정의 원칙을 마련한 회의로 미국이 어느 범위까지 군사력을 사용해야 하는지 등에 대한 논의가 이루어진 1984년 5월 NSPG 회의 기록을 보더라도, 정책결정자들은 주로 해상수송로 안보를 위한 목적에서 군사력의 사용을 논의했다. 당시 정책결정자들은 군사력 사용의 조건, 개입 방식 및 지역적 차원의 문제 등을 고려했을 뿐 회의 참석자들의 논의 과정에서 소련에 대한 고려는 찾아보기 힘들다.[153] 페르시아만에서 소련의 장기적인 영향력 확대 노력을 경계해야 한다는 점은 1987년 2월 NSPG 회의에

호 결정," 『한국과 국제정치』 제38권 제2호 (2022년 6월), pp. 45-49.

153) Reagan Library, Executive Secretariat, NSC: NSPG Meetings, NSPG 0089 05/17/1984 [Iran-Iraq War], "National Security Planning Group (NSPG) Minutes, May 17, 1984," (1984.05.17.).

서도 잠깐 언급되긴 했으나 정책결정자들의 주요 관심사는 아니었다.[154] 즉, 개별적인 영향력의 차원에서 봤을 때 정책결정 과정에서 해상수송로 안보의 역할이 가장 중요했다.

물론 냉전기 미국의 외교정책은 당시 국제정치의 구조인 양극체제에서 소련에 대한 고려를 배제하고 이를 설명할 수 없는데, 미국은 이미 이란의 해상수송로 안보 위협 대응을 논의하기 전부터 페르시아만 지역에 대한 소련의 영향력 확대 견제를 지역적 차원의 이익 및 목표로 설정해놓고 있었다. 예를 들어, 근동 및 남아시아 지역 전략인 국가안보결정지침 99호(NSDD-99)는 "소련의 확장을 억지함으로써, 그리고 해당 지역에 있는 국가들의 주권을 지지함으로써 해당 지역에서 소련이 헤게모니 지위를 차지하지 않도록 하는 것"을 근동 및 남아시아 지역에 대한 미국의 이익이라고 규정했다. 여기서 중요한 부분은 "미국과 미국의 주요 동맹국들이 페르시아만 석유에 지속적으로 접근할 수 있도록 유지하는 것"도 중요한 이익으로 규정했다는 점이다.[155]

이란의 해상수송로 안보 위협에 대응하기 위해 군사력의 사용을 논의하는 과정에서 미국 정책결정자들은 소련과의 관계도 고

---

154) Reagan Library, Executive Secretariat, NSC: National Security Planning Group (NSPG) Files: Records, 1981-1987, NSPG 0144 02/12/1987 [U.S. Policy in Middle East], "Minutes of NSPG Meeting," (1987.02.12., 11:00 a.m.-12:00 p.m.); 장성일, 2022(a), pp. 49-52.

155) Reagan Library, Poindexter, John: Files, Box 2, [Iran-Iraq War, May 1984] (1), "National Security Decision Directive 99: United States Security Strategy for the Near East and South Asia (S)," (1983.07.12.).

려한 점을 확인할 수 있다. 그 구체적인 내용을 살펴보면 다음과 같다. 1983년 10월 SIG 회의에서 정책결정자들은 이란 위협에 대한 군사적 대응을 논의하면서 "소련이 최대한 개입하지 않도록 하기 위해서 오직 방어적인 병력만 제공해야 한다"라고 제안했고, 독자적인 개입보다 다자적인 방식이 "소련의 대응을 불러일으키는 위험을 줄일 수 있다"라고 판단하기도 했다.[156)]

1984년 8월 NSPG 회의에서도 당시 정책결정자들은 소련이 외교적으로 페르시아만 지역에서 영향력 확대를 위해 노력하고 있지만, 대규모 병력을 동원한 전면적인 침공 가능성은 낮다고 평가했다. 국무장관은 미국의 전략은 석유를 보호하는 것이며 이를 위해 미국은 "사우디아라비아와 쿠웨이트를 안심시키기 위해서 많은 외교적 활동과 일부 군사적 활동을 해왔다"라고 설명했다. 특히 국무장관은 미국의 전략을 구성하는 세 가지를 설명하면서, 첫 번째는 석유를 보호하는 것이라고 제시했으며 두 번째는 이란이었다. 국무장관은 이란은 페르시아만 지역에서 가장 중요한 나라로 당시 이란은 미국과 소련 사이에서 중립적인 태도를 보이고 있으며, 미국은 소련이 이란을 통치하는 것을 막고자 한다고 평가했다. 이는 정치, 경제 및 군사적 측면에서 장기적으로 이뤄져야 하는 전투라는 것이다. 세 번째는 페르시아만에서 소련의 영향력은 점차 증가하고 있으며 이는 미국에게 큰 문제라고 보면서, 미국은

---

156) Reagan Library, Executive Secretariat, NSC: NSPG Meetings, NSPG 0076 11/07/1983 [Iran-Iraq: October 1983 Lebanon Marine Bombing] (1), "Senior Interagency Group Discussion Paper," (1983.10.27.).

우방국인 이스라엘에 대한 지원을 계속해야 하며, 특히 사우디아라비아와 같은 온건한 아랍 국가들에 대한 지원을 계속해야 한다고 주장했다. 미국 정책결정자들은 이란이 페르시아만 해상수송로 안보에 큰 위협이라고 생각하면서, 동시에 소련이 이란까지 영향력을 확대하는 것은 허용할 수 없다는 전략적 사고도 하고 있었다.[157]

해상수송로 안보에 대한 고려가 1987년 미국의 쿠웨이트 유조선 보호 결정에 가장 핵심적인 역할을 한 것은 분명해 보이지만, 소련에 대한 견제도 그러한 결정에 일정 부분 역할을 했다는 점을 추론할 수 있다. 예를 들어 미국 정책결정자들이 왜 1987년 3월이라는 시점에 유조선에 대한 군사적 보호를 제공하기로 결정한 사실을 쿠웨이트에게 전달했는지 그 '시점'에 대해서, 페르시아만에서 소련의 활동과 이에 대한 정책결정자들의 고려가 영향을 주었다고 추론할 수 있다.

소련은 1987년 초 자국 상선을 보호하기 위해 페르시아만으로 진입했고,[158] 미국은 쿠웨이트가 소련에게도 자국 선박을 보호해달라고 요청한 사실을 인지하고 있었다.[159] 1987년 1월 13일, 슐츠 국무장관에게 쿠웨이트의 공식적인 요청이 이루어졌는데, 슐츠는

---

157) Reagan Library, "NSPG 94: Pakistan and NSDD-99 Work Program," in Jason Saltoun-Ebin, The Reagan Files: Inside the National Security Council (Seabec Books, 2014).

158) Trainor, 1987; Cordesman and Wagner, 1991, p. 273; Zatarain, 2013, p. 31.

159) Zatarain, 2013, pp. 33-34.

소련의 유조선을 사용하거나, 또는 소련의 깃발을 달고 쿠웨이트 유조선을 사용하여 페르시아만을 빠져나와 쿠웨이트의 모든 원유를 수송하는 제안을 소련이 했다는 사실을 다시 인지했다. 아울러 1987년 3월 2일 세 척의 소련 유조선이 쿠웨이트에게 대여된다는 사실이 발표되었다.[160] 이처럼 페르시아만 지역에서 소련이 영향력을 확대하고 있는 상황에서 미국이 1987년 초에 군사력의 사용을 결정한 이유에는 페르시아만에서 소련의 영향력 확대를 견제하기 위한 목적도 있었다고 추론할 수 있다.[161] 실제로 미국 정책결정자들이 소련 견제 목적을 얼마나 염두에 두고 쿠웨이트 유조선에 대한 군사적 보호라는 최종 결정을 내렸는지에 대해서는 추가적인 자료 확보를 통한 검증이 필요해보인다.

국내정치 요인의 영향력

이전의 위기 사례와 마찬가지로 페르시아만 위기에서 군사력을 사용하여 개입하는 방식을 논의하는 과정에서도 정책결정자들이 군사력 사용에 대해 의회와 협의가 중요하다는 점을 인식하고 있었다. 1983년 11월 7일 NSPG 회의에 앞서 열린 SIG 회의에서도 참석자들은 페르시아만 해상수송의 안보를 위해 군사력을 사용하

---

160) Navias and Hooton, 1996, pp. 139-140.
161) Navias and Hooton, 1996, pp. 139-140; Zatarain, 2013, pp. 35-36.

는 경우 군사적 행동에 대해 의회와 협의가 필요할 수 있다는 점을 지적했다.[162] 1984년 3월 30일 NSPG 회의에서 국무장관은 이미 전쟁권한법에 대해 대화하고 있다고 밝히기도 했다.[163] 1984년 5월 17일 맥팔레인 국가안보보좌관이 대통령에게 보고한 자료에서도 증가하는 적대적 행위에 대응하고자 지금보다 군사력의 증강을 한다면, 추가적인 파병에 대해서 의회와 협의할 필요가 있을 것이라는 점을 지적했다.[164] 1973년 닉슨 행정부에서 전쟁권한법이 통과된 이후, 미국 정책결정자들이 군사력의 사용을 논의하는 과정에서 의회의 입장이나 의회와의 관계를 고려할 수 밖에 없는 것은 충분히 예상할 수 있는 일이다.

그렇다면 대통령이 자신의 국내정치적 이익을 위해 군사력의 사용을 결정했다는 주장에 대해서 이 책의 사례연구는 어떤 입장일까? 구체적으로 레이건 행정부가, 또는 레이건 대통령이 '이란-콘트라 사건(Iran-Contra Affair)'으로 인해 발생한 대통령에 대한 국내정치적 비판이라는 국내 여론의 관심을 돌리기 위해서, 국면 전

---

162) Reagan Library, Executive Secretariat, NSC: NSPG Meetings, NSPG 0076 11/07/1983 [Iran-Iraq; October 1983 Lebanon Marine Bombing] (1), "Senior Interagency Group Discussion Paper," (1983.10.27.).

163) Reagan Library, Executive Secretariat, NSC: NSPG Meetings, NSPG 0087 03/30/1984 [Iran-Iraq War], "National Security Planning Group (NSPG) Minutes, March 30, 1984," (1984.03.30.).

164) Reagan Library, Executive Secretariat, NSC: NSPG Meetings, NSPG 0089 05/17/1984 [Iran-Iraq War], "Memorandum from McFarlane to the President: Follow-up to the National Security Planning Group (NSPG) Meeting, May 17, 1984: Escalation in the Gulf War," (1984.05.17.).

환용으로 외부의 적에 대해 군사력의 사용을 결정 또는 활용했다는 관심전환이론(diversionary theory of war)의 가설도 고려해볼 수 있다. 대통령이 자신의 국내정치적 이익을 위해 국면 전환을 위한 목적으로 1987년 쿠웨이트 유조선에 대한 군사적 보호라는 군사력의 사용을 활용했다는 주장이 그것이다.

그러나 2019년 초반까지 저자가 확보한 정책결정자들의 기록물을 확인했을 때 레이건 대통령의 국면 전환 용도라는 국내정치적 이익을 목적으로 군사력의 사용을 결정했다고 추론하기는 무리가 있을 정도로 관심전환이론의 가설을 지지하는 자료를 찾기 어렵다. 아울러 미국이 군사적 개입의 필요성, 개입 방식을 논의하기 시작한 것은 1983년 말부터이며, 1987년의 군사력 사용 결정도 1983년부터 시작한 논의의 연장선이었다. 따라서 1986년 하반기에 터진 이란-콘트라 사건으로 정치적 입지가 곤란해진 레이건 대통령이 여론의 관심을 전환시키기 위해서 페르시아만에서 군사력 사용을 결정했다고 추론하긴 어렵다.[165]

다양한 국가이익 달성을 목표로 한 군사력 사용 결정

결국 페르시아만 위기에서 미국이 군사력을 사용하기로 한 결정은 하나의 목적을 위한 것이 아니라 다양한 목적을 달성하기 위

---

165) 장성일, 2022(a), p. 39.

한 전략적인 선택이었다.

첫째, 해상수송로 안보 및 에너지 안보 이익을 위한 것이다. 페르시아만을 통행하는 유조선을 이란의 공격으로부터 보호하는 해상수송 안보 확보, 그리고 페르시아만 지역 산유국의 석유 시설들을 이란의 공격으로부터 보호하는 것이 가장 큰 목적이었다. 미 해군 함정의 호위는 이란의 공격을 예방하는 억지력을 가질 수 있기 때문이다.

유사한 해상수송로 안보 위기가 발생했던 1967년 사례와 다르게 페르시아만에서의 해상수송로 안보 위협은 미국뿐 아니라 미국의 많은 동맹국들에게 큰 피해를 주는 중대한 위기였다. 1967년 사례와 페르시아만 사례는 유사해보이지만 해상수송로 안보 위협의 수준에서 큰 차이가 있고, 미국이 군사적으로 개입했을 때 얻을 수 있는 에너지 안보 이익이 달랐다. 1967년에 위협받았던 티란 해협 또는 아카바만은 이스라엘에게만 핵심적인 해상수송로지만, 페르시아만의 호르무즈 해협은 사우디아라비아, 쿠웨이트, 이라크 같은 중동지역의 석유 수출국뿐 아니라 미국, 일본, 유럽 등 석유를 수입하는 거의 모든 국가들에게 생명선이나 다름없이 핵심적인 해상수송로였다. 그런 의미에서 미국이 군사적으로 개입하여 이란의 공격으로부터 해상수송로와 선박을 보호하면 얻을 수 있는 에너지 안보 이익이 매우 컸다.

둘째, 미국의 군사력 사용은 소련의 페르시아만 영향력 확대를 저지함으로써 소련의 페르시아만 진출에 대한 견제적 수단이기도 했다. 소련의 아프가니스탄 침공 이후 미국은 소련의 페르시아만 진출을 매우 우려했으며, 소련이 쿠웨이트의 유조선 보호를 수

락한 것도 미국에게 큰 우려가 되었다. 문제는 미국이 페르시아만에 군사적으로 개입하면 소련과의 충돌 가능성도 있다는 점이다. 소련과의 충돌 가능성을 우려했음에도 불구하고 페르시아만 지역의 석유 생산 시설과 해상수송로는 미국과 동맹국에게 핵심적인 이해관계였기 때문에 미국은 소련이 이 지역을 통제하거나 이란이 전쟁에서 승리하도록 지켜보고 있을 수는 없었다. 쿠웨이트 유조선을 호위하겠다는 이유로 소련은 페르시아만에 진출할 명분을 얻었고 실제로 1987년 1월 중반에는 소련의 군함이 페르시아만에 진입했기 때문이다. 미국이 쿠웨이트 유조선을 보호하기 위해서 페르시아만으로 군사력을 파견하기로 한 결정은 해상수송로 안보 이유가 크지만, 결국 페르시아만에 대한 소련의 영향력 확대를 견제하기 위한 목적도 있었다는 것을 추론할 수 있다.

셋째, 중동지역 정치에 대한 고려이다. 이란-이라크 전쟁에서 공식적으로는 중립의 입장을 하고 있는 미국이지만 미국은 어느 한 국가가 압도적으로 전쟁에서 승리하는 것을 원하지 않았다. 역외균형 전략으로 미국이 군사력의 사용을 결정했다고 보긴 어렵지만, 군사적 대응을 통해서 이란과 이라크 어느 쪽이 지나치게 우세하게 승리하지 않도록 함으로써, 중동 지역의 균형을 맞추려는 미국의 의도도 일부 있었다고 추론할 수 있다. 페르시아만에 군사력을 파병함으로써 이란이 우세해지는 이란-이라크 전쟁에서 이란의 공격을 억지하고 페르시아만 지역 국가들에게 호르무즈 해협 개방 의지를 보여줌으로써 미국의 신뢰를 보여주는 기회가 되기 때문이다. 이란-콘트라 사건이 터지면서 이란에게 미국이 무기를 판매한 사실이 드러나자, 페르시아만 지역 국가들은 미국의 의도에 대해 의심하기 시작했는데,[166] 이러한 불안감을 불식시키기 위한 목적이 군사적 대응 결정에 영향을 주었다고도 볼 수 있다. 이란과 이라크의 교전이 중지되는 것이 미국에게 최선의 결과지만 교전이 더 이상 격화되지 않도록 하는 것이 현실적인 목표였고, 이는 지역 우방국인 사우디아라비아를 비롯하여 여러 산유국의 안보 확보와도 연결되어 있는 문제였다.

또한 미국은 동맹 전략도 고려했다. 1984년 7월 5일 국무부와 국방부는 '근동 및 남아시아 대한 미국의 안보 전략'인 국가안보결정지침 99호(NSDD-99) 이행을 위한 공동 보고서를 대통령에게 제출했는데, 동 보고서에는 동맹국인 일본의 역할을 확대시켜서 미국의 잉여 군 자산을 중동 지역에 활용하겠다는 내용도 있었다. 구체적으로 일본 본토로부터 1,000마일까지 해상수송로를 보호하기 위한 일본의 군사 역량을 지속적으로 확대하는 데 미국이 노력할 것이며, 이를 통해 미국의 자산(미군)이 서남아시아(중동)에 활용될 수 있도록 한다는 것이었다. 미국과 동맹국 사이에 분업을 통해 페르시아만 지역에 필요한 군 자산을 활용한다는 것이었다.

이처럼 다양한 목적을 실현하기 위한 수단으로 미국은 페르시아만에 군사력의 사용을 결정했는데 그 결정은 사실 카터 독트린 발표 이후 레이건 행정부 초기부터 점진적으로 진행한 에너지 해상수송로 안보 확보를 위한 노력의 결과물이었다. 즉, 페르시아만에서

---

166) John H. Cushman Jr., "U.S. is offering Kuwait's ships a naval shield," *The New York Times* (March 24, 1987).

군사력의 사용 결정은 미국이 특정 시점에 전략적 계산을 통해 한 순간에 결정한, 기존의 외교정책이나 결정 및 노력과 배타적이며 독립적인 결정이 아니라, 미국이 점진적으로 추진해왔던 페르시아만 해상수송로 안보를 확보하기 위한 노력의 과정이자 결과였다.

역외균형 전략인가?

페르시아만 안보 위기에서 미국의 군사적 대응 선택은 역외균형을 위한 전략이었다고 주장할 수 있다. 역외균형(offshore balancing)은 미어셰이머(John J. Mearsheimer)와 같은 현실주의자들이 주장하는 전략이다. 미국이 전 세계를 대상으로 경찰 역할(policing)을 하기보다는, 미국은 부상하는 세력을 견제하는 데 다른 국가들이 그것을 주도하도록 권장해야 하며, 오직 필요할 때만 미국이 직접 개입해야 한다는 입장이다. 물론 이러한 입장은 미국이 세계적인 차원의 패권국으로서의 지위를 포기하라는 의미는 아니며, 역외균형을 통해 미국의 힘을 절약할 수 있기 때문에 미국의 지위를 미래에도 유지할 수 있도록 한다는 것이다.[167] 이러한 전략의 배경은 아무리 국력이 강한 국가라도 지구적인 패권을 행사하기에는 부족할 수 밖에 없다는 현실적인 한계가 있다는 점이다. 그

---

[167] John J. Mearsheimer and Stephen M. Walt, "The Case for Offshore Balancing: A Superior U.S. Grand Strategy," *Foreign Affairs*, (July/August, 2016), pp. 71-76.

런 의미에서 지역 차원의 패권을 지향하면서 다른 지역에서 경쟁국이 부상하는 것을 방지해야 하는데, 다른 지역에 대해서 미국은 역외균형자 역할을 해야한다는 입장이다.[168]

물론 페르시아만 위기에서 미국의 정책결정자들은 이란-이라크 전쟁에서 이란이 크게 승리하는 것을 막기 위해서 이라크를 도와주어야 한다는 전략적 고려도 했는데, 그런 의미에서 미국의 군사력 사용 결정을 미어셰이머와 왈트(2016)가 설명하는 역외균형 전략으로 볼 수 있을까?

페르시아만 위기에서 미국이 군사력을 사용하여 페르시아만에 개입하기로 결정한 이유는 페르시아만 지역의 잠재적인 패권국가(potential hegemon)의 부상을 막으면서 지역의 균형을 유지하기 위한 것이 아니었다. 미국 정책결정자들은 주로 석유 해상수송로 안보를 확보하기 위한 목적에서 군사력의 사용을 통한 페르시아만 개입을 논의했으며, 잠재적인 지역 패권의 부상을 견제하기 위한 고려는 매우 적었다. 또한 레이건 행정부에서는 페르시아만 지역에 중부사령부 전진 본부(FHE)를 설치함으로써 지속적인 군사 개입 및 군사적 진출의 발판을 마련하려고 노력했다는 점에서 역외균형 시각에서 미국의 군사력 사용을 분석하는 것은 한계가 있다. 따라서 역외균형 전략의 일환으로서 미국이 페르시아만에서 군사력을 사용하기로 결정했다고 주장하는 것은 무리가 있다.

---

168) 마상윤, "오바마 행정부의 안보전략과 한미동맹 : 현실주의 역외균형론을 넘어서," 『국가전략』 제16권 제2호 (2010), pp. 6-11.

해양안보와 미국의 외교정책

7장

결론

결론

1. 연구의 결과 요약

이 책은 해상수송로 안보에 대한 위협의 변화가 미국이 군사적 대응을 선택하는 외교정책 결정에 영향을 주는지, 그리고 미국이 냉전기 해상수송로 안보 위기 상황에서 어떤 과정으로 군사력의 사용을 포함하여 다양한 선택지를 고려 및 논의하며 최종 선택하였는지 외교정책의 결정 과정을 살펴보았다. 1967년 티란 해협 위기, 1973년 중동전쟁 위기, 그리고 1987년 페르시아만 위기 사례연구를 통해 도출된 결과는 다음과 같다.

표-31 냉전기 해상수송로 안보 위기의 성격에 따른 군사적 대응의 차이

	1973년 중동전쟁 위기	1967년 티란 해협 위기	1987년 페르시아만 위기
위기의 성격	석유 수요 공급 차원의 위기 + 해상수송로 안보 위협 - 공급량 감산, 석유 금수조치로 인해 발생한 공급 차원의 위기 - 해상수송로 위협은 일부만 존재 ▶ 석유의 수요 공급 위기	해상수송로 안보 위협 + 석유 수요 공급 차원의 위기 - 석유 금수조치 있었으나 해상수송로 안보 위기가 먼저 발생함 ▶ 해상수송로 안보 위기	해상수송로 안보 위협 + 석유 수요 공급 차원의 위기 - 해상수송로 안보 위협이 가장 큰 위협 ▶ 해상수송로 안보 위기
핵심 해상수송로	티란 해협 (아카바만)	티란 해협 (아카바만)	호르무즈 해협 (페르시아만)
해상수송로 안보 위협 수준	• 낮음 - 이집트가 이스라엘 에일라트 항구로 가는 유조선 격침 시도했으나 실패함 - 정책결정자들이 이집트의 도발적 행위를 안보 위협으로 인지하지 않음	• 보통 - 이집트의 티란 해협 봉쇄 선언 - 그러나 실제로 무력을 통해 봉쇄하지는 않았음 - 정책결정자들이 이집트의 도발적 행위를 안보 위협으로 인지하면서 위기 발생	• 매우 심각 (높음) - 1987년 이후 - 야간 공격 및 새 미사일 등장으로 위협 수준이 매우 높아짐 • 보통 - 1984년~1986년 - 페르시아만 통행하는 유조선에 대한 이란의 공격 시작 • 낮음 - 1983년~1984년
해상수송로 봉쇄 및 공격시 피해 국가	• 이스라엘	• 이스라엘	• 미국, 서유럽, 일본 등 미국의 동맹국 • 페르시아만 지역 석유 수출 국가

	1973년 중동전쟁 위기	1967년 티란 해협 위기	1987년 페르시아만 위기
정책결정자 들이 고려한 군사적 수단 사용의 목적	• 전쟁 중에 발생할 수 있는 우발적 상황에 대비하기 위한 예비적 차원의 군사적 이동 결정함 • 교전 지역 주변의 현지 미국인 대피에 대비하기 위한 준비	• 해양선언을 지원하기 위해서 공동으로 해군력 조직 논의 • 티란 해협을 통항하는 선박에 대하여 군사적 보호 제공 (영국과 협력 논의) • 전쟁의 발발과 함께 군사적 보호 제공 논의가 중단됨	• 페르시아만 해상수송 안보 확보가 가장 큰 목적 • 페르시아만 지역 석유시설 보호 • 소련의 페르시아만 진출 견제 • 이란 승리 저지 (지역 균형) 등
해상수송로 안보 위한 군사적 수단	• 해상수송로 안보를 위한 목적으로 군사적 수단에 대한 논의 없음	• 논의는 있었으나 군사적 수단 선택 안함 • 독자적 군사력 사용보다는 영국과의 협력을 선호함	• 군사적 수단 선택 • 해군 함정을 파견하여 유조선에 대한 호위를 실시함으로써 해상수송로 안보 직접 확보 • 미국의 독자적인 군사력 사용 결정

외교정책에 대한 해상수송로 안보의 역할

본 연구의 결과는 다음과 같이 정리할 수 있다.

첫째, 해상수송로 안보 위협 수준의 변화가 미국이 군사력의 사용 선택이라는 외교정책 결정에 영향을 준다는 것이다. 해상수송로 안보 위협 수준이 달랐던 세 사례에서 외교정책 결정의 과정을 분석한 본 연구를 통해 해상수송로 안보 위협이 커질수록 정책결정자들은 군사적 대응을 중요한 외교정책 수단으로 고려한다는 점을 추론할 수 있다. 물론 군사력의 사용 논의는 정책결정자들이 해상수송로 안보 위협을 국가안보 위협으로 인식한 이후에 이루어졌으며, 1967년과 1987년 사례가 여기에 해당한다. 1987년 페르시아만 사례의 경우 페르시아만 해상수송로 안보가 불안정해지자 정책결정자들은 이를 중대한 국가안보 위협으로 인식했고, 해상수송로 안보 수준의 변화(불안정)는 정책결정자들이 단순히 대응의 필요성 차원을 넘어서 군사력의 사용까지도 고려하도록 만들었다. 대응 논의 초기 단계에서부터 이미 정책결정자들은 군사적 수단도 해상수송로 안보를 위한 선택지로 고려하고 있었고, 다양한 시나리오에서 미국이 선택할 수 있는 구체적인 군사적 개입 방식까지도 논의하기 시작했다.

둘째, 해상수송로 안보 위협이 존재한다고 모두 군사적 대응의 선택으로 귀결되는 것은 아니다. 해상수송로 안보 위협이 심각한 수준이 될 때, 군사적 수단의 사용으로 인해 얻을 수 있는 에너지 안보 이익이 매우 클 때 미국은 군사적 수단을 선택하는 것을 확인할 수 있다.

1967년 사례와, 1987년 페르시아만 사례 모두 해상수송로 안보 위협이 존재했다. 1967년의 경우 티란 해협은 이스라엘의 에너지 안보에만 영향을 주었지만, 페르시아만의 호르무즈 해협은 전 세계에서 가장 많은 석유가 이동하는 핵심 수송로로서 해상수송로 안보 자체의 전략적 이익이 매우 높다. 호르무즈 해협이 봉쇄되면 미국을 비롯하여 서유럽, 일본 등 핵심 동맹국 대부분의 에너지 안보가 즉각적으로 위협받기 때문에 미국이 군사력을 사용하여 해상수송로 안보를 확보함으로써 얻을 수 있는 에너지 안보 이익이 매우 컸다. 페르시아민에 대한 해상수송로 안보 위협이 1983

년부터 제기되었으나 이란이 실제로 유조선을 공격한 것은 1984년부터였다. 특히 1987년에 접어들면서 이란은 새로운 무기를 활용하고 공격능력을 높였고 선박에 대한 야간공격을 개시했을뿐 아니라, 미국의 동맹국 선박까지 공격하면서 미국 정책결정자들이 인식하는 해상수송로 안보 위협은 매우 심각해졌다. 이러한 변화는 미국이 군사적 대응을 선택하게 만드는 데 영향을 주었다.

그림-22 미국의 국내 석유 매장량, 생산, 소비 및 수입량의 변화[1]

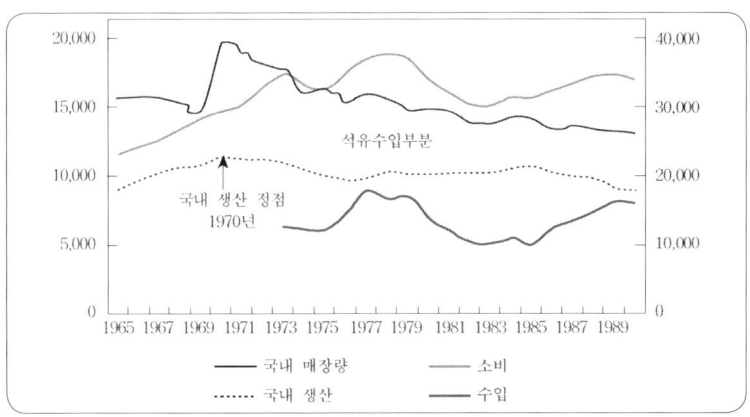

페르시아만의 해상수송로 안보가 중요한 또 다른 이유는 미국의 국내 에너지 문제와도 연결되어 있기 때문이다. 미국 국내적

---

1) 장성일, "에너지 안보와 국가 안보 : 제1차 걸프 전쟁과 미국의 군사 개입," 『에너지경제연구』 제7권 제2호 (에너지경제연구원, 2008년 겨울호), p. 257. 재인용; BP, *Statistical Review of World Energy 2007*; U.S. Energy Information Administration, 2007.

인 차원에서 보더라도 1970년대 초반부터 국내 석유 매장량이 급격히 감소하고 있었다. 미국 에너지 관리청(EIA)의 통계에 따르면 1900년에 29억 배럴에 불과했던 석유 매장량은 1970년에 390억 배럴로 10배 이상 증가했으나, 그 해를 정점으로 회복할 수 없는 하강곡선을 그리기 시작하였다. 1990년도 미국의 국내 석유 매장량은 260억 배럴로 곤두박질치게 되면서 국내 석유 생산도 돌이킬 수 없는 하강곡선을 그리게 된다. 이러한 국내 매장량의 급격한 감소와 생산량의 감소라는 상황으로 인해 석유 수입이 증가하면서, 충분한 매장량을 가진 중동지역에 대한 관심이 커질 수밖에 없었고, 1970년대에 비해 중동 지역의 안정은 국가적 차원에서 더욱 중요한 안보 이슈가 되었다. 물론 미국보다 서유럽과 일본 같은 미국 동맹국의 상황이 더욱 심각했고 미국의 에너지 안보는 자국만이 아니라 동맹국의 에너지 문제를 포함하는 광범위한 개념이다.[2]

다양한 목적 달성을 위한 군사력의 사용 결정

셋째, 페르시아만 위기에서 미국이 군사력을 사용하기로 한 결

---

2) 2000년대 소위 '셰일(shale) 혁명'으로 인해 미국의 셰일가스, 셰일오일 생산량이 크게 증가하면서 미국 국내적 차원의 에너지 공급 문제는 어느 정도 해소된 것으로 보인다. 문제는 미국의 주요 동맹국들이 에너지 자원의 수입을 위해 여전히 페르시아만 호르무즈 해협을 비롯한 해상 수송로를 활용하고 있다.

정은 하나의 목적만을 위한 것이 아니라 다양한 목적을 달성하기 위한 전략적인 선택이었다. 즉, 외교정책의 결정에 여러 요인들이 복합적으로 작용하였다. 예를 들어, 자타라인(2013)도 미국의 군사적 보호 결정이 다양한 목적을 위한 것이라고 주장한다. 이란-이라크 전쟁에 대하여 미국은 여전히 표면적으로 중립적인 입장을 유지하길 희망했고, 언젠가 미래에 이란과 정상적인 관계를 맺고자 했다는 것이다. 이를 위해 미국은 '투 트랙(two-track)' 정책을 추구했는데, 한쪽으로는 전쟁을 종료시키기 위해 외교적으로 국제적인 압력을 이란에 행사하고, 다른 한쪽에서는 이란을 견제하고 소련의 영향력을 견제하면서 전략적인 석유 지역에서 미국의 이익을 보호하고자 선적 변경 결정(쿠웨이트 유조선에 군사적 보호 제공 결정)을 했다는 것이다.[3] 이 책의 사례연구에 따르면 미국이 고려했던 다양한 목적은 다음과 같다.

우선, 에너지 안보 이익을 위한 것이다. 페르시아만을 통행하는 유조선을 이란의 공격으로부터 보호하는 해상수송 안보 확보와 이란의 공격 억지, 그리고 페르시아만 지역 산유국의 석유 시설들을 이란의 공격으로부터 보호하는 것이 미국의 군사력 사용 결정에서 가장 중요했다. 미국이 페르시아만 항행 선박을 보호하기 위해 군사적으로 개입하면 이러한 행동은 이란의 공격을 예방하는 억지력을 가질 수 있기 때문이다.

---

3) Lee Allen Zatarain, *America's First Clash with Iran: The Tanker War, 1987-88* (Casemate Publication, 2013), pp. 35-36.

유사한 해상수송로 안보 위기가 발생했던 1967년 사례와 다르게 페르시아만에서의 해상수송로 안보 위협은 미국뿐 아니라 미국의 핵심 동맹국들에게 큰 피해를 주는 중대한 위협이였다. 1967년 위기에서 핵심 무대였던 티란 해협 또는 아카바만은 이스라엘에게만 중요한 해상수송로지만, 페르시아만의 호르무즈 해협은 사우디아라비아, 쿠웨이트, 이라크 같은 석유 수출국뿐 아니라 미국, 일본, 유럽 등 석유를 수입하는 거의 모든 국가들에게 생명선이나 다름 없는 해상수송로였다. 그런 의미에서 미국이 군사적으로 개입하여 이란의 공격으로부터 해상수송로와 유조선 및 석유 생산 시설 등을 보호하면 얻을 수 있는 에너지 안보 이익이 매우 컸다. 1973년 중동전쟁 위기와 같은 산유국의 생산량 감산이나 석유 금수조치는 수요, 공급을 조절하거나 비축유를 활용하는 방식으로 대응하는 것이 효율적이지만, 해상수송로 안보 위협은 물리적으로 그것을 개방시켜야 하는 문제라서 군사력의 사용이 가장 효과적인 선택지로 논의될 수 있다.

다음으로 미국의 군사적 대응은 소련의 페르시아만 영향력 확대 저지로 소련의 페르시아만 진출에 대한 견제 수단이기도 했다. 나비아스와 후톤(1996)은 미국의 군사적 대응 결정에서 소련과의 경쟁이 매우 중요한 역할을 했다고 강조한다. 미국은 페르시아만 석유가 세계 경제에 중요하다는 점을 인지하고 있었으나, 현실은 쿠웨이트로 향하는 유조선의 물량은 하루 평균 한 척 정도였고 한 달에 최대 80척 정도여서, 이란과의 충돌 위험을 감수할 정도로 큰 가치가 있는 많은 물량은 아니었다는 주장이다. 점점 강해지는 이란의 입지가 보수적인 아랍 걸프 국가들 사이에 우려를 만들고 있고, 국제적인 상선들이 더 심각한 피해를 볼 수 있다는 사실을 미국은 인지하고 있었으나, 분쟁 지역에 개입되는 것을 제한하려는 성향은 여전히 강했다. 그러나 레이건 대통령이 쿠웨이트와 합의한 원동력은 페르시아만의 경제적 중요성이라기보다 소련과의 냉전적인 경쟁관계였다고 그들은 주장한다.[4]

1987년 이란의 선박 공격 심화로 미국은 그동안 오랫동안 논의해온 군사적 대응을 선택했는데, 군사적 대응을 언제 선택하는가의 결정 시기(timing)는 소련의 페르시아만 군사적 진출도 영향을 주었다고 추론할 수 있다. 1979년 소련의 아프가니스탄 침공 이후 미국은 페르시아만 지역에 대한 미국의 이해관계를 보호하기 위해 1980년에 카터 독트린을 발표하면서 소련의 페르시아만 영향력 확대를 매우 공격적으로 저지하려고 했다. 비슷한 맥락으로 1987년 소련이 쿠웨이트 선박을 호위하는 명분으로 페르시아만에 군사적으로 다시 진출하자 이는 미국의 군사력 사용 결정을 재촉했다. 냉전기 소련과의 경쟁 구도 속에서 미국과 동맹국의 핵심적인 이해관계, 그것도 석유에 대한 접근이라는 국가의 생명줄인 이해관계가 있는 페르시아만 지역에서 소련의 영향력 확대를 저지해야 한다는 고려는 이미 카터 독트린에서부터 레이건 행정부의 국가안보전략과 개정된 국가안보전략에도 명시되어 있다. 냉전기 미국 외교정책의 결정에서 소련과의 경쟁이라는 국제정치적 구조

---

4) Martin S. Navias and E.R. Hooton, *Tanker Wars: The Assault on Merchant Shipping during the Iran-Iraq Conflict, 1980-1988* (London; New York: I.B. Tauris, 1996), pp. 139-140.

의 변수도 고려해야 하는 요인임을 다시 확인시켜준다.

　문제는 페르시아만에 군사적으로 개입하면 소련과의 직접적인 충돌 가능성도 있다는 점이다. 한창 격렬해지고 있는 이란-이라크의 교전 지역으로 군사력을 투입시키는 것은 사실상 미국이 원하지 않은 그리고 의도하지 않은 교전에 휘말릴 위험을 감수한 대응이다. 무엇보다 이미 페르시아만 지역에 군사적으로 진출한 소련과의 직접적인 충돌의 가능성도 완전히 배제할 수 없었다. 그동안 미국은 소련과의 직접적인 충돌을 가장 피하고 싶은 시나리오로 가정하면서 소련을 자극할 수 있는 행동을 최대한 피하면서 신중하게 행동해왔다. 페르시아만 지역의 석유 생산 시설과 해상수송로는 미국과 동맹국에게 생명선이나 다름 없었다. 따라서 소련과의 충돌 가능성을 염두에 두었음에도 불구하고 미국은 소련이 이 지역을 통제하거나 이란이 전쟁에서 승리하는 것을 그냥 지켜보고 있을 수는 없었다. 쿠웨이트 유조선을 호위하겠다는 명분으로 소련은 페르시아만에 진출할 명분을 얻었고 실제로 1987년 1월 중반에는 소련의 군함이 페르시아만에 진입했기 때문이다. 미국이 쿠웨이트 유조선을 보호하기 위해서 페르시아만으로 군사력을 파견하기로 한 결정은 해상수송로 안보 이유가 크지만, 결국 페르시아만에 대한 소련의 영향력 확대를 견제하기 위한 목적도 있었다는 것을 추론할 수 있다.

　대통령으로서의 국내정치적 이해관계는 외교정책의 결정에 영향을 줄 수 있다. 이 책의 사례연구를 통해 미국 정책결정자들은 군사력의 사용을 논의하는 과정에서 의회와의 관계나 입장을 고려했다는 점도 확인할 수 있다. 예를 들이 1967년 티란 해협 위기에서 미국은 베트남 전쟁을 수행하고 있는 상황이었고, 의회는 미국이 다른 지역에 군사력을 사용하여 개입하는 것에, 그리고 미국이 독자적으로 개입하는 것에 강하게 반대하고 있었다. 이러한 점을 고려하여 당시 정책결정자들은 적극적이며 독자적인 대응보다 다자적이며 소극적인 대응을 선택하게 되었다. 1973년 전쟁권한법의 통과 이후인 1987년 페르시아만 위기에서도 미국 정책결정자들은 군사력 사용에 대해 의회와 협의가 중요하다는 점을 인지하고 있었다.

중동지역 정치에 대한 고려도 미국의 군사적 대응 선택 결정에 영향을 주었다. 페르시아만에 군사력을 파병함으로써 이란이 우세해지는 이란-이라크 전쟁에서 이란의 공격을 억지하고 페르시아만 지역 국가들에게 미국의 신뢰를 보여주는 기회가 되기 때문이다. 군사력 사용 결정을 통해 미국은 이란-콘트라 사건으로 미국에 대한 신뢰를 잃은 중동지역 국가들을 안심시키려고 하는 의도도 있었다.

2. 본 연구의 학문적 의의

해상수송로 안보가 외교정책 결정에 미친 영향력 분석

이 책은 해상수송로 안보 그리고 에너지 안보가 군사력의 사용 결정이라는 미국 외교정책에 어떻게 영향을 주는지 분석함으로써 해상수송로 안보 및 에너지 안보와 미국의 외교정책(특히 군사력 사용 결정) 간의 관계를 설명한다는 점에서 의의가 있다. 많은 기존 연구들은 미국이 해상수송로 안보 및 에너지 안보를 위해 군사력을 사용한다고 주장하지만, 이 책의 사례연구와 같이 정책결정자 수준에서 1차연구자료에 기반하여 정책결정의 과정을 분석한 연구는 찾아보기 힘들다. 이 책은 해상수송로 안보가 핵심인 해양안보 및 에너지 안보 위기에 대한 다양한 선택지 중 하나인 군사력의 사용에 대한 논의를 정책결정자 수준의 1차연구자료를 통해 경험적으로 분석하였다. 이를 통해 해상수송로 안보 위협이 증가할수록 미국 정책결정자들은 군사적 대응을 중요한 외교정책 수단으로 고려한다는 점을 확인했고, 대응 논의 초기 단계에서부터 이미 정책결정자들은 군사적 수단도 해상수송로 안보를 위한 선택지로 고려하고 있었다는 사실도 확인했다.

물론 해상수송로 안보 위협의 수준이 다른 더 다양한 해상수송로 안보 위기 사례를 발굴하고 비교사례연구를 통해 정책결정의 과정을 분석하는 후속 연구가 필요하겠지만, 이 책은 해상수송로 안보가 군사력의 사용 가능성에 의미 있는 영향력을 발휘한다는 사실을 사례연구를 통해 보여주었다는 점에서 의미가 있다.

해상수송로 안보 위기 사례의 발굴

아랍 산유국의 석유 금수조치를 중심으로 조명했던 1967년 위기에서 실제로는 더욱 큰 에너지 안보 위협이 있으며, 이 책은 이스라엘에게 사활적인 이해관계가 있는 핵심 석유 해상수송로인 티란 해협의 안보 위기를 구체적으로 조명했다. 1967년 티란 해협 위기는 아랍 산유국 소위 석유 카르텔인 OPEC의 탄생 이후 아랍 산유국들이 석유를 정치적 무기로 사용한 최초의 사례였다. 석유 무기의 사용이 실패로 끝난 사건이었기 때문에 1967년도 위기는 그동안 여러 연구에서 주목받지 못했고, 전쟁에 앞서 발생한 티란 해협 해상수송로 안보 위기를 조명하는 연구는 거의 찾아보기 힘들다. 이집트의 티란 해협 봉쇄 선언은 이스라엘에게 전쟁 선포와 마찬가지인 국가안보 위협이었으며 미국과 영국은 군사력의 사용까지 논의한 중대한 사건이었으나, 당시 티란 해협 위기에 대한 연구가 거의 이루어지지 않았다. 1967년 티란 해협의 해상수송로 안보 위기는 이후 이란-이라크 전쟁 중 페르시아만에서 발생한 해상수송로 안보 위기와 유사하다는 점에서 비교연구의 가치가 있다. 이 책은 그동안 주목받지 못했던 1967년 티란 해협 위기 사례를 발굴하여 위기 상황에서 미국의 정책 결정 과정을 분석하였다는 점에서 의미가 있다.

1차연구자료를 활용하여 정책결정자 수준에서 외교정책 연구

해상수송로 안보에 대한 위협이 군사력의 사용 선택이라는 미국 외교정책의 결정에 어떻게 영향력을 행사하는지 분석하기 위해서는 국가 전체 단위(국가 수준)와 함께 정책결정자 수준(국가 내 수준)이라는 미시적 수준에서도 분석해야 한다. 특히 본 연구는 미국이 해상수송로 안보 위기에서 군사력의 사용 가능성과 구체적인 방식을 논의하는 과정에서 어떤 국제정치적 및 국내정치적 요인들이 정책결정의 과정과 최종 선택에 영향을 주는지, 정책결정자들의 실제 논의 과정을 기록한 1차연구자료를 활용한 사례연구를 통해 보여주고 있다는 점에서 외교정책 이론 발전에 의의가 있다. 외교정책 연구에서 정책결정자 수준의 분석은 어떤 요인들이 실제 정책결정의 과정에 어떻게 영향을 주었는지 확인할 수 있게 해줌으로써 기존 외교정책 설명 이론을 검증하고 개선하는 데 기여한다. 특히 정책결정 과정에 참여한 행위자들이 외부 환경의 변화를 어떻게 인식하고 어떠한 대응 방안들을 고려했으며, 최종 정책 선택에 어떤 요인들이 영향을 주었는지 확인할 수 있기 때문에 소수의 사례를 연구하더라도 정책결정자 수준의 분석은 이론적, 정책적 함의가 있다.[5] 그런 의미에서 이 책은 해상수송로 안보와 미국의 군사력 사용 결정 간의 관계를 충분히 설명하지 못했던 기존 연구를 보완한다.[6]

---

5) Richard C. Snyder, H. W. Bruck, and Burton Sapin, *Decision-Making as an Approach to the Study of International Politics* (Princeton: Princeton University Press, 1954); 장성일, "외교정책 연구에서 '정책결정(Decision-making)' 관점 재조명: 1967년 티란 해협 수송로 안보 위기 시 미국의 무대응 분석," 『국제정치논총』, 제60집 제2호 (2020년 6월), pp. 212-227.

6) 장성일, "해상수송로 안보와 미국의 외교정책: 레이건 행정부의 쿠웨이트 유조선 군사적 보호 결정," 『한국과 국제정치』 제38권 제2호 (2022년 6월), pp. 32-33.

미국 외교정책 결정의 제도적 특징

이 책은 미국 외교정책 결정의 제도적인 특징들을 보여주고 있다. 우선 이 책은 NSC, 그리고 이에 준하는 회의체라는 제도에 주목하여 정책결정의 과정을 분석했다. 이 책이 주목하는 NSC 중심의 정책결정 과정은 법이 규정하는 미국 외교정책 결정의 제도이다. 제도적인 과정을 통해 이루어지는 외교정책 결정을 이해하는 것은 미국 외교정책의 연속성을 확인할 수 있다는 점에서 의미 있다. 미국 외교정책 결정은 역사적 맥락에서 이루어지는 점진적인 결정이며 제도를 통해 이루어지는 공유된 결정 과정이 특징이다. 또한 정책결정 과정에서 대통령의 역할이 중요하지만, 대체로 특정 인물이나 특정 조직이 정책 결정의 전체 과정을 독점하는 것이 아니라, 여러 행위자가 참여한다는 점에서 공유된 결정 과정이다. 그런 의미에서 이 책은 제도적 차원에서 이루어지는 미국 외교정책의 결정과정을 이해하는 데 기여할 것이다.

또한 이 책의 사례연구를 통해서 미국 외교정책의 결정은 한순간에 일어나기보다, 점진적으로 이루어지고 그 과정이 순환적인 것을 확인할 수 있다. 미국은 페르시아만에서 쿠웨이트 유조선을 보호하는 군사력의 사용을 결정했는데 그 결정은 사실 레이건 행정부 초기부터 점진적으로 진행된 에너지 해상수송로 안보 확보를 위한 노력의 결과였고, 그 이전인 1980년에 발표된 카터 독트린이 페르시아만에서 해상수송로 안보를 위한 군사력 사용의 근거를 마련했다. 즉, 페르시아만에서 군사력의 사용 결정은 특정 시점에 전략적 계산으로 내린 결정이 아니라, 미국이 점진적으로 추진해왔던 페르시아만 해상수송로 안보를 확보하기 위한 노력의 과정이자 연장선이었다.

아울러 국가가 결정을 내리고 이행하는 과정은 하나의 결정을 내린 다음에 다른 문제에 대해 논의하며 결정하는 시간 순서에 따른 방식이 아니라, 동시에 여러 가지 결정을 내리고 이행하는 동시적 과정(simultaneity)이다. 외교정책 연구에서 정책결정의 동시적 문제는 그동안 제대로 다루어지지 않았다. 이 책이 제시하는 분석틀은 이러한 동시적 과정을 고려하였으며, 정책결정자가 내린 어떤 결정이 이후 유사한 문제에 대한 결정에도 영향을 미치는 정책결정의 순환적 구조도 분석틀에 포함시켰다. 위기 시 정책결정자는 시간의 제약 속에서 결정을 내리기 때문에 선택할 수 있는 선택지를 줄이는 과정이 발생하며 주로 역사적 사례를 참고하여 선택지를 줄이며, 이전에 내린 결정도 역사적 선례가 되어 정책결정자의 다음 선택에 영향을 준다.[7]

미국 외교정책의 결정 과정을 보여주는 통합적인 분석틀

이 책은 미국 외교정책 이론 발전에도 기여할 것으로 기대한다. 앞서 살펴본 것과 같이 외교정책 결정에 대한 기존 논의들은 미국

---

7) 장성일, "위기 시 미국 외교정책 결정의 통합적인 분석: 페르시아만 해상 수송로 위기에서 군사적 대응 결정," 『한국정치학회보』 제54집 제2호 (2020년 6월), pp. 232-233.

외교정책 결정 과정의 일부 또는 단편적인 모습을 설명하고 있다. 또한 많은 논의들은 특정 시점만을 스냅샷으로 끊어서 그 순간의 정책 결정만 분석하고 있다. 미국 외교정책의 결정 과정을 온전히 이해하기 위해서는 그것이 가진 여러 독특한 특징들을 이해해야 한다.

미국 외교정책 결정 과정 및 제도적 특징을 반영하여 이 책은 정보 영역(Intelligence), 정책 가이드라인 영역(Policy Options/Guidelines), 그리고 결정 영역(Decision)이라는 세 영역으로 구성된 통합적인 분석틀을 제시하고, 이러한 분석틀을 바탕으로 세 위기 사례에서 외교정책의 결정 과정을 분석했다. 위협의 발생과 위협에 대한 정책결정자의 인식에서부터 최종적인 외교정책 대안의 선택에 이르기까지 이 책은 군사력의 사용에 관련된 외교정책 결정 과정을 통합적인 분석틀로 설명했다. 그동안 정책결정자의 인식, 관료정치의 역할 등 외교정책 결정에 영향을 주는 다양한 수준에서 각 요인의 영향력을 확인하는 연구가 활발하게 이루어졌지만, 이를 하나의 통합된 이론이나 분석틀로 정립하려는 시도는 많지 않았다. 여러 수준에서 작동하는 변수들이 어떻게 상호작용하는지 설명하는 다수준적인(multilevel) 통합적인 외교정책 이론의 구축 필요성은 꾸준히 제기되어 왔다. 아울러 통합적인 외교정책 분석은 개인 차원의 변수와 조직 차원의 변수를 모두 고려해야 의미 있다는 점을 감안할 때, 이 책의 시도는 통합적인 외교정책 이론 발전에 기여할 것으로 기대한다.

외교정책 연구에서 정책결정자 인식 분석의 중요성

이 책의 사례연구를 통해 외교정책 연구에서 외부의 변화나 사건을 받아들이며 해석하는 정책결정자의 위협 인식에 대한 분석이 매우 중요하다는 점을 현실 사례를 통해 확인할 수 있다. 추상적인 행위자로서 국가가 아니라 국가 내에서 활동하는 인간 행위자로서 정책결정자의 위협 인식을 분석하는 것이 중요한 이유는 그들이 외부 상황을 동일하게 받아들이고 동일한 방식으로 기계적으로 반응하는 것이 아니기 때문이다. 국가 내에 행동하는 개인 및 집단으로서 인간 행위자는 외부의 관찰자 입장에서 유사하게 보이는 사건을 다르게 인식할 수 있기 때문에 국가를 단일한 행위자로 간주할 수 없다. 정보기관이 생산한 외부 환경 변화나 위협에 대한 자료를 보고 정책결정자는 외부 위협을 해석하는데, 정책결정자가 그러한 정보를 국가안보 차원의 위협으로 인식하면 그때부터 이에 대한 대응 방안을 논의하기 시작한다. 정책결정자의 위협 인식에 대한 분석은 국제정치의 구조적 압력이나 외부 위협이 국가 내 인간 행위자에 의해 어떻게 받아들여지고 해석되는지에 대한 것으로 국제정치 체제 수준의 변수가 인간 행위자의 인식과 연결되는 과정이다.

이 책의 사례연구에서도 해상수송로 안보를 위협하는 사건이나 행위에 대한 정보를 받아들이고 해석하는 정책결정자의 인식이 매우 중요했다는 것을 확인할 수 있다. 1967년 위기 사례와 1973년 위기 사례가 여기에 해당한다. 1973년 중동전쟁의 발발 초기에 이집트는 이스라엘 에이라트 항구로 가는 유조선을 공격했고, 이러한 행위 자체는 해상수송로 안보에 대한 매우 중대한 위협이다. 그러나 전쟁이 시작된 상황에서 교전 중지와 석유 금수조치에 대한 대비가 더 시급한 우선순위였던 정책결정자에게 이집트의 도발적인 행위는 상대적으로 우선 순위가 낮은 국가안보 위협으로 받아들여졌고, 이에 대한 대응 논의도 이루어지지 않았다. 반면에 1967년 위기에서 이집트는 티란 해협을 통과하는 선박을 공격하거나 해협을 봉쇄하지 않았음에도 불구하고 미국 정책결정자들은 이집트의 봉쇄 선언을 해상수송로 안보 위협으로 인식했고, 군사력의 사용을 포함하여 다양한 외교정책 대응 논의를 시작했다.

외교정책의 대안 논의에서 역사적 선례의 역할

위기 상황에서 정책결정자는 시간과 정보의 제약 속에서 결정을 내려야 하며, 이상적인 의미에서 합리적인 판단과 선택을 하기 힘들다. 외교정책 대응을 논의하는 초기 단계뿐 아니라 전반적인 논의 과정에서 현재 위기와 유사한 역사적 사건과 그 상황에서 국가나 국가 지도자가 내린 결정, 특히 유사한 위기에서 전임 행정부가 내린 결정은 정책결정자에게 일종의 지름길이 된다. 즉, 정책결정자는 역사적 선례를 활용하여 그러한 유사한 사례에서 국가나 정책결정자가 어떤 결정을 내렸고 그러한 결정이 위기 대응에 효과적이었는지 혹은 그렇지 않았는지 고려하여 이를 현재 위기에서 대응 논의에 활용한다.[8] 정책결정자가 활용하는 역사적 선례 중에서 대안 선택에 가장 큰 영향을 주는 요인은 유사한 위기에서 전임 행정부가 내린 결정이나 행위다.[9] 역사적 선례를 참고하는 인지적 과정은 정책결정자가 더 많은 대안을 고려하게 만드는 것이 아니라 선택지를 줄여주는 과정이다.[10] 제한된 시간 내에 대안을 선택해야 하는 위기 시 정책결정자는 우선 역사적 선례에 기대어 현재 상황을 해석하며 이에 부합하는 선택지들이 우선순위에 놓이게 된다. 실제로 1967년 티란 해협 위기가 발생하자 미국 정책결정자들은 수에즈 운하 위기 때 미국이 이스라엘에게 했던 약속이라는 역사적 선례를 염두에 두면서 대응 방안을 논의했다.

3. 국제정치 현실에 주는 시사점

21세기에 들어서면서 국제 에너지 시장은 구조적 변화를 겪고 있으며 에너지 국제정치도 복잡하게 변화하고 있다. 특히 2009년 이후 미국에서 셰일혁명이 일어나면서 천연가스의 순수입국이었

---

[8] Robert Jervis, *Perception and Misperception in International Politics* (Princeton, N.J.: Princeton University Press, 1976), pp. 217-218.

[9] Richard C. Snyder, "The Nature of Foreign Policy," *Social Science*, Vol. 27, No. 2 (April, 1952), p. 67.

[10] Jervis, 1976, p. 220.

던 미국이 러시아를 제치고 전 세계 최대의 천연가스 생산국이 됨에 따라 에너지 국제정치에 지각변동이 일어났다. 유가 급락으로 그동안 국제석유시장을 지배했던 OPEC 국가들의 시장 지배력이 현저하게 약화되었으며 미국의 석유 생산 또한 큰 변화를 가져왔다.[11] 2022년 러시아의 우크라이나 침공으로 시작된 전쟁은 에너지 안보뿐 아니라 해상수송로 안보에도 위협이 되고 있다. 이러한 급격한 변화 속에서도 이 책의 연구가 현재 국제정치에 주는 시사점은 다음과 같다.

국제정치에서 해상수송로 안보의 중요성

에너지 안보를 다루는 연구의 경우 상당수가 아랍 산유국의 석유 금수조치와 같은 수요와 공급 문제로 인해 발생하는 에너지 안보 문제나 위기에 주목하지만, 이 책은 지정학적 문제가 복합적으로 작동하면서 국가의 군사력 사용과 국가 간 분쟁 가능성이 높은 해상수송로 안보 차원의 에너지 안보 문제에 주목하면서, 에너지 안보 논의 및 해양안보 논의를 더욱 확장하고 있다. 역사적으로도 그랬고 여전히 해상수송이 석유나 천연가스의 주요 운송 수단이

---

11) 신범식, "국제 에너지 시장의 구조적 변동과 에너지 국제정치의 전개," 서울대학교국제문제연구소, 『에너지 국제정치의 변환과 동북아시아』 (사회평론아카데미, 2015), p. 5; 김성진, "동북아 에너지 안보의 지형 변화와 한국의 에너지 외교," 서울대학교 국제문제연구소, 『에너지 국제정치의 변환과 동북아시아』 (사회평론아카데미, 2015), p. 279.

라는 현실을 고려하면 에너지 안보 차원과 해양안보 차원에서 해상수송로의 역할은 중요하다.

구체적으로 이 책은 해상수송로 안보 위협의 수준에 따라서 그것이 군사적 대응 논의에 어떤 방식으로 영향을 주는지, 냉전기 미국 세 사례연구를 통해 구체적으로 설명하였다. 이는 향후에 반복될 수 있는 유사한 사례를 분석하는 데 기여할 것으로 보인다. 실제로 페르시아만에서 2019년 미국과 이란의 긴장 관계, 2022년 러시아-우크라이나 전쟁 발발 직후 러시아의 흑해 봉쇄로 인한 세계적인 식량 위기 등 사건만 보더라도 해상수송로 안보 문제는 국제정치 현실에서 매우 중요한 문제다.

해상수송로를 둘러싼 미국과 이란의 긴장 관계

페르시아만의 호르무즈 해협 해상수송로 안보를 둘러싼 미국과 이란의 긴장은 냉전이 끝난 이후에도 반복되고 있다. 최근 두 국가의 갈등은 이란의 핵 문제가 핵심이지만 페르시아만 해상수송로 안보 문제는 갈등을 더욱 고조시키고 있다. 다음 자료는 2015년 이후 페르시아만의 호르무즈 해협을 둘러싼 미국과 이란의 긴장 관계를 간략히 보여주고 있다. 과거와 마찬가지로 이란은 페르시아만 해상수송로 안보를 정치적 무기로 활용하고 있으며, 미국은 군사적 대응을 포함하여 다양한 방식으로 대응하고 있다.

표-32 페르시아만 해상수송로를 둘러싼 최근 미국과 이란의 긴장 관계

날짜	주요 사건
2015.7.	• UN 안보리 상임이사국과 독일은 이란과 '포괄적 공동행동계획(JCPOA: Joint Comprehensive Plan of Action)'을 타결하면서 이란 핵문제 해결 기반 마련
2018.5.8.	• 트럼프 대통령은 지난 2015년 오바마 행정부 때 타결한 이란 핵합의에서 미국이 탈퇴하겠다고 전격적으로 선언함 • 미국은 이란에게 다시 경제제재를 하겠다고 발표함. 이란 대통령 루하니(Hassan Rouhani)는 이란이 핵합의를 지키겠다고 발표함
2019.4.8.	• 트럼프 대통령은 중동에서 작전을 펼치고 있으며 아랍 시아파 무장단체를 훈련하는 이란의 군대인 '이슬람혁명수비대(IRGC: Islamic Revolutionary Guard Corps)'를 '해외 테러 조직(FTOs: Foreign Terrorist Organizations)'으로 지정하겠다고 발표함 • 미국 국무부는 4월 15일에 IRGC를 해외 테러 조직으로 지정함
2019.4.22.	• 미국의 '해외 테러 조직' 지정에 대한 반발로 이란의 Supreme National Security Council은 미국 중부사령부를 테러 조직으로 지정하겠다고 발표함 • 미국은 그동안 면제 대상국가로서 이란의 5대 석유 수입 국가인 중국, 인도, 일본, 한국, 터키가 이란 석유를 수입하지 못하도록 하면서 이란의 자금줄을 압박하고자 노력함
2019.5.5.	• 백악관은 이란과 관련한 위험 신호 때문에 중동 지역에 아브라함 링컨(U.S.S. Abraham Lincoln) 항공모함 전단(aircraft carrier strike group)과 폭격기들을 파견한다고 발표함 • 관련 내용을 발표하는 성명에서 볼튼 국가안보좌관은 "미군의 배치(deployment)는 미국의 이해관계 또는 미국의 동맹국의 이해관계에 대한 어떠한 공격은 가차없는 무력(unrelenting force)으로 대항할 것이라는 메시지를 이란 정부에게 분명하게 전달하기 위한 의도"라고 설명함
2019.5.8.	• 이란 루하니 대통령은 2015년도 핵합의에서 물러날 것이라고 선언하였으나 전쟁으로 가는 길은 아니라고 언급함. 핵합의에서 완전히 탈퇴하는 것이 아니라, 핵물질을 축적하는 것과 같이 핵 관련 활동을 재개하겠다고 선언함 • 이에 대한 대응으로 트럼프는 이란에 새로운 경제제재를 가하겠다고 발표하였는데, 철강, 알루미늄, 구리 등에 대한 제재가 그것임. 이란에서 산업 금속 분야(industrial metal) 산업은 수출의 10%를 차지하고 있음

날짜	주요 사건
2019.5.12.	• 호르무즈 해협 근처에서 유조선 네 척이 신원 미상의 공격자에게 공격당함 • 폼페이오 국무장관과 볼튼 국가안보보좌관은 이란이 유조선 공격의 책임자라고 언급함
2019.5.24.	• 트럼프는 당시 중동에 주둔하는 미군에 대한 보호를 강화시키기 위해 1,500명의 추가 병력의 중동 파견을 명령할 것이라고 발표함. 새 병력의 파병은 그동안 백악관 내 강경파들이 주장하고 중동 현지 지휘관들이 요구한 파병 규모보다는 적은 규모임 • 트럼프는 이란 문제를 '긴급사태(emergency)'로 선언함으로써 의회를 우회하여 사우디아라비아, 아랍에미리트(UAE) 그리고 요르단에게 무기를 판매하기 위해 한 걸음 전진함. 2018년부터 의회는 이들 국가에 대한 무기 판매를 금지하고 있었음 • 국방부 관리는 5월 12일에 유조선 네 척을 공격했다며 이란의 이슬람혁명수비대(IRGC)를 비판함
2019.6.13.	• 오만만(Gulf of Oman) 해역에서 유조선인 일본 코쿠카(Kokuka Sangyo) 소유의 Kokuka Courageous와 노르웨이 회사 소속 Front Altair에 대한 공격이 발생함 • 미국은 유조선에 대한 공격의 배후로 이란을 지목함 • 두 유조선에 대한 공격 이후 원유 가격은 3% 이상 상승했고, 이는 이란의 석유 수입을 간접적으로 증가시킴
2019.6.20.	• 미국 상원은 미 행정부가 사우디아라비아, 아랍에미리트에게 군수품을 판매하는 것을 막고자 투표를 실시함
2019.6.20.	• 이란은 호르무즈 해협 인근을 정찰중인 미국의 무인 정찰 드론을 지대공 미사일로 격추시킴
2019.6.20.	• 이란의 미국 무인 정찰 드론 격추에 대한 보복으로서, 트럼프 대통령은 이란의 레이더, 미사일 기지에 대한 군사 공격 명령함 • 이란의 레이더 및 미사일 기자에 대한 군사 공격이 실행되기 직전에 대통령의 명령으로 공격이 취소됨
2019.6.24.	• 트럼프는 이란에 대한 경제제재를 강화하는 행정명령에 서명함 – 이란 지도자 하메네이(Ayatollah Ali Khamenei)와 측근을 겨냥하여 그들이 국제 금융 시스템에 접근하지 못하도록 하는 것임 • 미국 주도로 호르무즈 해협의 수송로 안보를 확보하기 위한 다자적인 해양안보 감시 프로그램인 'Sentinel program' 착수함

날짜	주요 사건
2019.7.1.	• 이란은 2015년도 핵 합의에서 허용하는 저농축(low-enriched uranium) 우라늄의 비축량(stockpile)에 대한 제한 기준을 넘겼다고 발표함

호르무즈 해협 인근에서 유조선에 대한 공격 발생

이란의 유조선 공격과 미국 무인 정찰 드론 격추는 미국과 이란을 군사적 충돌 위기 직전까지 몰고갔다. 현지 시각으로 2019년 6월 13일에 오만만(Gulf of Oman) 해역에서 두 척의 유조선인 일본 코쿠카(Kokuka Sangyo) 소유의 Kokuka Courageous와 노르웨이 회사 소속 Front Altair에 대한 공격이 발생했다. Kokuka Courageous는 메탄올을 싣고 사우디아라비아 알 주바일(Al Jubail) 항구를 출발하여 싱가포르로 항행하던 중이었고, Front Altair는 석유제품인 나프타를 싣고 아랍에미리트의 루와이스(Ruwais) 항구를 출발하여 대만의 가오슝(Kaohsiung) 항구로 가는 중이었다. 이는 같은 해 5월에 발생한 유조선 공격보다 훨씬 심각한 타격을 주었는데 선원들은 배를 버리고 대피해야 할 정도였다.[12]

---

12) Mark Landler, Julian E. Barnes, and Eric Schmitt, "U.S. Puts Iran on Notice and Weighs Response to Attack on Oil Tankers," *The New York Times* (June 14, 2019).

| 그림-23 | 오만만에서 공격받은 두 유조선의 항로

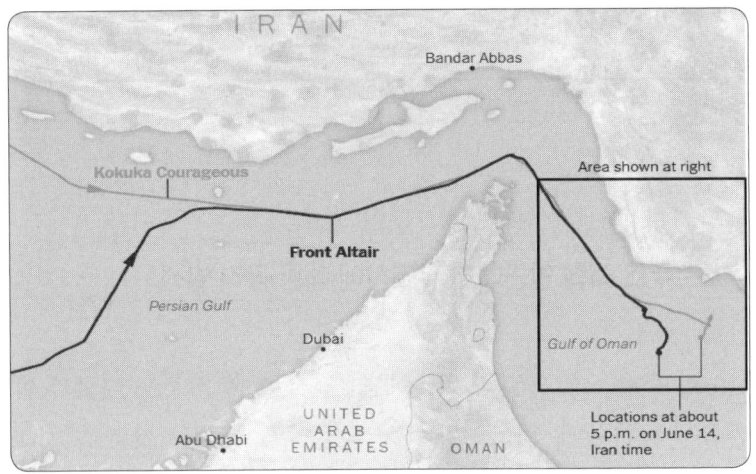

출처: David D. Kirkpatrick, Richard Pérez-Peña and Stanley Reed, "Tankers Are Attacked in Mideast, and U.S. Says Video Shows Iran Was Involved," *The New York Times* (June 13, 2019).

폼페이오(Michael R. Pompeo) 국무장관은 같은 날 언론 성명을 통해서 "이와 같은 정당한 이유가 없는 공격(unprovoked attacks)은 국제 평화와 안보에 분명한 위협이다"라고 말하며, 유조선에 대한 공격의 책임은 이란에게 있다고 발표했다. 트럼프 대통령은 이란이 호르무즈 해협을 봉쇄하도록 두지 않을 것이라고 말하면서도, 이란과의 전쟁을 바라는 것은 아니라며 긴장이 고조되는 것을 경계했다. 그의 태도는 이란을 더욱 압박하길 바라는 국가안보보좌관 볼튼(John R. Bolton)의 태도와 대조적이었다.[13] 두 유조선에 대한

---

13) Mark Landler, Julian E. Barnes, and Eric Schmitt, "U.S. Puts Iran on Notice and

공격 이후 원유 가격은 3% 이상 상승했는데 이는 이란의 석유 수입을 간접적으로 증가시키는 결과라는 분석도 있었다.[14] 이란이 유조선을 대상으로 비밀 공격(covert attack)을 하는 이유는 경제제재로 석유 수출에 타격을 입고 있는 이란이 유조선 공격으로 유가를 올리면서 수입을 높이려고 하는 목적이라는 분석이다.

며칠 후 미국-이란 갈등을 더욱 고조시키는 사건이 발생했다. 미국 워싱턴 D.C. 현지 시간으로 6월 20일 새벽 4시 5분, 이란은 지대공 미사일을 사용하여 미국의 무인 정찰 드론을 격추시키면서 페르시아만의 호르무즈 해협을 둘러싼 미국과 이란 간의 위기가 더욱 고조되었다.[15] 트럼프(Donald J. Trump) 미국 대통령은 이란의 드론 격추에 대한 보복으로 이란의 레이더 및 미사일 포병 부대 등 세 군데 목표에 대한 군사 공격을 승인했으나 공격이 이뤄지기 직전에 공격 명령을 취소했다.

Weighs Response to Attack on Oil Tankers," *The New York Times* (June 14, 2019).

14) Edward Wong, "Pompeo Says Intelligence Points to Iran in Tanker Attack in Gulf of Oman," *The New York Times* (June 13, 2019).

15) Weiyi Cai, Denise Lu, and Anjali Singhvi, "Three Attacks in the World's Oil Choke Point," *The New York Times* (June 21, 2019).

그림-24 미국의 정찰 드론과 다국적 유조선들이 공격당한 지점

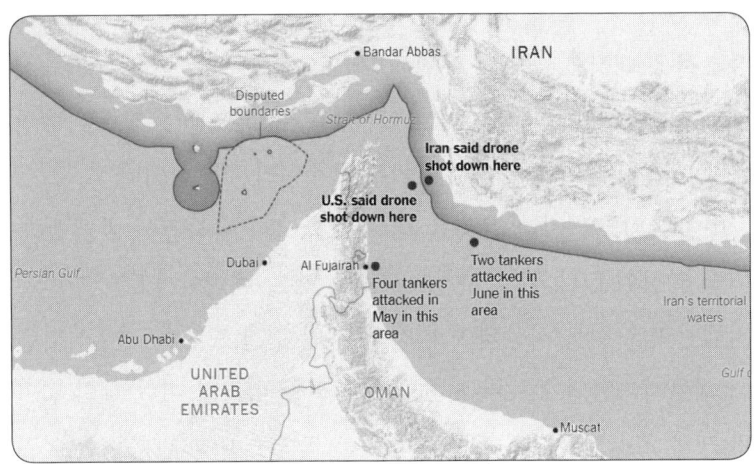

출처: Weiyi Cai, Denise Lu, and Anjali Singhvi, "Three Attacks in the World's Oil Choke Point," *The New York Times* (June 21, 2019).

 이란의 도발에 대해 실제로 군사적으로 대응해야 하는지 즉, 군사공격을 해야 하는지에 대해서 정책결정자들 사이에 이견이 있었다. 트럼프 대통령은 선거 운동 때 공약으로 미국이 중동지역 분쟁에 연루되지 않도록 하겠다고 내세웠기 때문에 그것을 지키는 의미에서 군사공격을 선호하지 않았으나, 폼페이오 국무장관, 매파인 볼튼 국가안보보좌관, 그리고 하스펠(Gina Haspel) CIA 국장은 군사적 대응을 선호했다고 한다. 그러나 국무부 고위 관리들은 그러한 군사적 대응이 페르시아만 지역 근처 미군에게 위험을 가져오는 위기를 초래할 수 있다고 경고했다. 언론 보도에 따르면 대통령이 백악관 상황실에서 민주당 의원들에게 관련 문제에 대해서 비공개로 브리핑하는 자리에서 민주당 의원들은 지금 고조

된 상황을 진정시킬 것을 대통령에게 촉구했다.[16]

　대통령이 내린 군사공격 명령이 취소된 이유에 대해 정확하게 알려진 것은 없으나, 미국과 이란이 해상수송로를 두고 군사적 충돌 직전까지 갔던 순간이었다. 트럼프 대통령은 군사공격 명령 취소에 대해서 6월 21일 오전 6시 3분, 자신의 트위터에 다음과 같은 글을 남겼다. 그는 이란에 대한 군사 공격으로 발생하는 인명 피해가 얼마인지 당시 정책결정에 참여했던 던포드(Joseph F. Dunford, Jr.) 합참의장에게 물었고, 그는 150명이라고 답했다. 그 대답을 듣자 트럼프는 실제 공격이 실행되기 10분 전에 공격을 취소했다고 자신의 트위터에 다음과 같이 글을 남겼다.

"On Monday they shot down an unmanned drone flying in International Waters. We were cocked & loaded to retaliate last night on 3 different sights when I asked, how many will die. 150 people, sir, was the answer from a General. 10 minutes before the strike I stopped it, not...."[17]

---

16) Michael D. Shear, Eric Schmitt, Michael Crowley, and Maggie Haberman, "Strikes on Iran Approved by Trump, Then Abruptly Pulled Back," *The New York Times* (June 20, 2019).

17) 트럼프(Donald J. Trump) 미국 대통령 트위터, https://twitter.com/realDonaldTrump/status/1142055388965212161 (검색일: 2019년 6월 22일).

유조선 공격에 대한 대응으로 당시 미국은 추가적인 병력을 페르시아만 지역에 파병하는 방안을 고려했다. 중부사령부는 20,000명의 병력 지원을 요청했는데, 국방부는 이 중 일부인 6,000명의 병력을 파병하는 것을 검토했다. 이러한 병력에는 두 개의 추가적인 전투비행 대대(fighter squadron)와 추가적인 해군 구축함들과 잠수함들, 그리고 몇 개의 패트리어트 미사일 방어 포대들이 포함됐다. 그중 대통령은 1,500명의 병력 파견을 명령하여 대부분 페르시아만 지역에 도착했다.[18]

미국 주도로 호르무즈 해협 해양안보 위한 다자 연합체

앞서 살펴본 것과 같이 이란의 미국 무인 정찰 드론 격추 사건 이후 미국은 이란으로부터 위협을 감시하고 이란 위협이 발생하는 경우 그 증거를 확보하기 위해서, 페르시아만 지역을 항행하는 선박들에게 감시 카메라를 제공하고자 미국은 이러한 프로그램에 참여할 국가들을 모집했다. 당시 이란의 미국 무인 정찰 드론 격추 사건 때 미국과 이란은 서로 다른 주장을 하고 있었기 때문이다. 이란은 드론이 자국의 영공을 침범했기 때문에 격추시켰다고 주장하면서, 양국은 자신의 주장을 뒷받침하고 상대 국가에 책

---

18) Mark Landler, Julian E. Barnes, and Eric Schmitt, "U.S. Puts Iran on Notice and Weighs Response to Attack on Oil Tankers," *The New York Times* (June 14, 2019).

임을 묻기 위해서 좌표(coordinates)도 제출했다. 미국이 구상한 초기 단계 프로그램이 작동되면 호르무즈 해협을 통과하는 선박들은 카메라나 다른 기타 장치들을 제공받으며, 일부 선박들은 군함과 같은 다른 선박에 의해 호위를 받게 된다. 이러한 프로그램은 사전적인 또는 적극적인 억지(proactive deterrents) 대응이라고 볼 수 있다. 당시 영국, 바레인 및 호주가 미국 주도의 호르무즈 해협 통행 선박 보호 임무에 동참을 발표했다.[19]

호르무즈 해협 인근 해역에서 이란과 군사적 충돌 직전까지 갔던 미국은 이후 동 지역 해상수송로 안보를 위해 다자적인 협력을 적극적으로 추진했다. 2019년 6월 24일, 폼페이오 국무장관은 사우디아라비아 제다(Jeddah)에서 살만(Salman bin Abdulaziz Al Saud) 국왕 및 살만(Mohammed bin Salman Al Saud) 왕세자를 만나 페르시아만에서 고조되는 긴장 상황 및 호르무즈 해협에서 항행의 자유(freedom of navigation)를 증진시키기 위해 강화된 해양안보의 필요성에 대해 대화를 나누었다. 이후 폼페이오 국무장관은 아부다비로 이동하여 UAE 왕세자이자 공군 부사령관인 자에드(Sheikh Mohamed bin Zayed Al Nahyan)를 만났다. 그는 호르무즈 해협 인근 선박들을 위한 해양안보 프로그램에 UAE가 군사적 지원을 해주길 요청했다. 폼페이오 국무장관이 사우디아라비아와 UAE를 먼저 방문한 것은 미국이 이 국가들을 본 프로그램에 참여시키기 위

---

19) Benjamin Mueller, "U.K. Joins U.S.-Led Effort to Protect Ships in Strait of Hormuz," *The New York Times* (August 5, 2019); Jamie Tarabay, "Australia Is Third Country to Join U.S. in Patrolling Strait of Hormuz," *The New York Times* (August 21, 2019).

한 이유도 있다.[20] 앞서 언급한 국무장관이 제안했던 프로그램은 당시에는 Sentinel program 또는 Operation Sentinel이라 명명되었다. 폼페이오는 사우디아라비아, UAE를 포함하여 약 20여개 국가들을 이 프로그램에 참여시킬 것이라고 언급했는데, 미국이 호르무즈 해협 해상수송 안보에 대한 비용을 모두 부담하는 것보다 다양한 국가들이 참여하면서 부담을 나눠 갖는 것이 필요하다는 입장이 반영된 것이다.[21]

호르무즈 해협 '국제해양안보건설(IMSC: International Maritime Security Construct, 이하 IMSC)'[22]로 부르는 다자적인 해양안보 연합체(coalition)는, 이상에서 설명한 Sentinel program이 다자적인 해양안보 협력으로 발전한 것이다. 국제해양안보건설 또는 IMSC는 페르시아만과 오만만의 민간 선박 보호를 위해 미국 국무부와 국방부가 공동으로 추진하고, 영국과 호주 등이 참여하는 다자적인 페르시아만 해양안보 프로그램이다. 한국 언론에서는 본 연합체를 국제해양안보건설, 국제해양안보구상, 국제호송연합체, 호르무즈 해협 호위 연합 또는 호르무즈 해협 호위 연합체 등으로 번역하여 사용하고 있다. IMSC는 2019년 7월에 공식 출범했고, 2023년 5월

---

20) Carol Morello, "Pompeo seeks support from allies to monitor Persian Gulf region amid tensions with Iran," *The Washington Post* (June 24, 2019).

21) Edward Wong, "Trump Imposes New Economic Sanctions on Iran, Adding to Tensions," *The New York Times* (June 24, 2019).

22) International Maritime Security Construct, https://www.imscsentinel.com/ (검색일: 2023년 5월 1일).

기준 본 연합에 참여중인 국가는 미국, 영국, 알바니아, 라트비아, 에스토니아, 리투아니아, 루마니아, 사우디아라비아, 바레인, UAE, 세이셸 11개국이다.

IMSC는 1967년 티란 해협 위기에서 미국과 영국이 추진했던 해양선언 및 해군력 조직과 매우 유사한 대응 방식이다. 당시 이집트가 이스라엘의 핵심적인 해상수송로인 티란 해협을 봉쇄하겠다고 선언하자 미국은 영국과 협력하여 항행의 자유를 선언하는 다자적인 정치적 선언인 해양선언을 추진하였다. 아울러 티란 해협의 개방을 물리적으로 지원할 수 있는 해군력의 조직을 논의했으나 이집트와 이스라엘 간의 교전으로 중동전쟁이 발발하자 해양선언과 해군력 조직 시도는 중단되었다.

여전히 중요한 페르시아만의 해상수송로

이란이 페르시아만 해상수송로를 볼모로 미국을 협박할 수 있는 배경, 그리고 미국이 페르시아만 해상수송로 안보에 매우 민감하게 반응하면서 군사적 대응까지 고려하는 이유는 페르시아만의 호르무즈 해협이 과거에도 그랬지만 여전히 세계경제에 매우 중요한 전략적 해상수송로이기 때문이다.

이라크, 쿠웨이트, 사우디아라비아, 아랍에미레이트(UEA) 및 카타르와 같은 페르시아만 석유 수출 국가들은 2018년 상반기 동안, 거의 하루당 2,200만 배럴의 석유와 석유 제품들을 호르무즈 해협을 통과하여 수출했다. 이는 전 세계 석유 시장에서 약 24%

에 달하는 물량이다. 하루 평균 33척의 석유 및 LNG 유조선들이 호르무즈 해협을 통과하여 나가며, 대부분 한국, 중국, 일본, 인도와 같은 아시아 국가들에게 에너지 자원을 전달한다. 2017년 기준으로 미국은 하루당 170만 배럴의 원유를 페르시아만 지역 국가들로부터 수입했는데 이는 미국 전체 소비의 10%에 못미치는 정도이다. 천연가스의 경우 미국은 전혀 수입하지 않았다. 전 세계 LNG 교역량의 28%에 달하는 천연가스가 매년 호르무즈 해협을 통과하여 지나가고 있다.[23]

그림-25   호르무즈 해협을 통과하는 선박의 일일 통행량

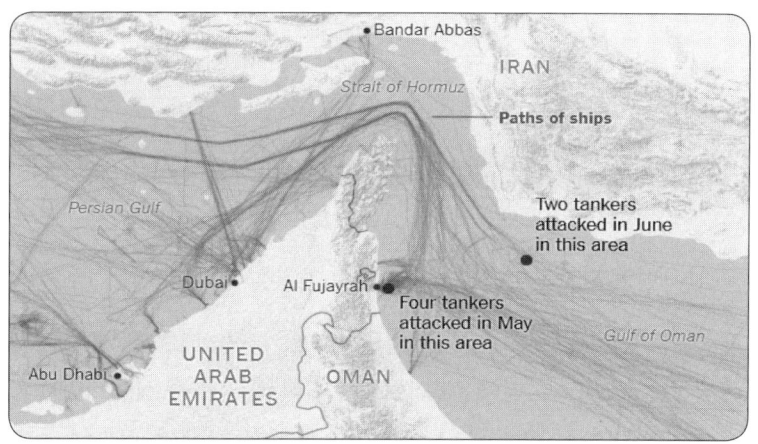

출처: Weiyi Cai, Denise Lu, and Anjali Singhvi, "Three Attacks in the World's Oil Choke Point," *The New York Times* (June 21, 2019).

---

23) Michael Ratner, *Iran's Threats, the Strait of Hormuz, and Oil Markets: In Brief* (Congressional Research Service, 2018), p. 5.

위 그림은 2019년 6월 13일 새벽 4시 30분을 시작으로, 24시간 동안 페르시아만의 호르무즈 해협을 통과하는 선박들의 하루 통행의 대략적인 정보를 선박의 항행 노선으로 표현한 것이다.

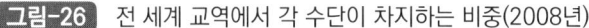 전 세계 교역에서 각 수단이 차지하는 비중(2008년)

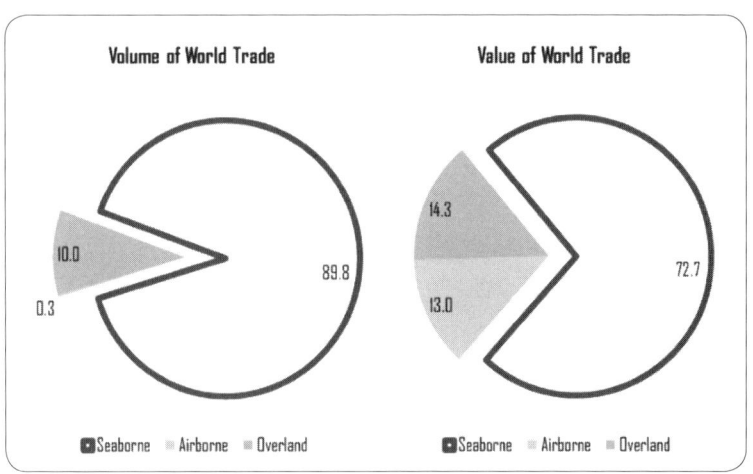

출처: Jean-Paul Rodrigue and Theo Notteboom, "Maritime Transportation," https://transportgeography.org/?page_id=1762
(검색일: 2019년 6월 5일).

위 자료에서 확인할 수 있듯 전 세계 교역에서 해상수송이 차지하는 물동량(volume)은 거의 90%에 달한다. 물론 수송하는 상품의 가치가 항공수송에 비해 높은 것은 아니지만 여전히 해상수송은 국제적인 교역에서 매우 중요하다는 것을 확인할 수 있고, 해상수송로가 위협받을 때 그것이 국제경제에 얼마나 큰 충격을 가져올지 쉽게 예상할 수 있다.

| 그림-27 | 호르무즈 해협의 컨테이너 선박 통행량(2018년)

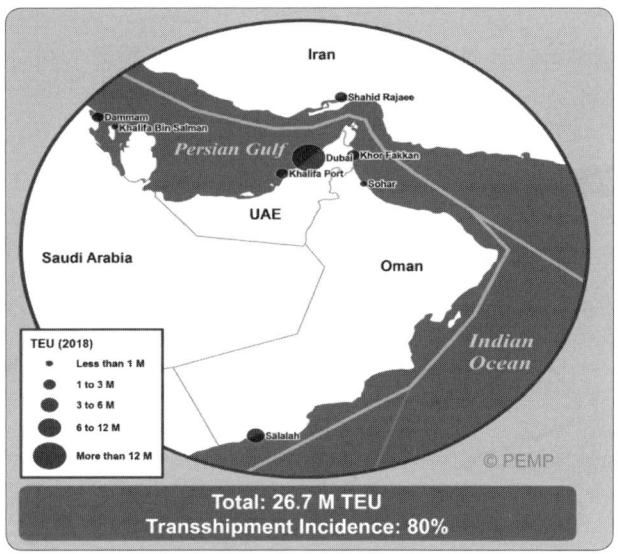

출처: Theo Notteboom, Athanasios Pallis, and Jean-Paul Rodrigue, *Port Economics, Management and Policy* (London: Routledge, 2022). https://porteconomicsmanagement.org/pemp/contents/part1/interoceanic-passages/container-traffic-handled-ports-strait-of-hormuz/ (검색일: 2023년 5월 1일).

전통적으로 페르시아만의 호르무즈 해협은 석유의 핵심 해상 수송로로서 매우 중요한 역할을 해왔으나, 최근에는 환적 허브(transshipment hub)로서 역할도 매우 커지고 있다. 교역의 증가와 함께 페르시아만 주변 지역의 물동량이 증가했고 자연스럽게 석유 이외의 다른 해상수송도 증가했다. 그중 두바이의 제벨 알리(Jebel Ali)가 가장 급격한 성장을 하면서 핵심적인 허브 역할을 하고 있다. 이는 1995년부터 2021년까지 호르무즈 해협의 선박 통행량 자료를 보여주는 다음 자료에서도 확인할 수 있다. 자료에 따르면 오만의 살랄라(Salalah) 항구, 사우디아라비아의 담만(Damman)도 중요한 역할을 하고 있다.

두바이는 2016년 기준으로 전 세계에서 9번째로 컨테이너 선박의 물동량이 가장 많은 컨테이너 항구가 되었다. 두바이 항구는 호르무즈 해협을 통과해야 접근할 수 있기 때문에 호르무즈 해협은 석유의 수송뿐 아니라 다른 상품의 해상수송에서도 그 가치가 매우 높다고 할 수 있다. 가장 물동량이 많은 항구는 상하이로, 다음은 싱가포르, 심천(Shenzhen), 닝보(Ningbo), 홍콩, 부산, 광저우 순이다.[24]

그림-28 호르무즈 해협의 컨테이너 선박 통행량 변화(1995~2021년)

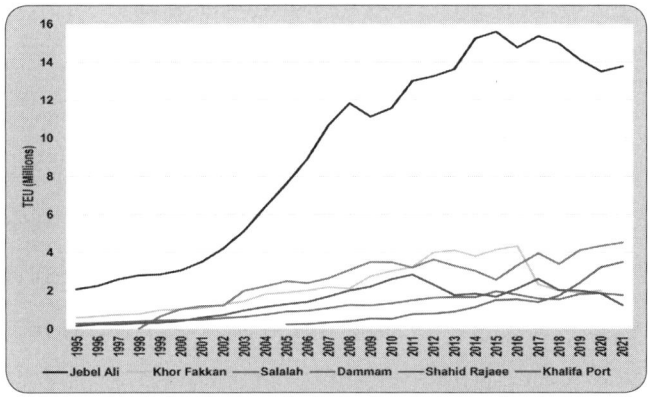

출처: Theo Notteboom, Athanasios Pallis, and Jean-Paul Rodrigue, *Port Economics, Management and Policy* (London: Routledge, 2022). https://porteconomicsmanagement.org/pemp/contents/part1/interoceanic-passages/container-traffic-handled-ports-strait-of-hormuz/ (검색일: 2023년 5월 1일)

---

24) Theo Notteboom, Athanasios Pallis, and Jean-Paul Rodrigue, Port Economics, Management and Policy (London: Routledge, 2022). https://transportgeography.org/contents/chapter6/port-terminals/world-major-container-ports/ (검색일: 2023년 5월 1일)..

이 책에서는 주로 에너지 자원 특히, 석유의 해상수송로 안보 문제를 집중적으로 다루었지만, 이 책의 연구결과는 전 세계에 있는 주요 해상수송로에 대한 안보 논의로 확대하여 적용할 수 있다. 앞서 설명한 것과 같이 해상수송은 에너지 자원을 비롯하여 상품의 수송에서 매우 큰 비중을 차지하고 있어서 해상수송로 안보는 군사적 차원뿐 아니라 경제적 차원에서도 매우 중요하기 때문이다.

러시아-우크라이나 전쟁과 러시아의 흑해 봉쇄

2022년 2월 러시아의 우크라이나 침공으로 촉발된 흑해 봉쇄와 이로 인한 세계적인 식량안보 위기는 해상수송로 안보의 전략적 중요성을 다시 보여주는 사례다. 러시아의 흑해 봉쇄로 흑해와 지중해를 통한 우크라이나의 곡물 수출이 중단되었고, 이러한 해상수송로 안보 문제는 전 세계적인 곡물 가격의 급상승 즉, 식량위기를 유발했다. 2019년 기준으로 우크라이나는 전 세계에서 해바라기 기름(sunflower oil) 수출 물량의 42%, 옥수수의 16%, 보리의 10% 및 밀 수출 물량의 9%를 차지하는 세계적인 곡물 수출국이다.[25]

---

25) BBC, "How much grain has been shipped from Ukraine?," (November 3, 2022).

그림-29 우크라이나 곡물 수출을 위한 대안 노선

출처: BBC, "How much grain has been shipped from Ukraine?," (November 3, 2022).

　전쟁의 발발과 함께 러시아가 우크라이나의 주요 곡물 수출 항구를 봉쇄하자 우크라이나는 해상수송이 아니라 대형 트럭과 기차를 동원하여 육상으로 곡물을 다른 지역으로 이동시킨 후 수출하고자 시도했다. EU는 이러한 우크라이나의 노력에 함께 하면서 'solidarity lanes'라는 우크라이나 곡물 수출을 위한 대안 노선을 만들어서 발트해와 루마니아 항구에서 곡물 수출을 돕고자 노력했다. 그러나 철도 수송을 포함하여 육상 수송을 통한 수출 가능 역량은 한계가 있었고, 대안적인 육상수송을 통한 우크라이나 곡물 수출은 전체 수출 물량의 대략 10% 정도만 이루어지는 문제가 발생했다.[26] 즉, 방대한 해상수송을 대체하기에는 육상수송이 역부족이었다.

그림-30 러시아-우크라이나 전쟁 발발 이후 흑해에 부설된 러시아의 기뢰 지대

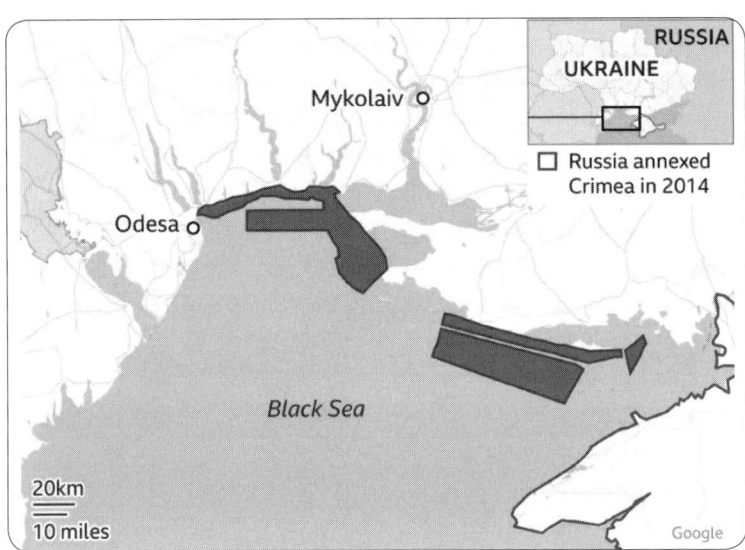

출처: BBC, "How much grain has been shipped from Ukraine?," (November 3, 2022).

위 그림처럼 러시아는 우크라이나를 침공한 직후 흑해에 있는 우크라이나의 주요 항구를 봉쇄하고 주변에 기뢰를 설치하면서, 우크라이나는 흑해 항구를 통한 곡물 수출을 할 수 없게 되었다. 러시아의 흑해 봉쇄로 인해 약 2천만톤의 우크라이나 생산 곡물

---

26) BBC, "How much grain has been shipped from Ukraine?," (November 3, 2022).

이 수출되지 못하고 우크라이나에 묶였다. 선박을 통해 곡물을 수출하던 우크라이나 입장에서 러시아의 해상봉쇄는 해상을 통한 곡물 수출의 전면적인 중단을 야기했고, 이는 전 세계적인 차원의 식량위기를 유발했다.

흑해에 대한 봉쇄가 시작된 지 6개월이 지난 2022년 7월이 되어서야 러시아는 우크라이나 항구에 대한 봉쇄를 해제하기로 합의했다. 7월 22일 UN이 제안한 "Black Sea Grain Initiative(Initiative on the Safe Transportation of Grain and Foodstuffs from Ukrainian Ports)"에 러시아, 우크라이나 및 튀르키예(터키)가 합의함으로써 전쟁 발발과 함께 그동안 봉쇄되었던 Odesa, Chernomorsk 및 Yuzhny 항구에서 우크라이나 곡물 수출이 가능해졌다. 우크라이나의 수출 선박과 항만 시설이 공격받지 않으면서 안전한 해상수송로를 따라서 곡물 수출이 재개될 수 있도록 관련 국가들이 합의한 것이다. Black Sea Grain Initiative의 이행을 관리하기 위해 UN의 감독 아래 이스탄불에는 Joint Coordination Centre(JCC)가 설치되었고, 러시아, 우크라이나, 튀르키예(터키) 및 UN에서 파견한 대표들이 동 센터에 상주하기로 했다. 문제는 러시아가 흑해에 설치한 기뢰가 여전히 남아 있고 이는 안전한 해상수송을 위협하는 요인이라는 점이다. 무엇보다 러시아-우크라이나 전쟁이 계속되는 한 이 지역을 항행하는 선박이 공격받을 위험이 존재하고, 흑해를 통한 해상수송의 안보를 보장하기 어려운 것이 현실이다.[27]

---

27) 장성일, "러시아-우크라이나 전쟁과 에너지 안보: 해상수송로 안보 관점," 『JPI정책포럼』, No.

아울러 러시아-우크라이나 전쟁으로 인해 유럽으로 파이프라인에 의해 공급되는 러시아산 천연가스 공급량이 큰 폭으로 감소함에 따라 천연가스 가격이 급상승했다. 유럽 국가들은 부족한 천연가스 물량을 LNG로 채워야 하는 상황에서 주요 천연가스 수출국가인 카타르에 주목하였고,[28] 유럽에서 LNG 수요 증가는 곧 천연가스의 해상수송 물량 증가를 의미한다. 결국 러시아-우크라이나 전쟁은 천연가스 해상수송을 증가시키는 결과를 가져왔다.

4. 한국의 해양안보에 주는 시사점

마지막으로 이 책의 연구 결과가 한국의 해양안보에 주는 시사점은 무엇인가? 2019년 페르시아만 호르무즈 해협을 둘러싸고 미국과 이란이 군사적 충돌 직전까지 갔던 사례, 그리고 2021년 이란이 미국의 대표적인 동맹국인 한국의 선박을 나포하자 한국이 군함을 파견하면서 긴장이 고조된 사례, 그리고 2022년 2월 러시아-우크라이나 전쟁 발발 이후 러시아가 흑해를 통제함으로써 우크라이나의 곡물 수출 중단으로 세계적인 식량위기가 발생한 사

2022-06 (제주평화연구원, 2022), pp. 1-15.

28) The Economist, "The war in Ukraine has reshaped the world's fuel markets," (September 24, 2022).

례만 보더라도, 해상수송로 안보 문제는 여전히 국제적인 분쟁, 심지어 군사적 충돌까지 유발할 수 있는 국가안보 문제다. 해상수송의 비중이 지속적으로 증가했고 앞으로도 그 추세가 계속될 가능성이 높으며, 주요 choke point를 여러 국가들이 공유하면서 다자적인 안보 확보 노력이 중요하다는 점에서 해상수송로 안보는 많은 국가들에게 공동의 이해관계가 있는 국가안보 문제다.[29]

에너지원의 해상수송 수입 의존도가 높은 한국

그림-31 한국의 에너지 수입 의존도, 석유 의존도(1990~2021년)

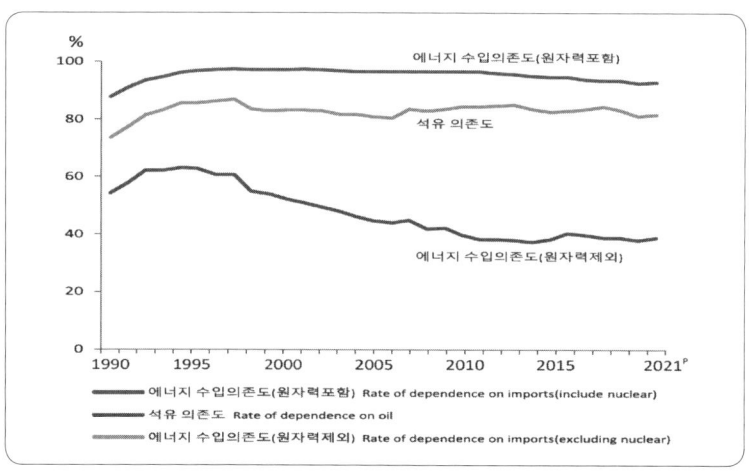

출처: 에너지경제연구원, 『에너지통계월보 2022/03』 (2022), p. 6.

---

29) 장성일, "해양안보 개념 연구: 해상수송로 안보 논의를 중심으로," 『21세기정치학회보』 제32집 제4호 (2022년 12월), p. 70.

석유와 천연가스와 같은 핵심적인 화석연료를 수입에 의존하는 한국에게 에너지 자원의 수송 안보는 국가의 생존 및 경제적 번영과 직결되는 국가안보 문제이며, 앞으로도 그럴 가능성이 매우 높다는 것이 문제다. 한국의 에너지 수입 의존도는 1995년 96.8%로, 2005년 96.8%, 2015년 94.8%, 2021년 92.8%로 최근 20년 동안 여전히 90%가 넘는 높은 의존 비율을 유지하고 있으며, 이러한 추세는 지속될 것으로 보인다.

그림-32 한국의 에너지원별 수입(1990~2021년)

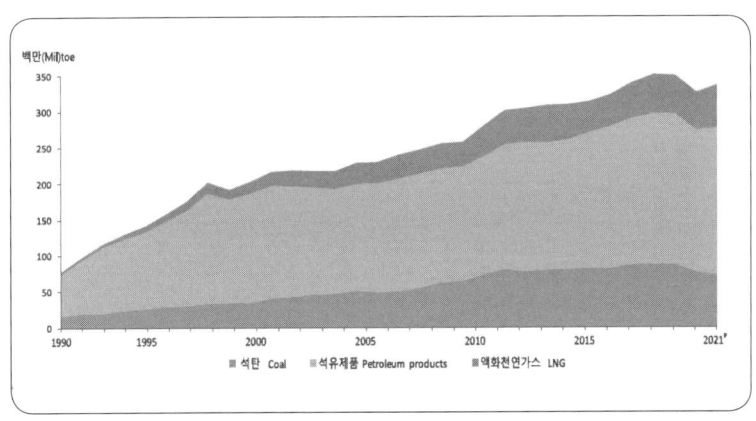

출처: 에너지경제연구원, 『에너지통계월보 2022/03』 (2022), p. 10.

한국의 에너지원별 수입 자료에 따르면 1990년부터 이후 30년 동안 석유제품, 천연가스(LNG), 석탄 수입 모두가 증가했고, 특히 석유제품의 수입은 큰 폭으로 증가했으며 여전히 높은 비중을 차지하고 있다. 위 자료에 따르면 에너지원 중에서 핵심적인 화석연료의 수입이 증가 경향을 보여주고 있다.

그림-33 한국의 지역별 원유 수입(1990~2021년)

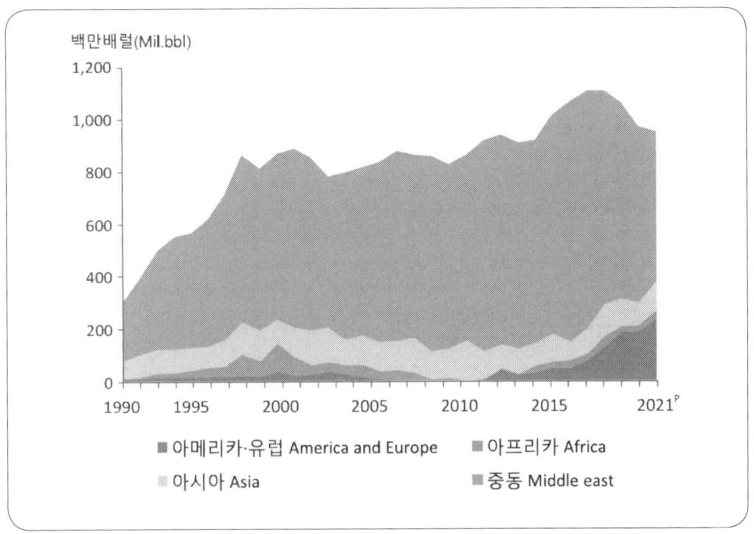

출처: 에너지경제연구원, 『에너지통계월보 2022/03』 (2022), p. 36.

    화석연료 중에서 가장 중요한 원유의 수입 경향은 어떨까? 한국의 전반적인 에너지 수입 의존도가 매우 높은 가운데, 원유의 경우 최근 다소 그 비중이 줄어들긴 했으나 중동 지역 국가들로부터의 수입 비중이 여전히 높고, 이러한 추세가 단기간에 변화될 가능성은 낮아 보인다. 한국이 중동 국가들로부터 수입하는 에너지 자원은 호르무즈 해협, 말라카 해협 및 남중국해, 동중국해를 거쳐 한국으로 수입된다. 그런 의미에서 결국 안정적인 에너지 자원의 수급을 위해서 한국에게 주요 해상수송로에 대한 안보는 국가안보 및 경제 차원에서 매우 중요하며, 해상수송로 안보를 위해 한국은 다양한 노력을 해야 한다.

해상수송로 안보 확보를 위한 다양한 노력 필요

첫째, 핵심적인 에너지원의 수입을 해상수송에 의존하는 한국의 상황을 고려할 때 해상수송로 또는 해상교통로 안보 위기는 국가안보 차원의 위기라는 전략적인 인식을 갖는 것이 중요하다. 아라비아해-인도양-말라카 해협-남중국해-동중국해로 연결되는 바닷길은 사실상 한국 경제에 생명선이기 때문에, 해상수송로 또는 해상교통로 안보 위기는 국가안보 차원의 위기다.[30] 2022년 러시아의 흑해 해상봉쇄로 국가 간 분쟁이나 갈등이 해상수송에 심각한 안보 위협이 될 수 있다는 사실이 다시 드러났고, 국가안보 및 경제에 핵심인 석유와 천연가스 같은 주요 에너지 자원을 해상수송을 통한 수입에 의존하는 한국은 해상수송로 안보 문제를 국가안보 차원의 문제로 인식하고 선제적으로 대응 방안을 마련해야 한다.

둘째, 한국에게 중요한 주요 해상요충지 또는 관문의 안보가 위협받을 수 있는 시나리오가 무엇인지 발생 가능성이 있는 모든 시나리오와 각 시나리오별 위협 요인의 종류, 위험도, 이러한 요인이 가져올 세계적 차원 및 한국에 주는 결과와 각 시나리오별 대응 방안 등에 대한 구체적인 자료를 마련해야 하고, 이러한 작업은 국제정세의 변화를 반영하여 일관성 있게 꾸준히 진행해야 한다.

---

30) 백병선, "한국의 해상교통로에 대한 초국가적 위협의 분석 및 향후 대응방안에 관한 연구," 『국가전략』 제16권 제3호 (2010), pp. 112-113; 구민교, "미중 간의 신 해양패권 경쟁: 해상교통로를 둘러싼 '점-선-면' 경쟁을 중심으로," 『국제·지역연구』 제25권 3호 (2016), p. 61.

예를 들어 극단적인 경우 의도한 것은 아니지만 미국의 입장을 지지하는 한국에 대한 중국의 대응이 남중국해에서 한국 선박이 누려왔던 항행의 자유를 불안정하게 만들 가능성도 상상해볼 수 있다.[31]

해상수송로 안보를 위협하는 요인은 자연적인 위협을 포함하여 해적활동, 해상테러리즘, 영유권 주장 등으로 인한 국가 간 해양분쟁, 미중 경쟁이나 국가 간 분쟁 등 매우 다양하다. 이 중 2022년 초에 발생한 러시아-우크라이나 전쟁과 같은 주요 해상수송로 또는 관문이 위치한 지역 국가들 간 정치적 갈등이나 분쟁은 해상수송로 안보를 위협하는 대표적인 요인이다. 가장 극단적인 결과는 이번 러시아의 해양봉쇄와 같이 특정 국가가 해상수송로 또는 해상교통로나 해상요충지를 전면적으로 봉쇄하는 것으로, 국가 간 갈등이 특정 해협이나 해양에 대한 봉쇄로 이어져 해상수송이 중단되는 심각한 위기가 발생할 가능성이 여전히 있다. 전면적인 봉쇄까지는 아니더라도 해상수송이 불안정한 경우, 수입되는 상품이나 에너지원의 급격한 가격 상승을 유발할 수 있다.[32] 2022년 미국 낸시 펠로시(Nancy Pelosi) 하원의장의 대만 방문으로 격화된 미중 갈등이 대만 해협과 인근 해양에서 양국의 군사활동을 유발하

---

31) 백병선·이경행, "해양 안보환경 변화에 따른 한국의 해상교통로 보호방향," 『국가전략』 제22권 제4호 (2016), p. 143; 장성일, "러시아-우크라이나 전쟁과 에너지 안보: 해상수송로 안보 관점," 『JPI정책포럼』 No. 2022-06 (제주평화연구원, 2022), p. 11.

32) 장성일, "러시아-우크라이나 전쟁과 에너지 안보: 해상수송로 안보 관점," 『JPI정책포럼』 No. 2022-06 (제주평화연구원, 2022), pp. 1-15.

면서 군사적인 긴장 상태를 높인 것처럼, 한국 입장에서 해상수송로 안보를 위협하는 요인에 대한 선제적인 분석과 예방적인 노력 및 다양한 대응 방법의 마련이 시급하다.

2021년 1월에는 이란이 미국의 동맹국인 한국 선박을 나포하면서 호르무즈 해협 해상수송로 안보를 두고 다시 긴장감이 감돌기도 했다.[33] 결국 한국 정부는 오만 인근에서 작전 중이던 최영함을 이란을 압박하기 위한 '무력 시위' 차원에서 호르무즈 해협으로 급파했다.[34] 이후 이란은 청해부대 파견에 불만을 표시했고, 한국 정부는 이란과 선박 협상에서 이란을 불필요하게 자극하지 않도록 호르무즈 해협 인근에서 작전중인 청해부대를 철수시켰다.[35]

셋째, 결국 해상수송로 안보 위기가 발생했을 때 국가 차원에서 어떻게 대응하며 평시에는 위협요인에 대한 평가, 분석 및 정책 조정을 어느 조직이 주도할 것인지 '해양안보 컨트롤타워(control tower)' 문제와 연결된다. 해양수송로 문제를 포함한 전반적인 해양안보(maritime security)를 위협하는 위기는 핵심적인 에너지 자원의 해상수송에 의존하는 한국에게 국가안보 차원의 문제로, 특정 부처 차원의 대응이 아니라 이보다 상위 수준에서의 정책 조정 및

---

33) Simon Denyer, Min Joo Kim, and Erin Cunningham, "Iran denies its seizure of South Korean tanker is hostage-taking, complains of money owed," *The Washington Post* (January 5, 2021).

34) 유병훈, "청해부대 최영함 호르무즈해협 인근 도착…한국선박 억류 대응," 『조선일보』 (2021년 1월 5일),

35) 신규진, "[단독]'선박나포' 협상 외교부, 軍에 "호르무즈해협서 성해부대 빼달라"," 『동아일보』 (2021년 1월 18일).

대응이 가능한 컨트롤타워가 마련되어야 할 것이다. 해적 위협에 대한 대응 업무가 정부 부처별로 분산되어 효율적인 대응이 어렵다는 지적을 고려하여,[36] 전반적인 해양안보 관련 정책을 조정하며 위기 시 대응을 주도하는 해양안보 컨트롤타워가 필요하다.

넷째, 해상수송로 유사시를 대비한 군사적 차원에서 해군 전력 강화와 더불어 외교적 노력도 병행되어야 한다.[37] 해상수송로 안보 확보를 위한 독자적인 노력의 일환으로 한국의 해군 전력을 강화하고 원양에서의 작전도 현재 수준보다 확대하는 등 노력을 고려할 수 있다. 문제는 순수하게 해양안보를 위한 목적으로 한국이 해군 전력 강화를 하더라도, 이러한 노력이 중국을 포함한 주변 국가가 군비 증강을 연쇄적으로 따라하게 만드는 안보 딜레마 효과를 가져올 가능성도 있다. 그들은 한국의 해군력 증가를 자신에 대한 잠재적인 공격적 의도로 오인할 가능성이 있기 때문에 한국의 해군 전력 강화 노력을 주변 국가들이 오인하지 않도록 외교적인 노력도 함께 해야 할 것이다.

마지막으로, 해상수송로 안보의 확보를 위해서는 한국의 독자적인 노력뿐 아니라 한미동맹을 활용하는 양자협력 및 관련 국가들이 참여하는 다자적인 노력 즉, 다양한 해양안보 네트워크나 다자안보 협력체에 한국이 참여하는 방법을 고려할 수 있다. 미국이 그동안 동맹국과 우방국에게 중요한 해상수송로를 군사적으로 보

---

36) 백병선, 2010, pp. 109-111.

37) 백병선, 2010, pp. 112-113; 구민교, 2016, p. 61.

호하는 공공재 또는 클럽재(club goods)를 제공해 왔으나,[38] 전반적인 국력의 쇠락이 진행됨에 따라 미국 혼자 이러한 안보를 제공하는 것이 어려워지게 되었다. 이러한 변화는 미국의 동맹국이 해상수송로 안보를 위해 이전보다 더 많은 역할을 할 것을 요구하는 상황이 전개될 가능성이 높고, 어떤 방식으로든 한국이 해상수송로 안보를 위해 미국과 군사 협력을 강화할 확률이 높다.

문제는 해상수송로를 둘러싼 경쟁 및 갈등이 미국과 중국이라는 강대국 간의 패권경쟁으로 비화될 수 있다는 데 있다.[39] 해상수송로 안보를 위한 한국의 해군력 강화 같은 독자적인 노력이나 미군과의 군사 협력이 중국을 포함한 주변 국가와 의도하지 않은 정치적 긴장 관계를 유발할 가능성도 있다. 따라서 한국의 노력이 특정 국가를 견제하려는 군사적인 목적이 아니라, 공동의 위협에 대응하기 위한 공공적 차원의 노력이라는 점을 강조하면서 지역 국가들을 지속적으로 설득하는 외교적 노력도 병행해야 한다.[40]

특히 다자적인 협력을 통해 한국이 독자적으로 확보하기 어려운 해상수송로 안보에 영향을 미칠 수 있는 주요 항로나 해상요충지를 위협하는 요인에 대한 최신 정보를 확보할 수 있고, 이를 바탕으로 신속하고 효과적인 대처 방안을 마련할 수 있을 것이다.[41]

---

38) 김지용, "세력전이와 해양패권 쟁탈전: 공공재·전환재 경쟁을 중심으로," 『글로벌정치연구』 제12권 제2호 (2019).

39) 구민교, 2016, p. 60.

40) 장성일, 2022(b), p. 71; 장성일 2022(c), p. 11.

41) 장성호, "해양교통로(SLOC)의 위협과 안전확보 빙안," 『대한정치학회보』 제23권 제3호

한국이 에너지 자원의 수입에 크게 의존하는 항로를 고려할 때 인도 및 아세안 국가와의 협력도 중요할 것으로 보인다.

해상수송로 안보를 위한 다자적인 노력과 관련하여 2019년 이란의 유조선 공격 이후 호르무즈 해협 안보를 위해 미국 주도로 시작되어 2023년 5월 기준 미국, 영국, 알바니아, 라트비아, 에스토니아, 리투아니아, 루마니아, 사우디아라비아, 바레인, UAE, 세이셸 11개국이 참여하는 국제해양안보건설(IMSC)을 참고하는 것도 의미가 있다.[42]

사실 미국이 IMSC를 구상하던 2019년 여름, 미국은 한국에게 동 프로그램의 참여를 요구한 적이 있다.[43] 2019년 7월 미국 국가안보보좌관 볼튼은 한국을 방문하여 정의용 국가안보 실장과 만나 호르무즈 해협 호위 프로그램에 한국도 참여해줄 것을 요청했었다.[44] 한국은 미국이 주도하는 해양안보 작전에 직접 참여하는 것이 아니라, 독자적인 작전 수행을 위해 2020년 초 청해부대를 파견하기로 결정했다. 이후 청해부대 임무구역이 아덴만 해역에서 호르무즈 해협까지 확대되었다.[45] 당시 한국 국방부는 중동

(2015년), pp. 250-251; 길병옥, "한국의 해양안보전략과 다자안보협력 증진방안," 『한국시베리아연구』 제24집 제3호 (2020년 9월), p. 23.

42) 장성일, 2022(b), pp. 71-72.

43) 유지혜·이유정, "미국, 한국 분담금 목표는 현금+호르무즈·남중국해 동참," 『중앙일보』 (2019년 8월 21일).

44) 정봉오, "정의용·볼튼 "호르무즈 해협 안보협력 방안, 계속 협의"," 『동아일보』 (2019년 7월 24일).

45) 장연제, "정부, 호르무즈에 청해부대 파병키로…파견지역 확대 방식," 『동아일보』 (2020년 1

정세를 고려하고, 국민 안전과 선박의 자유 항행을 보장하기 위해 청해부대 파견 지역을 한시적으로 확대한다고 밝혔고, 국방부 관계자는 "'한시적'은 중동 정세가 안정될 때까지를 뜻한다"라고 덧붙였다. 이러한 결정에 따라 청해부대의 파견 지역은 아덴만 일대에서 오만과 아라비아만(페르시아만) 지역까지 확대됐다. 청해부대의 임무와 관련하여 국방부는 "청해부대는 호르무즈 해협에서 한국 선박 보호를 최우선으로 한다"라면서도, "상황에 따라 외국 선박을 호위할 수도 있고, 한국 선박의 호송을 IMSC에 부탁할 수 있다"라고 언급했다. 그리고 국방부는 정보 공유 등 업무 협조가 필요하기 때문에 장교 2명을 국제해양안보건설(IMSC)로 보낼 계획이라고 밝혔고,[46] 2020년 2월 말 한국은 청해부대 소속 연락장교 2명을 바레인 소재 IMSC 본부로 파견했다.

월 21일); 김성진, "정부, 호르무즈에 청해부대 독자 파병…"美·이란과 사전 협의"," 『뉴시스』 (2020년 1월 21일); 윤상호, "美연합체 참여않고 호르무즈 독자 파병," 『동아일보』 (2020년 1일 22일).

46) 이철재, "한국, 호르무즈에 청해부대 독자 파병…미국·이란에도 통보," 『중앙일보』 (2020년 1월 21일).

해양안보와 미국의 외교정책

부록

1. 참고문헌
2. 색인
3. 인명 색인

참고문헌

〈존슨 행정부의 1차연구자료〉

Johnson Library, National Security Files, National Security Council Histories, Middle East Crisis. May 12-June 19, 1967, Box 20, Vol. 9 Appendix P, "United States Policy and Diplomacy in the Middle East Crisis, May 15-June 10, 1967," (1969.01.10.), pp. 30-33.

Johnson Library. National Security Files, Files of the Special Committee of the National Security Council, Box 1, Minutes of Control Group Meetings [2 of 2], "Control Group Meeting #2," (1967.05.23., 6:30 p.m.).

Johnson Library. National Security Files, Files of the Special Committee of the National Security Council, Box 1, Minutes of Control Group Meetings [2 of 2], "Control Group Meeting No. 3," (1967.05.24., 6:30 p.m.).

Johnson Library. National Security Files, Files of the Special Committee of the National Security Council, Box 1, Minutes of Control Group Meetings [2 of 2], "Control Group Meeting Number 4," (1967.05.27.).

Johnson Library. National Security Files, Files of the Special Committee of the National Security Council, Box 1, Minutes of Control Group Meetings [2 of 2], "Eighth Control Group Meeting," (1967.06.03., 11:00 a.m.).

Johnson Library. National Security Files, Files of the Special Committee of the National Security Council, Box 1, Minutes of Control Group Meetings [2 of 2], "Fifth Meeting of Control Group," (1967.05.28., 1:00 p.m.).

Johnson Library. National Security Files, Files of the Special Committee of the National Security Council, Box 1, Minutes of Control Group Meetings [2 of 2], "First Meeting of Control Group," (1967.05.23.).

Johnson Library. National Security Files, Files of the Special Committee of the National Security Council, Box 1, Minutes of Control Group Meetings [2 of 2], "Ninth Control Group Meeting," (1967.06.04., 11:00 a.m.).

Johnson Library. National Security Files, Files of the Special Committee of the National Security Council, Box 1, Minutes of Control Group Meetings [2 of 2], "Seventh Control Group Meeting," (1967.06.01., 4:30 p.m.).

Johnson Library. National Security Files, Files of the Special Committee of the National Security Council, Box 1, Minutes of Control Group Meetings [2 of 2], "Sixth Meeting of the Control Group," (1967.05.28., 8:00 p.m.).

Johnson Library. National Security Files, Files of the Special Committee of the National Security Council, Box 1, Special Committee Meetings [3 of 3], "Memorandum For McGB," (1967.06.07.).

Johnson Library. National Security Files, Files of the Special Committee of the National Security Council, Box 1, Special Committee Meetings [3 of 3], "Memorandum For the President (from McGeorge Bundy)," (1967.06.07., 6:30 p.m.).

Johnson Library. National Security Files, Memos to the President, Walt Rostow, Box 16 [2 of 2], Walt Rostow, May 25-31, 1967, Volume 29 [1 of 2], "Arab-Israel Crisis," (1967.05.30.).

Johnson Library. National Security Files, Memos to the President, Walt Rostow, Box 16 [2 of 2], Walt Rostow, May 25-31, 1967, Volume 29 [1 of 2], "Memorandum For the President: Arab-Israel Crisis," (1967.05.30., 6:30 p.m.).

Johnson Library. National Security Files, National Security Council Histories, Middle East Crisis, Box 17, Folder 1, Vol. 1 Tabs 1-10 [1 of 2], "The Middle East Crisis: Preface, Introduction," (1968.12.20.).

Johnson Library. National Security Files, National Security Council Histories, Middle East Crisis, Box 17, Folder 1, Vol. 1 Tabs 1-10 [1 of 2], "The President in The Middle East Crisis: May 12 - June 19, 1967," (1968.12.19.).

Johnson Library. National Security Files, National Security Council Histories, Middle East Crisis, May 12-June 19, 1967, Box 19, Vol. 6, Appendices A-D, "Daily Brief," (1967.06.05.).

Johnson Library. National Security Files, National Security Council Histories, Middle East Crisis, May 12-June 19, 1967, Box 19, Vol. 7 Appendices G-H.

Johnson Library. National Security Files, National Security Council Meetings Files, Box 2, Vol. 4, Tab 52, Middle East Crisis, "Record of National Security Council Meeting held on May 24, 1967 at 12 noon," (1967.05.24., 12:00 p.m.).

Johnson Library. National Security Files, National Security Council Meetings Files, Box 2, Vol. 4, Tab 53, Middle East War, "National Security Council Meeting," (1967.06.07., 12:07-1 p.m.).

Johnson Library. Recordings and Transcripts of Telephone Conversations and Meetings WH Series, Box 8, January 1966 - December 1967, March - June 1967, "Telephone Conversation between Johnson and Rusk (Reference No. 11901)," (1967.06.05., 05:09 a.m.).

⟨닉슨 행정부의 1차연구자료⟩

Central Intelligence Agency. "Arab Oil Cutback and Higher Prices: Implications and Reactions," (1973.10.19.).

Central Intelligence Agency. "Central Intelligence Bulletin: Arab States-Israel," (1973.10.10.).

Central Intelligence Agency. "Central Intelligence Bulletin: Arab States-Israel," (1973.10.11.).

Central Intelligence Agency. "Central Intelligence Bulletin: Arab States-Israel," (1973.10.19.).

Central Intelligence Agency. "Situation Report Number 40, As of 16:30 EDT," (1973.10.15.).

Central Intelligence Agency. "Situation Report Number 44, As of 16:30 EDT," (1973.10.16.).

Central Intelligence Agency. "Situation Report Number 57, As of 22:30 EDT," (1973.10.19.).

Central Intelligence Agency. "Situation Report Number 60, As of 16:30 EDT," (1973.10.20.).

Central Intelligence Agency. "Situation Report Number 61, As of 22:30 EDT," (1973.10.20.).

Central Intelligence Agency. "Situation Report Number 63, As of 11:30 EDT," (1973.10.21.).

Central Intelligence Agency. "Situation Report Number 66, As of 06:30 EDT," (1973.10.22.).

Central Intelligence Agency. "Situation Report Number 71, As of 11:30 EDT," (1973.10.23.).; Central Intelligence Agency, "Situation Report Number 80, As of 16:30 EDT," (1973.10.25.).

Central Intelligence Agency. "Situation Report Number 9, As of 22:30 EDT," (1973.10.07.).

Central Intelligence Agency. https://www.cia.gov/library/readingroom/collection/president-nixon-and-role-intelligence-1973-arab-israeli-war (검색일: 2018년 12월 10일).

Central Intelligence Agency. *The Directorate of Intelligence: A brief Description* (February, 1977).

Nixon Library. Henry A. Kissinger Telephone Conversation Transcripts (Telcons), Chronological File, Box 22, folder 7 - October 6, 1973, "Kissinger Telephone Conversation with Scowcroft," (1973.10.06., 08:50 a.m.).

Nixon Library. Henry A. Kissinger Telephone Conversation Transcripts (Telcons), Chronological File, Box 22, folder 7 - October 6, 1973, "Kissinger Telephone Conversation with Shalev," (1973.10.06., 08:29 a.m.).

Nixon Library. Henry A. Kissinger Telephone Conversation Transcripts (Telcons), Chronological File, Box 22, folder 7 - October 6, 1973, "Kissinger Telephone Conversation with the President," (1973.10.06., 09:25 a.m.).

The White House. "Memorandum for Henry A. Kissinger. Subject: Emergency Oil Contingency Plan," (1973.10.15.).

The White House. "National Security Decision Memorandum 1: Establishment of NSC Decision and Study Memoranda Series," (January 20, 1969).

The White House. "Oil Contingency Paper," (1973.10.07.).

The White House. "Washington Special Actions Group Meeting: Memorandum of Conversation," (1973.10.06., 09:01 a.m.).

The White House. "Washington Special Actions Group Meeting: Memorandum of Conversation," (1973.10.06., 7:22 p.m.).

The White House. "Washington Special Actions Group Meeting: Memorandum of Conversation," (1973.10.07., 6:06 p.m.).

The White House. "Washington Special Actions Group Meeting: Memorandum of Conversation," (1973.10.14.).

The White House. "Washington Special Actions Group Meeting: Memorandum of Conversation," (1973.10.14., 9:16-11:00 a.m.).

The White House. "Washington Special Actions Group Meeting: Memorandum of Conversation," (1973.10.15., 10:08 a.m.).

The White House. "Washington Special Actions Group Meeting: Memorandum of Conversation," (1973.10.16., 10:08 a.m.).

The White House. "Washington Special Actions Group Meeting: Memorandum of Conversation," (1973.10.19.).

The White House. "Washington Special Actions Group Meeting: minute," (1973.10.08., 5:55 p.m.).

〈레이건 행정부의 1차연구자료〉

Reagan Library. "NSC 5: Sinai Peacekeeping Force; Pakistan; NSC 7: Haig Trip to the Middle East and Europe, Saudi AWACS, and Nicaragua; NSPG 94: Pakistan and NSDD-99 Work Program." in Jason Saltoun-Ebin. 2014. *The Reagan Files: Inside the National Security Council*. Seabec Books.

Reagan Library. "Statement on the Iran-Iraq War," (February 25, 1987), https://www.reaganlibrary.gov/research/speeches/022587 (검색일: 2021년 12

월 27일).

Reagan Library. "Statement on the Iran-Iraq War," (January 23, 1987), https://www.reaganlibrary.gov/research/speeches/012387f (검색일: 2021년 12월 27일).

Reagan Library. Burns, William J.: Files, PRG [Policy Review Group] Meeting – Iran-Iraq War (01/21/1987) Box 91834, "January 21 PRG Meeting on Iran-Iraq War," (1987.01.21.).

Reagan Library. Burns, William J.: Files, PRG [Policy Review Group] Meeting – Iran-Iraq War (01/21/1987) Box 91834, "Policy Review Group Meeting: Agenda," (1987.01.21.).

Reagan Library. Crisis Management Center, NSC: Records, RAC Box 9, Persian Gulf: Iran-Iraq War: Iran-Iraq: Crisis Planning Notice/Guidance (2), "Rules of Engagement (ROE) for Northern Arabian Sea/Persian Gulf Area," (1984.02.10.).

Reagan Library. Danzansky, Stephen I.: Files, XVII. (F) Energy – Security Study (1), "From John S. Herrington of the Secretary of Energy to the President," (1987.03.16.).

Reagan Library. Dean, Robert W.: Files, Box 001R-Dean, Energy Security "Memorandum for Frank C. Carlucci," (1987.02.17.).

Reagan Library. Donley, Michael B.: Files, Box 91857, [Joint Chiefs of Staff] JCS Quarterly Meeting w/ President, 08/09/1985, "The Chain of Command," (1985.08.09.).

Reagan Library. Executive Secretariat, NSC: National Security Decision Directives (NSDD) Files, NSDD 114 [U.S. Policy toward Iran-Iraq War] (1), "National Security Decision Directive 114: U.S. Policy Toward the Iran-Iraq War (S)," (1983.11.26.).

Reagan Library. Executive Secretariat, NSC: National Security Decision

Directives (NSDD) Files, NSDD 134 03/27/1984, "National Security Decision Directive 134: US International Energy Policy Goals and Objectives," (1984.03.27.).

Reagan Library. Executive Secretariat, NSC: National Security Decision Directives (NSDD) Files, NSDD 139, "National Security Decision Directive 139: Measures to Improve U.S. Posture and Readiness to Respond to Developments in the Iran-Iraq Wa," (1984.04.05.).

Reagan Library. Executive Secretariat, NSC: National Security Decision Directives (NSDD) Files, NSDD 141 [Responding to Escalation in the Iran-Iraq War] (1), "National Security Decision Directive 141: Responding to Escalation in the Iran-Iraq War," (1984.05.25.).

Reagan Library. Executive Secretariat, NSC: National Security Decision Directives (NSDD) Files, NSDD 238 [Revised National Security Strategy] (6), "National Security Decision Directive 238: Revised National Security Strategy," (1986.09.02.).

Reagan Library. Executive Secretariat, NSC: National Security Decision Directives (NSDD) Files, NSDD 99 [United States Security Strategy for the Near East and South Asia] (1), "NSDD 99 Conclusion Paper," (1984.07.05.).

Reagan Library. Executive Secretariat, NSC: National Security Decision Directives (NSDD) Files, NSDD-32 [U.S. National Security Strategy] (1), "National Security Decision Directive 32: U.S. National Security Strategy," (1982.05.20.).

Reagan Library. Executive Secretariat, NSC: National Security Planning Group (NSPG) Files: Records, 1981-1987, NSPG 0144 02/12/1987 [U.S. Policy in Middle East], "Meeting with the National Security Planning Group," (1987.02.11.).

Reagan Library. Executive Secretariat, NSC: National Security Planning Group (NSPG) Files: Records, 1981-1987, NSPG 0144 02/12/1987 [U.S. Policy in Middle East], "Minutes of NSPG Meeting," (1987.02.12., 11:00 a.m.-12:00 p.m.).

Reagan Library. Executive Secretariat, NSC: National Security Planning Group (NSPG) Files: Records, 1981-1987, NSPG 0144 02/12/1987 [U.S. Policy in Middle East], "Operation Staunch (S)," (1987.02.26.).

Reagan Library. Executive Secretariat, NSC: NSPG Meetings, NSPG 0072 10/14/1983 [Middle East], "Memorandum for the President from George P. Shultz: Our Strategy in Lebanon and the Middle East," (1983.10.13.).

Reagan Library. Executive Secretariat, NSC: NSPG Meetings, NSPG 0076 11/07/1983 [Iran-Iraq; October 1983 Lebanon Marine Bombing] (1), "McFarlane Memo to the President: National Security Planning Group Meeting," (1983.11.05.).

Reagan Library. Executive Secretariat, NSC: NSPG Meetings, NSPG 0076 11/07/1983 [Iran-Iraq; October 1983 Lebanon Marine Bombing] (1), "National Security Planning Group (NSPG) Minutes, November 7, 1983," (1983.11.07.).

Reagan Library. Executive Secretariat, NSC: NSPG Meetings, NSPG 0076 11/07/1983 [Iran-Iraq; October 1983 Lebanon Marine Bombing] (1), "Senior Interagency Group Discussion Paper," (1983.10.27.).

Reagan Library. Executive Secretariat, NSC: NSPG Meetings, NSPG 0082 12/22/1983 [Iran-Iraq War], "McFarlane Memorandum to the President: National Security Planning Group Meeting," (1983.12.21.).

Reagan Library. Executive Secretariat, NSC: NSPG Meetings, NSPG 0082 12/22/1983 [Iran-Iraq War], "US Policy Towards the Iran-Iraq War:

Status Report on NSDD-114," (1983.12.19.).

Reagan Library. Executive Secretariat, NSC: NSPG Meetings, NSPG 0087 03/30/1984 [Iran-Iraq War], "Memorandum from McFarlane: Meeting with the NSPG, March 30, 1984," (1984.03.30.).

Reagan Library. Executive Secretariat, NSC: NSPG Meetings, NSPG 0087 03/30/1984 [Iran-Iraq War], "National Security Planning Group (NSPG) Minutes, March 30, 1984," (1984.03.30.).

Reagan Library. Executive Secretariat, NSC: NSPG Meetings, NSPG 0089 05/17/1984 [Iran-Iraq War], "Memorandum from McFarlane to the President: Follow-up to the National Security Planning Group (NSPG) Meeting, May 17, 1984: Escalation in the Gulf War," (1984.05.17.).

Reagan Library. Executive Secretariat, NSC: NSPG Meetings, NSPG 0089 05/17/1984 [Iran-Iraq War], "Memorandum from McFarlane to the President: Meeting with the National Security Planning Group," (1984.05.17.).

Reagan Library. Executive Secretariat, NSC: NSPG Meetings, NSPG 0089 05/17/1984 [Iran-Iraq War], "National Security Planning Group (NSPG) Minutes, May 17, 1984," (1984.05.17.).

Reagan Library. Executive Secretariat, NSC: NSPG Meetings, NSPG 0144 02/12/1987 [U.S. Policy in Middle East], "Presidential Decision (Cable): Pressing for U.N. Action on the Gulf War," (1987.02.19.).

Reagan Library, https://www.reaganlibrary.gov/archives/speech/statement-iran-iraq-war-0 (검색일: 2023년 4월 3일).).

Reagan Library. https://www.reaganlibrary.gov/archives/speech/statement-iran-iraq-war (검색일: 2023년 4월 3일)..

Reagan Library. Martin, William F.: Files, Box 90410, Iran-Iraq Energy (2), "Effects of the Closure of the Strait of Hormuz," (1983.08.28.).

Reagan Library. Martin, William F.: Files, Box 90477, Iran-Iraq Energy (2), "The Iran-Iraq Threat to World Oil Flows," (1984.05.31.).

Reagan Library. Meese, Edwin: Files, Box CFOA 415, Persian Gulf Situation, "Memorandum from Edwin Meese to the President: Persian Gulf Situation," (1984.05.18.).

Reagan Library. Meese, Edwin: Files, Box CFOA 415, Persian Gulf Situation, "Memorandum from McFarlane to the President: Bilateral Discussions on Energy Emergency Preparedness," (1984.05.19).

Reagan Library. Near East and South Asia Affairs Directorate, NSC: Records, Box 010R-NESA (90585), Middle East - CentCom (Central Command) (1), "Establishment of the USCENTCOM Foward Headquarters Element Afloat," (1983.11.28.).

Reagan Library. Near East and South Asia Affairs Directorate, NSC: Records, Box 010R-NESA (90585), Middle East - CentCom (Central Command) (1), "Memorandum for the President," (1983.12.01.).

Reagan Library. Near East and South Asia Affairs Directorate, NSC: Records, Box 010R-NESA (90585), Middle East - CentCom (Central Command) (2), "Unified Command for Southwest Asia," (1982.12.02.).

Reagan Library. NSDD-2 [National Security Council Structure] (https://www.reaganlibrary.gov/sites/default/files/archives/reference/scanned-nsdds/nsdd2.pdf) (검색일: 2018년 9월 10일).

Reagan Library. NSDD-87 [Comprehensive US Energy Security Policy] (1983.03.30.), (https://www.reaganlibrary.gov/sites/default/files/archives/reference/scanned-nsdds/nsdd87.pdf) (검색일: 2018년 9월 15일).

Reagan Library. Poindexter, John: Files, Box 2, [Iran-Iraq War, May 1984] (1), "National Security Decision Directive 99: United States Security Strategy for the Near East and South Asia (S)," (1983.07.12.).

Reagan Library. Poindexter, John: Files, Box 2, [NSPG Meeting 05/17/1984 - Escalation in Gulf War/Energy Threats] (1), "Iran-Iraq War: Attacks on Gulf Shipping," (1984.05.15.).

Reagan Library. Powell, Colin L.: Files, 1986-89, Chron - Official (1987) [1], "Iran-Iraq Situation," (1987.01.22.).

Reagan Library. Powell, Colin L.: Files, Box 1, Chron - Official (1987) [5], Telegram 7678 from Ambassy Kuwait: Protection options for Kuwaiti Shipping," (1987.05.16.).

〈*Foreign Relations of the United States* 외교문서집〉

Schwar, Harriet Dashiell (eds.). 2004. *Foreign Relations of the United States, 1964-1968, Volume XIX, Arab-Israeli Crisis and War*. Washington: Government Printing Office.

Document 38: Telegram From the Department of State to the Embassy in the Soviet Union.

Document 45: Briefing Notes for Director of Central Intelligence Helms for Use at a White House Meeting.

Document 58: Memorandum of Conversation.

Document 64: Memorandum of Conversation.

Document 66: Message From President Johnson to Prime Minister Wilson.

Document 68: Paper Prepared in the Department of State.

Document 69: Memorandum of Conversation.

Document 72: Memorandum for the Record.

Document 77: Memorandum of Conversation.

Document 86: Telegram From the Department of State to the Embassy in

Israel.

Document 130: Memorandum of Conversation.

Document 147: Memorandum From the Contingency Work Group on Military Planning to the Middle East Control Group.

Document 149: Memorandum for the Record.

Document 152: Editorial Note.

Document 157: Message From the White House to Premier Kosygin.

Document 162: Circular Telegram From the Department of State to All Posts.

Document 163: Memorandum Prepared by the Assistant Secretary of State for Near Eastern and South Asian Affairs (Battle).

Document 180: Editorial Note.

Document 181: Memorandum From Nathaniel Davis of the National Security Council Staff to the President's Special Assistant (Rostow).

Document 182: Message From Premier Kosygin to President Johnson.

Document 183: Message From President Johnson to Premier Kosygin.

Document 186: President's Daily Brief.

Document 192: Telegram From the Commander of the Sixth Fleet (Martin) to the Joint Chiefs of Staff.

Document 212: Message From President Johnson to Premier Kosygin.

Document 214: Memorandum of Telephone Conversation Between Secretary of State Rusk and the Assistant Secretary of State for Economic Affairs (Solomon).

Document 244: Memorandum for the Record.

Howland, Nina and Craig Daigle (eds.). 2011. *Foreign Relations of the United States, 1969-1976, Volume XXV, Arab-Israeli Crisis and War, 1973.* Washington: Government Printing Office.

Document 59: National Intelligence Estimate.

Document 103: Minutes of Washington Special Actions Group Meeting.

Document 109: Memorandum From Secretary of State Kissinger to President Nixon.

Document 118: Backchannel Message From the Egyptian Presidential Adviser for National Security Affairs (Ismail) to Secretary of State Kissinger.

Document 124: Memorandum From William B. Quandt and Donald Stukel of the National Security Council Staff to Secretary of State Kissinger.

Document 138: Backchannel Message From Secretary of State Kissinger to the Egyptian Presidential Adviser for National Security Affairs (Ismail).

Document 139: Memorandum From William B. Quandt of the National Security Council Staff to Secretary of State Kissinger.

Document 148: Minutes of the Secretary of State's Staff Meeting.

Document 160: Backchannel Message From Secretary of State Kissinger to the Egyptian Presidential Adviser for National Security Affairs (Ismail).

Document 162: Message From the Soviet Leadership to Secretary of State Kissinger.

Document 166: Memorandum of Conversation.

Document 169: Memorandum From William B. Quandt of the National Security Council Staff to Secretary of State Kissinger.

Document 200: Editorial Note.

Document 230: Memorandum of Conversation.

〈서적, 논문, 보고서, 기사 등〉

강찬옥. 2019. "미국의 호르무즈해협 개입과 전략적 선택: 역외 균형자로서 억제와 보장을 중심으로." 『군사연구』 제148집.

구민교. 2016. "미중 간의 신 해양패권 경쟁: 해상교통로를 둘러싼 '점-선-면' 경쟁을 중심으로." 『국제·지역연구』 제25권 제3호.

권용립. 2013. 『미국 외교의 역사』. 서울: 삼인.

권용립. 2019. 『미국의 정치 문명』. 서울: 삼인.

길병옥. 2020. "한국의 해양안보전략과 다자안보협력 증진방안." 『한국시베리아연구』 제24집 제3호.

길정일. 2000. "미국 국가안보회의(NSC)운영사례 연구." 『국가전략』 제6권 제2호.

김기정. 2019. 『외교정책 공부의 기초』. 서울: 연세대학교 대학출판문화원.

김성진. 2015. "동북아 에너지 안보의 지형 변화와 한국의 에너지 외교." 서울대학교 국제문제연구소. 『에너지 국제정치의 변환과 동북아시아』. 사회평론아카데미.

김성진. 2020. "정부, 호르무즈에 청해부대 독자 파병…"美·이란과 사전 협의"." 『뉴시스』 (2020년 1월 21일).

김재두·심경욱·조관식. 2007. 『왜 에너지안보인가』. 서울: 한국국방연구원.

김재천. 2022. "인도·태평양으로 보폭을 넓혀가는 세계의 중추 국가들." 『통상』 Vol. 118. 3월호.

김지용. 2019. "세력전이와 해양패권 쟁탈전: 공공재·전환재 경쟁을 중심으로." 『글로벌정치연구』 제12권 제2호.

김혁·유성진. 2020. "대통령과 관료제." 미국정치연구회 편. 『미국 정부와 정치 2』. 서울: 오름.

김현. 2005. "외교정책분석론의 국내 연구 성과와 동향." 『정치•정보연구』 제8권 제1호.

김현. 2022. "외교정책결정의 구조와 과정." 김계동 외 지음. 『현대외교정책론』. 서울: 명인문화사.

남궁영. 2007. "에너지 안보: 중국의 전략에 대한 분석." 『국제정치연구』 제10집 제1호.

류지철. 2005. "한국의 에너지 안보: 정책과 대응방안." 『국제평화』 제2권 제1호.

마상윤. 2010. "오바마 행정부의 안보전략과 한미동맹 : 현실주의 역외균형론을 넘어서." 『국가전략』 제16권 제2호.

문정인·부승찬. 2013. 『걸프에서 동북아, 해상교통로는 안전한가?』. 서울: 오름.

미국정치연구회. 2013. 『미국 정부와 정치 2』. 서울: 오름.

박건영. 2021. 『외교정책결정의 이해』. 서울: 사회평론아카데미.

박상현·하상섭. 2012. "에너지안보의 국제정치: 국제협력과 한국의 전략." 『정치·정보연구』 제15권 제1호.

박영민. 2017. "동북아 에너지안보와 동북아 에너지공동체 형성방안 연구." 『대한정치학회보』 제25집 제2호.

박용. 2022. "아무나 흔들 수 없는 나라." 『동아일보』 (2022년 4월 6일).

백병선. 2010. "한국의 해상교통로에 대한 초국가적 위협의 분석 및 향후 대응방안에 관한 연구." 『국가전략』 제16권 제3호.

백병선. 2011. "미래 한국의 해상교통로 보호에 관한 연구." 『국방정책연구』 제27권 제1호.

백병선·이경행. 2016. "해양 안보환경 변화에 따른 한국의 해상교통로 보호방향." 『국가전략』 제22권 제4호.

백진현. 2006. "동아시아 지역의 변화하는 해양안보 환경." 한국해로연구회 편. 『동아시아 지역의 해운과 해로안보』. 서울: 연세대학교 동서문제연구원.

백창재. 2018. "미국 대통령의 권력자원과 리더십." 『국가전략』 제24권 제4호.

밸러리 허드슨, 신욱희 외 역. 2009. 『외교정책론』. 서울: 을유문화사.

서정건. 2018. "미국 국내 정치와 북한 비핵화 이슈: 합의(agreements)에서 이행(commitments)으로." 『국방연구』 제61권 제3호.

신규진. 2021. "[단독]'선박나포' 협상 외교부, 軍에 호르무즈해협서 청해부대 빼달라." 『동아일보』 (2021년 1월 18일).

신범식. 2012. "동북아시아 에너지안보와 다자 지역협력." 『한국정치학회보』 제46집 제4호.

신범식. 2015. "국제 에너지 시장의 구조적 변동과 에너지 국제정치의 전개." 서울대학교국제문제연구소. 『에너지 국제정치의 변환과 동북아시아』. 사회평론아카데미.

안문석. 2011. "국제정치이론 관점에서 본 오바마 행정부의 외교안보정책." 『국제정치논총』 제51집 제3호.

양준희·박건영. 2011. "신고전적 현실주의(Neoclassical Realism) 비판." 『국제정치논총』 제51집 제3호.

에너지경제연구원. 2013. 『에너지 이코노미』. 쎄오미디어.

외교통상부. 2011. 『미국 개황』. 외교통상부.

유병훈. 2021. "청해부대 최영함 호르무즈해협 인근 도착…한국선박 억류 대응." 『조선일보』 (2021년 1월 5일).

유지혜·이유정. 2019. "미국, 한국 분담금 목표는 현금+호르무즈·남중국해 동참." 『중앙일보』 (2019년 8월 21일).

윤상호. 2020. "美연합체 참여않고 호르무즈 독자 파병." 『동아일보』 (2020년 1월 22일).

윤태영. 2019. 『위기관리 리더십: 국가안전보장회의(NSC) 운영국가 사례연구』. 인천: 진영사.

은용수. 2013. "심리/인지적 연구와 국제관계학." 『국제정치논총』 제53집 제4호.

은용수. 2014. "제4장: 외교정책 설명과 방법론 – 패러다임 전환 및 확정을 위한 제언." 『세계정치』 제20권. 서울대학교 국제문제연구소.

이기범. 2020. "호르무즈 해협의 법적 지위와 청해부대 활동의 범위." 『이슈브리프』 (아산정책연구원.

이달석. 2022. "석유 공급의 지정학적 리스크." 『석유사랑』 Vol. 188.

이삼성. 1993. 『현대 미국외교와 국제정치』. 서울: 한길사.

이수진·이신화. 2019. "외교정책결정자의 개인적 특성과 미국의 군사적 개입격차: 오바마 대통령의 크림반도 및 남중국해 대응 비교." 『국제관계연구』, 제24권 제1호.

이숙연. 2022. "한-아세안 해양안보협력 발전 방향: 해양기후변화 및 IUU 어업 대응을 중심으로." 『21세기정치학회보』 제32집 제3호.

이영형·정은상. 2015. "지정학적 용어 해석과 유라시아 남부지역 Pivot area의 성격." 『국제지역연구』 제19권 제2호.

이장훈. 2019. "[글로벌 포커스] 미국과 이란의 '치킨게임'." 『월간중앙』 201906호.

이재승. 2005. "에너지 안보와 동북아 협력: 하위정치 이슈에 대한 상위정치적 접근." 『국제·지역연구』 제14권 제1호.

이재승. 2014. "동아시아 에너지 안보 위협 요인의 유형화: 에너지 안보의 개념적 분석을 중심으로." 『국제관계연구』 제19권 제1호.

이준범. 2005. "에너지 안보에 대한 이론적 접근: 에너지 수급의 정치경제." 『국제평화』 제2권 제1호.

이준범·장지호. 2005. "에너지 안보관점에서 본 동북아 석유수송로의 지정학적 분석: 동남아시아 해협 혼란 요인과 영향을 중심으로." 『21세기정치학회보』 제15집 제2호.

이철재. 2020. "한국, 호르무즈에 청해부대 독자 파병…미국·이란에도 통보." 『중앙일보』 (2020년 1월 21일).

인남식. 2018. "예멘 내전의 배경, 함의 및 전망." 『주요국제문제분석』 2018-29. 외교안보연구소.

장성일. 2008. "에너지 안보와 국가 안보 : 제1차 걸프 전쟁과 미국의 군사 개입." 『에너지경제연구』 제7권 제2호.

장성일. 2020(a). "위기 시 미국 외교정책 결정의 통합적인 분석: 페르시아만 해상 수송로 위기에서 군사적 대응 결정." 『한국정치학회보』 제54집 제2호.

장성일. 2020(b). "외교정책 연구에서 '정책결정(Decision-making)' 관점 재조명: 1967년 티란 해협 수송로 안보 위기 시 미국의 무대응 분석." 『국제정치논총』 제60집 제2호.

장성일. 2021. "미국 국가안보 제도의 기원: 국가안전보장회의(NSC) 창설 과정에서 관료 조직 간 정치." 『평화연구』 제29권 제1호.

장성일. 2022(a). "해상수송로 안보와 미국의 외교정책: 레이건 행정부의 쿠웨이트 유조선 군사적 보호 결정." 『한국과 국제정치』 제38권 세2호.

장성일. 2022(b). "해양안보 개념 연구: 해상수송로 안보 논의를 중심으로." 『21세기정치학회보』 제32집 제4호.

장성일. 2022(c). "러시아-우크라이나 전쟁과 에너지 안보: 해상수송로 안보 관점." 『JPI정책포럼』 No. 2022-06. 제주평화연구원.

장성호. 2015. "해양교통로(SLOC)의 위협과 안전확보 방안." 『대한정치학회보』 제23권 제3호.

장연제. 2020. "정부, 호르무즈에 청해부대 파병키로…파견지역 확대 방식." 『동아일보』 (2020년 1월 21일).

전재성. 1999. "한스 모겐소(Hans Morgenthau)의 고전적 현실주의 국제정치이론: 메타이론적 검토와 실천지(prudence)의 의미." 『국제지역연구』 제8권 제2호.

전재성. 2016. "외교정책 연구의 역사와 이론의 발전." 김계동 외 지음. 『현대외교정책론』. 서울: 명인문화사.

정봉오. 2019. "정의용·볼튼 "호르무즈 해협 안보협력 방안, 계속 협의"." 『동아일보』 (2019년 7월 24일).

정재욱. 2015. "탈 냉전기 북한의 군사도발 결정 매커니즘 고찰: 신고전적 현실주의 분석틀을 중심으로." 『지역과 세계』 제39권 제2호.

정진위 편역. 1996. 『미국외교정책, 1890~1993』. 서울: 박영사.

주미영. 2003. "미국 대통령직의 개혁과 향후 과제." 『국제정치논총』 제43집 제4호.

차태서. 2019. "예외주의의 종언? 트럼프 시대 미국패권의 타락한 영혼." 『국제지역연구』 제28권 제3호.

채인택. 2021. "수에즈운하, 미중 경쟁 시대에 지정학 요충지의 가치 일깨웠다." 『중앙일보』 (2021년 3월 30일).

최명·백창재. 2013. 『현대 미국정치의 이해』. 서울: 서울대학교출판문화원.

최영보 외. 1998. 『미국현대외교사: 루즈벨트 시대에서 클린턴 시대까지』. 서울: 비봉출판사.

최정현. 2019. "'초크 포인트'(choke-point)의 지정학: 이란 핵문제와 호르무즈 해협 사태." 『KIMS Periscope』 제161호.

트럼프(Donald J. Trump) 미국 대통령 트위터, https://twitter.com/realDonaldTrump/status/1142055388965212161 (검색일: 2019년 6월 22일).

AFP. 2009. "Russia cuts off gas to Ukraine." (2009.01.01.).

Allison, Graham T. and Philip D. Zelikow. 1999. *Essence of Decision: Explaining the Cuban Missile Crisis.* New York: Longman.

Andrews-Speed, Philip and Christopher Len. 2016. *The Future of the US Security Umbrella for Sea Lines of Communication (SLOCs) between the Middle East and Southeast Asia, and the Future Role of China.* National University of Singapore.

Ang, B.W., W.L. Choong, and T.S. Ng. 2015. "Energy Security: Definitions, Dimensions and Indexes." *Renewable and Sustainable Energy Reviews*, Vol. 42 (February).

Baldwin, David A. 1971. "Thinking about Threats." *The Journal of Conflict Resolution*, Vol. 15, No. 1.

Baldwin, David A. 1997. "The Concept of Security." *Review of International Studies*, Vol. 23, Issue 1 (January).

Bateman, Sam. 2003. "Sea Lane Security." *Maritime Studies*, Issue 128 (January-February).

BBC Monitoring Middle East. 2006. "Iran press: Commentary warns of use of oil weapon in event of US attack." (July 16).

BBC. 2022. "How much grain has been shipped from Ukraine?." (November 3).

Beach, Derek and Rasmus Brun Pedersen. 2013. *Process-tracing Methods: Foundations and Guidelines.* Ann Arbor: University of Michigan Press.

Beiriger, Eugene Edward. 2017. "Building a Navy 'Second to None': The U.S. Naval Act of 1916, American Attitudes Toward Great Britain, and the

First World War." *British Journal for Military History*, Vol. 3, No. 3.

Belgrave, Robert., Charles K. Ebinger, and Hideaki Okino. 1987. *Energy Security to 2000*. Aldershot: Gower.

Bellany, Ian. 1981. "Towards a Theory of International Security." *Political Studies*, Vol. 29, No. 1 (March).

Bennett, Dalton and Kareem Fahim. 2022. "First ship carrying grain leaves Odessa in deal to ease global food crisis." *The Washington Post* (August 1).

Best, Richard A. Jr. 2011. *The National Security Council: An Organizational Assessment*. Congressional Research Service.

Bielecki, J. 2002. "Energy Security: Is the Wolf at the Door?." *The Quarterly Review of Economics and Finance*, Vol. 42, Issue 2 (Summer).

Boyd, Gerald M. 1987. "State Dept. Bars Lebanese Travel; Navy Moves Ships." *The New York Times* (January 29).

BP. 2007. *Statistical Review of World Energy 2007*.

Bradford, Travis. 2018. *The Energy System: Technology, Economics, Markets, and Policy*. Cambridge, MA: The MIT Press.

Bueger, Christian 2015. "What is Maritime Security?." *Marine Policy*, Vol. 53 (March).

Bueger, Christian and Timothy Edmunds. 2017. "Beyond seablindness: a new agenda for maritime security studies." *International Affairs*, Vol. 93, Issue 6.

Buzan, Barry. 1991. *People, States, and Fear: An Agenda for International Security Studies in the Post-Cold War Era*. Boulder, CO: L. Rienner.

Cai, Weiyi., Denise Lu, and Anjali Singhvi. 2019. "Three Attacks in the World's Oil Choke Point." *The New York Times* (June 21).

Christou, Odysseas and Constantinos Adamides. 2013. "Energy Securitization and Desecuritization in the New Middle East." *Security Dialogue*, Vol. 44 (5-6).

Cohen, Warren I. 2008. *The Cambridge History of American Foreign Relations: Volume IV America in the Age of Soviet Power, 1945-1991*. Cambridge University Press.

Congress.gov. 2022. https://www.congress.gov/bill/93rd-congress/house-joint-resolution/542 (검색일: 2022년 12월 21일).

Coppock, Mike. 2007. "America's Forgotten Tanker War With Iran." *Sea Classics*, Vol. 40, Issue 11, (November).

Cordesman, Anthony H. and Abraham R. Wagner. 1991. *The Lessons of Modern War - Volume II: The Iran-Iraq War*. Westview Press.

Council on Foreign Relations. 2019. https://www.cfr.org/blog/twe-remembers-executive-committee-national-security-council-cuban-missile-crisis (검색일: 2023년 4월 10일).

Cronin, Thomas E. and Michael A. Genovese. 2004. *The Paradoxes of the American Presidency*. New York: Oxford University Press.

Cushman, John H. Jr. 1987. "U.S. is offering Kuwait's ships a naval shield." *The New York Times* (March 24).

Cutler, Robert. 1956. "The Development of the National Security Council." *Foreign Affairs*, Vol. 34, No. 3 (April).

de Rivera, Joseph H. 1968. *The Psychological Dimension of Foreign Policy*. Columbus, OH: Charles E. Merrill Publishing Company.

Denyer, Simon., Min Joo Kim, and Erin Cunningham. 2021. "Iran denies its seizure of South Korean tanker is hostage-taking, complains of money owed." *The Washington Post* (January 5).

DeRouen, Karl Jr. 2002. "The Decision Not to Use Force at Dien Bien Phu: A Polihueristic Perspective." in Alex Mintz (eds.). *Integrating Cognitive and Rational Theories of Foreign Policy Decision Making. New York, NY: Palgrave Macmillan.

Emmerson, Charles and Paul Stevens. 2012. "Maritime Choke Points and the Global Energy System: Charting a Way Forward." The Royal Institute of International Affairs.

Eqbali, Aresu. 2006. "Iran says will use oil as weapon if pushed." *Platt's Oilgram Price Report*, Vol. 84 (122) (June 27).

Eun, Yong-Soo. 2012. "Why and how should we go for a multicausal analysis in the study of foreign policy? (Meta-)theoretical rationales and methodological rules." *Review of International Studies,* Vol. 38, No. 4 (October).

Eun, Yong-Soo. 2013. "The power of human beliefs over the state's behaviour in world politics: An in-depth and comparative case study." *International Political Science Review*, Vol. 34, Issue 4.

Everly, Steve. 2016. "U.S., Britain Developed Plans to Disable or Destroy Middle Eastern Oil Facilities from Late 1940s to Early 1960s in Event of a Soviet Invasion." (The National Security Archive, 2016). http://nsarchive.gwu.edu/NSAEBB/NSAEBB552-US-and-Britain-planned-to-destroy-Middle-East-oil-facilities-in-case-of-Soviet-invasion-from-1940s-1960s/ (검색일: 2017년 5월 20일).

Fahim, Kareem. 2022. "Russia and Ukraine agree to release blockaded grain exports." *The Washington Post* (July 22).

Fattouh, Bassam. 2007. "How Secure Are Middle East Oil Supplies?." Oxford: Oxford Institute for Energy Studies.

Fearon, James D. 1998. "Domestic politics, foreign policy, and theories of international relations." *Annual Review of Political Science*, Vol. 1.

Frankel, Glenn. 2004. "U.S. Mulled Seizing Oil Fields In '73." *The Washington*

Post (January 1).

Fuerth, Leon. 2005. "Energy, Homeland, and National Security." in Jan H. Kalicki and David L. Goldwyn (eds.). *Energy and Security: Toward a New Foreign Policy Strategy*. Washington, D.C.: Woodrow Wilson Center Press.

Gaddis, John Lewis. 1982. *Strategies of Containment: A Critical Appraisal of American National Security Policy during the Cold War*. New York: Oxford University Press.

George, Alexander and Andrew Bennett. 2005. *Case Studies and Theory Development in the Social Sciences*. Cambridge, Mass.: MIT Press.

Germond, Basil. 2015. "The Geopolitical Dimension of Maritime Security." *Marine Policy*, Vol. 54.

Gerring, John. 2007. *Case Study Research: Principles and Practices*. New York: Cambridge University Press.

Gilpin, Robert. 1987. *The Political Economy of International Relations*. Princeton, N.J.: Princeton University Press.

Graf, Rüdiger. 2012. "Making Use of the "Oil Weapon": Western Industrialized Countries and Arab Petropolitics in 1973-1974." *Diplomatic History*, Vol. 36, No. 1.

Gvosdev, Nikolas K., Jessica D. Blankshain, and David A. Cooper. 2019. *Decision-Making in American Foreign Policy: Translating Theory Into Practice*. Cambridge University Press.

Gwertzman, Bernard. 1987. "U.S. sees Iranian setback in push on second front." *The New York Times* (January 16).

Hagan, Joe D. 2001. "Does Decision Making Matter?." in Joe D. Hagan and Margaret G. Hermann (eds.). *Leaders, Groups, and Coalitions: Understanding the People and Processes in Foreign Policymaking*.

Blackwell Publishers for the International Studies Association.

Hall, Peter A. 2000. "Aligning Ontology and Methodology in Comparative Politics." Prepared for a Conference on Comparative Historical Analysis, Brown University, (April 27-29).

Hamilton, Alexander., James Madison, and John Jay. 2003. *The Federalist Papers*. New American Library.

Henry, Ryan., Christine Osowski, Peter Chalk, and James T. Bartis. 2012. *Promoting International Energy Security: Volume 3, Sea-Lanes to Asia*. Santa Monica, CA: RAND Corporation.

Hermann, Charles F. 1974. "What Decision Units Shape Foreign Policy: Individual, Group, Bureaucracy?." *Policy Studies Journal*, Vol. 3, Issue 2 (December).

Hermann, Margaret G. 2001. "How Decision Units Shape Foreign Policy: A Theoretical Framework." *International Studies Review*, Vol. 3, No. 2 (Summer).

Hermann, Margaret G. and Charles F. Hermann. 1989. "Who Makes Foreign Policy Decisions and How: An Empirical Inquiry." *International Studies Quarterly*, Vol. 33, No. 4 (December).

Hilsman, Roger. 1967. *To Move a Nation: The Politics of Foreign Policy in the Administration of John F. Kennedy*. Garden City, N.Y.: Doubleday; New York: Delta Publishing.

Hogan, Michael. 1991. *Informal Entente: The Private Structure of Cooperation in Anglo-American Economic Diplomacy, 1918-1928*. Imprint Publications.

Houghton, David Patrick. 2013. *The Decision Point: Six Cases in U.S. Foreign Policy Decision Making*. New York; Oxford: Oxford University Press.

Hudson, Valerie M. 2005. "Foreign Policy Analysis: Actor-Specific Theory and the Ground of International Relations." *Foreign Policy Analysis*, Vol. 1, Issue 1.

Hudson, Valerie M. 2007. *Foreign Policy Analysis: Classic and Contemporary Theory*. Lanham: Rowman & Littlefield.

Hudson, Valerie M. and Benjamin S. Day. 2020. *Foreign Policy Analysis: Classic and Contemporary Theory*. Lanham: Rowman & Littlefield.

Humphrey, David C. 1994. "NSC Meetings during the Johnson Presidency." *Diplomatic History*, Vol. 18, Issue 1.

Inderfurth, Karl. 2004. *Fateful Decisions: Inside the National Security Council*. New York: Oxford University Press.

International Energy Agency. 2007. *Oil Supply Security: Emergency Response of IEA Countries 2007*. International Energy Agency.

International Energy Agency. 2022. https://www.iea.org/topics/energy-security/ (검색일: 2022년 12월 15일).

International Maritime Security Construct. 2023. https://www.imscsentinel.com/ (검색일: 2023년 5월 1일).

Itayim, Fuad. 1974. "Arab Oil-The Political Dimension." *Journal of Palestine Studies*, Vol. 3, No. 2 (Winter).

James, Patrick and John R. Oneal. 1991. "The Influence of Domestic and International Politics on the President's Use of Force." *Journal of Conflict Resolution*, Vol. 35, Issue 2 (June).

Jeffrey, James F. and Michael Eisenstadt. 2016. "U.S. Military Engagement in the Broader Middle East." *Policy Focus* 143. The Washington Institute for Near East Policy.

Jentleson, Bruce W. 2014. *American Foreign Policy: The Dynamics of Choice in the 21st Century*. New York: Norton.

Jervis, Robert. 1976. *Perception and Misperception in International Politics*.

Princeton, N.J.: Princeton University Press.

Kalicki, Jan H. and David L. Goldwyn (eds.). 2005. *Energy and Security: Toward a New Foreign Policy Strategy*. Washington, D.C.: Woodrow Wilson Center Press.

Kegley, Charles W. Jr. and Eugene R. Wittkopf. 1996. *American Foreign Policy: Pattern and Process*. New York: St. Martin's Press; London: Macmillan.

Kelanic, Rosemary Ann. 2012. *Black gold and blackmail: The politics of international oil coercion(Ph.D Dissertation)*. The University of Chicago.

Keohane, Robert O. and Joseph S. Nye. 1977. *Power and Interdependence*. Little, Brown and Company.

Khong, Yuen Foong. 1992. *Analogies at War: Korea, Munich, Dien Bien Phu, and the Vietnam Decisions of 1965*. Princeton, N.J.: Princeton University Press.

Khurshudyan, Isabelle and Serhiy Morgunov. 2022. "Ukraine grain farmers devastated by Russia's Black Sea blockade." *The Washington Post* (July 8).

King, Gary., Robert O. Keohane, and Sidney Verba. 1994. *Designing Social Inquiry: Scientific Inference in Qualitative Research*. Princeton, N.J.: Princeton University Press.

Kissinger, Henry. 1994. *Diplomacy*. New York: Simon & Schuster.

Klare, Michael T. 2004. *Blood and Oil: The Dangers and Consequences of America's Growing Dependency on Imported Petroleum*. New York: Owl Books/Henry Holt.

Kruger, Robert B. 1975. *The United States and International Oil*. New York: Praeger Publisher, inc.

Landler, Mark., Julian E. Barnes, and Eric Schmitt. 2019. "U.S. Puts Iran on

Notice and Weighs Response to Attack on Oil Tankers." *The New York Times* (June 14).

Lee, Pak K. 2005. "China's Quest for Oil Security: Oil (Wars) in the Pipeline?." *The Pacific Review*, Vol. 18, No. 2 (June).

Lewis, David E. and Terry M. Moe. 2018. "The Presidency and the Bureaucracy: The Levers of Presidential Control." in Michael Nelson (eds.). *The Presidency and the Political System*. Washington, DC: CQ Press.

Mabro, Robert. 2008. "On the Security of Oil Supplies, Oil Weapons, Oil Nationalism and all that." *OPEC Energy Review*, Vol. 32, Issue 1 (March).

Martin, Laurence. 1982. "National Security in an Insecure Age." *Naval War College Review*, Vol. 35, No. 5 (September-October).

Maull, Hanns. 2008. "Oil and Influence: The Oil Weapon Examined, (Adelphi Paper 117, 1975)." in *The Evolution of Strategic Thought: Classic Adelphi Papers (Adelphi series)*. The International Institute for Strategic Studies.

Mead, Walter Russell. 2002. *Special Providence: American Foreign Policy and How It Changed the World*. New York; London: Routledge.

Mearsheimer, John J. and Stephen M. Walt. 2016. "The Case for Offshore Balancing: A Superior U.S. Grand Strategy." *Foreign Affairs*, (July/August).

Mintz, Alex (eds.). 2002. *Integrating Cognitive and Rational Theories of Foreign Policy Decision Making*. New York, NY: Palgrave Macmillan.

Mintz, Alex and Karl DeRouen Jr. 2010. *Understanding Foreign Policy Decision Making*. Cambridge University Press.

Mintz, Alex. 2004. "How Do Leaders Make Decisions?: A Polihueristic Perspective." *Journal of Conflict Resolution*, Vol. 48, Issue 1 (February).

Morello, Carol. 2019. "Pompeo seeks support from allies to monitor Persian Gulf region amid tensions with Iran." *The Washington Post* (June 24).

Morgenthau, Hans J. 1944. "The Limitations of Science and the Problem of Social Planning." *Ethics*, Vol. 54, No. 3 (April).

Morgenthau, Hans J. 1948. *Politics Among Nations: The Struggle for Power and Peace.* New York: Alfred A. Knopf.

Morgenthau, Hans J. 1966. *Politics Among Nations: The Struggle for Power and Peace.* New York: Alfred A. Knopf.

Morgenthau, Hans J. 1978. *Politics Among Nations: The Struggle for Power and Peace.* New York: Alfred A. Knopf.

Mueller, Benjamin. 2019. "U.K. Joins U.S.-Led Effort to Protect Ships in Strait of Hormuz." *The New York Times* (August 5).

Naftali, Timothy. 2020. "The Wounded Presidency, Part Two: The Untold Story of U.S. Foreign Policy During the Clinton Impeachment Crisis." *Foreign Affairs* (January 29).

Navias, Martin S. and E.R. Hooton. 1996. *Tanker Wars: The Assault on Merchant Shipping during the Iran-Iraq Conflict, 1980-1988.* London; New York: I.B. Tauris.

Neustadt, Richard E. 1960. *Presidential Power: The Politics of Leadership.* New York: Wiley.

Neustadt, Richard E. 1976. *Presidential Power: The Politics of Leadership.* New York: Wiley.

Neustadt, Richard E. 2002. "Presidential Power and the Research Agenda." *Presidential Studies Quarterly*, Vol. 32, No. 4 (December).

Notteboom, Theo., Athanasios Pallis, and Jean-Paul Rodrigue. 2022. *Port Economics, Management and Policy.* London: Routledge.

Office of the Director of National Intelligence. 2022. https://www.dni.gov/

index.php/who-we-are (검색일: 2022년 12월 13일).

Ölz, Samantha., Ralph Sims, and Nicolai Kirchner. 2007. *Contribution of Renewables to Energy Security.* International Energy Agency.

Ostrom, Charles W. Jr. and Brian L. Job. 1986. "The President and the Political Use of Force." *American Political Science Review,* Vol. 80, Issue 2 (June).

Ozberk, Tayfun. 2022. "Ukrainian Grain: How To Lift Russia's Black Sea Blockade?." *Naval News* (June 12).

Paul, Christopher. 2004. "The U.S. Military Intervention Decision-Making Process: Who Participates, and How?." *Journal of Political and Military Sociology*, Vol. 32, No. 1 (Summer).

Paust, Jordan J. and Albert P. Blaustein. 1974. "The Arab Oil Weapon: A Threat to International Peace." *The American Journal of International Law*, Vol. 68, No. 3 (July).

PBS. 2017. http://www.pbs.org/wgbh/pages/frontline/shows/tehran/etc/cron.html (검색일: 2017년 4월 25일).

Peele, Reynolds B. 1997. *Maritime Chokepoints: Key Sea Lines of Communication (SLOCs) and Strategy.* U.S. Army War College.

Phillips, James 1979. "The Iranian Oil Crisis." *Backgrounder,* No. 76. The Heritage Foundation.

Rathbun, Brian. 2008. "A Rose by Any Other Name: Neoclassical Realism as the Logical and Necessary Extension of Structural Realism." *Security Studies*, Vol. 17, No. 2.

Ratner, Michael. 2018. *Iran's Threats, the Strait of Hormuz, and Oil Markets: In Brief.* Congressional Research Service.

Redd, Steven B. and Alex Mintz. 2013. "Policy Perspectives on National Security and Foreign Policy Decision Making." *The Policy Studies*

Journal, Vol. 41, No. S1 (April).

Rodrigue, Jean-Paul and Theo Notteboom. 2019. "Maritime Chokepoints: Capacity, Limitations and Threats." https://transportgeography.org/?page_id=775 (검색일: 2019년 6월 5일).

Rodrigue, Jean-Paul and Theo Notteboom. 2019. "World's Major Container Ports, 2015." https://transportgeography.org/?page_id=3373 (검색일: 2019년 6월 5일).

Rodrigue, Jean-Paul and Theo Notteboom. 2019. "World's Major Container Ports, 2015." https://transportgeography.org/?page_id=3373 (검색일: 2019년 6월 5일).

Rodrigue, Jean-Paul and Theo Notteboom. 2022. "Maritime Transportation." https://transportgeography.org/contents/chapter5/maritime-transportation/ (검색일: 2022년 11월 10일).

Rosati, Jerel A. 2000. "The Power of Human Cognition in the Study of World Politics." *International Studies Review*, Vol. 2, Issue 3.

Rose, Gideon. 1998. "Neoclassical Realism and Theories of Foreign Policy." *World Politics*, Vol. 51, No. 1 (October).

Rosenau, James N. 1971. *The Scientific Study of Foreign Policy*. New York: Free.

Rousseau, David L. and Rocio Garcia-Retamero. 2007. "Identity, Power, and Threat Perception: A Cross-National Experimental Study." *The Journal of Conflict Resolution*, Vol. 51. No. 5.

Sander, Alfred D. 1972. "Truman and the National Security Council: 1945-1947." *Journal of American History*, Vol. 59, No. 2 (September).

Shear, Michael D., Eric Schmitt, Michael Crowley, and Maggie Haberman. 2019. "Strikes on Iran Approved by Trump, Then Abruptly Pulled Back." *The New York Times* (June 20).

Simon, Herbert A. 1957. *Models of Man*. New York: John Wiley & Sons.

Singer, J. David. 1961. "The Level-of-Analysis Problem in International Relations." *World Politics*, Vol. 14, No. 1 (October).

Smith, Andrew Price. 2015. *Oil, Illiberalism, and War: An Analysis of Energy and US Foreign Policy*. Cambridge, Mass.: MIT Press.

Snyder, Richard C. 1952. "The Nature of Foreign Policy." *Social Science*, Vol. 27, No. 2 (April).

Snyder, Richard C., H. W. Bruck, and Burton Sapin (eds.). 1962. *Foreign Policy Decision-making: An Approach to the Study of International Politics*. New York: Free Press of Glencoe.

Snyder, Richard C., H. W. Bruck, and Burton Sapin. 1954. *Decision-Making as an Approach to the Study of International Politics*. Princeton: Princeton University Press.

Sovacool, Benjamin K. and Ishani Mukherjee. 2011. "Conceptualizing and measuring energy security: A synthesized approach." *Energy*, Vol. 36, No. 8 (August).

Sprout, Harold and Margaret Sprout. 1965. *The Ecological Perspective on Human Affairs: With Special Reference to International Politics*. Princeton: Princeton University.

Sprout, Harold H. 1956. *Man-Milieu Relationship Hypotheses in the Context of International Politics*. Princeton: Princeton University.

Stares, Paul B. (eds.). 2000. *Rethinking Energy Security in East Asia*. Tokyo; New York: Japan Center for International Exchange, Brookings Institution Press.

Stevens, Paul. 2000. "Pipelines or pipe dreams? Lessons from the history of Arab transit pipelines." *Middle East Journal*, Vol. 52, No. 2 (Spring).

Stevens, Paul. 2009. "Transit Troubles: Pipelines as a Source of Conflict." The

Royal Institute of International Affairs.

Stevis-Gridneff, Matina. 2022. "Russia Agrees to Let Ukraine Ship Grain, Easing World Food Shortage." *The New York Times* (July 22).

Tarabay, Jamie. 2019. "Australia Is Third Country to Join U.S. in Patrolling Strait of Hormuz." *The New York Times* (August 21).

The American Presidency Project. 2018. https://www.presidency.ucsb.edu/documents/the-state-the-union-address-delivered-before-joint-session-the-congress (검색일: 2023년 4월 3일).

The Chatham House. 2015. "The Future of Sea Lane Security Between the Middle East and Southeast Asia." (June 23-24).

The Council on Foreign Relations. 2019. "Oil Dependence and U.S. Foreign Policy." https://www.cfr.org/timeline/oil-dependence-and-us-foreign-policy (검색일: 2023년 4월 3일).

The Economist. 2022. "The war in Ukraine has reshaped the world's fuel markets." (September 24).

The Financial Times. 2022. "Ukraine and Russia near deal to end blockade of grain exports." (July 20).

The Financial Times. 2022. "Ukraine warns of big cuts to wheat harvest if Russian blockade continues." (July 19).

The Joint Chiefs of Staff. 2022. "Origin of Joint Concepts." https://www.jcs.mil/About/Origin-of-Joint-Concepts/ (검색일: 2022년 12월 27일).

The New York Times. 1920. "Senate Defeats Treaty, Vote 49 to 35; Orders it Returned to the President." (March 19).

The Organization of the Petroleum Exporting Countries. 2023. https://www.opec.org/opec_web/en/about_us/24.htm (검색일: 2023년 4월 5일).

The Richard Nixon Presidential Library and Museum. 2023. https://www.nixonlibrary.gov/finding-aids/national-security-council-institutional-files-h-files (검색일: 2023년 1월 23일).

The Richard Nixon Presidential Library and Museum. 2023. https://www.nixonlibrary.gov/national-security-council-structure-and-functions (검색일: 2023년 1월 23일).

The Senate Foreign Relations Committee, 2022. https://www.foreign.senate.gov/imo/media/doc/DAV18476.pdf (검색일: 2022년 12월 21일).

The U.S. Department of State, Office of the Historian, Foreign Service Institute. 2022. https://history.state.gov/milestones/1914-1920/league (검색일: 2022년 12월 21일).

The U.S. Department of State. 2000. "The Changing Dynamics of U.S. Foreign Policy-Making: An Interview with Under Secretary of State for Political Affairs Thomas R. Pickering." *U.S. Foreign Policy Agenda*, Vol. 5, No. 1 (March).

The White House. 2018. https://georgewbush-whitehouse.archives.gov/nsc/history.html (검색일: 2023년 4월 5일).

The White House. 2022. https://georgewbush-whitehouse.archives.gov/news/releases/2001/09/20010918-10.html (검색일: 2022년 12월 21일).

The White House. 2022. https://www.whitehouse.gov/about-the-whitehouse/our-government/the-executive-branch/ (검색일: 2022년 12월 20일).

The White House. 2022. https://www.whitehouse.gov/administration/executive-office-of-the-president/ (검색일: 2022년 12월 20일).

Tomain, Joseph P. 1990. "The Dominant Model of United States Energy Policy." *University of Colorado Law Review*, Vol. 61.

Trainor, Bernard E. 1987. "Iranian Warships Now Using Missiles for Night Attacks." *The New York Times* (January 20).

U.S. Congress. 1947. Congressional Record, Volume 93, Part 7, 80th

Congress, 1st Session (July 7).

U.S. Congress. 1947. Congressional Record, Volume 93, Part 7, 80th Congress, 1st Session (July 9).

U.S. Energy Information Administration. 2014. *World Oil Transit Chokepoints* (November 10).

U.S. Energy Information Administration. 2016. https://www.eia.gov/tools/faqs/faq.cfm?id=40&t=6 (검색일: 2016년 3월 16일).

U.S. Energy Information Administration. 2017. *World Oil Transit Chokepoints* (July 25).

U.S. Naval Forces Central Command. 2023. https://www.cusnc.navy.mil/Subs-and-Squadrons/ (검색일: 2023년 4월 16일).

Ullman, Richard. 1983. "Redefining Security." *International Security*, Vol. 8, Issue 1.

United States Central Command. 2023. http://www.centcom.mil/ABOUT-US/HISTORY/ (검색일: 2023년 3월 3일).

United States Department of State. 2022. "A New National Security Structure." https://history.state.gov/departmenthistory/short-history/security (검색일: 2022년 12월 28일).

United States Joint Chiefs of Staff. 2017. *Joint Publication (JP) 5-0: Joint Planning* (16 June).

University of Michigan Digital Library. 1957. *Public Papers of the Presidents of the United States: Dwight D. Eisenhower*.

Verdier, Daniel. 1994. *Democracy and International Trade: Britain, France, and the United States, 1860-1990*. Princeton, N.J.: Princeton University Press.

Verleger, Philip K. Jr. 1979. "The U.S. Petroleum Crisis of 1979." *Brookings Papers on Economic Activity*, No. 2.

Vertzberger, Yaacov Y. I. 1998. *Risk Taking and Decisionmaking: Foreign Military Intervention Decisions.* Stanford: Stanford University Press.

Walt, Stephen M. 1987. *The Origins of Alliances.* Ithaca: Cornell University Press.

Waltz, Kenneth N. 1959. *Man, the State, and War.* New York: Columbia University Press.

Waltz, Kenneth N. 1979. *Theory of International Politics.* Boston, Mass.: McGraw-Hill.

Wendt, Alexander. 1999. *Social Theory of International Politics.* Cambridge University Press.

Wolfers, Arnold. 1952. ""National Security"s an Ambiguous Symbol." *Political Science Quarterly*, Vol. 67, No. 4 (December).

Wong, Edward. 2019. "Pompeo Says Intelligence Points to Iran in Tanker Attack in Gulf of Oman." *The New York Times* (June 13).

Wong, Edward. 2019. "Trump Imposes New Economic Sanctions on Iran, Adding to Tensions." *The New York Times* (June 24).

Worley, D. Robert. 2015. *Orchestrating the Instruments of Power: A Critical Examination of the U.S. National Security System.* Lincoln: Potomac Books, An imprint of the University of Nebraska Press.

X. 1947. "The Sources of Soviet Conduct." *Foreign Affairs*, XXV (July).

Yafimava, Katja. 2011. *The Transit Dimension of EU Energy Security: Russian Gas Transit across Ukraine, Belarus and Moldova.* Oxford: Oxford Institute for Energy Studies/Oxford University Press.

Yergin, Daniel. 2009. *The Prize: The Epic Quest for Oil, Money & Power.* New York: Free Press.

Yergin, Daniel. 2011. *The Quest: Energy, Security, and the Remaking of the Modern World.* New York: Penguin Press.

Yetiv, Steve A. 2011. *Explaining Foreign Policy: U.S. Decision-Making in the Gulf Wars*. Baltimore, Md.: John Hopkins University Press.

Zatarain, Lee Allen. 2013. *America's First Clash with Iran: The Tanker War, 1987-88*. Casemate Publication.

Zegart, Amy B. 1999. *Flawed by Design: The Evolution of the CIA, JCS, and NSC*. Stanford, CA: Stanford University Press.

색 인

번호

1차연구자료	002, 027, 031, 043, 106, 207, 228, 235, 584, 585, 586
4강 회의	306, 307, 320, 327
6일 전쟁	039, 090, 279, 284, 286, 292, 301, 327, 353, 377
10월 전쟁	040, 041, 359, 362, 376
40 Committee	357

로마자

A

Arabian-American Oil Company	388
AWACS	461, 493, 539

B

Black Sea Grain Initiative	613

C

Chernomorsk	613
Cosmo Jupiter	438, 519

D

Defense Program Review Committee 357
Directorate of Intelligence 424

E

ExCom(The Executive Committee of the National Security Council) 285, 418
Exocet 미사일 489, 530

F

Front Altair 596, 597

G

GCC(Gulf Cooperation Council) 459, 481, 492, 506

I

Initiative on the Safe Transportation of Grain and Foodstuffs from Ukrainian Ports 613
Intelligence Committee 357
Interagency Group 419, 420, 470, 476, 488, 503, 553

J

Joint Coordination Centre 613

K

Kokuka Courageous 596, 597
Kuwaiti Oil Tanker Company 517

L

LA SALLE	521, 533

N

National Command Authority	494, 502
National Security Action Memorandum(NSAM)	442
National Security Council	418, 442, 488, 595
National Security Decision Memorandum	357, 442
National Security Decision Memorandum(NSDM)	442
National Security Study Directive (NSSD)	442
NATO	448, 463, 465, 492
NSC의 하위 위원회	357
NSC의 훈령(NSC directives)	356

O

Odesa	613
OECD	134, 398, 434
oil weapon	068, 124
OPEC	114, 115, 118, 337, 359, 365, 393, 394, 395, 436, 585, 593
OPEC 회의	394
Operation Sentinel	604
Operation Staunch	250, 423, 472, 487, 523

P

Policy Review Group	521, 533
Presidential Directives(PD)	442
President's Daily Brief	056, 293

S

Sea Killer 미사일	520
Sea Lanes of Communication	066, 076
Sea Lines of Communication	066, 076, 136, 137, 646, 656
Senior Interagency Group	420, 470, 476, 488, 503, 553
Senior Review Group	357
Sentinel program	596, 604
SLOC	066, 076, 084, 094, 622, 645
solidarity lanes	611
Super Etendard 항공기	489, 530
Supreme National Security Council	595

T

TACAIR	492, 493, 522
Tapline	388
Trans Arabian Pipeline	339

U

UN 사무총장	290, 315, 317, 318
UN 안보리	241, 249, 304, 306, 307, 315, 322, 328, 359, 361, 375, 376, 479
UN 안전보장이사회	249, 293, 294, 295, 304, 314, 315, 318, 327, 375
UN 헌장	297, 315
US Chesapeake Shipping Incorporated	528
USS La Salle	541

V

Verification Panel	357

W

Washington Special Actions Group 058, 357
West Bank 340
WSAG 회의 368, 372, 377, 378, 380, 382, 383, 384, 385, 389, 391, 397

Y

Yuzhny 613

한국어

ㄱ

가봉 337
가오슝(Kaohsiung) 597
강대국 경쟁(the great-power rivalry) 355
개입 요건(criteria for intervention) 500
거부권 195, 198, 241, 323
걸프 전쟁 105, 145
결의안 242(Resolution 242) 375
결의안 338(Resolution 338) 375
결의안 540 479, 480
경쟁국 254, 570
경제적 대응 006, 127, 204, 245, 249, 250, 254, 268, 306, 361, 423, 472
경제적 취약 하위위원회(economic vulnerabilities subcommittee) 338
경제제재 036, 038, 154, 161, 165, 170, 245, 246, 249, 250, 308, 423
고시 가격(posted prices) 394
곡물 금수조치(grain embargo) 415
공격에 대한 방어 501

공공재	023, 070, 131, 622
공군 급유기(tanker)	510
공동군사기획(joint military planning)	505
공동행동(joint action)	504
공산당 서기장(General Secretary of the Communist Party)	354
공수부대	354
공수작전(airlift)	354, 382
공수 지원(lift support)	496, 536
공유된 결정 과정	033, 174, 175, 181, 206, 257, 587
공중경보 및 통제체계	539
공중급유기	461
공중 방어 자산(air defense assets)	495, 535
공중조기경보기	539
공중 지원	510, 532
공해의 자유(freedom of the seas)	022, 070, 135, 319
공화당	029, 244, 389
관계 개선	353, 415, 417, 497
관료정치 이론	032, 149, 150, 161, 163, 164, 165, 166, 167, 176, 206, 258
관료정치의 역할	032, 206, 589
관료제	164, 166
관문	067, 085, 086, 087, 088, 094, 124, 125, 230, 618, 619
관심전환이론(diversionary theory of war)	565
광저우	609
교전 국가	431, 445, 457, 497, 499, 507, 527, 532, 558
교전 규칙	456, 457, 532
교전 중지선(cease-fire lines)	375
교전 지역(war zone)	364

교전하지 않는 수송(non-belligerent shipping)	512
구축함	329, 330, 363, 364, 382, 439, 521, 602
국가안보결정지침(NSDD: National Security Decision Directive)	419, 442
국가안보 위협	218, 219, 220, 264, 277, 278, 342, 343, 402, 447, 489, 576
국가안보 전략	009, 253, 260, 262, 420, 443, 446, 447, 465, 466, 467, 532, 556
국가안보전략	266, 581
국가안보정책	424
국가안전보장회의	045, 056, 090, 171, 174, 181, 182, 183, 224
국가이익	126, 152, 154, 162, 265, 266, 300, 370, 441, 469, 565
국경선	374, 375, 394, 481
국내 여론	268, 269, 343, 565
국내 여론의 관심	565
국내정치적 고려	243, 244, 266, 310, 476
국내정치적 부담	526
국내정치적 비판	565
국내정치적 이익	242, 244, 245, 564, 565
국내정치적 이해관계	028, 205, 242, 582
국면 전환용	565
국제 경제 시스템	456
국제 공조	475, 511, 550
국제사회	085, 269, 482
국제석유시장	114, 341, 365, 386, 435, 546, 593
국제수로	297, 302, 315, 321, 325
국제에너지기구(IEA)	106, 113, 114, 426, 546, 548, 549
국제 에너지 정책	445, 451, 457, 547, 548
국제적인 세력의 주둔(international presence)	373
국제적인 수송	444, 455, 480, 531

국제적인 압력	205, 482, 579
국제적인 에너지 긴급사태 계획(International Energy Contingency Planning)	545
국제정치의 구조적 요인	028, 149, 229, 341, 344, 401, 551
국제해양안보건설	092, 604, 623, 624
국제해양안보구상	604
국제호송연합체	604
군비 증강	621
군사계획	252, 505, 556
군사력 사용 결정	010, 031, 032, 203, 229, 246, 421, 559, 565, 566, 570
군사력의 예비적 이동	238, 254, 335, 521, 533
군사 작전	212, 251, 255, 256, 257, 334, 423, 456, 472, 473
군사작전	477, 481, 494, 508, 516, 525, 528, 529, 537, 538, 540
군사적 대응 방식	314, 323, 329, 332, 334, 335, 341, 343, 346, 347, 360, 361
군사적 역량 평가	252, 334, 530
군사적 위협	493
군사적 충돌	024, 025, 072, 094, 382, 597, 601, 614, 615
군사적 태세	382
군 해상수송 사령부(Military Sealift Command)	510
그리스	326, 378, 426, 427
기뢰제거함	430
긴급사태 계획(contingency planning)	331, 546
긴급상황	254, 335, 361, 386, 449, 543, 550
긴급 월경 추적권(hot pursuit)	502
긴장 완화(détente)	353

나이지리아	337

색 인 671

나포	614, 620
남서아시아	440, 463, 464, 465, 466
남중국해	068, 085, 617, 618
내무장관	339
네덜란드	326, 327, 427
노르웨이	326, 596, 597
뉴욕	481
뉴질랜드	492, 505
니미츠(Nimitz)호	534
닉슨 독트린	353
닝보(Ningbo)	609

ㄷ

다국적군	320
다란(Dhahran)	383, 522
다수준적인(multilevel)	032, 206, 589
다수준적인(multilevel) 통합적인 외교정책 이론	032, 206, 589
다자안보 협력체	621
다자외교	006, 306, 307, 314, 373
담만(Damman)	609
대만	071, 597, 619
대만 해협	619
대상국	125, 595
대응적인 군사 행동(responsive military action)	493
대통령 성명	006, 307, 312, 477, 479, 482, 484, 485, 486, 523, 525, 557
대통령의 무력 사용	199, 476
대통령의 역할	033, 174, 587

대통령 자문	359, 389, 391
대한항공 007편	416
덴마크	130, 326, 366, 367
도발 행위	371, 402
도쿄	481
독일	023, 126, 220, 379, 505, 549, 595
독자적인 개입	423, 472, 475, 561
동시적 과정(simultaneity)	033, 588
동중국해	068, 085, 617, 618
두바이	359, 401, 608, 609
드론	011, 596, 597, 599, 600, 602

ㄹ

라이베리아	132, 326
라트비아	605, 623
러시아-우크라이나 전쟁	011, 038, 094, 594, 610, 612, 613, 614, 619
러시아의 우크라이나 침공	019, 168, 593, 610
러시아의 흑해 봉쇄	021, 594, 610, 612
런던	481
레바논	122, 336, 387, 470, 471, 518
레바논 사례	471
레바논 위기	470, 471
로마	313, 481
루마니아	605, 611, 623
루와이스(Ruwais)	597
리버티호	333
리투아니아	605, 623

ㅁ

메이저 석유 회사	546
모스크바	415, 481
무기 운반(arms shipments)	498
무기 이전	463
무대응	212, 218, 220, 278
무력 사용	076, 169, 199, 243, 246, 476
무력 시위	247, 323, 620
무인 정찰 드론	596, 597, 599, 602
무해통항	322
미국 대사관	145, 172, 260, 261, 262, 289, 295, 297, 440, 481, 518
미국 대통령	008, 131, 132, 177, 194, 214
미국 무인 정찰 드론 격추	596, 597, 602
미국 상선	433
미국 상원	596
미국 석유	009
미국 에너지	086, 420, 455, 550, 578
미국 에너지 관리청	086, 578
미국 외교정책 결정의 제도	004, 045, 177, 587
미국 외교정책의 결정 과정	021, 033, 183, 205, 206, 229, 257, 258, 259, 588
미국 외교정책 이론	031, 588
미국의 군사력	010, 013, 031, 042, 203, 421, 455, 558, 559, 566, 570, 579, 581
미국의 군사력 사용	031, 042, 203
미국의 동맹국	024, 049, 126, 260
미국 의회	136, 318, 319, 480, 515
미국인 대피	041, 284, 361, 377, 378, 380, 404, 405, 575
미국 해안경비대(U.S. Coast Guard)	517

미사일 협정	416
미중 경쟁	619
민주당	600, 601
밀수품	497, 499

ㅂ

바그다드	337, 359, 388, 481
바닷길	084, 618
바레인	040, 336, 339, 340, 351, 359, 365, 400, 401, 412, 459, 479, 506, 510
바스라(Basra 또는 Basrah)	483
반다르(Bandar)	510
반(反)아랍 정서	393
발트해	611
밥 엘-만답(Bab el-Mandab)	363, 372, 521
방어적인 병력(defensive forces)	495, 497
배급제도(rationing)	391
배급 조치	391
배타적 수역(exclusion zone)	496
백악관 상황실	327, 600
법무장관	475, 479
베네수엘라	337
베이루트	471
베이징	481
베트남	160, 161, 280, 281, 310, 311, 345, 352, 353, 583
베트남 전쟁	160, 161, 280, 281, 310, 311, 353, 583
벨기에	326
병참(logistics)	496

병참선	136, 453
부산	167, 609
부셔(Busher)	510
북베트남	280, 281, 353
북아프리카	338, 366, 441, 538
북한	248
북해	379, 380
분업	307, 463, 464, 568
분쟁 지역	404, 581
브리지톤(Bridgeton)	042, 410, 413
비공식 채널(backchannel)	361, 373
비교사례연구	034, 036, 047, 048, 050, 584
비상사태	247, 248, 339, 359, 391, 452, 479, 490, 492, 549
비상상황	448, 449, 543, 548
비상 프로그램	391
비엔나	359, 394
비축유 정책	549

ㅅ

사라토가(Saratoga)	333
사이드항(Port Said)	333
사재기	391
사절단	459
사활적 이익	105, 279, 412, 415
살랄라(Salalah)	608
상대적인 영향력	162
상업적인 수송	496, 497

상원　　178, 180, 185, 186, 187, 192, 193, 194, 195, 196, 199, 311, 324, 345
상원 외교위원회(Senate Committee on Foreign Relations)　　311
상위정치　　102
상임이사국　　249, 481, 595
상하이　　609
상황보고 자료　　392
생명선　　039, 288, 566, 567, 580, 582, 618
샤(the shah of Iran)　　440
서독　　039, 366, 425
서울　　416
서유럽　　024, 049, 116, 126, 383, 388, 390, 392, 397, 399, 424, 425, 435, 574
서한　　319, 339, 459, 513, 527
석유 감산　　359, 360, 394, 395, 396
석유 공급량　　130, 384, 389, 426, 427
석유 기업　　133, 135, 545
석유 긴급사태 보고서(Oil Contingency Paper)　　385
석유 매장량　　011, 119, 351, 365, 577, 578
석유 무기화　　040, 119, 120, 125, 351, 365, 398
석유 배급조치(ration)　　384
석유 부족　　023, 126, 363, 399, 449, 544
석유 비상사태 계획　　359, 391
석유 생산량 감축　　351, 365
석유 수송　　039, 071, 090, 104, 125, 230, 234, 237, 277, 288, 337, 342
석유수출국기구(OPEC: Organization of the Petroleum Exporting Countries)　　337
석유 위기　　100, 117, 120, 284, 398
석유 유정(oil wells)　　372
석유의 흐름　　024, 110, 126, 340, 432, 456, 483, 484, 485, 486, 525, 526, 557

색 인　677

석유장관	039, 336
석유 제품	385, 386, 399, 605
석유 증산	436
석유 하역장(oil terminal)	519
석유 회사	133, 339, 364, 394, 400, 546
선거	244, 352, 600
선적(shipping)	517
선적 변경(reflagging)	517
선적 변경 합의(reflagging agreement)	527
선제공격	090, 218, 281, 286, 292, 293, 298, 301, 306, 307, 318, 327, 501
성명(communiqué)	336
성명 발표	249, 286, 306, 307, 312, 420, 423, 472, 523
성조기	413
세계질서	147, 240, 353
세이셸	605, 623
소련과의 경쟁	229, 241, 345, 580, 581
소련의 개입	345, 363, 496, 497
소련의 거부권 행사	323
소련의 아프가니스탄 침공	145, 172, 412, 414, 417, 419, 439, 539, 567, 581
소련의 영향력	205, 241, 244, 248, 353, 444, 501, 515, 516, 559, 560, 562
소련의 의도	344
소련의 전면적인 침공	516
소유권	528
수에즈 운하 위기	023, 126, 137, 267, 318, 592
수입 의존도	424, 615, 616, 617
수출 역량	112, 449, 543, 544
수출 통제	399, 487, 547

스페인	379, 380, 392, 426, 427, 463, 534
시간의 제약	266, 588
시나이	279, 282, 290, 291, 296, 298, 302, 315, 343, 372
시나이 반도	279, 282, 296, 298, 302, 315, 343, 372
시아파	595
시장 점유율	365
시장 지배력	593
식량 위기	019, 038, 594
신고전적 현실주의(Neoclassical Realism)	167
신속 전개 공동 기동 부대 (RDJTF: Rapid Deployment Joint Task Force)	419, 441
실크웜(Silkworm) 미사일	519
심천(Shenzhen)	609
싱가포르	597, 609

ㅇ

아덴(Aden)	364
아라비아해	067, 085, 088, 411, 456, 522, 532, 533, 535, 618
아람코(Aramco)	339
아랍 석유	008, 336, 340, 363, 365, 366, 385, 396, 397, 398, 399
아랍-이스라엘 정전 협정	324
아바단(Abadan)	340
아부다비	040, 336, 351, 359, 365, 395, 397, 400, 603
아브라함 링컨(U.S.S. Abraham Lincoln) 항공모함	595
아세안	623
아이슬란드	327
아테네	378, 379
아프가니스탄	145, 172, 412, 414, 417, 419, 439, 539, 567, 581

아프가니스탄 침공	145, 172, 412, 414, 417, 419, 439, 539, 567, 581
안보 딜레마	416, 621
알래스카	416
알바니아	605, 623
알제	039, 040, 132, 336, 337, 339, 340, 351, 359, 365, 387, 389, 397, 400, 401
알제리	039, 040, 336, 337, 339, 340, 351, 359, 365, 387, 389, 397, 400, 401
알 주바일(Al Jubail)	597
압바스(Abbas)	510
앙골라	337
야간 공격	049, 236, 438, 439, 469, 518, 520, 552, 574
야간 항행	520
양자외교	006, 301, 306, 307, 312, 316, 317, 361, 373, 479
어뢰	247, 333, 363, 372
억지 효과	558
억지력	323, 330, 501, 516, 566, 579
억지 병력(deterrent force)	329
언론	025, 223, 226, 598, 600, 604
엄호 병력(cover force)	329
에너지 공급량	449, 543, 548
에너지 공급 중단 시나리오	449
에너지 국제정치	592, 593
에너지 문제	039, 100, 101, 102, 103, 105, 134, 338, 368, 389, 390, 391
에너지부	426, 427, 490, 550
에너지 비상상황(energy emergency)	448, 543
에너지 소비 국가	430, 450, 544, 548
에너지 수입 의존도	615, 616, 617
에너지 시장	105, 113, 133, 134, 449, 543, 592

에너지 정책	133, 431, 445, 451, 457, 490, 547, 548
에스코트	037, 043, 248, 410, 511, 524, 527, 533, 558
에스토니아	605, 623
에이라트(Eilat)	037, 040, 095, 279, 363
에콰도르	337
엑조세(Exocet) 미사일	519
역사적 맥락	033, 159, 172, 173, 206, 262, 302, 422, 587
역사적 선례	034, 205, 266, 267, 271, 302, 470, 588, 591, 592
역사적인 맥락	257, 422
역외균형(offshore balancing)	569
역외균형자	570
연두교서	419, 440
연합 공중 방어	492
연합기획(combined planning)	509
연합 전선	450, 544
연합 해군 훈련	492
영공	416, 502, 602
영유권 주장	619
영해와 접속수역에 관한 협약 (Convention on the Territorial Sea and the Contiguous Zone)	324
예방적인 군사 행동(preemptive military action)	493
오만만(Gulf of Oman)	024, 411, 522, 596, 597
오스트리아	392
올림픽	415
외교장관	090, 286, 307, 314, 316, 317, 322, 343
외교적 조치	482
외교적 합의	353, 370

외교정책 결정의 제도	004, 045, 177
외교정책 권한	194, 476
외교정책론	030, 043, 149, 150
외교정책 연구의 이론과 현실	047, 227
외교정책의 결정 과정	021, 022, 030, 031, 033, 047, 151, 175, 176, 183, 205
외교정책의 규범적 연구	148
외교정책의 인과적 연구	149
요르단	281, 282, 596
요충지	067, 068, 070, 085, 086, 088, 124, 125, 127, 128, 230, 618, 619, 622
욤 키푸르 전쟁(Yom Kippur War)	040, 351, 362
우크라이나의 곡물 수출	010, 020, 038, 610, 614
우크라이나 침공	019, 168, 593, 610
워싱턴 D.C.	317, 362, 505, 599
워싱턴 특별조치 그룹(WSAG: Washington Special Actions Group)	357
워킹그룹	174, 257, 260, 262, 357, 390
원유(crude oil)	394
원자력 발전소	417
위기 대응 조직	045, 046, 224, 225, 227, 263, 264, 278, 286, 306, 352
위협 시나리오	255, 506, 535
위협 인식	228, 264, 265, 270, 299, 342, 369, 402, 467, 468, 590
유가 상승	427
유사한 상황	383
유사한 위기	046, 263, 267, 285, 591, 592
유전 지대	248, 453, 539
유조선 공격	024
유조선 보호	271, 431, 437, 438, 516, 562, 567
육상 수송	611

음모론(conspiracy)	378, 405
의무 할당 정책(mandatory allocation/complete rationing)	385
의회 변수	312
의회와의 관계	244, 245, 250, 268, 310, 524, 564, 582
의회와 협의	307, 308, 324, 476, 477, 514, 563, 564, 583
의회의 입장	245, 310, 564
의회 지도자	193, 198, 199, 245, 269, 311, 331
이니셔티브	304, 547
이란 위협	468, 469, 471, 478, 519, 526, 530, 552, 559, 561, 602
이란의 핵 문제	594
이란-이라크 전쟁 확전	451, 545
이란 인질 위기	439, 440
이란-콘트라 사건(Iran-Contra Affair)	564
이란 핵합의	595
이스탄불	613
이슬람 근본주의	414, 440
이슬람 근본주의자	414, 440
이슬람혁명수비대(IRGC: Islamic Revolutionary Guard Corps)	595
이집트의 봉쇄 선언	219, 234, 301, 306, 342, 344, 347, 591
이집트 잠수함	037, 040, 095, 234, 359, 362, 363, 369, 371, 403
이집트 해군	363, 374, 402
인간 행위자의 역할	041, 211
이탈리아	326, 366, 392, 399, 426, 427, 463, 492, 505, 549
인도네시아	087, 124, 337
인도양	082, 085, 137, 330, 618
인도-태평양 사령부	539
임시 접근권(contingent access)	459

색 인   **683**

잉여 생산능력(surplus oil production capacity) 435

ㅈ

자유로운 무해통항의 권리(the rights of free and innocent passage) 322
자유시장 458, 548
잠수함 037, 040, 095, 234, 333, 359, 362, 363, 369, 371, 372, 403, 602
잠재적인 패권국가(potential hegemon) 570
재무장관 179, 264, 282, 285, 356
재생가능 에너지 550
재선 244, 280, 353
적도기니 337
전략 물자 077, 316
전략비축유(SPR: Strategic Petroleum Reserve) 458, 548
전략적 방위 시스템(SDI: strategic defense system, Star Wars) 415
전세 364, 402, 510
전시 계획 448, 466
전임 대통령 356
전임자 353
전임 행정부 262, 266, 267, 591, 592
전쟁 물자 382, 388, 394
전쟁 선포 198, 585
전투기 247, 363, 377, 416, 464, 539
점진적인 결정 033, 206, 587
접근권 251, 455, 459, 460, 508, 510, 529, 537
접근권 협의 455
정당성 204, 266, 269, 437, 470, 474, 525, 526, 527
정보기관 046, 056, 057, 058, 182, 189, 191, 192, 193, 261, 264, 290, 590

정상회담	416
정책결정 문서	443
정책결정의 과정	030, 031, 043, 057, 059, 145, 149, 155, 161, 167, 172
정책결정자 수준	030, 031, 106, 204, 212, 220, 246, 584, 585, 586
정책결정자의 위협 인식	228, 264, 299, 369, 402, 467, 468, 590
정책결정자의 인식	031, 091, 092, 094, 096, 169, 206, 231, 232, 233, 234
정책연구 문서	443
정책 전문(policy cables)	356
정치-군사 협의	505, 506
정치적 무기	100, 118, 119, 337, 338, 367, 387, 394, 397, 585, 594
정치적 영향력	390
정치적 이익	242, 244, 245, 248, 564, 565
정치적인 정당성	494
제1차 걸프 전쟁	105
제1차 세계대전	023, 099, 134, 195
제2차 세계대전	023, 070, 097, 117, 121, 127, 131, 137, 145, 149, 180
제3세계	353, 417
제3차 중동전쟁	039, 090, 218, 279, 284, 286, 287, 292, 301, 327
제4차 중동전쟁	351, 362, 365
제6함대	330, 332, 333, 334, 335, 377, 378, 379, 381
제네바	416
제다(Jeddah)	603
제도적인 과정	033, 170, 587
제도화	134, 174, 175, 257
제벨 알리(Jebel Ali)	608
존슨 행정부	058, 280, 282, 285, 442
주요 choke point	615

중국과의 관계	352
중국의 대응	619
중국의 지지	352
중국의 해양 패권	094
중동군(MIDEASTFOR: Middle East Force)	511, 521
중동 보고서	318
중동 석유 의존도	386
중동 위기	039, 282, 284, 286, 288, 290, 292, 294, 298, 312, 318, 319
중동전쟁의 발발	039, 050, 281, 288, 292, 301
중동 평화	284, 285, 292, 327
중립국	070, 127, 423, 472, 473, 474, 498, 499, 501, 505, 536, 537
중립 국가	473, 474, 536
중립적 위치	392, 394
중립적인 국가의 수송	489
중립적 입장	370
중립정책	470, 498, 536
중부사령부(USCENTCOM: United States Central Command)	441, 539
중부사령부 전진 본부(FHE)	540, 570
지구적인 패권	570
지부티(Djibouti)	364
지브롤터(Gibraltar)	380
지역 방어	441, 522, 538
지중해 병력	379, 380

ㅊ

천연가스(LNG)	088, 616
청해부대	620, 623, 624

체르노빌(Chernobyl)	417
초크 포인트	086
최영함	620
추론	054, 562, 563, 565, 567, 575, 581, 582
취약성(vulnerability)	110, 396

ㅋ

카르텔	114, 115, 585
카리브	386, 397
카타르	040, 088, 336, 337, 351, 359, 365, 401, 479, 506, 605, 614
캐나다	326
컨트롤타워	620, 621
케네디호(Kennedy)	379
콩고	337
쿠데타	439
쿠바	029, 153, 162, 163, 244, 278, 280, 281, 284, 418
쿠바 미사일 위기	029, 153, 162, 163, 244, 278, 280, 281, 284, 418
쿠웨이트 선박	437, 517, 524
쿠웨이트 유조선	037, 042, 070, 127, 205, 247, 271
쿠웨이트 침공	154
크레타(Crete)	378
클럽재(club goods)	131, 622
키신저(Henry A. Kissinger)	226, 362
키티호크 전단(Kitty Hawk Battle Group)	510, 532

ㅌ

탐사 병력(probing force)	329

태평양사령부	445, 457
탱커 전쟁(Tanker War)	043, 410
터키	426, 427, 595, 613
테러 공격	112, 471
테러리스트	456, 459, 547
테러리즘	036, 068, 069, 072, 073, 085, 094, 097, 128, 199, 248, 430, 485, 619
통신소(communication station)	464
통합된 이론	032, 589
통합적인 분석틀	031, 206, 588, 589
통합적인 외교정책 이론	032, 167, 169, 206, 589
튀르키예	613
티란 해협 봉쇄 선언	037, 049, 218, 237, 277, 279, 283, 288, 289, 291
티란 해협 봉쇄 위협	302

ㅍ

파나마	037, 040, 121, 128, 130, 234, 326, 359, 363
파리	117, 481
파이프라인	120, 122, 123, 130, 298, 366, 387, 392, 399, 400, 546, 614
파일라카(Failaka) 섬	520
팔레스타인	394
패권경쟁	622
패권국	096, 569, 570
패트리어트 미사일	602
페르시아만 석유 수입	427
페르시아만 재진입	520
평시	246, 247, 332, 449, 466, 543, 556, 620
평화유지군	281, 470

평화 협상	352, 373, 375
포괄적 공동행동계획 (JCPOA: Joint Comprehensive Plan of Action)	595
포르투갈	426, 427, 463

ㅎ

하원	193, 199, 270, 311, 331, 619
하원의장	619
하위정치	102
한국 선박	619, 624
한국의 에너지	011, 101, 593, 615, 616, 641, 642
한국의 해군	621
한국의 해상교통로	094, 619, 642
한국의 해양안보	059
한국전쟁	029, 160, 198, 244, 248
한국 정부	620
한국의 해양안보	007
한미동맹	621
함리야(Hamriyah)	519
합동군사기획(combined military planning)	505
합동참모본부(Joint Chiefs of Staff)	332
합동참모본부 의장	191, 252, 285, 356, 419, 456
합참	183, 184, 185, 193, 225, 260, 264, 282, 358, 462, 488, 525, 556, 601
항공모함	333, 377, 378, 405, 522, 533, 534, 535, 595
항모 전단 태스크 포스(Carrier Task Force)	378
항행의 권리	296, 302, 325
항행의 자유(freedom of navigation)	373, 553, 603
해군 검문검색 행위(stop and search)	496

해군력 조직	005, 328, 329, 334, 344, 575, 605
해군 전력	621
해군 협력	492
해상수송로 안보	022, 618
해상봉쇄	153, 163, 613, 618
해상수송로 안보 위기 사례	008
해상수송로에 대한 안보 위협	027, 028, 042, 106, 346, 369, 410
해상요충지	067, 085, 086, 088, 124, 125, 128, 230, 618, 619, 622
해상테러리즘	619
해양분쟁	619
해양선언(Maritime Declaration)	288, 294, 321
해양안보(maritime security)	072, 620
해양안보 네트워크	621
해양안보 연합체(coalition)	604
해양안보 컨트롤타워	620, 621
해양 패권	094
해외 테러 조직(FTOs: Foreign Terrorist Organizations)	595
해적	036, 068, 069, 072, 073, 085, 094, 097, 125, 128, 131, 132, 236, 619
해적활동	097, 619
행정명령	596
헤게모니	453, 560
현실주의	149, 150, 151, 152, 167, 168, 169, 208, 209, 211, 213, 220, 264, 569
호르무즈 해협(Strait of Hormuz)	024, 067, 410
호르무즈 해협 호위 연합	604
호르무즈 해협 호위 연합체	604
호위대(escort)	329
호주	097, 327, 492, 505, 603, 604

홍콩	609
홍해(Red Sea)	363
화석연료	104, 133, 616, 617
확전 대비	445, 472
확전 시나리오	459, 506
환적 시설	444, 455, 531
환적 지점	453, 455
환적 허브(transshipment hub)	608
휴전(truce)	288, 375
흑해 봉쇄	021, 038, 094, 594, 610, 612

인명 색인

고르바초프, 미하일(Mikhail Gorbachev) 416
나세르, 가말(Gamal Abdel Nasser) 24, 37, 126, 281, 289, 290, 302, 310, 316, 320, 353
닉슨, 리처드(Richard M. Nixon) 198, 226, 352, 353, 355, 356, 358, 359, 367, 370, 371, 379, 395, 475
던포드, 조지프(Joseph F. Dunford, Jr.) 601
덜레스, 존(John F. Dulles) 296, 297, 303, 315
데이비스, 로저(Rodger P. Davies) 284
도브리닌, 아나톨리(Anatoly F. Dobrynin) 382
드레이크, 에드윈(Edwin L. Drake) 132
딘, 패트릭(Sir Patrick Dean) 314, 322
러브, 존(John Arthur Love) 359, 368, 389, 390, 398
러스크, 딘(Dean Rusk) 282, 285, 288, 296, 297, 311, 319, 324, 339
럼스펠드, 도널드(Donald H. Rumsfeld) 547
레이건, 로널드(Ronald W. Reagan) 410, 415, 416, 417, 454, 467, 470, 481, 482, 484, 485, 510, 511, 521, 523, 524, 526, 527, 538, 540, 550, 557, 564, 565, 581
로스토우, 유진(Eugene V. Rostow) 283, 314, 322, 324, 329, 347
로스토우, 월트(Walt Whitman Rostow) 282, 285, 288, 292, 293, 327, 331
루즈벨트, 프랭클린(Franklin D. Roosevelt) 134, 145, 177, 184
루즈벨트, 시어도어(Theodore Roosevelt) 147
루하니, 하산(Hassan Rouhani) 595
리아드, 마무드(Mahmoud Riad) 316
마한, 앨프리드(Alfred T. Mahan) 70, 135, 136
맥나마라, 로버트(Robert S. McNamara) 29, 90, 163, 244, 282, 285, 288, 296, 317, 333

맥아더, 더글러스(Douglas MacArthur) 148
매케인, 존(John McCain) 148
맥팔레인, 로버트(Robert C. McFarlane) 430, 446, 502, 504, 513, 540, 546, 549, 564
모겐소, 한스(Hans J. Morgenthau) 100, 143, 152, 209, 210
모사데, 모하메드(Mohammed Mossadegh) 42
모히딘, 저카리아(Zakaria Mohieddin) 316, 317
무러, 토머스(Thomas H. Moorer) 356
미스, 에드윈(Edwin Meese III) 479, 511, 514, 515
미어셰이머, 존(John J. Mearsheimer) 569, 570
반다르(Bandar bin Sultan) 507
배틀, 루셔스(Lucius D. Battle) 283, 284, 328
밴스, 사이러스(Cyrus R. Vance) 283
번디, 맥조지(McGeorge Bundy) 282, 285, 338, 340
볼튼, 존(John R. Bolton) 595, 596, 598, 600, 623
부시, 조지(George H. W. Bush) 142, 147, 157, 161
부시, 조지(George W. Bush) 192, 199
브레즈네프, 레오니트(Leonid I. Brezhnev) 354
비셀, 조지(George Bissell) 132
비어드, 찰스(Charles Beard) 147
사다트, 안와르(Anwar Sadat) 353, 354, 355
사우드(Abdul Aziz Al Saud) 134
살만(Mohammed bin Salman Al Saud) 603
살만(Salman bin Abdulaziz Al Saud) 603
샤(Shah: Mohammad Reza Pahlavi) 42, 117, 439, 518
샤레브(Mordechai Shalev) 362
손더스, 해럴드(Harold H. Saunders) 288, 338
솔로몬, 앤서니(Anthony M. Solomon) 339, 340
슐레진저, 제임스(James R. Schlesinger) 164, 356
슐츠, 조지(George P. Shultz) 356, 415, 417, 418, 437, 438, 462, 467,

476, 485, 502, 507, 509, 511, 515, 518, 562
스나이더, 리처드(Richard C. Snyder)　　43, 44, 207, 209, 210, 218, 221, 263
스코크로프트, 브렌트(Brent Scowcroft)　　377
시스코, 조지프(Joseph J. Sisco)　　378
아담스, 존(John Quincy Adams)　　147
아이젠하워, 드와이트(Dwight D. Eisenhower)　　23, 126, 297
애그뉴, 스피로(Spiro T. Agnew)　　355, 356
애치슨, 딘(Dean Acheson)　　147
에반, 아바(Abba Eban)　　90, 286, 296, 317, 343
에브론, 에프라임(Ephraim Evron)　　314, 315
에시콜, 레비(Levi Eshkol)　　319
와인버거, 캐스퍼(Caspar W. Weinberger)　　417, 462, 518, 524, 527, 538, 539, 541
우달, 스튜어트(Stewart L. Udall)　　339
웹스터, 대니얼(Daniel Webster)　　147
윌슨, 우드로(Woodrow Wilson)　　136, 195, 196
이스마일, 무함마드(Mohammed Hafez Ismail)　　373, 374
자에드(Sheikh Mohamed bin Zayed Al Nahyan)　　603
자이드(Sheik Zaid)　　481
존슨, 린든(Lyndon B. Johnson)　　280, 281, 282, 288, 292, 298, 310, 312, 313, 316, 317, 318, 319, 327, 333, 336
체임벌린, 네빌(Neville Chamberlain)　　160
카다피, 무아마르(Muammar al-Qaddafi)　　416
카터, 제임스(James Earl Carter, Jr.)　　57, 412, 415, 419, 440
칼루치, 프랭크(Frank C. Carlucci)　　523
케난, 조지(Goerge F. Kennan)　　147, 241
케네디, 존(John F. Kennedy)　　29, 163, 244
켈리, 폴(Paul X. Kelley)　　509, 510, 532, 533
코시긴, 알렉세이(Aleksey Nikolayevich Kosygin)　　294, 333
콜러, 포이(Foy D. Kohler)　　283

콜비, 윌리엄(William E. Colby)	356
클리퍼드, 클라크(Clark M. Clifford)	285, 293
클레이, 헨리(Henry Clay)	147
키신저, 헨리(Henry A. Kissinger)	46, 58, 164, 166, 167, 175, 226, 352, 353, 354, 356, 357, 361, 362, 363, 367, 368, 370, 371, 372, 373, 374, 375, 377, 379, 380, 381, 382, 387, 390, 391, 392, 393, 403
톰슨, 루엘린(Llewellyn E. Thompson Jr.)	333
톰슨, 조지(George Thomson)	322, 329
트럼프, 도널드(Donald J. Trump)	25, 595, 596, 598, 599, 600, 601
트루먼, 해리(Harry S. Truman)	29, 56, 135
파드(Fahd Bin Abdul Aziz Al Saud)	459, 509, 513, 521
파울러, 헨리(Henry H. Fowler)	282, 285
파월, 콜린(Colin L. Powell)	521
파이잘(Faisal bin Abdulaziz Al Saud)	384, 393, 395
펠로시, 낸시(Nancy Pelosi)	619
폼페이오, 마이클(Michael R. Pompeo)	24, 596, 598, 600, 603, 604
하만, 아브라함(Avraham Harman)	314, 315, 319, 325, 326, 347
하메네이, 아야톨라(Ayatollah Ali Khamenei)	596
하스펠, 지나(Gina Haspel)	600
헤링톤, 존(John Herrington)	550
헤이, 존(John Hay)	147
헬름스, 리처드(Richard Helms)	282, 290, 333
호메이니, 아야톨라(Ayatollah Khomeni)	117, 118, 440
후버, 허버트(Herbert C. Hoover)	179
후세인, 사담(Saddam Hussein)	157, 161, 547
휠러, 얼(Earle G. Wheeler)	282, 285
히스, 에드워드(Edward Heath)	398
히틀러, 아돌프(Adolf Hitler)	160, 161, 266

해양안보와 미국의 외교정책
Maritime Security and U.S. Foreign Policy

펴낸날 | 2023년 9월 22일 초판 1쇄
지은이 | 장성일

펴낸이 | 이종진
펴낸곳 | 도서출판 이조
디자인 | 이은하
제　작 | 디자인 엘앤제이

출판등록 | 제2022-000008호(2009.3.10.)
주　　소 | (10881) 경기도 파주시 문발로 405, 303호
대표전화 | 02-888-9285 / 070-7799-9285
팩　　스 | 070-4228-9285
홈페이지 | www.ljbooks.co.kr
페이스북 | www.facebook.com/ljbooks.korea
인스타그램 | www.instagram.com/ljbooks_official
이메일 | ljbooks@naver.com

ⓒ 장성일, 도서출판 이조 2023.

정　가 | 20,000원
ISBN | 979-11-87607-67-0 (93340)

* 잘못된 책은 서점에서 바꾸어 드립니다.
* 이 책은 저작권법의 보호를 받는 저작물이므로 무단전재와 복제를 금합니다.
  본문 내용을 사용할 경우 출판사의 허락을 받아야 합니다.